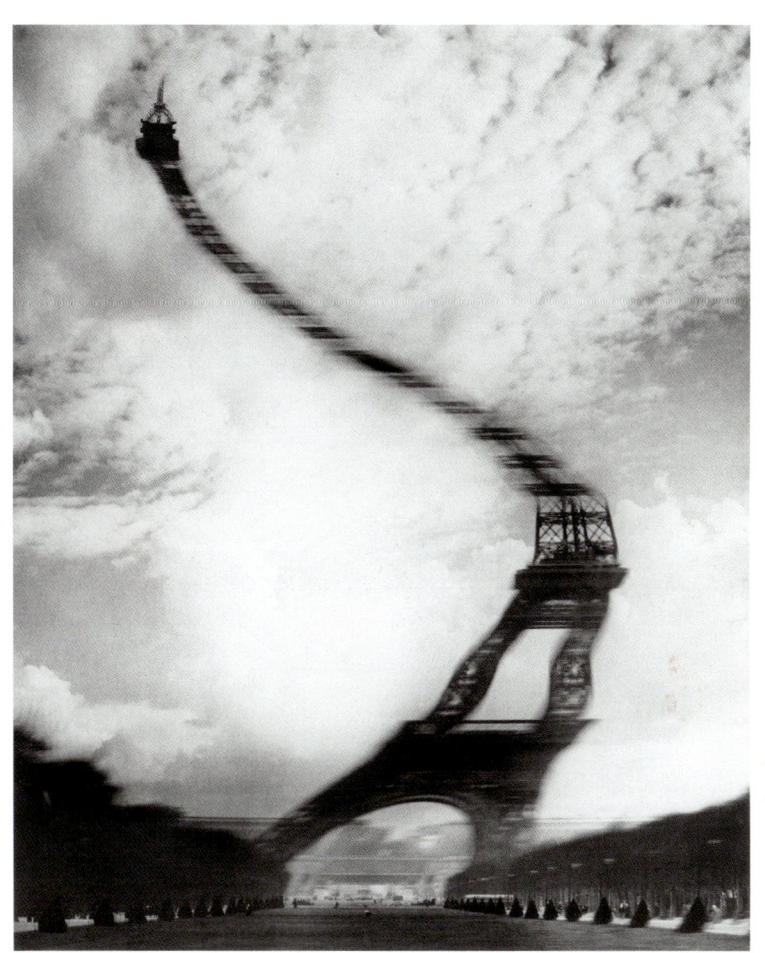

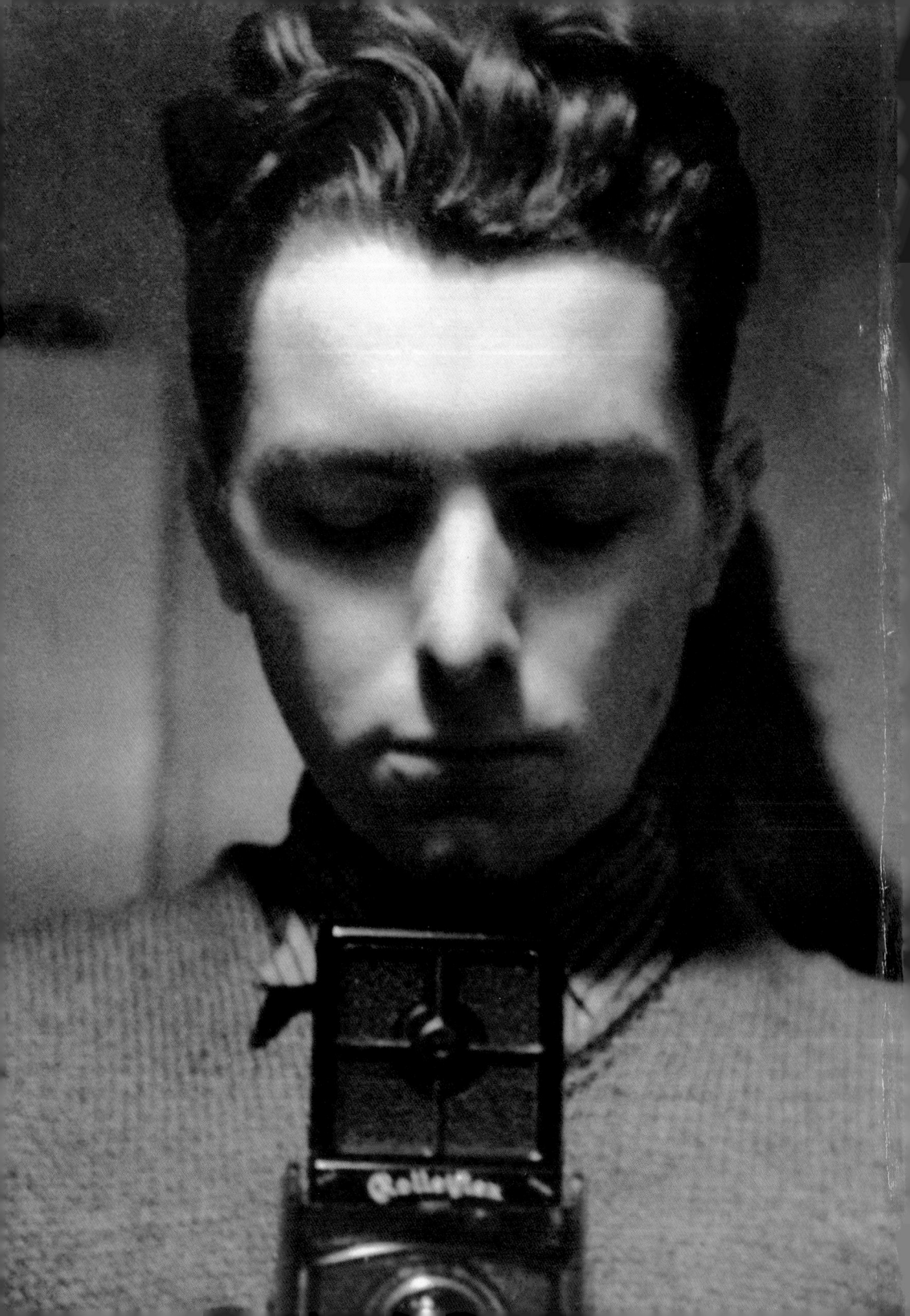

JEAN CLAUDE GAUTRAND

ROBERT DOISNEAU PARIS

TASCHEN

Contents

#1

Youth

1912–1939

#2

The War

1939–1945

Foreword 6

Biography 467
The Proust Questionnaire 487
Footnotes 490
Bibliography 492

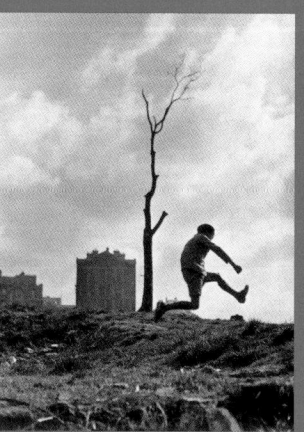

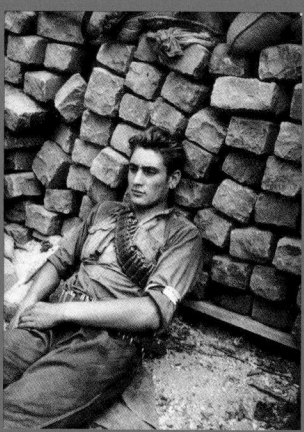

Youth 13
Les années de jeunesse 21
Jugendjahre 29

The First Images 36
The Renault Experience 66

The War 77
La guerre 82
Der Krieg 86

The Occupation 90
The Liberation 122

P. 1 *Optical Distortion / Distorsion optique*, 1965
P. 2 *The First Rolleiflex, Self-Portrait*, 1932

#3

A Thirst for Images
1945–1960

#4

The Lean Years
1960–1980

#5

Recognition
1980–1994

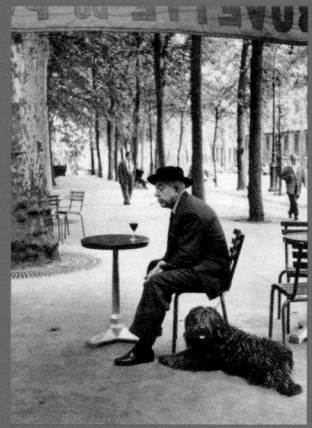

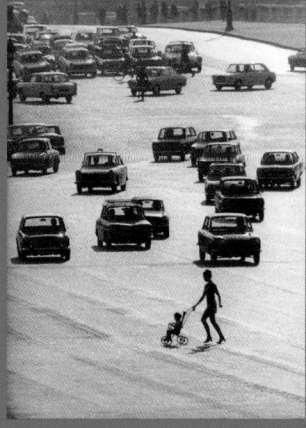

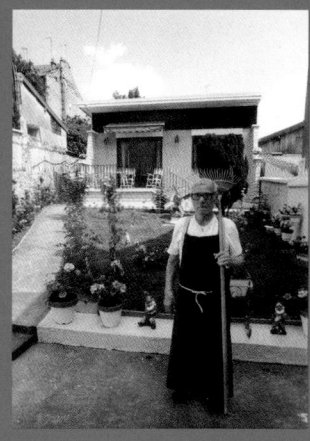

A Thirst for Images 143
La soif d'images 151
Hunger nach Bildern 163

The Blossoming
of the Photographer 172
Saint-Germain-des-Prés 184
Workers 196
Suburbs Blaise Cendrars 212
Encounters
Jacques Prévert 256
Encounters
Robert Giraud 266
Vogue 292
Portraits of Artists 304
The Concierges 310
The Collectors 316
At School 320
Round the Next Corner 336

The Lean Years 371
Les années laborieuses 377
Schwierige Jahre 383

A Different Way
of Seeing 390
Strolling through Paris 396
Les Halles de Paris 414

Recognition 433
La consécration 443
Anerkennung 455

Foreword

After a long period of indifference, photography is today subject to intense analysis by specialists in many different disciplines. Photography has definitively become an "Art," studied by philosophers, historians, sociologists, and semiologists, whose analyses are frequently dazzling. So dazzling as to impede our vision. Just as the brilliance of the flash momentarily blinds us, we are struck dumb by images now overburdened with critical commentary, images whose least intention is hunted down and scoured for interpretation; we lose the thread of the essential reading, one that is innocent and touching. With Jean Claude Gautrand, the reading of a photograph is never thus denatured. He speaks very simply of something he knows a great deal about. He leads us down paths long familiar to him and we can be sure, in his company, that we shall never be lost. His astounding photographic knowledge was acquired on the job, by working with artists whose profession, daily life, and career hazards he shared, along with something more essential again: their friendship. The story of those photographers is one that he has experienced for himself; they regard him as one of their own.

When we opened the studio up for him, we knew he was in his element. We know Jean Claude very well: he has been one of the essential voices of Parisian photographic life for very many years. We knew that he had frequented this studio when our father was still active and the 450,000 negatives in the collection had not yet been fixed for all eternity. He had been a witness to the workmanlike constitution of this œuvre, he knew its story and was better placed than anyone to set out its historical context and articulate the tone, the refrain, the mysterious humor that seems to confer a whisper of soul on these images, something that transcends analysis and elicits a tear. Jean Claude Gautrand therefore began his task of research at the point where most studies end. Our faith in his work and the friendship that we feel for him induced us to show him images that had not yet been fully archived or documented. He had access to the earliest black-and-white photographs from the 1930s and to unknown color images from the 1960s that are still being inventoried. Having amassed the images he knew, he meticulously considered less widely published subjects and on occasion discovered unknown images with a joy that proved contagious, establishing a broad selection that he began to sort into its genealogical branches with implacable precision. He then made the most modest choice: that of a chronological reading that instantly illuminates the coherence of the photographer's work by situating it precisely in the photographer's life story. As you might expect. When what we call the "flatplan" of the book had been established, that is, the order in which the images were to be seen, Jean Claude again opted for self-effacement. He chose to foreground quotations, offering the reader the photographer's comments alongside the image. Why attempt to restate what has already been said by the person whose words count for most? Logical enough. He then composed a fluid and graphic maquette with cunning contrasts and the play of light and form laid side by side, just as our father used to do at his studio table for each and every publishing project. Simple. This combination of self-effacement, attentive and modest intervention, and discreet choices composes one of the most personal and complete works ever published on a photographer whose bibliography is by now as long as your arm.

"For a photographer, the first seventy years are a bit difficult, but after that things get better," our father used to say. His elegant detachment concealed the everyday life of a workaholic. It is hard not to be reminded of him when we see Jean Claude at work. Relaxed, smiling, open to contact in the way people used to be and no longer are, with a razor eye and implacable attention, he was not able to conceal the truth from us for long: We immediately recognized in him the signs of an indefatigable worker. You may follow his guidance with complete faith. With the greatest simplicity and a calm assurance born of his scholarly knowledge of the subject, he will take you where only he could go: behind the mirror.

Francine Deroudille & Annette Doisneau

Préface

Après un long temps d'indifférence, la photographie est soumise aujourd'hui à l'analyse passionnée des spécialistes de tous horizons. La photographie est définitivement un Art majuscule, soumis aux questionnements des philosophes, des historiens, des sociologues, des sémiologues dont les analyses sont le plus souvent éblouissantes. Au point de nous brouiller la vue. Comme l'éclair du flash nous aveugle un instant, nous restons stupéfiés devant les images désormais surchargées de commentaires critiques, dont les intentions minimales sont traquées, fouillées, interprétées, nous faisant perdre le fil de la lecture essentielle, innocente, émotionnelle. Avec Jean Claude Gautrand, la lecture d'une œuvre photographique reprend son naturel. Il parle tout simplement de ce qu'il connaît très bien. Il nous entraîne sur des chemins qu'il a fréquentés depuis si longtemps qu'avec lui on est sûrs de ne pas se perdre. Sa phénoménale culture photographique a été acquise sur le terrain, dans la fréquentation des artistes dont il partageait le métier, la vie quotidienne, les cheminements laborieux et – c'est essentiel – l'amitié. Il a accompagné l'histoire de ces photographes-là, il en fait partie, il est un des leurs.

Lorsqu'on lui a ouvert la porte de l'atelier, on savait bien qu'il était en terrain de connaissance. Jean Claude nous le connaissions bien, il est une des voix essentielles de la vie photographique à Paris depuis de très nombreuses années. Nous savions bien qu'il avait déjà beaucoup fréquenté cet Atelier quand notre père était en action, que le nombre de 450 000 négatifs de la collection n'était pas encore figé pour l'éternité. Il avait assisté à la constitution artisanale de cette œuvre, il en connaissait l'histoire et pouvait mieux que personne la replacer dans un contexte historique mais aussi en dégager le ton, la petite musique, cette humeur mystérieuse du photographe qui semble imprégner les images, leur donner ce supplément d'âme, qui échappe à l'analyse et fait naître l'émotion.

Jean Claude Gautrand a donc commencé un travail de recherches là où se situe le plus souvent le point d'arrivée des études. La confiance que nous avions en son travail, l'amitié que nous lui portions, nous a poussées à lui montrer des images dont l'archivage n'est pas encore totalement achevé ou documenté. Il a eu accès aux toutes premières photographies en noir et blanc des années 1930, aux images inconnues en couleur des années 1960 dont le répertoire est en cours. Après avoir accumulé les images qu'il connaissait, visité soigneusement les sujets moins publiés, découvert parfois avec une jubilation contagieuse des images inconnues, il a constitué une large sélection dans laquelle il a su tailler les petites branches avec une implacable précision. Il a fait alors le choix le plus modeste : celui de la lecture chronologique qui éclaire d'un coup la cohérence du travail du photographe en le situant précisément dans son histoire. Normal.

Lorsque ce que l'on appelle « le chemin de fer » du livre fut en place, c'est-à-dire l'ordre dans lequel les images vont être vues, c'est encore l'effacement qui fut l'option choisie par Jean Claude. Il privilégierait les citations, offrant au lecteur les images et le commentaire du photographe. Pourquoi essayer de redire ce qui l'a déjà été par celui à qui on doit donner la parole ? Logique. Il a ensuite composé une maquette fluide et graphique, vis-à-vis astucieux, jeux des formes et des lumières comme le faisait notre père à sa table de l'atelier pour chaque projet d'édition. Évident. Cette accumulation d'effacements, d'interventions attentives et modestes, de choix discrets compose aujourd'hui un des ouvrages les plus personnels et les plus complets publiés sur un photographe dont la bibliographie est pourtant pléthorique.

« Pour un photographe, les soixante-dix premières années sont assez difficiles, après ça va mieux », s'amusait notre père dont l'élégante désinvolture cachait un quotidien de travailleur acharné. On ne peut s'empêcher de penser à lui en voyant travailler Jean Claude Gautrand. Détendu, souriant, disponible comme on ne l'est plus jamais, l'œil aiguisé et l'attention toujours en alerte, il n'a pas pu nous abuser trop longtemps : on a parfaitement reconnu les indices du travailleur infatigable. Suivez-le avec une totale confiance, c'est avec une grande simplicité et l'assurance tranquille que donne une connaissance érudite du sujet, qu'il va vous emmener là où lui seul pouvait aller : derrière le miroir.

Francine Deroudille & Annette Doisneau

Vorwort

Nachdem die Fotografie lange unbeachtet geblieben war, ist sie heute Gegenstand leidenschaftlicher Untersuchungen von Spezialisten aller möglichen Disziplinen. Sie ist zweifellos eine große Kunst, die Philosophen und Historikern, Soziologen wie Semiologen Fragen aufgibt und sie oftmals zu den verblüffendsten Antworten führt. So verblüffend, dass sie unseren Blick trüben. Wie von einem Blitz sind wir für einen Moment geblendet, stehen benommen vor den Bildern, überwältigt vom Kommentar der Kritiker, den wir bis in seine subtilsten Argumente nachverfolgen, analysieren, deuten – und so den Kontakt zu unserer eigenen spontanen, unbefangenen, emotionalen Annäherung verlieren. Mit Jean Claude Gautrand findet das Betrachten von Fotografie zum Natürlichen zurück. Er spricht mit einfachen Worten von dem, was ihm sehr vertraut ist. Er führt uns Wege entlang, auf denen er schon so lange geht, dass man niemals befürchtet, man könnte sich verlaufen. Sein ungeheures Wissen über Fotografie hat er durch seine eigene fotografische Arbeit erlangt, durch den Kontakt mit den Künstlern, mit denen ihn das Metier, der Alltag, die Mühsal und – das ist entscheidend – Freundschaft verbindet. Jean Claude Gautrand hat die

Geschichte ebendieser Fotografen begleitet, ist ein Teil von ihr, ist einer von ihnen.

Sobald man ihm die Ateliertür geöffnet hat, spürt man es: Das Terrain ist ihm geläufig. Wir kennen Jean Claude gut, er ist seit vielen Jahren eine der wichtigsten Stimmen in der Pariser Fotowelt. Er war häufig im Atelier zu Gast, als unser Vater dort noch arbeitete und die 450.000 Negative noch keineswegs für die Nachwelt gesichert waren. Er war selbst am Aufbau dieses Werkes beteiligt, er kannte dessen Geschichte und war mehr als jeder andere imstande, es in einen historischen Zusammenhang zu stellen. Er hatte aber auch ein Gespür für den Ton, die leise Melodie, den geheimnisvollen Humor des Fotografen, der die Bilder zu durchtränken scheint, ihnen jene Seele einhaucht, die der Analyse entgeht, aber das Gefühl anspricht.

Jean Claude Gautrand hat also dort seine Recherchen aufgenommen, wo die meisten Untersuchungen enden. Das Vertrauen, das wir in seine Arbeit haben, die Freundschaft, die uns mit ihm verbindet, haben uns bestärkt, ihm auch solche Bilder zu zeigen, deren Archivierung und Dokumentation noch nicht abgeschlossen sind. Er hatte Zugang zu sämtlichen frühen Schwarz-Weiß-Fotografien aus den 1930er-Jahren, zu den bislang unbekannten Farbaufnahmen aus den 1960ern, deren Erfassung bis heute weitergeht. Nachdem er die Bilder, die er kannte, zusammengetragen, die weniger bekannten Sujets gewissenhaft durchforstet und immer wieder mit schier überbordender Begeisterung noch nie gesehene Aufnahmen zutage gefördert hatte, stellte er eine umfangreiche Auswahl zusammen, deren kleinere Verästelungen er streng und sorgfältig auf das rechte Maß zurückschnitt. Dabei wählte er den schlichtesten Weg: die chronologische Reihung, die den Werkzusammenhang des Fotografen durch eine präzise geschichtliche Einordnung auf einen Blick erhellt. Das leuchtet ein. Nachdem die Reihenfolge, in der die Bilder gezeigt werden sollten, festgelegt war, entschied sich Jean Claude für Zurückhaltung. Er wählte Zitate aus und präsentierte die Bilder nur versehen mit den Kommentaren des Fotografen. Warum versuchen, etwas noch ein mal zu erklären, wenn dieser schon alles gesagt hat? Das ist logisch. Anschließend entwickelte er ein Layout, das das Fließende und das Grafische raffiniert einander gegenüberstellt – ein Spiel mit Formen und Licht, wie es unser Vater an seinem Tisch im Atelier bei jedem Buchprojekt spielte. Das ist unverkennbar. Diese

Zurückhaltung, diese wohldurchdachten kleinen Eingriffe und diese sichere Auswahl verbinden sich zu einem der persönlichsten und vollständigsten Werke, die jemals zu diesem Fotografen, über den es schon so viele Bücher gibt, erschienen sind.

„Für einen Fotografen sind die ersten siebzig Jahre ziemlich mühsam, danach geht es bergauf", scherzte unser Vater immer, der hinter seiner eleganten Lässigkeit den hartnäckigen Arbeiter verbarg. Man muss unweigerlich an ihn denken, wenn man Jean Claude Gautrand bei der Arbeit zusieht. Entspannt, lächelnd, offen, wie man es heute längst nicht mehr ist, das Auge geschärft, der Geist hellwach, hat er uns doch nie lange täuschen können: Wir wissen die Zeichen zu lesen, an denen man den unermüdlichen Arbeiter erkennt. Folgen Sie ihm voller Vertrauen, er wird Sie – mit großer Leichtigkeit und ruhiger Gewissheit, die seiner tiefen Vertrautheit mit dem Werk entspringt – dorthin führen, wo nur er sich auskennt: hinter den Spiegel.

Francine Deroudille & Annette Doisneau

#1

Youth

1912–1939

It was in the street, in the famous "school of hard knocks," that this most popular of French photographers learned his poetry, his tenderness and humor, and the compassionate gaze that he lavished on the world around him. His work was long thought to epitomize the Parisian picturesque – the unexpected anecdote and the lovable image – but a more accurate analysis of his six decades of "fishing for images" reveals a depth and thoughtfulness that undoubtedly modify and enrich the immediate impact of his oeuvre. Robert Doisneau had a supreme sense of those absurd, unexpected situations and subtle twists that transform the meaning of a scene by delicate allusions that quite transcend anecdote. We cannot help but observe that the images created by Doisneau, like those of the comic writers, are more serious than they seem. "There is a kind of pathos about the bride drinking at the bar or the one on the seesaw at Gégène's,"[1] he noted, adding: "Humor is a feeling of shame for overt emotion. When the scene is too tender – or too cruel – you take refuge in humor to avoid that sense of embarrassment."[2]

Jacques Tati, Charlie Chaplin, and Raymond Devos number among the world's great comedians. With them, laughter is a surefire reaction, but their drollery conceals a sadness, a bitter-sweet melancholy that leaves one's smile a little strained. Robert Doisneau belongs in that company. A number of his images, though very funny, sing a melancholy tune all their own and reflect a harsh and perhaps unconsciously discordant vision of the world and of humankind. This quality brings him close to Jacques Prévert and Blaise Cendrars, adventurers of the same ilk, striving to illuminate the cold and cheerless world around them with their rage and compassion. Throughout his long career, Doisneau always excelled both at capturing reality and at softening its edges with a dose of cauterizing humor.

His images have not aged – or at least, if they have, a great deal less than those of photographers considered more modern in their own time but which now seem thoroughly outmoded. No such thing with Doisneau: authenticity imbues his every shot. Each is a veritable self-portrait, instantly evocative of the man himself, his warmth, finesse, and bashfulness, his respect for others and, above all, his fraternity. That sincerity always disposed of any trace of pessimism while his instinctive sensitivity allowed him to transform any banality in the situations that his eye tirelessly

Night, 1930

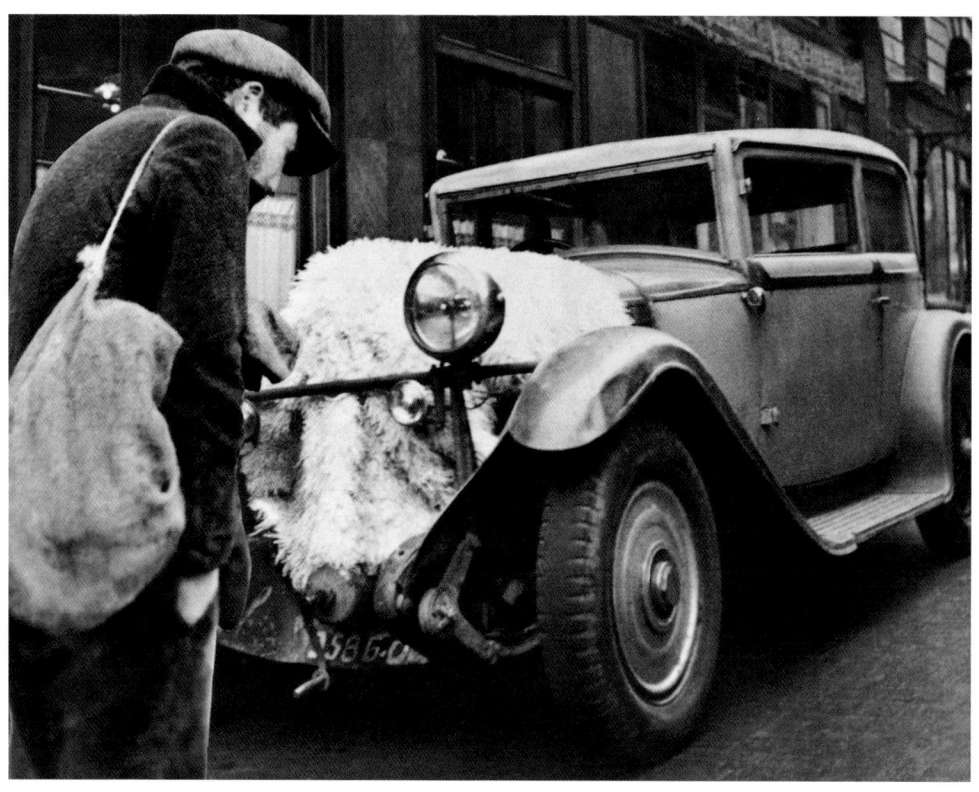

Beggar and Luxury Car, c. 1932

discovered. "So few have photographed my little universe that it has come to seem as exotic as a nature reserve with its own astounding brand of wildlife. I certainly don't find anything to laugh at in these people ... even though I myself have a strong desire to keep myself entertained and have never stopped having fun; I have created my own little theater."[3] And Doisneau never stopped writing for this theater. Each image, explains Albert Plécy, "is the start of a short story or a short story in itself. Around the slice of life that it sets before you, you can reconstitute an entire quarter, a town, a festivity, an entire life, an entire epoch..."[4] Doisneau confirms this: "To see is sometimes to improvise a little theater and wait for the actors. Who am I waiting for? I don't know. I wait nonetheless."[5] As he puts it, "Paris is a theater where you pay for your seat in wasted time."[6] And this has been the focus of his entire life. More a fisherman than a hunter, Doisneau has continued to harvest from the urban macadam a humanitarian bouquet of instants, encounters, and backdrops. Whence his interest in "values not listed on the stock market, elements hitherto considered negligible, which the caprices of light bring forth out of the shadows, revealing a new order and displaying their very own beauty and emotional power."[7] Solitary to the last, Doisneau tirelessly patrolled his own carefully staked-out domain between Paris, Gentilly, and Montrouge, the areas where he had always lived, though he had on occasion ventured beyond

"I took mischievous pleasure in bringing to light anything abandoned, not just among people, but also in my choice of backgrounds..."

its perimeter. There, on his favored terrain, he excelled in picking those "little dried flowers" that now constitute a "herbarium" of some 450,000 negatives. Amid the great iconic pictures are a number of pearls, whose discovery gives one the measure of a talent that has never ceased to seduce and dazzle us by its ability to lure into the lens the thousand and one aspects of daily life that are transformed into exceptional instants by Doisneau's magic, sincerity, and tenderness.

Optimism is what characterizes his warm, committed, lyrical photography, sensitive to human suffering, that emerged in the wake of World War II. Known as humanist photography, its distinctive qualities are generosity, optimism, appreciation of the simple joys of life, and an invincible attraction to both the theater of the street and the symbolism of scenes that often reflect an admirable social cohesion. It was never a school of photography; it focuses above all on the glances and smiles of people randomly encountered. It reached its apogee in the 1950s and its favorite backdrop was the old streets and shiny cobblestones of his beloved Paris and its suburbs.

This was where Doisneau was born, where his emotional life was rooted and where he began to construct his little theater. He knew every centimeter of this territory. "For me, walking from Montrouge to Porte Clignancourt is like filling in the dots: I can't go more than 400 meters without meeting someone I know – the manager of a restaurant, a cabinetmaker, a printer, a painter or just someone in the street... I don't like crowds, they frighten me. No, I'm looking for the individual, someone who holds your gaze, someone to talk to from the heart." [8] From these encounters, some ambushes in situ, some meticulously staged, arise veritable genre scenes; in the words of Jean-François Chevrier, they lie "somewhere between the formal portrait and the instant, they require both the capturing of the protagonists in action (it must be a familiar action) and their participation in the making of the image." [9] By lending themselves – voluntarily or not – to the photographer's action, each protagonist guaranteed the authenticity of the photograph. This is no doubt why there is, in all these images, a human warmth, an almost familial atmosphere, that makes the spectator, too, an accomplice in capturing the instant. We allow ourselves to be caught in the delightful lures of this visual poacher, following him from the old walls of Paris to its bistros, seeing through his lens the jaunty down and out and the dancers on the Fourteenth of July, accompanying him from Gégène's bar to the Tuileries Gardens. Each of these places is inhabited by children, lovers, and other, astonishing personages.

Doisneau excels in recounting the thousand and one miracles of the street because his own roots are in the grim soil of the suburb where he was born on April 14, 1912: Gentilly. His father, Gaston, was a plumbing surveyor who lost his wife in 1919 and remarried three years later. Hence Doisneau's rather disturbed childhood, compounded by a turbulent and undisciplined character. His eye was already on the street: "I loved the sheer delinquency of my friends from the slums; I had a high old time with them. There were Italians, Ukrainians, Poles, and the local blokes, from Gentilly." [10] By way of landscape, he had only the little industrial workshops on the banks of the Bièvre. This filthy river – it runs underground today – was polluted by the effluent of the tanneries and chamois-leather factories but remained in his eyes an outpost of nature in a chaotic universe of bungalows, family hutments, and blocks of flats under construction. All this was bordered by the *zone*, a great stretch of wasteland running the length of the old fortifications that used to surround Paris. Grim as this environment was, it was synonymous with freedom, with "playing at setting off on one's travels in an abandoned car wreck." [11] The Poterne des Peupliers, the Porte de Gentilly, the Vaugirard abattoirs, the tunnel of the Bièvre: all these places belonged to areas of Paris that had been meticulously surveyed by Eugène Atget, for whom Doisneau felt

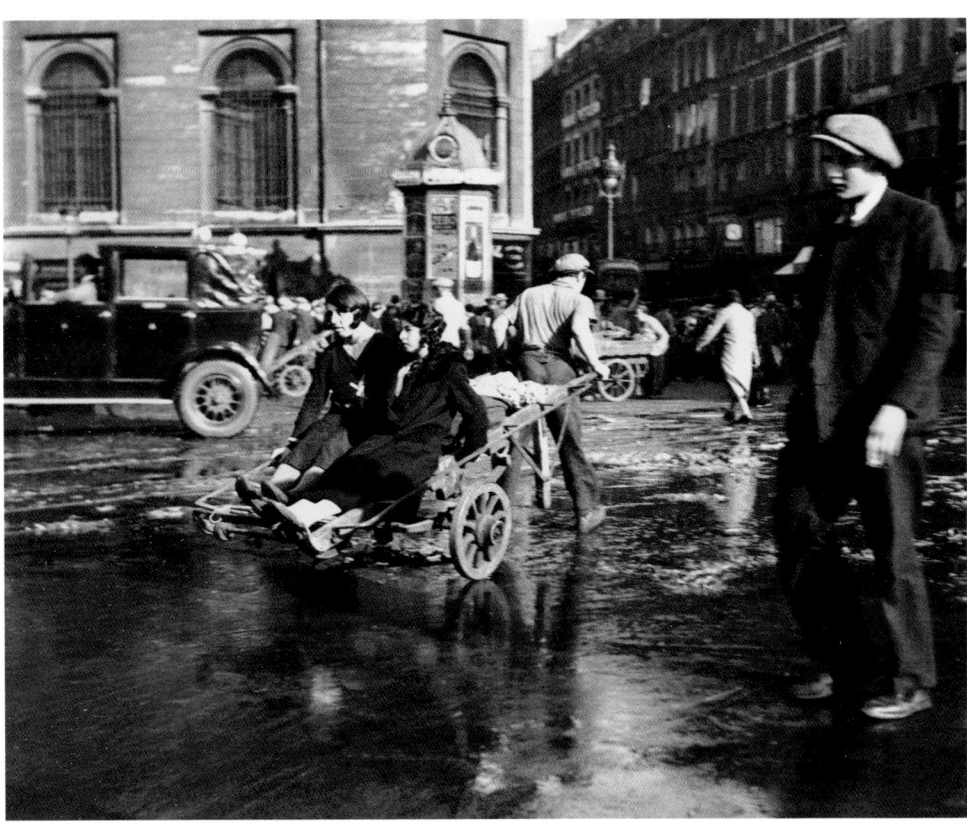

Women on a Handcart / Les Filles au diable, Les Halles, 1933

profound admiration. It was a world in which the young Doisneau felt much more at home than in the playground of the state school: "My childhood was these wastelands. My palm tree, my baobab, was the shaft of the gas lamp..."[12]

Intelligent as he was, the young Doisneau detested school and its discipline. He nevertheless obtained his *certificat d'études* at eleven, and at thirteen was successful in the entrance exam for the École Estienne, the Higher School of Graphic Arts and Trades in boulevard Auguste-Blanqui, near Place d'Italie. He had a talent for drawing and, since he enjoyed it, chose the graphic engraving workshop. This technique of engraving a limestone surface with stonemason's chisels and burins was already obsolescent. By the time Doisneau left the school, in the summer of 1929, his diploma was useless; the entire trade had been replaced by photomechanical methods. He nevertheless entered one of the few surviving workshops, that of Xavier Vincent in the Marais, only to leave it because he was so bored. In late 1929, he entered the Ullmann graphics art studio, a company specializing in pharmaceutical advertising. There, he designed lettering. By now, photography was rapidly becoming an important part of advertising. Ullmann installed a little photo lab on its premises under the charge of one Lucien Chauffard, whose assistant was none other than Robert Doisneau. He therefore learned on the job, making his photographic debut with a heavy wooden camera taking 9 × 12 cm plates. In fact, he had already made his earliest photographs with a folding bellows 9 × 12 field camera borrowed from his stepbrother: "I began taking photographs to make a record of things that I saw every day... When I was a child, there was a dead tree in front of the house that I tried to draw. My earliest photos satisfied the same need. And since I was very shy and didn't dare look at people, my attention focused on my environment."[13] His first picture showed a pile of cobblestones and was followed by images of fences, manhole covers, and gas lamps. These docile subjects delighted him. Meanwhile, his work at Ullmann's helped to refine his technique, which he further perfected, now that Lucien Chauffard had left the company, by taking his first publicity photos. His parents thought very little of photography but this new venture confirmed his belief that it, rather than drawing, would allow him to record what he saw. Moreover, "photography seemed a tiny bit wicked to me and I liked that... I could have become an old and seasoned expert, but I opted out..."[14] His first images were unpretentious and taken for the pleasure of the thing. But those around him took no pleasure in them at all and this made him angry. In one of his notebooks, we read: "I'm seventeen. I'm skinny and badly dressed and learning a trade that has no future. The things by which I'm surrounded are idiotic. When I show people my pics, they all chorus that it's just a waste of film. I don't care; I'm not stopping for them. Maybe one day someone will find in my images something like a snigger of disgust."[15]

Perhaps out of pity, his uncle, the mayor of Gentilly, commissioned a photographic record of the town. Doisneau spent his earnings on a 6 × 6 Rolleiflex – a camera that was to serve him for many years to come. For him, it was a token of liberty: "Seeing figures in the ground glass gave me courage... With my nose in the viewfinder, I looked almost reverential, it was like a genuflection, and that suited my shyness..."[16] Better suited to his "fishing" technique than the Leica, its competitor and the favorite camera of the "image hunter," his Rolleiflex thus accompanied him on long meandering voyages through banal suburbs; here were the multiple backdrops composing his little theater. The Sunday photographer thus came into being but the professional honed his technique so efficiently that, in 1931, Lucien Chauffard was back in contact to suggest a job as an operator with André Vigneau, a very famous photographer, draughtsman, and sculptor. Vigneau was a man of revolutionary theories; a whole new world opened up to Doisneau, that of the artistic avant-garde. At Vigneau's, he met painters, writers such as Prévert, and discovered in the books of photos selected from the magazine *Arts et Métiers Graphiques* (edited by Charles Peignot) works that he found overwhelming: shots by Germaine Krull, André Kertész, Brassaï's night photos, and pictures by Vigneau himself. From a technical point of view, Doisneau found in Vigneau a combination of masterful lighting technique with a strong sense of form, composition, and

the importance of backdrops. He heard talk of the Bauhaus, Soviet cinema, Surrealism, and Le Corbusier's urbanistic ideas: "Nowhere else did I find such an exhilarating atmosphere."[17]

This was more encouragement than Doisneau needed to embark on his own quest for images in the street. He took his courage in both hands and began photographing children, groups of adults, and scenes from daily life. In these unpretentious images, made for his own pleasure, he rediscovered his childhood territories. Doisneau was later to say of them: "Shyness produced a kind of censorship, making me photograph people from a distance; this produced a kind of space all around these scenes that I subsequently tried to replicate..."[18] In 1932, there came a first triumph: a series of images made at a flea market was sold to and published in the daily paper *L'Excelsior*, one of the first media outlets to grant photography and photojournalism a significant role.

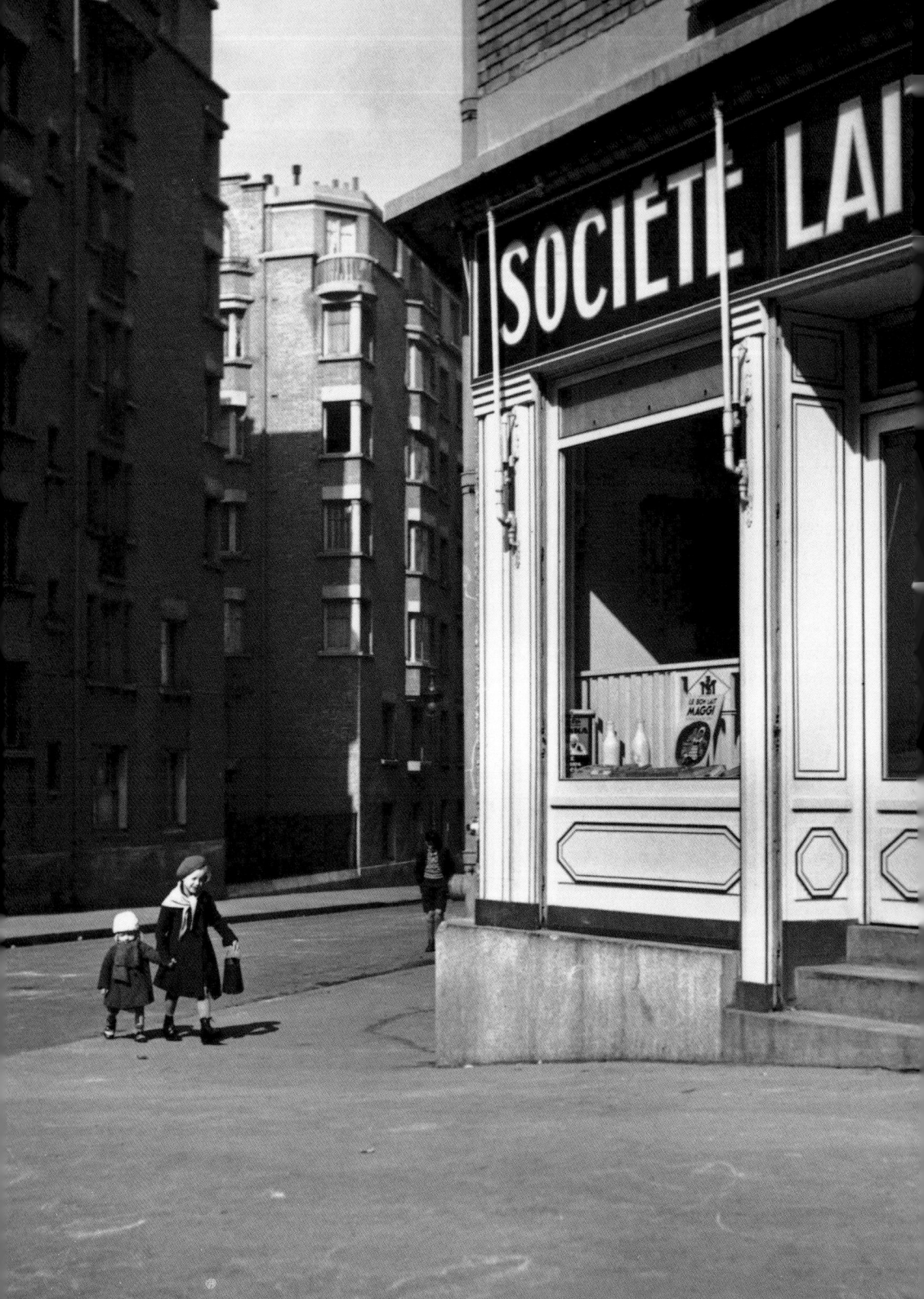

#1

Les années de jeunesse

1912–1939

C'est à l'école de la rue que le plus populaire des photographes français a su puiser la poésie, la tendresse, l'humour mais aussi ce regard concerné sur le monde qui nous entoure. Longtemps catalogué comme le photographe type du pittoresque parisien, de l'anecdote inattendue, de l'image aimable, une analyse plus aiguë de ses six décennies de « pêche aux images » fait apparaître dans son œuvre une profondeur, une réflexion qui en modifient ou en enrichissent, sans aucun doute, le sens immédiat. Robert Doisneau possède au plus haut point le sens des situations cocasses, insolites, et des décalages subtils qui, au-delà de l'anecdote, par des allusions légères, délivrent une signification différente. Force est de constater qu'à l'instar de l'œuvre des humoristes, les images que nous offre Robert Doisneau sont en fait plus graves qu'il n'y paraît. « Il y a quelque chose de pathétique dans la mariée qui boit un verre sur le zinc et celle qui monte le tape cul chez Gégène[1] », a-t-il déclaré un jour, ajoutant : « L'humour est une pudeur devant l'émotion. Quand le spectacle est trop tendre ou trop cruel, on se réfugie dans l'humour, ça évite l'impudeur.[2] »

Jacques Tati, Charlie Chaplin, Raymond Devos appartiennent au monde des grands comiques. Avec eux le rire est assuré, mais, derrière leur cocasserie, se dissimulent en réalité une tristesse, une mélancolie douce-amère qui crispe le sourire. Incontestablement, Robert Doisneau est des leurs. Bon nombre de ses images, au demeurant fort drôles, laissent sourdre une mélopée grise, une vision plus dure, peut-être involontairement grinçante du monde et des hommes. Ce qui le rapproche plus encore de Jacques Prévert et de Blaise Cendrars, autres bourlingueurs affirmés s'efforçant d'illuminer le monde sombre et sans chaleur les entourant, qui de sa rage, qui de son attendrissement. Au cours de sa longue marche, Doisneau a toujours excellé à saisir avant tout le réel, en s'appliquant à l'adoucir par une bonne dose d'humour cautérisant.

Ses images n'ont aujourd'hui pas vieilli, beaucoup moins en tout cas que d'autres plus ostensiblement modernes à leur époque mais que le temps a profondément affadies. Rien de tel avec Robert Doisneau tant son authenticité apparaît en filigrane dans toutes ses photographies. Chacune d'elles est un véritable autoportrait de l'homme que nous avons connu avec sa chaleur, sa finesse, sa pudeur, son respect des autres et surtout sa fantastique fraternité. Sa sincérité a toujours su balayer le misérabilisme,

Children Going to Fetch Milk / Petits enfants au lait, 1932

"At a time when photography was beginning to stake its own claim in advertising revenue, I was working in a studio that specialized in pharmaceutical ads... The boss was tight-fisted, but gave me complete creative freedom: 'Here you have granules, ampules, and pills, let your imagination go, be bold, give me compositions that will make the Draeger brothers turn pale with envy.' With this preparation, I strove to make pretty bouquets of all that pharmacopoeia..."

tout comme sa sensibilité à fleur de peau lui a permis de transformer la banalité des situations qu'il découvre de son œil gourmand. « Mon petit univers, photographié par peu de personnes, prend un aspect tellement exotique qu'il devient la réserve d'une faune étonnante. Moi, ils ne me font pas rire du tout... Même si j'ai personnellement une profonde envie de m'amuser, et toute ma vie je me suis amusé, je me suis fabriqué un petit théâtre.[3] » C'est pour ce théâtre que Doisneau n'a cessé d'écrire des histoires en images. « Chacune d'entre elles », écrit Albert Plécy, « est le départ d'un conte, ou un conte en elle-même. Autour du morceau de vie qu'elle vous apporte, vous pouvez reconstituer tout un quartier, toute une ville, toute une fête, toute une vie, toute une époque...[4] » Ce que confirme Doisneau lui-même : « Voir, c'est parfois se construire avec les moyens du bord un petit théâtre et attendre les acteurs. Attendre qui ? Je ne sais pas mais j'attends.[5] » Pour lui, « Paris est un théâtre où l'on paie sa place avec du temps perdu[6] ». C'est ce à quoi il s'est acharné toute sa vie. Plus pêcheur à la ligne que chasseur prédateur, Doisneau n'a cessé de ramasser sur le bitume tout un bouquet humanitaire d'instants, de rencontres, de décors dont il a fait son monde personnel. D'où son intérêt « pour toutes les valeurs non cotées en Bourse, pour tous les éléments jusqu'ici considérés comme négligeables et que les caprices de la lumière font surgir de l'ombre révélant de nouvelles ordonnances, montrant leur beauté propre et leur pouvoir émotionnel[7] ». Toujours

en solitaire, Doisneau n'a ainsi cessé de parcourir, même si ses pas l'ont parfois emmené beaucoup plus loin, son petit périmètre bien délimité entre Paris, Gentilly et Montrouge où il n'a cessé d'habiter. Là, sur son terrain favori, il excelle à déambuler et à cueillir toutes ces « petites fleurs séchées » qui constituent aujourd'hui un « herbier » de près de 450 000 négatifs. Avec, autour des grandes icônes, quelques perles qu'il est bon de découvrir pour mesurer la grandeur d'un talent qui ne cesse de nous enchanter et de nous éblouir par son pouvoir de capter dans ses filets mille et un aspects de la vie quotidienne qui se transforment par le prisme de sa magie, de sa sincérité et de sa tendresse en instants exceptionnels.

Cet optimisme est caractéristique de ce courant lyrique, attentif aux peines des hommes, chaleureux et fervent, qui a fortement marqué la photographie au lendemain du second conflit mondial. La photographie humaniste, comme on la dénomme, se caractérise par une générosité, un optimisme, une sensibilité aux joies simples de la vie, une attirance pour les personnages de la rue saisis en situation, comme par le symbolisme des scènes qui relèvent souvent d'un merveilleux social. Ce courant qui, toutefois, n'a jamais été une école, porte une attention particulière aux regards et aux sourires des gens de rencontre. Il connaîtra son apogée dans les années 1950 et trouvera son lieu d'élection favori dans le décor caractéristique des vieilles rues et des pavés luisants d'un Paris et d'une banlieue populaires.

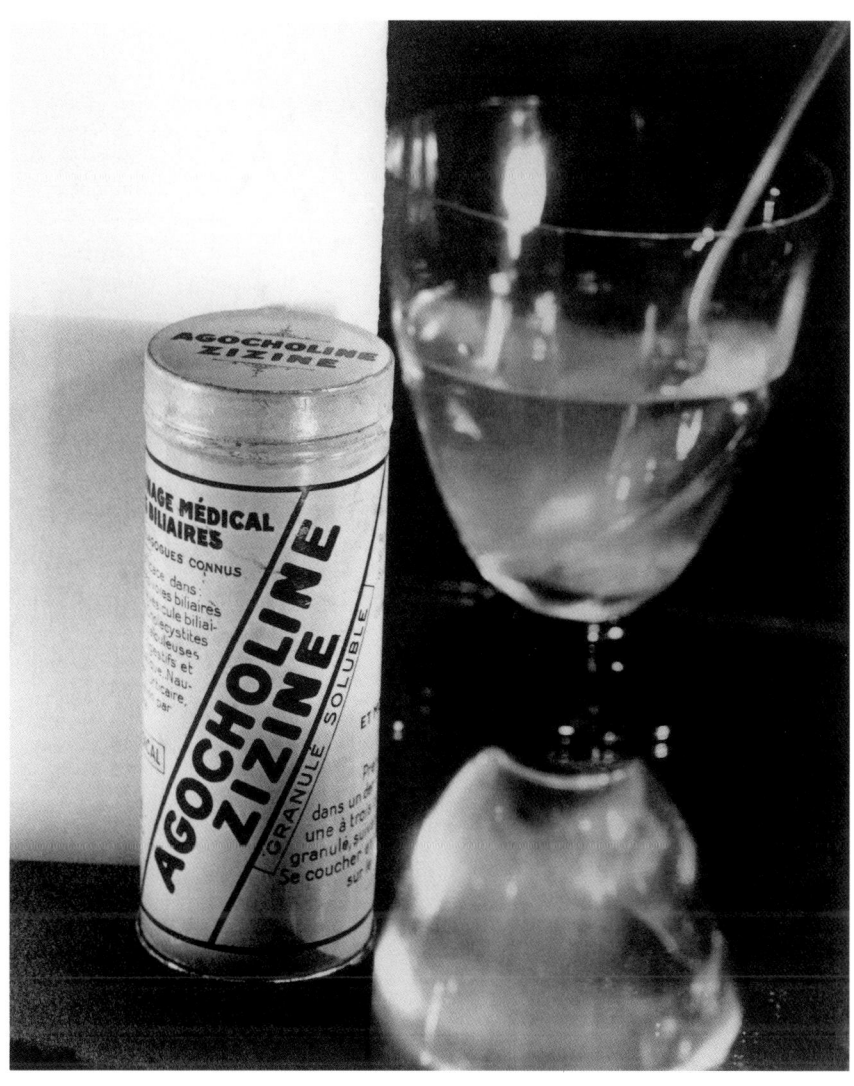

Ullmann Advertising Studio, 1930

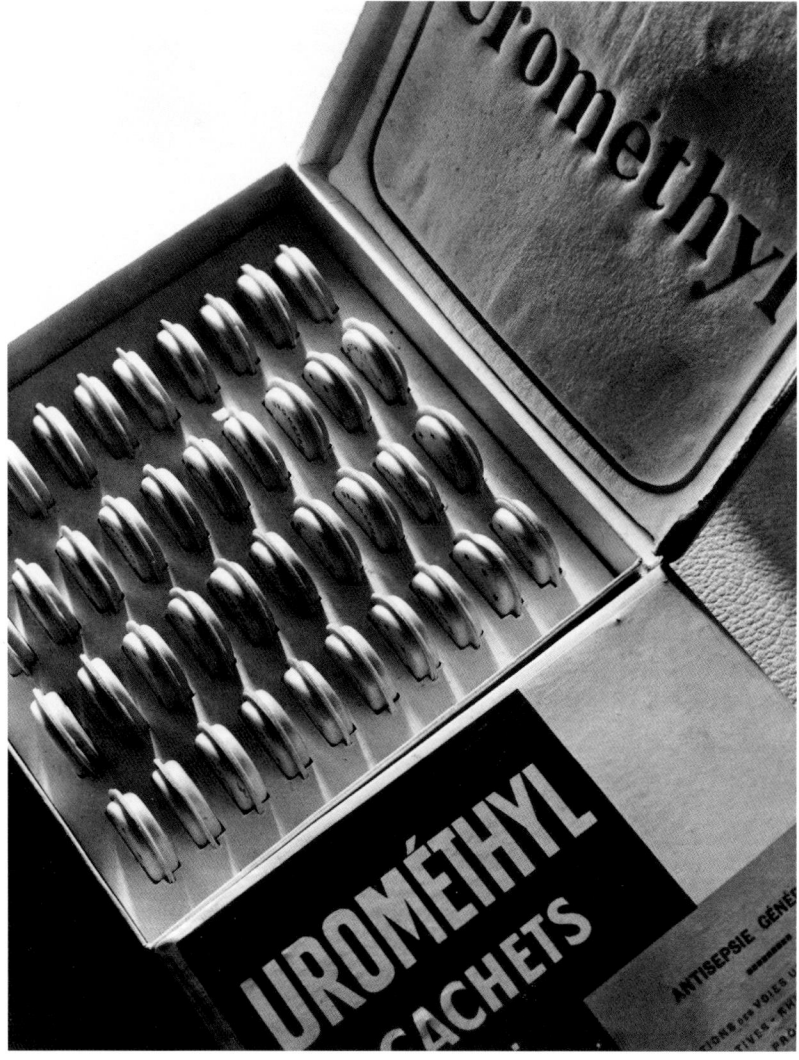

Ullmann Advertising Studio, 1930

C'est dans cette banlieue que Robert Doisneau va naître, connaître ses premières émotions et commencer l'édification de son petit théâtre. Un territoire dont il connaît chaque centimètre carré. « Je peux aller de Montrouge à la Porte Clignancourt en pointillés. Pas plus de quatre cents mètres à faire sans rencontrer quelqu'un de connaissance : un patron de bistrot, un ébéniste, un imprimeur, un peintre ou simplement un type de la rue... Je n'aime pas la foule, elle m'effraye. Je recherche plutôt l'individu, le regard, celui avec lequel on échange un peu de son âme.[8] » De ces rencontres inopinées, voire même parfois soigneusement mises en scène, naissent de véritables scènes de genre qui, écrit Jean-François Chevrier en 1983, se situent « entre le portrait posé et l'instantané, puisqu'elles supposent à la fois la saisie des personnages en action (dans une action familière) et leur participation à l'élaboration de l'image[9] ». En se prêtant volontairement ou non au jeu du photographe, tous ces personnages en garantissent l'authenticité. C'est sans doute pourquoi nous retrouvons dans toutes ces images une chaleur humaine, une impression de climat familier qui nous rend à notre tour complice de ce voleur d'instants. Et nous nous laissons prendre avec délice aux pièges de ce braconnier du regard en l'accompagnant de « fortifs » en bistrots, des clodos débonnaires aux bals du 14 juillet, de la guinguette Chez Gégène aux jardins des Tuileries. Autant de lieux habités d'enfants, d'amoureux, de personnages souvent étonnants.

Si Robert Doisneau excelle à nous conter les mille et un miracles de la rue c'est que ses propres racines plongent dans la terre grise et morne d'une banlieue où il a vu le jour, à Gentilly, un certain 14 avril 1912. Son père, Gaston, métreur en plomberie, va perdre son épouse en 1919 avant de se remarier trois années plus tard. D'où une enfance un peu perturbée, à quoi s'ajoute un caractère turbulent et indiscipliné. La rue déjà l'attire : « L'encanaillement de mes copains de la zone était très attirant, avec eux je m'amusais rudement bien. Il y avait des Italiens, des petits Russes, des Polonais, et puis des gars du cru, de Gentilly.[10] » Son paysage est celui des petites industries installées le long de la Bièvre, une rivière nauséabonde – aujourd'hui souterraine – polluée par les rejets des peausseries et des chamoiseries installées sur ses rives, mais qui reste pour lui un morceau d'espace naturel dans un univers chaotique de pavillons, de cabanes familiales, d'immeubles naissants. Le tout ceinturé par « la zone », grande bande de terrains vagues située le long des anciennes fortifications qui entouraient Paris. Morne paysage sans doute mais également symbole de liberté « où il était possible de partir en voyage dans une vieille carcasse de bagnole[11] ». La poterne des Peupliers, la porte de Gentilly, les abattoirs de Vaugirard, le tunnel de la Bièvre et tous les terrains vagues forment un univers qu'avait déjà sillonné Eugène Atget, un marginal à qui Robert Doisneau voue une véritable admiration. C'est dans cet univers que s'ébat le jeune

« J'ai pris un malin plaisir à mettre en lumière les laissés-pour-compte, aussi bien parmi les humains que dans le choix des décors... »

Doisneau bien plus à l'aise que dans la cour de l'école publique. « Mon enfance, c'était les terrains vagues. Et mon palmier, mon baobab, c'est le tronc du bec de gazaaaa...[12] »

Quoiqu'élève intelligent, Doisneau n'apprécie guère l'école et sa discipline. Ce qui ne l'empêche pas d'obtenir son certificat d'étude à onze ans, et à treize ans d'être admis au concours d'entrée de l'école Estienne, l'École supérieure des arts et industries graphiques située boulevard Blanqui, près de la place d'Italie. Son goût pour le dessin qu'il pratique avec une certaine dextérité l'incite à choisir l'atelier de gravure lithographique. Une technique déjà désuète qui consistait à graver à l'aide de pointes et d'échoppes la surface d'une pierre calcaire. Lorsque, à l'été 1929, son diplôme obtenu, Doisneau sort de l'école, ce métier n'existe déjà plus, remplacé par les procédés photomécaniques. Il entre cependant dans l'un de ces vieux ateliers survivants, installé dans le Marais, l'atelier Xavier Vincent, qu'il quittera rapidement – pour cause d'ennui – pour entrer comme dessinateur de lettres, à la fin de cette même année 1929, dans l'atelier d'arts graphiques Ullmann, rue Lecourbe, maison spécialisée dans la publicité pharmaceutique.

À cette époque la publicité utilisait chaque jour davantage la photographie. Ullmann va installer dans ses locaux un petit laboratoire photographique qui sera confié à un certain Lucien Chauffard, bientôt assisté du jeune Robert Doisneau... lequel fera ses premières armes, sur le tas, en manipulant un lourd appareil en bois 9 x 12. En réalité ses toutes premières photographies, Doisneau les réalise avec un appareil à soufflet 9 × 12 emprunté à son demi-frère. « J'ai commencé à faire des photographies pour inscrire ce que je voyais tous les jours... Devant la maison, quand j'étais gosse, il y avait un arbre mort que j'essayais de dessiner. Mes premières photos répondaient au même besoin ! Et comme j'étais très timide, je n'osais pas regarder les gens, mon attention était concentrée sur les décors.[13] » Son premier cliché, qui représente un tas de pavés, sera suivi d'autres images de palissades, de plaques d'égout, de becs de gaz... Autant de sujets dociles qui le remplissent d'aise. Mais les travaux pratiqués chez Ullmann vont l'aider à améliorer une technique qu'il rode en réalisant lui-même – Lucien Chauffard ayant quitté son emploi – ses premiers clichés publicitaires. Cette activité, si elle n'est guère goûtée par ses parents, va le conforter dans sa certitude que la photographie pouvait, mieux que le dessin, lui permettre d'inscrire ce qu'il voyait. Et puis « la photographie, ça me semblait un peu canaille et ça me plaisait... J'aurais pu devenir un vieil ouvrier habile, mais j'ai désobéi...[14] » Ses premières images sont faites sans prétention, pour le simple plaisir. Un plaisir que son

entourage ne partage guère, ce qui le fait enra-
ger. Dans un de ses carnets on peut lire : « J'ai
17 ans. Je suis maigre et mal fringué. J'apprends
un métier sans avenir. Le décor qui m'entoure
est absurde. Quand je montre mes photos à mon
entourage, ils sont tous d'accord, c'est de la pel-
licule gâchée. M'en fous, je continuerai quand
même. Un jour peut-être il y en aura un pour
trouver dans mes images comme un ricanement
révolté.[15] »

Par compassion peut-être, son oncle, maire
de Gentilly, lui commande un reportage sur sa
ville. Avec la somme ainsi obtenue, Doisneau
va s'empresser d'acheter un Rolleiflex 6 x 6, un
appareil qui ne le quittera plus pendant longtemps. Un appareil, pour lui, gage de liberté :
« Voir dans le dépoli passer les silhouettes me
donnait de l'audace… Le nez dans le capuchon
du viseur permettait une attitude respec-
tueuse, presque une génuflexion, qui convenait
à ma timidité…[16] » Plus adapté à sa nature de
« pêcheur à la ligne » que son concurrent le
Leïca, appareil favori du « chasseur d'images »,
le Rolleiflex et Robert Doisneau vont ainsi
entamer un long périple au travers d'une
banlieue banale d'où sortiront les multiples
décors qui composeront son petit théâtre. Si le
photographe du dimanche était né, le profes-
sionnel peaufine ses connaissances, d'autant
qu'en 1931 Lucien Chauffard le recontacte pour
lui proposer d'entrer comme opérateur chez
André Vigneau, photographe, dessinateur et
sculpteur très célèbre. Chez cet homme, aux
théories révolutionnaires, un monde nouveau

s'ouvre à lui, celui de l'avant-garde artistique. Il
y rencontre des peintres, des écrivains comme
Jacques Prévert et y découvre dans la revue de
Charles Peignot, *Arts et Métiers graphiques*,
des photographies qui le bouleversent : celles
de Germaine Krull, de André Kertész, les photos de nuit de Brassaï ou celles de Vigneau lui-
même. Du point de vue technique, Doisneau
découvre chez ce maître une science de l'éclai-
rage, le sens des formes, de la composition et
l'importance des décors. Tout en entendant
parler du Bauhaus, du cinéma soviétique, du
surréalisme, des conceptions urbanistiques
de Le Corbusier : « Nulle part ailleurs, je n'ai
trouvé de climat aussi tonique.[17] »

C'est moins qu'il n'en faut pour persuader
Doisneau de poursuivre sa quête d'images
dans la rue. Il s'enhardit à photographier les
enfants, des groupes d'adultes, des scènes
quotidiennes. De ces images sans prétention,
faites pour le plaisir, où il retrouve les terrains de son enfance, Doisneau dira plus tard :
« … Cette censure imposée par la timidité, en
me faisant prendre les gens de loin, donnait
tout autour des scènes cet espace que j'ai
cherché à retrouver par la suite…[18] » En 1932,
première joie : une série d'images réalisée au
marché aux Puces est vendue et publiée dans le
quotidien *L'Excelsior*, un des premiers supports
à accorder à la photographie et au photojourna-
lisme une place importante.

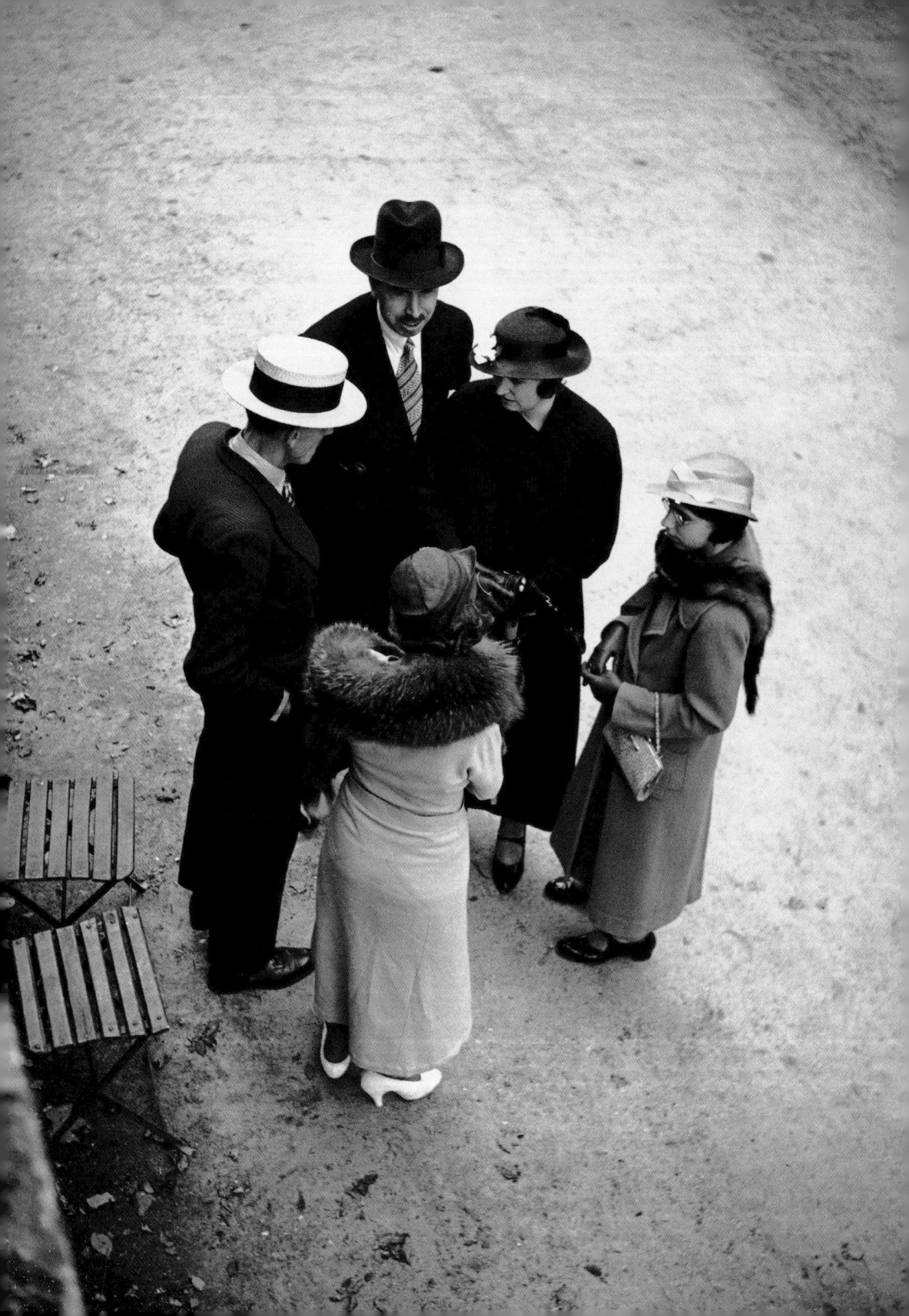

#1

Jugendjahre

1912–1939

Den Sinn für das Poetische, die liebevolle Zuwendung, den Humor, aber auch den engagierten Blick auf die Welt um uns herum – all das hat der wohl beliebteste französische Fotograf auf der Straße gelernt. Lange Zeit galt Robert Doisneau als der Fotograf der pittoresken Parisbilder, der überraschenden Momente, der liebenswerten Szenen. Schaut man sich das Werk aus den sechs Jahrzehnten, in denen er auf „Bilderfang" ging, genauer an, kommt jedoch eine Tiefe, eine Nachdenklichkeit zum Vorschein, die den unmittelbaren Bildeindruck verändert und bereichert. Doisneau verfügte über einen ausgeprägten Sinn für komische Situationen, für das Ungewöhnliche, für subtile Diskrepanzen, die durch zwanglose Anspielungen neue Dimensionen jenseits des Anekdotischen erschließen. Wie bei vielen Humoristen liegt in den Bildern Robert Doisneaus ein größerer Ernst, als es zunächst den Anschein hat: „Es ist schon irgendwie pathetisch, wenn eine Braut am Tresen trinkt oder bei Gégène auf der Wippe sitzt",[1] meint Doisneau, und: „Humor ist eine Art Schamgefühl vor Emotionen. Wenn das Geschehen zu anrührend oder zu schrecklich wird, flüchtet man sich in den Humor, das bewahrt vor Peinlichkeit."[2]

Jacques Tati, Charlie Chaplin oder Raymond Devos zählen zu den ganz großen Komikern, aber hinter der Komik verbirgt sich eine Traurigkeit, eine zartbittere Melancholie, die das Lächeln gefrieren lässt. Robert Doisneau gehört zweifellos in diesen Kreis. Nicht wenige seiner Bilder haben, so komisch sie auch sind, etwas Trauriges, verraten einen schonungslosen, vielleicht auch unfreiwillig sarkastischen Blick auf die Welt und den Menschen. Damit steht Doisneau Jacques Prévert und Blaise Cendrars nahe, die bei ihren Streifzügen die düstere und kalte Welt, die sie umgab, erhellen wollten; der eine durch seine Wut, der andere durch seine Anteilnahme. Vor allem aber ist es Doisneau stets gelungen, die Wirklichkeit zu erfassen und sie durch eine gehörige Portion Humor zu entschärfen.

Seine Bilder wirken nicht veraltet, weniger jedenfalls als viele andere, die als moderner galten, die inzwischen völlig unzeitgemäß sind. Robert Doisneaus Fotografien jedoch erscheinen uns auch heute noch bis ins Detail authentisch. Jedes seiner Bilder ist letztlich ein Selbstporträt des Mannes, der sich durch seine menschliche Wärme, Feingefühl, Takt und Respekt vor den Mitmenschen, vor allem aber durch einen unglaublichen Sinn für Solidarität

Sunday Walk / Promenade dominicale, Jardin des Tuileries, 1934

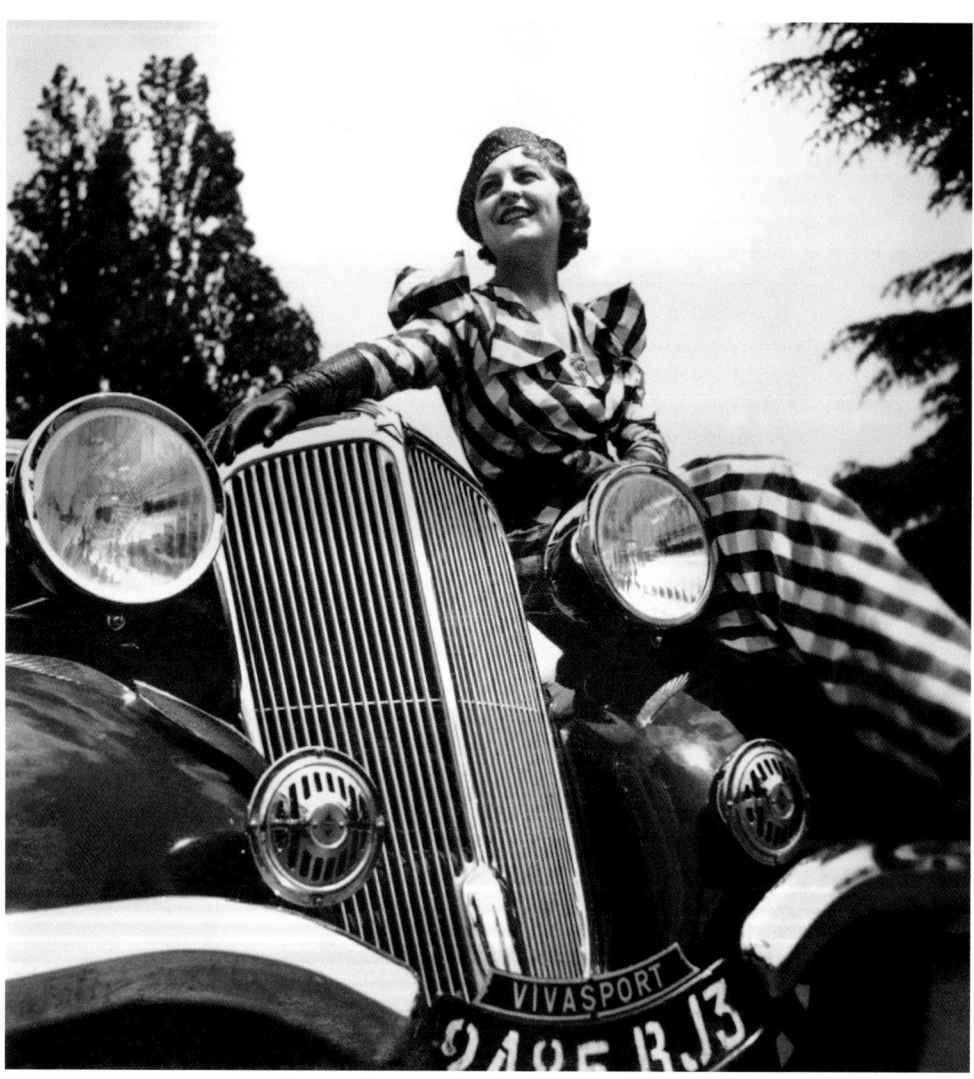

Competition of Elegance, Vivasport, 1935

„Ich hatte großen Spaß daran, das Abseitige ins rechte Licht zu setzen, die Menschen ebenso wie die Orte …"

auszeichnete. Seine Ernsthaftigkeit hat ihn stets davor bewahrt, Not und Elend sentimental zu verklären, sein Fingerspitzengefühl versetzte ihn in die Lage, etwas aus den an sich banalen Situationen zu machen, die sein unersättliches Auge erfasste. „Meine kleine, von wenigen fotografierte Welt nimmt derart exotische Züge an, dass sie zum Schutzgebiet einer sonderbaren Fauna wird. Mich bringt sie nicht zum Lachen (…). Auch wenn ich persönlich große Lust habe, mich zu amüsieren, und ich habe mich ein Leben lang amüsiert, habe ich mir ein kleines Theater gebaut."[3] Und genau für dieses Theater hat Doisneau unermüdlich seine Bildgeschichten verfasst. „Jede von ihnen", schreibt Albert Plécy, „ist der Ausgangspunkt für eine Erzählung, oder sie ist selbst eine Erzählung. Aus dem Stückchen Leben, das sie uns darbietet, können wir ein ganzes Stadtviertel erschließen, eine ganze Stadt, ein ganzes Fest, ein ganzes Leben, eine ganze Epoche (…)."[4] Doisneau sieht das ähnlich: „Sehen, das heißt manchmal, sich mit wenigen Mitteln eine kleine Bühne bauen und dann auf die Schauspieler warten. Auf wen wartet man? Ich weiß es nicht, trotzdem warte ich."[5] Für ihn ist „Paris (…) ein Theater, in dem man seinen Sitzplatz mit verschwendeter Zeit bezahlt".[6] Genau darauf war er ein Leben lang

versessen. Er war eher ein Angler als ein Jäger auf der Pirsch, er hat Augenblicke, Begegnungen und Kulissen im Bild gebannt und sich seine ganz persönliche Welt erschaffen. Daher rührt auch sein Interesse an „all den Werten, die nicht an der Börse notiert werden, all den Aspekten, die man bislang glaubte vernachlässigen zu können, die das launische Licht aus dem Schatten treten lässt, sodass neue Strukturen sichtbar werden und sich ihre ganz eigene Schönheit und emotionale Kraft zeigt".[7] So wird Doisneau, der stets allein unterwegs ist, nie müde, sein klein abgestecktes Revier zwischen Paris, Gentilly und Montrouge zu durchstreifen, und er ist aus dieser Gegend auch nie fortgezogen. Dort, auf seinem bevorzugten Terrain, hat er bei seinen Wanderungen all die „kleinen Trockenblumen" gesammelt, die heute in einem „Herbarium" von rund 450.000 Negativen vorliegen. Neben den bekannten Ikonen ist manch verborgener Schatz zu entdecken: Aufnahmen, die zeigen, welch großes Talent hier am Werke war, das uns noch immer zu bezaubern und in Erstaunen zu versetzen vermag. Er konnte unzählige Aspekte des Alltagslebens erfassen und sie durch seine Aufrichtigkeit und Anteilnahme in außergewöhnliche Augenblicke verwandeln.

Diese optimistische Haltung ist charakteristisch für eine lyrische Strömung der Nachkriegsfotografie, die sich durch eine Hinwendung zu den Nöten der Menschen, durch Menschlichkeit und Leidenschaft auszeichnete. Die „Photographie humaniste" war geprägt von Großherzigkeit und Optimismus, von einem Gespür für die einfachen Freuden des Lebens, vom Interesse an Menschen, wie man sie auf der Straße trifft, in authentischen Situationen und in Szenen, die in ihrer Symbolik nicht selten das Wunderbare im Sozialen aufscheinen lassen. Diese Strömung hatte eine Vorliebe für den zufälligen Blick, das flüchtige Lächeln in der Alltagsbegegnung. Ihren Höhepunkt erreichte sie in den 1950er-Jahren, ihre bevorzugten Schauplätze waren die alten Straßen und das schillernde Pflaster von Paris und seinen einfachen Vorstadtvierteln.

Dort, in einem der Außenbezirke, kam Robert Doisneau zur Welt, dort entdeckte er seine ersten Leidenschaften, und dort begann er, sich sein kleines Theater zu bauen. Auf diesem Terrain kannte er jeden Quadratzentimeter. „Von Montrouge zur Porte de Clignancourt kann ich auf Zehenspitzen gehen. Ich komme keine 400 Meter weit, ohne einen Bekannten zu treffen: den Wirt eines Bistros, einen Tischler, einen Drucker, einen Maler oder einfach nur einen von der Straße (...). Ich mag Menschenmengen nicht, die machen mir Angst. Ich suche eher den Einzelnen, den Blick, jemanden, mit dem man teilt, was man auf dem Herzen hat.“[8] Aus diesen unverhofften, manchmal aber auch sorgsam inszenierten Begegnungen entstanden regelrechte Genreszenen. Eine solche Aufnahme ist, schreibt Jean-François Chevrier 1983, angesiedelt „zwischen Porträtpose und Momentaufnahme, denn sie setzt zugleich voraus, dass die Personen in einer (unspektakulären) Handlung erfasst werden und dass sie an der Entstehung des Bildes mitwirken“.[9] Indem sie sich – bewusst oder unbewusst – auf das Spiel des Fotografen einlassen, garantieren die Fotografierten die Authentizität der Aufnahme. Deshalb trifft man in all diesen Bildern auf eine menschliche Wärme, den Eindruck einer vertrauten Stimmung, die uns zum Komplizen des Fotografen machen, der gleichsam den Augenblick gestohlen hat. Nur zu gern gehen wir diesem Wilderer der Blicke auf den Leim, wenn wir ihn von den Befestigungsanlagen am Stadtrand in die Bistros begleiten, von den gutmütigen Clochards zu den Festen am Nationalfeiertag, vom Ausflugslokal Chez Gégène zu den Tuilerien – zu all diesen Orten mit ihren Kindern, Liebespaaren und wunderlichen Existenzen.

Robert Doisneau hat es auch deshalb so gut verstanden, uns die Wunder der Straße zu zeigen, weil er selbst der grauen, tristen Banlieue entstammt. Er erblickt am 14. April 1912 in Gentilly das Licht der Welt. Sein Vater, der Klempnermeister Gaston Doisneau, verliert 1919 seine Frau; drei Jahre später heiratet er ein zweites Mal. So hat der junge Robert eine recht unruhige Kindheit, hinzu kommt sein wildes, undiszipliniertes Temperament. Schon damals fasziniert ihn die Straße: „Den wilden Haufen meiner Kameraden aus den Elendsquartieren fand ich großartig, mit ihnen hatte ich riesigen Spaß. Da gab es Italiener, Russen, Polen und Eigengewächse aus Gentilly.“[10] Sein Revier ist geprägt von den kleinen Gewerbebetrieben am Ufer der Bièvre – einer übel riechenden Kloake, in die all die Gerbereien und Lederfabriken ihre Abwässer leiten, die für Doisneau gleichwohl ein Stück

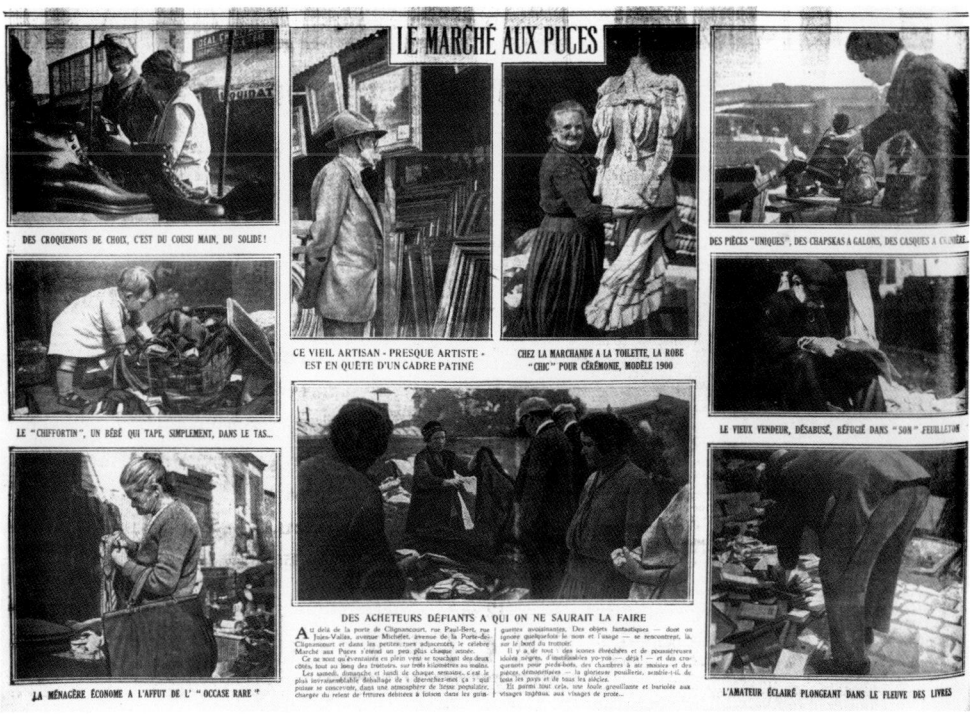

First reportage, published in L'Excelsior, Saint-Ouen, 1932

Natur ist, mitten in einem Chaos aus Baracken, elenden Hütten und Rohbauten. Das Ganze war eingefasst von der „Zone", dem breiten Gürtel Brachland vor den Befestigungsanlagen um Paris – eine triste Kulisse, doch zugleich ein Symbol der Freiheit, „wo man mit einer klapprigen alten Seifenkiste auf die Reise gehen konnte".[11] Die Poterne des Peupliers, die Porte de Gentilly, die Schlachthöfe von Vaugirard, der Bièvre-Tunnel,

die vielen brachliegenden Grundstücke – sie bildeten eine ganz eigene Welt, die bereits Eugène Atget durchstreift hatte, auch er ein Grenzgänger, den Robert Doisneau sehr bewunderte. In dieser Welt streunte der junge Doisneau viel lieber herum als auf dem Schulhof. „Meine Kindheit, das war das Brachgelände. Meine Palmen, meine Affenbrotbäume, das waren die Pfähle der Gaslaternen."[12]

Doisneau ist ein intelligenter Schüler, doch der Schule und ihrer Disziplin kann er wenig abgewinnen. Trotzdem macht er mit elf Jahren seinen Schulabschluss, mit 13 wird er zur Eingangsprüfung der École Estienne zugelassen, einer Kunstgewerbeschule am Boulevard Blanqui in der Nähe der Place d'Italie. Da er gern und mit einigem Geschick zeichnet, entscheidet er sich für eine Ausbildung in einer lithografischen Werkstatt. Bei dieser damals schon etwas überholten Technik wird mit der Oberfläche eines bearbeiteten Kalksteins gedruckt. Als Doisneau im Sommer 1929 mit dem Diplom in der Tasche die Schule verlässt, ist dieses Gewerbe bereits weitgehend von fotomechanischen Verfahren abgelöst worden. Doisneau arbeitet zunächst in einer der alten Druckereien, die sich noch gehalten haben, im Atelier Xavier Vincent im Marais, verlässt sie aber schon bald wieder, weil ihn die Arbeit langweilt. Ende desselben Jahres beginnt er schließlich als typografischer Zeichner bei Ullmann in der Rue Lecourbe, einem Atelier, das auf Arzneimittelwerbung spezialisiert ist. In dieser Zeit kommt die Fotografie in der Werbung immer stärker zum Einsatz. So richtet auch Ullmann ein kleines Fotolabor unter der Leitung von Lucien Chauffard ein. Bald schon unterstützt ihn der junge Doisneau. Dieser verdient sich seine Sporen als Fotograf mit einer klobigen Kamera im Format 9 x 12. Tatsächlich sind die allerersten Aufnahmen von Doisneau mit einer solchen Balgenkamera gemacht, die er sich von seinem Halbbruder geborgt hatte:

„Ich begann zu fotografieren, um aufzuzeichnen, was ich alle Tage sah (…). Als ich ein kleiner Junge war, stand vor unserem Haus ein abgestorbener Baum, den ich zu zeichnen versucht habe. Meine ersten Fotografien dienten demselben Zweck! Da ich schrecklich schüchtern war, traute ich mich nicht, die Menschen anzuschauen, meine ganze Aufmerksamkeit galt den Kulissen.“ [13] Seiner ersten Aufnahme, die einen Haufen Pflastersteine zeigt, folgen Bilder von Bretterzäunen, Kanaldeckeln, Gaslaternen … Harmlose Motive, die ihm Freude bereiten. Die Arbeit im Atelier Ullmann hilft ihm, seine Technik zu verbessern, die er selbst weiterentwickelt, als er nach dem Ausscheiden von Lucien Chauffard seine ersten eigenen Werbefotos macht. Bei dieser Tätigkeit, die seinen Eltern gar nicht gefällt, gelangt er zu der Gewissheit, dass die Fotografie eher als die Zeichnung geeignet ist, das zum Ausdruck zu bringen, was er sieht. „(…) die Fotografie fand ich etwas ordinär, und das hat mir gefallen (…). Ich hätte in Ehren ein alter Handwerker werden können, aber ich sträubte mich (…).“ [14] Seine ersten Aufnahmen sind unprätentiös, ein bloßer Zeitvertreib. Ein Vergnügen, das sein Umfeld nicht zu schätzen weiß, was ihn wütend macht. In einem seiner Notizbücher ist zu lesen: „Ich bin 17. Ich bin mager und schlecht gekleidet. Ich lerne ein Handwerk, das keine Zukunft hat. Um mich herum eine absurde Umgebung. Wenn ich meine Fotos meinen Bekannten zeige, finden alle, dass es schade um den Film ist. Mir egal, ich mache trotzdem weiter. Eines Tages wird es vielleicht einen geben, der in meinen Bildern so etwas wie ein rebellisches Lachen findet."[15]

Vielleicht aus Mitleid erteilt ihm sein Onkel, der Bürgermeister von Gentilly, den Auftrag für eine Fotoreportage über die Stadt. Mit dem verdienten Geld kauft sich Doisneau sofort eine Rolleiflex 6 x 6, eine Kamera, die er noch viele Jahre verwenden wird und die für ihn Freiheit bedeutete: „(...) auf der Mattscheibe die Silhouetten vorbeiziehen zu sehen, machte mich mutig (...). Mit der Nase in der Klappe des Suchers konnte man eine respektvolle Haltung einnehmen, fast ein Kniefall, was meiner Schüchternheit entgegenkam (...)."[16] Die Rolleiflex entsprach Doisneaus „Anglermentalität" eher als das von den „Bilderjägern" bevorzugte Konkurrenzmodell von Leica. Jedenfalls sollte sie ihn auf ungezählten Gängen durch die einfachen Vorstadtviertel von Paris begleiten, in denen er die Kulissen für sein kleines Theater fand. Zunächst ist er ein typischer Sonntagsfotograf, doch zugleich erweitert er seine Kenntnisse systematisch, bis ihn Lucien Chauffard 1931 schließlich fragt, ob er bei dem berühmten Fotografen, Zeichner und Bildhauer André Vigneau als Assistent anfangen wolle. Bei diesem Mann mit seinen revolutionären Ideen eröffnet sich Doisneau eine ganz neue Welt: die der avantgardistischen Kunst. Er lernt dort Maler kennen und Schriftsteller wie Jacques Prévert, entdeckt in den Ausgaben der Zeitschrift *Arts et Métiers Graphiques* von Charles Peignot Fotografien, die ihn tief berühren:

Aufnahmen von Germaine Krull und André Kertész, die Nachtaufnahmen von Brassaï und die von Vigneau selbst. In technischer Hinsicht lernt Doisneau bei seinem Meister die Kunst der Beleuchtung, den Sinn für Formen und Komposition, die Bedeutung der Inszenierung. Und er hört vom Bauhaus, vom sowjetischen Film, vom Surrealismus, von den stadtplanerischen Ideen Le Corbusiers. „Nirgends sonst habe ich je eine derart anregende Atmosphäre erlebt."[17]

Mehr brauchte es nicht, um Doisneau zu ermutigen, weiter Fotos in den Straßen von Paris zu machen. Er fotografiert Kinder, Erwachsene, Alltagsszenen. Über diese einfachen Bilder, die er zum eigenen Vergnügen macht und für die er wieder durch das Revier seiner Kindheit streift, schreibt Doisneau später: „Ich war recht schüchtern, weshalb ich die Leute aus einiger Entfernung aufnahm, und so bekamen die Szenen einen weiten Raum, den ich später wieder zu erreichen suchte (...)."[18] 1932 dann ein erster Grund zur Freude: Er verkauft eine Serie von Bildern, die auf dem Pariser Flohmarkt entstanden sind, und sie erscheinen in der Tageszeitung *L'Excelsior*, einem der ersten Blätter, die der Fotografie und der Fotoreportage große Bedeutung beimessen.

The First Images

"My first photo was of a pile of cobblestones.
I was so shy I didn't dare raise my eyes to real live people,
so I photographed things. The second photo was
of a gas streetlamp..."

Hoarding, Gentilly, 1930

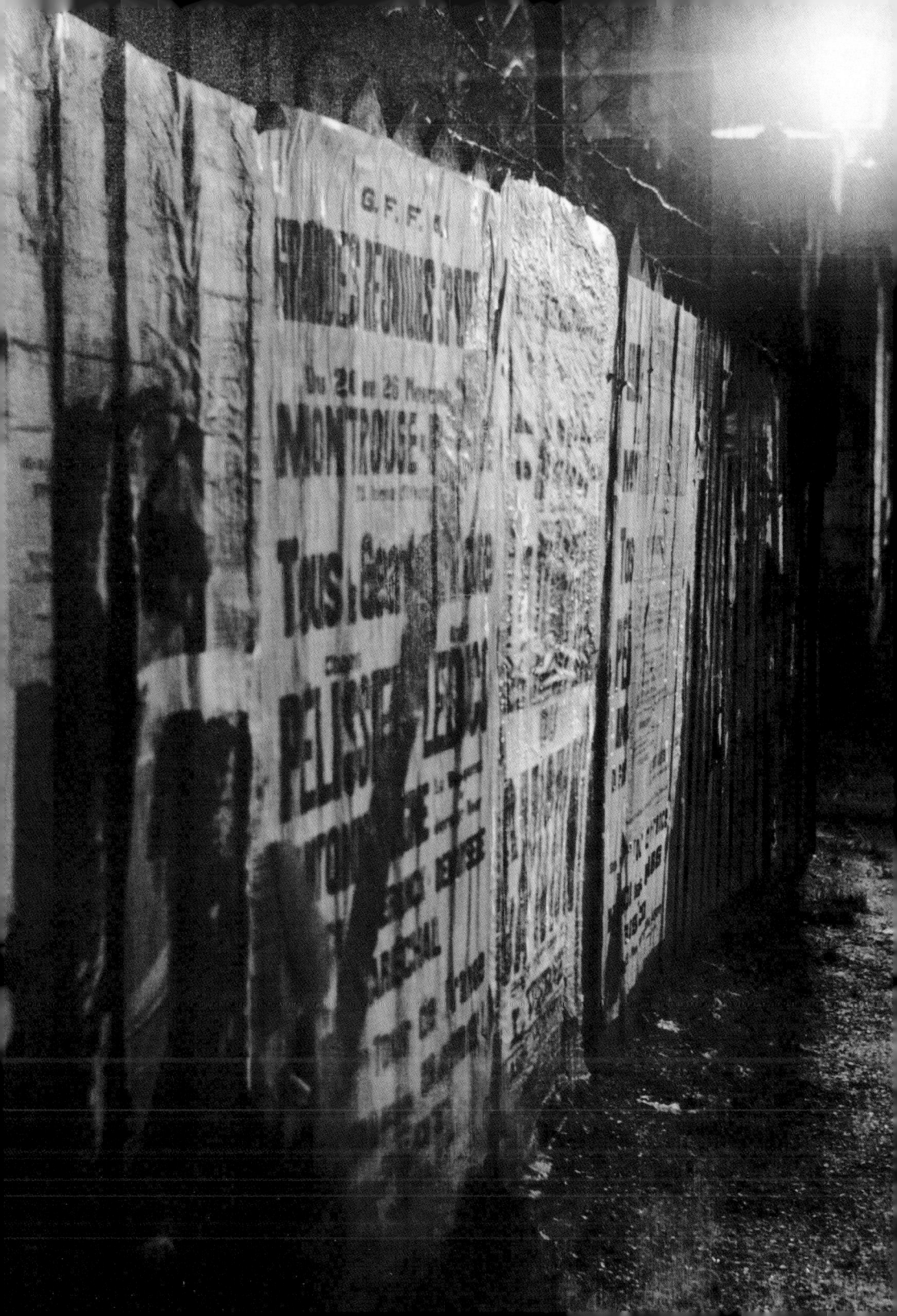

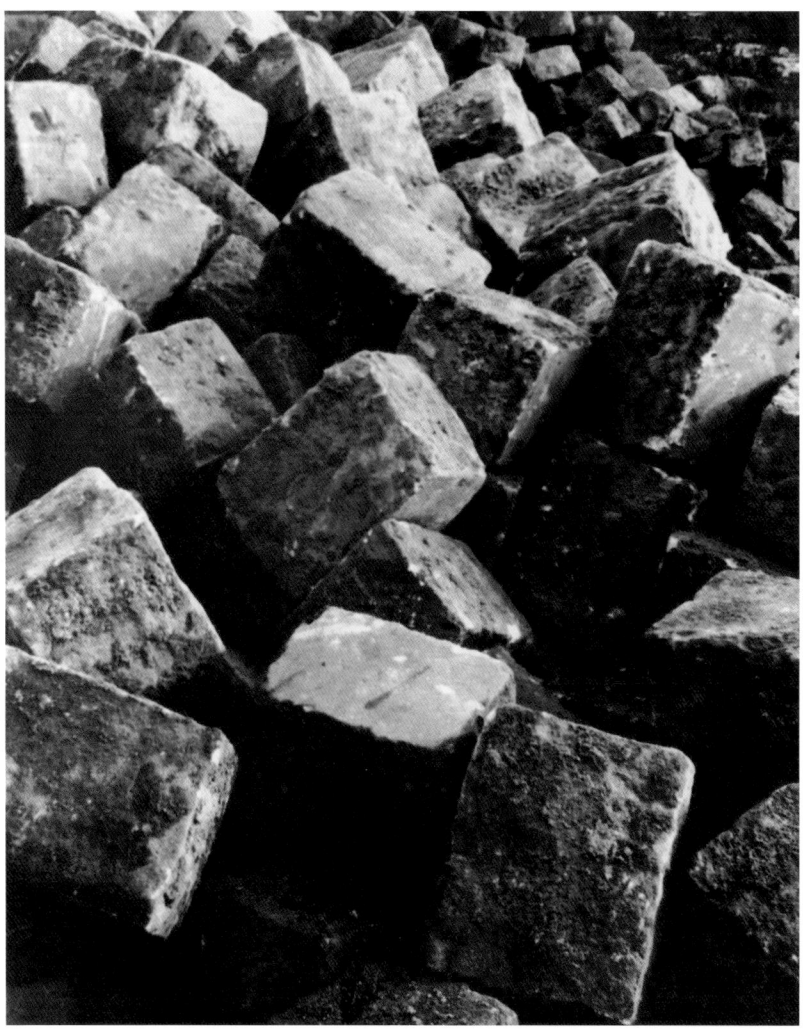

Cobblestones, 1930

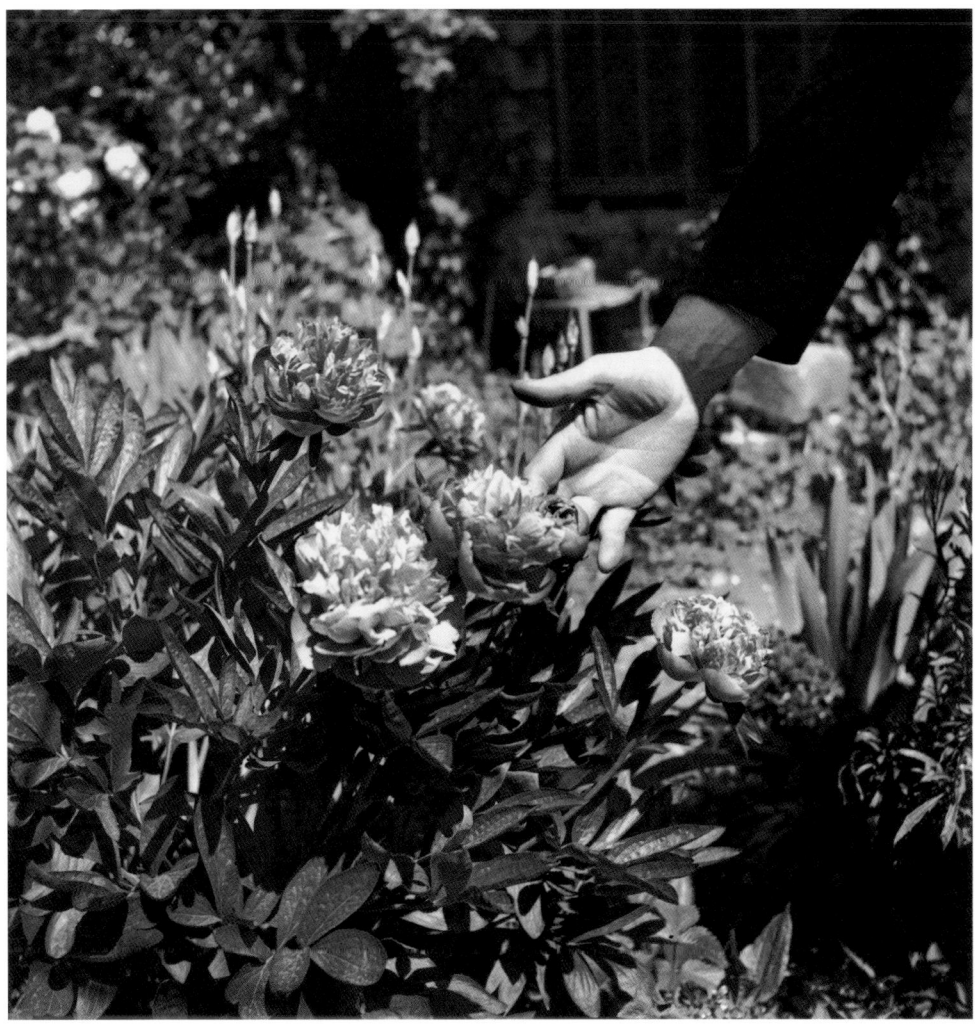

Hand and Flowers, Gentilly, 1930

"At last I was able to record the noble subject of a gas streetlamp.
This streetlamp was the first flower of a bouquet composed
entirely of urban furniture...Piles of cobblestones, tree grids,
construction-site lamps, manhole covers, my little harvest delighted
me ... even today I find nothing ridiculous about my sense
of wonder..."

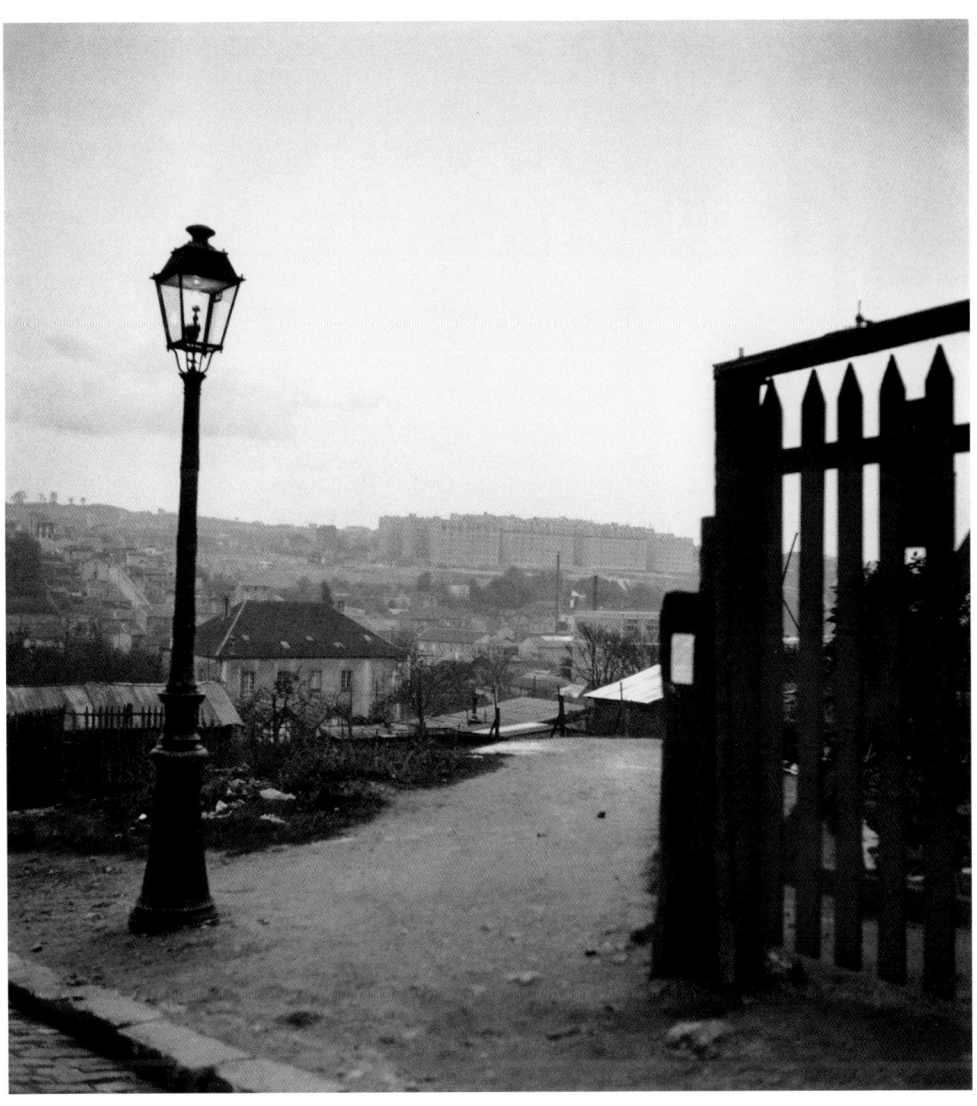

Gentilly, c. 1930

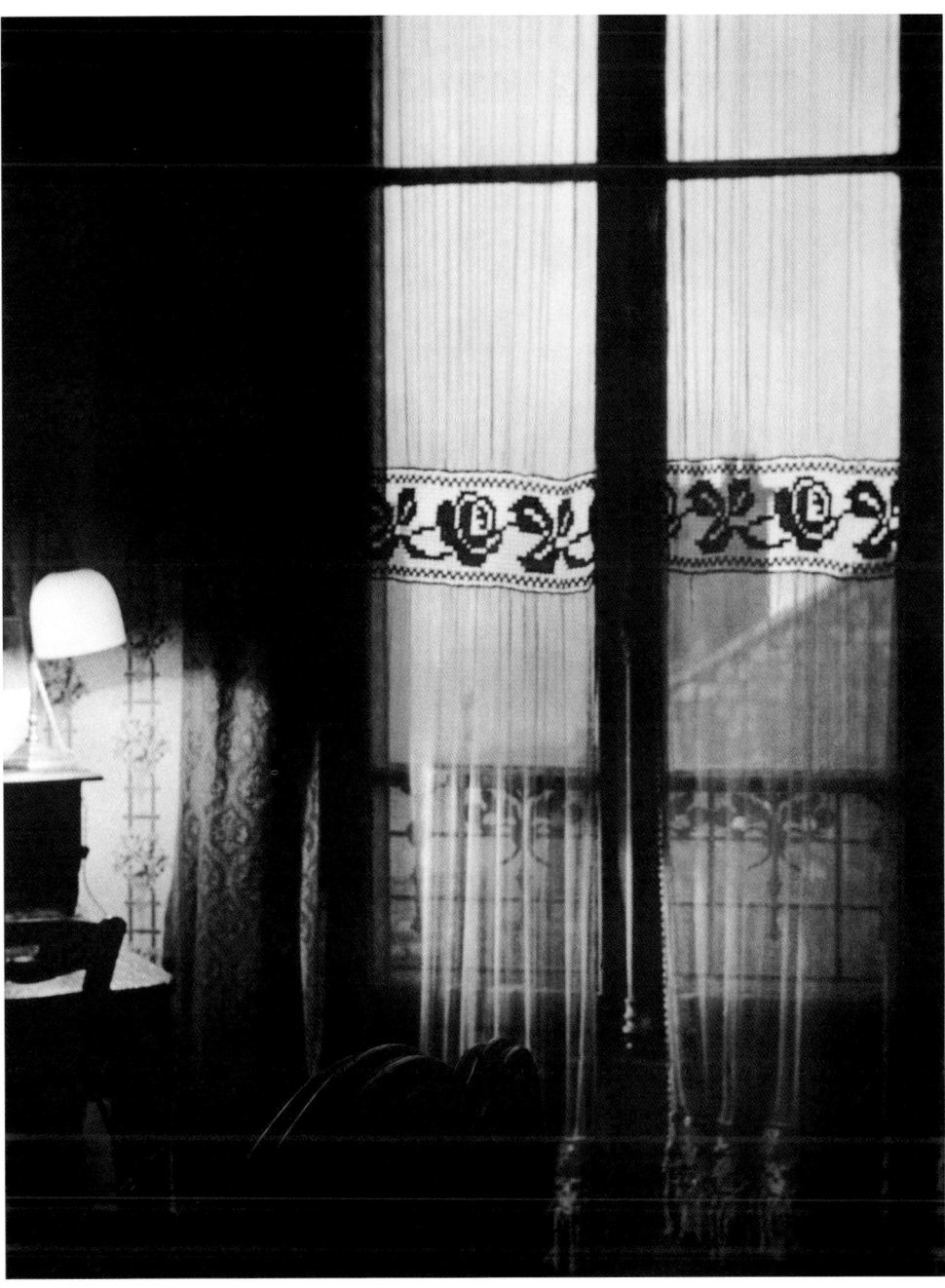

Doisneau's Room, Gentilly, 1930

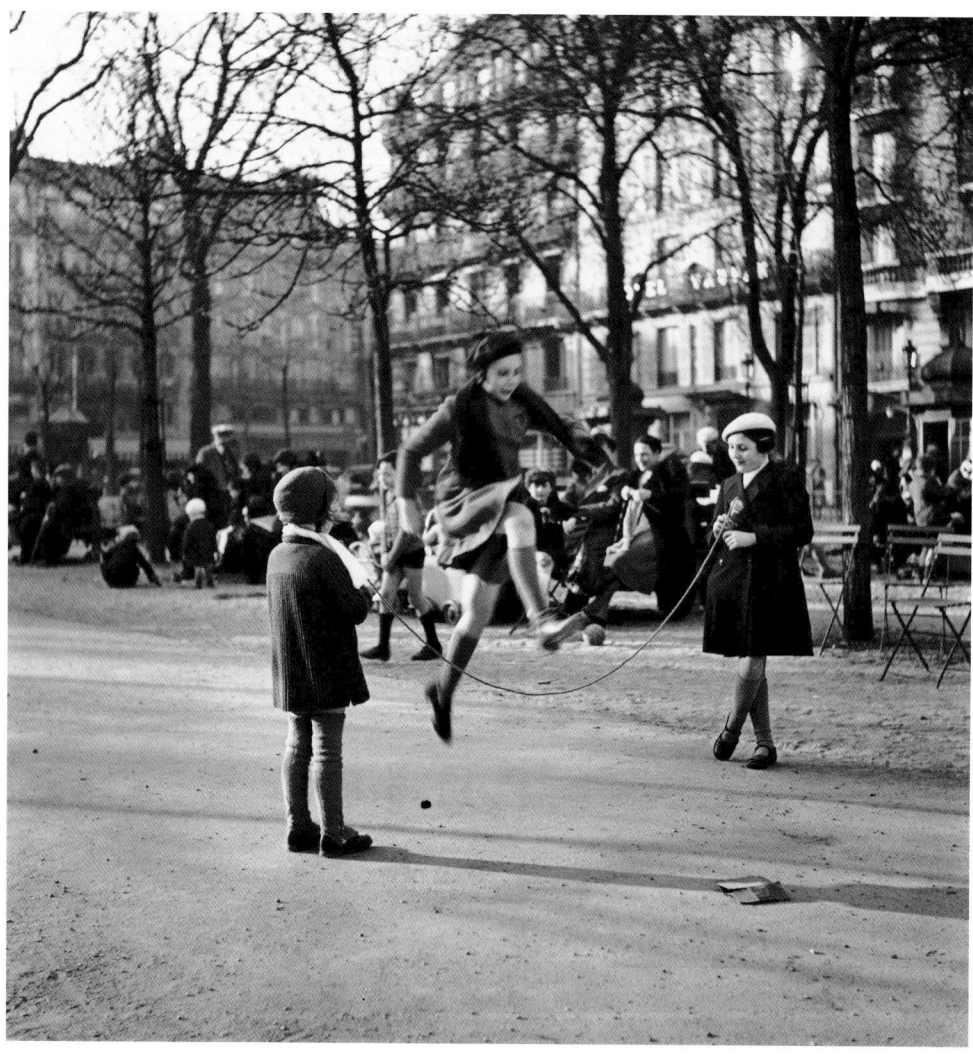

The Young Girls on the Square, 1932

"I loved the sheer delinquency of my friends from the slums; I had a high old time with them. There were Italians, Ukrainians, Poles, and local blokes, from Gentilly."

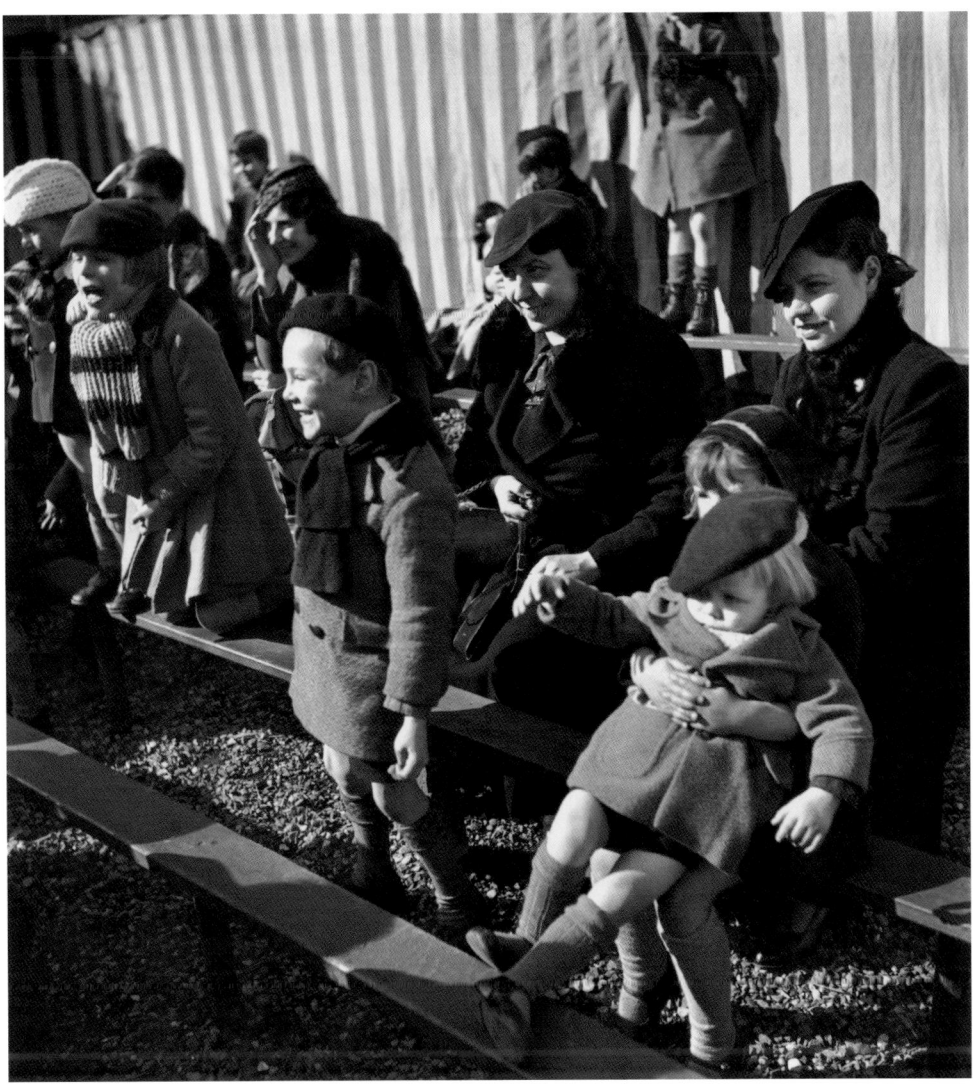

Punch and Judy, Buttes-Chaumont, 1932

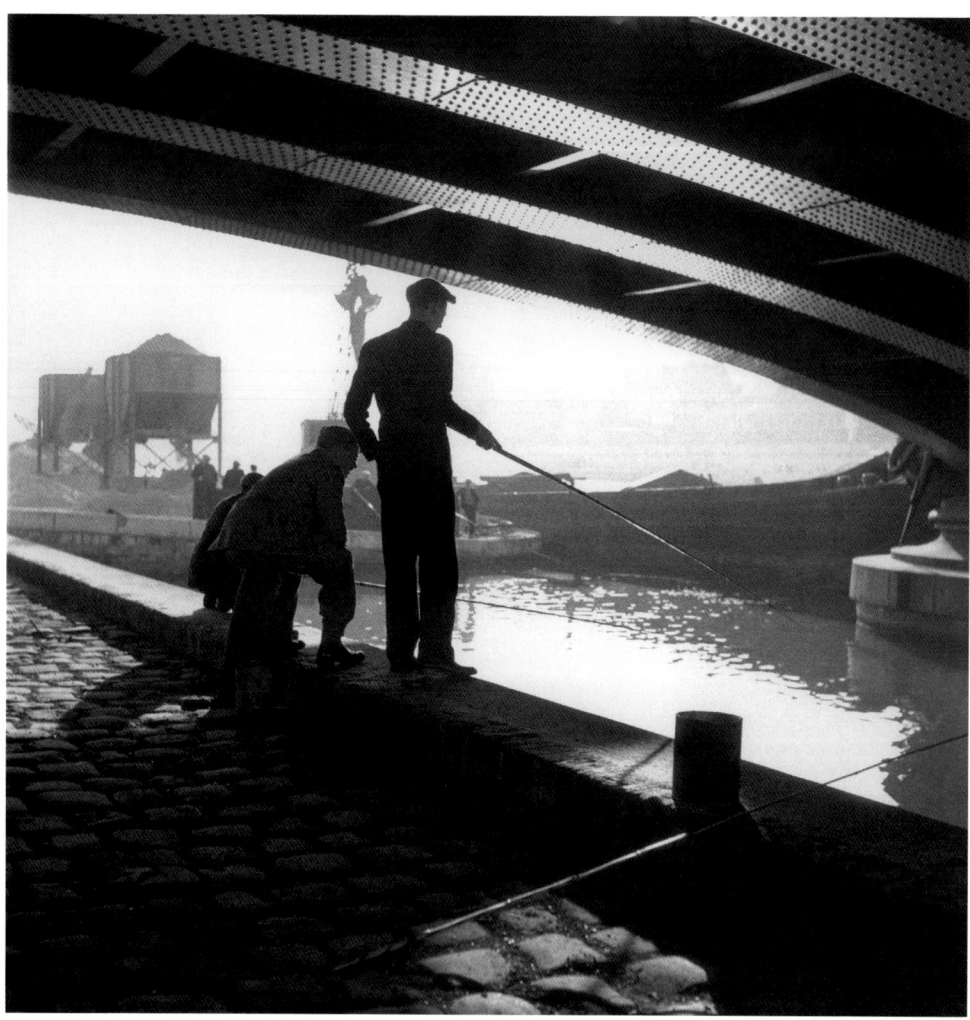

Pont Mirabeau, 1932

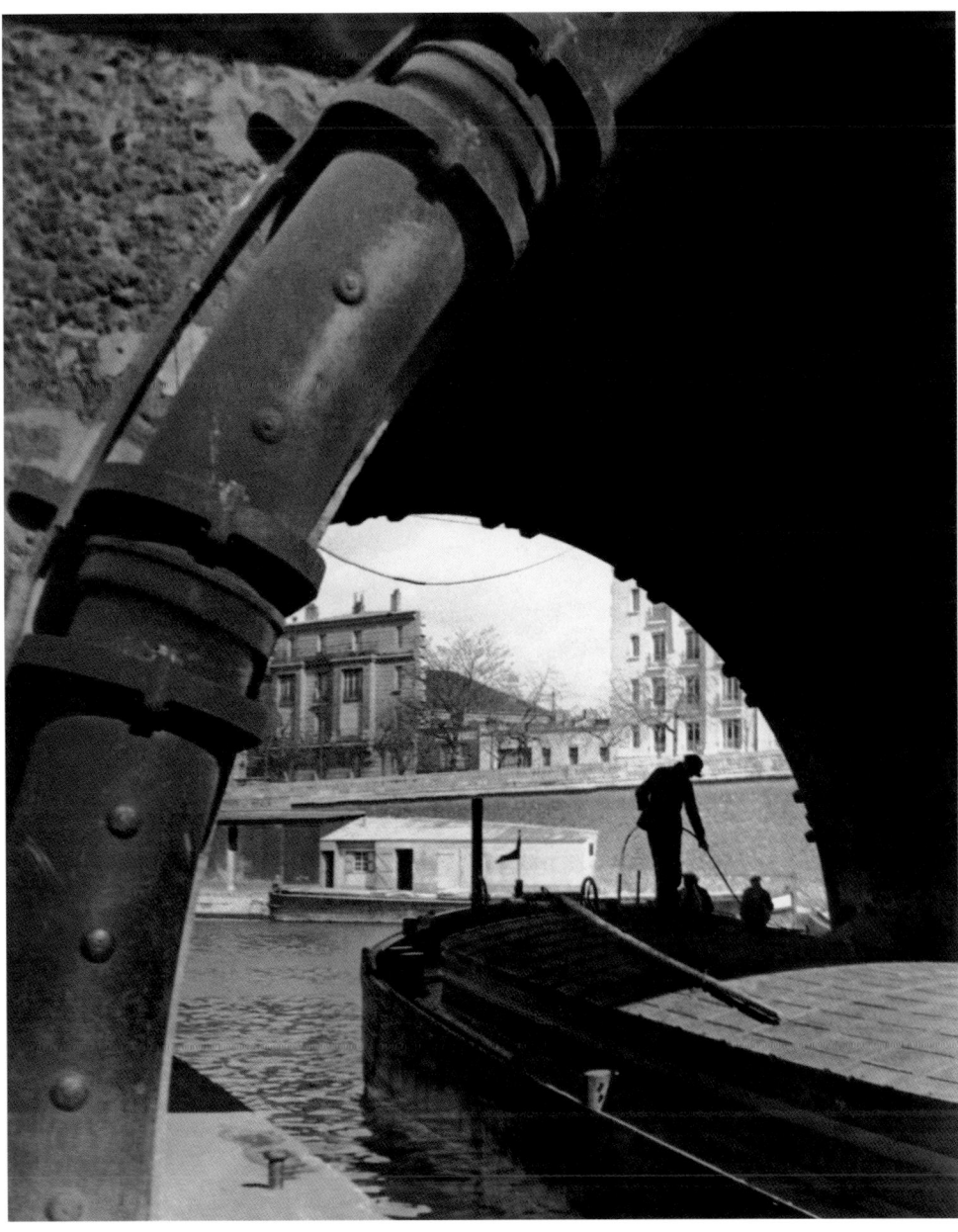

Barge under the Bridges, 1932–1933

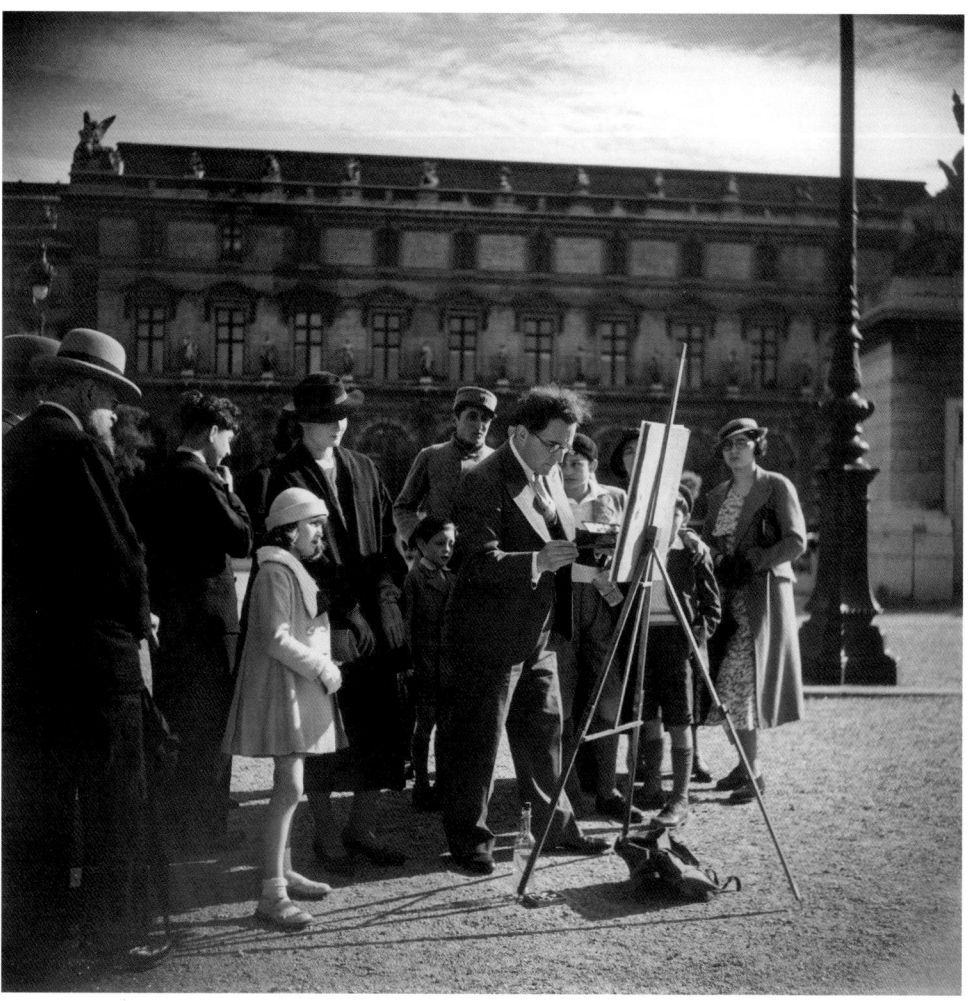

The Courtyard of the Louvre / Un peintre dans la cour du Louvre, 1934

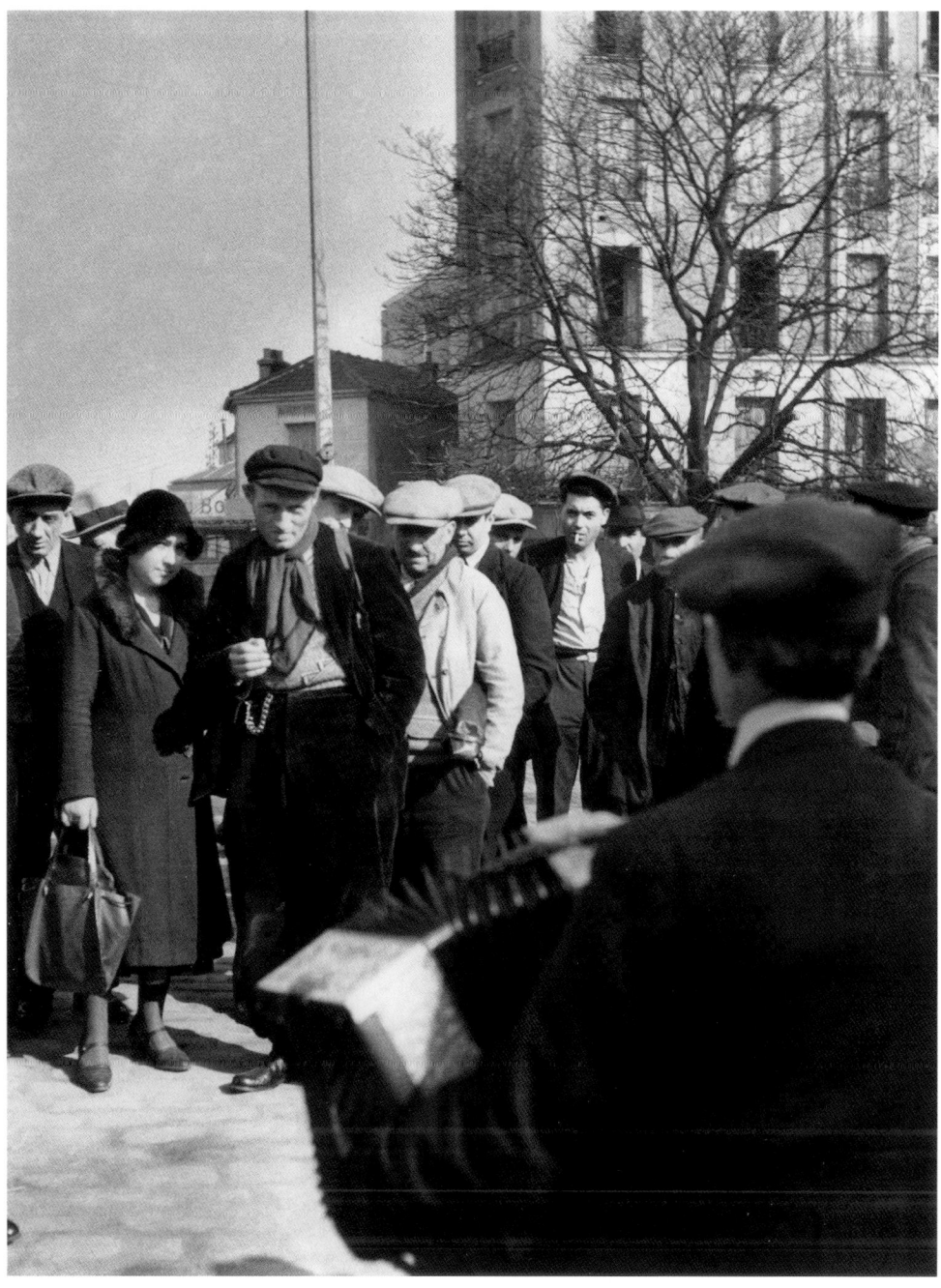

Accordionist at Le Kremlin-Bicêtre / L'Accordéon du Kremlin-Bicêtre, 1932

"I knew of a fish pond near the porte Saint-Ouen where it was
teeming with what looked like walk-ons for a pirate film.
All I had to do was choose…Already I could see myself in that
Petit Parisien poster, wearing plus fours, and with one foot
on the globe. Reporter…"

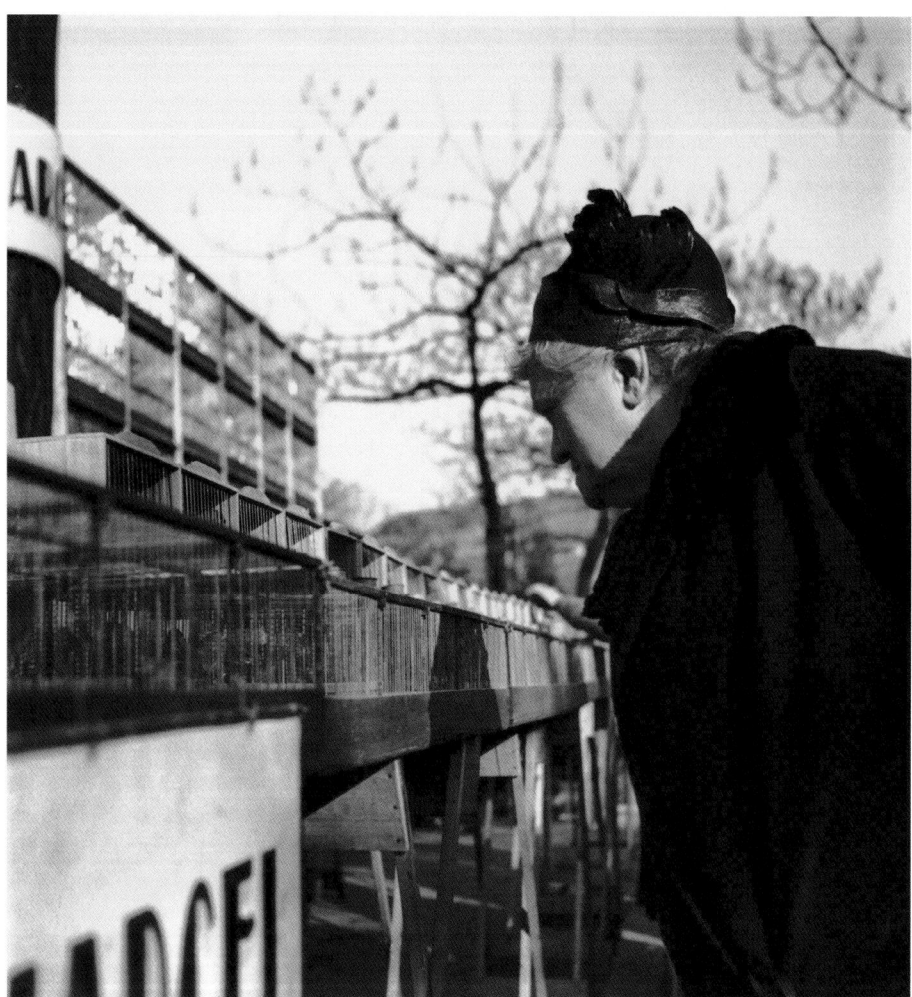

Bird Market, 1932

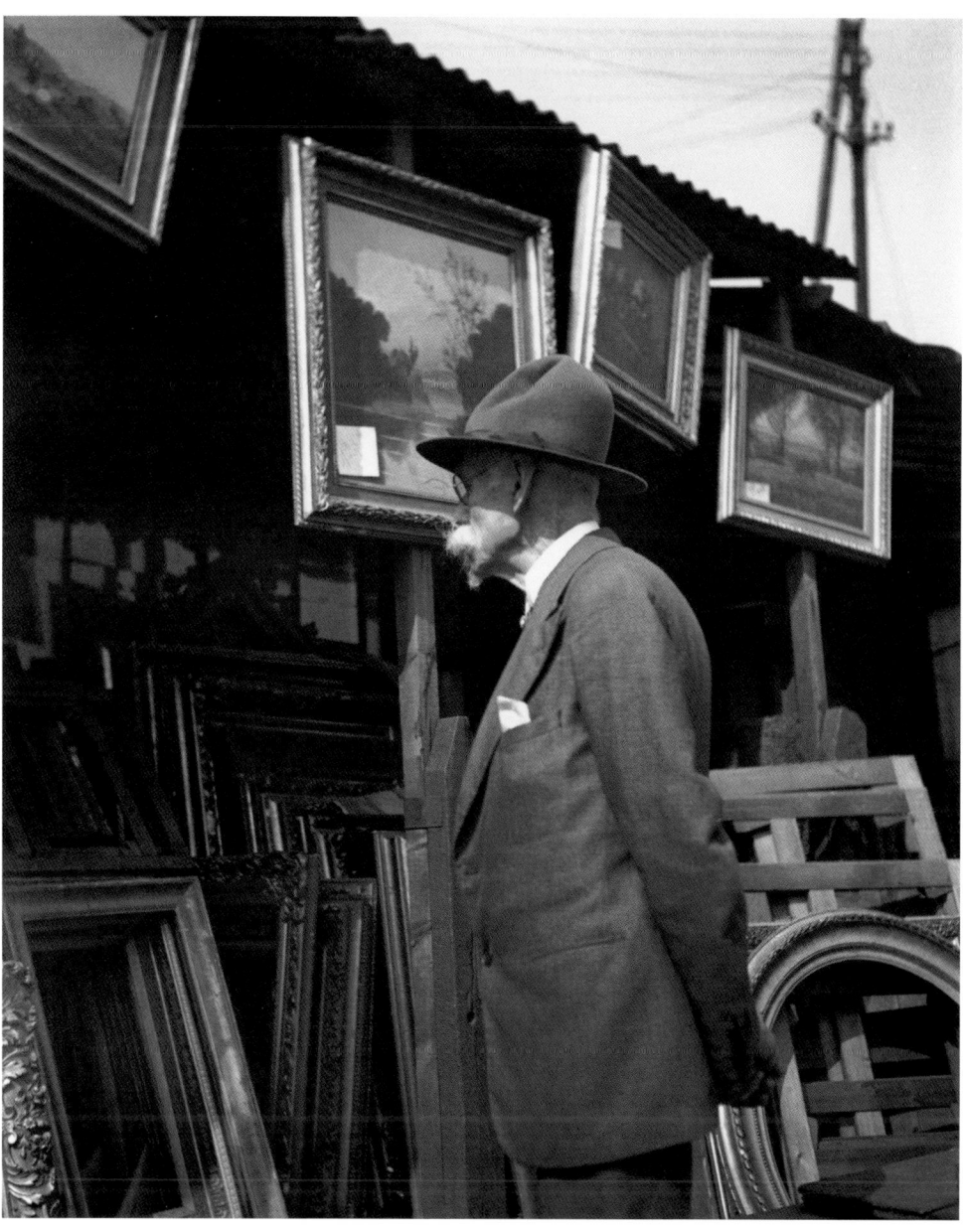

Flea Market, Saint-Ouen, 1932

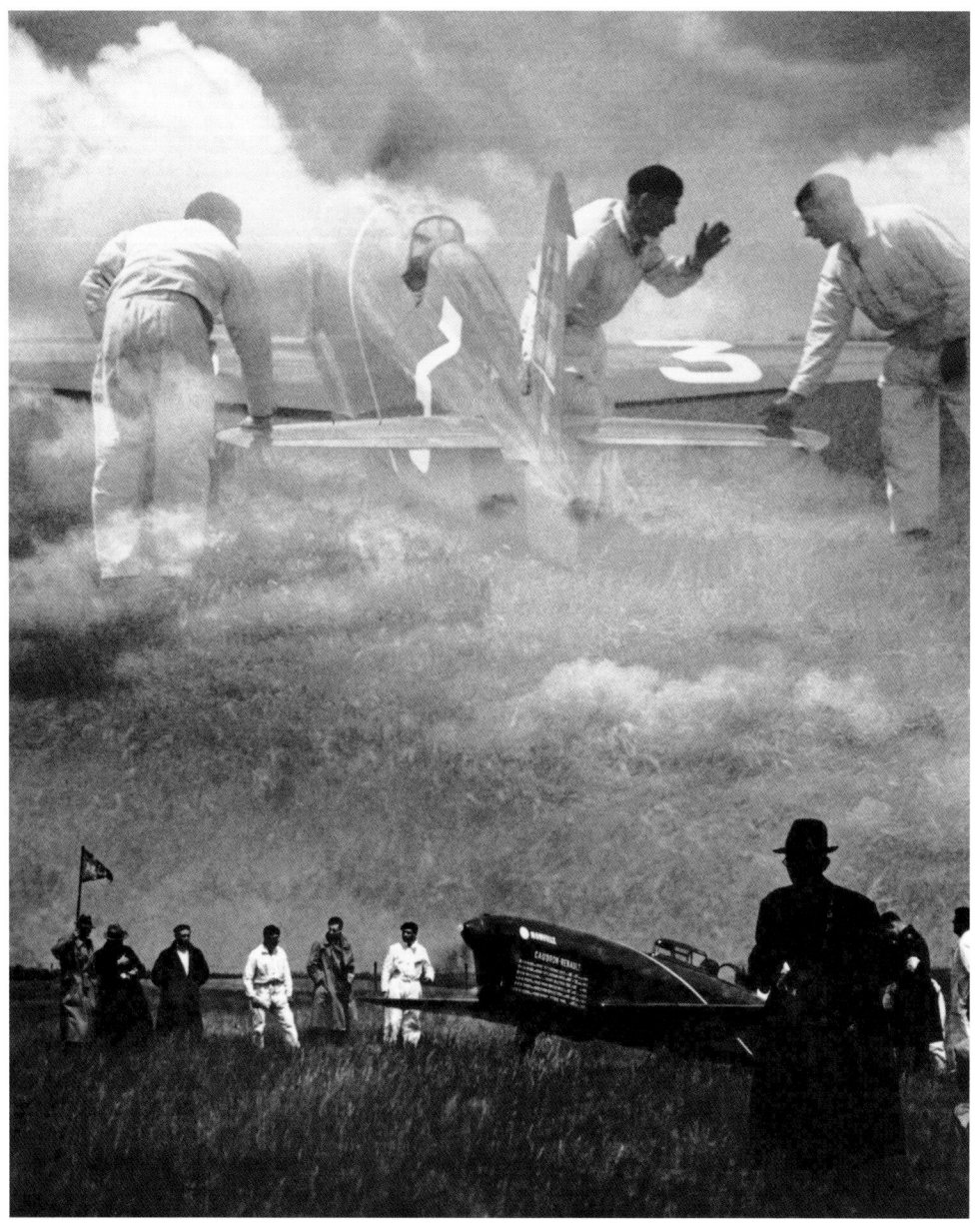

The Deutsch Prize Race, double exposure, Étampes, 1934

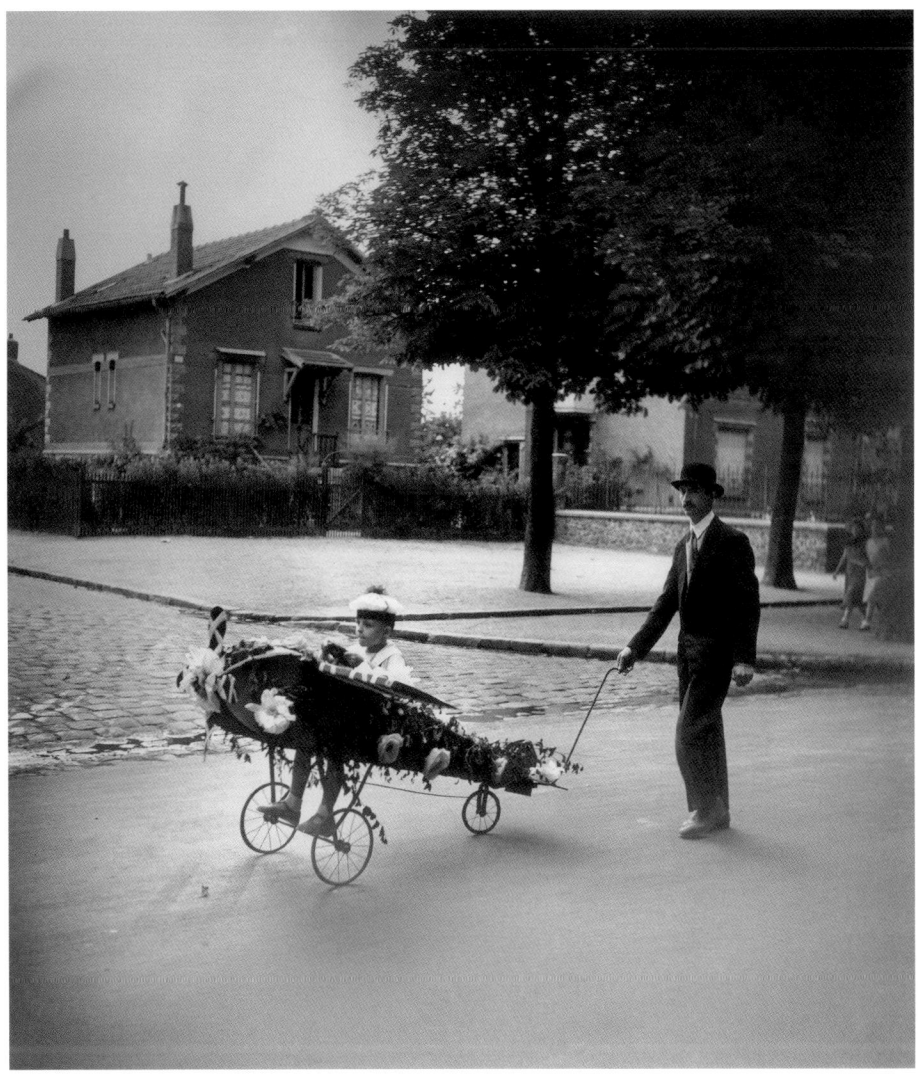

Daddy's Plane / *L'Aéroplane de Papa*, Choisy-le-Roi, 1934

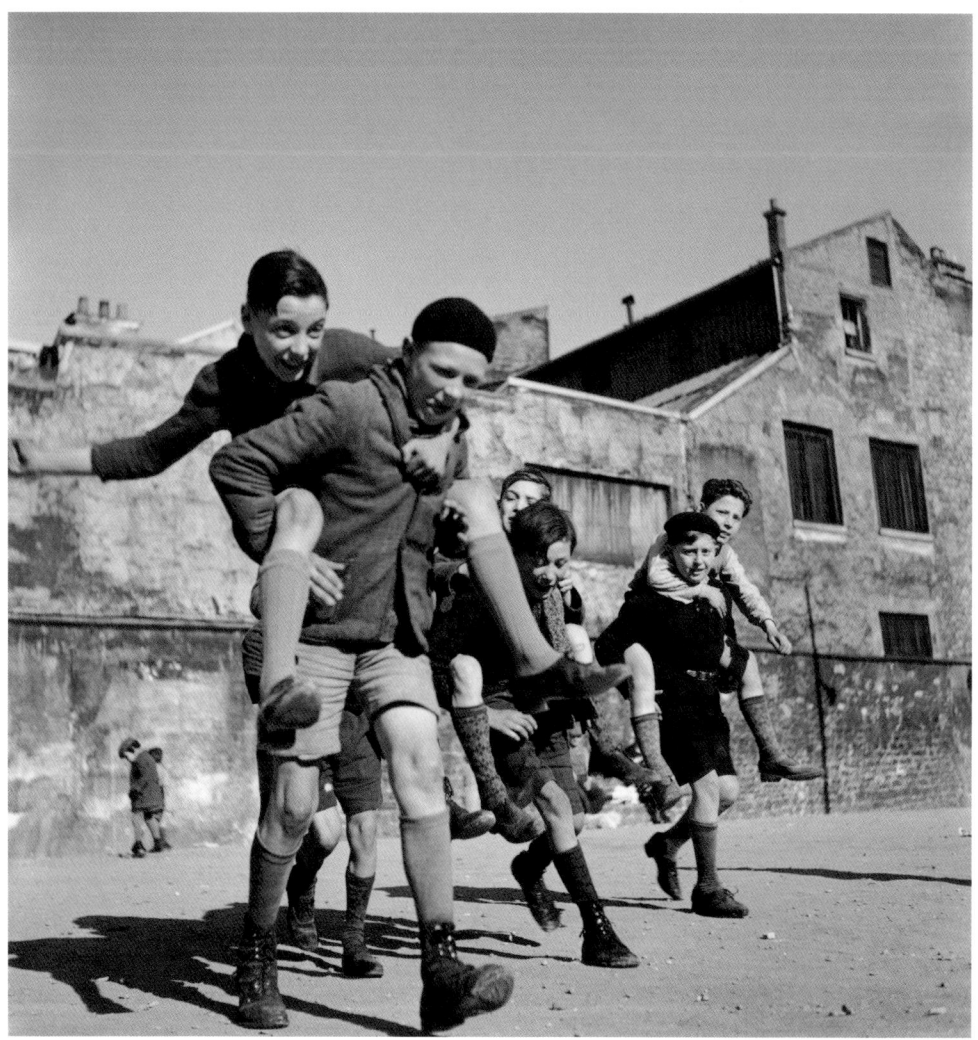

The Children of La Glacière, 1936

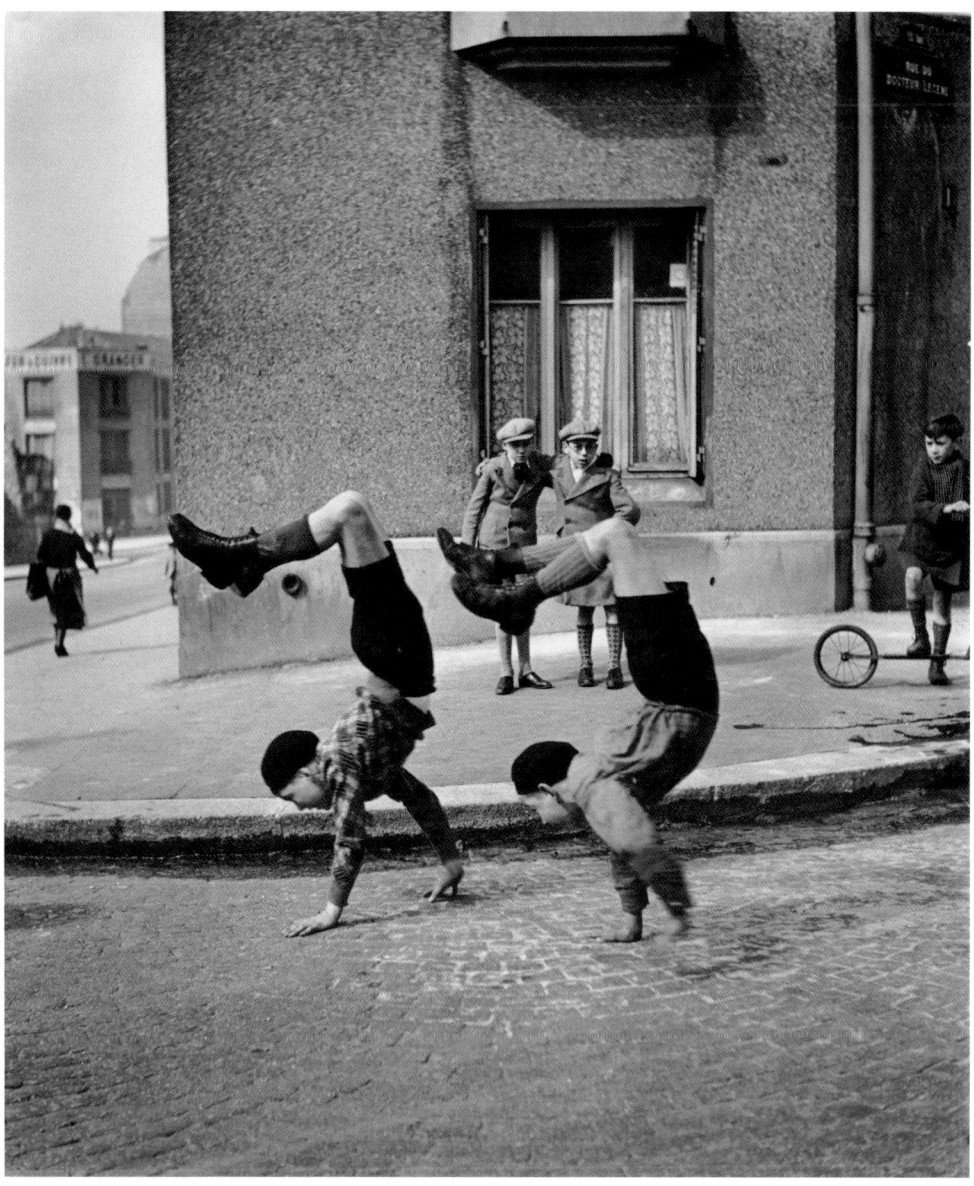

The Brothers, Rue du Docteur Lecène, 1934

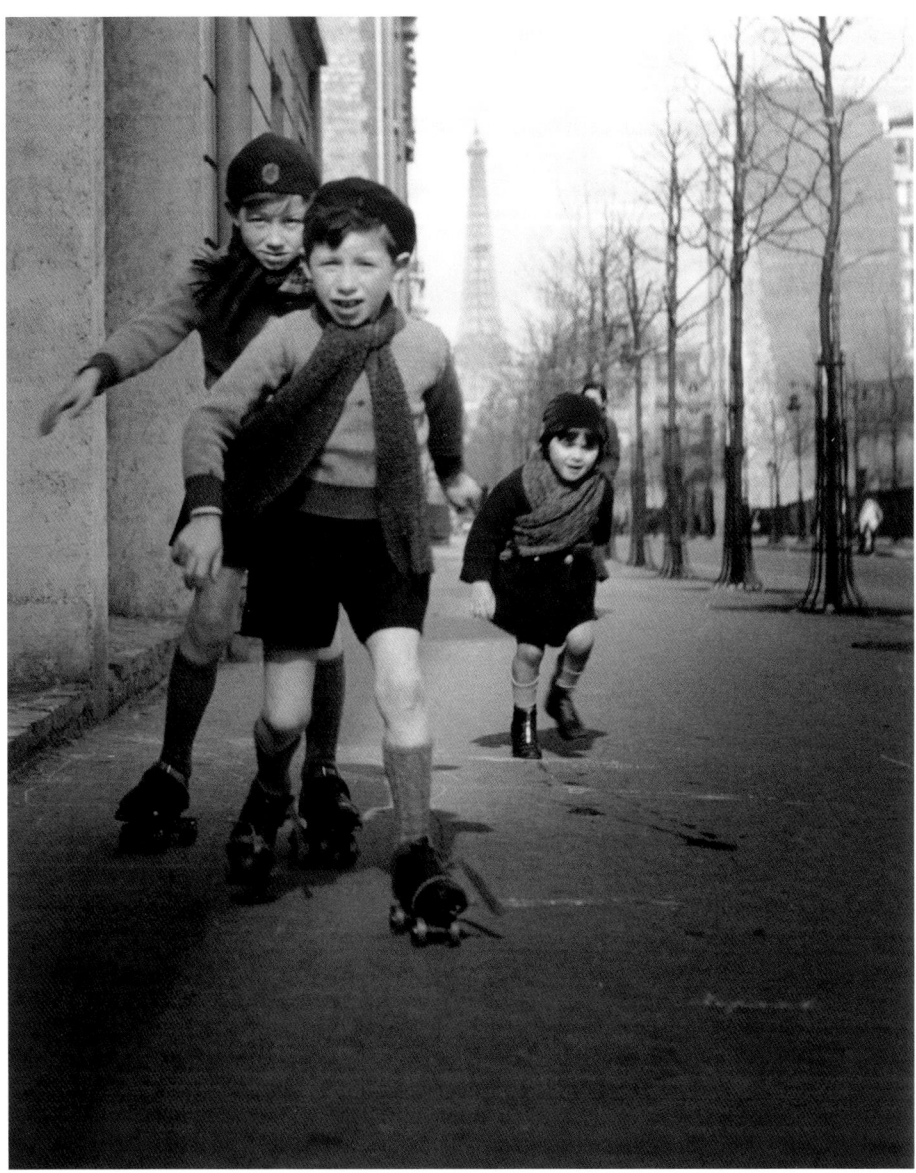

Roller Skates, c. 1936
Ring and Run / La Sonnette, 1934

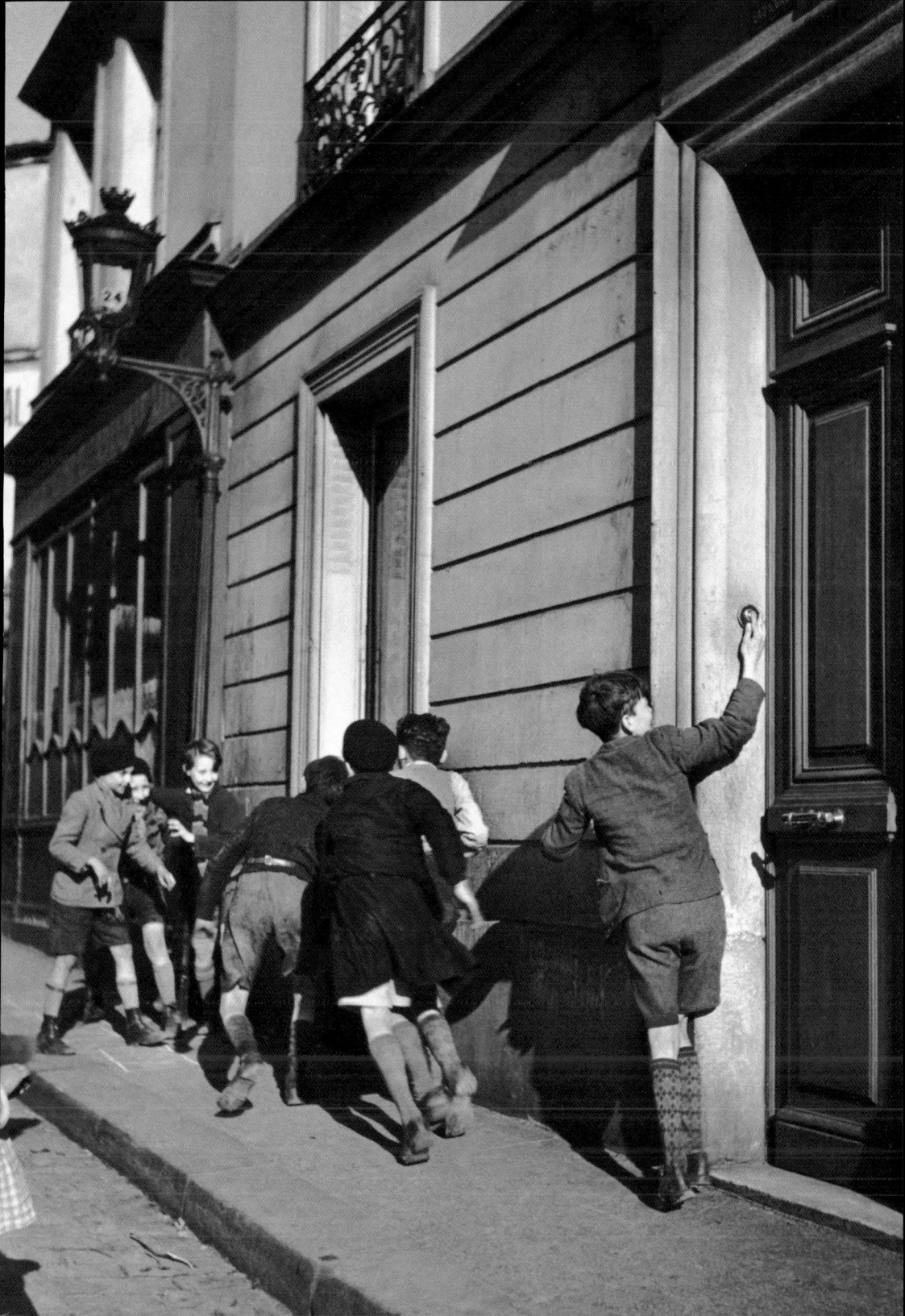

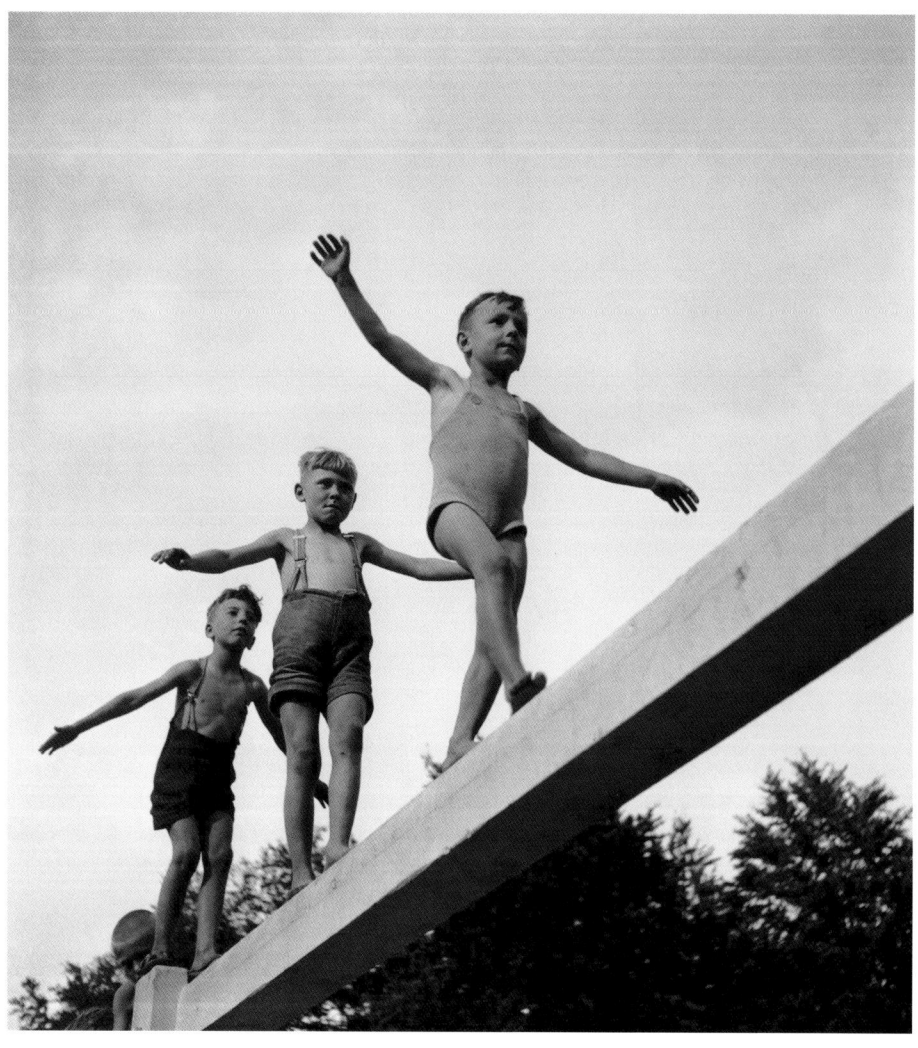

c. 1935
The Poterne des Peupliers / La Poterne des peupliers, 1934

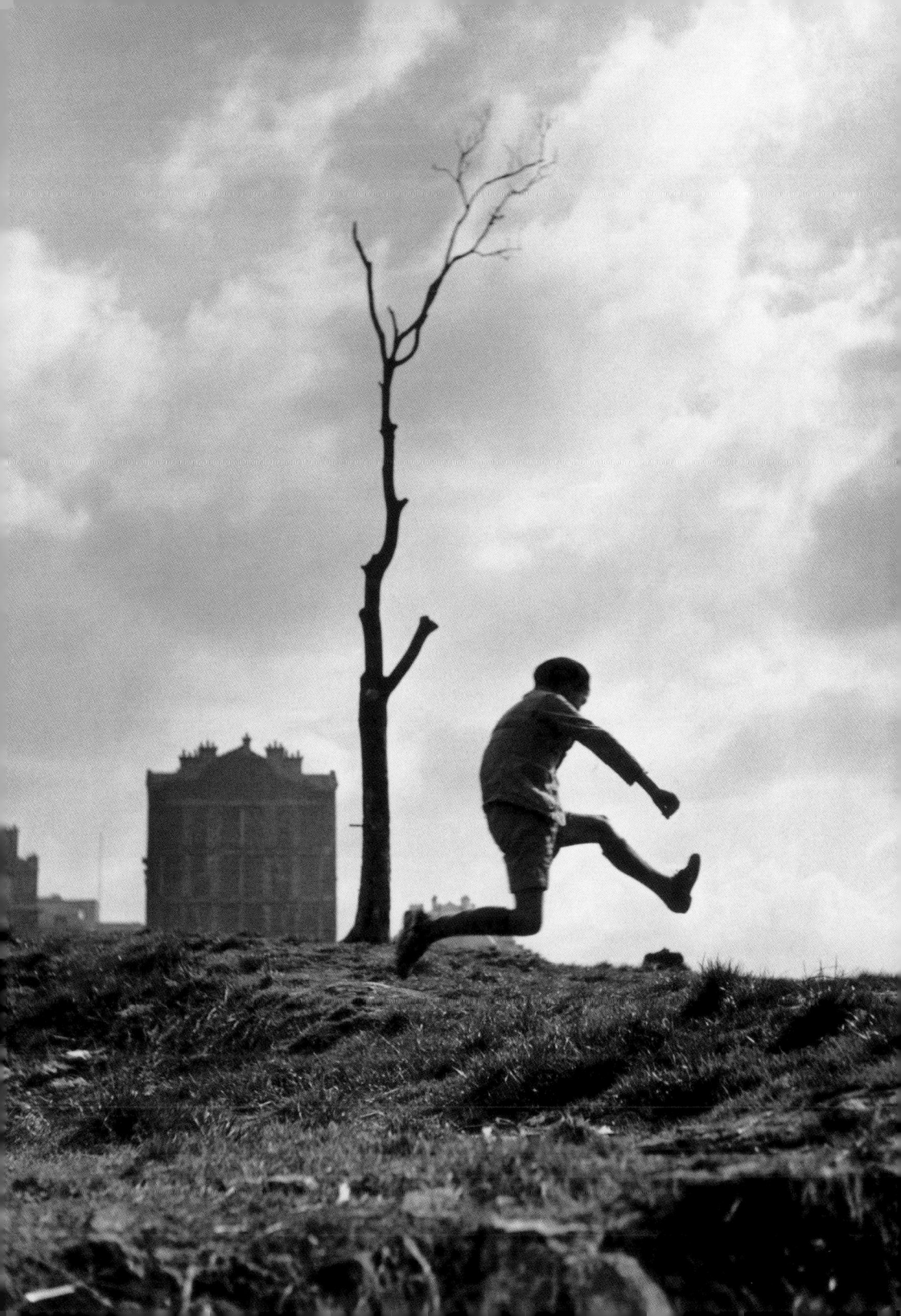

"...in the lower town, walls oozing saltpeter meant
that you could use your finger to draw pretty graffiti
in the soft plaster..."

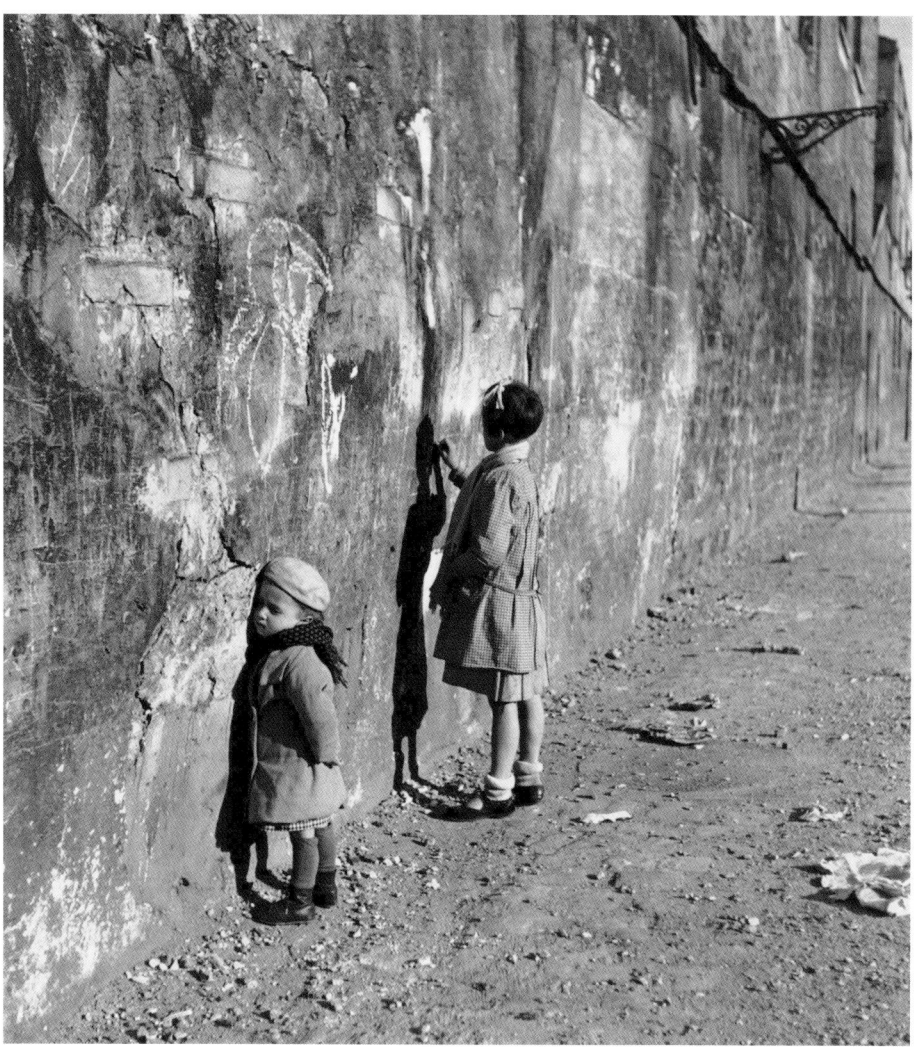

The First Teacher / La première Maîtresse, Ménilmontant, 1935

"Leading right to the Institut [de France], that repository of
immortals, the Pont des Arts was the most ephemeral museum
of graphic arts ever invented by the genius of humanity:
a chalk drawing on the asphalt…"

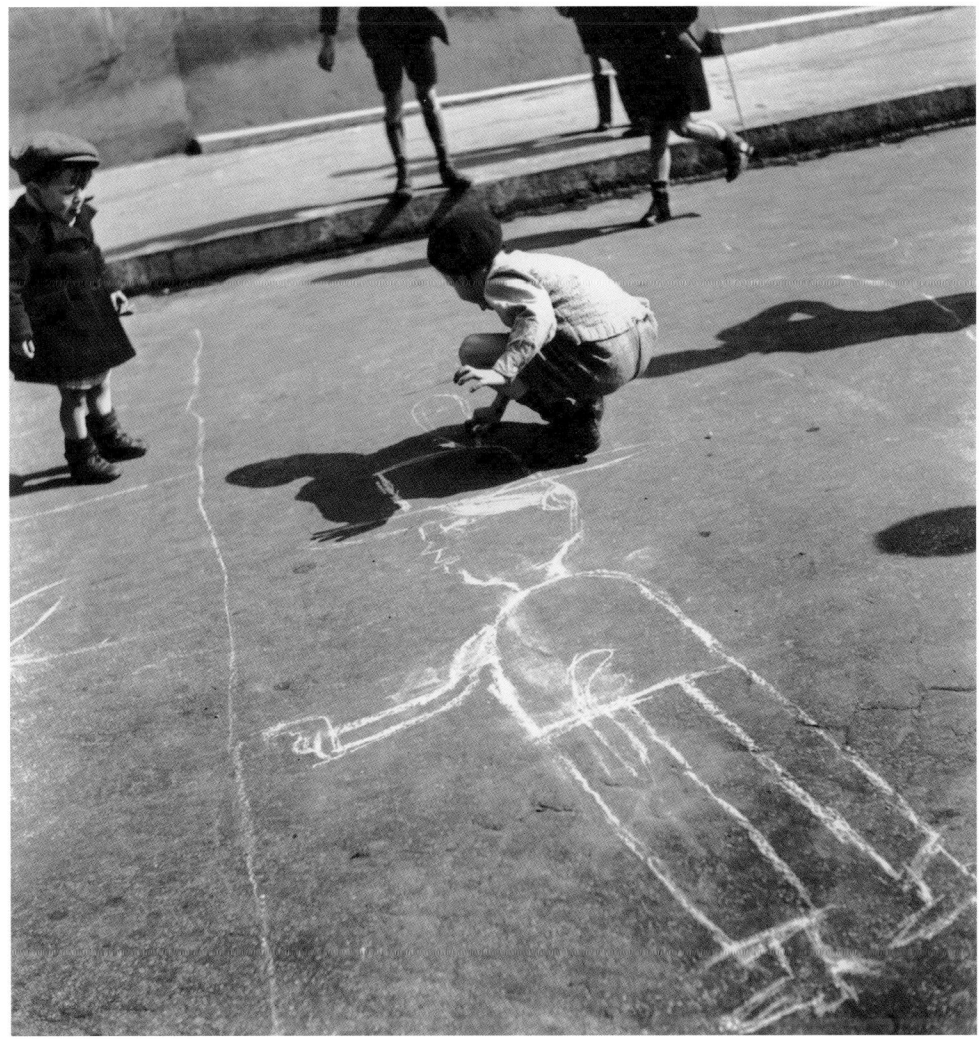

Chalk Man / Le Bonhomme à la craie, 1934

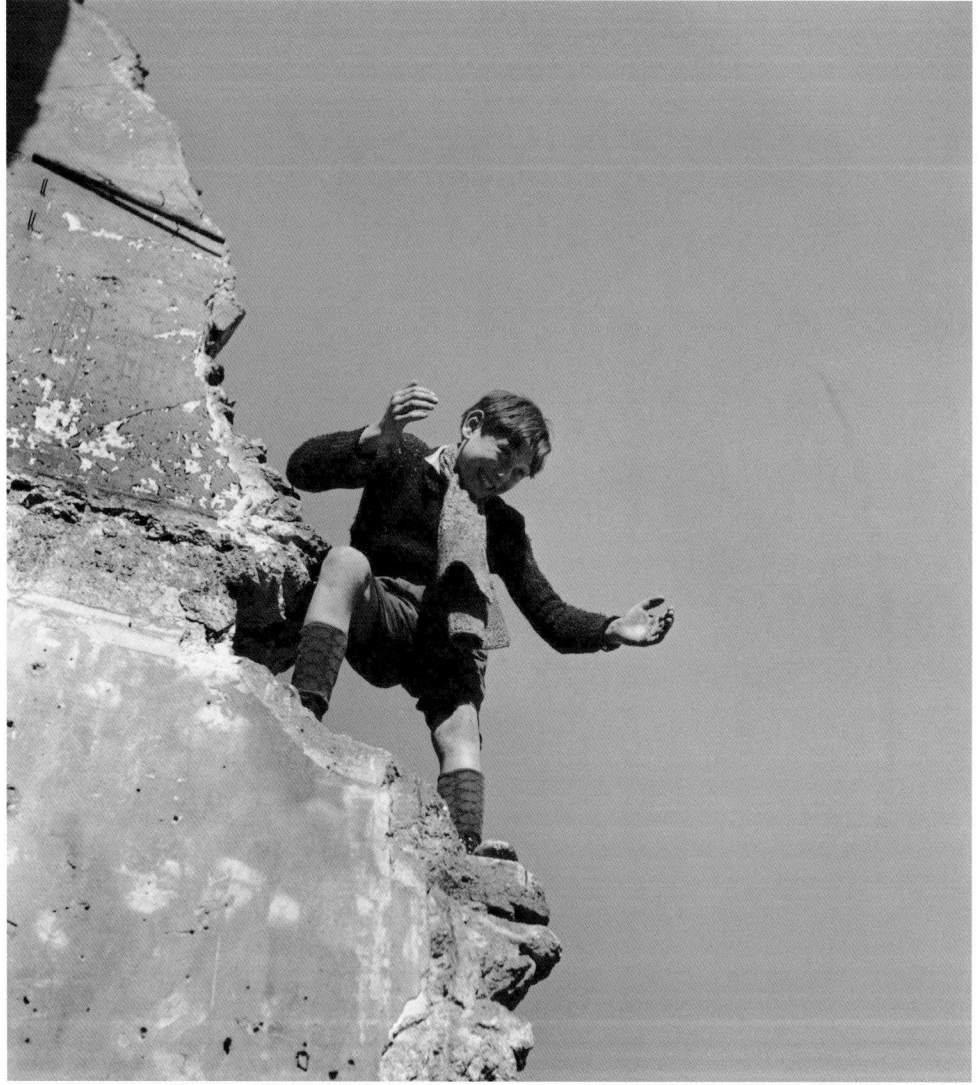

The Leap, 1936

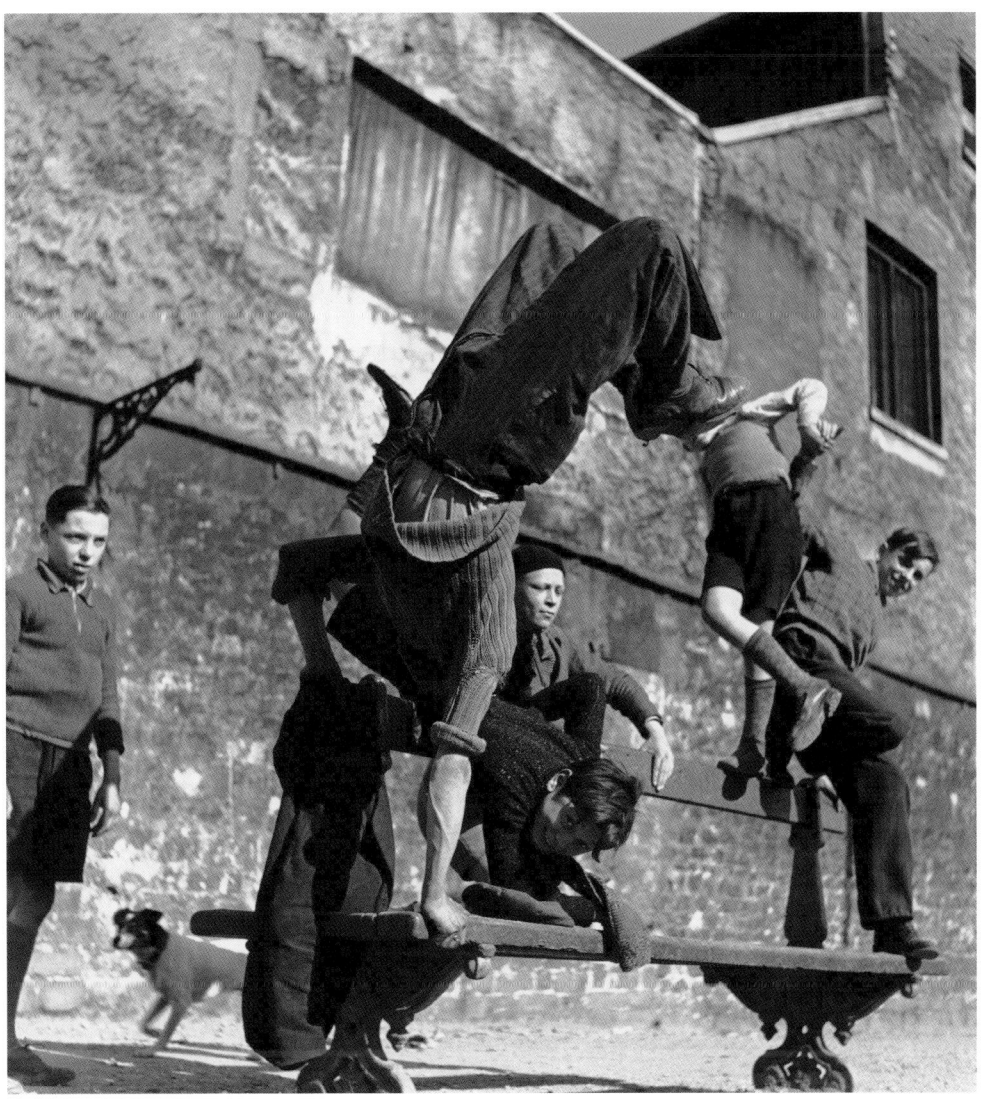

Street Gymnastics / Gymnastique sauvage, 1936

"I was sorry I couldn't be closer to people but
I didn't dare go up to them. And now it is precisely
those images – they have so much space in them –
that are the most touching."

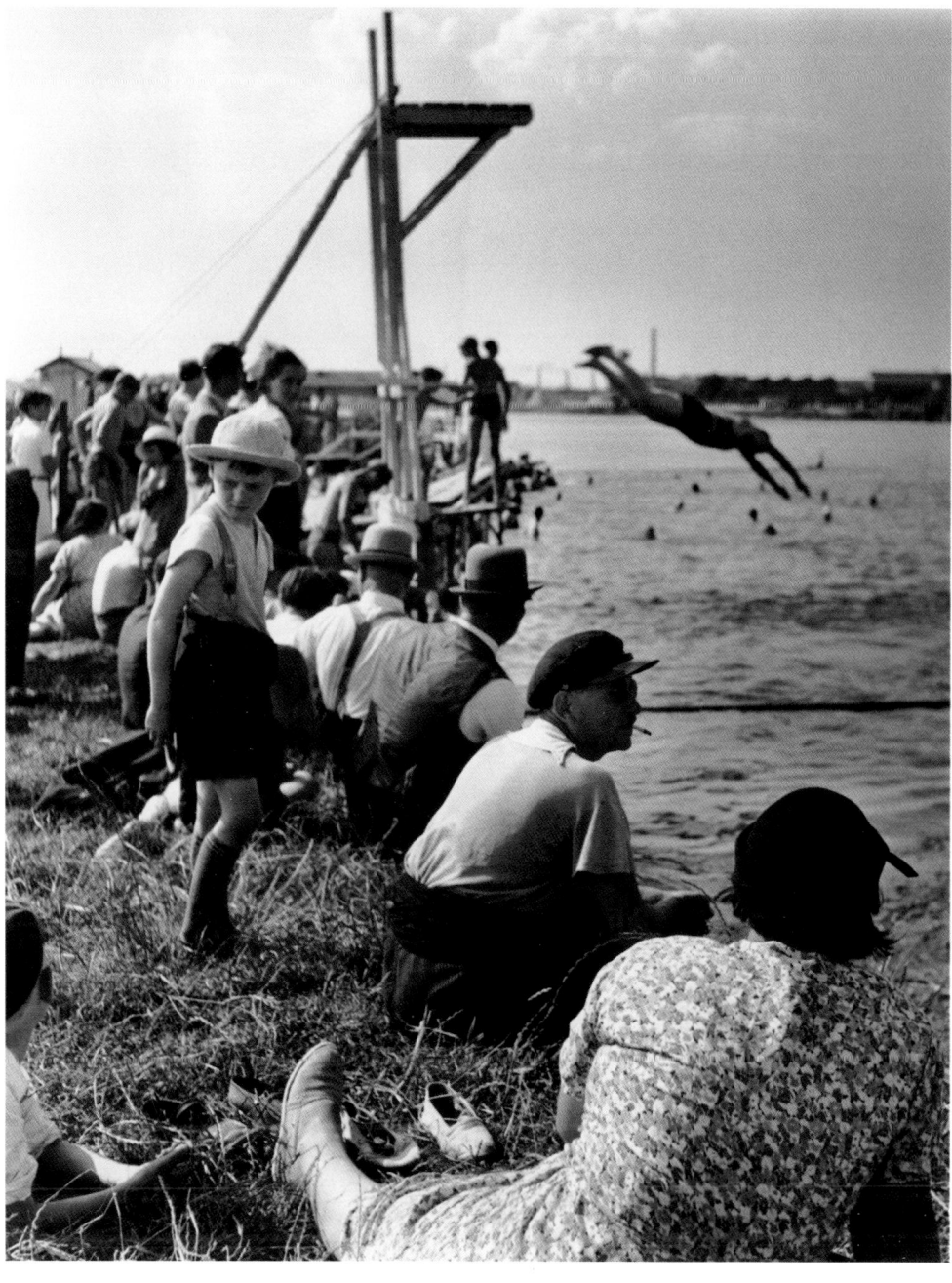

Joinville-le-Pont, 1934

The Renault Experience

"When you're plunged into the factory atmosphere for the first time,
you can't help but be struck by it: the enormous machines, the percussive
racket, the whistles – and the danger. I was nervous about unpacking
my equipment...Renault marked the real beginning of my career as a
photographer and the end of my youth. I understood what brotherhood
among workers meant..."

Production Line, Renault,
Boulogne-Billancourt, 1935

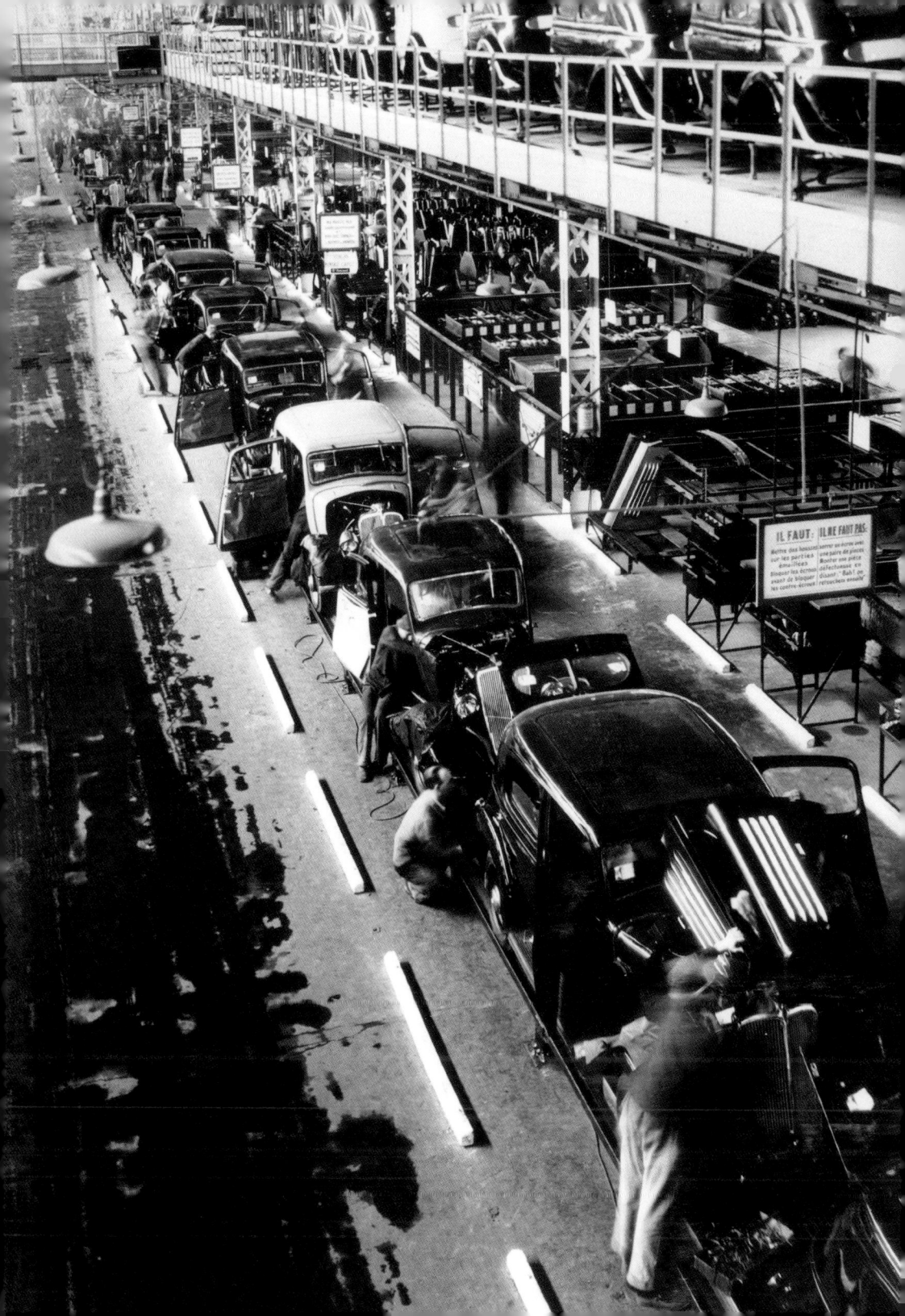

IL FAUT: IL NE FAUT PAS:

"So there I was at Renault's photographic department with my
numbered punch card. For five years, I wandered the workshops in
Billancourt with a bag as heavy as a dead rat. This was my encounter
with working-class life, and I've never forgotten it..."

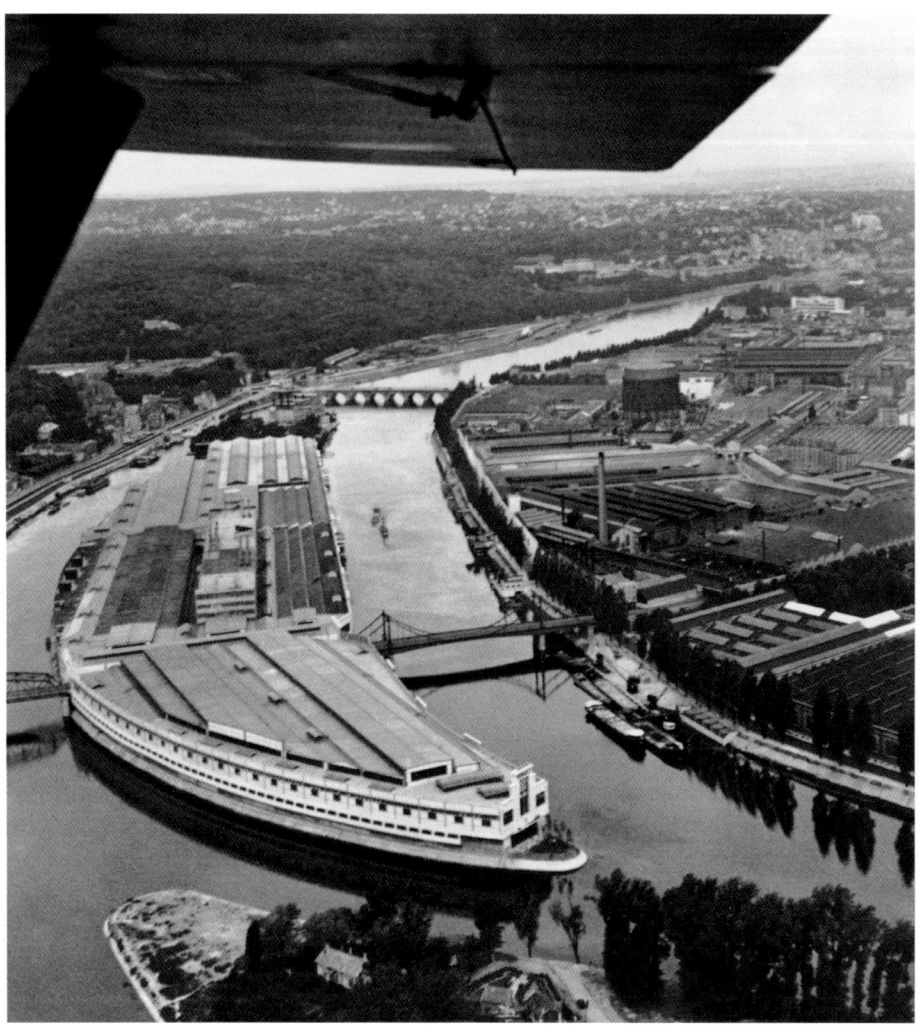

Aerial Photo of the Renault Factory, Île Seguin, Boulogne-Billancourt, 1935

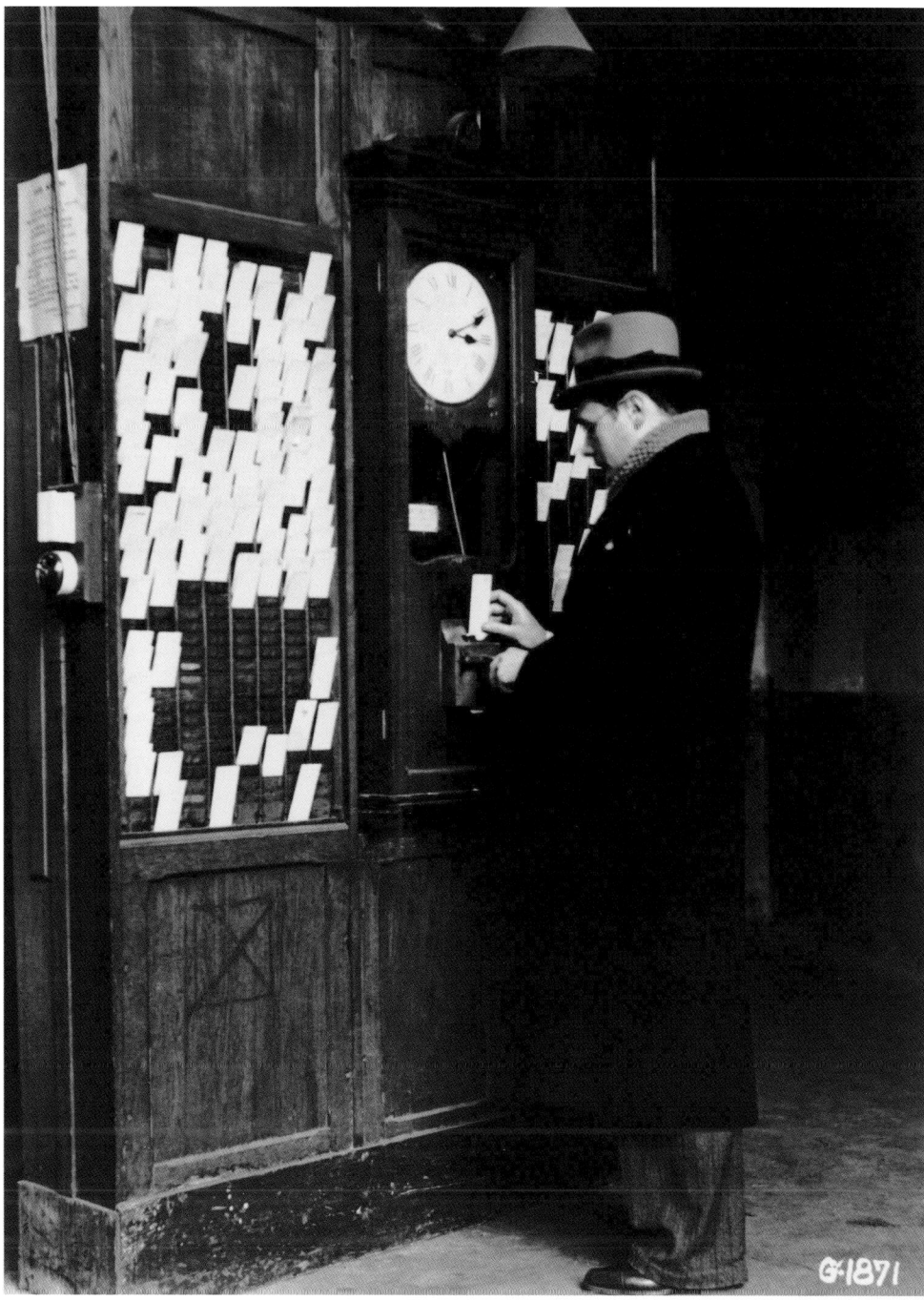

Clocking In, Renault Factory, Boulogne-Billancourt, 1937

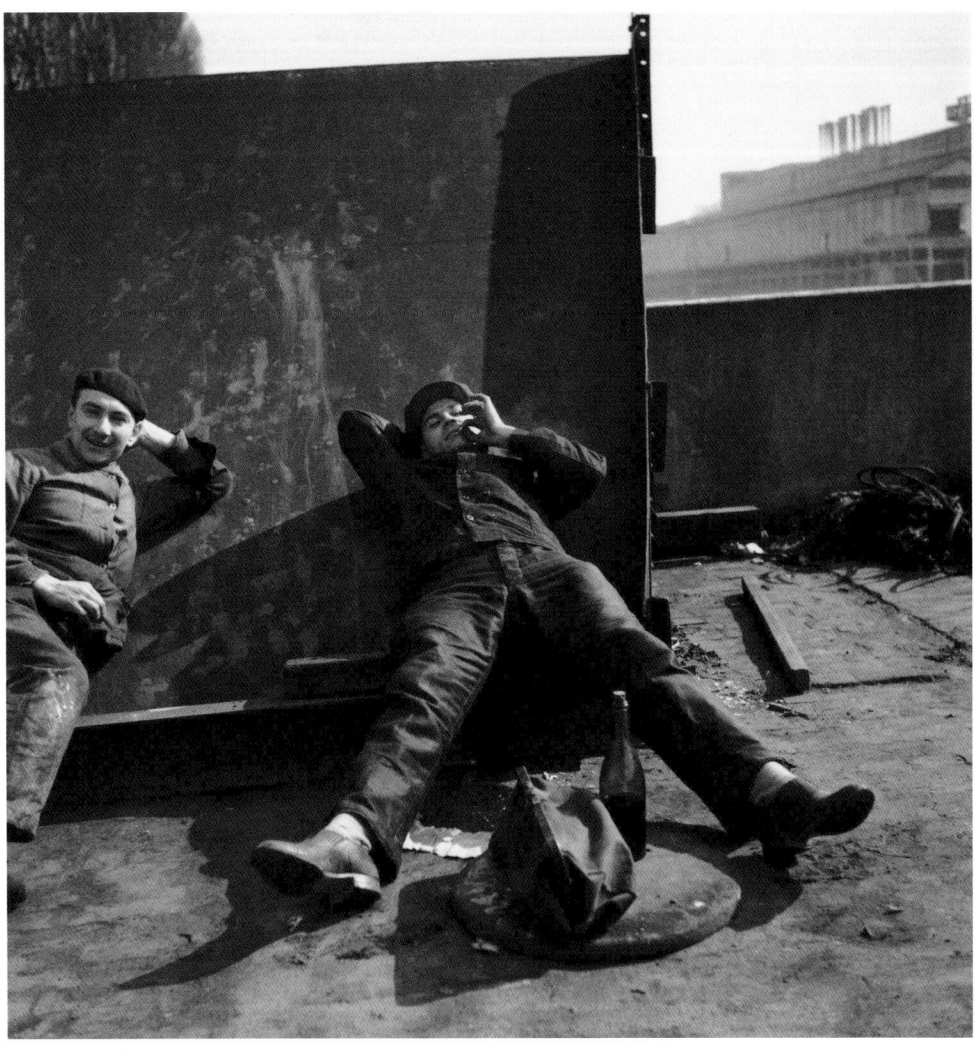

"For me, disobedience is a prime sign of life,
    and I have to say, I didn't hold back on that front..."

Break, Renault, Boulogne-Billancourt, 1937

"In June 1939, I was sacked by Renault for repeatedly
showing up late, or not at all. I was thrilled to bits. Finally
I'd be able to work for myself..."

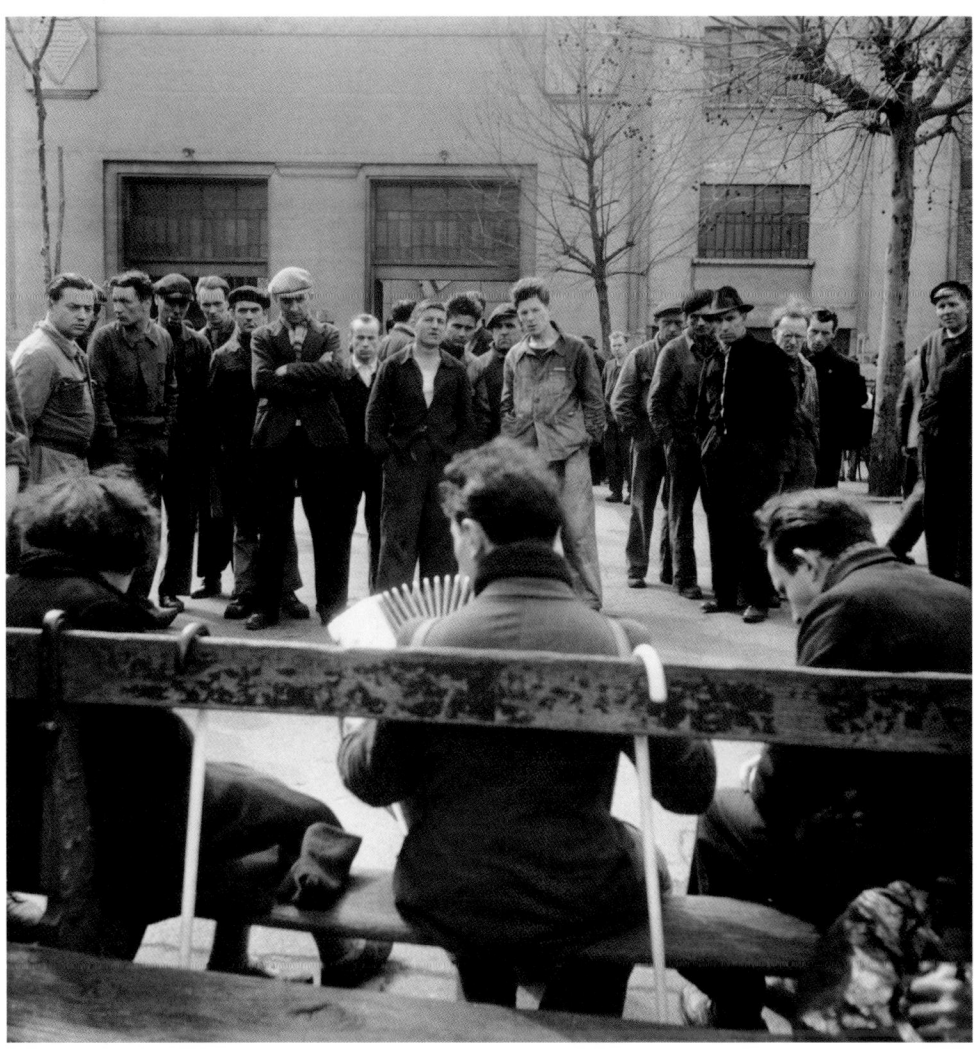

Accordionist near the Factory, Boulogne-Billancourt, 1936

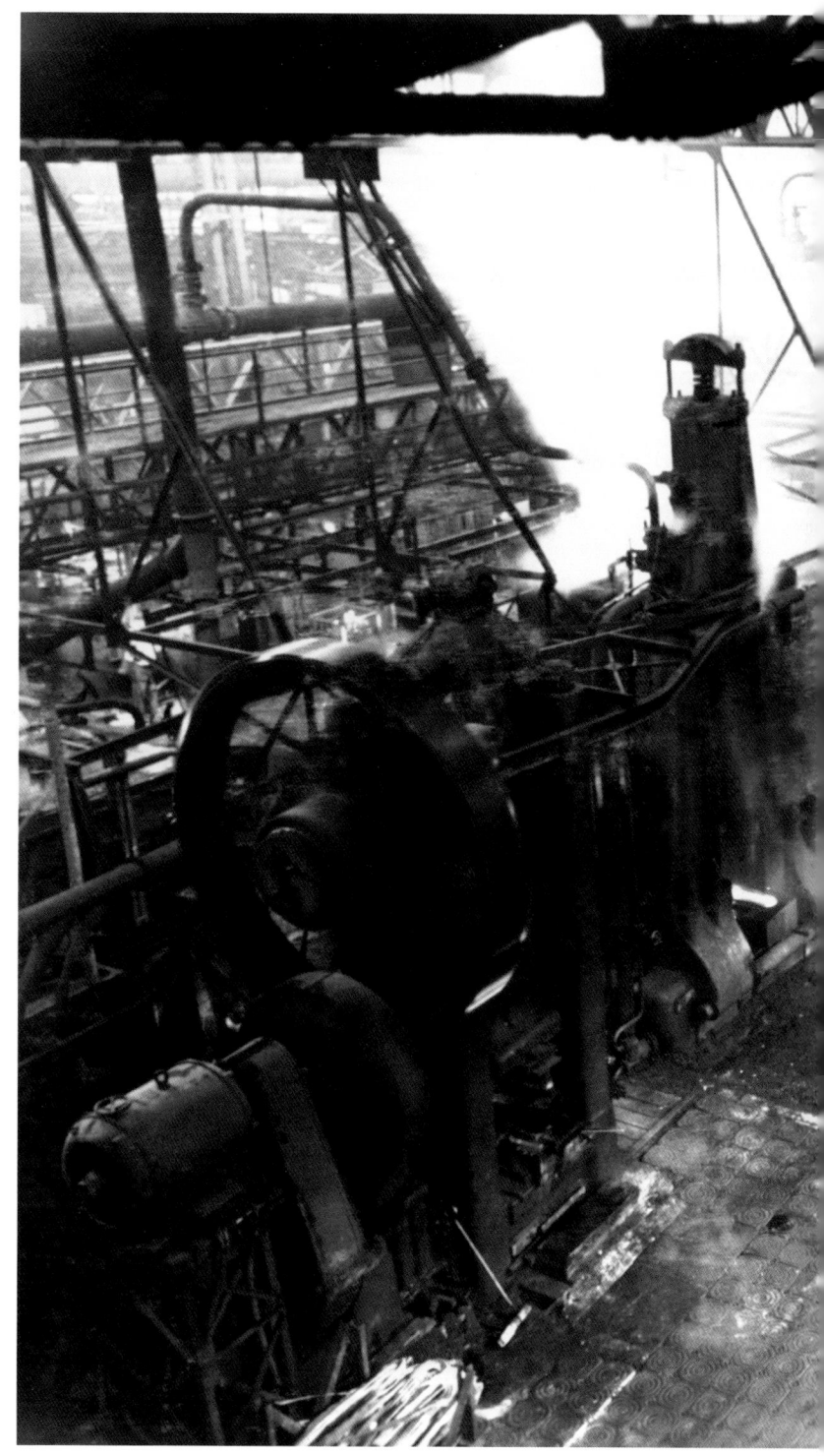

Metal Presses,
Renault Factory,
Boulogne-Billancourt,
1936

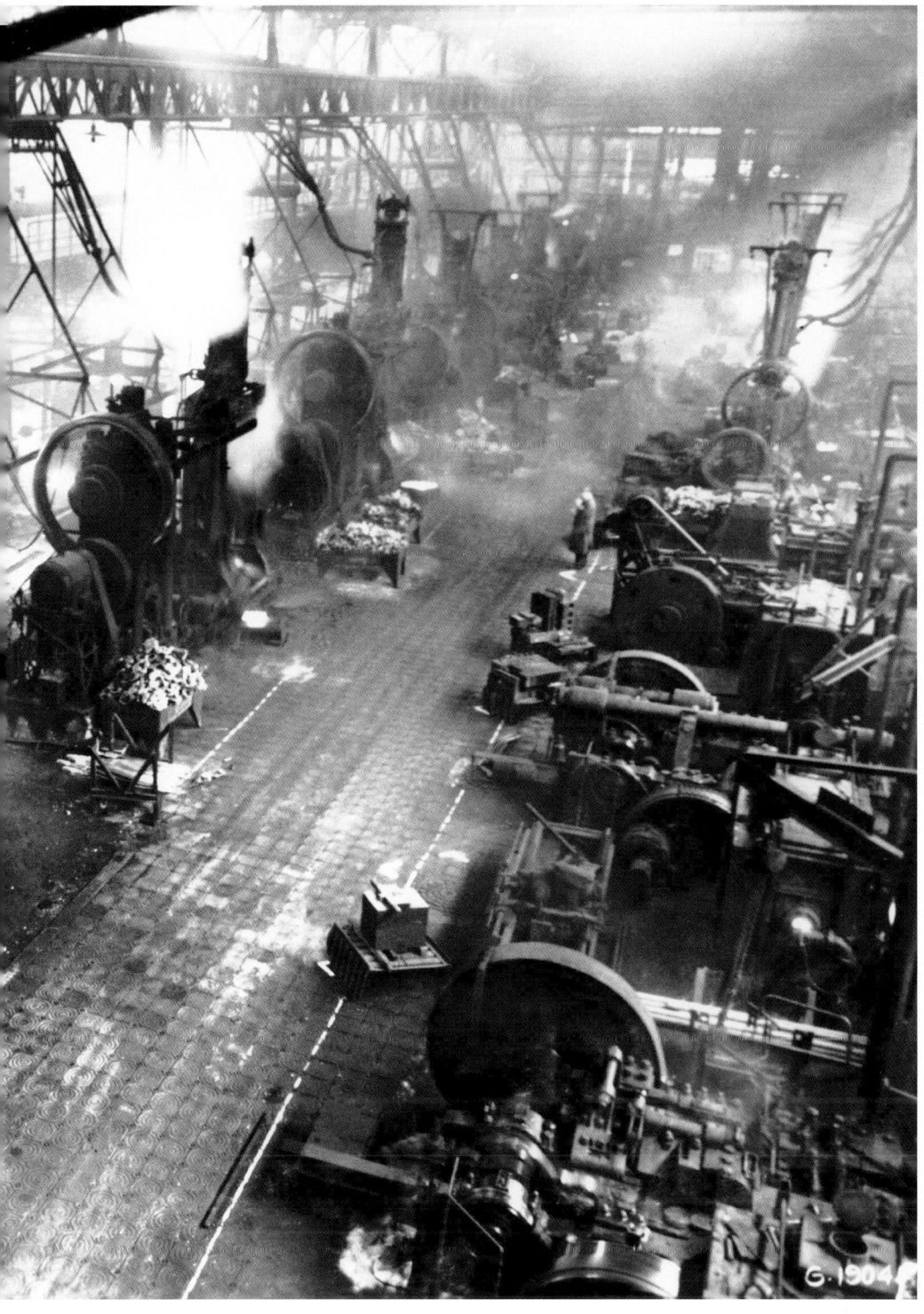

G·1904

"I was one of those who wandered the plant, taking the occasional photo but also taking some rather outdated-looking photos because we didn't have any other means. It was a wooden camera with no shutter, so you had to use your beret instead..."

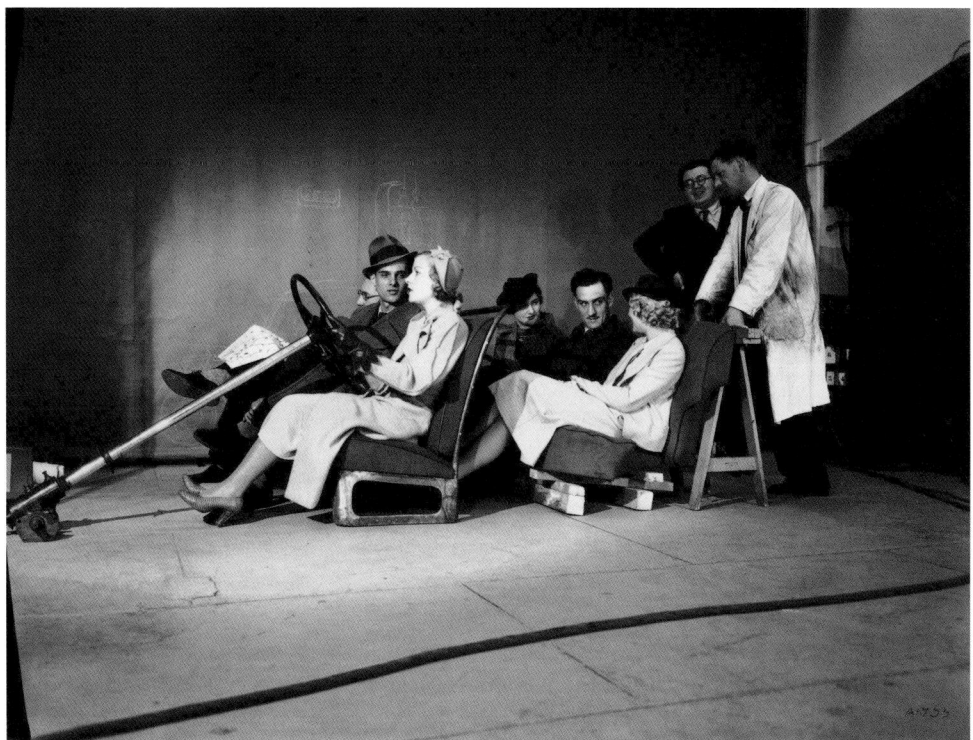

Publicity Photo, Renault, *c.* 1937

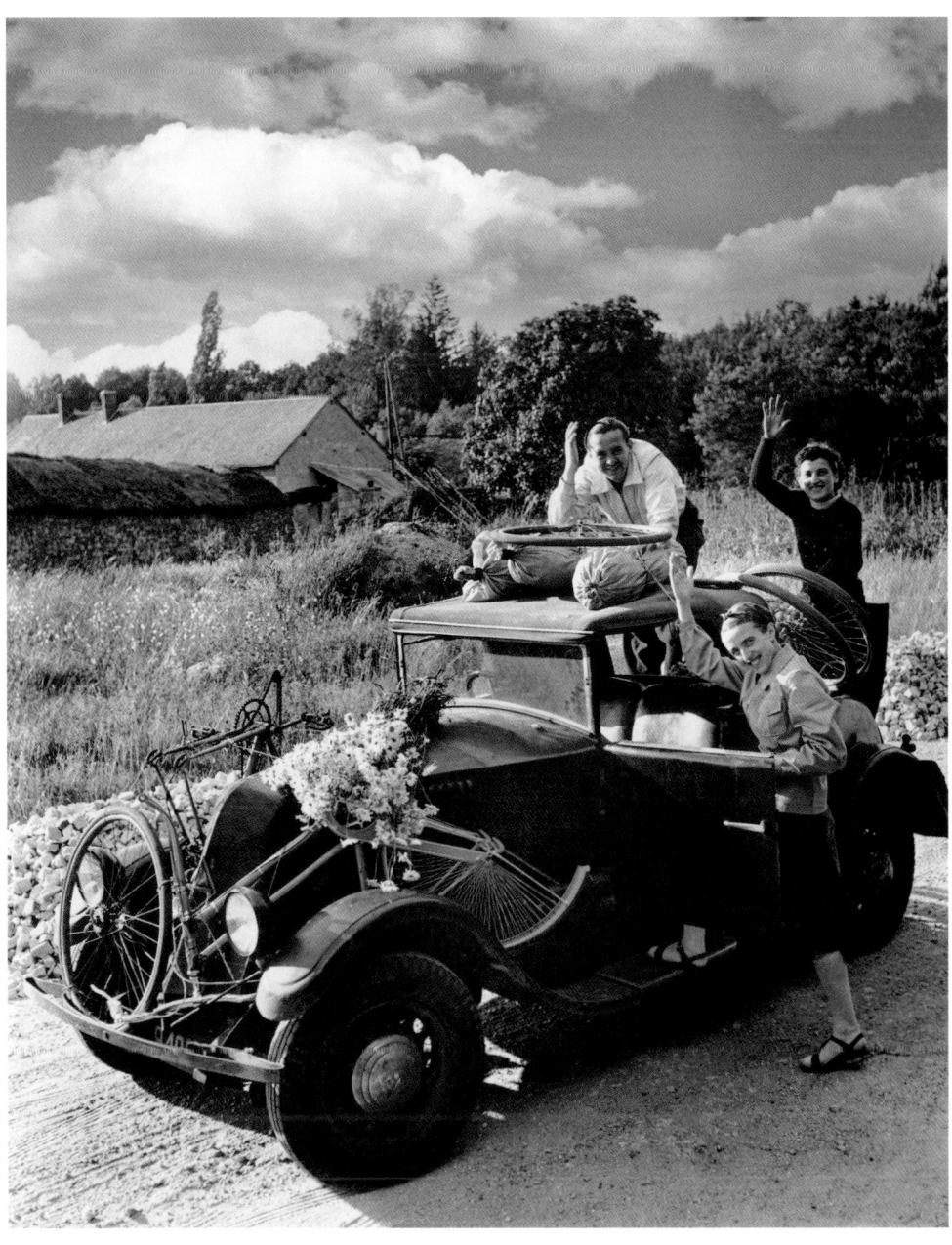

Holidaying aboard the Renault 6 CV / La six Chevaux des vacances, Raizeux, 1939

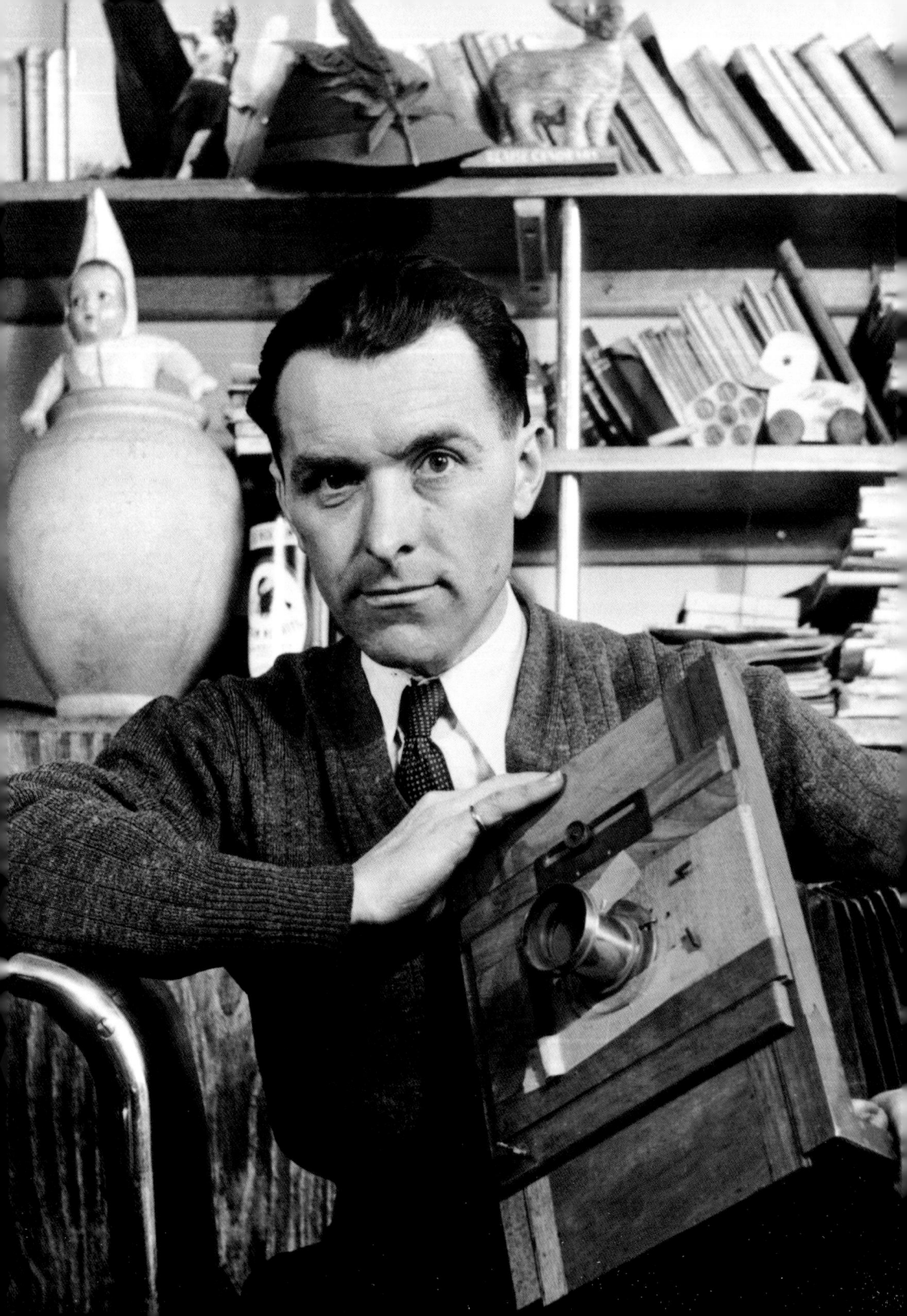

#2

The War

1939–1945

Alas, military service nipped this promising debut in the bud. By the time it was over in 1934, Vigneau had succumbed to the economic crisis afflicting the entire nation and changed direction, taking up the moving image. It was again Lucien Chauffard, now head of photography at the Renault factories, who offered Doisneau a job. He accepted it on April 12, 1934, shortly before his marriage to Pierrette Chaumaison, on November 28 that same year. At Renault, Doisneau discovered a new world that he was never to forget, that of the workers' solidarity and dignity. Discipline was harsh and the work was boring and repetitive. He recorded the life of the company, using crude, heavy cameras, photographing the workshops and production lines while also working for the publicity department. "Renault marked the real beginning of my career as a photographer and the end of my youth."[19] In this world of invariable monotony, he learned what working-class fraternity meant. And he also developed his own rebellious streak, so much so that, in June 1939, he was sacked for repeatedly arriving late. "I rediscovered the streets, where there was everything to see, with a sense of great joy and, naturally, a little frisson of anxiety."[20]

It was again thanks to Lucien Chauffard, who had recently opened a studio at the Porte d'Ivry, that Doisneau became acquainted with his co-worker Ergy Landau. Landau, in turn, recommended him to the director of a large Parisian agency, Charles Rado, who commissioned a first reportage on a canoe trip down the Dordogne. Doisneau's enthusiasm soon gave way to anxiety when war was declared and his mobilization papers arrived. When he joined his regiment in Alsace, his haversack contained a pacifist tract by Jean Giono and the same author's "Civil Disobedience." Catching cold, Doisneau ended his active service in a military hospital. He returned to Paris only in April 1940, shortly before the armistice; the German army entered the capital on June 14.

In occupied Paris, Doisneau, like everyone else, put food on the table with a ragbag portfolio of occupations. He even wrote a life of Napoleon made up of engravings and paintings representing the Emperor's deeds and derring-do and sold it at Les Invalides. In the 1940s, life was difficult and rations at a bare minimum. Aside from the few collaborationist papers, there was no press. Moreover, in 1942, his first daughter, Annette, was born. In an effort to meet the needs of his family, Doisneau

The Wooden Camera, Self-Portrait, Montrouge, 1948

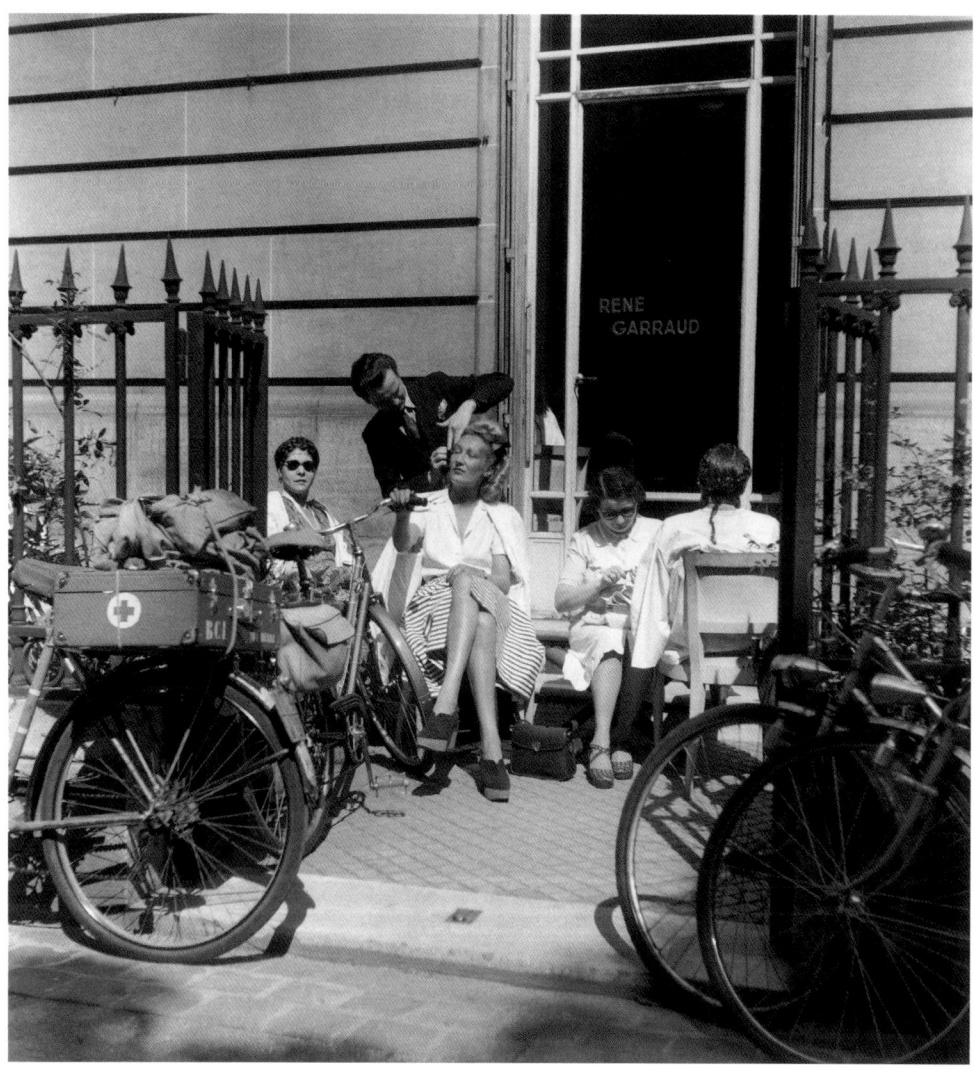

Open-Air Beauty Clinic, 1943

made a few mediocre publicity photographs and undertook some reportages for the magazine *Vrai*, where the cartoonist and illustrator Maximilien Vox was working. At Vox's request, in 1942, Doisneau made a series of portraits of scientists for a work edited by Laure Albin Guillot, *Les nouveaux Destins de l'intelligence française* (The New Destinies of the French Intelligentsia), prefaced by Marshal Philippe Pétain. This ran counter to his political views and, more importantly, his clandestine activities. Having been contacted by one "Monsieur Philippe" (the painter Enrico Pontremoli, as he later discovered), he fabricated all kinds of forged documents for the Resistance throughout these years. "During the occupation, I did clandestine photography and my diploma in lithographic engraving enabled me to make excellent forged papers."[21] Despite the severe shortage of film and photographic paper, Doisneau nevertheless managed to make a few precious images of these dark years, illustrating the daily grind of the Parisian population under Nazi occupation: rationing, queuing in front of more or less empty shops, air-raid warnings, and people sheltering from bombs in the Métro. In 1942, he photographed *The Fallen Horse* as a metaphor of the French situation.

When the Parisian uprising broke out in August 1944, Doisneau began a frenzied campaign of photography. His images, though they show no corpses, constitute an authentic chronicle of the popular nature of this uprising

"I set off from Montrouge by bike, a bag tied to the rack containing my Rolleiflex and two films – one for backup. Two twelve-shot films to cover the Liberation of Paris!"

and were widely published. Thanks to them, he was contacted by Adep, a cooperative photographic agency founded in the 1930s under the name of Alliance Photo; it now comprised photographers such as Henri Cartier-Bresson, the Séeberger brothers, and Jean Roubier. Adep took on the responsibility for distributing Doisneau's photos of the uprising. But this proved a transitional arrangement. In 1946, Doisneau joined the Rapho agency, which was a revival of the agency founded originally by Charles Rado. For Doisneau, August 1946 was a whole new beginning. "The liberation of Paris was a fine old chaos and, what's more, distinctly photogenic. Certain places, always the same ones, seemed just right for barricades to appear in them. Strangely enough, there was something about the soil in the posh neighborhoods that stopped these barricades popping up..."[22] Disobeying the order he had been given to cover Belleville-Ménilmontant, Doisneau crisscrossed Paris on his bicycle, taking photographs wherever anything was happening. From the Quartier Latin to Batignolles and from the Île de la Cité to the Luxembourg Gardens, he made an impressive set of images of the liberation of Paris, which have since acquired the status of classics. The culminating point of this reportage was his historic photo, taken under the Arc de Triomphe, of General de Gaulle preparing to parade down the Champs-Élysées amid scenes of wild joy. These are portraits of men, women, and children in the euphoria of an exceptional moment in history: the restoration of liberty. There is very little violence but a great deal of tenderness in these iconic images. All Doisneau is there: his acute sense of observation and his empathy for his fellow humans. In addition to many publications in the French and foreign press, several little books were then hastily put together combining Doisneau's photographs with those of Jean Roubier, Pierre Jahan, Pierre Roughol, René Zuber, and Suzanne Laroche.

Shortly after these events, Doisneau made contact with an extraordinary man, Pierre Betz, editor of the magazine *Le Point*, where Doisneau became the resident photographer. The first issue of this magazine, published in March 1945, was about the clandestine press under the Nazi occupation, paying homage to the brave and anonymous individuals who, defying the gravest dangers, had undertaken the printing and distribution of tracts, posters, and newspapers. From September 1944 till early 1945, Doisneau made a series of remarkably atmospheric images whose backdrops were the most unlikely cellars. These might be described as expressionist images: those of Claude Oudeville, printer of Vercors's

Le Silence de la mer; of Comte in the cellar in which he hid his Phoenix printing machine; of Pontremoli (the notorious "Monsieur Philippe") making tracts and other lithographic handbills to be posted on walls; of Harambat, printer for the Mouvement de Libération Nationale; of Yvonne Desvignes hand-stitching copies of *Le Silence de la mer*; and, of course, of Jean Bruller, "Vercors" himself, the then unknown author whose novel, written in 1942, became the symbol of taciturn patriotism.

A period thus came to an end in which Doisneau had become an actual participant in the profession closest to his heart. The years that followed were among his most prolific. They also witnessed major encounters that contributed to the blossoming of his talent.

Coal-Ration Card, Avenue de l'Opéra, 1944

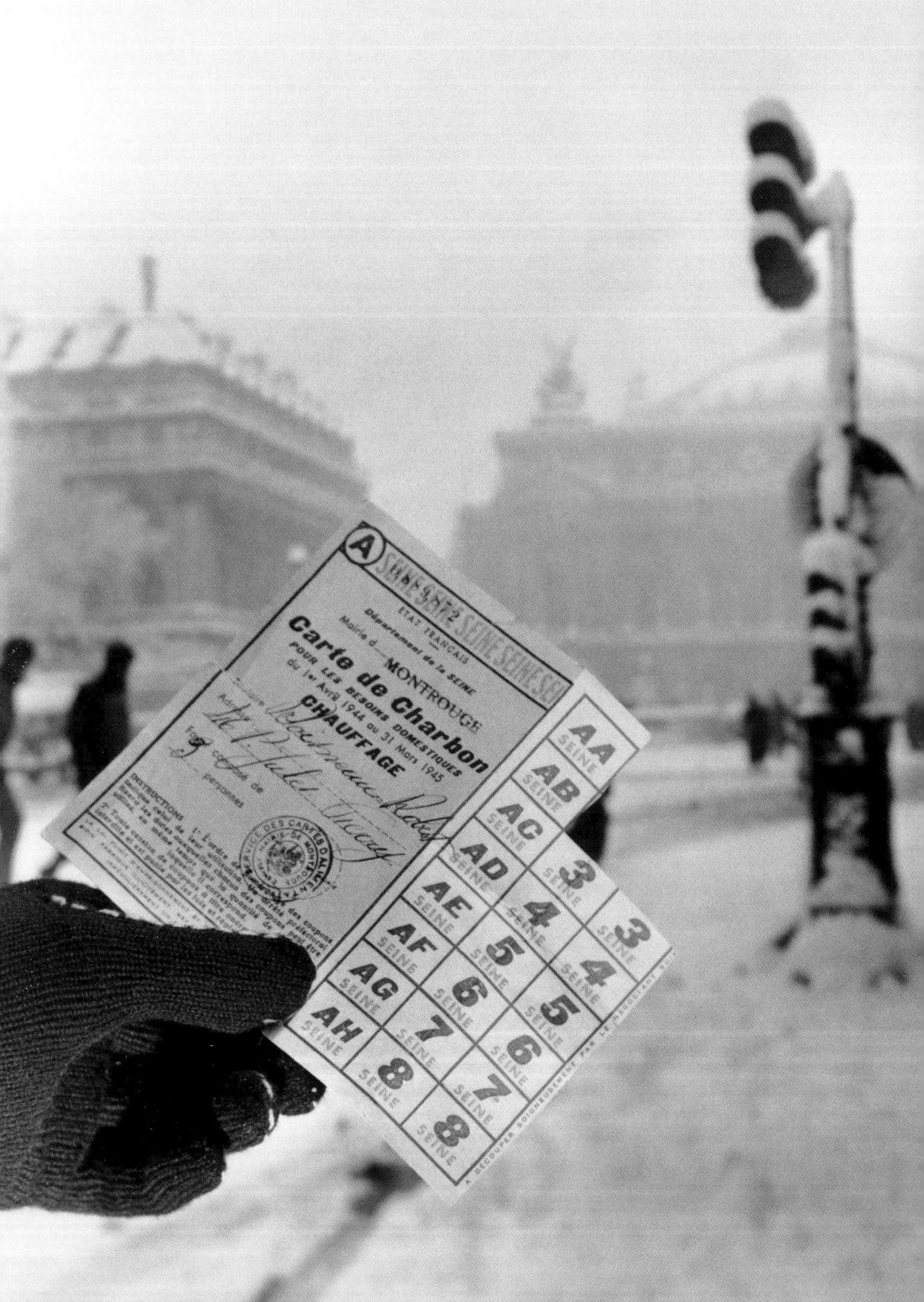

#2

La guerre

1939–1945

Le service militaire, malheureusement, va interrompre ce beau départ. À son retour en 1934, André Vigneau, victime de la crise économique qui frappait le pays, avait changé de cap pour le cinéma. C'est Lucien Chauffard, devenu chef de service Photo aux usines Renault, qui lui propose d'entrer dans son service. Ce que Doisneau accepte le 12 avril 1934, peu de temps avant son mariage avec Pierrette Chaumaison, le 28 novembre de la même année. Robert Doisneau va découvrir chez Renault un autre univers, qu'il n'oubliera jamais, celui des travailleurs avec leur solidarité et leur dignité. La discipline est dure, le travail lancinant. Il archive la vie de l'entreprise à l'aide d'un matériel rudimentaire et pesant, photographiant le monde des ateliers et des chaînes de montage tout en couvrant également le service publicitaire de la firme : « Renault, ce fut pour moi le véritable début de ma carrière de photographe et la fin de ma jeunesse.[19] » Mais dans ce monde qui sue l'ennui, il va apprendre ce que signifie la fraternité des travailleurs et développer son esprit de désobéissance. Ce qui lui vaudra, en juin 1939, d'être licencié pour retards répétés : « J'ai retrouvé la rue où il y avait tout à voir avec une grande jubilation et tout de même une vague inquiétude.[20] »

C'est à nouveau grâce à Lucien Chauffard, qui avait alors ouvert un studio porte d'Ivry, que Robert Doisneau va faire connaissance de sa collaboratrice Ergy Landau qui le recommande à Charles Rado, directeur d'une grande agence parisienne. Ce dernier lui passe commande d'un premier reportage sur la descente en canoë de la Dordogne. L'enthousiasme du photographe va rapidement faire place à l'inquiétude du fait de l'annonce de la déclaration de guerre et corollairement de sa mobilisation. Il va rejoindre son corps d'armée en Alsace avec, dans sa musette, l'ouvrage de Jean Giono *Refus d'obéissance* ainsi qu'un tract pacifiste du même auteur. Victime d'un coup de froid, il finira la guerre dans un hôpital militaire. Ce n'est qu'en avril 1940 qu'il regagnera Paris, peu avant la signature de l'armistice et l'entrée de l'armée allemande dans la capitale le 14 juin.

Dans le Paris occupé, Robert Doisneau va, comme beaucoup, user de mille expédients pour subvenir à ses besoins. Il ira jusqu'à réaliser et vendre à l'hôtel des Invalides une « vie de Napoléon », utilisant pour cela les gravures et tableaux représentant les faits et gestes de l'Empereur. Dans ces années 1940, la vie est difficile, le ravitaillement réduit à sa portion congrue. La presse est quasi inexistante ou

limitée à quelques titres collaborationnistes. Chez Robert Doisneau, la famille s'agrandit en 1942 avec la naissance de sa première fille Annette. Pour subvenir à ses besoins, Doisneau réalise quelques publicités médiocres tout en assurant divers reportages pour la revue *Vrai* où travaille le graphiste Maximilien Vox. À sa demande, il effectue en 1942 une série de portraits de scientifiques pour *Les nouveaux Destins de l'intelligence française*, un ouvrage dirigé par Laure Albin Guillot et préfacé par le maréchal Philippe Pétain, ce qui va à l'encontre totale de son idéologie et surtout de son activité souterraine. Contacté par un certain « Monsieur Philippe » (dont il découvrira plus tard qu'il s'agissait du peintre Enrico Pontremoli), il va réaliser, tout au long de ces années, toutes sortes de faux papiers pour la Résistance : « Pendant l'occupation, je fais de la photo occulte et mon diplôme de graveur-lithographe m'autorise à faire d'excellents faux papiers.[21] » En dépit des difficultés du moment pour s'approvisionner en films et en papier photo, Doisneau réussit néanmoins à réaliser, dans ces années sombres, quelques images précieuses sur la vie de Paris sous l'occupation, illustrant les préoccupations quotidiennes de la population : rationnement, queues devant les boutiques plus ou moins

vides, alertes aériennes, refuges dans le métro. Il réalise également, en 1942, la photographie *Le Cheval tombé* qu'il considère comme une métaphore de la situation du pays.

Lorsque l'insurrection parisienne éclate en août 1944, Robert Doisneau va être pris d'une véritable frénésie de photographies. Ses images sans cadavres, qui s'avèrent être une véritable chronique du caractère populaire de ce soulèvement, seront largement publiées. Elles lui vaudront d'être contacté par l'ADEP, agence coopérative fondée dans les années 1930 sous le nom d'Alliance-Photo, qui regroupe alors des photographes comme Henri Cartier-Bresson, les frères Séeberger ou Jean Roubier, et à qui il confiera la diffusion de ses clichés de l'insurrection. Mais sa collaboration sera de courte durée, Doisneau rejoignant dès 1946 l'agence Rapho, résurgence de celle fondée par Charles Rado. Pour Doisneau, ce mois d'août est celui d'un véritable nouveau départ : « Joli désordre cette libération de Paris, et photogénique de surcroît. Certains terrains, toujours les mêmes, se montrent favorables à l'éclosion des barricades. Curieusement, dans ce que l'on appelle les beaux quartiers, le sol demeure réfractaire...[22] » C'est en bicyclette que Doisneau, désobéissant une fois de plus à

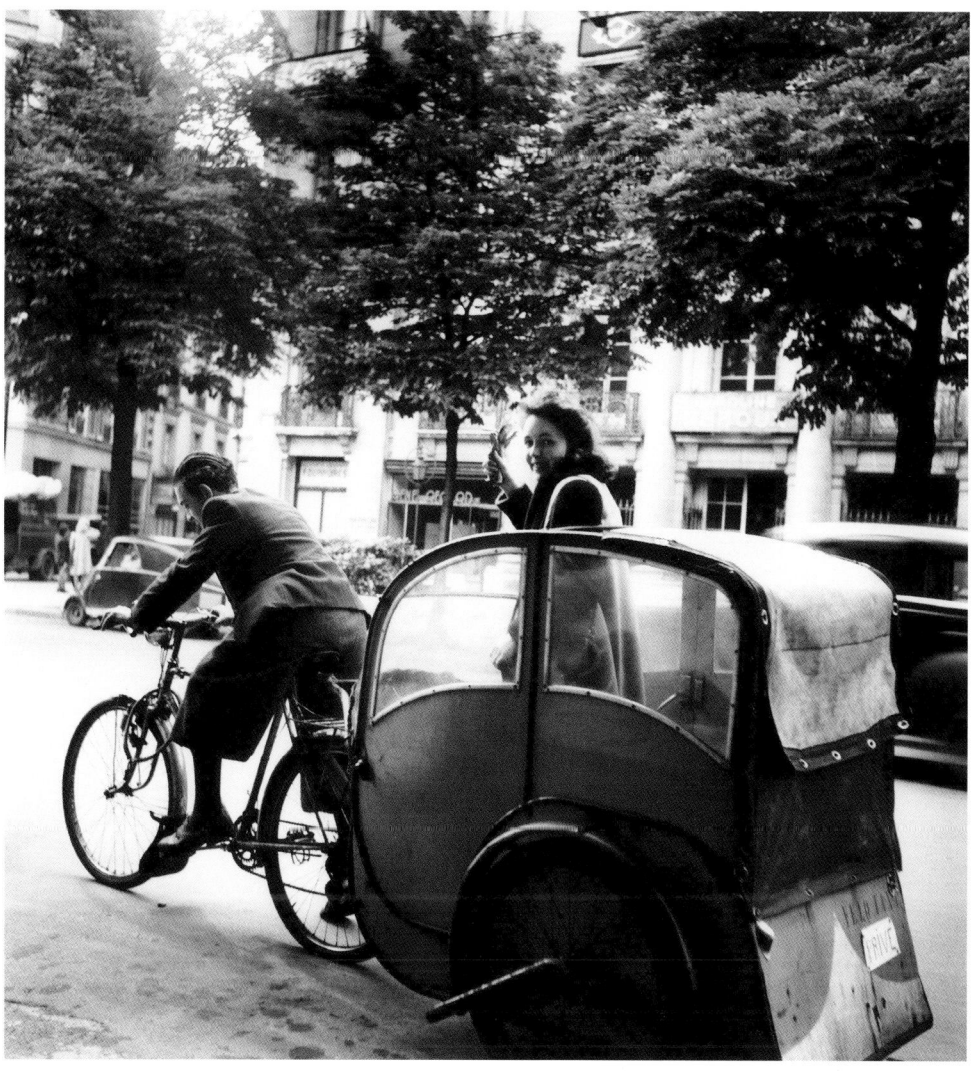

Biçycle-Taxi, 1944

l'ordre qui lui a été donné de couvrir le quartier Belleville-Ménilmontant, va sillonner Paris là où il se passe quelque chose. Du Quartier latin aux Batignolles, de l'île de la Cité au Luxembourg, il multiplie ses déplacements et réalise une suite impressionnante de clichés devenus depuis des classiques de l'imagerie de la libération de Paris. Reportage clôturé par l'historique photographie, prise sous l'Arc de triomphe, du général Charles de Gaulle s'apprêtant à descendre les Champs-Élysées au milieu d'une liesse indescriptible. Portraits de femmes, d'enfants, d'hommes dans l'euphorie d'un moment exceptionnel, d'une liberté retrouvée. Peu de violence dans ces images, dont certaines vont devenir emblématiques, et déjà beaucoup de tendresse et de passion pour l'homme. C'est tout Doisneau qui se révèle déjà avec son sens aigu de l'observation et son empathie pour ses semblables. Outre de nombreuses publications dans la presse française et étrangère, plusieurs petits ouvrages seront alors publiés dans la hâte regroupant les photos de Doisneau mais aussi celles de Jean Roubier, Pierre Jahan, Pierre Roughol, René Zuber et Suzanne Laroche.

C'est peu après ces événements que Doisneau va entrer en contact avec un personnage étonnant, Pierre Betz, éditeur de la revue *Le Point*, pour laquelle il deviendra le photographe attitré. Le numéro de mars 1945, consacré aux imprimeries clandestines sous l'Occupation, rend hommage aux anonymes courageux qui, au mépris du danger, ont assuré

> **« Je pars de Montrouge sur ma bicyclette, avec mon sac ficelé sur le porte-bagages, avec mon Rolleiflex, et deux films dont un de secours. Deux films de douze poses en tout pour couvrir la Libération de Paris ! »**

l'impression et la diffusion de tracts, d'affiches et de journaux pendant toute cette période. De septembre 1944 au début de l'année 1945, Doisneau va réaliser une série d'images à l'ambiance exceptionnelle dans des décors de caves invraisemblables. Images expressionnistes, pourrait-on dire, comme celles de Claude Oudeville, l'imprimeur du *Silence de la mer*, de Comte dans la cave où il cachait sa machine Phoenix, d'Enrico Pontremoli (le fameux M. Philippe) confectionnant des tracts et autres papillons lithographiques destinés à être collés sur les murs, d'Harambat, imprimeur pour le Mouvement de libération nationale, d'Yvonne Desvignes brochant à la main les exemplaires du *Silence de la mer*, et bien entendu de Jean Bruller, dit Vercors, l'auteur alors inconnu de cet ouvrage écrit en 1942, devenu aujourd'hui symbole d'un patriotisme muet.

Une période se termine qui aura vu Robert Doisneau entrer de plain-pied dans un métier qui lui tenait à cœur. Les années qui vont suivre seront pour lui les plus prolifiques et celles des grandes rencontres qui vont contribuer à l'éclosion définitive de son œuvre.

#2

Der Krieg

1939–1945

Dieser vielversprechende Anfang einer Karriere wird durch den Militärdienst unterbrochen. Als Robert Doisneau wieder nach Hause kommt, hat André Vigneau sich unter dem Druck der Weltwirtschaftskrise bereits dem Film zugewandt. Wieder ist es Lucien Chauffard, inzwischen Chef der Fotoabteilung der Renault-Werke, der ihm eine Stellung anbietet. Am 12. April 1934, wenige Monate vor seiner Hochzeit mit Pierrette Chaumaison am 18. November, nimmt Doisneau das Angebot an. Bei Renault entdeckt er eine ganz andere Welt, die er nie vergessen wird: die Welt der Arbeiter mit ihrer Solidarität und ihrer besonderen Würde. Es herrscht strenge Disziplin, die Arbeit ist hart. Mit unvollständiger und unhandlicher Ausrüstung dokumentiert er das Leben in der Fabrik, er fotografiert in den Werkhallen und an den Montagebändern, bedient aber auch die Werbeabteilung des Unternehmens. „Renault bedeutete für mich den Beginn meiner Karriere als Fotograf und zugleich das Ende meiner Jugend."[19] In dieser Welt voll eintöniger Mühsal lernt er von den Arbeitern, was es heißt, solidarisch zu sein, und er entwickelt seinen Widerstandsgeist. Im Juni 1939 wird ihm wegen wiederholter Verspätungen gekündigt: „So stand ich wieder auf der Straße, wo es so viel zu sehen gab, mit großer Freude, aber auch bedrängt von einem Berg von Sorgen."[20]

Erneut verdankt er es Lucien Chauffard, der in der Zwischenzeit an der Porte d'Ivry ein Studio eröffnet hat, dass es beruflich weitergeht. Seine Mitarbeiterin Ergy Landau empfiehlt ihn Charles Rado, dem Direktor einer großen Pariser Agentur. Rado erteilt ihm gleich den Auftrag für eine Reportage über eine Kanufahrt auf der Dordogne. Die Begeisterung des Fotografen weicht schon bald der Besorgnis, als der Krieg erklärt und Doisneau einberufen wird. Er rückt bei seinem Armeekorps im Elsass ein, im Tornister die Schrift *Gehorsamsverweigerung* von Jean Giono und ein pazifistisches Traktat desselben Autors. Wegen einer schweren Erkältung wird Doisneau in ein Lazarett eingewiesen; erst im April 1940 kehrt er nach Paris zurück, kurz vor der Unterzeichnung des Waffenstillstands und dem Einzug der deutschen Truppen am 14. Juni.

Im besetzten Paris greift Robert Doisneau zu allen verfügbaren Mitteln, um sich über Wasser zu halten. Er produziert sogar eine Biografie Napoleons, zusammengestellt aus Stichen und Gemälden, die Ereignisse aus dem Leben des Kaisers darstellen, und verkauft sie im Hôtel des Invalides. Das Leben in den 1940er-Jahren ist hart, die Lebensmittelversorgung auf das

Existenzminimum beschränkt. Die französische Presse ist praktisch abgeschafft und besteht nur noch aus einigen Organen der Kollaboration. Die Familie Doisneau bekommt 1942 mit der Geburt der ersten Tochter Annette Zuwachs. Um über die Runden zu kommen, produziert Doisneau mittelmäßige Werbung und liefert der Zeitschrift *Vrai* verschiedene Reportagen. Dort arbeitet der Grafiker Maximilien Vox. Auf dessen Bitte entsteht 1942 eine Serie von Porträtaufnahmen für das von Laure Albin Guillot herausgegebene Werk *Les nouveaux Destins de l'intelligence française* (Die neuen Wege der französischen Intelligenz); das Vorwort stammt von Marschall Philippe Pétain. Der Auftrag geht völlig gegen Doisneaus eigene Überzeugungen, steht aber vor allem im Widerspruch zu seinen Aktivitäten im Untergrund. Nachdem ihn ein „Monsieur Philippe" angesprochen hatte (später stellt sich heraus, dass es der Maler Enrico Pontremoli war), produzierte er nämlich jahrelang alle möglichen falschen Papiere für die Résistance. „Während der Besatzungszeit machte ich im Verborgenen Fotos, und meine Ausbildung als Lithograf befähigte mich, ausgezeichnete falsche Papiere zu fabrizieren."[21] Ungeachtet der Schwierigkeiten, Filme und Fotopapier zu beschaffen, gelingt es Doisneau

in diesen düsteren Jahren, einige wichtige Aufnahmen vom Leben im Paris der Besatzungszeit zu machen. Sie dokumentieren die alltäglichen Sorgen der Bevölkerung: die Rationierung, lange Schlangen vor fast leeren Geschäften, Fliegeralarm, Zuflucht in der Métro. Außerdem entsteht 1942 die Fotografie *Das gefallene Pferd*, die für ihn eine Metapher für die Situation seines Landes ist.

Als im August 1944 in Paris der Aufstand losbricht, beginnt Doisneau wie besessen zu fotografieren. Seine Bilder, die keine Leichen zeigen und die sich am Ende als eine regelrechte Chronik des Volksaufstandes erweisen, werden vielfach abgedruckt. Der Erfolg trägt ihm eine Anfrage der Agentur ADEP ein, einer in den 1930er-Jahren zunächst unter dem Namen Alliance-Photo gegründeten Kooperative, die damals Fotografen wie Henri Cartier-Bresson, die Brüder Séeberger oder Jean Roubier zu ihren Mitgliedern zählte. Doisneau überträgt der Agentur die Verwertungsrechte der Bilder des Pariser Aufstands. Doch die Zusammenarbeit ist nur von kurzer Dauer: 1946 schließt er sich der Agentur Rapho an, einer Neuauflage der ehemaligen Agentur von Charles Rado. Doisneau erlebt diesen August als eine Zeit des Aufbruchs: „Ein schönes Durcheinander, die Befreiung von Paris, und ein höchst fotogenes obendrein. In einigen Gegenden – es sind immer die gleichen – findet man, es sei mal wieder an der Zeit, Barrikaden zu errichten. Seltsamerweise bleibt in den sogenannten besseren Vierteln das Pflaster intakt."[22] Mit dem Fahrrad fährt Doisneau, der sich wieder einmal den Anweisungen widersetzt, die ihn eigentlich nach Belleville und Ménilmontant beordert hatten, durch Paris zu den Orten, wo gerade etwas passiert – vom Quartier Latin nach Batignolles, von der Île de la Cité zum Jardin du Luxembourg. So entsteht eine beeindruckende Serie von Aufnahmen, die heute zu den klassischen Bilddokumenten der Befreiung von Paris zählen. Am Ende steht die historische Aufnahme von General Charles de Gaulle, der sich am Arc de Triomphe darauf vorbereitet, unter dem unbeschreiblichen Jubel der Pariser die Champs-Élysées abzuschreiten. Porträts von Frauen, Kindern, Männern in der Euphorie dieses großen Augenblicks der wiedererlangten Freiheit. Man sieht kaum Gewalt auf diesen Bildern, dafür schon viel von Doisneaus Anteilnahme und seiner Leidenschaft für das Menschliche. Hier zeigt sich bereits der ganze Doisneau mit seiner scharfen Beobachtungsgabe und seiner Empathie für die Mitmenschen. Neben zahlreichen Publikationen in der französischen und ausländischen Presse erscheinen einige kleinere, hastig zusammengestellte Bildbände mit Aufnahmen von Doisneau, aber auch von Jean Roubier, Pierre Jahan, Pierre Roughol, René Zuber und Suzanne Laroche.

Kurze Zeit später lernt Doisneau mit Pierre Betz, dem Herausgeber der Zeitschrift *Le Point*, eine außergewöhnliche Persönlichkeit kennen. Doisneau wird der feste Fotograf des Magazins. Die erste, im März 1945 erschienene Ausgabe ist der Untergrundpresse der Besatzungszeit gewidmet, eine Hommage an die namenlosen Mutigen, die trotz aller Gefahren während der gesamten Besatzungszeit den Druck und die Verbreitung von Pamphleten, Plakaten und Zeitungen ermöglicht hatten. Von September 1944 bis Anfang 1945 macht Doisneau Aufnahmen in den unglaublichsten Kellerverstecken. Fast expressionistisch wirken diese Bilder. Sie zeigen etwa Claude Oudeville, den Drucker von *Le Silence de la mer*, Comte in dem Keller, wo er seine Phoenix-Presse versteckt hielt, Enrico Pontremoli (den besagten Monsieur Philippe), der Pamphlete und andere Flugblätter lithografiert, die in der Stadt plakatiert werden sollten, Harambat, den Drucker des Mouvement de Libération Nationale, Yvonne Desvignes mit einigen Exemplaren von *Le Silence de la mer* in den Händen und natürlich Jean Bruller, genannt Vercors, den damals noch unbekannten Autor dieses 1942 verfassten Werkes, das heute als Inbegriff des stillen Patriotismus jener Zeit gilt.

Damit geht eine Epoche zu Ende, und Robert Doisneau hat wieder Fuß gefasst in einem Beruf, der ihm sehr am Herzen liegt. Die kommenden Jahre werden der Höhepunkt seiner Karriere sein, geprägt von wichtigen Begegnungen, die dazu beitragen, sein Werk zur vollen Entfaltung zu bringen.

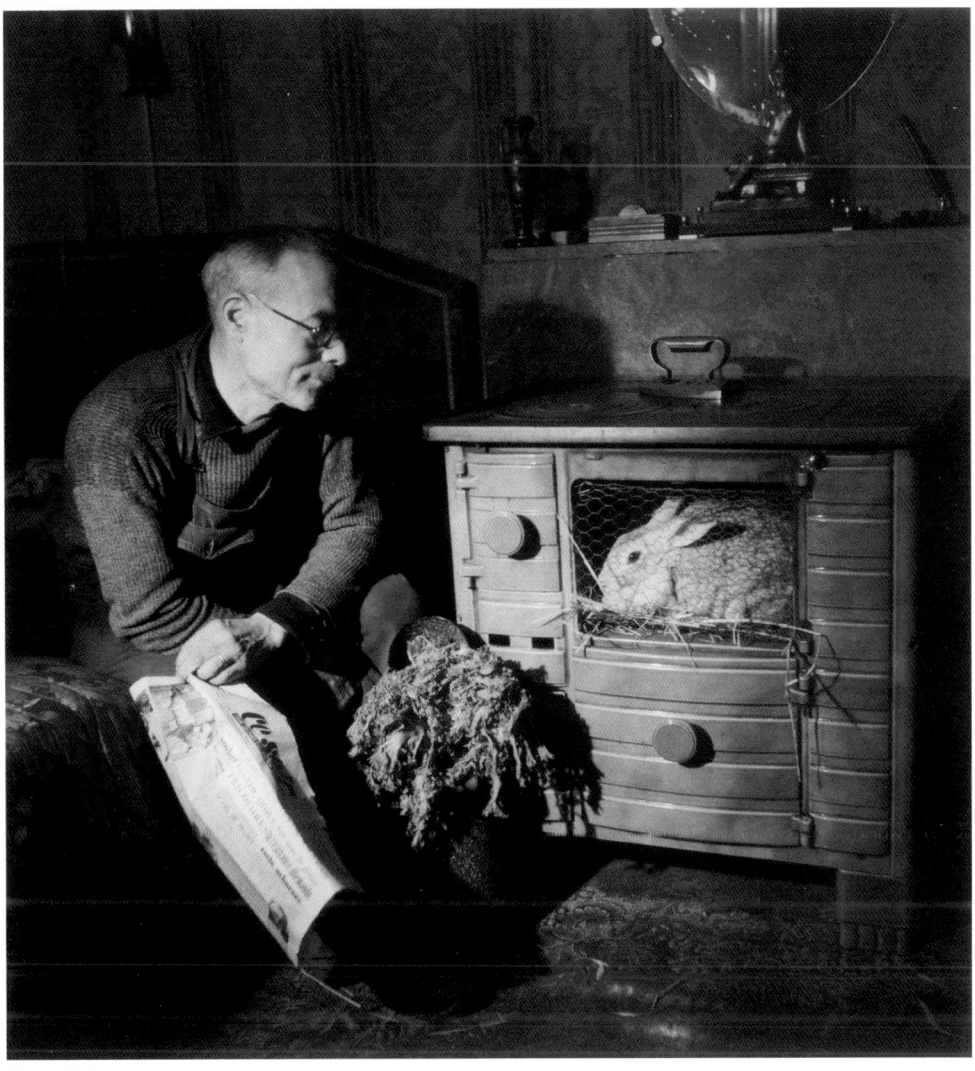

Paul Barabé's Rabbit, Montrouge, 1945

The Occupation

The Champ-de-Mars Rabbit, 1941

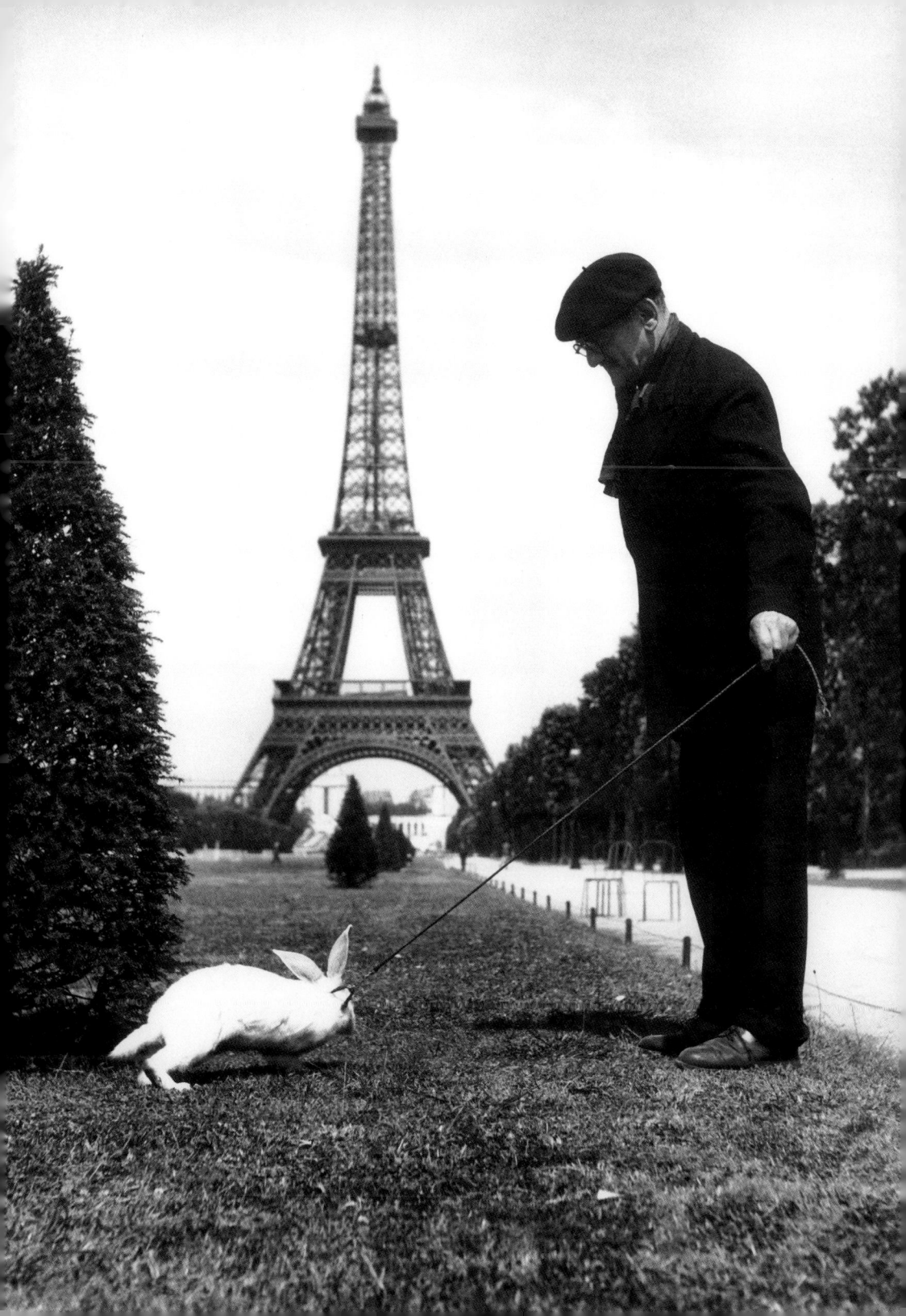

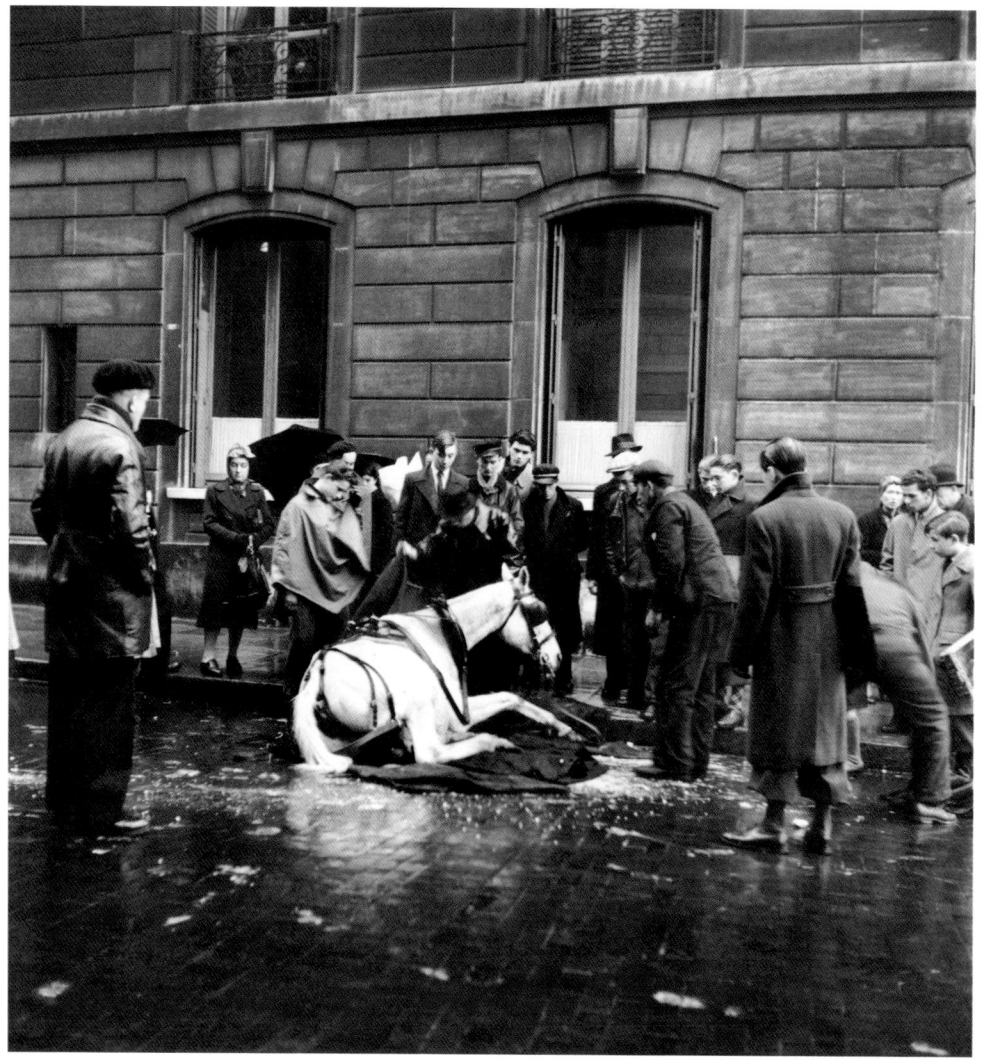

The Fallen Horse / *Le Cheval tombé*, 1942

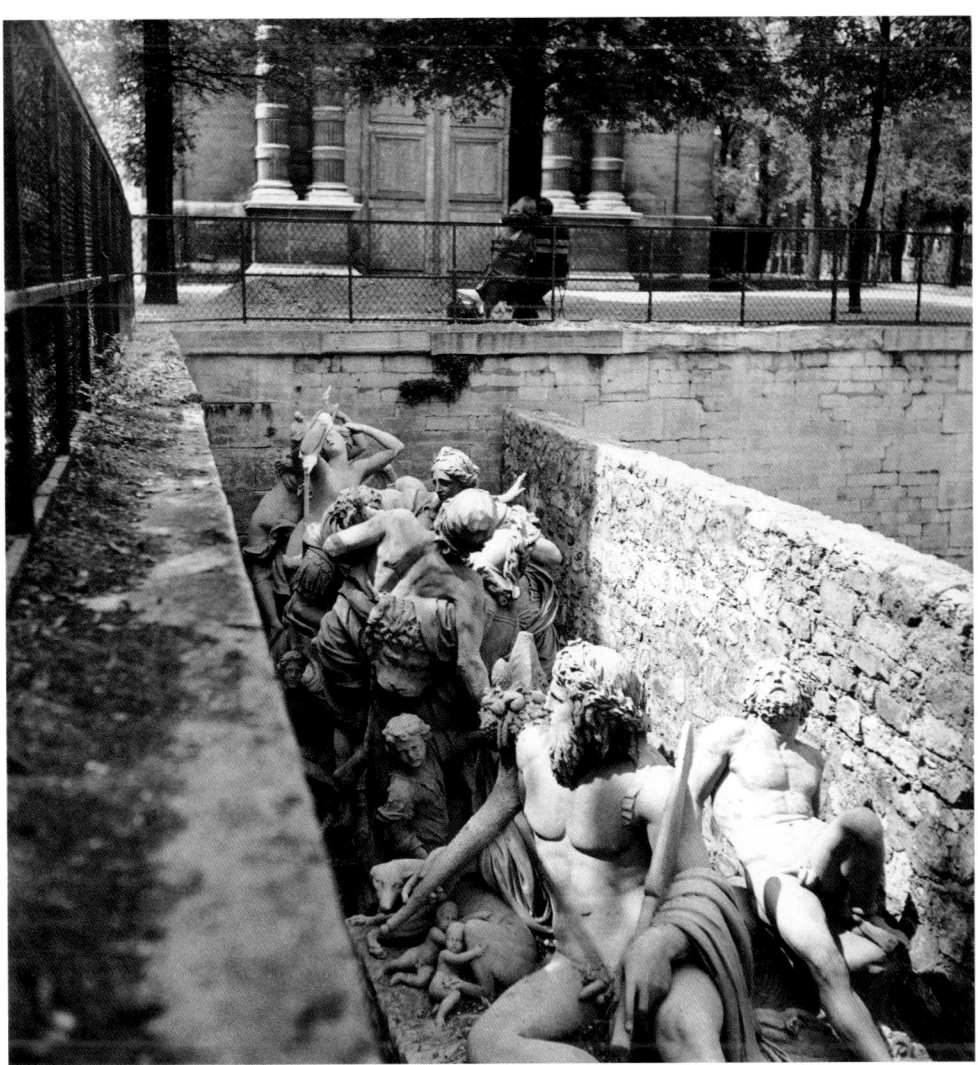

Protecting the Statues, Tuileries, 1940–1941

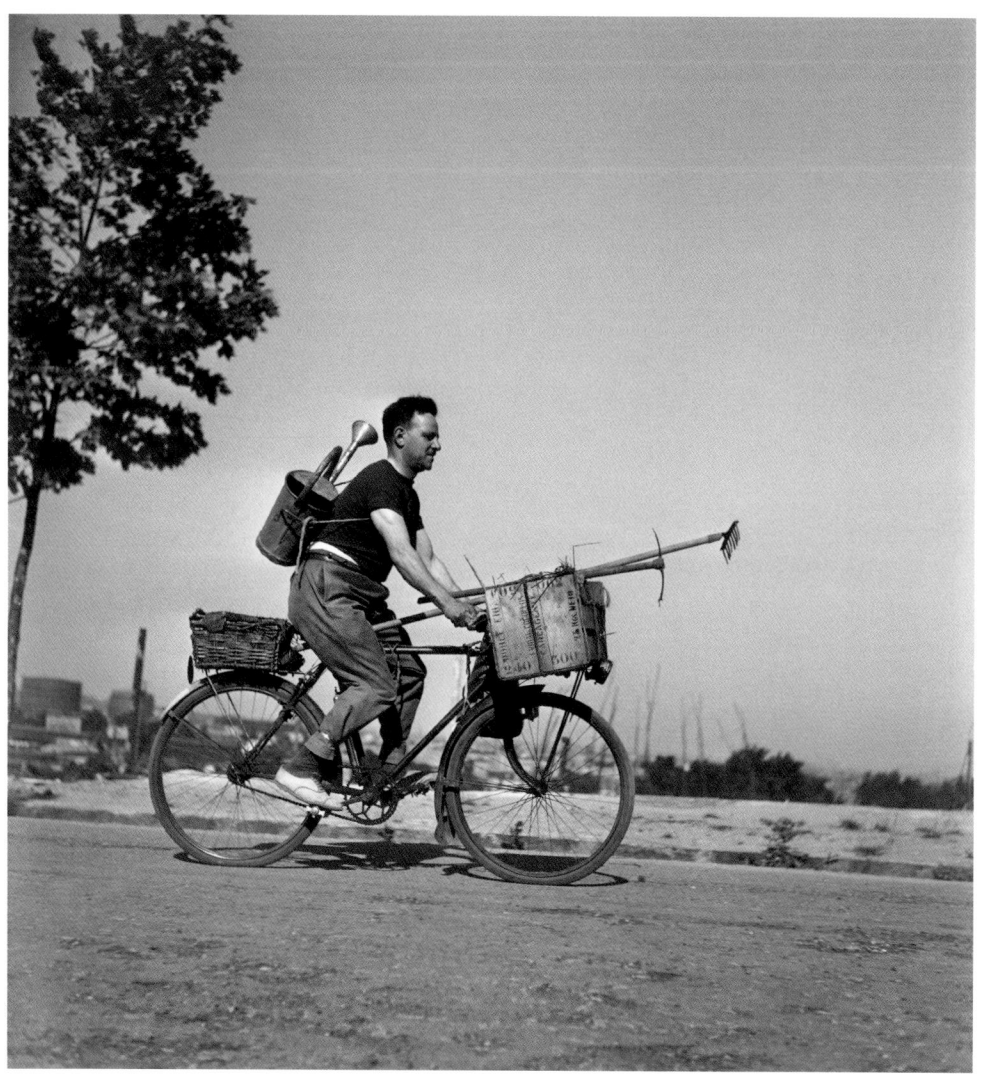

The Sun King on His Bike / *Le Roi Soleil à bicyclette*, Chaville, 1943

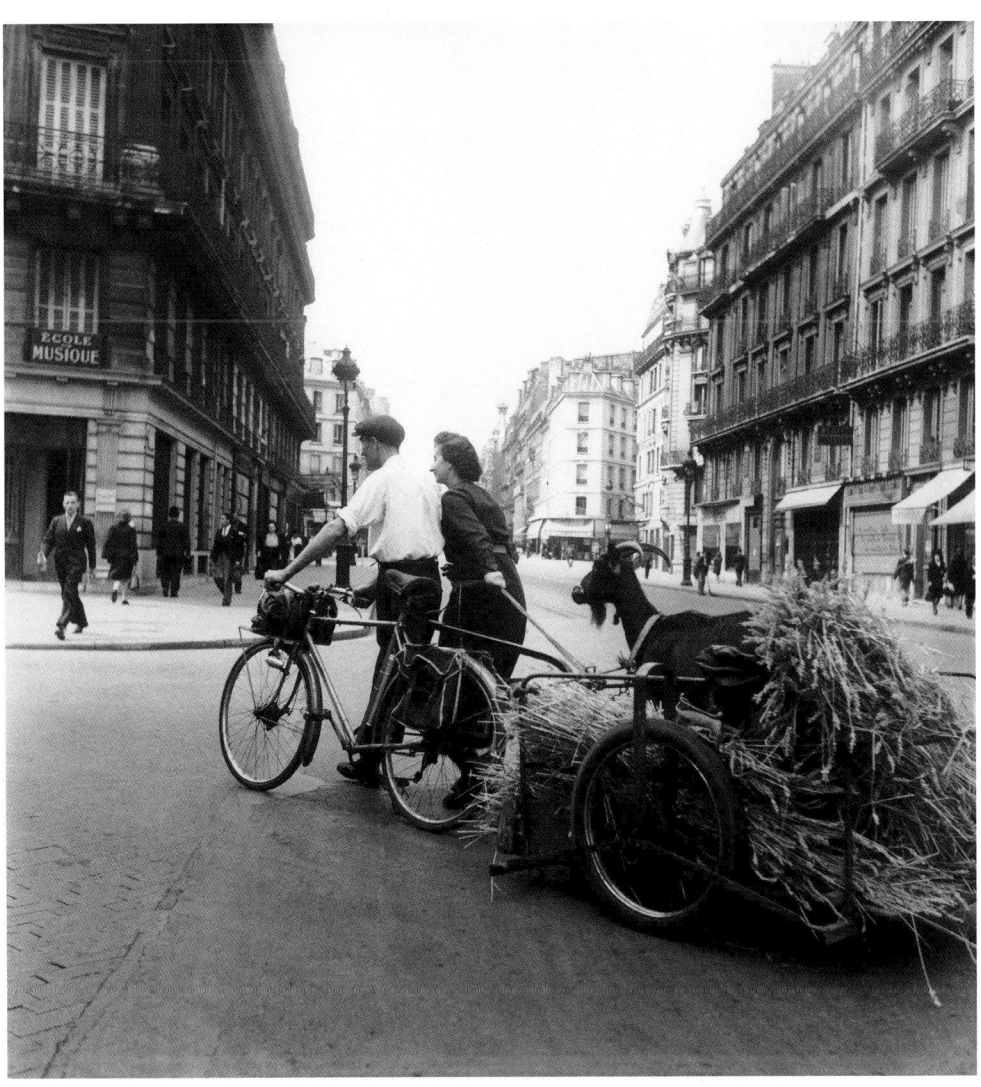

Goat Trailer, Rue de Rennes, 1944

"...occupied Paris was just humiliating. You had to get off the
pavement to let the resplendent German officer by, show your
ID card or open your case at every street corner. You switch
on the radio: no broadcasts. It was tremendously sad..."

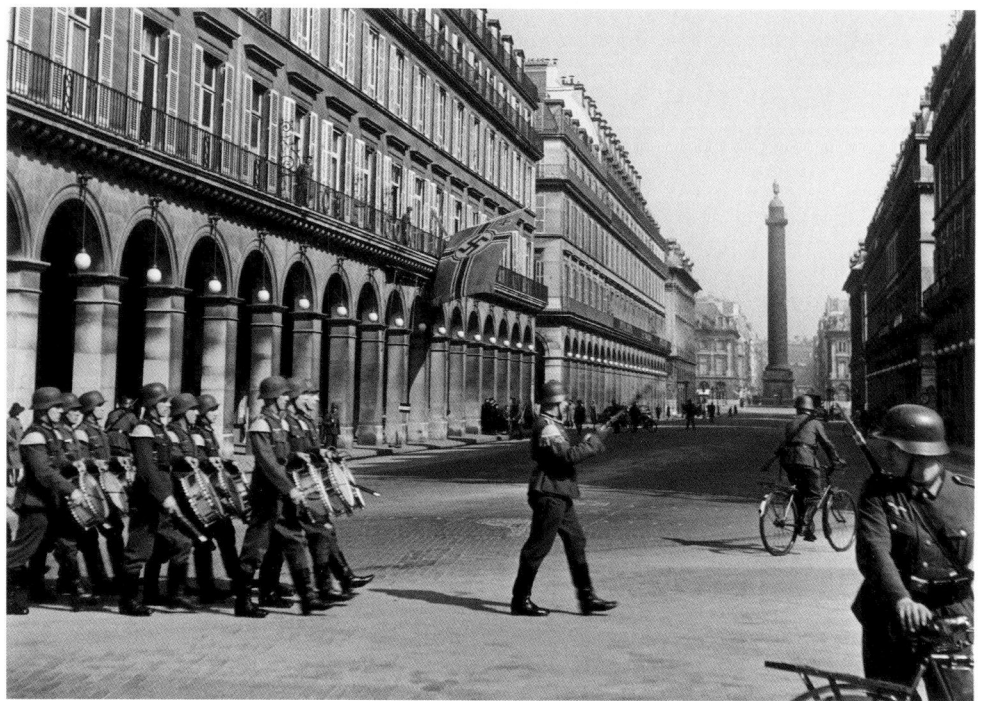

German Parade, Rue de Rivoli, 1943

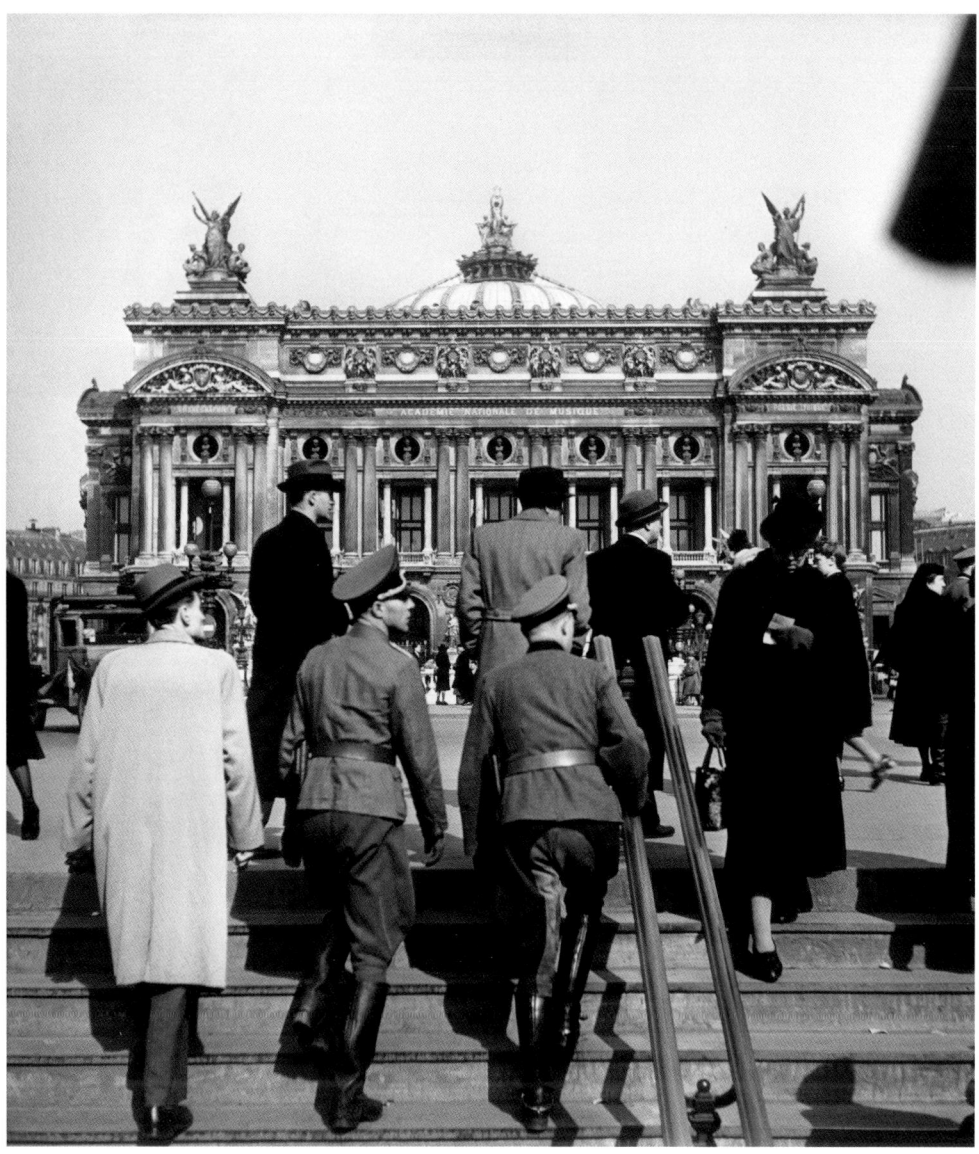

Métro Opéra, 1943

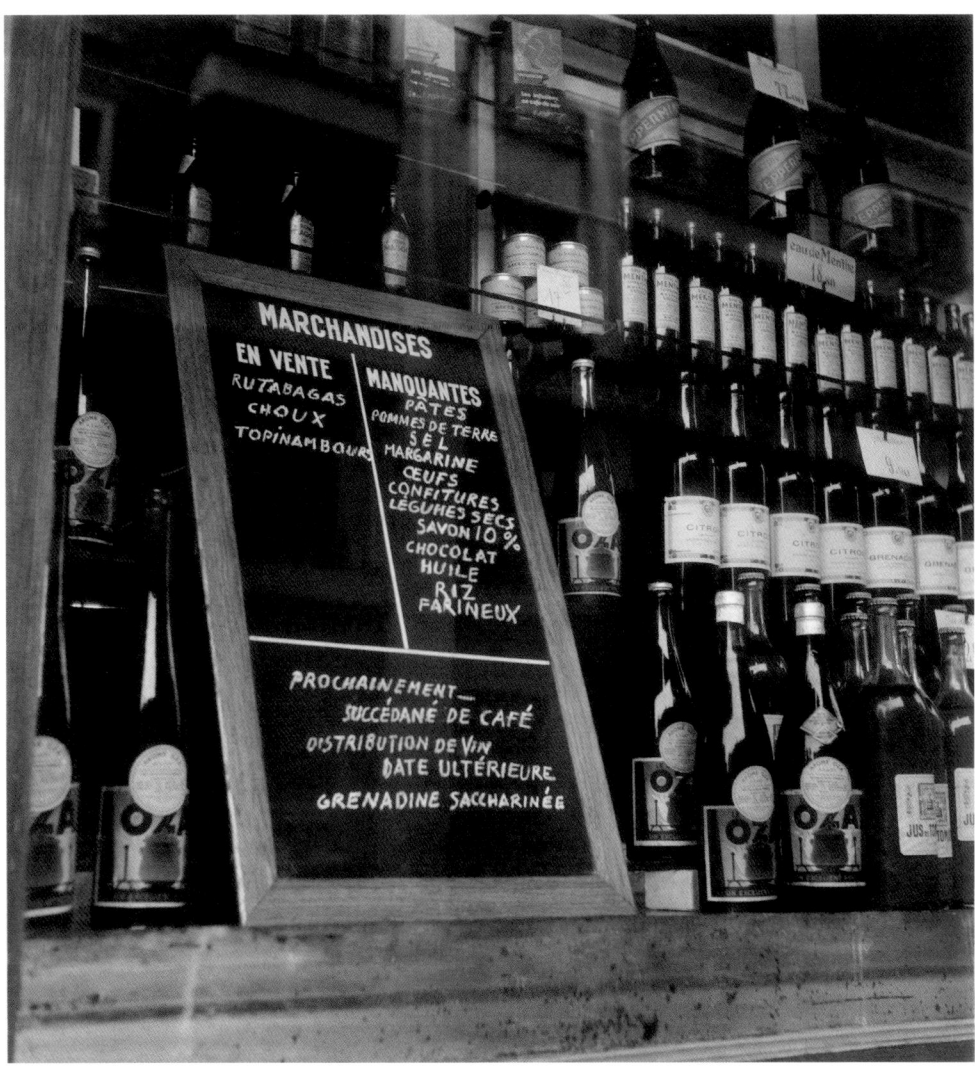

Rationing, 1940

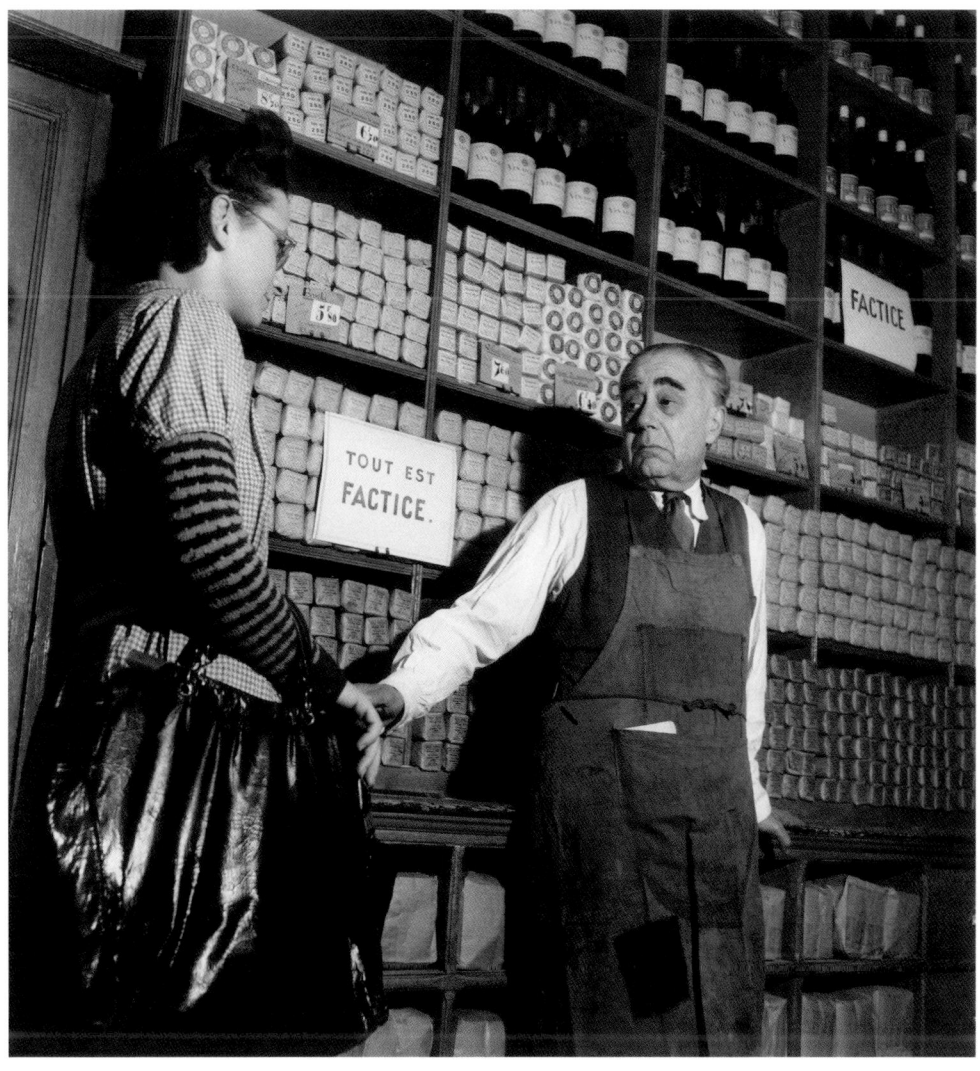

Food Store, 1944

"...One's gut continued to live in the present and
   the present was occupied Paris. I was hungry under
   the reign of the swede..."

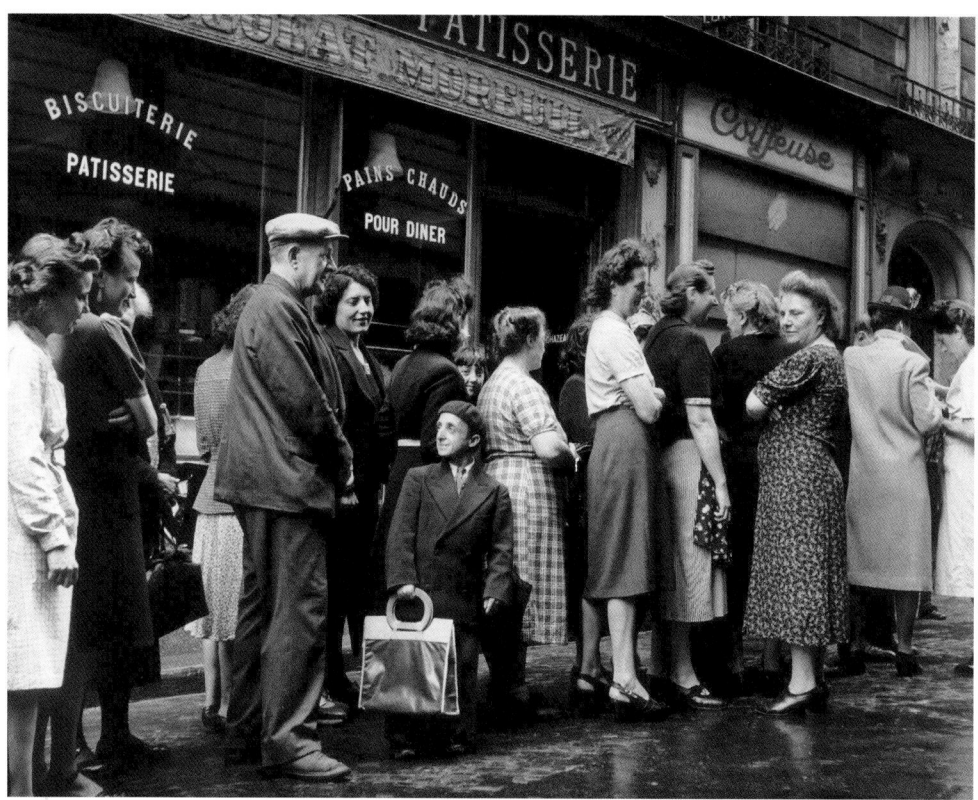

Queuing for Bread, Belleville, 1940–1944

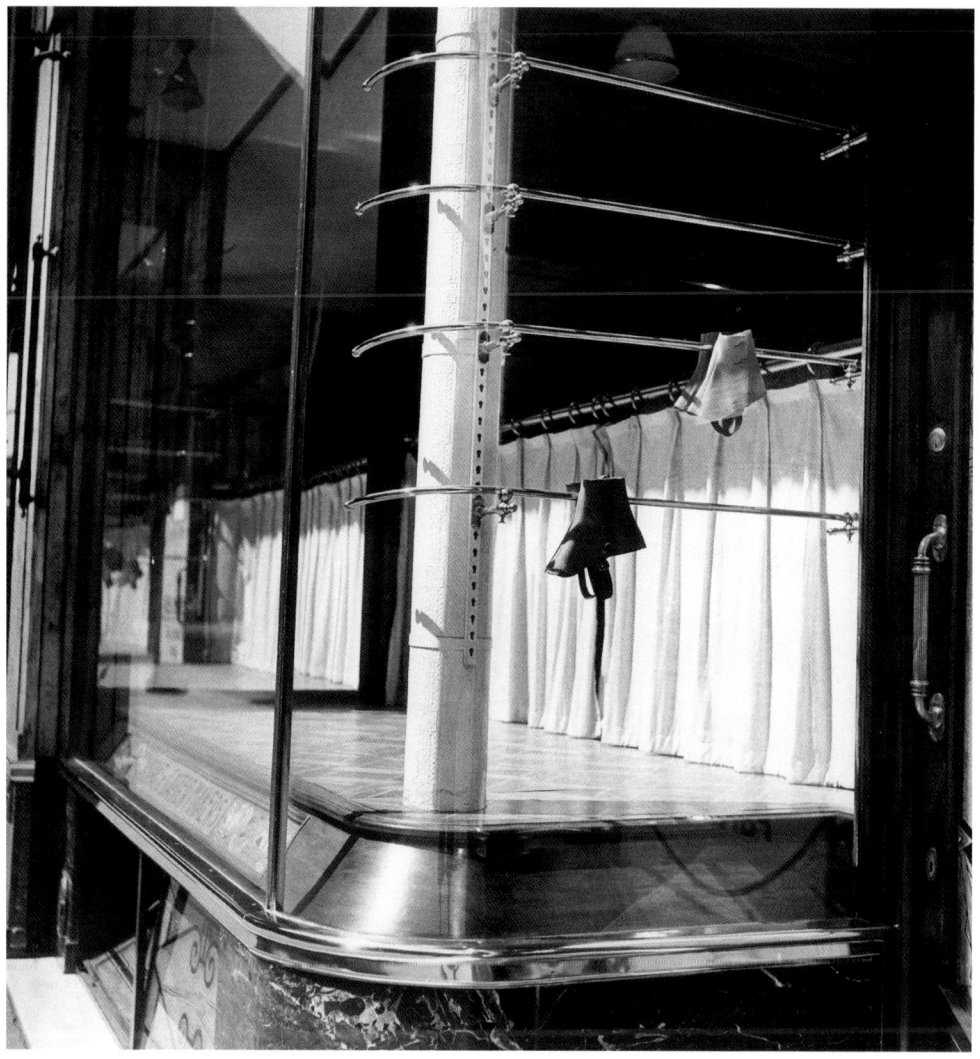

1940

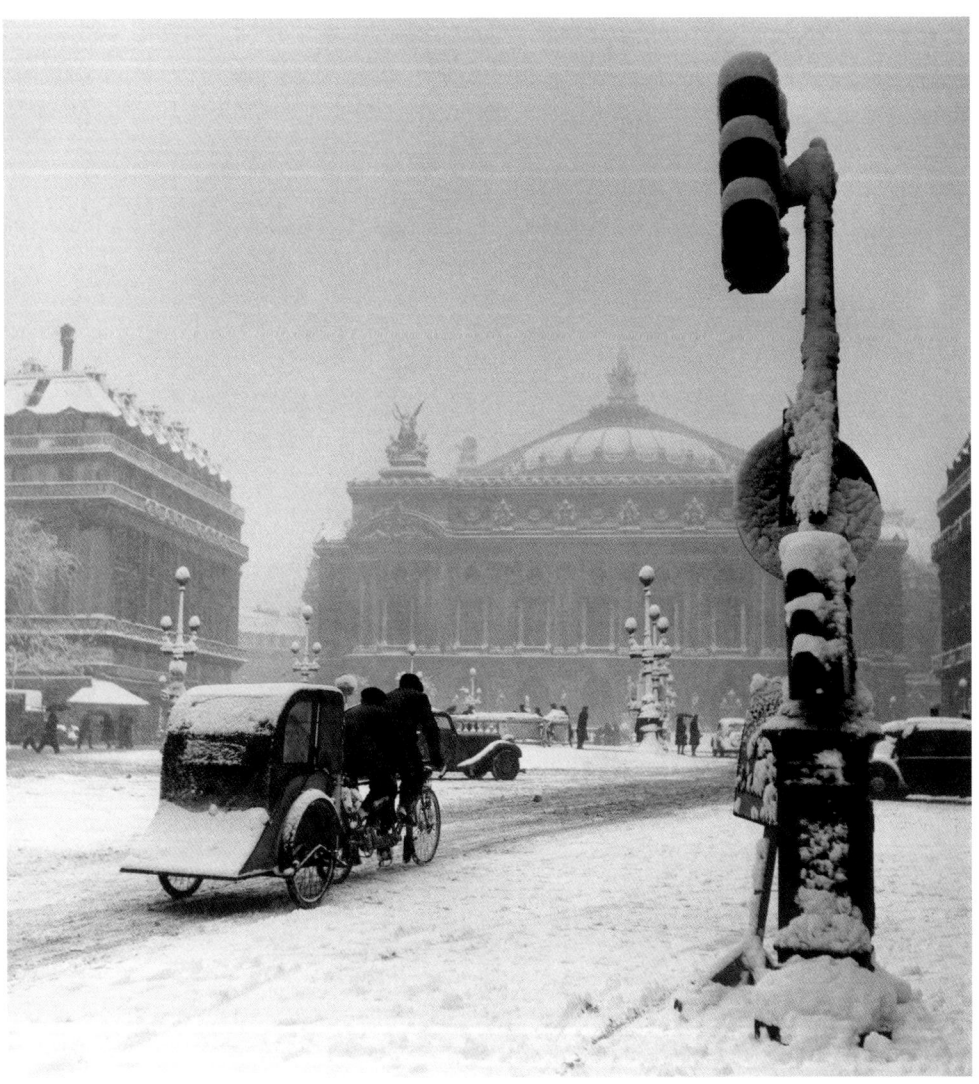

Bicycle-Taxi, Avenue de l'Opéra, 1942

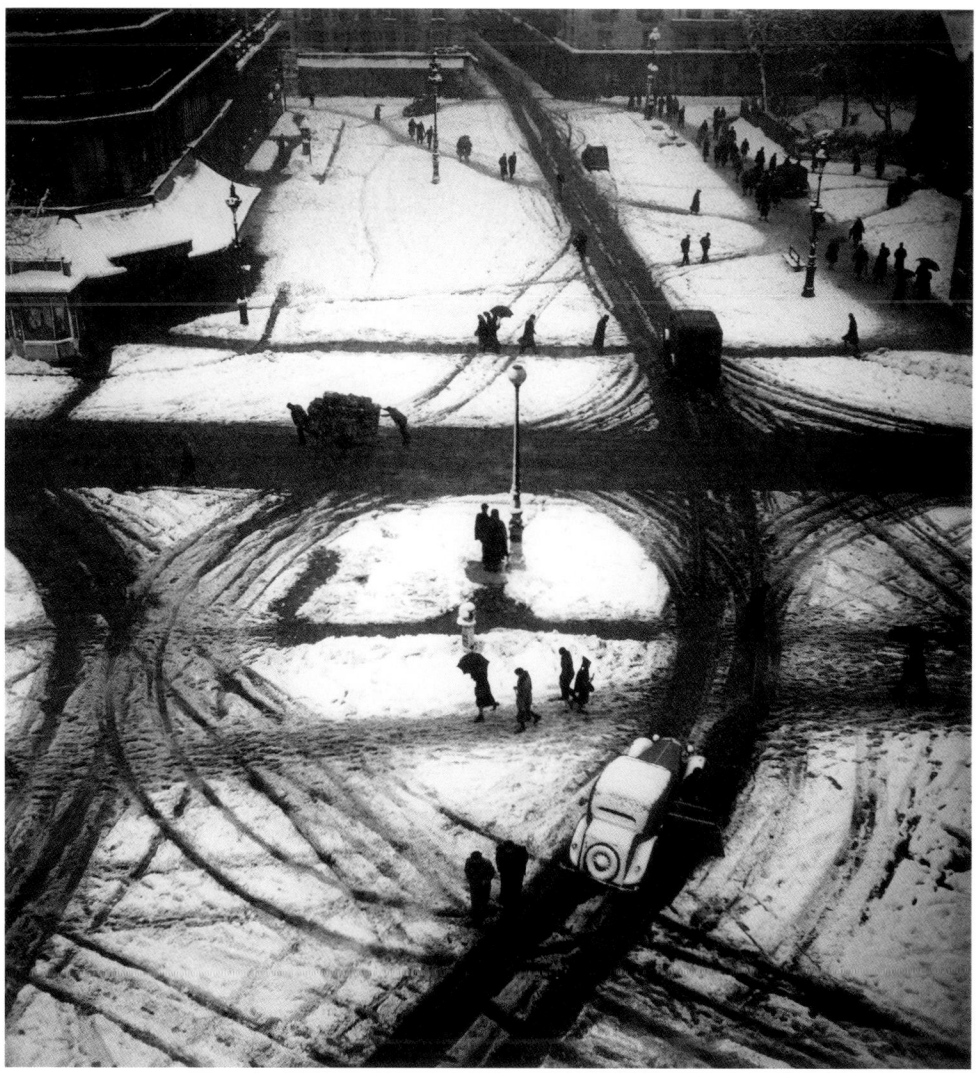

Saint-Germain-des-Prés Crossroads, 1945

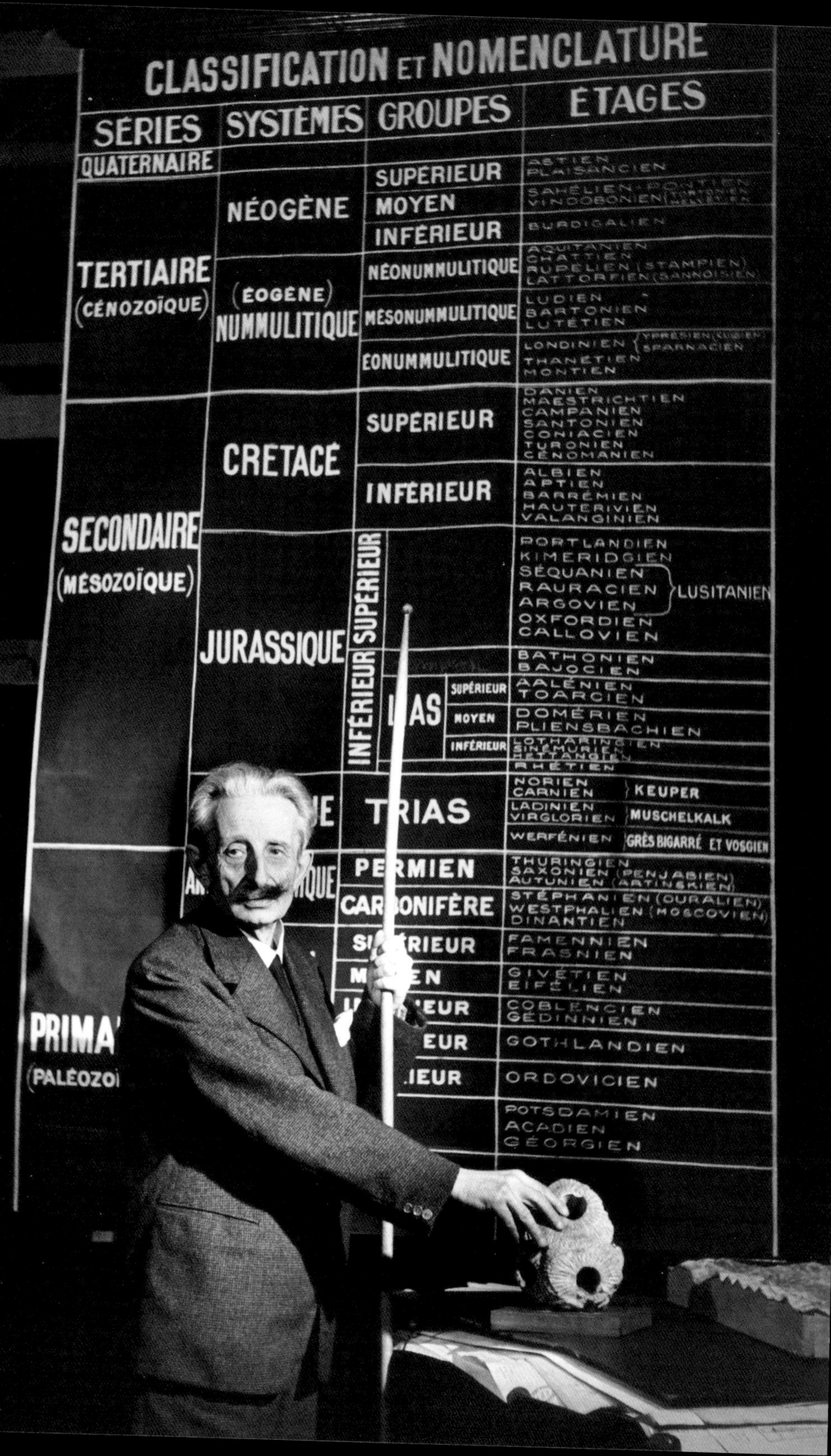
CLASSIFICATION ET NOMENCLATURE
SÉRIES
SYSTÈMES
GROUPES
ÉTAGES
QUATERNAIRE
TERTIAIRE
(CÉNOZOÏQUE)
NÉOGÈNE
SUPÉRIEUR
MOYEN
INFÉRIEUR
ASTIEN
PLAISANCIEN
SAHÉLIEN-PONTIEN
VINDOBONIEN
BURDIGALIEN
(ÉOGÈNE)
NUMMULITIQUE
NÉONUMMULITIQUE
AQUITANIEN
CHATTIEN
RUPÉLIEN (STAMPIEN)
LATTORFIEN (SANNOISIEN)
MÉSONUMMULITIQUE
LUDIEN
BARTONIEN
LUTÉTIEN
ÉONUMMULITIQUE
LONDINIEN
YPRÉSIEN (CUISIEN)
SPARNACIEN
THANÉTIEN
MONTIEN
SECONDAIRE
(MÉSOZOÏQUE)
CRETACÉ
SUPÉRIEUR
DANIEN
MAESTRICHTIEN
CAMPANIEN
SANTONIEN
CONIACIEN
TURONIEN
CÉNOMANIEN
INFÉRIEUR
ALBIEN
APTIEN
BARRÉMIEN
HAUTERIVIEN
VALANGINIEN
JURASSIQUE
SUPÉRIEUR
PORTLANDIEN
KIMERIDGIEN
SÉQUANIEN
RAURACIEN
ARGOVIEN
LUSITANIEN
OXFORDIEN
CALLOVIEN
INFÉRIEUR
BATHONIEN
BAJOCIEN
SUPÉRIEUR
AALÉNIEN
TOARCIEN
MOYEN
DOMÉRIEN
PLIENSBACHIEN
INFÉRIEUR
RHÉTIEN
TRIAS
NORIEN
CARNIEN
KEUPER
LADINIEN
VIRGLORIEN
MUSCHELKALK
WERFÉNIEN
GRÈS BIGARRÉ ET VOSGIEN
PRIMA
(PALÉOZOÏ
PERMIEN
THURINGIEN
SAXONIEN (PENJABIEN)
AUTUNIEN (ARTINSKIEN)
CARBONIFÈRE
STÉPHANIEN (OURALIEN)
WESTPHALIEN (MOSCOVIEN)
DINANTIEN
FAMENNIEN
FRASNIEN
GIVÉTIEN
EIFÉLIEN
COBLENCIEN
GÉDINNIEN
GOTHLANDIEN
ORDOVICIEN
POTSDAMIEN
ACADIEN
GÉORGIEN

"...met Maximilien Vox, who asked me to illustrate *Les nouveaux destins de l'intelligence française*, a real boon for me despite the grandiloquent title. Immersed in the world of experts, I discovered both the rigor of science and their naivety concerning anything outside their speciality..."

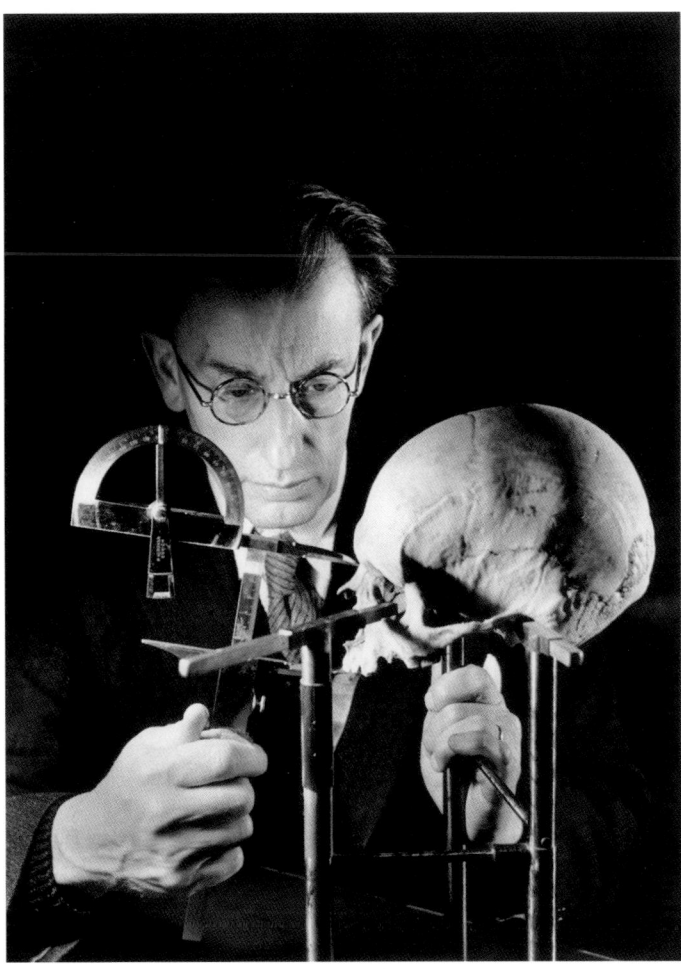

The Eras of Charles Jacob, Professor at the Sorbonne, 1943
Professor Henri Vallois, Musée de l'Homme, 1943

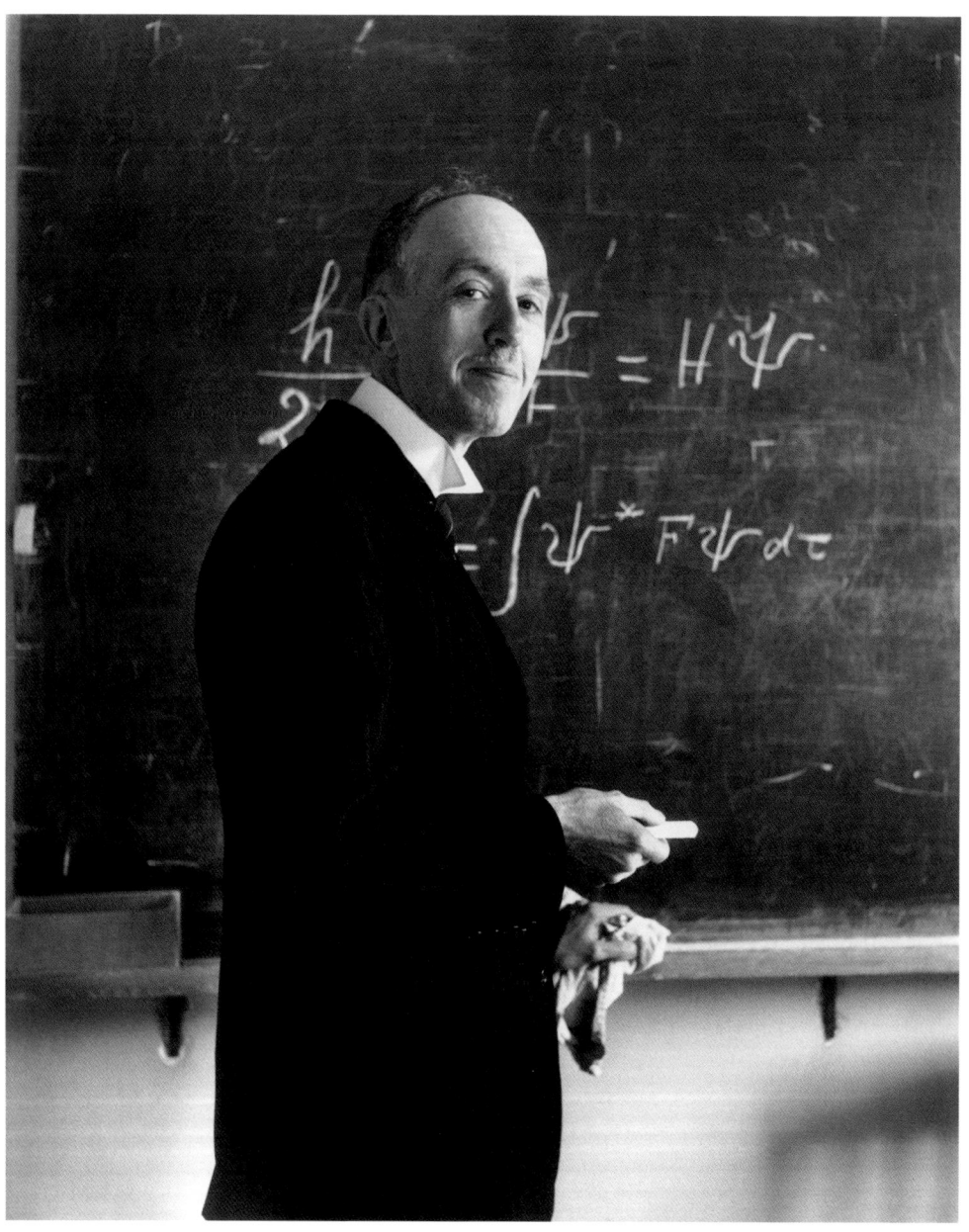

Louis de Broglie at the Blackboard, 1943

"...going back to the time when I was hunting researchers.
For that sport, Rue Buffon is the happy hunting ground.
Nowhere else had the same density of scientists per square
meter. It was a veritable warren, full of corridors with
mysterious signs on them."

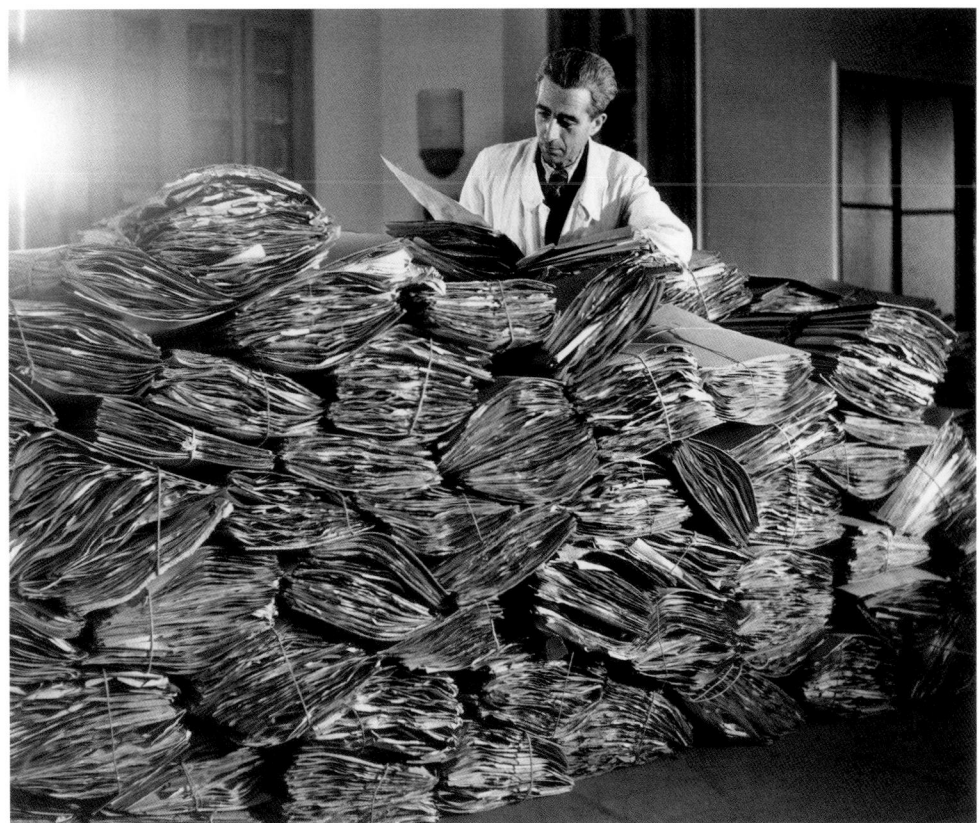

Herbaria, Vertical Filing, Jardin des Plantes, 1943

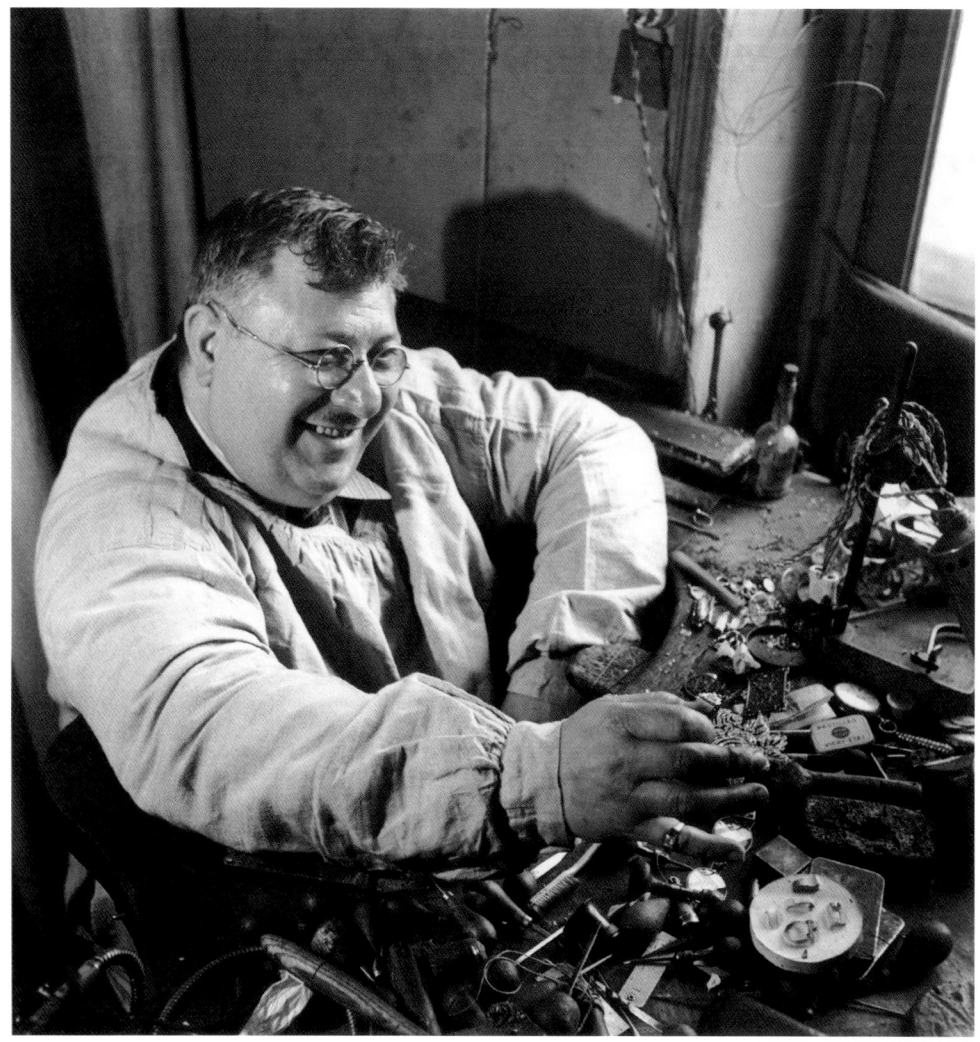

Monsieur Monchonnet, Jewel Setter and Best French Worker, 1941

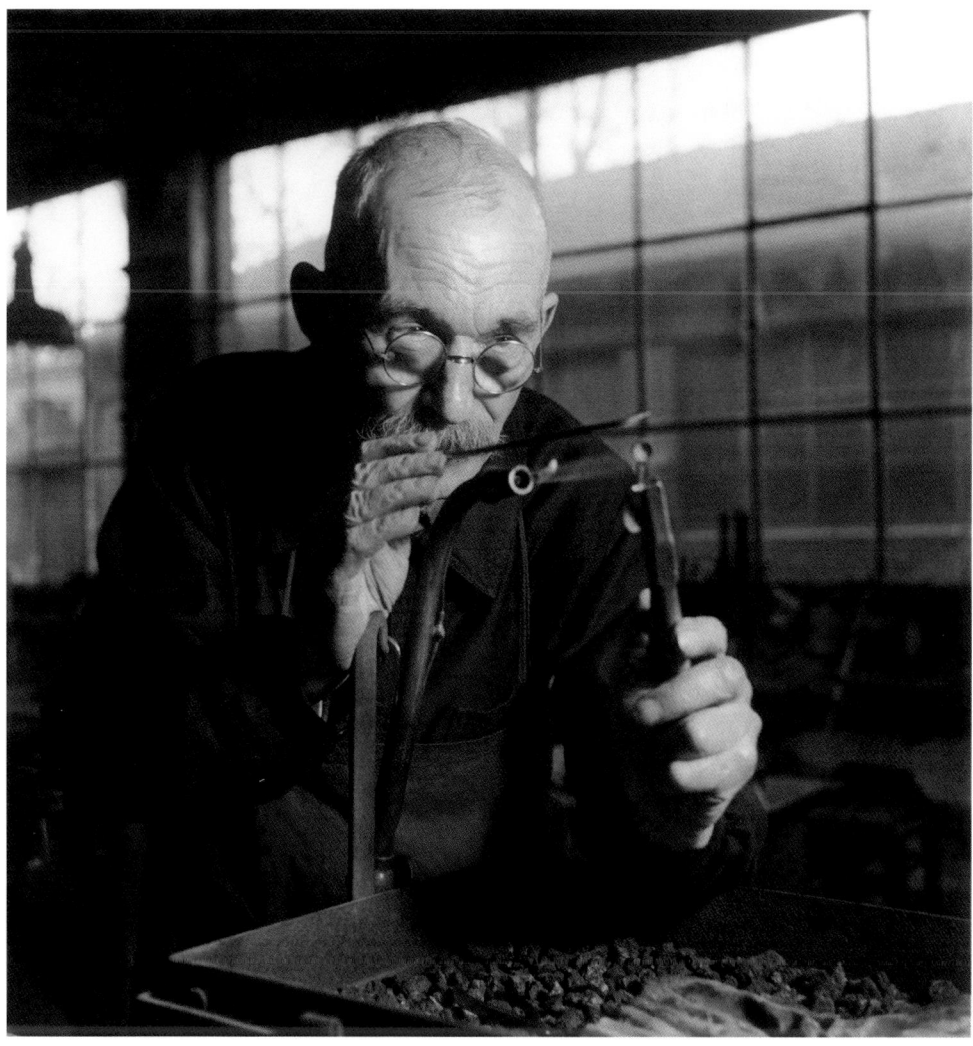

Clarinet-Making Buffet Crampon, Mantes-la-Ville, 1941

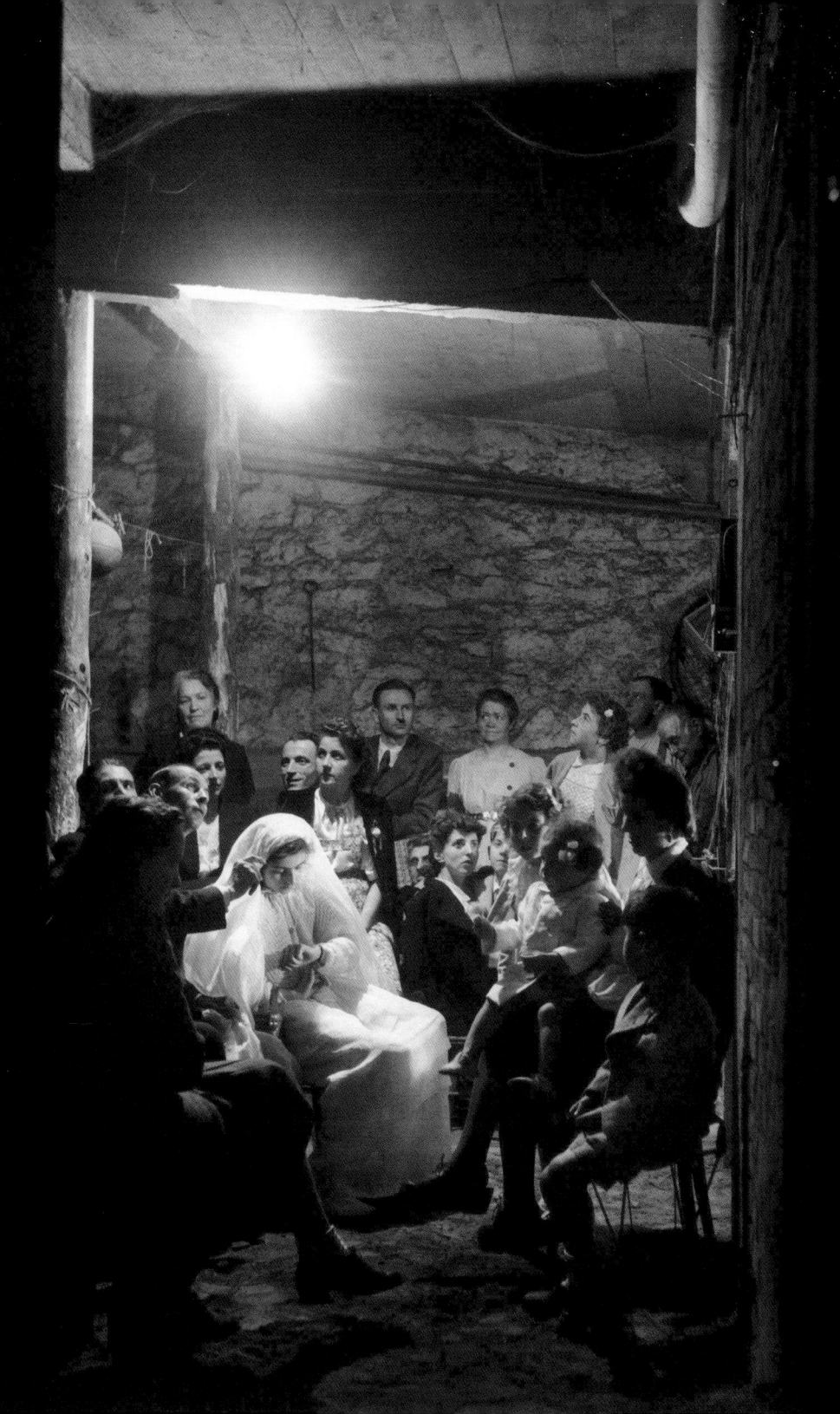

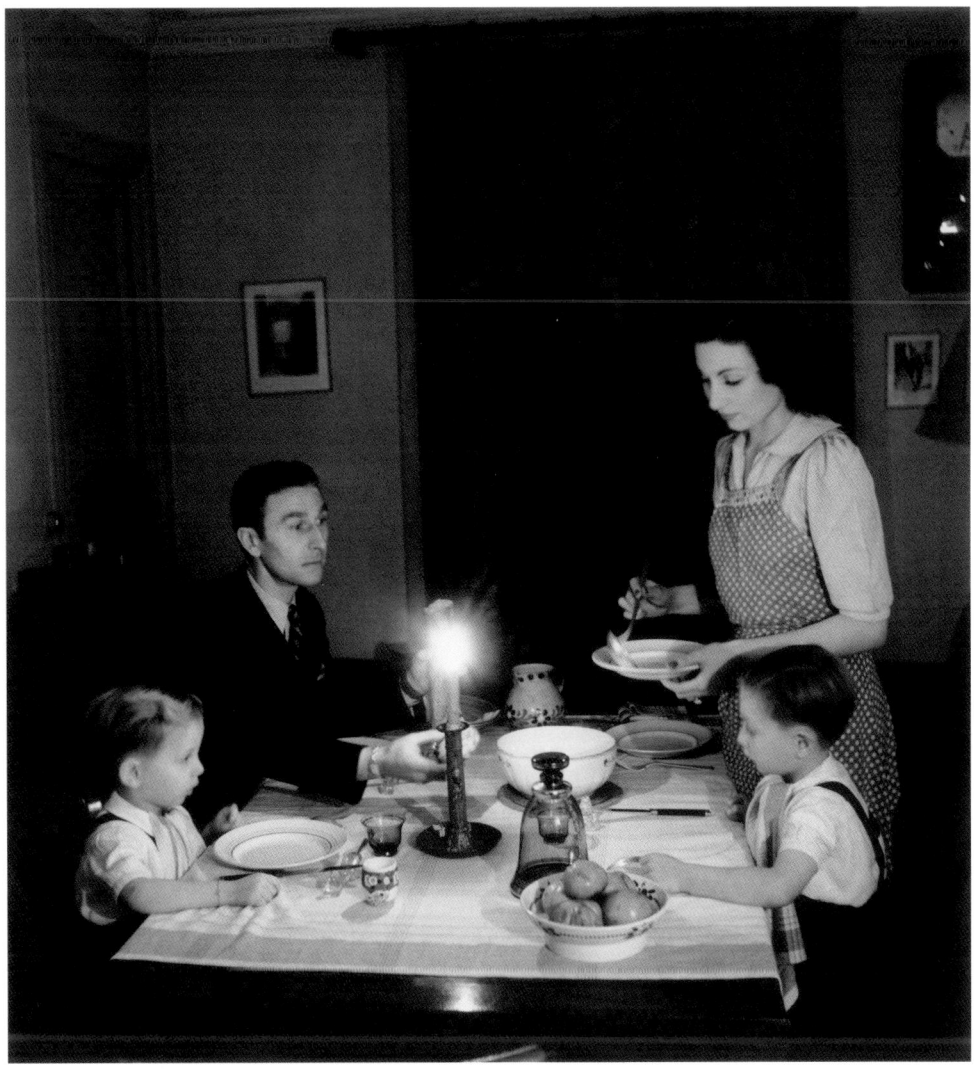

Monique's Communion, Montrouge, 1943
Candlelit Dinner, 1944

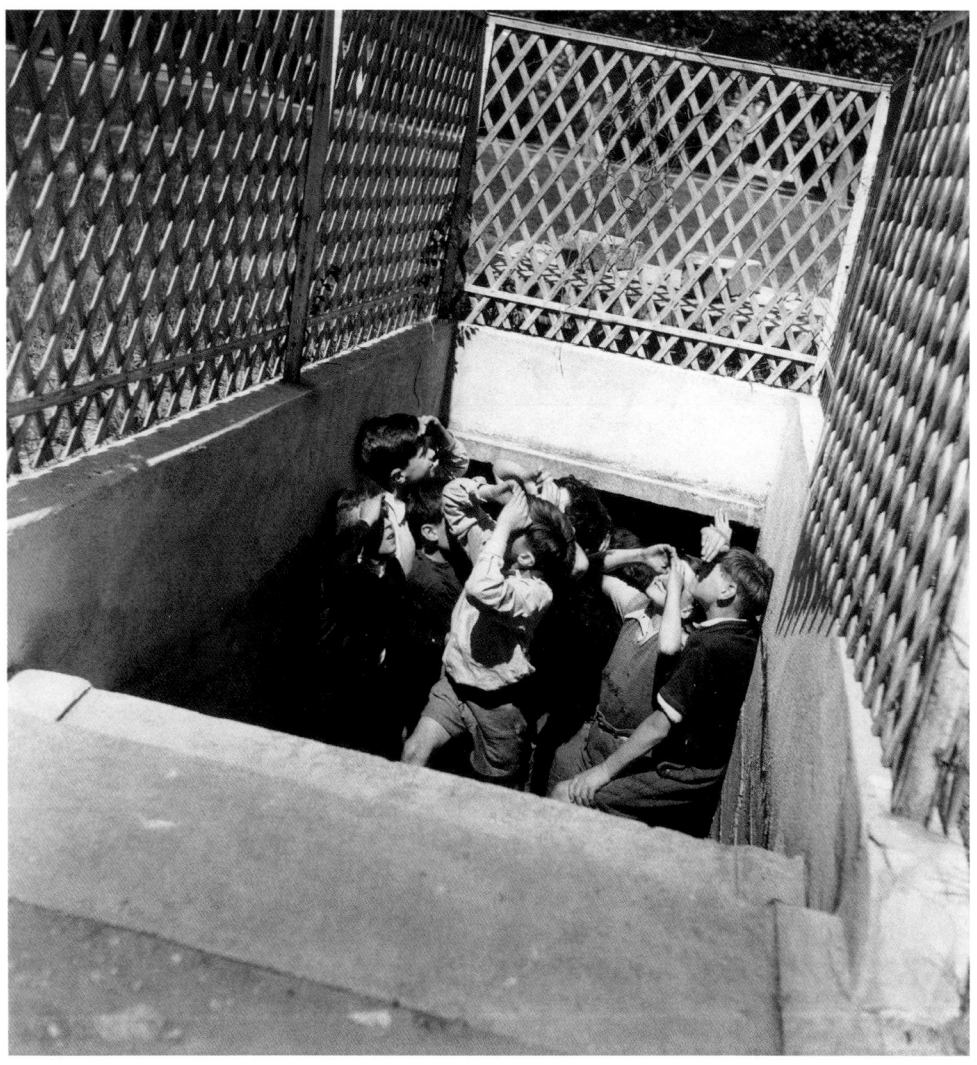

During the Air-Raid Warning, 1944

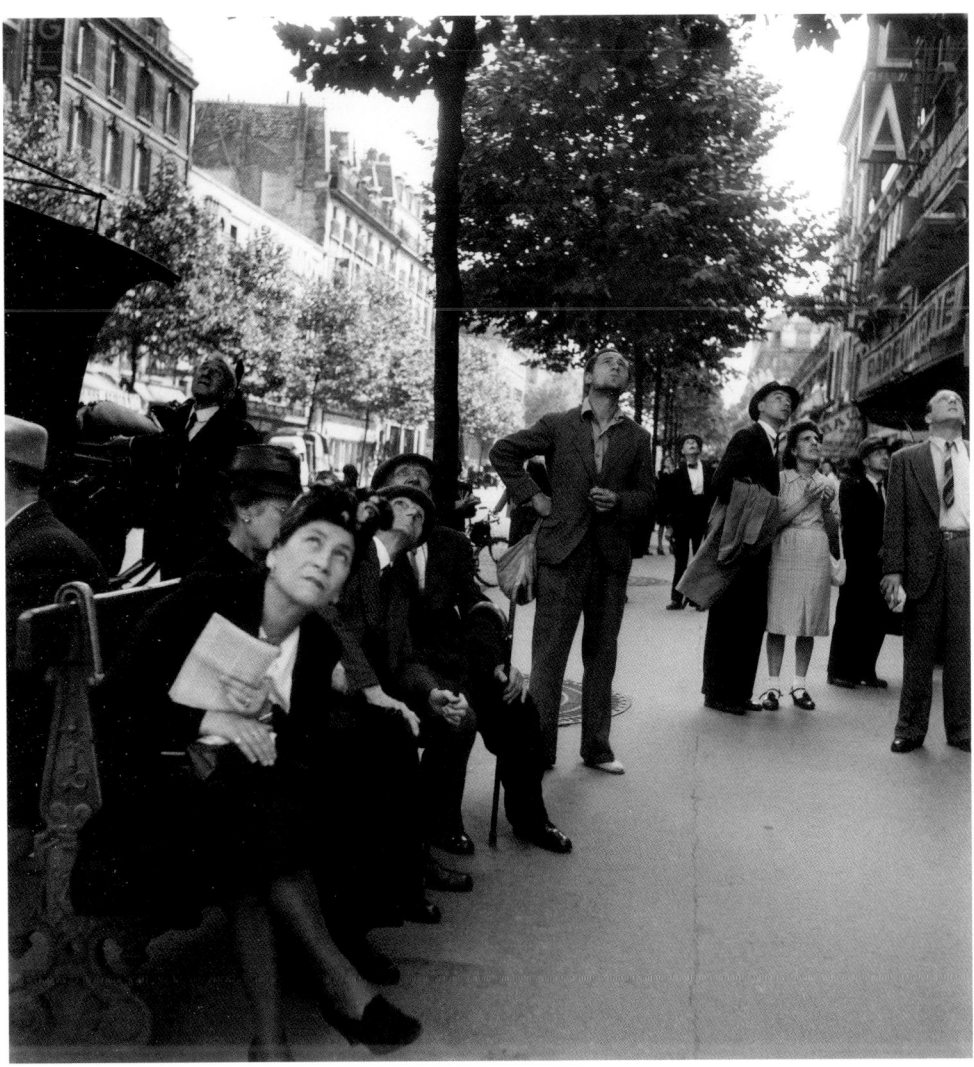

Air-Raid Warning, Boulevard de Strasbourg, 1944

"After the bombing of La Chapelle, the locals
sought refuge in the deepest stations of the metro.
For a few days, the Lamarck-Caulaincourt station
was regarded as the ideal shelter..."

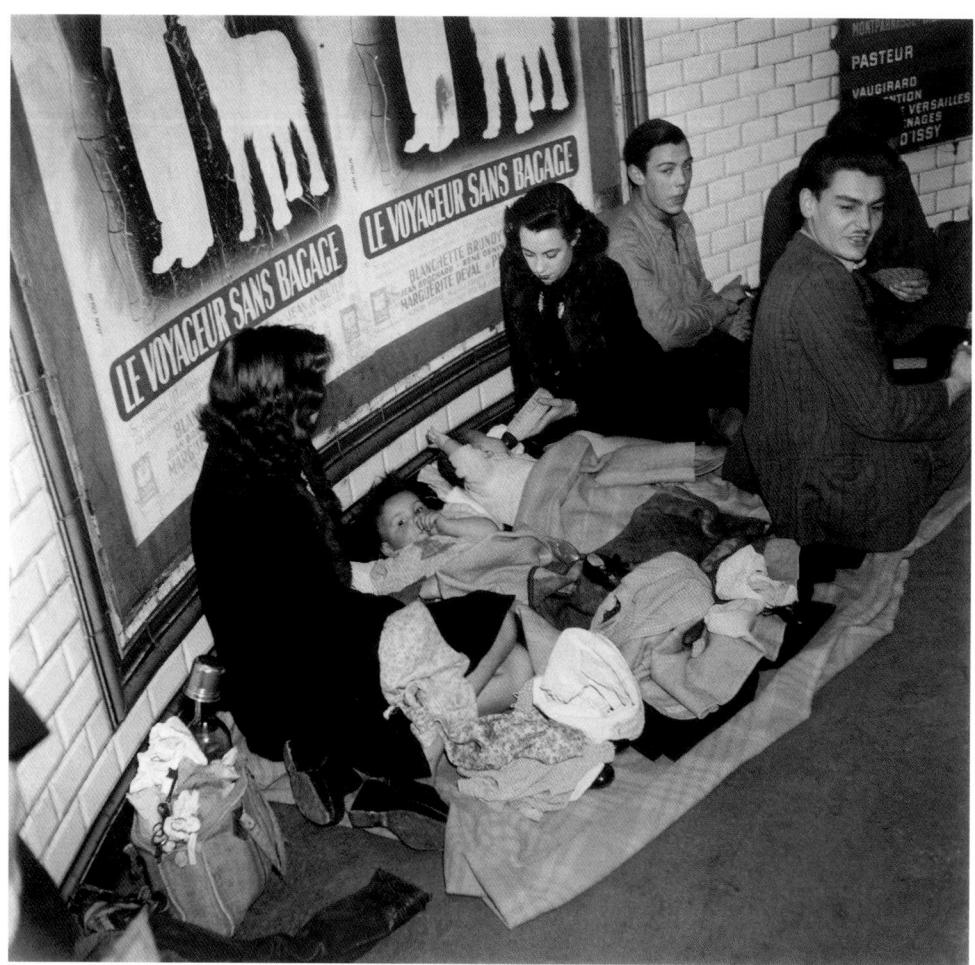

Travelers without Luggage, Métro, 1942

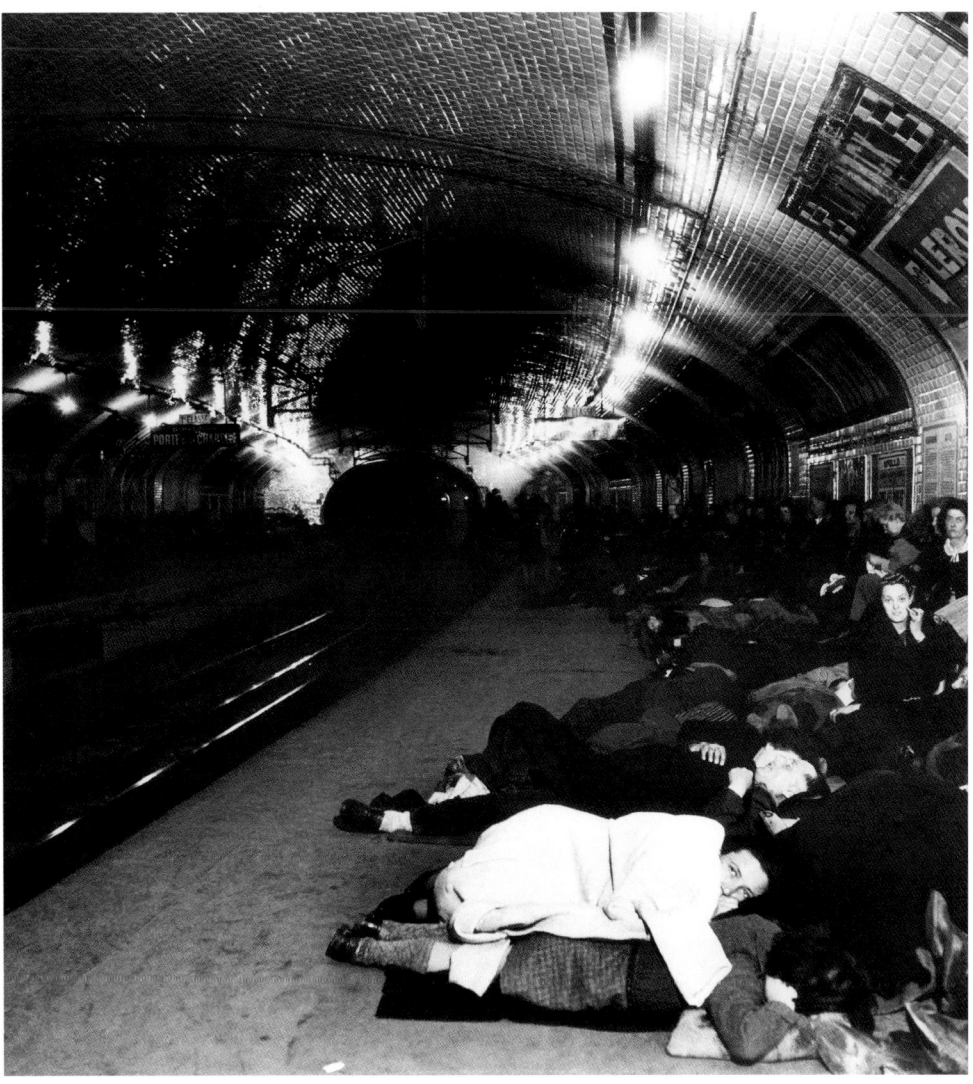

Lamarck-Caulaincourt Métro Station during an Air-Raid Warning, 1944

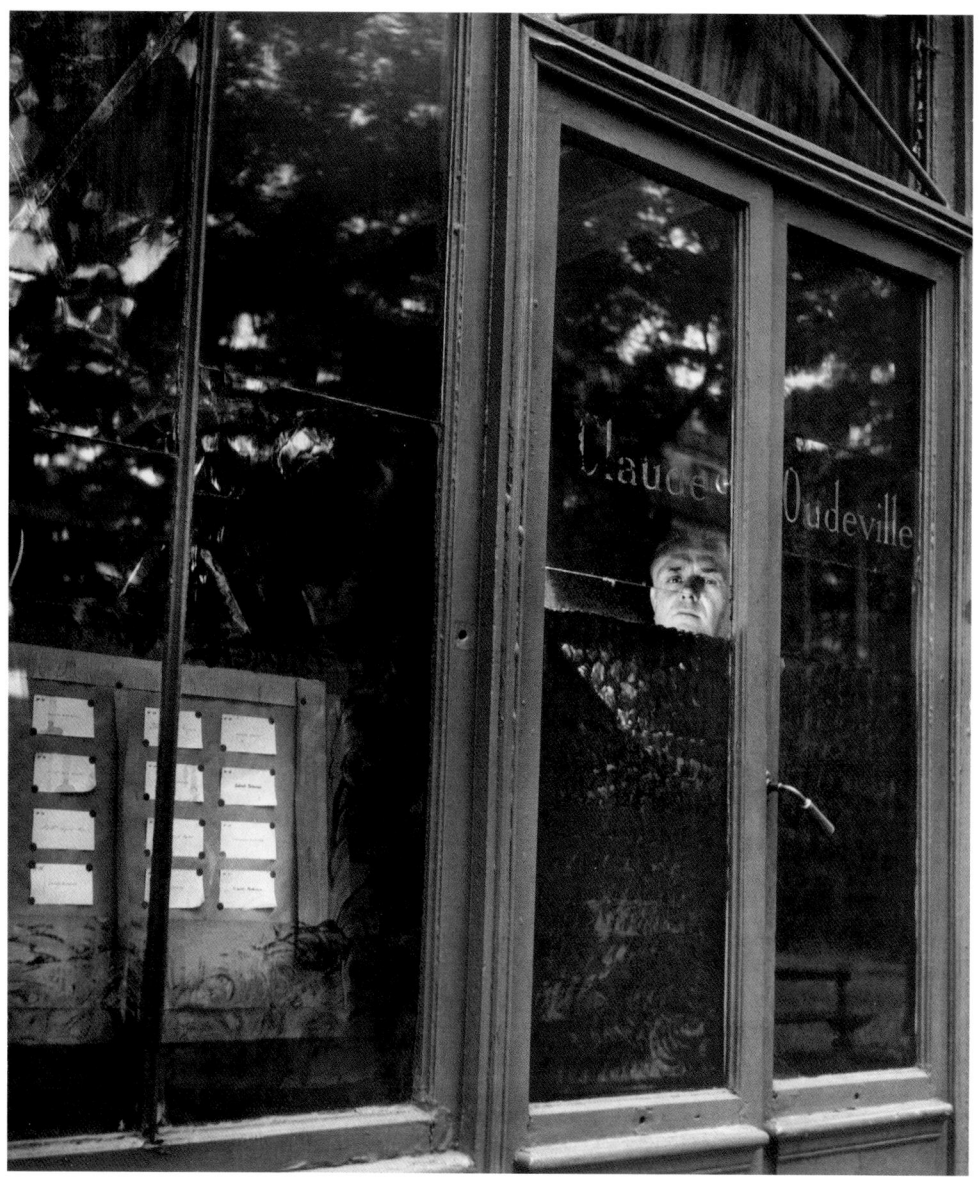

Claude Oudeville, Printer of Le Silence de la mer, Boulevard de l'Hôpital, 1945

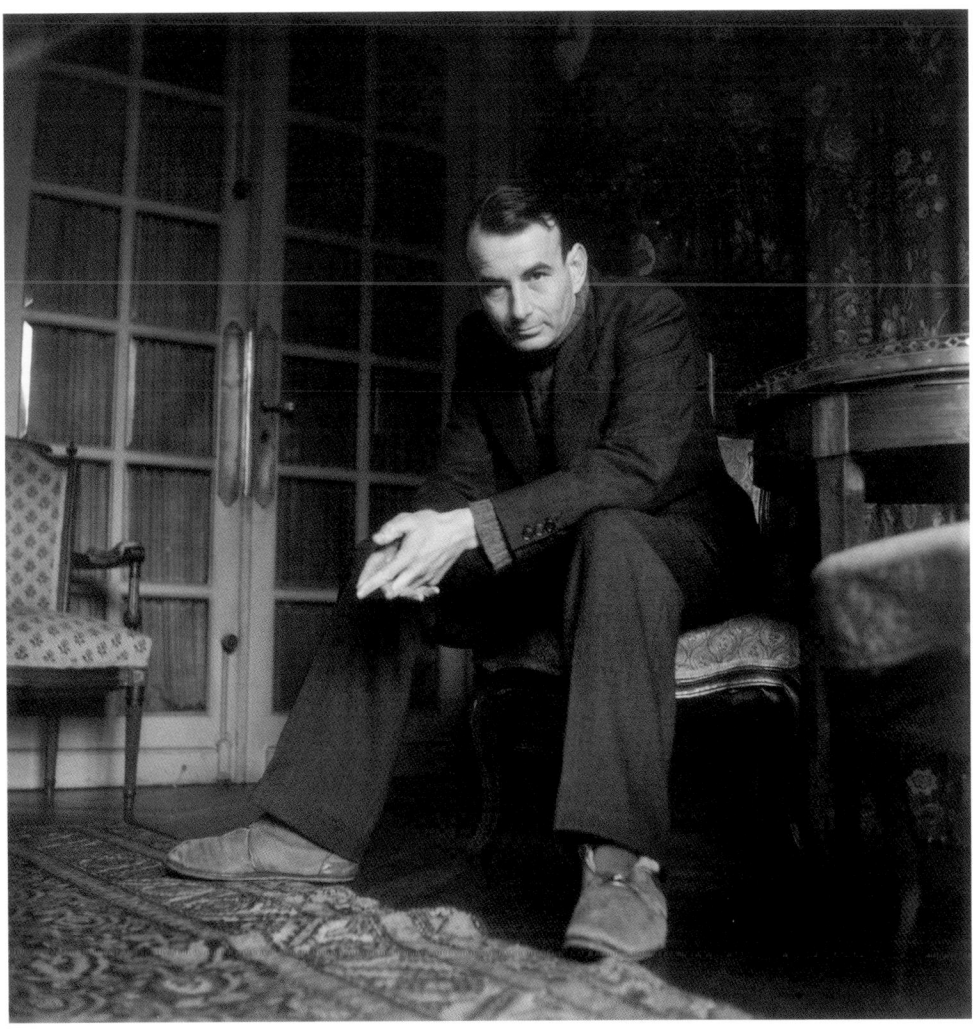

Jean Bruller, aka "Vercors," Author of Le Silence de la mer, 1945

"...Monsieur Philippe was for me the usherette's torch guiding me in the Occupation's cinema of horror...Here, we see him ... making a few lithographic handbills to be stuck on the *Affiche rouge* [a Vichy propaganda poster denouncing 23 Resistance fighters]."

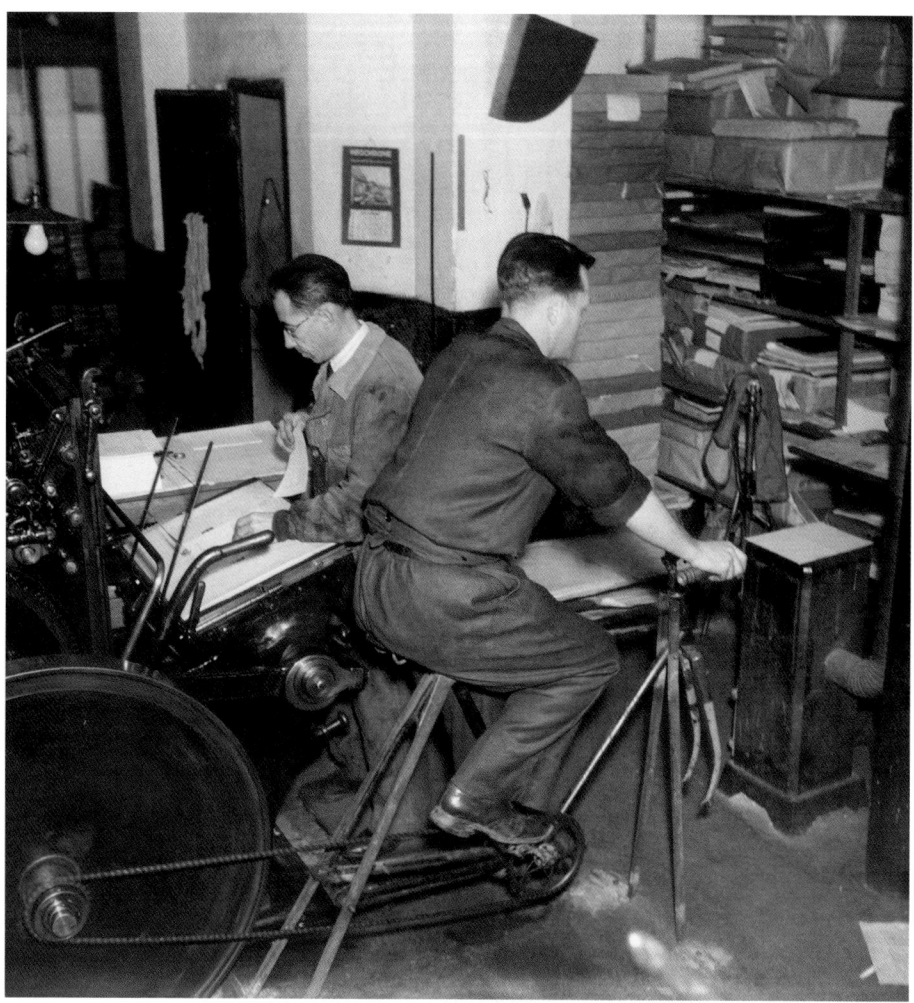

Press during Power Cuts, 1945
Clandestine Press, Reportage for Le Point, 1945

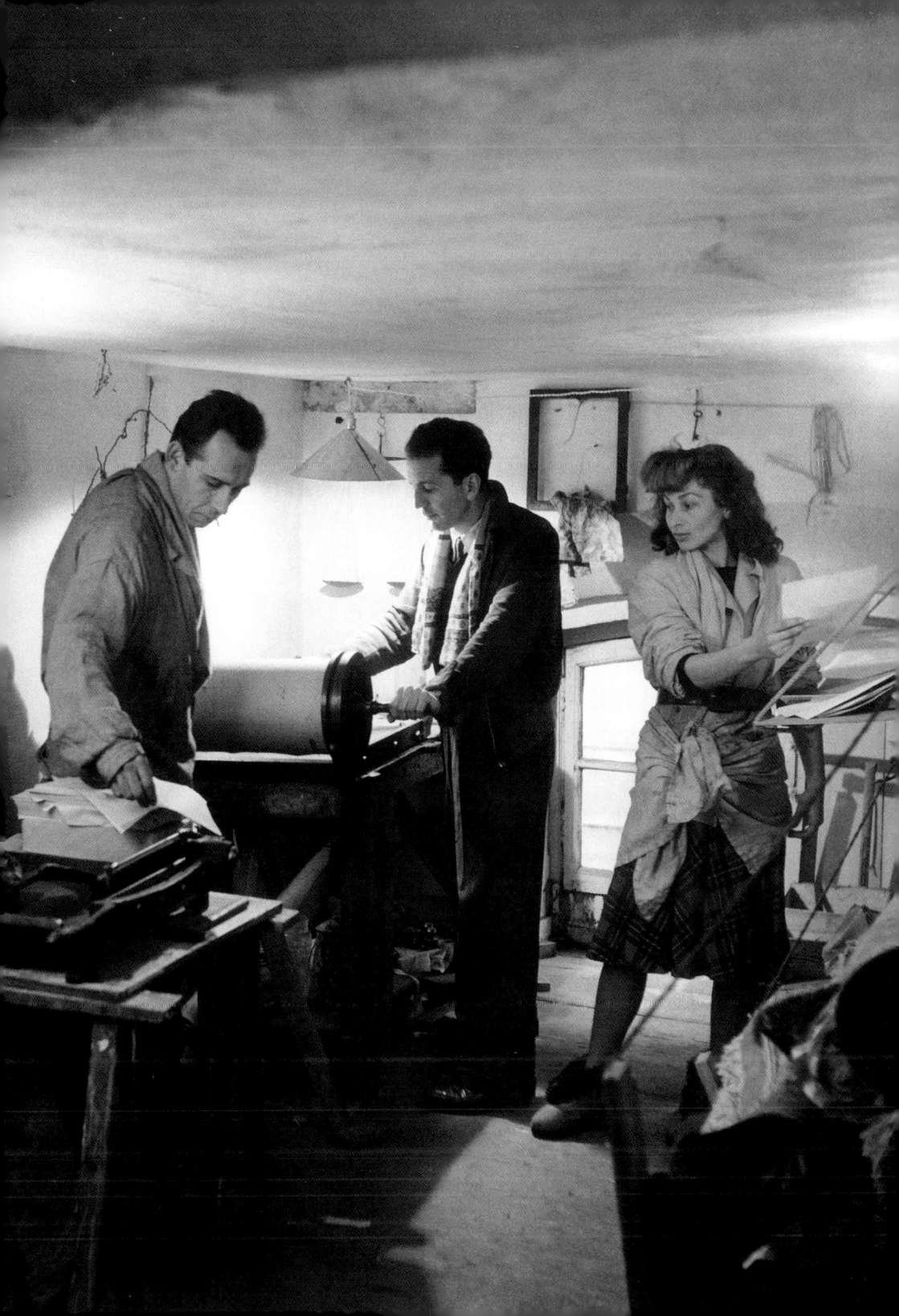

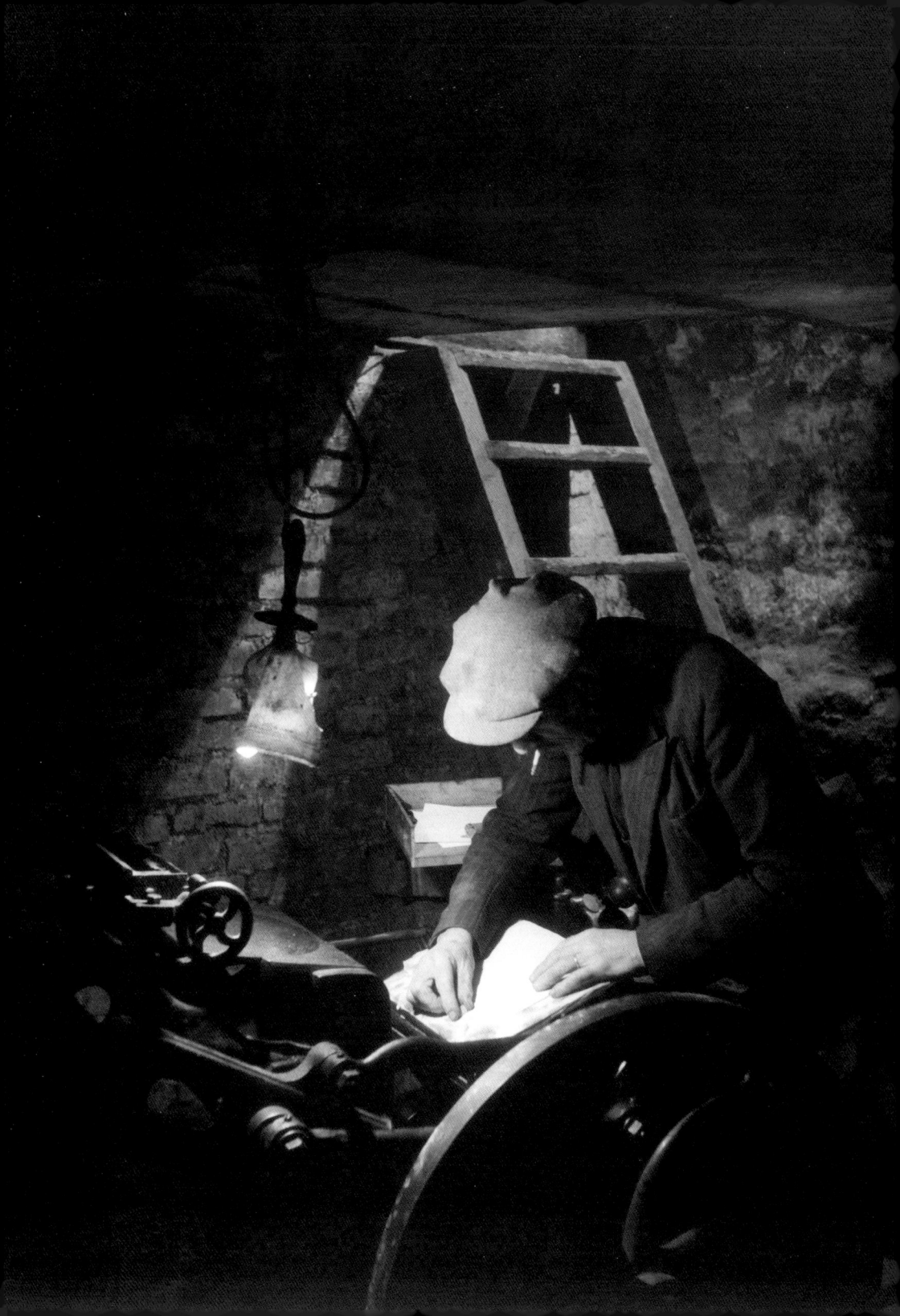

"…Comte in the Champ-de-Mars quarter had set up a Phoenix printing press in his cellar. A piece of furniture stood over the trapdoor. He worked for the *Témoignage chrétien*…"

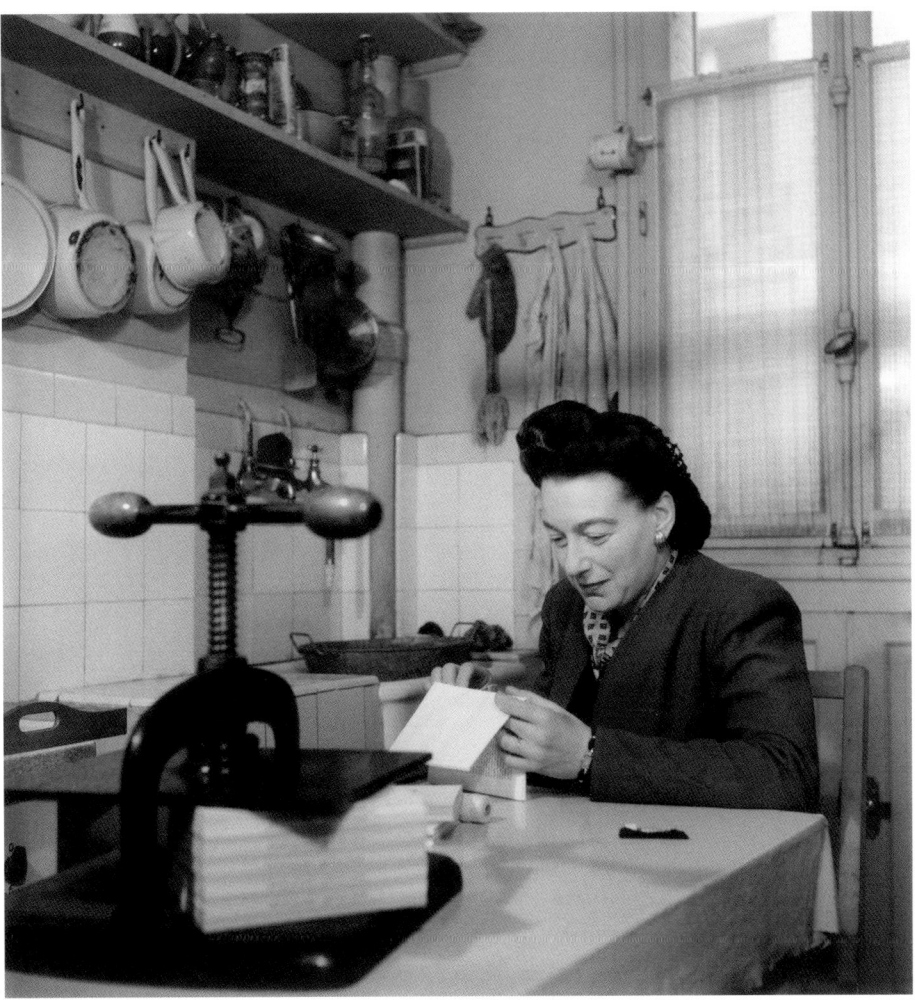

Comte in His Cellar, 1945
Yvonne Desvignes, Bookbinder for Le Silence de la mer, 1945

The Liberation

Place Saint-Michel, 1944

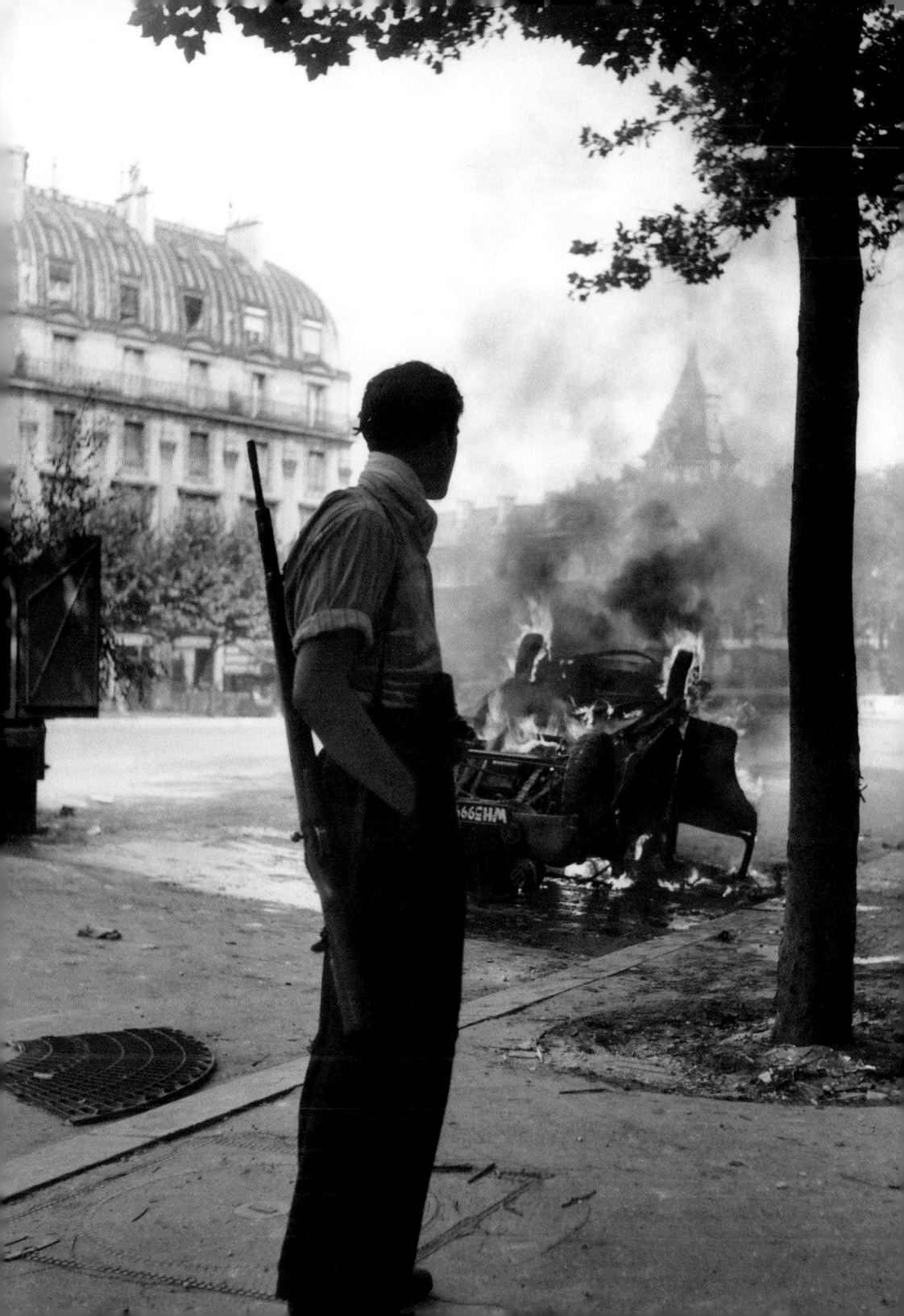

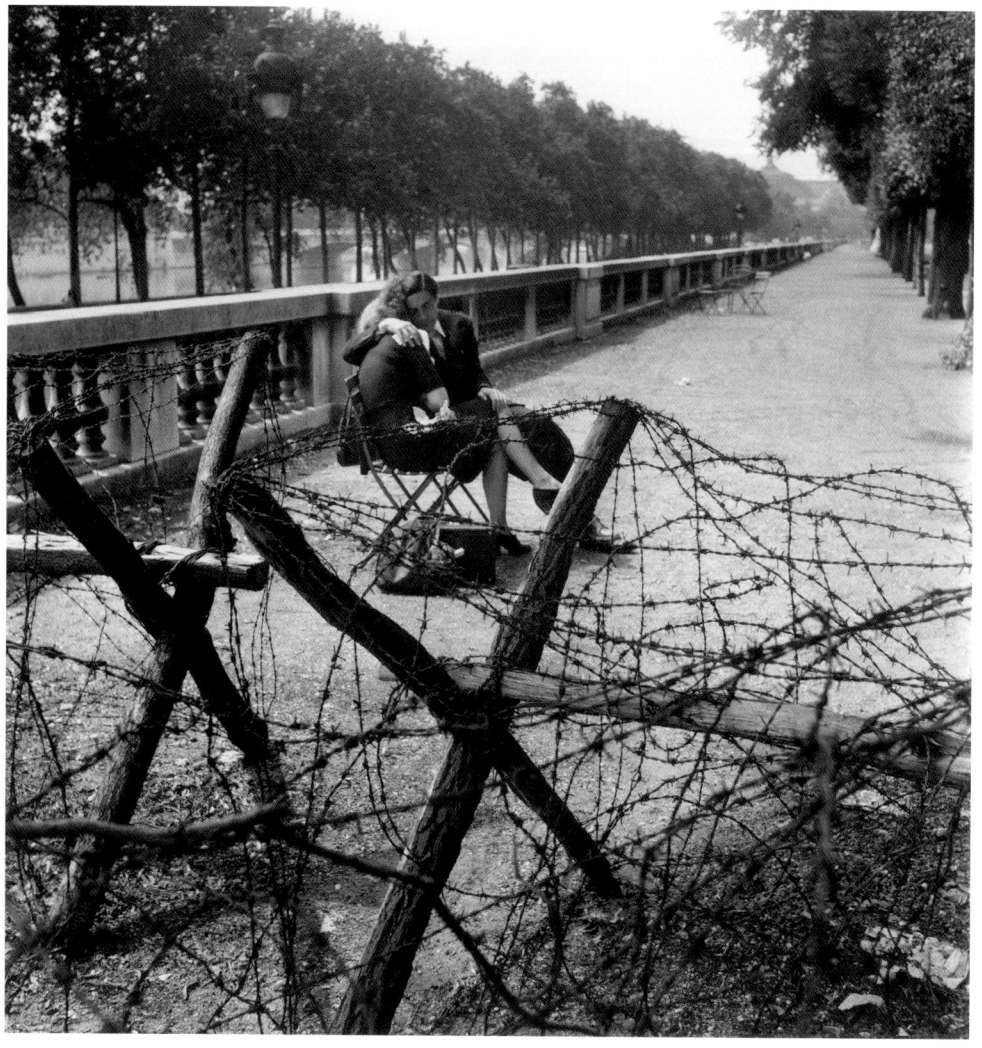

Love and Barbed Wire, Jardin des Tuileries, 1944

"It was chaos, it was fantastic; I had a great time because it
was a continuation of street life. You could say I was there by
accident…I went through all the great historical moments that
I've known in a state of almost childish innocence. History
with a capital H, I wouldn't know it if it knocked me down…"

"Of course I was doing what I did deliberately …
but I certainly wasn't trying to create some kind of corpus,
I just wanted to leave some memory of the little world
that I was so fond of."

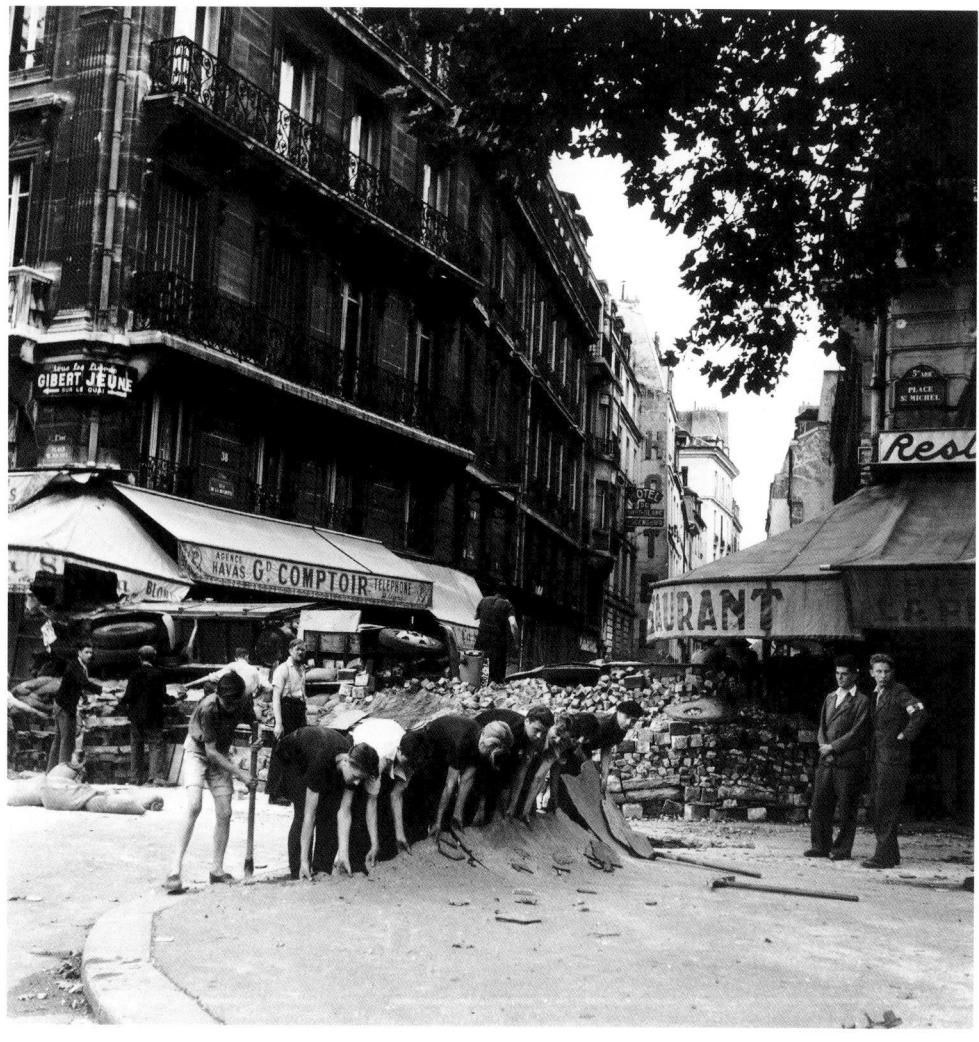

Rolling Up the Asphalt, Building a Barricade / L'Asphalte enroulé,
Place Saint Michel, Rue de la Huchette, 1944

"There was something in the atmosphere, a sort of explosive longing to be happy, and the effect was that the women passing the big square cobblestones hand-to-hand up to the guys who were in the uprising looked awfully pretty..."

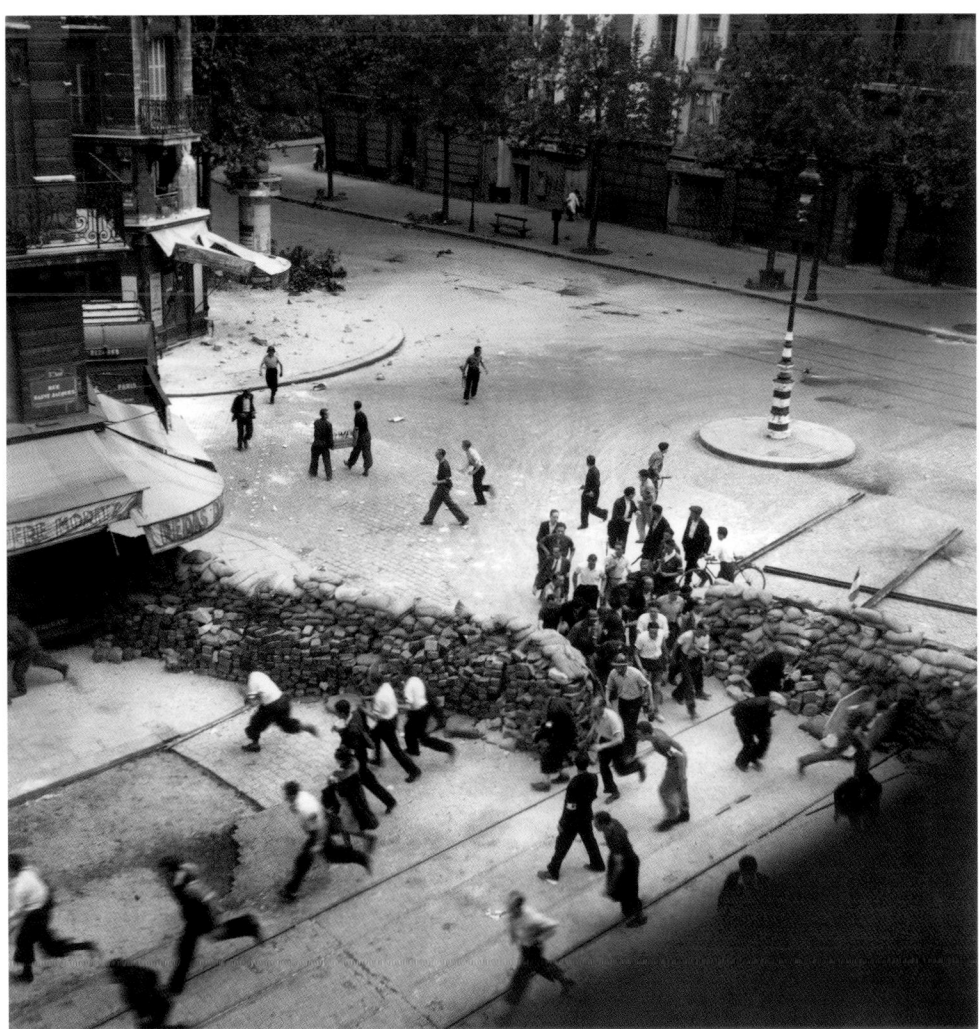

Barricade in the Quartier Latin, 1944

"Building a barricade meant everyone doing together
just what was needed to exorcise the bad old days…"

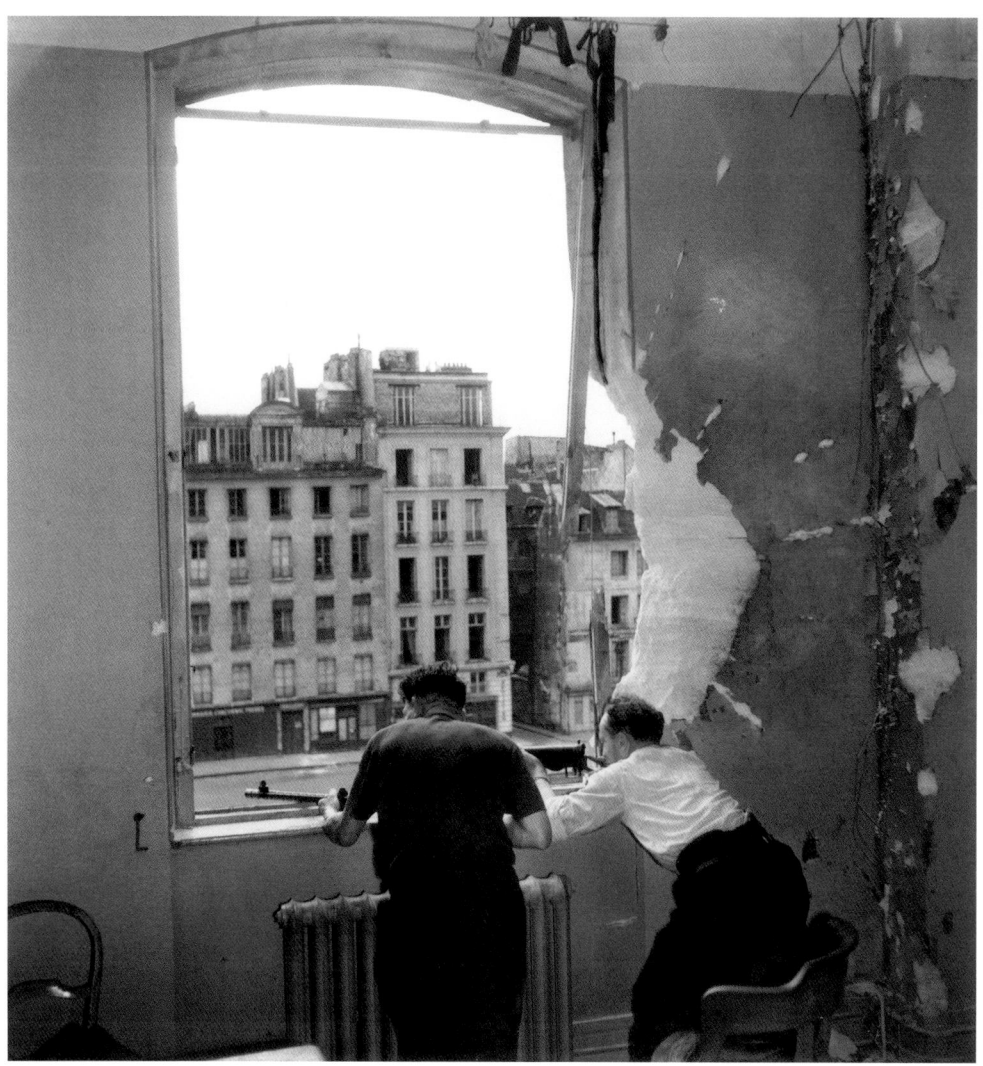

At the Police Prefecture, 1944

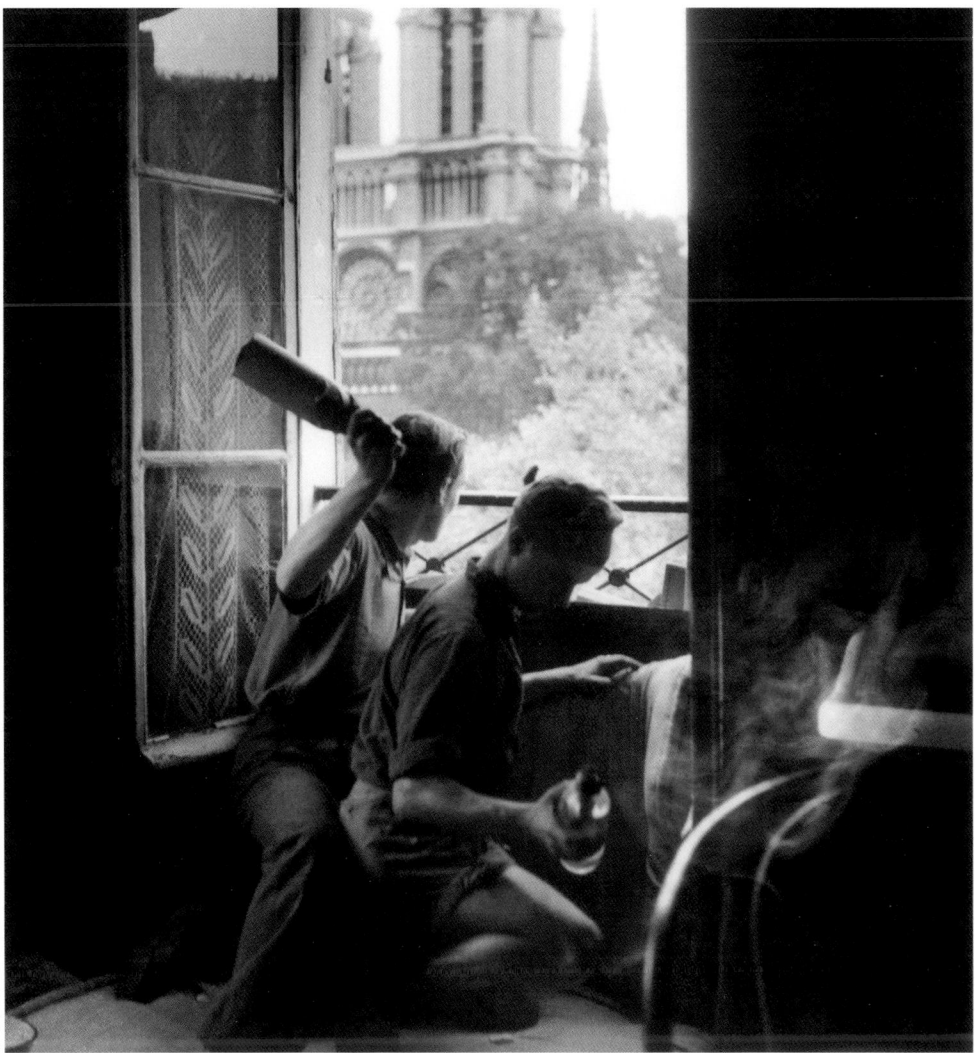

Police Prefecture, 1944

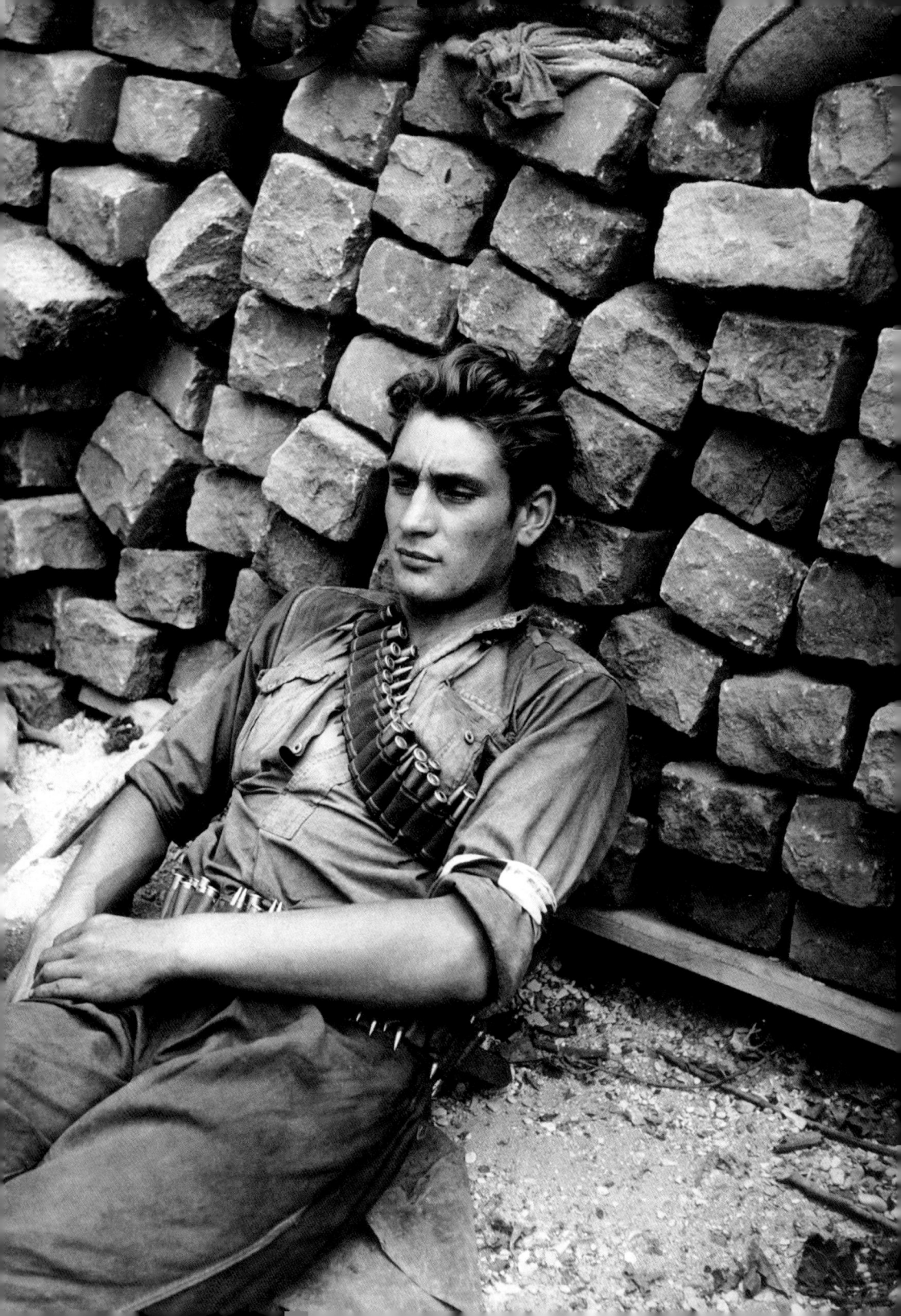

"While I was cycling around, from Saint-Michel to Belleville and Ménilmontant to Batignolles, I discovered that barricades, like mushrooms, always spring up in the same places. Strangely enough, neither the Passy area nor the Monceau plain seemed to suit them..."

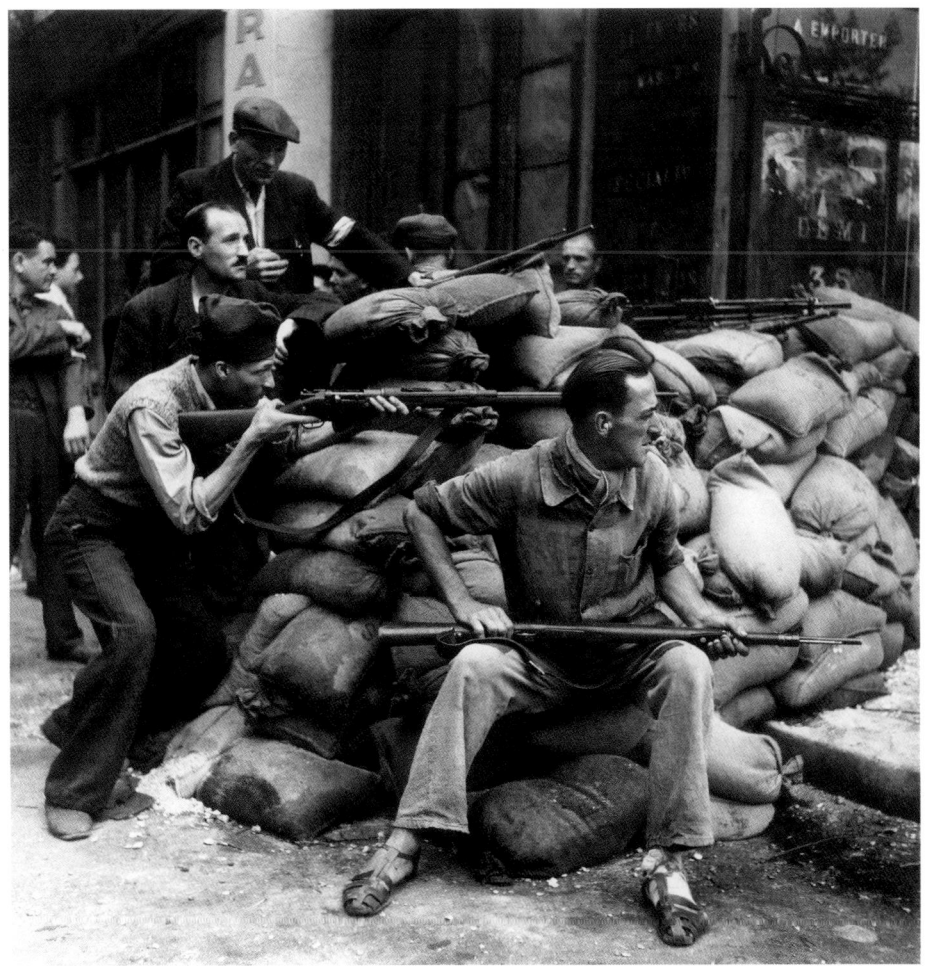

"I wasn't at all worried about taking a hit, I just thought it was all great fun. I was heedlessly photographing people who were taking cover either to shoot or to dodge the flak."

A member of the FFI [French Forces of the Interior] Resting / Le Repos du FFI, 1944
Barricade, Rue de la Huchette, 1944

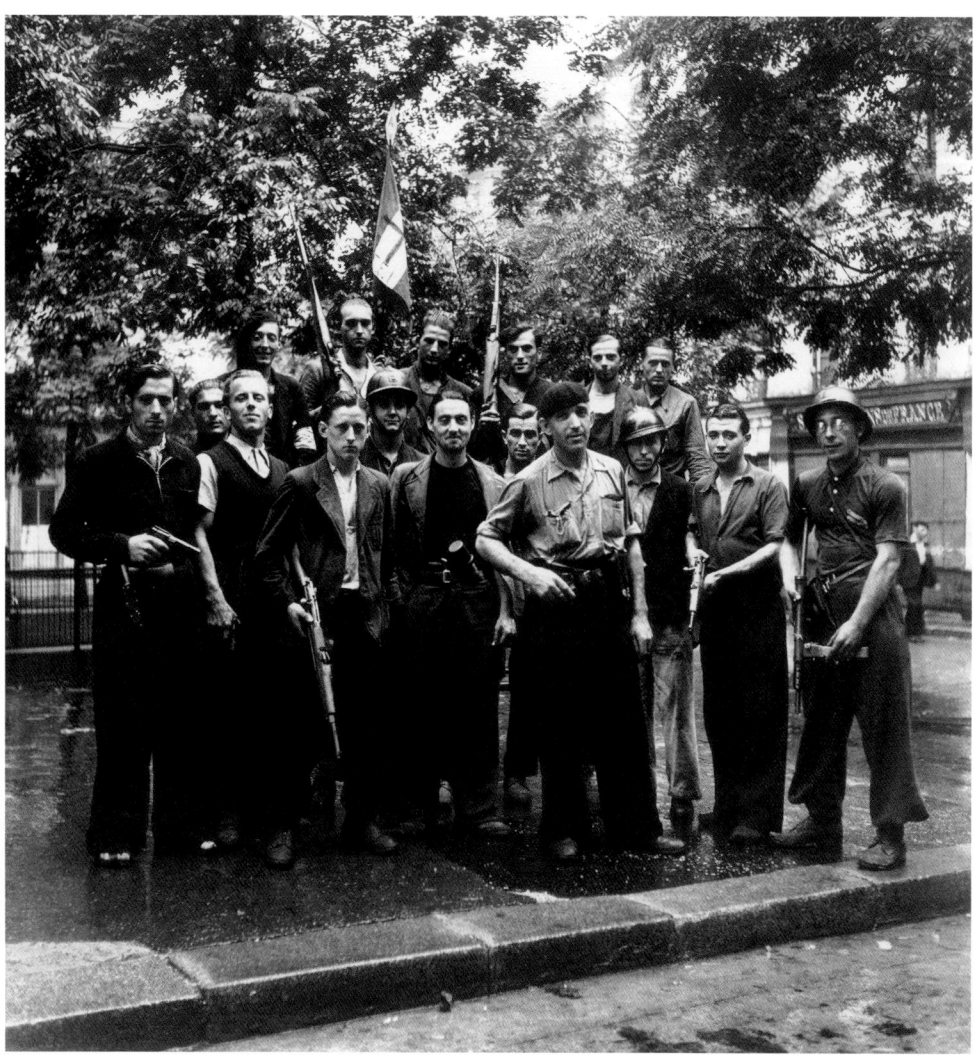

The Ménilmontant FFI / Les FFI de Ménilmontant, 1944

"...we'd met up with some wandering FFI, enough to take
   a group shot in the style of a wedding photo..."

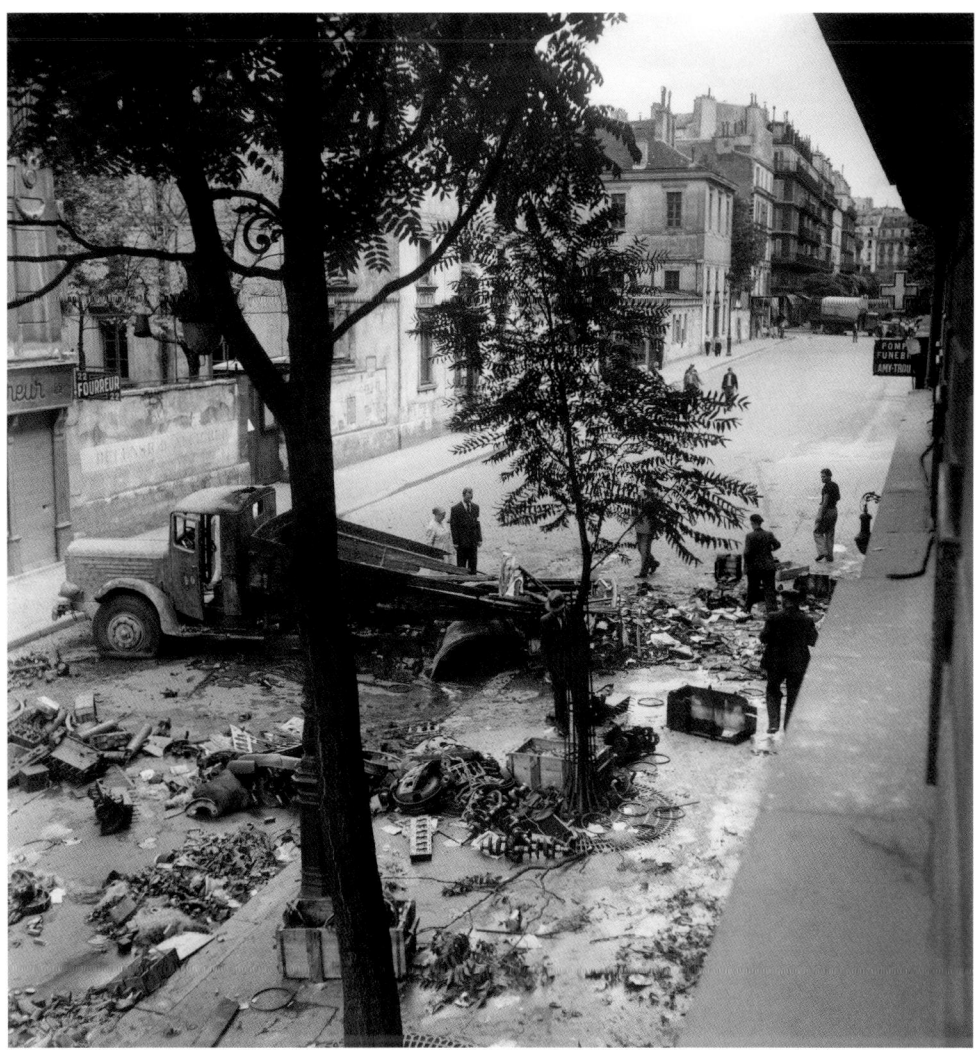

1944

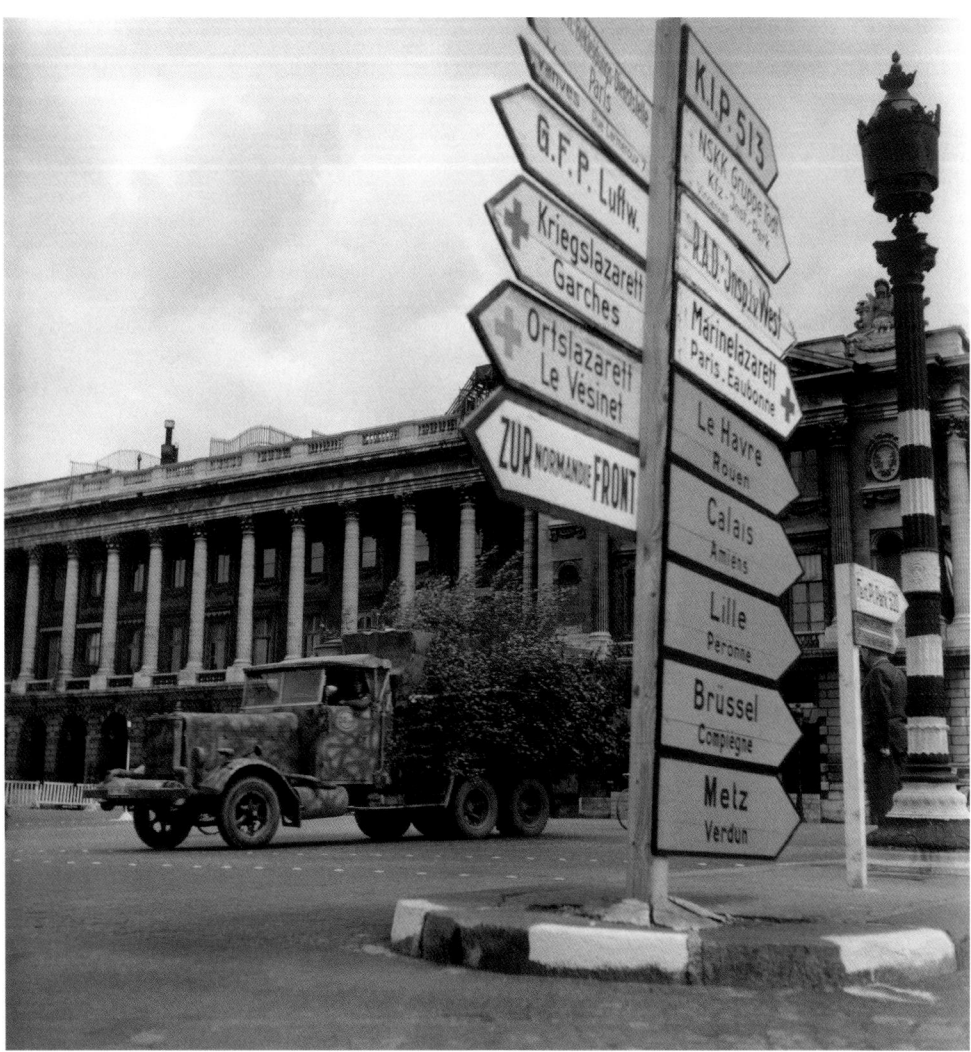

Place de la Concorde, August 1944

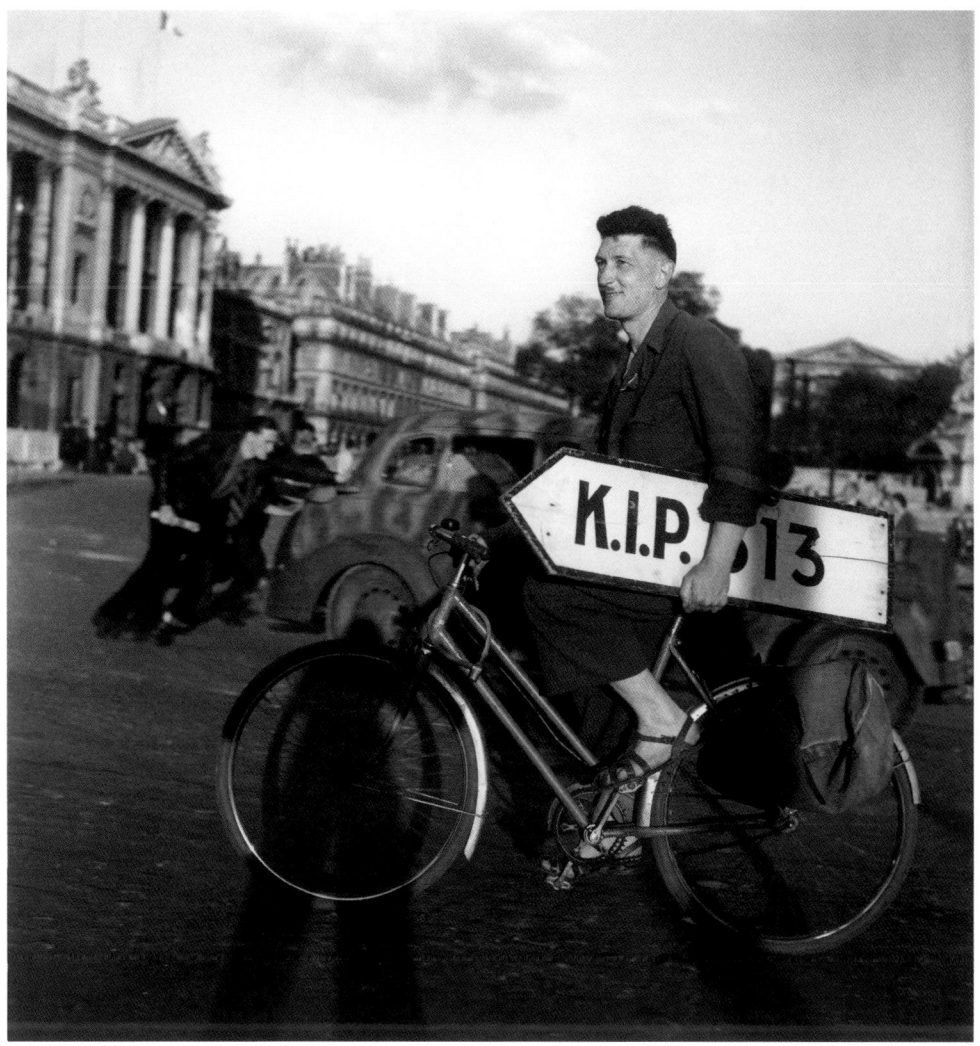

Place de la Concorde, August 1944

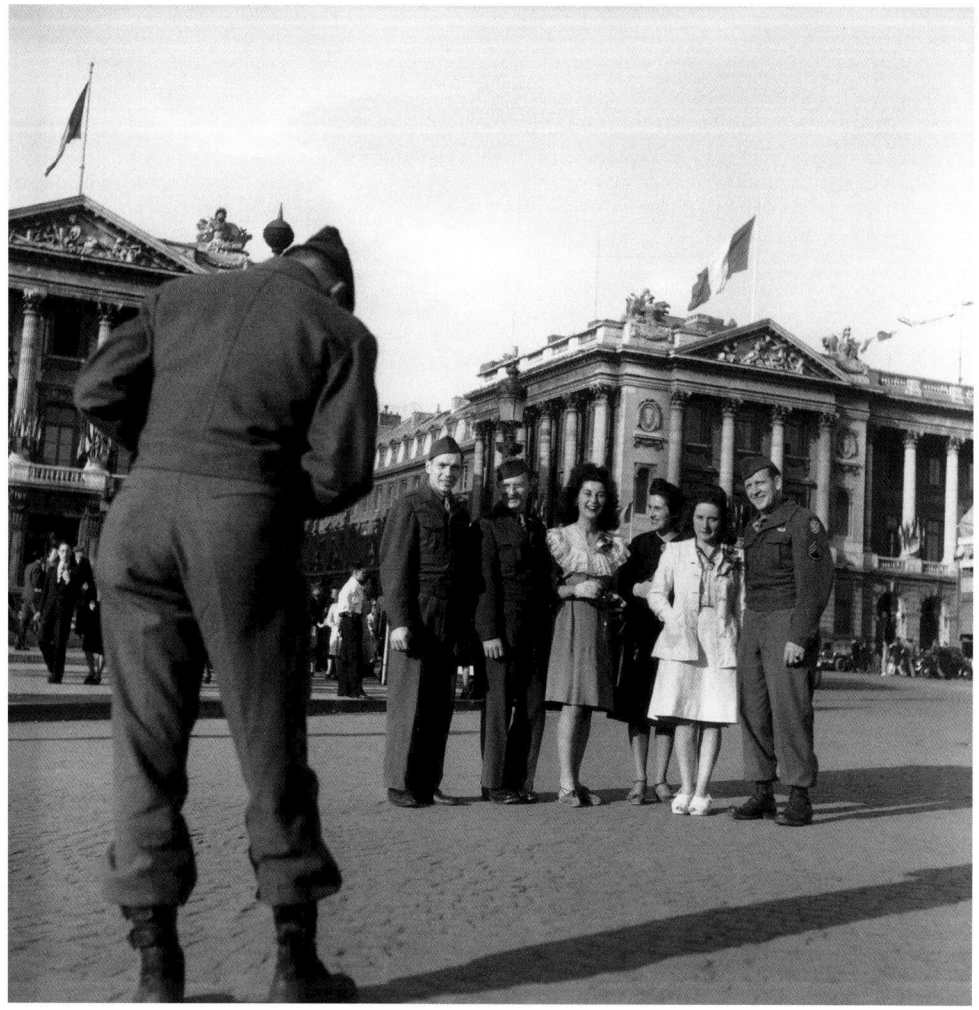

Place de la Concorde, August 1944

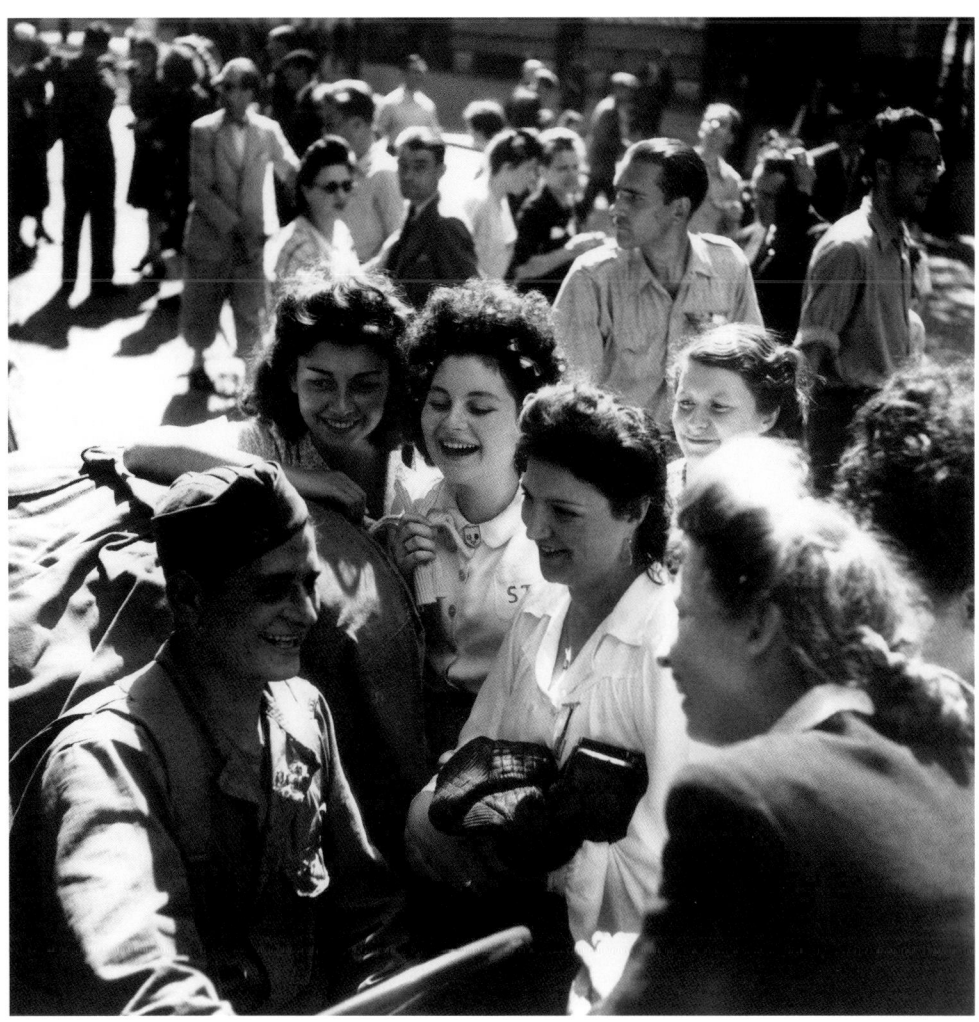

August 25, 1944

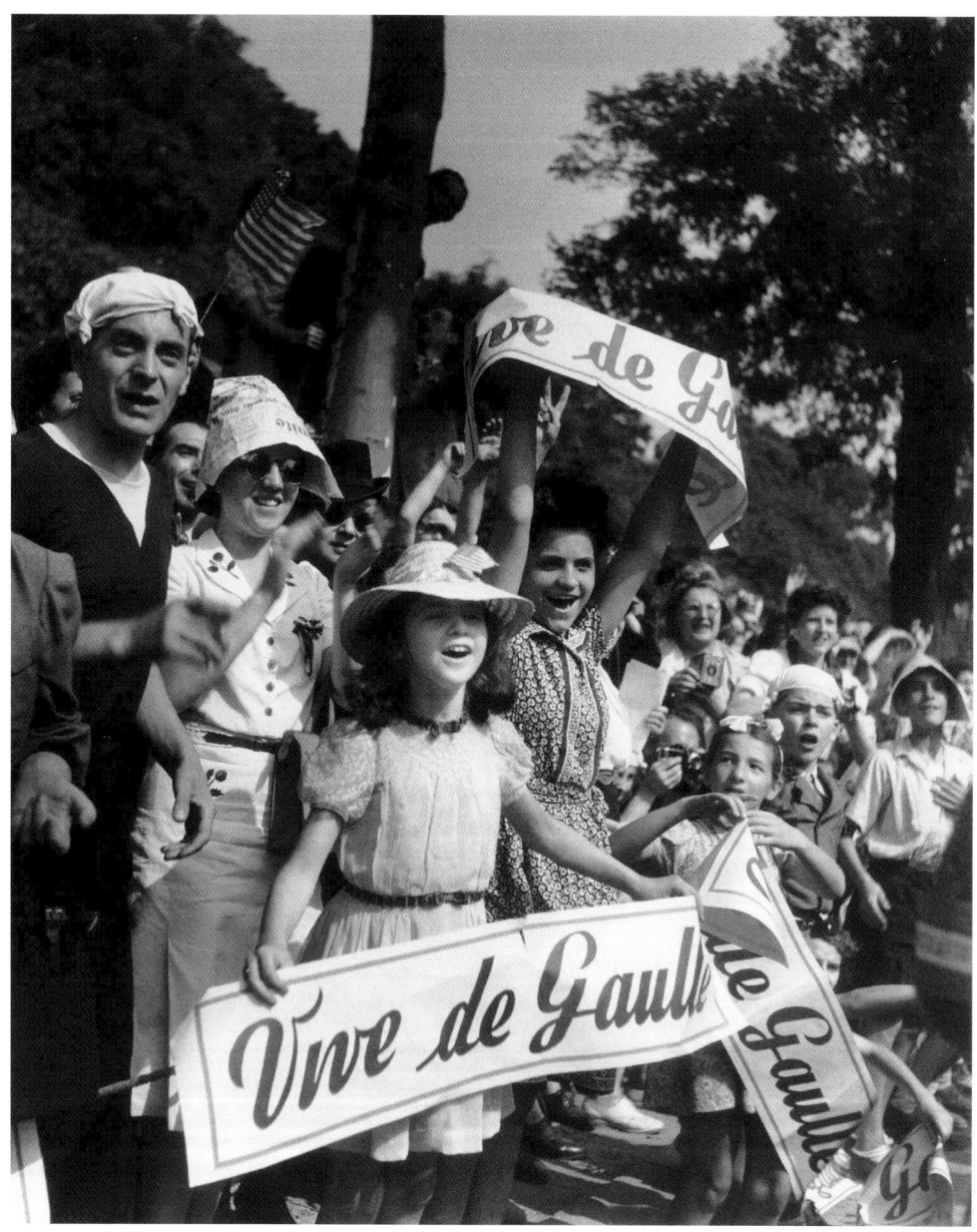

On the Champs-Élysées, August 26, 1944

"There are days when just being able to see feels like
  true happiness, you feel light as a feather ... and so
  rich you'd like others to share in your overwhelming joy..."

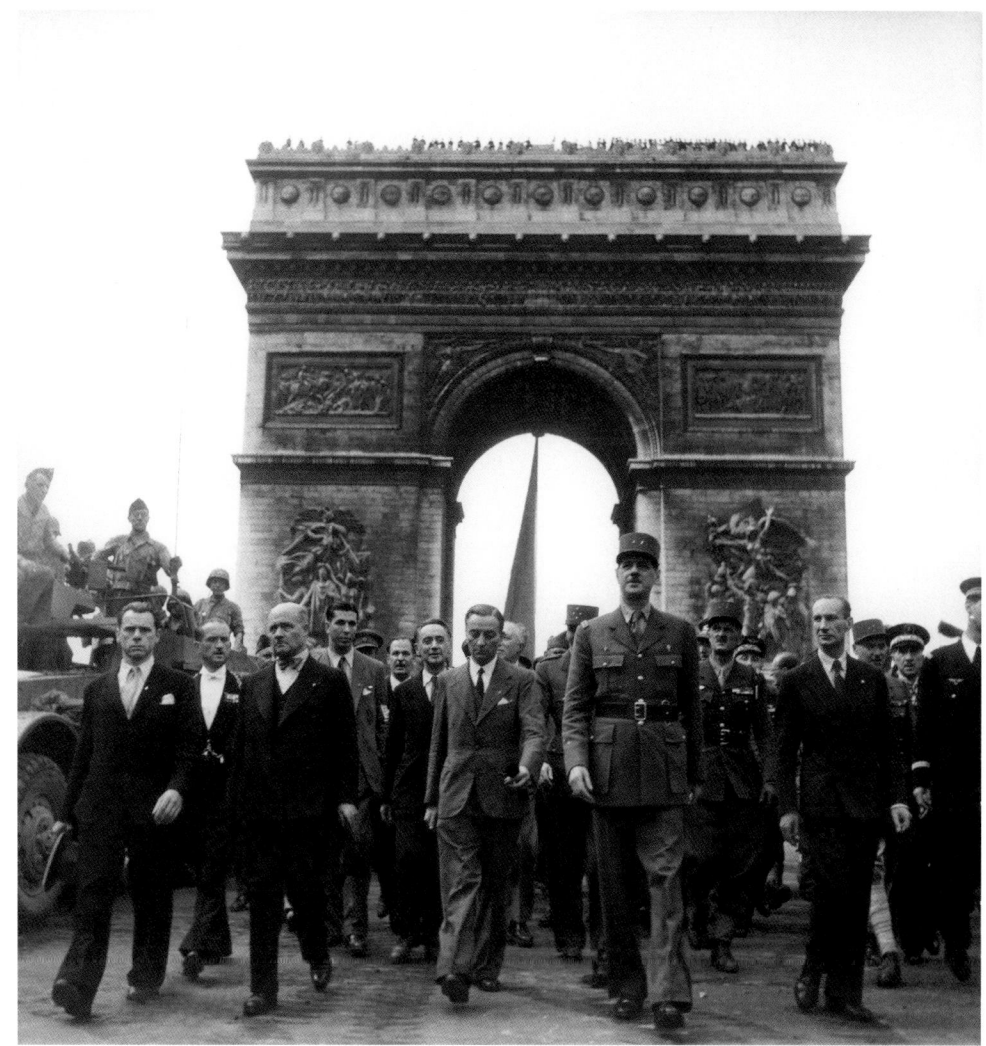

General de Gaulle Descending the Champs-Élysées, August 26, 1944

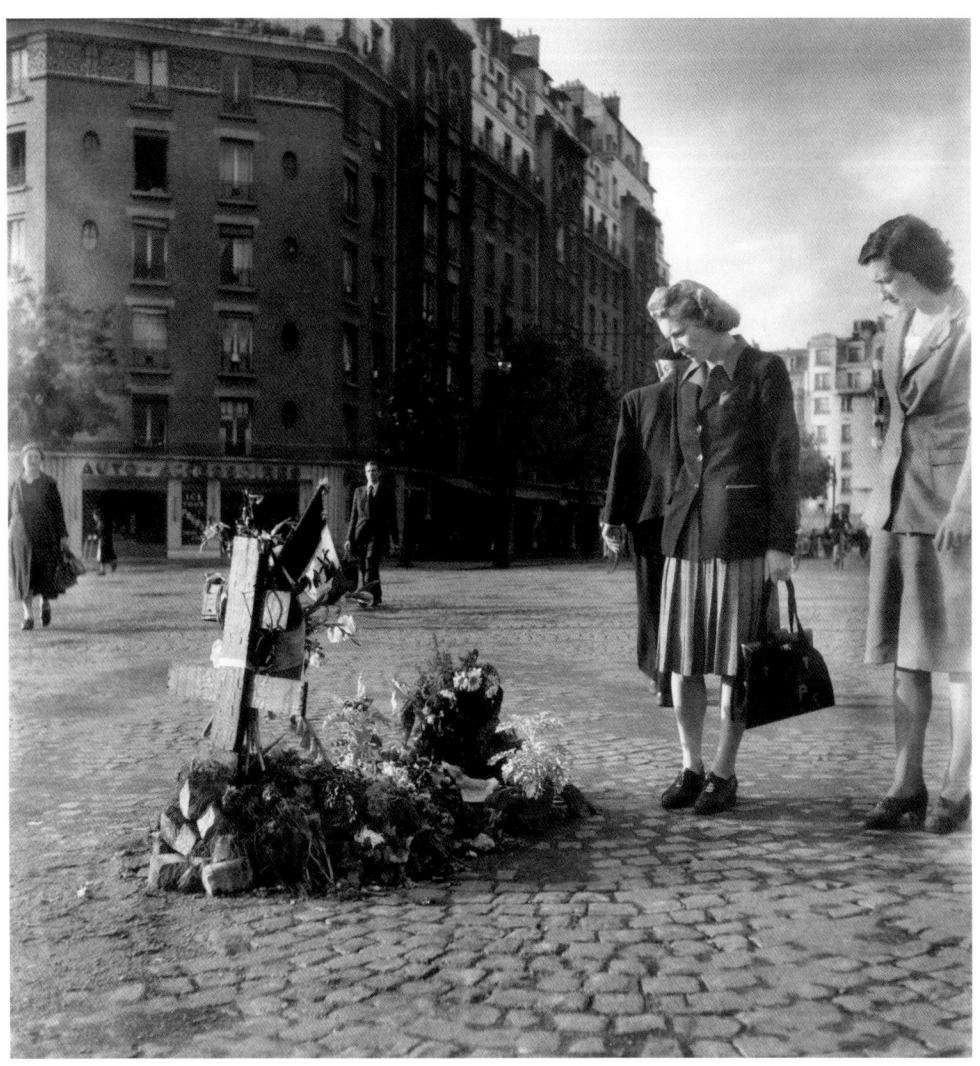

Porte d'Orléans, 1944

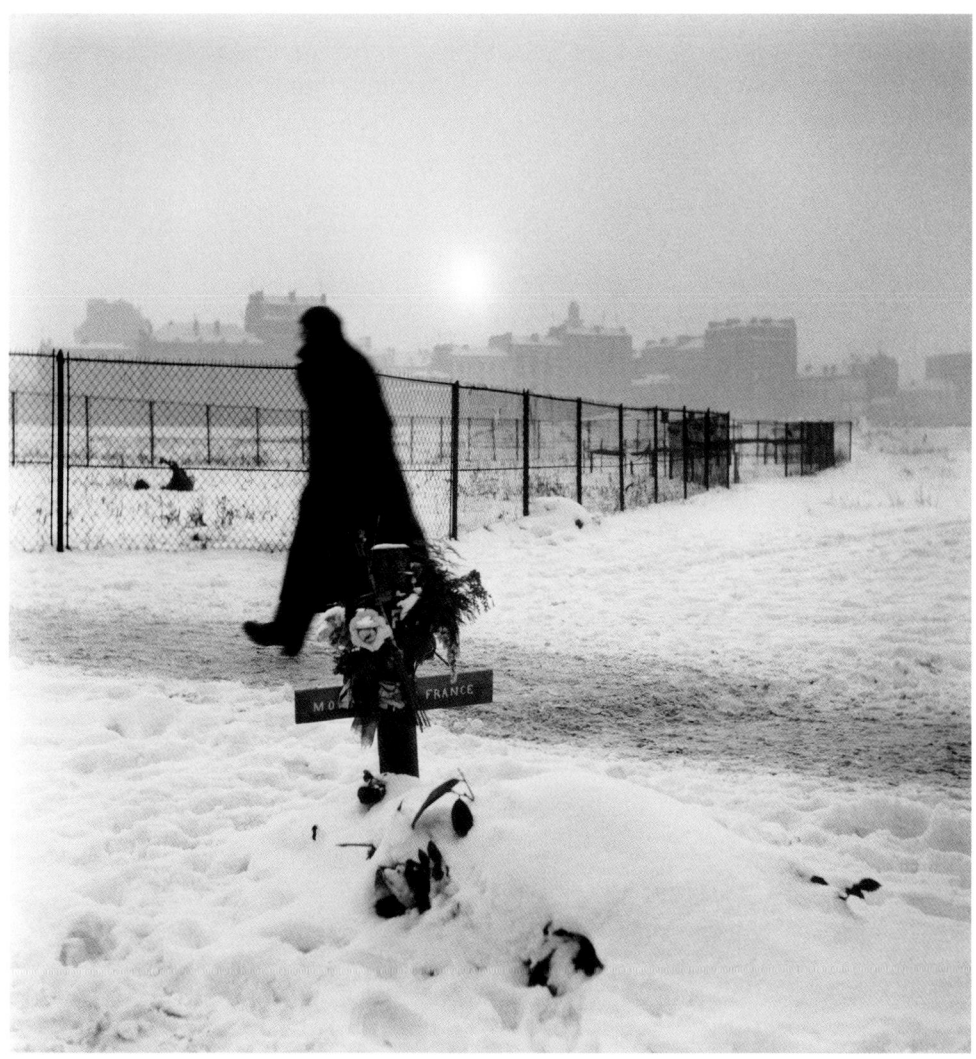

1944

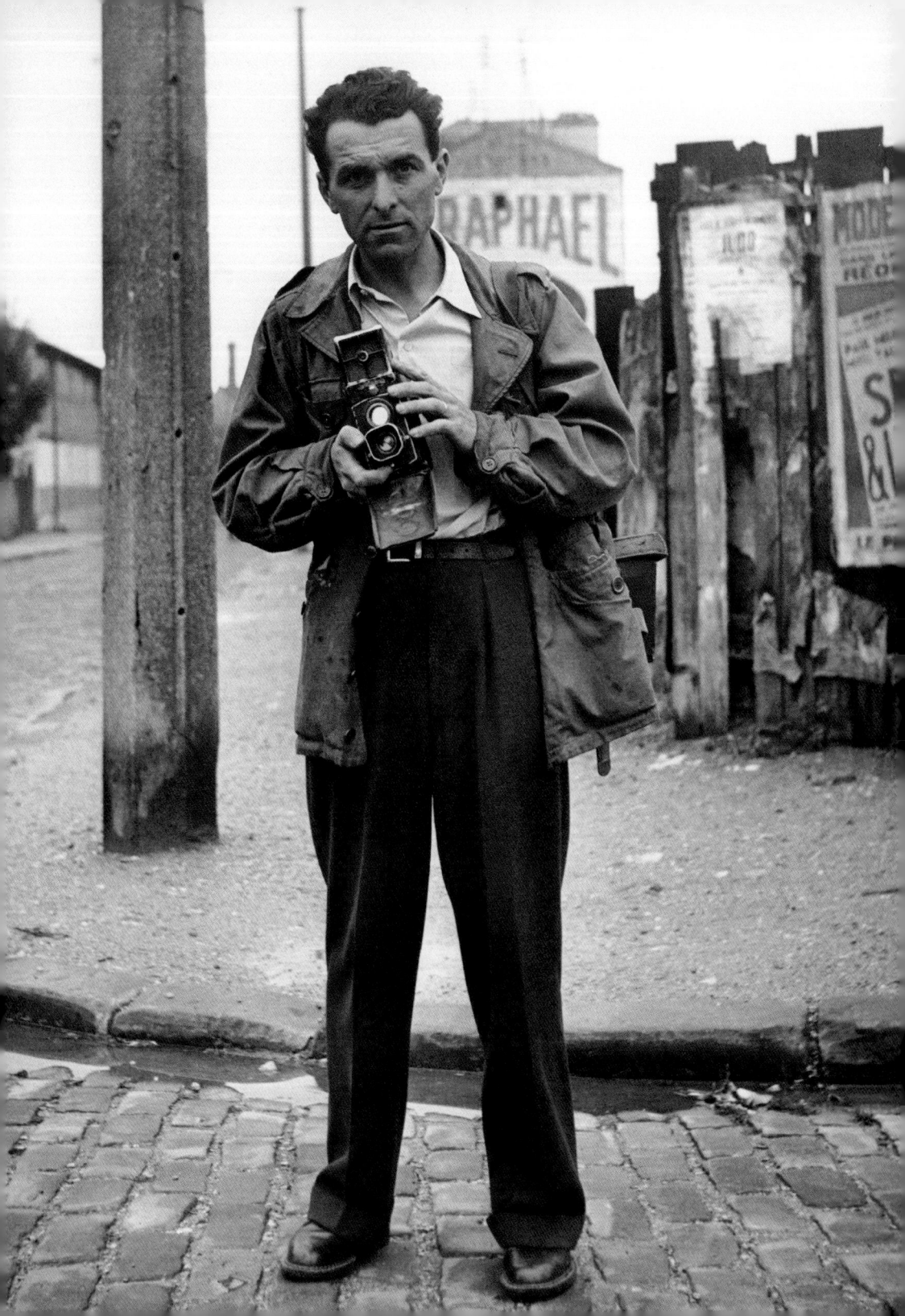

#3

A Thirst for Images

1945–1960

In the aftermath of this terrible conflict, there was an unquenchable thirst for information and images in France. The press was expanding and now the number of newspapers and magazines mushroomed. In Paris alone, no fewer than thirty-four dailies were on sale. The major illustrators and reporters of the pre-war period reappeared and, with them, their humanist style and an optimism and lyricism that continued to focus on popular life and the working-class districts. "The liberation had no sooner taken place than I returned fever-ishly to the only profession I had ever loved,"[23] Doisneau later wrote. And his life became ever busier as increasing numbers of reportages were commissioned by the many publications with which he collaborated; his personal sit-uation left him little choice but to accept. His second daughter, Francine Deroudille, noted that in 1945 alone he created reportages on clandestine printers, the Aubusson tapestry manufacture, daily life at Renault, the Cirque d'Hiver, the Bobin cleaning company in Mont-rouge, Parisian concierges, the first vote for women on April 29, the capitulation of Nazi Germany on May 8, the miners of Lens, took portraits of Blaise Cendrars in Aix-en-Provence, reported on the première of Jean

Giraudoux's *La Folle de Chaillot* at the Théâtre de l'Athénée, photographed Le Corbusier in his own home and the "théâtre de la mode" (an exhibition of mannequins dressed by leading French couturiers), and shot a paean of praise to liberated Alsace! Not to mention book illus-trations and the much more remunerative pub-licity shoots.

His work with the press became ever more intense as it caught the attention of the media. We have already mentioned the magazine *Le Point*, edited by Pierre Betz, which employed him regularly for more than a decade, between 1945 and 1960, a period in which he contrib-uted to some ten or more issues. The Commu-nist weekly *Action*, edited by Pierre Courtade, absorbed a large part of his production over many years. He also worked intermittently for the magazine *Regards*, which sent him to Yugo-slavia. But Doisneau's most regular appear-ances were in *La Vie ouvrière* (Working-Class Life), the magazine published by the French trade union Confédération Générale du Travail (CGT). He loved this contact with the world of the working class and praised its nobility with-out a partisan political tendency. "There is an entire world to discover. People used to the classic magazine news never hear about that.

Self-Portrait, Villejuif, 1949

But it is in the world of work that one encounters the greatest fraternity and joy, despite the repugnant backdrop of the factory. It seems to me that people's beauty stands out all the more strongly against this foil."[24] The magnificent portraits of the miners of Lens, made in 1945 for *Regards*, bear witness to the men's serenity, nobility, and inner strength. Though loyal to certain titles, he was also publishing photos in many family magazines such as *La Vie catholique illustrée, Femmes françaises, Clair Foyer, Sillage, Vie et Santé*, and, above all, the great weeklies such as *Réalités, Life, Caractères, Fortune*, and *Picture Post*. A special favorite was *Point de Vue – Images du Monde*, an illustrated current affairs magazine edited by Albert Plécy.

Active as he was, he nevertheless "stole" time from his employers to glean a few personal images during his travels and, above all, to take numerous pictures in his favorite suburbs. His method consisted largely of patience – "waiting for the miracle." "I took mischievous pleasure in bringing to light anything abandoned, not just among people, but also in my choice of backgrounds..."[25] "In the banal environment to which I belong, it sometimes happened that I perceived fragments of time in which the daily universe seemed to become weightless. Revealing these moments might take one a whole lifetime."[26] At that stage, however, no one was interested in these images. Even Raymond Grosset, manager of the Rapho agency that Doisneau was soon to join, showed little enthusiasm: "Don't waste your time on this suburban business, it hurts me to see you doing things like that. Your suburbs are gloomy, and you expect me to sell people gloom?"[27]

In 1946, Doisneau's friend Ergy Landau told him about the advent of the Rapho agency, the new name for Rado Photos. It quickly attracted a number of photographers such as Brassaï, Ylla, Nora Dumas, Willy Ronis, Sabine Weiss, and Émile Savitry. "Finally, someone channelled my abilities into practical achievements. Thus began a collaboration that has lasted till this day, when I'm one of the agency's glossiest monuments. Looks like a lucky encounter from where I'm standing. I don't know what he thinks of it."[28] A loyal friend, Doisneau remained one of the agency's major assets until his death.

Robert Doisneau's life was a succession of encounters, each more fortunate than the last. One of the first was with Blaise Cendrars. Maximilien Vox, publisher at Denoël, remembered the portraits of scientists that Doisneau had made in 1942 and suggested that he go and photograph the writer at the latter's home in Aix-en-Provence. Cendrars had a reputation of being a lone wolf but the contact was immediate. By chance, they began talking about the writer's childhood, which had similarly unfolded in the *zone*. Doisneau revealed that he, too, was a *zonard* and offered to send him a few of the photos that he had taken there: "Talking about Kremlin-Bicêtre and Villejuif hill seems a lot less banal on the terrace of a café on the cours Mirabeau in Aix-en-Provence... Cendrars liked my rough-cast photos. He told me ... 'we're going to make a book.'"[29] Cendrars himself found a publisher, Seghers, and decided the layout of the volume. This was the beginning of a collaboration and exchange of letters that lasted until 1949, when *La Banlieue de Paris* was published: 152 images closely married to a text that Doisneau described as "dazzling. It's quite simple, I had to have two goes at reading it because it moved me so much."[30] The volume summarized fifteen years of Doisneau's disorderly harvesting of the "values not listed on the stock market, elements hitherto considered negligible,"[31] into a sequence that had a power all its own. Though Louis Aragon had deemed the images "populist," Cendrars was immediately struck by these unique anti-academic photos. "This book on the suburbs," Doisneau later said, "is my self-portrait. Like them, I am compounded of dross."[32] "For Cendrars, the suburbs were a dump. He had not an ounce of sympathy for ugliness. For me, it was the opposite: they were a reservoir of strength and light. I didn't want to clean them up completely in my images. I found Gentilly very ugly and absurd. But I liked the people, I thought they deserved a better environment..."[33] *La Banlieue de Paris* in the course of time became a bibliographical rarity and was republished by Denoël in 1983.

For Doisneau, 1947 was a landmark year. First of all, there was the birth of his second daughter, Francine. It was also the year in which he received the Prix Kodak, a prize awarded to promising young photographers.

And it was the year when he met Jacques Prévert and Robert Giraud: two extraordinary personalities, two *flâneurs* who transformed his vision and field of investigation, showing him a new Paris by day and by night. It was on one of his reportages at Saint-Germain-des-Prés that Doisneau met Prévert. He immediately fell under the poet's spell, and the two became firm friends, going on long, meandering walks through the city and especially through the popular *quartiers.* "What I know of the dreamlike and fantastic, I owe to Prévert," Doisneau observed, adding: "Prévert took over the words that everyone else had given up on and displayed their flamboyant, fantastical qualities. That kind of thing could be transposed; I could make images on the same basis."[34] Doisneau loved Prévert's words and Prévert loved Doisneau's images. "When he [Doisneau] goes slyly about his work, he does so with a sense of fraternal humor; there is no superiority complex when he sets out his bird-catcher's lures, his poacher's snares. With him, the verb 'to photograph' is always conjugated in the imperfect lens of the objective."[35]

A second encounter that was to play a decisive role in Doisneau's life took place in the gallery on the Rue de Seine managed by Romi, with whom Doisneau collaborated sporadically for the magazine *Point de Vue – Images du Monde.* Robert Giraud was one of the eminences of Parisian nocturnal life. "Without him, I should never have known the thieves, the tattooed, the night nurses of

love, and a whole population of uncategoriz-
able individuals."[36] In Albert Fraysse's bistro,
almost next door to the gallery, Giraud, with
elbow on the bar, recounted his nocturnal
adventures at Les Halles, Maubert, or rue
Mouffetard. A little later, these adventures
were to be the inspiration for a book, *Le
Vin des rues*; Prévert provided the title and
Doisneau the photos. Giraud was the poet of
nightlife and introduced Doisneau to the world
of the night, to the homeless and the beggars
and dropouts of every kind: "In short, a tribe
that surfaces at a time when honest folk are
taking to their beds."[37] Doisneau was able to
use Giraud's and, in particular, Romi's encounters and discoveries to illustrate articles on
this or that subject and offer them to the press:
*Paris-Presse, Point de Vue – Images du Monde,
Cavalcade, Regards,* and so on. Chez Fraysse
was also the rendezvous of regulars such as
Jean-Paul Clébert, Michel Ragon, the brothers Jacques and Pierre Prévert, Maximilien
Vox, César, and Maurice Baquet, who became
one of Doisneau's closest friends. The photographer had just been taken on by *Vogue*
and sought relief at the bistro. "At the time, I
was playing at being a fashion photographer
but I didn't enjoy it very much. To avoid any
tincture of depression, every evening I sought
the indispensable antidote at the bar of this
café-tabac."[38]

Doisneau's encounter with the cellist
Maurice Baquet, a member of the Prévert
"gang," was another decisive moment. "When
our paths crossed, I found my instructor in
happiness... I took such pleasure in his teaching
that I enrolled for thirty years on his refresher
course, a necessary preliminary in making the
book that served as a pretext for our meet-
ings."[39] The friendship struck up at their very
first meeting gave rise to the idea of a book
composed of little humorous scenes, all of
which involved a cello. The first shots for this
book were taken in 1949 and the process continued over several decades; publication finally
occurred in 1981, under the title *Ballade pour
violoncelle et chambre noire* (Ballad for Cello
and Camera Obscura). An excellent musician, a
remarkable comedian, a master of wit and the
incongruous, Baquet could let his hair down
with Doisneau, who delighted in his friend's
drollery. Both were already widely published
and their complicity led Baquet to pose as a
model for some of the publicity photos staged
by his friend.

On the advice of Raymond Grosset, Robert
Doisneau agreed to spend four days a week from
1949 to 1951 as a photographer at *Vogue*, then
edited by Michel de Brunhoff. This was mainly
fashion photography but also reportages, sometimes undertaken with the writer Edmonde
Charles-Roux, who notes that "Doisneau was
the only reporter of Parisian life. I wrote, he
illustrated. Together, we would comb through
the cafés-théâtres, the scenery workshops,
the dance studios, the boxes and corridors, the
studios of the famous painters and the country
houses of the greatest writers."[40]

Into this kaleidoscopic range of imagery, Doisneau managed to sneak a few personal photographs, like his series on Parisian pigeons, Parisian concierges, and portraits of celebrities. With the exception of these invaluable gleanings, the world of fashion and wealth left him completely cold. High-society soirées were utterly alien to his interests: "Drowning in syrupy-sweet cordials, I was longing for some more virile drinks."[41] His one thought, every day, was to return to his nocturnal peregrinations, either with his friends or alone and following the promptings of each new turn in the street. His meeting with Albert Plécy, editor of *Point de Vue – Images du Monde* (yet another decisive encounter), did much to ensure the recognition of his evident talent. Plécy understood that Doisneau was not a standard reporter; he was something more and something else. He appreciated the Doisneau style, as he called it, describing that universe as "moving, tender, more compassionate than grim, sometimes smiling, always ironic, never cruel."[42]

Throughout those intense and prolific years, more than fifty of his reportages were published in Plécy's weekly, which was then a current affairs magazine. They covered a wide variety of topics: fashion, dance, the paranormal, Saint-Germain-des-Prés, nudists, the tattooed, Le Corbusier, Savignac. Among them were some of his most famous series: *Un regard oblique* (The Sidelong Glance), *Les Halles*, *The Woman-Accordionist*, *The Child*

and the Dove. Three of these reportages were taken up by *Life* magazine a month later. In addition to this work, he undertook several publicity campaigns for the car manufacturer Simca, which afforded him an opportunity to use color. But he also executed commissions from major companies such as Saint-Gobain, Orangina, and Sud Aviation and did illustration work: album covers, calendars, and in-house magazines such as *Air France Revue*, for which he worked regularly between 1950 and 1960.

This extraordinary outburst of diverse work made Doisneau's name omnipresent and attracted the attention of the photographic world. His work was exhibited alongside that of Cartier-Bresson and Brassaï in *French Photography Today* in New York in 1948. Three years later, in 1951, he was one of the *Five French Photographers* at that city's Museum of Modern Art, with Cartier-Bresson, Brassaï, Édouard Boubat, and Izis. He even had his own solo exhibition at the Art Institute of Chicago in 1954 under the title *Humoristic and Satirical Photographs of Paris*. This international acclaim came in the wake of his reputation in France, where publishing was still expanding like wildfire and Doisneau had produced a number of books: *Les Parisiens, tels qu'ils sont* (The Way Parisians Are) (1954), *Instantanés de Paris* (Paris Snapshots), with a preface by Cendrars (1955), and *Pour que Paris soit* (For the Life of Paris) (1956), with a text by Elsa Triolet.

In France, Doisneau took part in the creation of the Groupe des XV (1946), which

"I never knew Atget, true, but he's my godfather all the same. He's a landmark as far as I'm concerned...His photos somehow reassured me."

brought together older photographers such as Lucien Lorelle and Emmanuel Sougez and a younger generation, including Willy Ronis, Daniel Masclet, and René-Jacques. In 1956, the Prix Niépce, founded by Albert Plécy and Les Gens d'Images to honor photographers whose oeuvre was particularly "remarkable," was awarded to him after stormy debates. It was also in 1950 that *Life* magazine commissioned from the Rapho agency a series of images illustrating Parisian lovers. This gave rise to the series of "kisses" that includes *The Hôtel de Ville Kiss*, which has become for Doisneau what *The Angelus* is to Jean-François Millet. The kiss images, most of them staged, testify to his remarkable complicity with the actors of this typical Parisian performance, and were as successful in the United States as in France. *Le Soir* and *Point de Vue* both published the series, which is a faithful rendition of the gestures of true lovers against an authentic background.

All these publications in dailies, magazines, and books, combined with the exhibitions that accompanied them, emphasize the quality and, above all, the diversity of Doisneau's work. But these droll, witty, melancholy, or emotional

photographs should not mask Doisneau's other side: the socially committed photographer. This was a deeply rooted part of the man. But his attention to the condition of the working class was, predictably, given short shrift by publishers who preferred more conventional and lighthearted subjects. A closer analysis reveals that these images of miners and factory workers also constitute the most continuous and systematic element in Doisneau's documentary corpus. He found in those worlds an echo of his own childhood and his sense of humanity and injustice. As he put it: "Human considerations, at that time, were merely incongruous frills and furbelows that had no place in the galloping expansion of industry."[43]

There is a great deal to discover in these simple but profound images made in the mines of Lens and Moselle, in the foundries of Lorraine, or on the Renault production line. They are honest, testimonial images of the workplaces "where men serve out their sentence," and there is no trace in them of a political message or photographic manipulation.

Doisneau's interest in workers was not confined to the industrial world. His travels and commissions allowed him to keep company with railwaymen and deep-sea fishermen, cauliflower pickers and goose and duck farmers, sewermen and the shepherds of Haute Provence. During these tours of duty, which, he said, "lasted sometimes for a day or two and rarely for a whole week, each time as a visitor under pressure from his deadlines,"[44] he created images that are sometimes somber but suggest a powerful empathy and authenticity in his approach to the world of labor. It was a world to which he could not always give the attention that he wanted; family and economic needs had to come first. During this period of mercenary work, Doisneau was often overwhelmed with commissions, not all of which interested him, and he was thrilled when, making room between two obligations or "stealing time from his employers," he could return to the Parisian suburbs and again "hang around on the streets and at last see people and their backgrounds; it [was] a respite in which my eyes [took] a greedy delight."[45] It was on these pedestrian expeditions that he captured many of the images that have since become iconic, such as *Mademoiselle Anita, Monsieur Barré's Merry-Go-Round, The Musical Butchers.*

The 1950s were thus marked by a veritable whirlwind of images and Doisneau's reputation in France and abroad was at its height; his name had become synonymous with a certain kind of contemporary French photography. Exhibitions proliferated in France and the United States. In addition to those already cited, he was represented in Otto Steinert's *subjektive fotografie* (1951) and in Edward Steichen's by now mythical exhibition, *The Family of Man* (1955), two landmark moments in photographic history. Some years later, his name appeared in the first histories of photography, such as those by Helmut Gernsheim, Beaumont Newhall, or Peter Pollack.

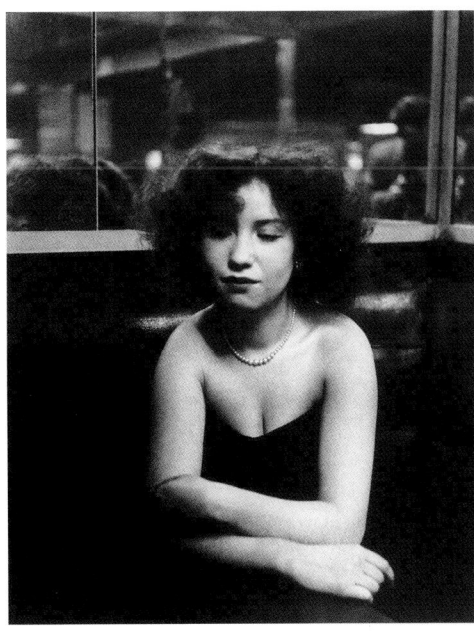

Mademoiselle Anita, La Boule Rouge, 1951

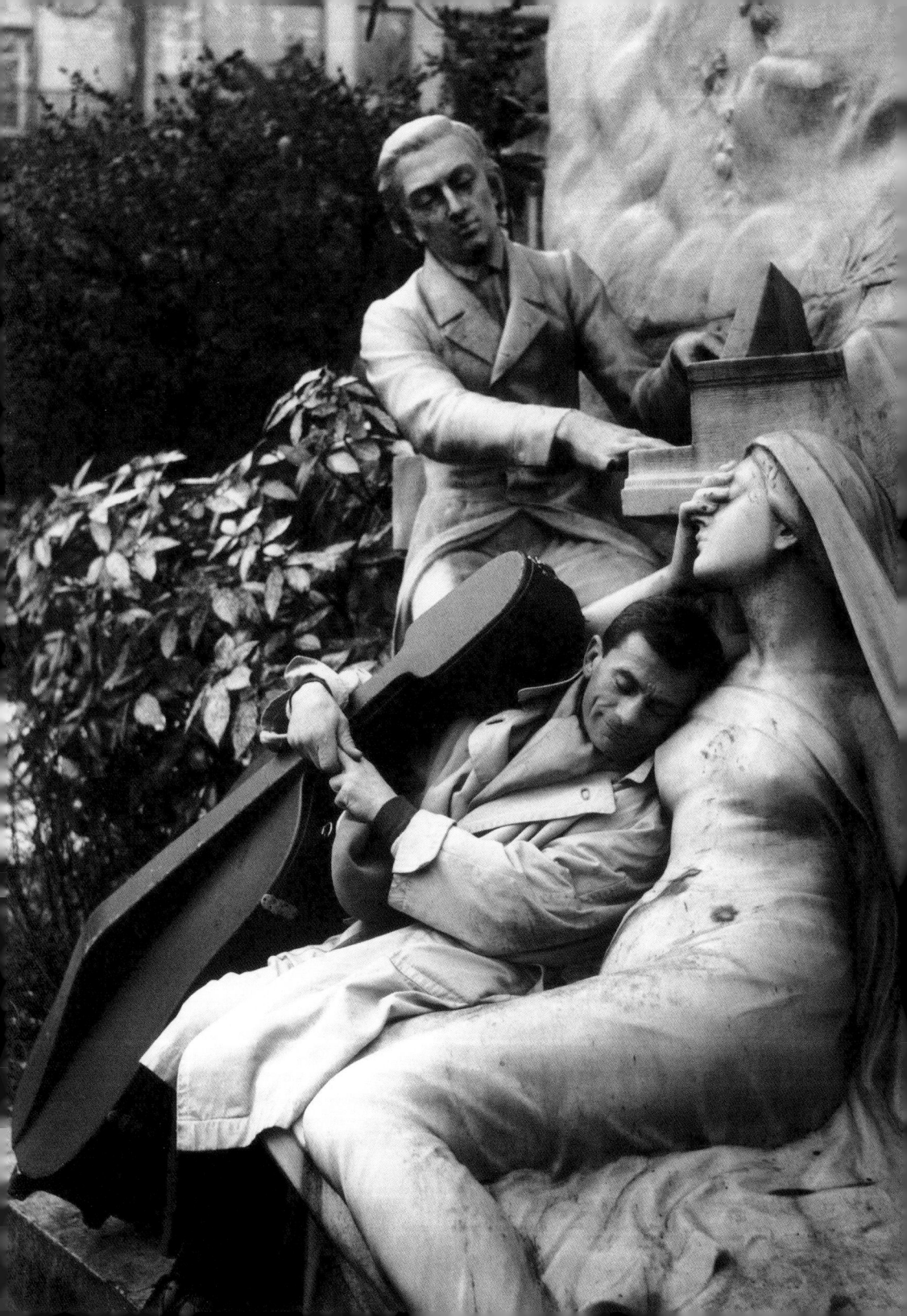

#3

La soif d'images

1945–1960

La paix revenue, au lendemain du terrible conflit, la soif d'information et le besoin d'images sont vifs dans le pays. La presse est en pleine expansion, les nouveaux titres fleurissent. Pour la seule capitale, pas moins de trente-quatre quotidiens sont proposés à la vente. Les grands illustrateurs et reporters d'avant-guerre réapparaissent et leurs images restent dans le style caractéristique qui était le leur : une photographie humaniste, optimiste, poétique qui continue à s'intéresser à la vie et aux quartiers populaires. « C'est avec une véritable frénésie que, dès la Libération, j'ai repris le seul métier qui me tenait à cœur[23] », écrira Robert Doisneau. De fait son activité va se démultiplier au gré de la multiplicité des reportages commandés par les nombreux titres auxquels il va collaborer et auxquels, nécessité oblige, il fallait répondre. C'est ainsi, note Francine Deroudille la seconde fille de Doisneau, que, pour la seule année 1945, il va effectuer des reportages sur les imprimeurs clandestins, la tapisserie à Aubusson, la vie quotidienne chez Renault, le Cirque d'hiver, l'entreprise de nettoyage Bobin à Montrouge, les concierges parisiennes, le premier vote des femmes le 29 avril, la capitulation de l'Allemagne nazie le 8 mai, les mineurs de Lens, le portrait de Blaise Cendrars à Aix-en-Provence, la création de *La Folle de Chaillot* de Jean Giraudoux à l'Athénée, Le Corbusier chez lui, le « petit théâtre de la mode », et une longue fresque sur l'Alsace libérée ! Et ce, sans oublier quelques illustrations de livres ou de prises de vue publicitaires beaucoup plus rémunératrices...

Ses collaborations avec la presse se multiplient d'autant plus rapidement que son travail commence à intéresser les médias. Déjà citée, la revue *Le Point* dirigée par Pierre Betz va le solliciter pendant une quinzaine d'années, de 1945 à 1960 : Doisneau y signera une dizaine de numéros. Il fournira pendant des années également la quasi-totalité des illustrations de l'hebdomadaire communiste *Action* dirigé par Pierre Courtade. Parallèlement, il travaille ponctuellement pour le magazine *Regards*, qui l'enverra en Yougoslavie. Mais c'est surtout dans *La Vie ouvrière*, organe de presse de la CGT, que Doisneau va trouver une place régulière. Il aime particulièrement ce contact avec le corps social, avec ce monde ouvrier dont il loue la noblesse sans pour autant chercher à distiller un message politique direct : « Il y a tout un monde à découvrir. Les gens habitués à l'information classique des magazines ne sont jamais informés de tout

Maurice Baquet and His Stone Muse, Parc Monceau, 1957

cela. Or, c'est aussi dans ce monde du travail que, au fond, on rencontre le plus de fraternité et le plus de gaieté, malgré le décor repoussoir de l'usine. Justement, dans ce décor repoussoir, il me semble que la beauté des gens devient plus forte.[24] » Les magnifiques portraits des mineurs de Lens réalisés en 1945 pour *Regards* en témoignent par leur sérénité, leur force intérieure et leur noblesse. Cette fidélité à certains titres ne l'empêche toutefois pas de publier également ses photographies dans de nombreuses revues familiales, *La Vie catholique illustrée*, *Femmes françaises*, *Clair Foyer*, *Sillage*, *Vie et Santé* et surtout dans les grands hebdomadaires *Réalités*, *Life*, *Caractères*, *Fortune*, *Picture Post* et surtout, dès 1947, dans *Point de Vue – Images du Monde* alors magazine d'informations générales illustrées dirigé par Albert Plécy.

Cette activité ne l'empêche en aucune façon de « voler » du temps à ses employeurs pour glaner au cours de ses déambulations quelques images personnelles et surtout pour continuer à multiplier des prises de vue sur son univers favori, la banlieue. Son arme, c'est la patience, « l'attente du miracle… J'ai pris un malin plaisir à mettre en lumière les laissés-pour-compte, aussi bien parmi les humains que dans le choix des décors…[25] » « Dans cet environnement banal qui était le mien, il m'arrivait d'apercevoir des fragments de temps dans lesquels l'univers quotidien paraissait libéré de la pesanteur. Montrer ces moments pouvait prendre toute une vie.[26] » Mais, à l'époque, ces photos n'intéressent personne. Même Raymond Grosset, directeur de

l'agence Rapho qu'il va bientôt rejoindre, ne manifeste guère d'enthousiasme en lui disant : « Ne perds pas ton temps avec cette histoire de banlieue, ça me désole de te voir faire des choses comme ça. Ta banlieue est triste, comment veux-tu que je vende de la tristesse ?[27] »

En 1946, son amie Ergy Landau lui annonce la naissance de l'agence Rapho, nouveau nom de Rado Photos. C'est justement Raymond Grosset qui en prend la direction et qui va rapidement y attirer nombre de photographes comme Brassaï, Ylla, Nora Dumas, Willy Ronis, Sabine Weiss ou Émile Savitry. « Enfin quelqu'un allait canaliser mes aptitudes aux travaux pratiques. Alors a commencé une collaboration qui dure jusqu'à ce jour où je suis devenu le meuble le plus patiné de l'agence. À mes yeux une rencontre heureuse. Je ne sais ce que lui en pense.[28] » Fidèle dans ses amitiés, Doisneau restera jusqu'à la fin l'élément principal de cette agence.

La vie de Robert Doisneau est une succession de rencontres qui seront toutes plus bénéfiques les unes que les autres. L'une des premières sera celle de Blaise Cendrars. Maximilien Vox, éditeur chez Denoël qui se souvient des portraits de scientifiques réalisés en 1942 par Doisneau, lui propose d'aller photographier l'écrivain, chez lui, à Aix-en-Provence. Le contact avec le vieux loup solitaire est immédiat. La discussion tombe miraculeusement sur l'enfance de l'écrivain qui s'est déroulée dans le « territoire zonier ». Doisneau lui révèle qu'il en est lui-même originaire et lui propose de lui envoyer quelques

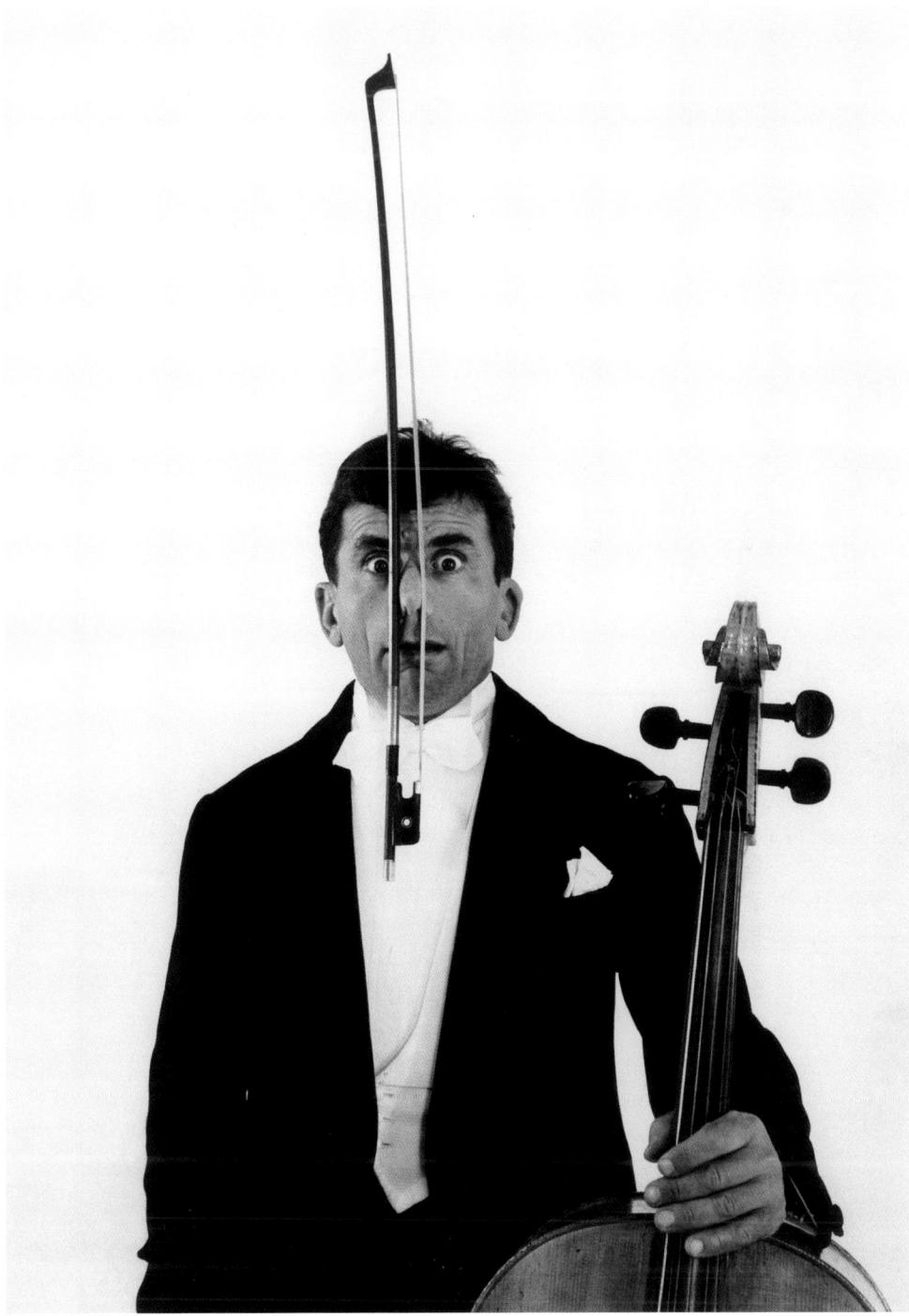

The Bow, 1958

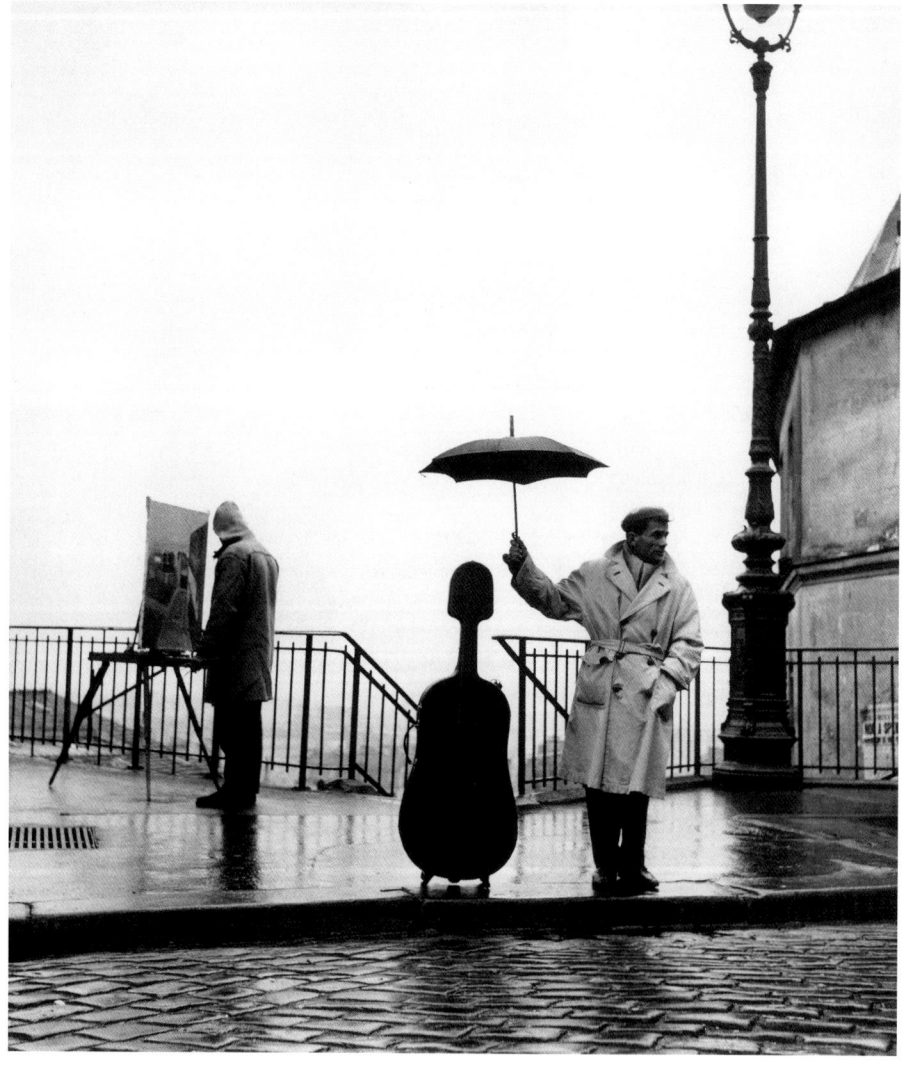

Cello in the Rain, 1957

spécimens des photographies qu'il y a réalisées, ce qu'il fera peu après : « ... Parler du Kremlin-Bicêtre et de la côte de Villejuif à la terrasse d'un café du cours Mirabeau à Aix-en-Provence c'est beaucoup moins banal... Mes photographies, brutes de décoffrage, plaisaient à Cendrars. Il me l'a dit : "nous allons faire un livre..." [29] » C'est Cendrars lui-même qui va trouver un éditeur, Pierre Seghers, et qui va concevoir l'articulation et le déroulement du livre en plusieurs sections. De fait, peu de temps après, va débuter une collaboration, un échange de lettres qui durera jusqu'en 1949, date de publication de *La Banlieue de Paris*, mariage étroit de 152 images et d'un texte... « éblouissant. C'est bien simple, il a fallu que je m'y reprenne à deux fois pour le lire tellement j'étais ému. [30] » *La Banlieue de Paris*, qui n'aura guère de succès, offre un résumé de quinze années de cueillette désordonnée de « valeurs non cotées en Bourse, [...] d'éléments jusque-là considérés comme négligeables [31] » mais qui distillent leur pouvoir émotionnel. Alors que Louis Aragon avait jugé ces images « populistes », Blaise Cendrars a adhéré immédiatement à ces photographies antiacadémiques qui ne ressemblent pas à celles des autres. « Ce livre sur la banlieue », dira Doisneau, « c'est mon autoportrait. Comme lui je suis un aggloméré de scories. [32] » « Pour Cendrars, la banlieue c'était le dépotoir. Il était impitoyable pour la mocheté. Moi, je pensais au contraire que c'était une réserve de forces, de lumière. Je ne voulais pas, avec mes images, la déglinguer complètement. Gentilly,

je trouvais cela très laid, absurde. Mais les gens me plaisaient, je trouvais qu'ils méritaient un autre décor... [33] » *La Banlieue de Paris*, devenu introuvable avec le temps, ne sera réédité par les éditions Denoël qu'en 1983 !

Pour Robert Doisneau, l'année 1947 est à marquer d'une pierre blanche. C'est d'abord la naissance de Francine, sa deuxième fille. C'est aussi l'année où le prix Kodak, destiné à récompenser un jeune talent, lui est décerné. Et ce sont également les rencontres avec Jacques Prévert et Robert Giraud. Deux personnages étonnants, deux flâneurs de la rue qui vont transformer sa vision et son champ d'investigation en parcourant Paris avec lui de jour comme de nuit. C'est à l'occasion d'un de ses reportages à Saint-Germain-des-Prés que Doisneau va rencontrer Jacques Prévert. L'homme le subjugue instantanément et une véritable complicité va naître entre eux, entraînant d'interminables balades dans la ville et surtout dans les quartiers populaires. « Le rêve, le merveilleux, c'est à Prévert que je le dois », dira Doisneau ajoutant : « Prévert a repris des mots laissés pour compte et en a montré le côté flamboyant, merveilleux. On pouvait transposer ça en faisant des images dessus. [34] » Si l'un se délecte des mots de l'autre, ce dernier apprécie les images de son compagnon : « Lorsqu'il travaille à la sauvette, c'est avec un humour fraternel et sans aucun complexe de supériorité qu'il dispose son miroir aux alouettes, sa piègerie de braconnier et c'est toujours à l'imparfait de l'objectif qu'il conjugue le verbe photographier. [35] »

La seconde rencontre qui va jouer un rôle déterminant dans le devenir de Doisneau est celle d'un personnage rencontré dans une galerie, rue de Seine, tenue par Romi (Robert Miquel), avec qui Doisneau collabore épisodiquement pour le journal *Point de Vue – Images du Monde*. Robert Giraud est un de ces princes de la nuit parisienne : « Sans lui jamais je n'aurai connu les voleurs, les tatoués, les infirmières de l'amour et tout un cheptel d'individus inclassables.[36] » C'est dans le bistrot d'Albert Fraysse tout proche de la galerie, qu'appuyé au comptoir, Giraud racontait les rencontres de ses nuits aux Halles, à Maubert ou à Mouffetard. Le tout donnera naissance un peu plus tard à un livre *Le Vin des rues*, titre trouvé par Prévert et largement illustré de photos de Doisneau. Avec ce poète des zincs, ce dernier va découvrir le monde de la nuit et de la cloche et celui des marginaux de toutes sortes : « Bref une humanité qui fait surface à l'heure où les braves gens se glissent dans les draps.[37] » C'est avec lui mais surtout avec Romi que Doisneau va tirer profit de leurs rencontres et découvertes pour illustrer des articles sur tel ou tel sujet et les proposer à la presse : *Paris-Presse*, *Point de Vue – Images du Monde*, *Cavalcade*, *Regards*... « Chez Fraysse », c'est également le lieu de rendez-vous de nombreux habitués comme Jean-Paul Clébert, Michel Ragon, les frères Jacques et Pierre Prévert, Maximilien Vox, César, et Maurice Baquet qui deviendra l'un de ses complices préférés. Doisneau qui vient d'être engagé par *Vogue*, s'y retrouve souvent : « À

cette époque je joue le rôle d'un photographe de mode mais le métier ne me plaisait pas beaucoup. Pour ne pas sombrer dans la mélancolie, chaque soir j'allais chercher un indispensable équilibre près du zinc de ce café-tabac.[38] »

La rencontre de Doisneau avec le violoncelliste Maurice Baquet, qui fait partie lui aussi de la bande à Prévert, sera tout aussi déterminante : « Quand nos routes se sont croisées, j'avais trouvé mon professeur de bonheur... J'ai tellement pris goût à son enseignement que je me suis inscrit pour trente années au cours de perfectionnement, stage nécessaire à la confection d'un bouquin qui a servi de prétexte à nos rendez-vous.[39] » De fait, cette forte amitié complice, née dès leur première rencontre, sera à l'origine de l'idée de réaliser un livre composé de saynètes humoristiques ayant toutes comme point commun le violoncelle. L'ouvrage dont les premières prises de vue commencent en 1949, se poursuivra sur plusieurs décennies pour n'être publié qu'en 1981 (!) sous le titre *Ballade pour violoncelle et chambre noire*. Excellent musicien, comédien remarquable, maître du rire et de l'incongru, Baquet s'en donnera à cœur joie devant Doisneau ravi de ces facéties. Un jeu entre copains largement publié dans la presse, une complicité qui poussera même Baquet à servir de modèle pour certaines des photographies publicitaires de son ami !

Sur les conseils de Raymond Grosset, Doisneau va accepter d'assurer, pendant deux années, de 1949 à 1951, quatre jours par semaine, des séries de photos pour *Vogue*, le journal de Michel de Brunhoff. Des photos de mode mais aussi des reportages effectués en compagnie parfois d'Edmonde Charles-Roux qui précise que «Doisneau était le seul reporter de la vie parisienne. J'écrivais, il illustrait. Nous écumions ensemble les cafés-théâtres, les fabriques de décors, les studios de danse, les loges et les coulisses, les ateliers de peintres illustres, les maisons de campagne des plus grands écrivains.[40]»

À l'occasion de cet immense kaléidoscope d'images, Doisneau parviendra à réaliser quelques photographies personnelles comme ses séries sur les pigeons parisiens, celles sur les concierges parisiennes ou sur les portraits de célébrités. Ces quelques récoltes précieuses mises à part, le monde de la mode et de l'élégance le laissera hermétique et celui des soirées mondaines sera aux antipodes de ses préoccupations: «... Baignant dans le sirop d'orgeat, je lorgnais de plus en plus du côté des boissons viriles.[41]» Chaque jour Doisneau n'a qu'une hâte, celle de retrouver ses pérégrinations nocturnes soit avec ses copains, soit en solitaire au gré du pavé parisien. Sa rencontre (encore une) avec Albert Plécy, rédacteur en chef de *Point de vue – Images du Monde*, va à coup sûr participer à la reconnaissance d'un talent évident. Plécy va comprendre que Doisneau n'est pas un reporter de presse mais un reporter pour la presse. Il apprécie le «style» Doisneau, comme il le baptisera, décrivant son petit univers «émouvant, tendre, plus pitoyable que misérable, riant parfois, plein d'ironie, jamais cruel[42]».

Plus d'une cinquantaine de ses reportages seront ainsi publiés lors de ces années prolifiques et intensives dans cet hebdomadaire qui est, alors, une revue d'information générale. Des reportages sur des sujets très variés: la mode, la danse, le paranormal, Saint-Germain-des-Prés, les naturistes, les tatoués, Le Corbusier, Savignac, dont les plus célèbres Les Halles, «Un regard oblique», «L'accordéoniste», «L'enfant et la colombe». Trois d'entre eux seront d'ailleurs repris par le magazine *Life* un mois plus tard. À ces travaux s'ajoute un travail publicitaire effectué à plusieurs reprises pour la marque Simca, occasion pour lui d'utiliser la couleur. Mais il répond aussi à d'autres demandes émanant de grandes marques comme Saint-Gobain, Orangina, Sud Aviation, auquel s'ajoute le travail d'illustration pour l'édition: les pochettes de disques, les calendriers ou la presse d'entreprise telle *Air France revue* pour laquelle il travaillera régulièrement dans les années 1950 et 1960.

Il est évident qu'une telle boulimie de travaux divers, soulignant l'omniprésence du nom de Doisneau, attire l'attention du monde photographique. En compagnie de Henri Cartier-Bresson et Brassaï, il est ainsi exposé en 1948 dans «French Photography Today» à New York. Puis au Museum of Modern Art de New York en 1951 avec «Five French Photographers» en compagnie de Henri Cartier-Bresson, Brassaï, Édouard Boubat et Izis. À l'initiative de Peter Pollack, une exposition monographique lui est même consacrée à

« Atget, même si je ne l'ai pas connu, c'est quand même mon parrain. Il est devenu une référence pour moi... Ses photos m'ont rassuré ».

l'Art Institute of Chicago en 1954, sous le titre « Humoristic and satirical photographs of Paris ». Cette reconnaissance internationale ne fait que suivre celle de l'hexagone où, dans une fièvre éditoriale intense qui ne cesse de prendre de l'ampleur, Doisneau va publier plusieurs ouvrages : *Les Parisiens tels qu'ils sont* (1954), *Instantanés de Paris* préfacé par Blaise Cendrars (1955), *Pour que Paris soit* (1956) avec un texte d'Elsa Triolet.

En France, Doisneau participe à la création du Groupe des XV (1946) rassemblant quelques anciens photographes comme Lucien Lorelle, Emmanuel Sougez et des nouveaux comme Willy Ronis, Daniel Masclet, René-Jacques. En 1956, le prix Niépce, créé par Albert Plécy et Gens d'Images et destiné à récompenser chaque année un lauréat dont l'œuvre photographique aura été particulièrement « remarquable », lui est attribué à la suite de débats passionnés. C'est également en 1950 que le journal *Life* transmet à l'agence Rapho une commande d'images illustrant les amoureux de Paris. Ce qui va donner naissance à la série des « baisers » dont fait partie celui de l'Hôtel de Ville qui est aujourd'hui pour Doisneau ce que l'*Angélus* est à Jean-François Millet. Des

images pour la plupart mises en scène mais qui témoignent d'une rare complicité avec les acteurs de ce petit jeu typiquement parisien qui connaîtra autant de succès aux États-Unis qu'en France. *Le Soir* et *Point de Vue* publieront la série qui est un portrait fidèle de la gestuelle des vrais amoureux sur fond de décors authentiques.

Toutes ces publications dans la presse, les revues, les livres, toutes les expositions qui les accompagnent concourent à souligner la qualité et surtout la diversité du travail de Robert Doisneau. Toutes ces photographies drôles, facétieuses, mélancoliques ou sentimentales ne peuvent cependant faire oublier l'autre face du photographe concerné. Celle où il s'affirme plus profondément, plus attentif à la condition ouvrière, dans des images qui ne trouveront, naturellement, que peu de place dans le programme des éditeurs, lesquels privilégient, bien évidemment, des sujets plus conventionnels et légers. À l'analyse cependant, ces images du petit peuple des mines et des usines constituent sans doute le travail le plus continu et le plus suivi de Robert Doisneau dans le domaine documentaire. Il y trouve comme un écho à son monde personnel, à son sens de l'humain et de l'injustice. Il suffit de le laisser parler : « Les considérations humaines, en ce temps-là, n'étaient que fanfreluches incongrues qui n'avaient pas leur place dans une industrie en expansion galopante.[43] »

Il y a beaucoup à découvrir dans ces images simples mais profondes réalisées dans les

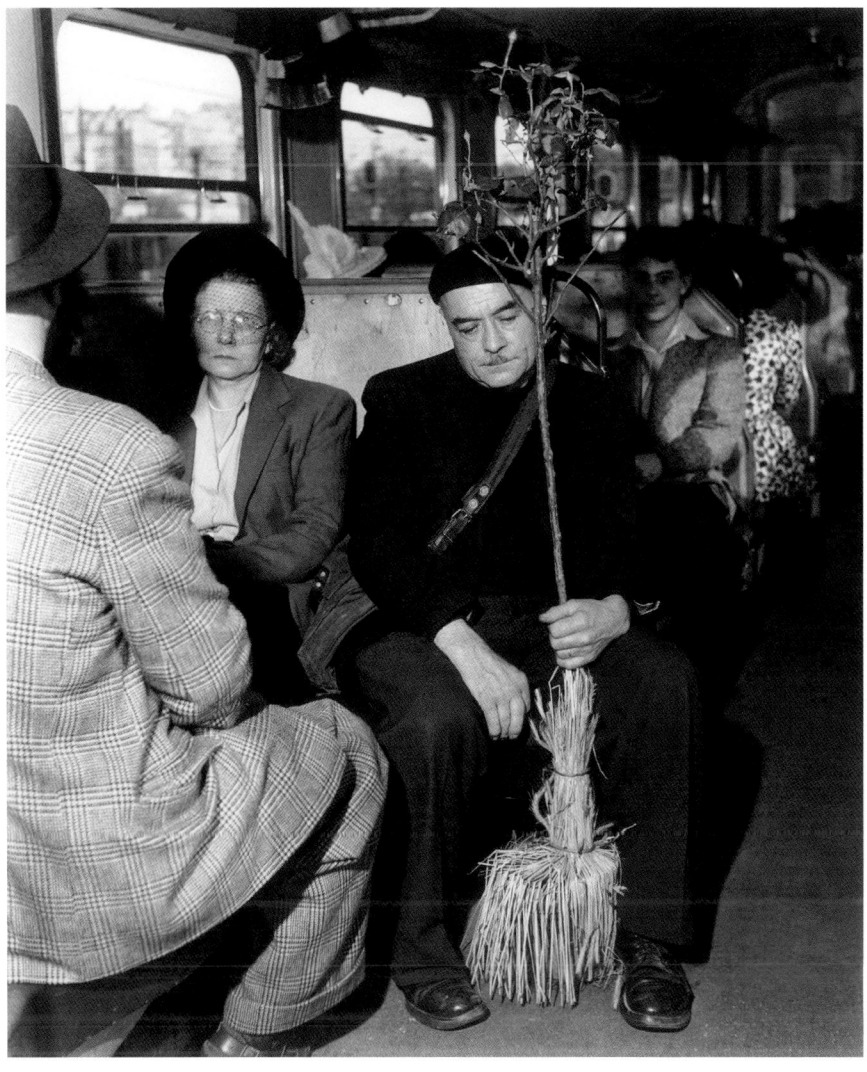

The Tree, Train from Juvisy, 1947

mines de Lens, dans celles de Moselle, dans les fonderies lorraines ou sur les chaînes des usines Renault. Des images témoins et honnêtes sur ces lieux « où les hommes purgent leur peine » et d'où sont exclus tout message politique direct et toute manipulation photographique. L'intérêt de Doisneau pour l'homme au travail ne s'est pas cantonné au monde industriel. Ses pas et les occasions lui ont également permis de côtoyer aussi bien les cheminots que les marins-pêcheurs, les récoltants de choux-fleurs que les éleveurs d'oies et de canards, les égoutiers que les bergers de Haute-Provence. Dans ses tournées qui, dira-t-il, « ont duré parfois un jour ou deux, rarement toute une semaine, chaque fois comme un visiteur pressé par les délais[44] », il a rassemblé des images quelquefois assez sombres mais qui dénotent une approche pleine d'empathie et d'authenticité pour ce monde du labeur. Un monde auquel il ne peut toutefois s'attacher autant qu'il le souhaiterait, nécessités économiques et familiale obligent. Nul doute qu'en ces temps de travaux mercenaires, Robert Doisneau, souvent saturé de commandes parfois sans intérêt, est trop heureux, entre deux *assignments* ou à l'occasion de quelques instants « volés » à ses employeurs, de retrouver son macadam parisien et de recommencer « à traîner dans les rues et à voir enfin des gens et des décors, c'est un sursis mais [il] gloutonne optiquement[45] ». C'est de ces diverses pérégrinations pédestres parisiennes que naîtront tant d'images devenues des icônes telles que *Mademoiselle Anita*,

Le Manège de Monsieur Barré, *Les Bouchers mélomanes…* et tant d'autres.

À la fin de ces années 1950 marquées par un véritable maelström d'images, la renommée de Robert Doisneau est au plus haut tant en France qu'à l'étranger où il devient la référence d'une certaine photographie française du moment. Ses expositions se multiplient dans l'hexagone comme aux États-Unis. Outre celles citées précédemment, il est ainsi présent dans la mythique exposition de Edward Steichen « The Family of Man » (1955), comme en Allemagne dans celle d'Otto Steinert « subjektive fotografie » (1951), deux points d'orgue dans l'histoire de la photographie. Quelques années plus tard, son nom apparaît dans les premières histoires de la photographie comme celles d'Helmut Gernsheim, de Beaumont Newhall ou de Peter Pollack.

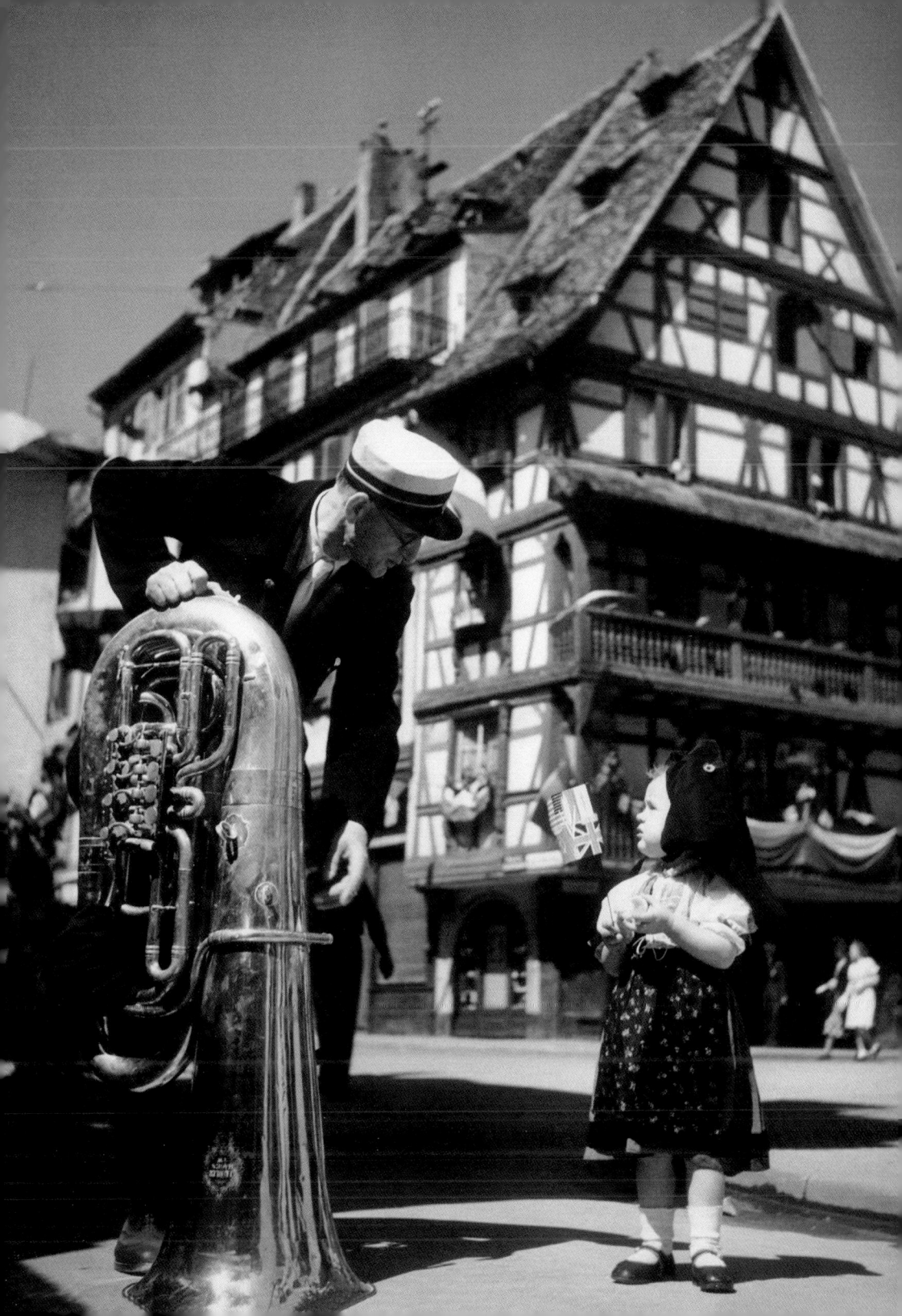

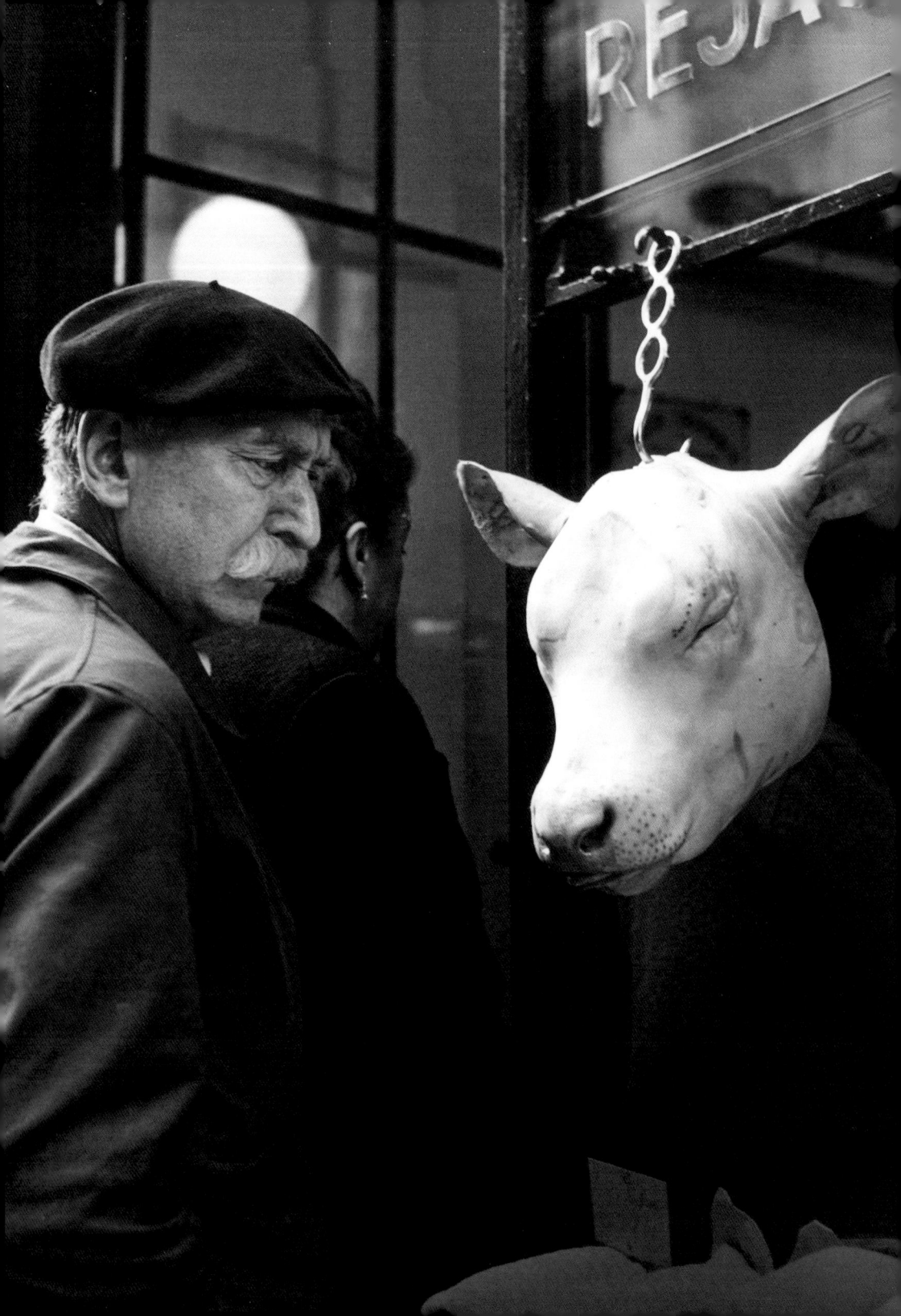

#3

Hunger nach Bildern

1945–1960

Nach diesem furchtbaren Krieg sind der Hunger nach Informationen und die Nachfrage nach Bildern gewaltig. Die Presse nimmt einen ungeheuren Aufschwung, ständig erscheinen neue Titel. Allein in der Hauptstadt kann man nicht weniger als 34 Tageszeitungen kaufen. Nun treten die großen Fotografen und Reporter der Vorkriegszeit wieder auf den Plan mit ihrem charakteristischen Stil: mitfühlend, optimistisch und poetisch in der Bildaussage, mit einem besonderen Interesse am Leben in den Arbeitervierteln. „Wie besessen habe ich mich nach der Befreiung wieder dem einzigen Beruf gewidmet, der mir wirklich am Herzen lag",[23] schreibt Robert Doisneau. Er steigert sein Arbeitspensum, macht unzählige Reportagen für Zeitschriften, auf die er auch finanziell angewiesen ist. So hat er, wie seine zweite Tochter Francine Deroudille berichtet, allein im Jahr 1945 Bildreportagen zu den folgenden Themen geliefert: die Drucker des Untergrunds, die Teppichmanufaktur von Aubusson, das Arbeitsleben bei Renault, der Cirque d'Hiver, die Reinigungsfirma Bobin in Montrouge, die Concierges von Paris, die Einführung des Frauenstimmrechts bei den Wahlen vom 29. April, die Kapitulation Nazideutschlands am 8. Mai, die Bergarbeiter von Lens, Blaise

Cendrars in Aix-en-Provence, die Uraufführung des Theaterstücks *La Folle de Chaillot* von Jean Giraudoux im Athénée, zu Hause bei Le Corbusier, das „petit théâtre de la mode" (Kleines Theater der Moden) und eine lange Bildstrecke über das befreite Elsass. Hinzu kamen noch diverse Buchillustrationen und die sehr viel einträglicheren Werbeaufnahmen.

Seine Beiträge für die Presse nehmen deutlich zu, zumal sich die Medien für seine Arbeit zu interessieren beginnen. Die bereits erwähnte von Pierre Betz herausgegebene Zeitschrift *Le Point* beschäftigt ihn 15 Jahre: von 1945 bis 1960. In dieser Zeit zeichnet er für etwa ein Dutzend Ausgaben verantwortlich. Auch für das von Pierre Courtade herausgegebene kommunistische Wochenblatt *Action* liefert Doisneau in diesen Jahren fast alle Abbildungen. Sporadisch arbeitet er zudem für die Zeitschrift *Regards*, für die er nach Jugoslawien reist. Am häufigsten arbeitet Doisneau jedoch für die Zeitschrift *La Vie ouvrière* der Gewerkschaft CGT. Er schätzt besonders den Kontakt zu den Werktätigen, zur Welt der Arbeiter. Er lobt die ihnen eigene Würde, versucht aber nicht, offen politische Botschaften zu verbreiten. „Da gibt es eine ganze Welt zu entdecken. Die Leute sind an die herkömmlichen

The Innocent, 1949

Informationen in den Zeitschriften gewöhnt und haben darüber bislang gar nichts erfahren. Und dabei trifft man gerade in der Welt der Arbeiter im Grunde auf die größte Solidarität und, ungeachtet der abschreckenden Umgebung in den Fabriken, auch auf die größte Fröhlichkeit. Gerade in dieser hässlichen Umgebung scheint mir die Schönheit der Menschen an Kraft zu gewinnen."[24] Die großartigen, 1945 für *Regards* aufgenommenen Porträts der Bergleute von Lens überzeugen durch ihre heitere Gelassenheit, ihre innere Kraft und Würde. Die regelmäßige Arbeit für diese Zeitschriften hindert Doisneau jedoch nicht, seine Bilder auch in diversen Familienzeitschriften wie etwa in *La Vie catholique illustrée, Femmes françaises, Clair Foyer, Sillage, Vie et Santé* zu publizieren sowie in den großen Wochenzeitschriften *Réalités, Life, Caractères, Fortune, Picture Post* und vor allem, von 1947 an, in *Point de Vue – Images du Monde*, einem von Albert Plécy herausgegebenen illustrierten Nachrichtenmagazin.

All diese Tätigkeiten können ihn nicht davon abhalten, seinen Auftraggebern etwas Zeit „zu stehlen", um bei seinen Streifzügen auch persönliche Fotos zu machen, vor allem aber weiterhin auf seinem bevorzugten Terrain zu fotografieren, in der Banlieue. Seine stärkste Waffe ist die Geduld, das „Warten auf ein Wunder". „Ich hatte großen Spaß daran, das Abseitige ins rechte Licht zu setzen, die Menschen ebenso wie die Orte."[25] „In meiner alltäglichen Umgebung konnte es vorkommen, dass ich kurze Augenblicke erlebte, in denen

die Alltagswelt ihre Schwere verloren hatte. Diese Momente zu zeigen, das konnte ein ganzes Leben ausmachen."[26] Aber niemand interessiert sich damals für diese Fotos. Selbst Raymond Grosset, der Direktor der Agentur Rapho, für die Doisneau bald arbeiten wird, ist wenig begeistert und rät ihm unumwunden: „Verschwende deine Zeit nicht mit diesem Banlieue-Kram. Es tut mir weh, wenn ich sehe, dass du solche Sachen machst. Deine Banlieue ist ein trister Anblick, wie soll ich denn Tristesse verkaufen?"[27]

Die befreundete Ergy Landau informiert ihn 1946 über die Gründung der Agentur Rapho, wie Rado Photos jetzt heißt. Die Leitung übernimmt, wie erwähnt, Raymond Grosset, dem es gelingt, viele große Fotografen an sich zu binden, etwa Brassaï, Ylla, Nora Dumas, Willy Ronis, Sabine Weiss oder Émile Savitry. „Endlich konnte jemand mein Geschick für praktische Arbeiten kanalisieren. Damals begann eine Zusammenarbeit, die bis zum heutigen Tag andauert, und ich bin so etwas wie das ehrwürdigste Möbelstück der Agentur geworden. In meinen Augen war die Begegnung ein Glücksfall. Ich weiß nicht, wie er das sieht."[28] Doisneau hält seinen Freunden die Treue und spielt bis zum Schluss eine bedeutende Rolle in der Agentur.

Doisneaus Leben ist eine Kette von Begegnungen, von denen sich eine als segensreicher erweist als die andere. Da ist zunächst die Begegnung mit Blaise Cendrars. Der Verleger Maximilien Vox von Denoël erinnert sich an die

Porträts von Wissenschaftlern, die Doisneau
1942 geliefert hatte, und schlägt ihm vor, den
Schriftsteller Cendrars in Aix-en-Provence
zu besuchen. Bei dem alten einsamen Wolf
springt der Funke gleich über. Das Gespräch
kommt schon bald auf die Jugend des Schrift-
stellers, die er im Umfeld der „Zone" verbracht
hat. Doisneau verrät, dass auch er dieselbe
Herkunft hat, und schlägt vor, ihm ein paar
entsprechende Aufnahmen zu schicken, was
er wenig später tut: „(...) auf der Terrasse eines
Cafés am Cours Mirabeau in Aix-en-Provence
zu sitzen und sich über Le Kremlin-Bicêtre
und die Gegend von Villejuif zu unterhalten,
das hatte schon was (...). Meine Fotografien in
ihrer unverblümten Schonungslosigkeit gefielen Cendrars. Er sagte mir, wir machen zusammen ein Buch."[29] Es ist dann Cendrars, der mit
Pierre Seghers einen Verleger findet und die
Gliederung des Buches in einzelnen Abschnitte
konzipiert. Kurz darauf beginnt ihre Zusammenarbeit, begleitet von einem Briefwechsel,
der bis 1949 andauert, als das Buch unter dem
Titel *La Banlieue de Paris* erscheint. Es handelt sich um eine Zusammenstellung von 152
Bildern mit einem „umwerfenden" Text, wie
Doisneau findet. „Ich musste zweimal Anlauf
nehmen, um ihn ganz zu lesen, so sehr wühlte
er mich emotional auf."[30] *La Banlieue de Paris*,
übrigens kein verlegerischer Erfolg, präsentiert die Summe dessen, was Doisneau in 15
Jahren in seinem ungezügelten Sammeleifer an
„nicht an der Börse notierten Werten" zusammengetragen hatte, an „Aspekten, die man

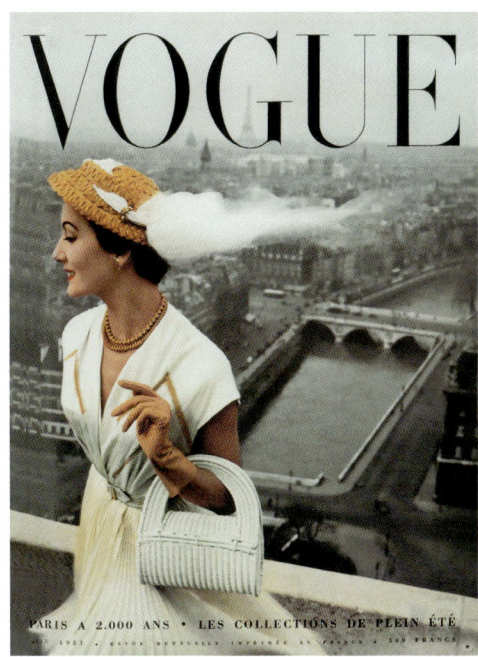

Cover of *Vogue*, 1951

bislang glaubte vernachlässigen zu können",[31]
die aber von großer emotionaler Kraft sind.
Während Louis Aragon sie als „populistisch"
bezeichnete, war Blaise Cendrars sofort für die
antiakademischen, einzigartigen Bilder einge-
nommen. „Dieses Buch über die Banlieue", sagt
Doisneau, „ist mein Selbstbildnis. Wie dieses
Buch bin ich eine Ansammlung von Schlacke."[32] „Für Cendrars war die Banlieue eine
Müllhalde. Er war unerbittlich dafür, die Häss-
lichkeit zu zeigen. Ich dagegen sah in ihr einen

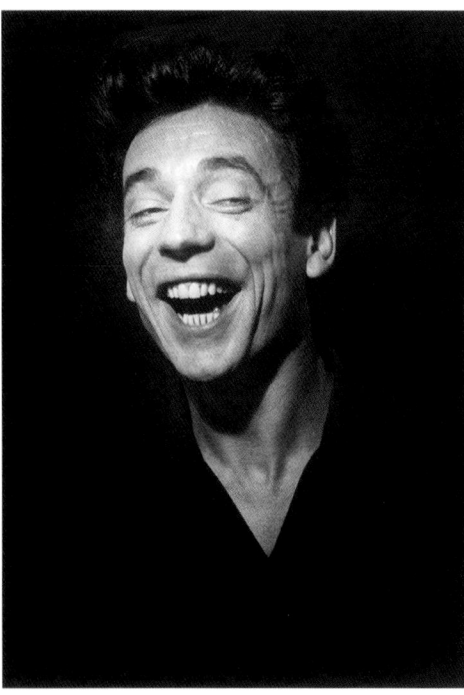

Yves Montand, 1949

Hort der Kräfte, des Lichts. Ich wollte sie mit meinen Bildern nicht vollständig diffamieren. Gentilly fand ich schon hässlich, absurd. Aber die Leute gefielen mir, ich fand, sie hätten ein anderes Umfeld verdient (...)."[33] *La Banlieue de Paris* war lange Zeit vergriffen und wurde von Denoël erst 1983 wieder aufgelegt.

Das Jahr 1947 ist für Robert Doisneau ein Meilenstein. In diesem Jahr kommt seine zweite Tochter Francine zur Welt, und er erhält den Prix Kodak für Nachwuchstalente. Und in dieses Jahr fallen die Begegnungen mit Jacques Prévert und Robert Giraud, zwei außergewöhnlichen Persönlichkeiten, zwei großen Flaneuren in den Straßen von Paris. Sie ziehen mit ihm tagsüber und nachts durch Paris und werden seine Sicht und sein Arbeitsgebiet nachhaltig verändern. Jacques Prévert lernt er bei einer seiner Reportagen in Saint-Germain-des-Prés kennen. Der Mann zieht ihn sofort in seinen Bann und wird bald schon zu seinem Gefährten auf den endlosen Streifzügen durch die Stadt, gerade auch durch die Arbeiterviertel. „Der Traum, das Wunderbare, das habe ich Prévert zu verdanken", schreibt Doisneau und fügt hinzu: „Prévert hat die abseitigen Worte aufgegriffen und gezeigt, welche Glut, welche Großartigkeit in ihnen liegt. Das konnte man umsetzen und Bilder dazu machen."[34] Und während sich der eine an der Sprache des anderen ergötzt, weiß der andere die Bilder seines Freundes zu schätzen: „Wenn er improvisiert, hält er mit einem brüderlichen Lächeln und ohne jeden Dünkel den Menschen einen Spiegel vor, stellt Fallen wie ein Wilderer, und das Verb fotografieren konjugiert er stets im Imperfekt des Objektivs."[35]

Die zweite Begegnung, die sein Leben prägen wird, findet in einer Galerie in der Rue de Seine statt. Sie wird von Romi (Robert Miquel) betrieben, mit dem Doisneau gelegentlich für die Zeitschrift *Point de Vue – Images du Monde* zusammenarbeitet. Robert Giraud ist eine der schillernden Figuren des Pariser Nachtlebens.

„Ohne ihn hätte ich sie nicht kennengelernt, die Diebe, die Tätowierten, die Liebesdienerinnen und ein buntes Volk unterschiedlicher Gestalten."[36] Am Tresen des Bistros von Albert Fraysse, ganz in der Nähe der Galerie, erzählt Giraud von seinen nächtlichen Erlebnissen in den Hallen, am Place Maubert oder in der Rue Mouffetard. Daraus entsteht wenig später ein Buch mit zahlreichen Fotos von Doisneau, das unter dem von Prévert formulierten Titel *Le Vin des rues* erscheint. Mit diesem Thekendichter wird Doisneau das Nachtleben erkunden, das Leben der Clochards und all der anderen Ausgegrenzten. „Kurzum, eine Menschlichkeit, die zu einer Stunde zum Vorschein kommt, wenn anständige Leute gerade unter die Decke schlüpfen."[37] Die Begegnungen und Entdeckungen dieser Touren mit Giraud und auch mit Romi nutzt Doisneau, um Bilder zu verschiedenen Themen zu finden und sie Zeitschriften wie *Paris-Presse*, *Point de Vue – Images du Monde*, *Cavalcade* und *Regards* anzubieten. Das Bistro Chez Fraysse ist auch ein Treffpunkt für zahlreiche Stammgäste wie Jean-Paul Clébert, Michel Ragon, die Brüder Jacques und Pierre Prévert, Maximilien Vox, César und Maurice Baquet, der einer seiner bevorzugten Gefährten werden wird. Doisneau, der inzwischen auch für die *Vogue* arbeitet, geht oft in dieses Bistro. „Ich spielte damals die Rolle eines Modefotografen, aber diese Arbeit machte mir keinen großen Spaß. Um nicht in Melancholie zu verfallen, stand ich jeden Abend am Tresen dieses Café-Tabac und verschaffte mir so den notwendigen Ausgleich."[38]

Wichtig war auch die Begegnung mit dem Cellisten Maurice Baquet, der zur Gruppe um Prévert gehörte: „In ihm hatte ich einen Meister des Glücklichseins gefunden (…), ich fand bald solchen Geschmack an seinem Unterricht, dass ich mich für dreißig Jahre in seine Meisterklasse einschrieb – ein notwendiger Schritt für die Verfertigung eines Büchleins, das den Vorwand für unsere Treffen abgab."[39] Diese enge, komplizenhafte Freundschaft entwickelt sich bereits bei ihrem ersten Zusammentreffen. Sie beschließen, zusammen ein Buch mit humoristischen Szenen zu machen, in denen durchweg ein Cello vorkommt. Die ersten Aufnahmen entstehen 1949. Die Arbeiten ziehen sich jedoch über Jahrzehnte hin, bis das Buch schließlich 1981 (!) unter dem Titel *Ballade pour violoncelle et chambre noire* (Ballade für Violoncello und Camera obscura) erscheint. Baquet, ein hervorragender Musiker, renommierter Schauspieler und Meister des schrägen Humors, amüsiert sich köstlich dabei, und Doisneau liebt Baquets Späße – ein Spiel unter guten Freunden, das in der Presse ausgiebig kommentiert wird. Die Komplizenschaft führt so weit, dass Baquet sogar bei einigen Werbeaufnahmen von Doisneau Modell steht.

Auf den Rat Raymond Grossets hin willigt Doisneau ein, in den Jahren 1949 und 1950 an vier Arbeitstagen pro Woche Fotos für die *Vogue* zu machen, die Modezeitschrift von Michel de Brunhoff. Es sind klassische Modefotos, aber auch Bildreportagen. Diese entstehen gelegentlich in Zusammenarbeit mit Edmonde

Charles-Roux, die schreibt: „Doisneau war der einzige Reporter, der sich um das Leben der Pariser Gesellschaft kümmerte. Ich schrieb die Texte, er fotografierte. Wir zogen gemeinsam durch die Café-Théâtres, schauten bei den Ausstattern vorbei, bei den Tanzstudios, in den Logen und hinter den Kulissen, in den Ateliers berühmter Künstler, den Landhäusern der bedeutendsten Schriftsteller."[40]

Bei der Arbeit an diesem gewaltigen Kaleidoskop von Bildern gelingt es Doisneau immer wieder, auch privat einige Fotos zu machen, etwa die Serie über die Pariser Tauben, über die Concierges von Paris oder auch Porträts berühmter Persönlichkeiten. Abgesehen davon, bleibt ihm die Welt der Mode und der eleganten Gesellschaft jedoch letztlich ein Buch mit sieben Siegeln, und die mondänen Abendgesellschaften interessieren ihn überhaupt nicht. „Ich wurde in Mandelmilch gebadet und hatte es doch zunehmend auf echte Männergetränke abgesehen."[41] Doisneau hat jeden Tag nur eines im Kopf: nachts wieder auf Tour zu gehen, mit seinen Freunden oder allein. Der Kontakt zu Albert Plécy, dem Chefredakteur von *Point de Vue – Images du Monde*, hat sicherlich dazu beigetragen, dass sein unbestreitbares Talent Anerkennung fand. Plécy versteht, dass er kein Pressefotograf ist, sondern ein Fotograf für die Presse. Er schätzt den „Doisneau-Stil", wie er ihn nennt, meint, seine kleine Welt sei „bewegend, zart, eher mitleiderregend als elend, manchmal auch heiter, voller Ironie, niemals grausam".[42]

In diesen intensiven, produktiven Jahren erscheinen mehr als 50 von Doisneaus Reportagen in dieser Zeitschrift, die damals noch ein umfassendes Nachrichtenmagazin ist. Die Beiträge behandeln die unterschiedlichsten Themen: Mode, Tanz, übernatürliche Phänomene, Saint-Germain-des-Prés, Freikörperkultur, Tattoos, Le Corbusier und Savignac. Darunter sind auch seine legendären Arbeiten, etwa *Un regard oblique* (Der Seitenblick), *Die Hallen von Paris, Der Akkordeonspieler, Das Kind und die Taube*. Drei seiner Reportagen werden im folgenden Monat von *Life* übernommen. Hinzu kommen Arbeiten für die Werbung, mehrfach für die Automarke Simca, was Doisneau die Gelegenheit bietet, mit Farbfilm zu arbeiten. Er nimmt aber auch Aufträge von anderen Marken an, von Saint-Gobain, Orangina, Sud Aviation, außerdem Verlagsaufträge wie Fotos für Plattenhüllen und Kalender sowie Kundenzeitschriften wie die *Air France Revue*, für die er von 1950 bis 1960 regelmäßig tätig ist.

Bei einem so immensen Arbeitspensum auf den unterschiedlichsten Feldern war der Name Doisneau bald allgegenwärtig, und so konnte es nicht ausbleiben, dass auch die Fotoszene auf ihn aufmerksam wurde. Mit Henri Cartier-Bresson und Brassaï ist er 1948 auf der New Yorker Ausstellung „French Photography Today" vertreten, 1951 mit Cartier-Bresson, Brassaï, Édouard Boubat und Izis bei „Five French Photographers" im Museum of Modern Art in New York. Das Art Institute in Chicago widmet ihm 1954 sogar eine Werkschau unter

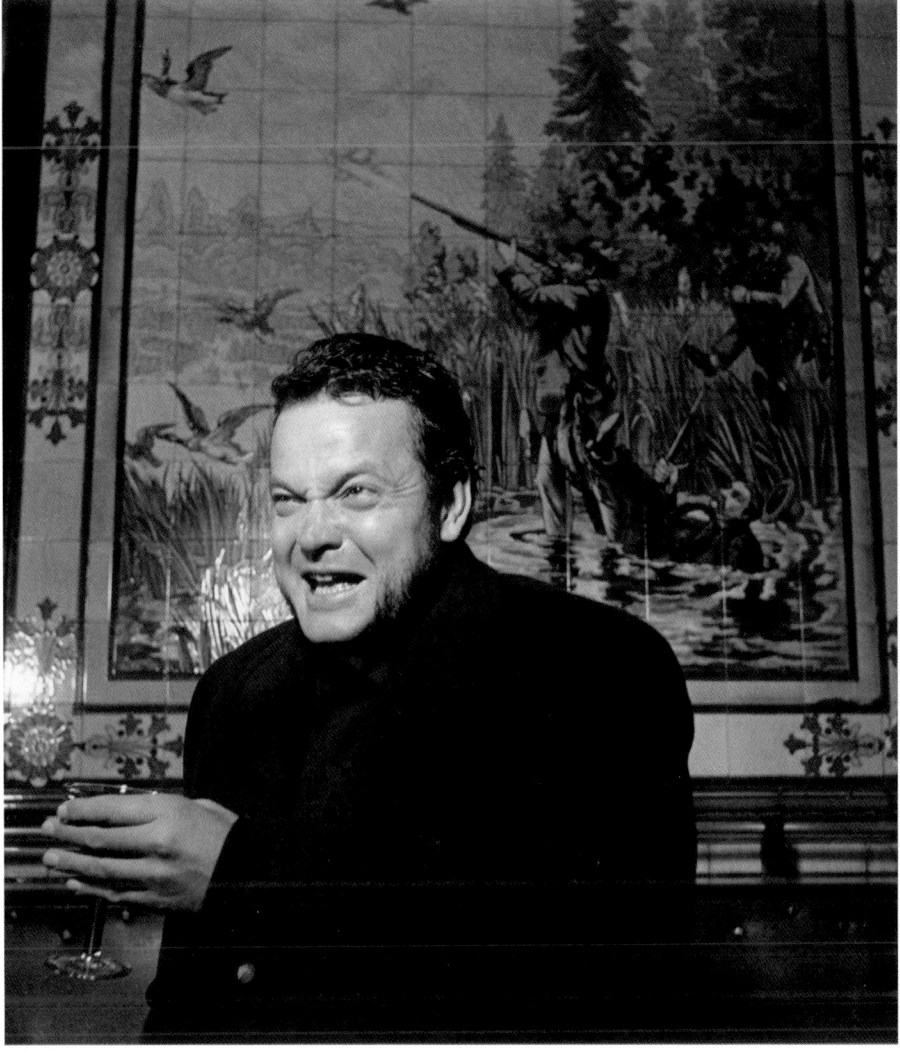

Orson Welles, Café Aux Chasseurs, 1949

„Obwohl ich Atget nie persönlich kennengelernt habe, ist er mein großes Vorbild. Er hat bei meiner Entwicklung Pate gestanden. Seine Fotos haben mich in meinem Vorhaben bestärkt."

dem Titel „Humoristic and Satirical Photographs of Paris". Diese internationale Anerkennung folgt der zunehmenden Berühmtheit in seinem Heimatland. Dort erscheinen in schneller Folge Bücher von Doisneau, darunter *Les Parisiens, tels qu'ils sont* (Die Pariser, wie sie sind, 1954), *Instantanés de Paris* (Momentaufnahmen aus Paris, 1955) mit einem Vorwort von Blaise Cendrars und *Pour que Paris soit* (Es lebe Paris, 1956) mit einem Text von Elsa Triolet.

In Frankreich ist Doisneau an der Gründung der Groupe des XV (1946) beteiligt, zu der sich einige altgediente Fotografen wie Lucien Lorelle oder Emmanuel Sougez und junge wie Willy Ronis, Daniel Masclet und René-Jacques zusammenschließen. 1956 erhält er nach heftigen Debatten den von Albert Plécy und den Gens d'Images geschaffenen Prix Niépce, mit dem jedes Jahr ein besonders „bemerkenswertes" fotografisches Gesamtwerk ausgezeichnet wird. Das Magazin *Life* erteilt der Agentur Rapho 1950 den Auftrag für eine Serie von Bildern über Liebespaare in Paris. Es entsteht eine Folge von „Kussbildern", darunter der

berühmte *Kuss vor dem Hôtel de Ville*, der heute für das Werk von Doisneau etwa den gleichen Stellenwert hat wie das *Angelusgebet* für das Werk von Jean-François Millet. Es handelt sich weitgehend um gestellte Szenen, die gleichwohl sympathische Komplizenschaft mit den Akteuren dieses für Paris so typischen Spiels verraten, Bilder, die in den USA wie in Frankreich ungeheuren Erfolg haben sollten. *Le Soir* und *Point de Vue* veröffentlichen die Serie, in der die zärtlichen Gesten echter Liebespaare in authentischer Umgebung so treffend erfasst sind.

Die ganzen Publikationen in Zeitungen, Magazinen und Büchern, all die Ausstellungen sind Beleg für die Qualität und Vielfalt von Doisneaus Arbeiten. Doch über diese oft komischen, scherzhaften, melancholischen oder sentimentalen Aufnahmen darf man nicht vergessen, dass es auch eine andere Seite gibt: die des engagierten Fotografen, die Bilder, die in die Tiefe gehen und in denen er sich intensiv mit der Situation der Arbeiter beschäftigt, Bilder, die naturgemäß bei den Verlegern, die konventionellere, leichtere Motive bevorzugen, wenig Anklang finden. Bei genauerer Betrachtung erweisen sich aber die Bilder der kleinen Leute in den Bergwerken und Fabriken gerade als der Aspekt seines Schaffens, den Robert Doisneau als Dokumentarfotograf am beharrlichsten verfolgt hat. Sie spiegeln seine persönliche Welt, drücken sein Gespür für das Menschliche, für Ungerechtigkeiten aus. „Menschliche Belange galten damals als

Schnickschnack, der in der Welt einer rasant wachsenden Industrie keinen Platz hatte."[43]

Es gibt viel zu entdecken in diesen einfachen, aber tiefgründigen Bildern, die er in den Bergwerken von Lens und an der Mosel, in den lothringischen Gießereien und an den Fließbändern von Renault aufgenommen hat. Es sind ehrliche Dokumente dieser Orte, Bilder, „in denen die Menschen ihr Leid ertragen", die sich aber jeder direkten politischen Aussage enthalten und auf Manipulationen verzichten.

Doisneaus Interesse an Menschen bei der Arbeit beschränkt sich nicht auf den industriellen Bereich. Bei seinen Streifzügen und Aufträgen hat er auch Gelegenheit, Eisenbahner, Fischer, Landarbeiter bei der Blumenkohlernte, Gänse- und Entenzüchter, Kanalarbeiter oder die Hirten der Haute-Provence zu beobachten. Von seinen Ausflügen, die „manchmal ein, zwei Tage dauerten, selten eine ganze Woche" und bei denen er immer unterwegs ist wie „ein Besucher, der auf die Zeit achten muss",[44] bringt er unzählige Bilder mit, die oft ziemlich düster wirken, die aber zugleich zutiefst authentisch sind und große Anteilnahme an der Welt der Arbeiter verraten – eine Welt, der er aufgrund seiner geschäftlichen und familiären Verpflichtungen allerdings fremder bleibt, als ihm lieb ist. Neben all seinen kommerziellen Aufträgen, die ihn oft herzlich wenig interessieren, genießt Doisneau es in den wenigen Momenten, die er seinen Arbeitgebern „stiehlt", wieder in das einfache, ihm so vertraute Paris zu kommen, „durch die Straßen zu streifen und

endlich wieder diese Leute und ihre Umgebung zu sehen, ein kurzes Zwischenspiel nur, aber dabei sehe ich mich satt".[45] Auf diesen Wanderungen durch Paris sind all die Bilder entstanden, die heute so berühmt sind, *Mademoiselle Anita*, *Le Manège de Monsieur Barré*, *Les Bouchers mélomanes* und viele andere.

Ende der 1950er-Jahre, in denen er einen regelrechten Mahlstrom an Bildern produziert, erreicht Doisneaus Ansehen als Fotograf einen Höhepunkt, in Frankreich, aber auch im Ausland, wo er als Inbegriff einer bestimmten Strömung der zeitgenössischen französischen Fotografie gilt. In Frankreich und den USA finden zahlreiche Ausstellungen statt. Neben den oben erwähnten ist die legendäre Ausstellung von Edward Steichen zu nennen, „The Family of Man" (1955), in Deutschland ist er auf der von Otto Steinert kuratierten Schau „subjektive fotografie" (1951) vertreten, zwei Meilensteinen der Fotografiegeschichte. Einige Jahre später erscheint sein Name in den ersten Publikationen zur Geschichte der Fotografie, etwa bei Helmut Gernsheim, Beaumont Newhall oder Peter Pollack.

The Blossoming
of the Photographer

"Humor is a feeling of shame for overt emotion.
When the scene is too tender – or too cruel – you take refuge
in humor to avoid that sense of embarrassment."

Donio, Dog Trainer / Donio le dresseur de chiens, 1946

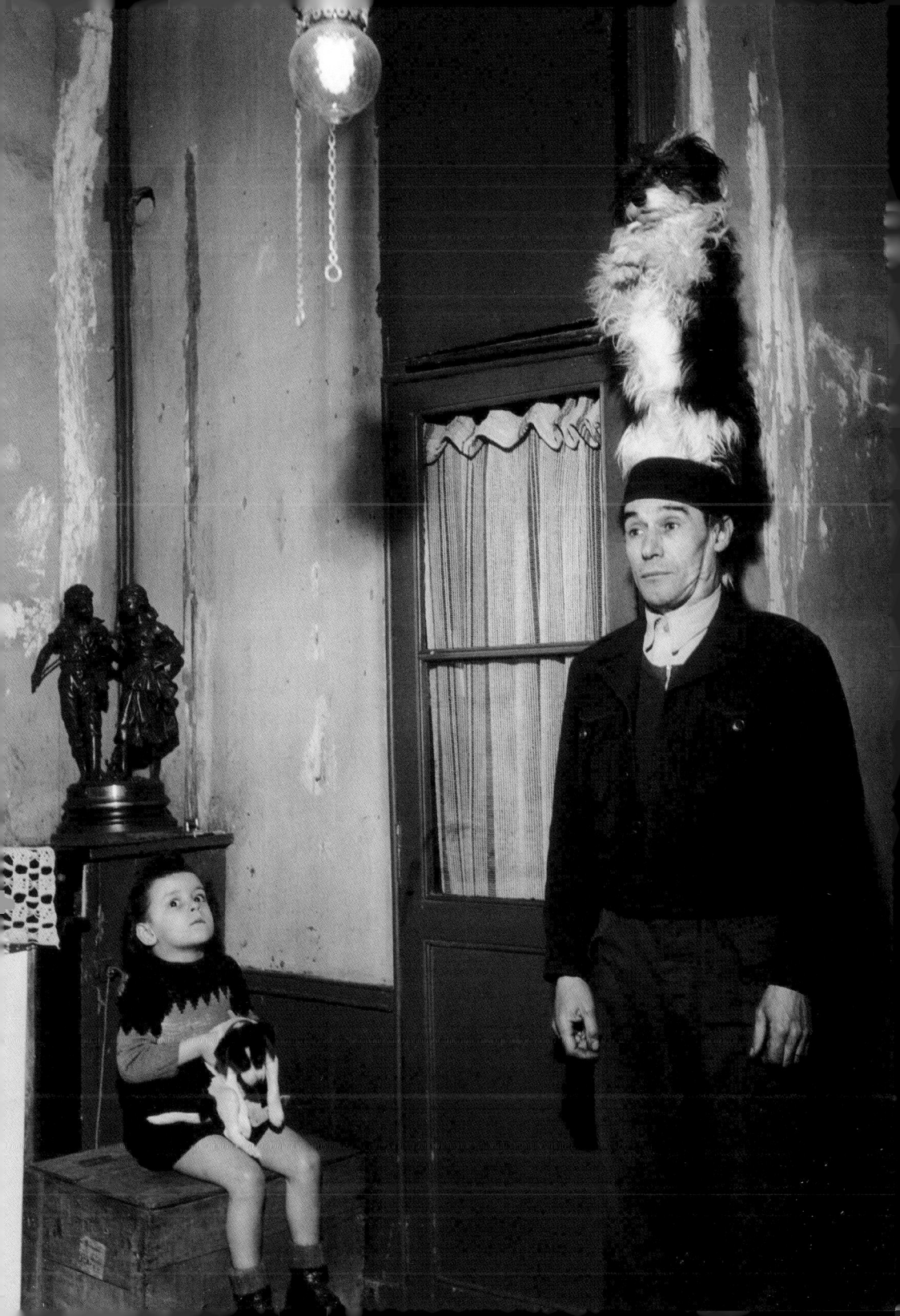

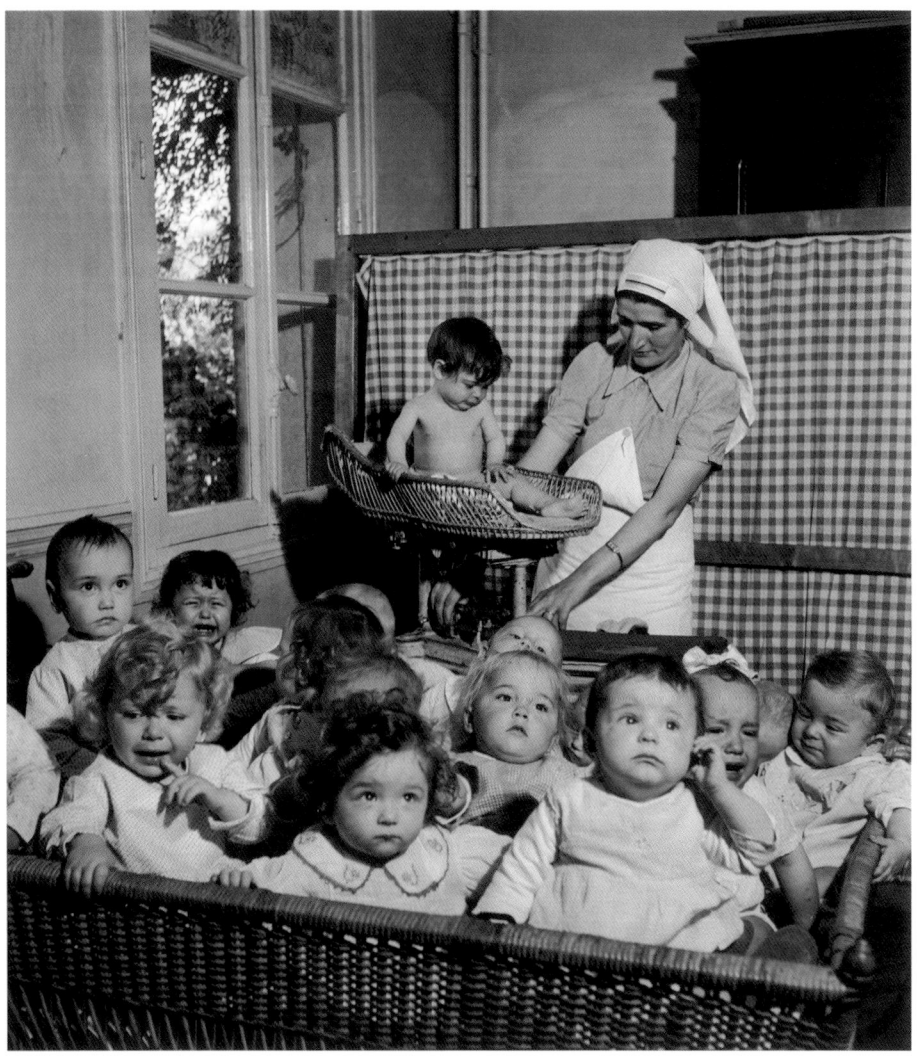

Baby-Weighing, 1944

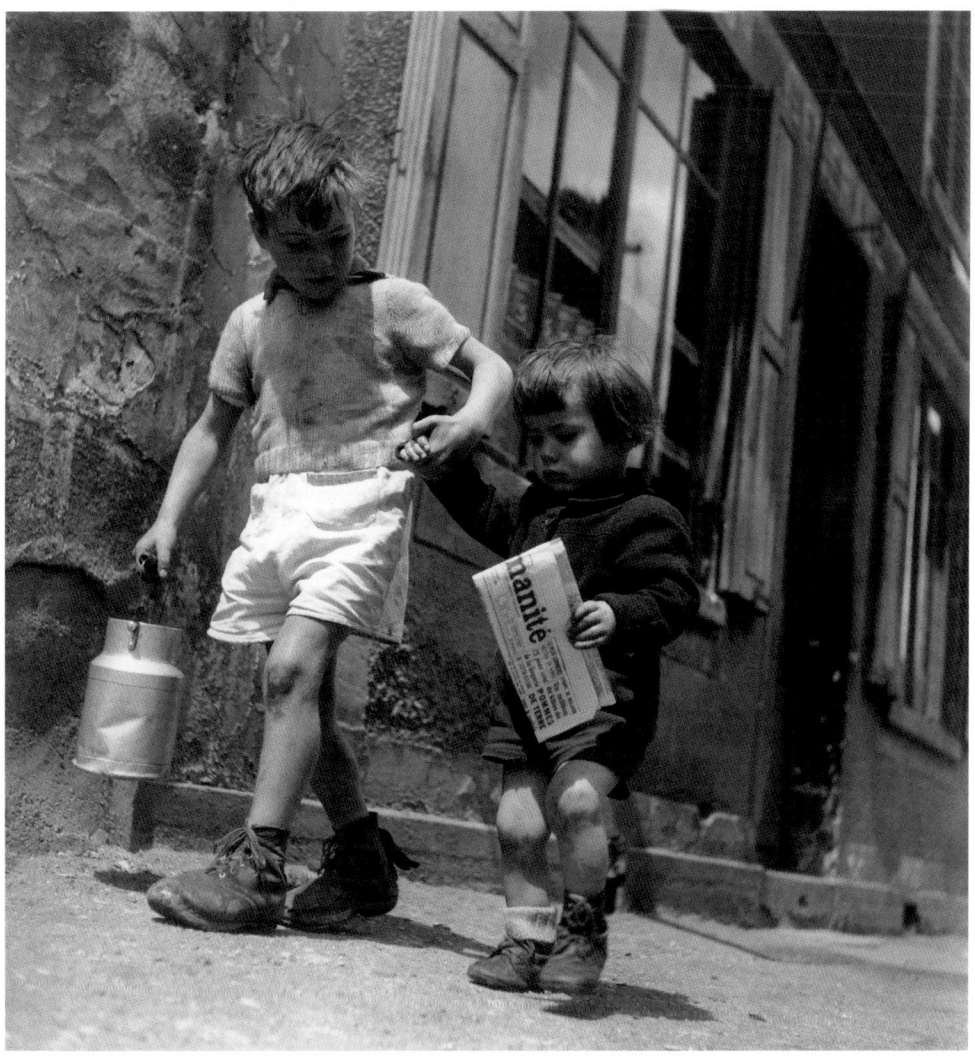

Rue Marcellin Berthelot, Choisy-le-Roi, 1945

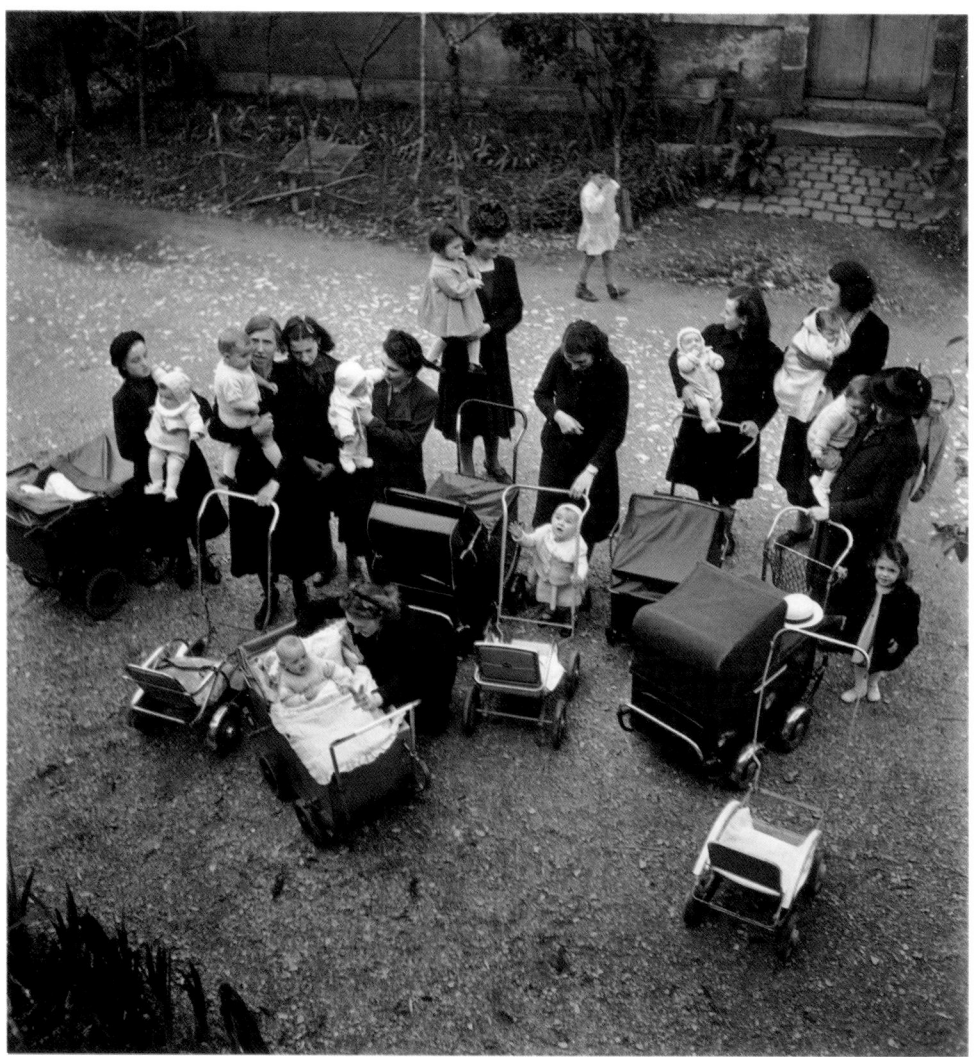

Mothers' Tea Party, 1944

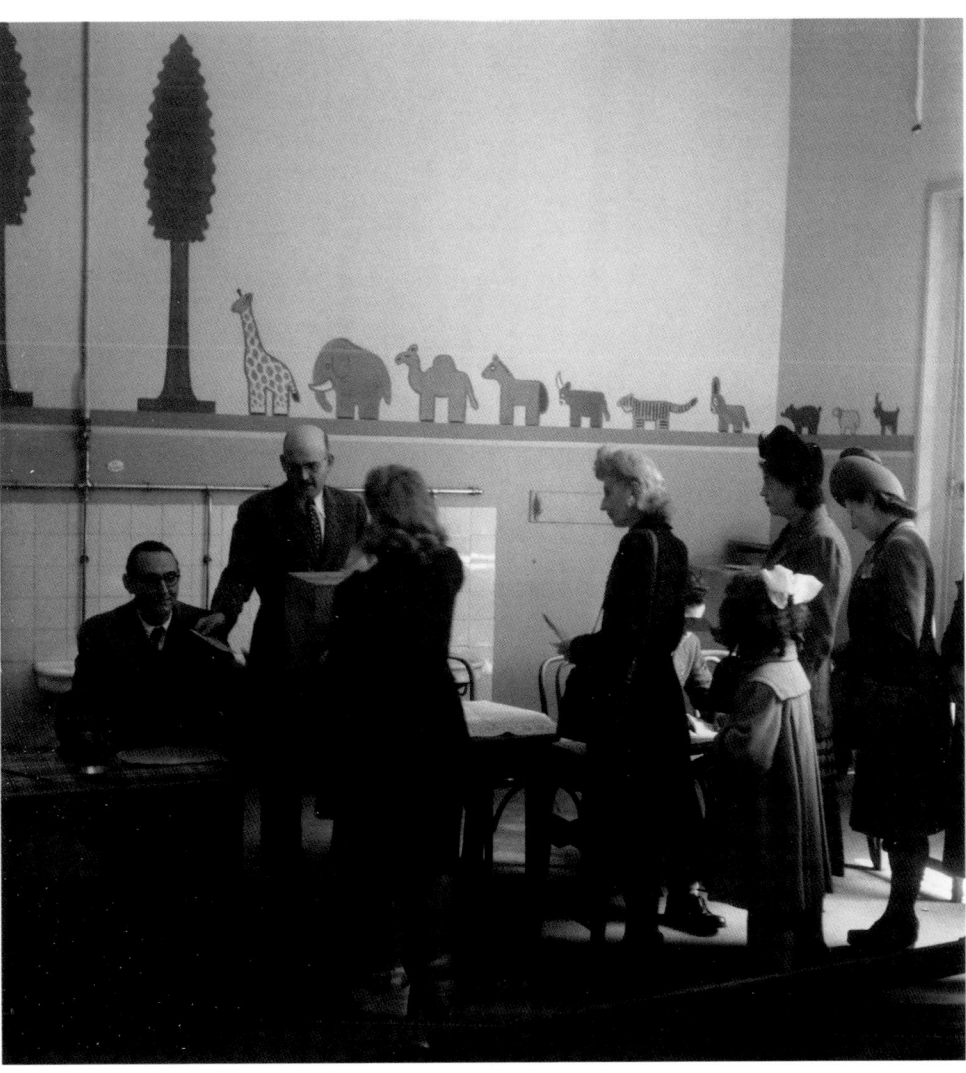

First Women's Vote, April 1945

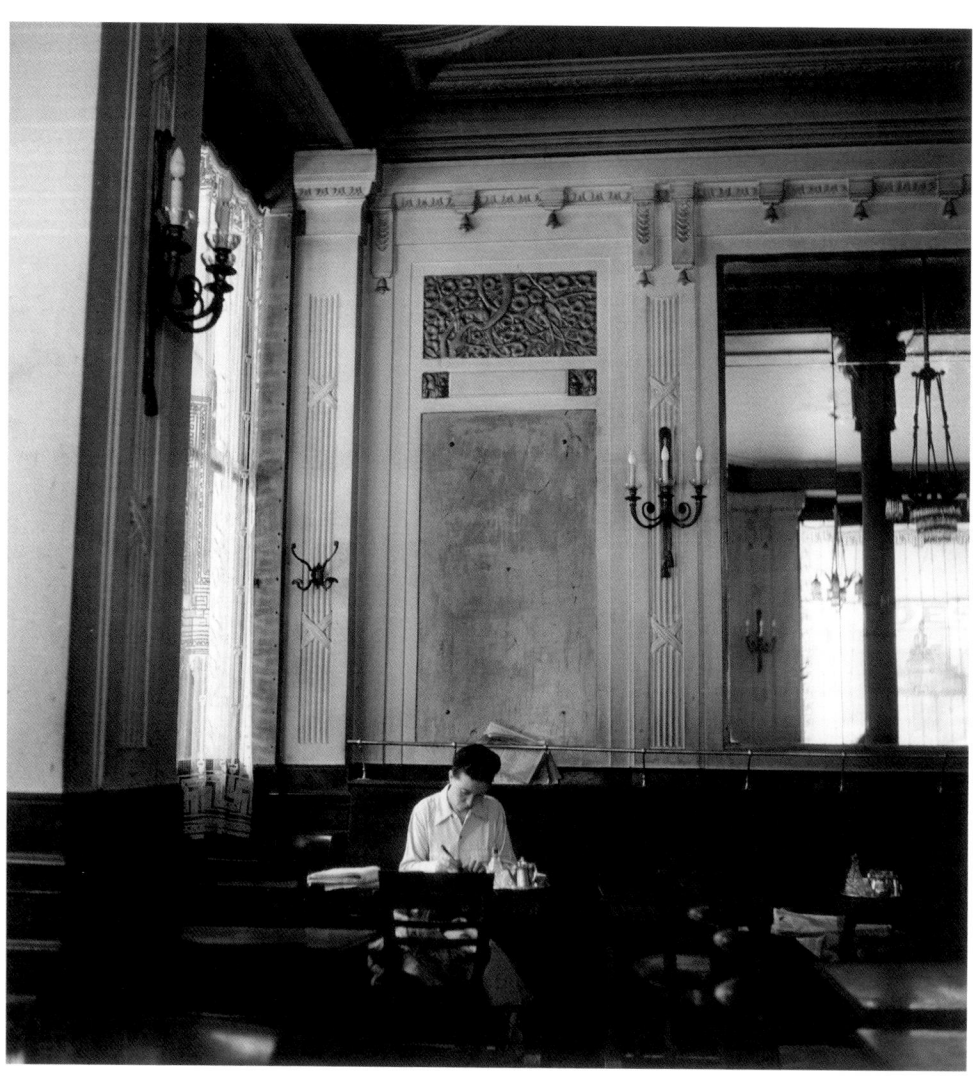

Simone de Beauvoir at the Deux Magots Café, 1944

"...That's Queneau with his sinister air, always the observer
and shrewd; I found that bloke great fun..."

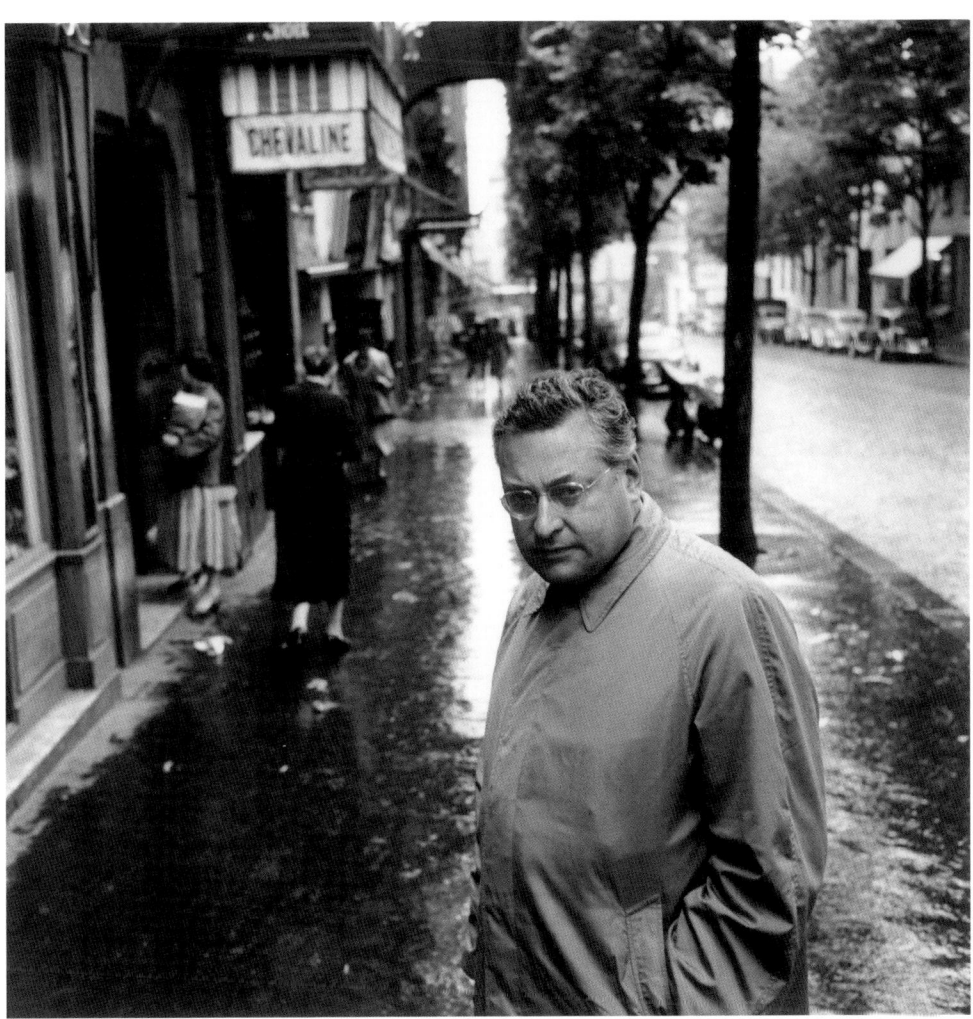

Raymond Queneau, Rue de Reuilly, 1956

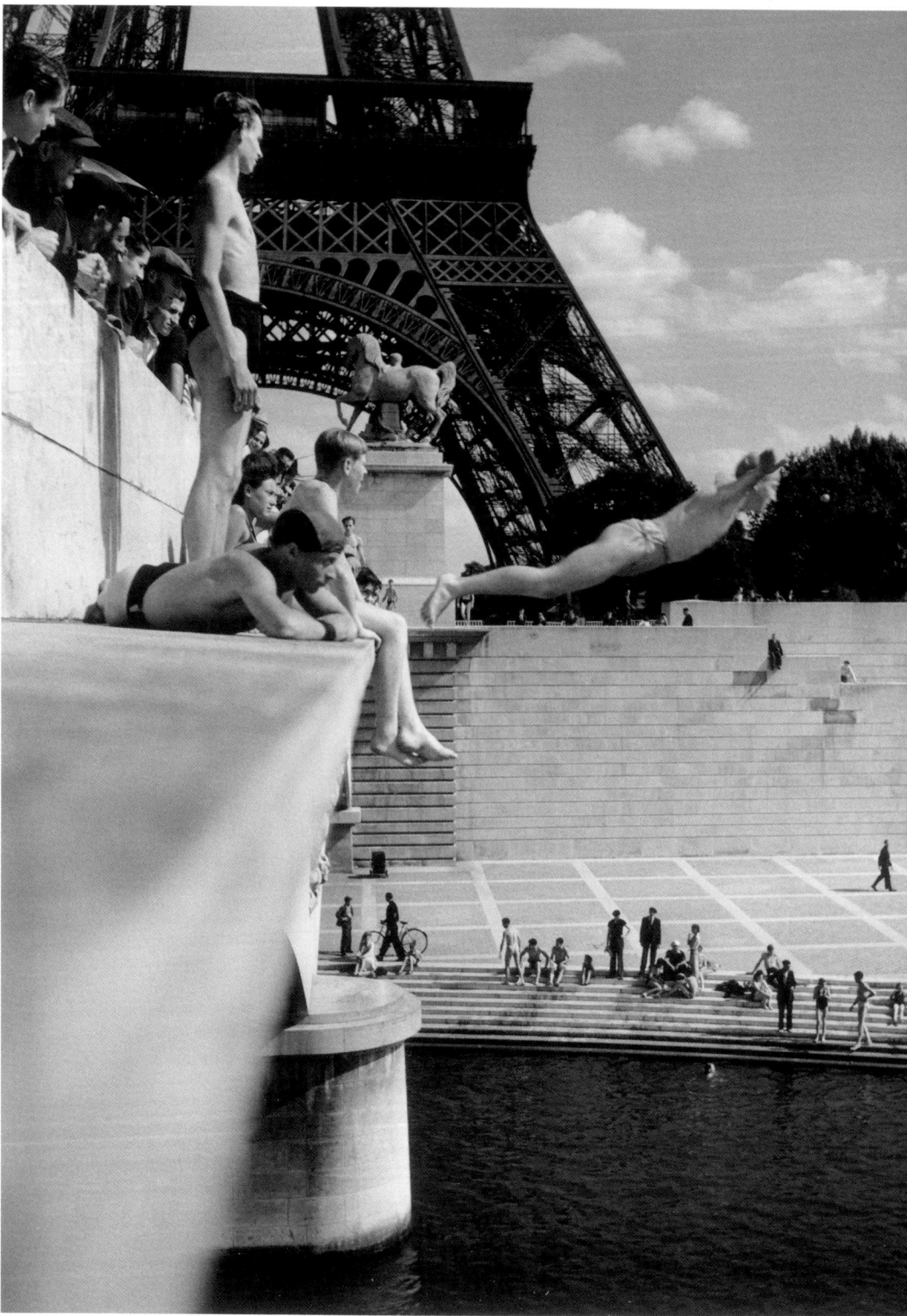

Pont d'Iéna, 1945

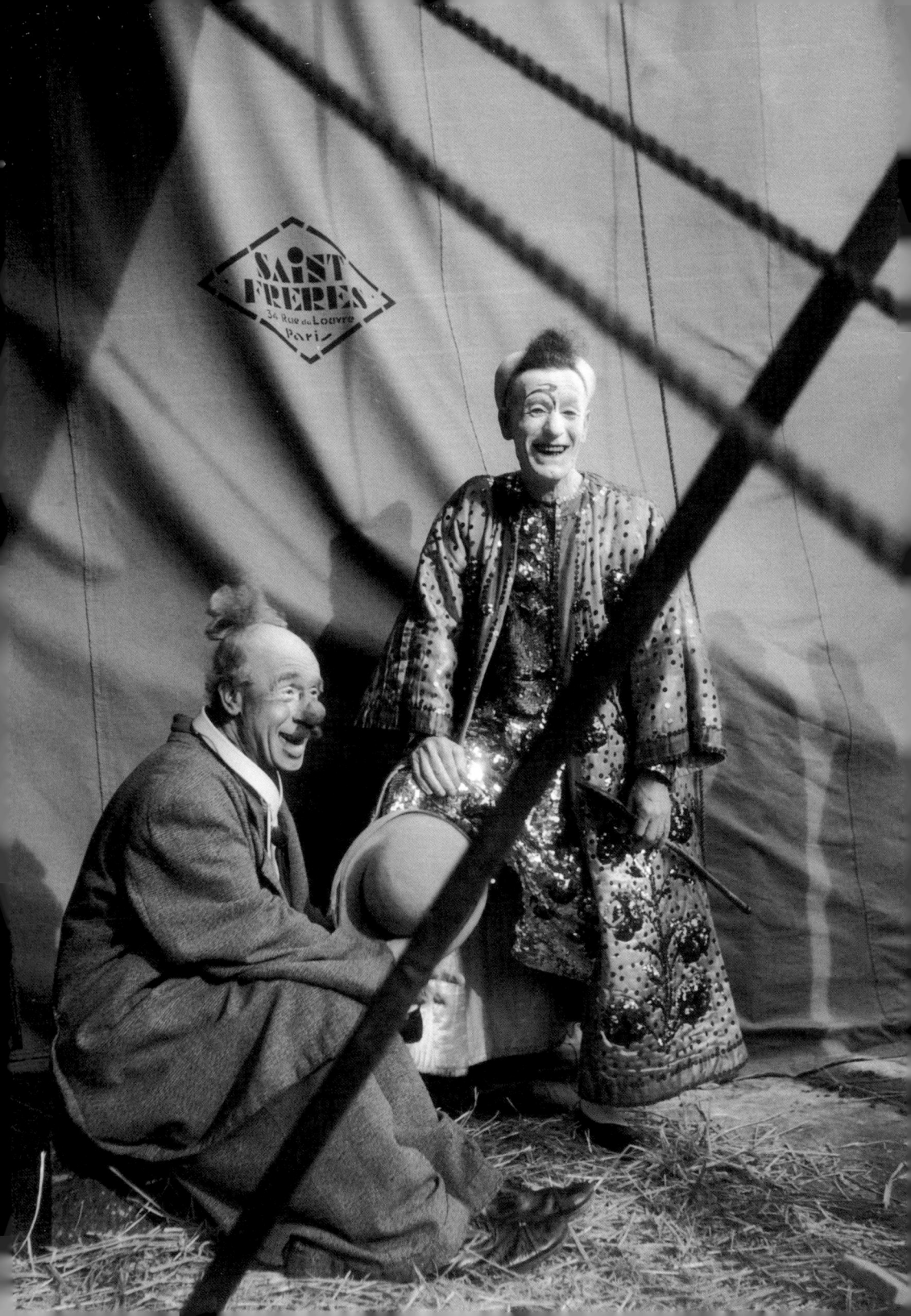

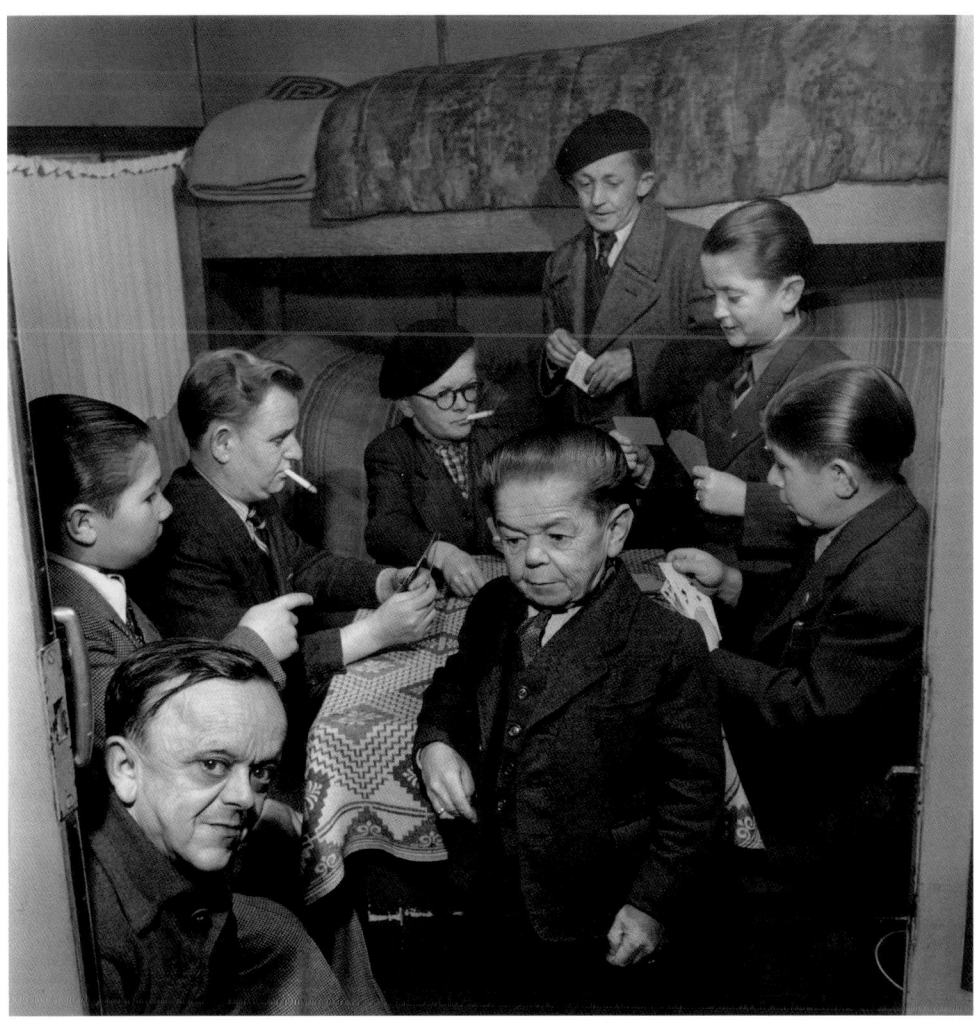

Dario and Bario, 1945
The Dwarves of the Cirque Pinder, 1949

Saint-Germain-des-Prés

"I'm doing a reportage on Saint-Germain-des-Prés – cellar bars,
characters, artistes – in short, the cutting edge of Western
civilization. This new Montparnasse is very important for me,
since I believe that archives improve with age…"

Bebop in the Cellars / Be-bop en cave, Vieux Colombier, 1951

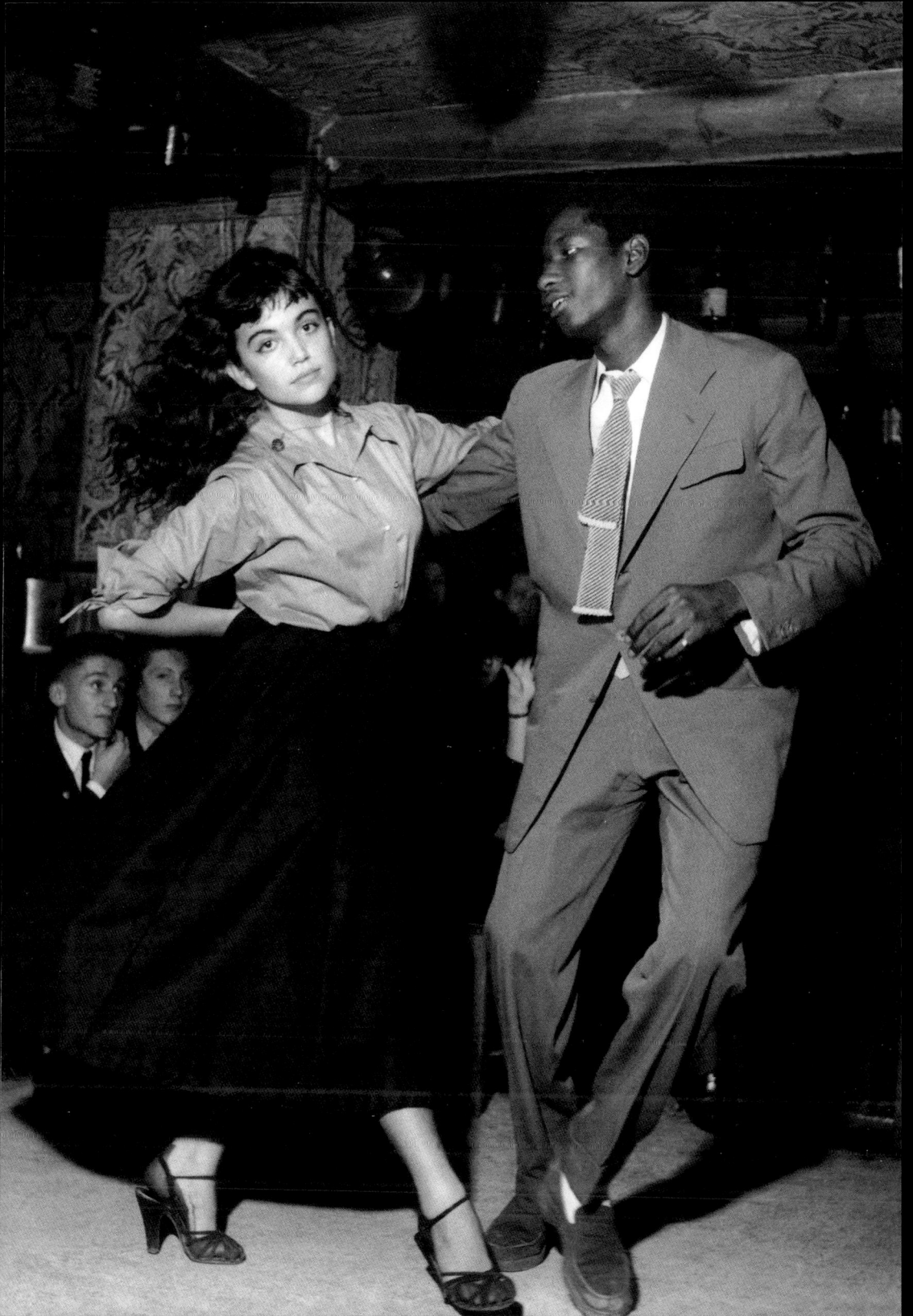

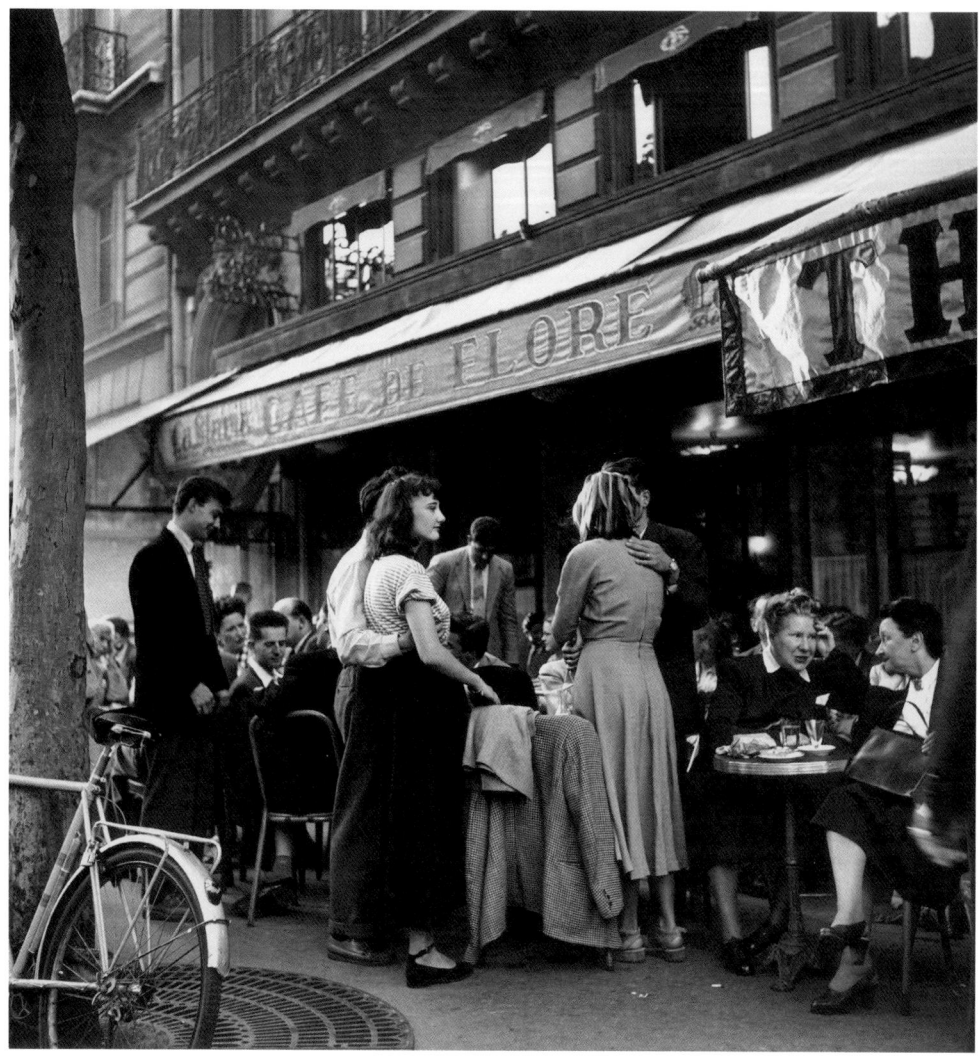

Café de Flore, 1947

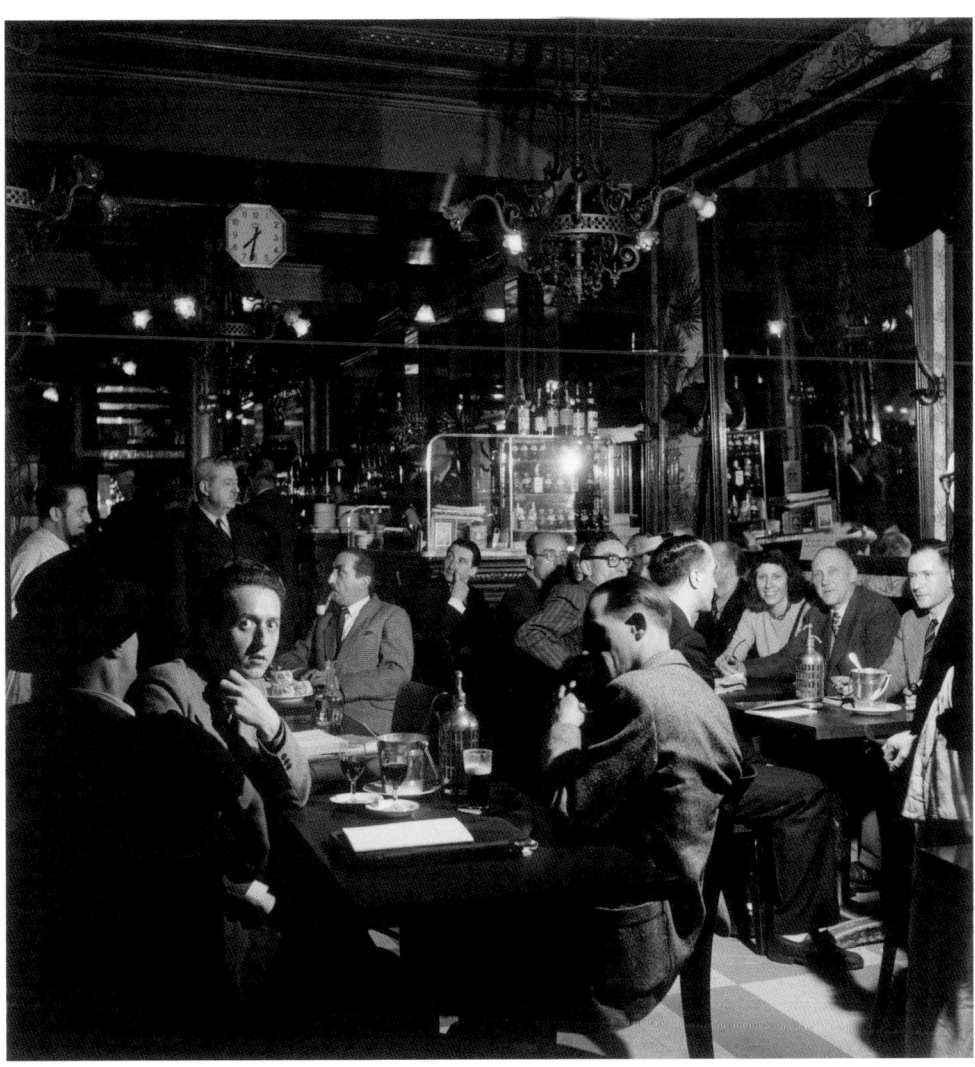

Prix Cazes, Brasserie Lipp, 1948

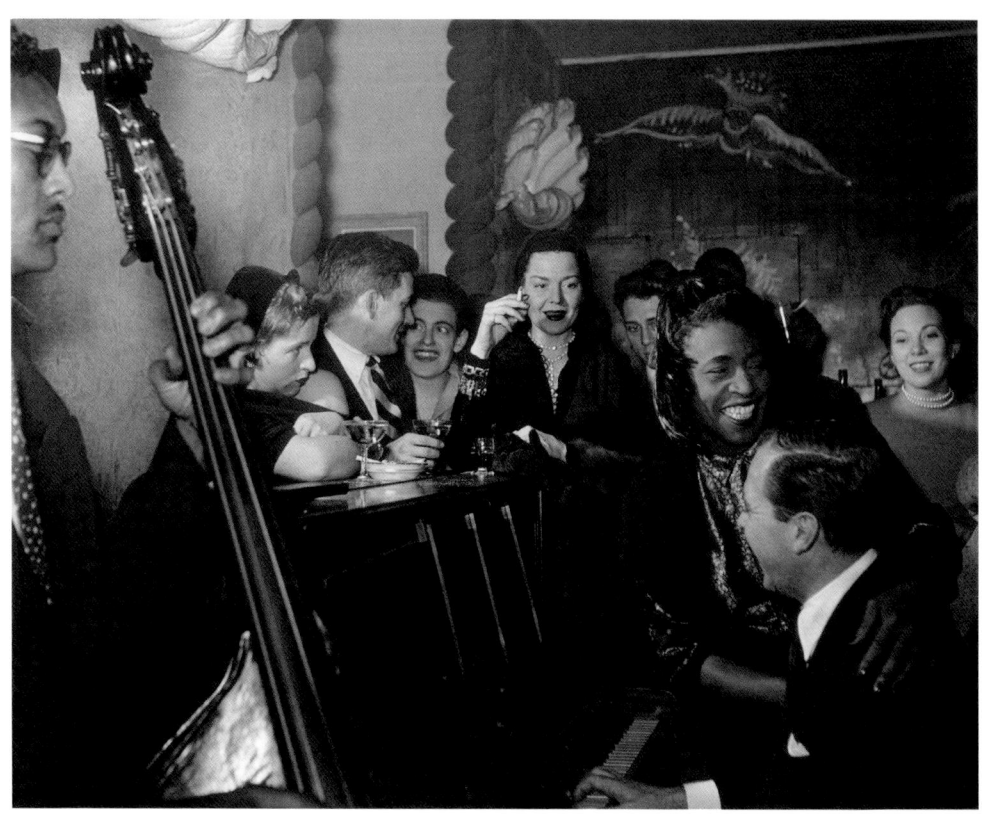

Chez Inès, 1949

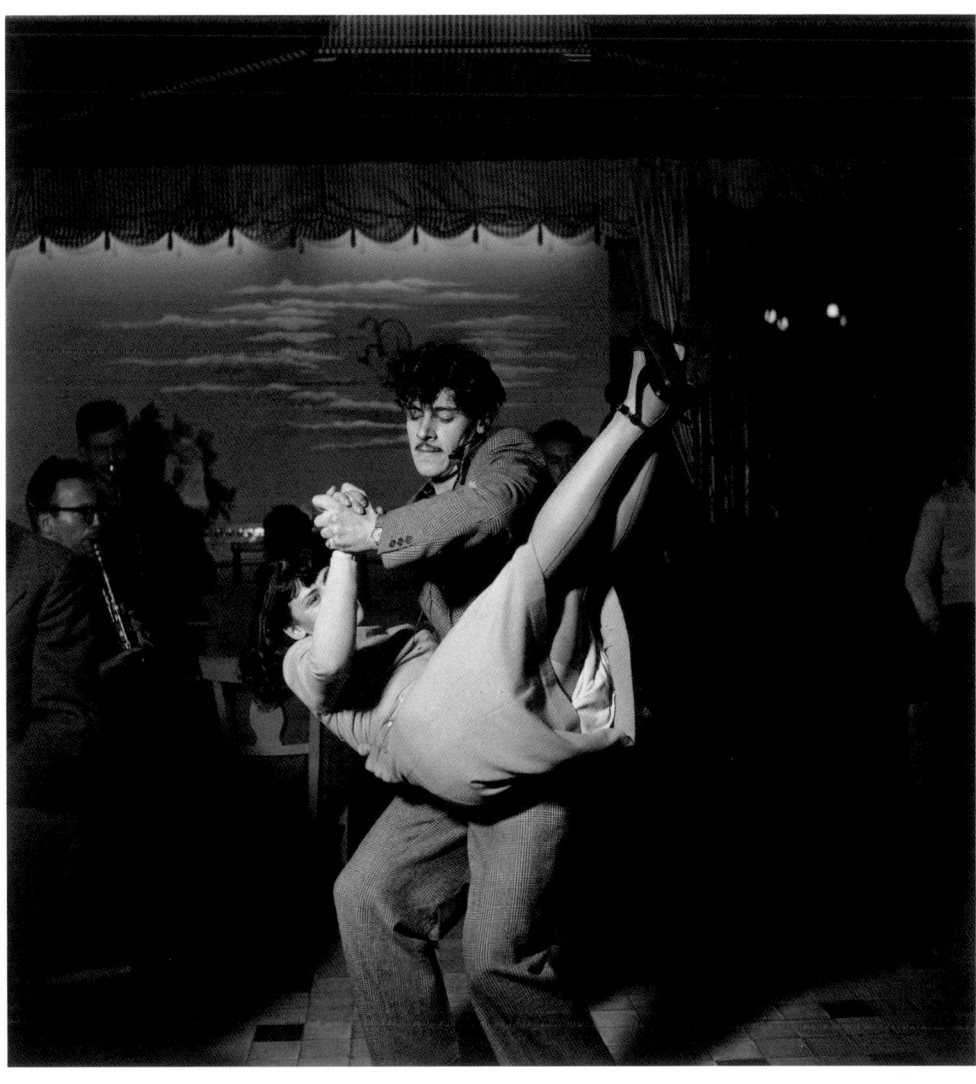

Café Saint Yves, 1947

"At the Vieux Colombier Club – boogie-woogie
or bebop – Claude Mocquery and James Campbell
danced to the music of Claude Luter..."

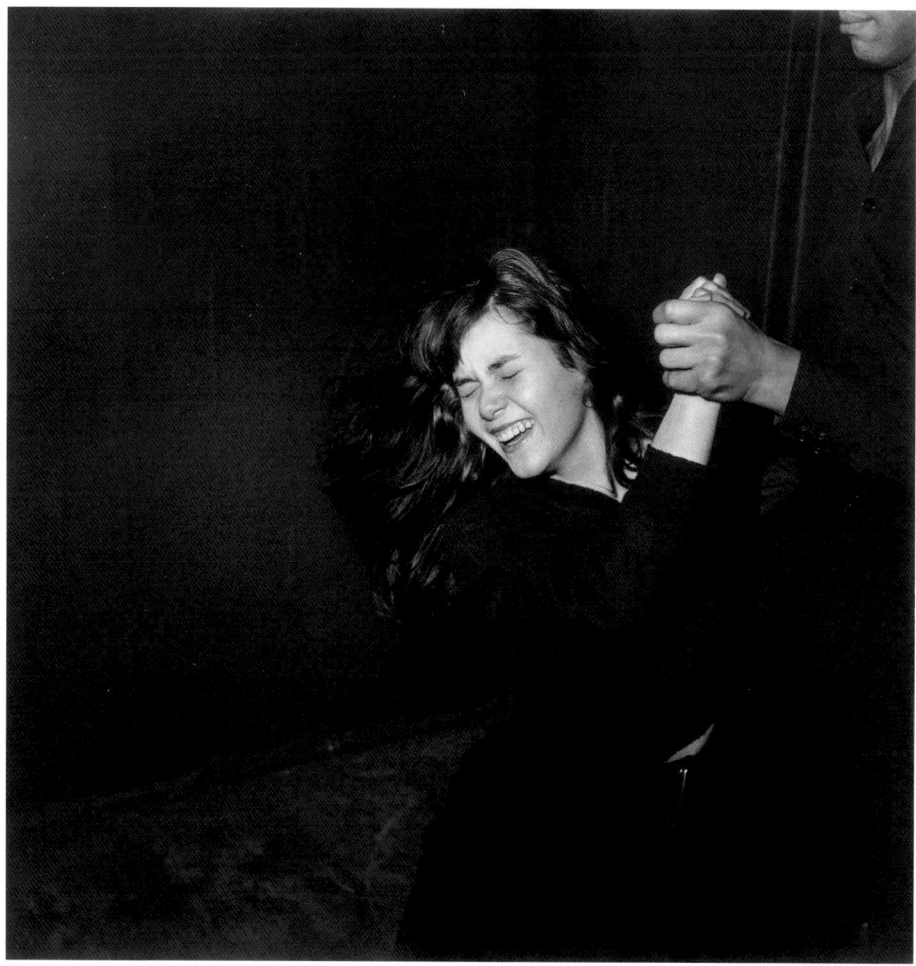

Bebop Dancer, 1951

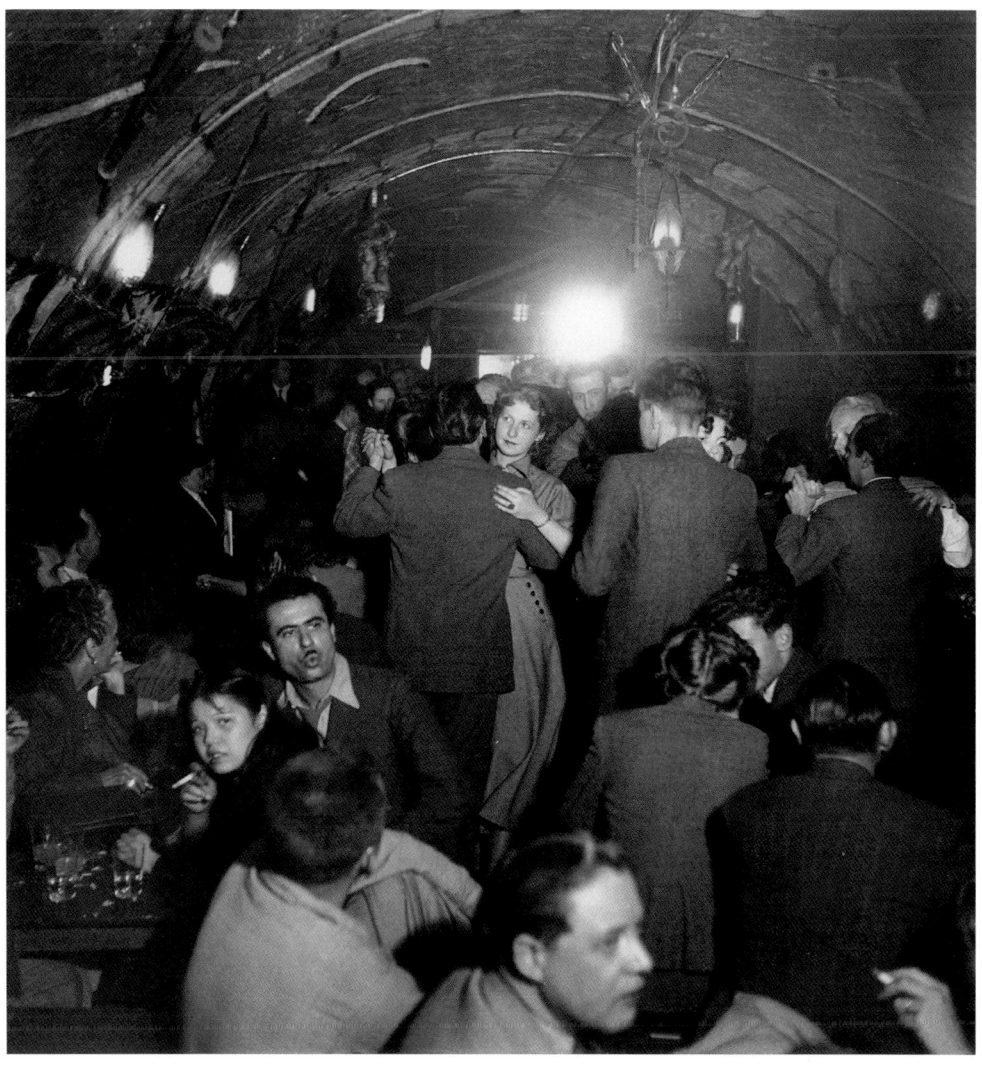

Le Tabou, 1947

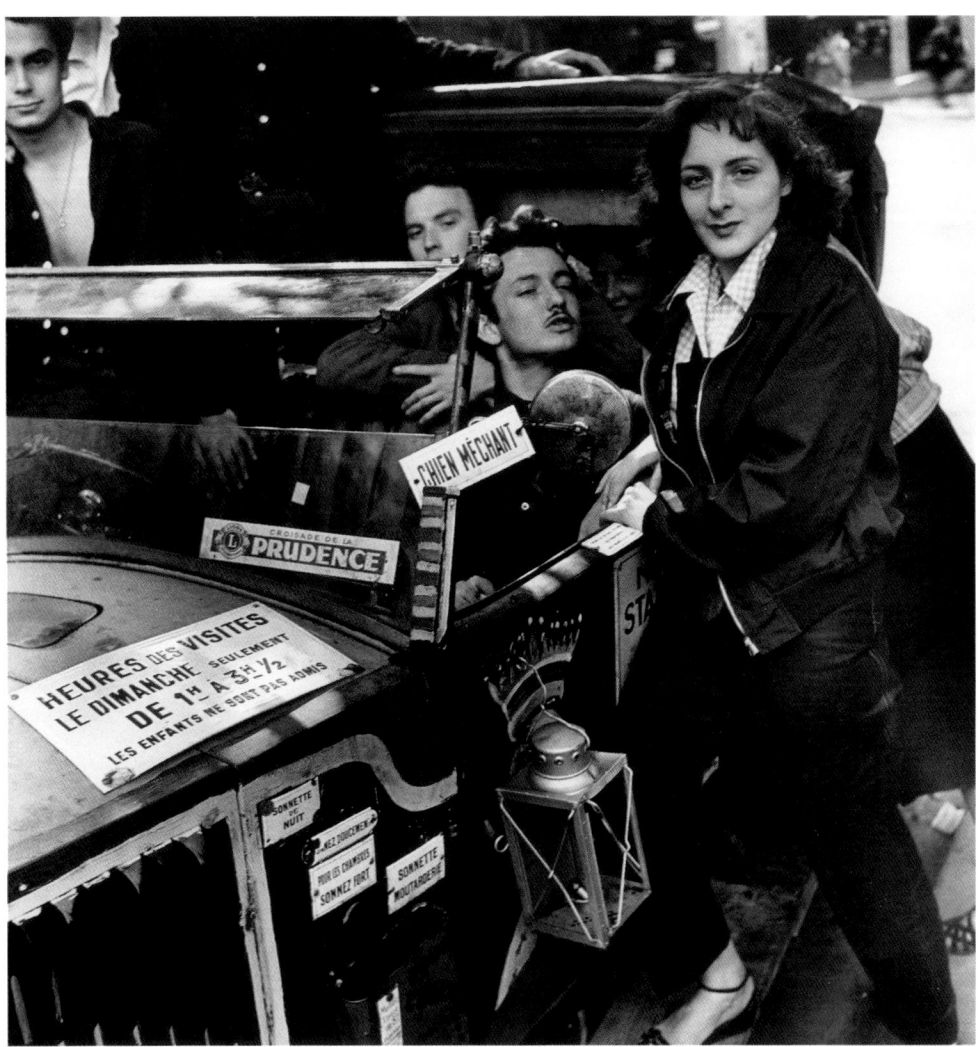

Renault NN, Square Saint-Julien-le-Pauvre, 1951

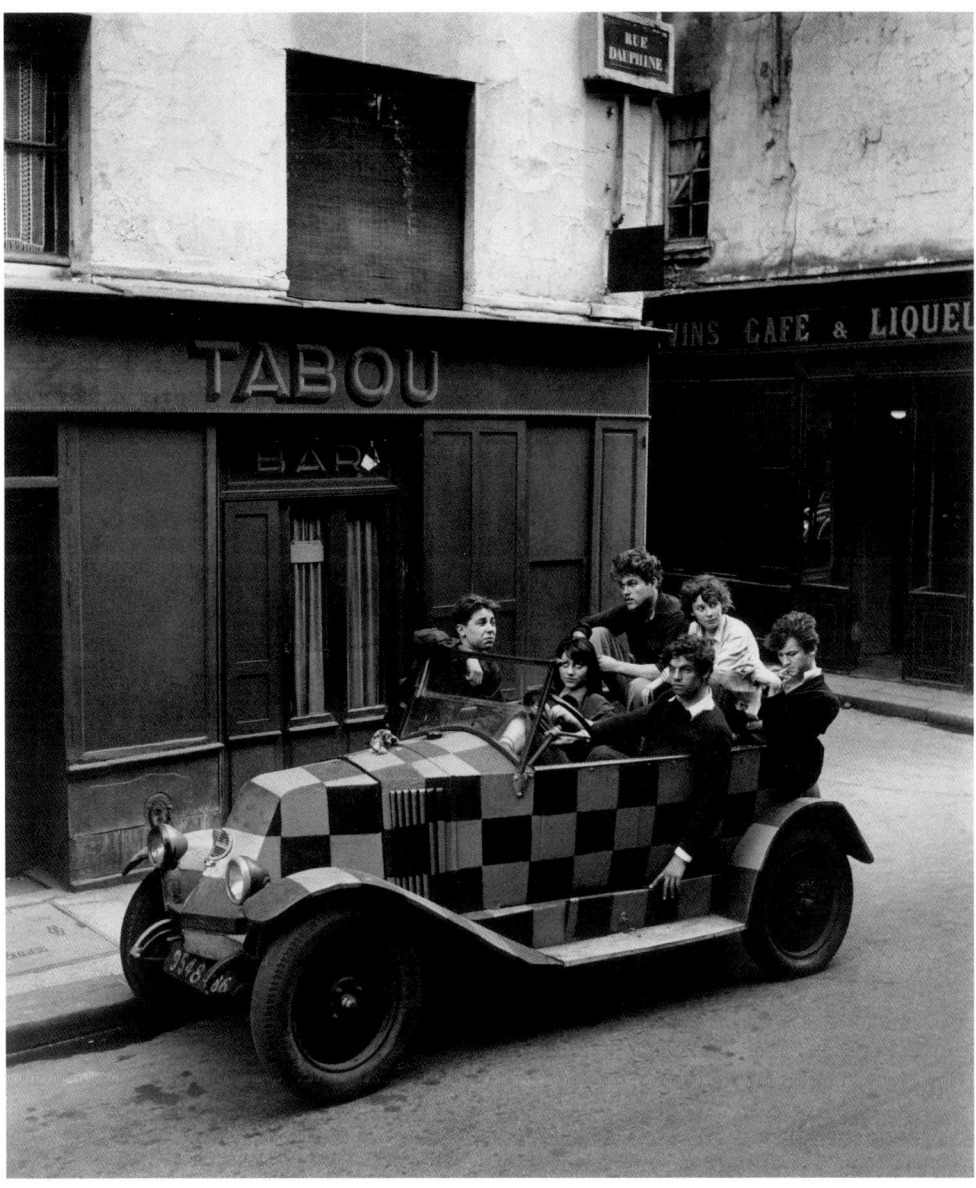

Yves Corbassière in His Chequered Car / La Voiture à carreaux,
Yves Corbassière in Saint-Germain-des-Prés, 1948

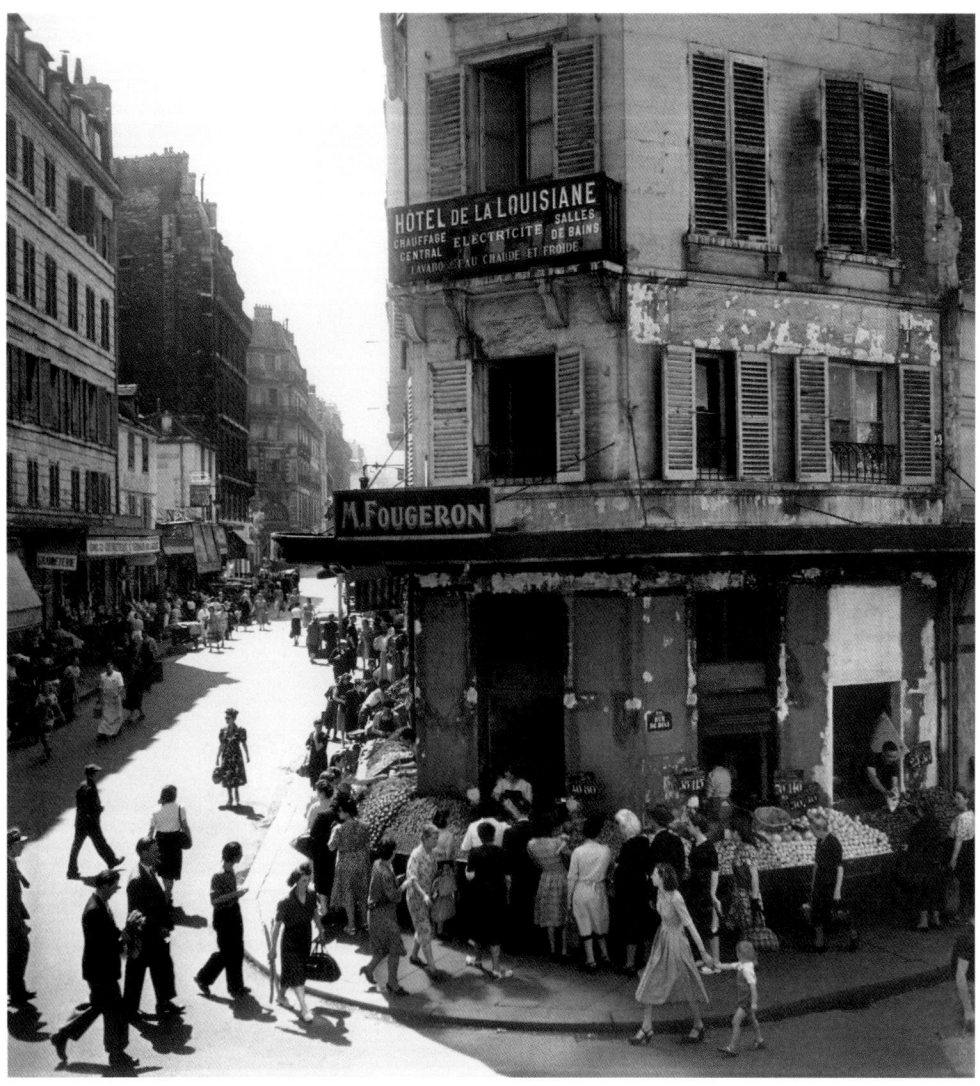

Hôtel de la Louisiane, 1947

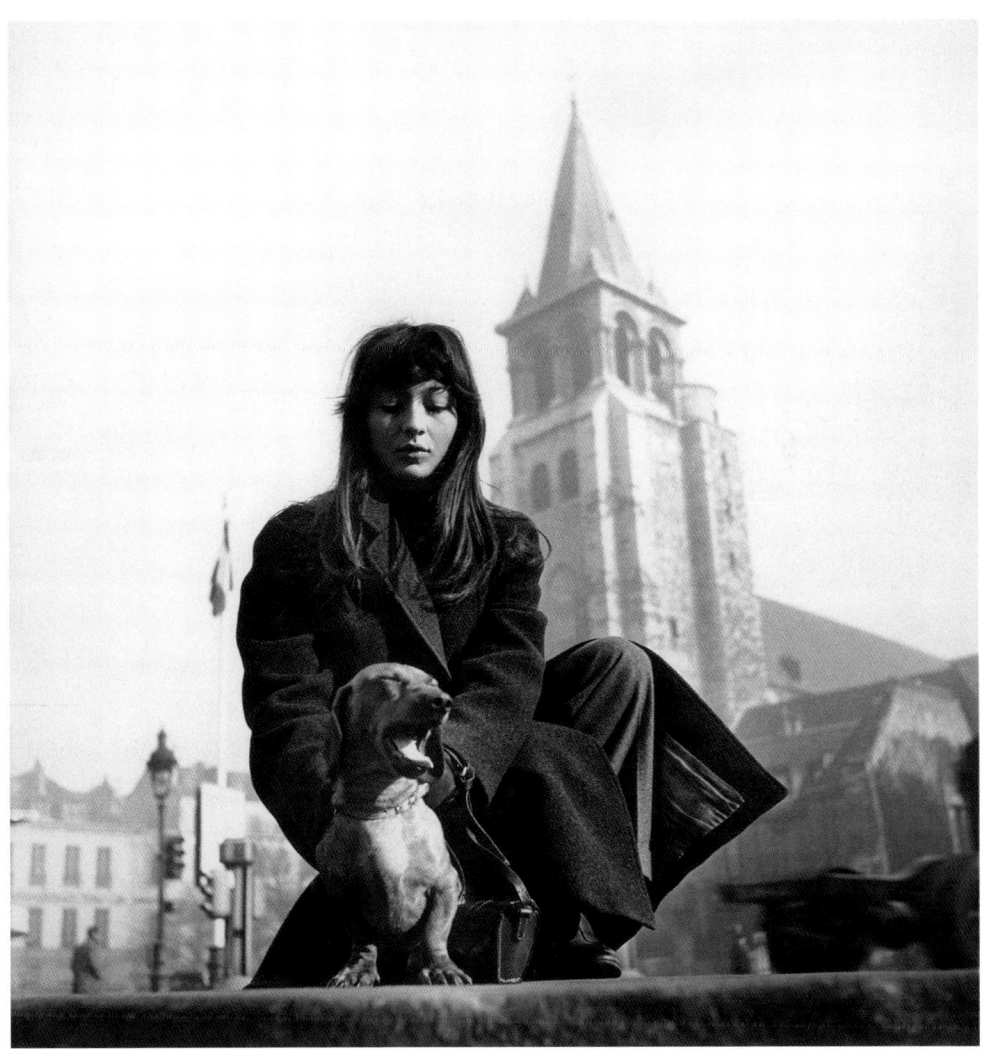

Juliette Gréco, 1948

Workers

"In the settings that have witnessed men's toil – and for me
they seem to be steeped in nobility – life's gestures are made
with great simplicity and the faces of those who get up
early are deeply moving..."

Le Bourget, 1946

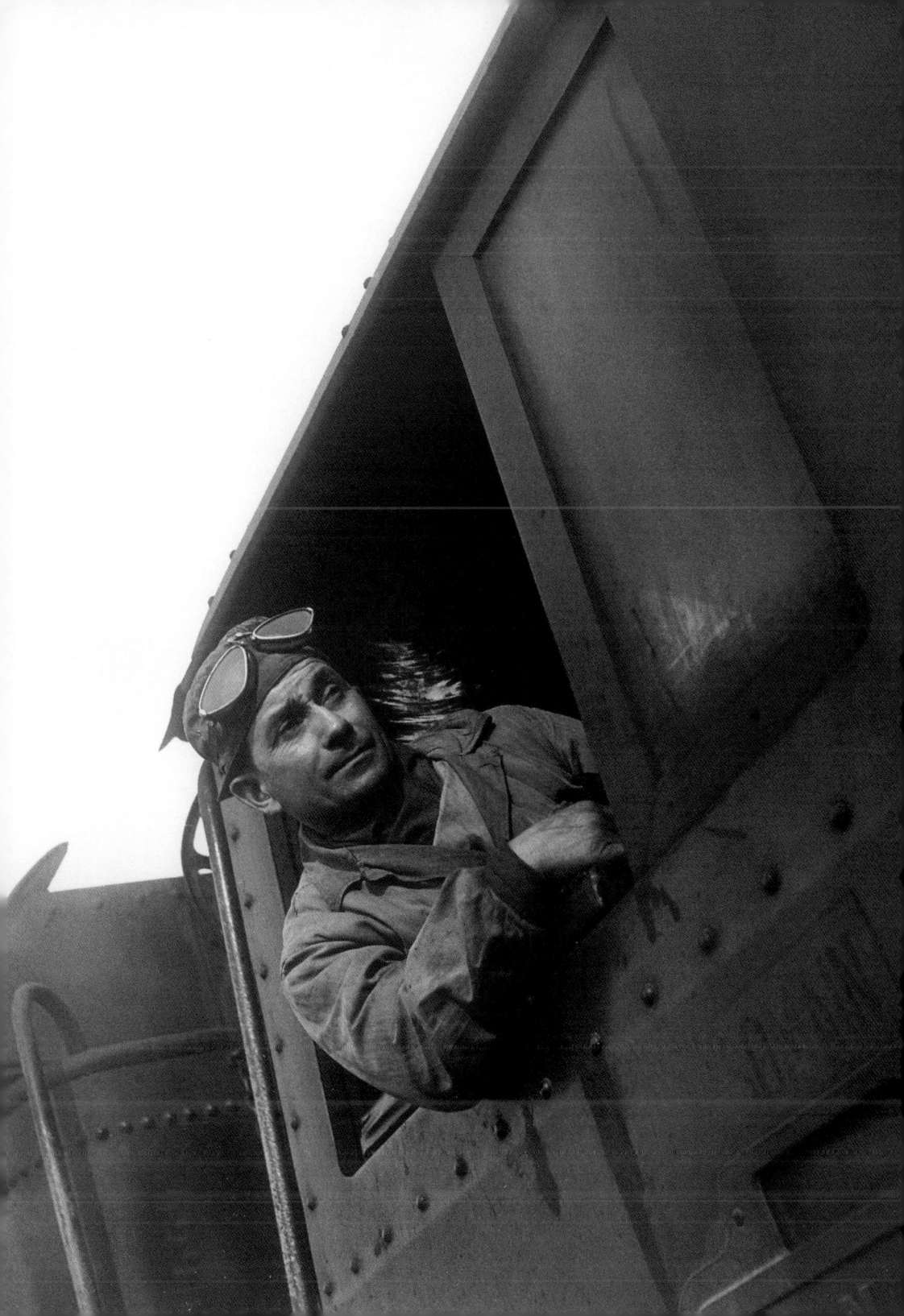

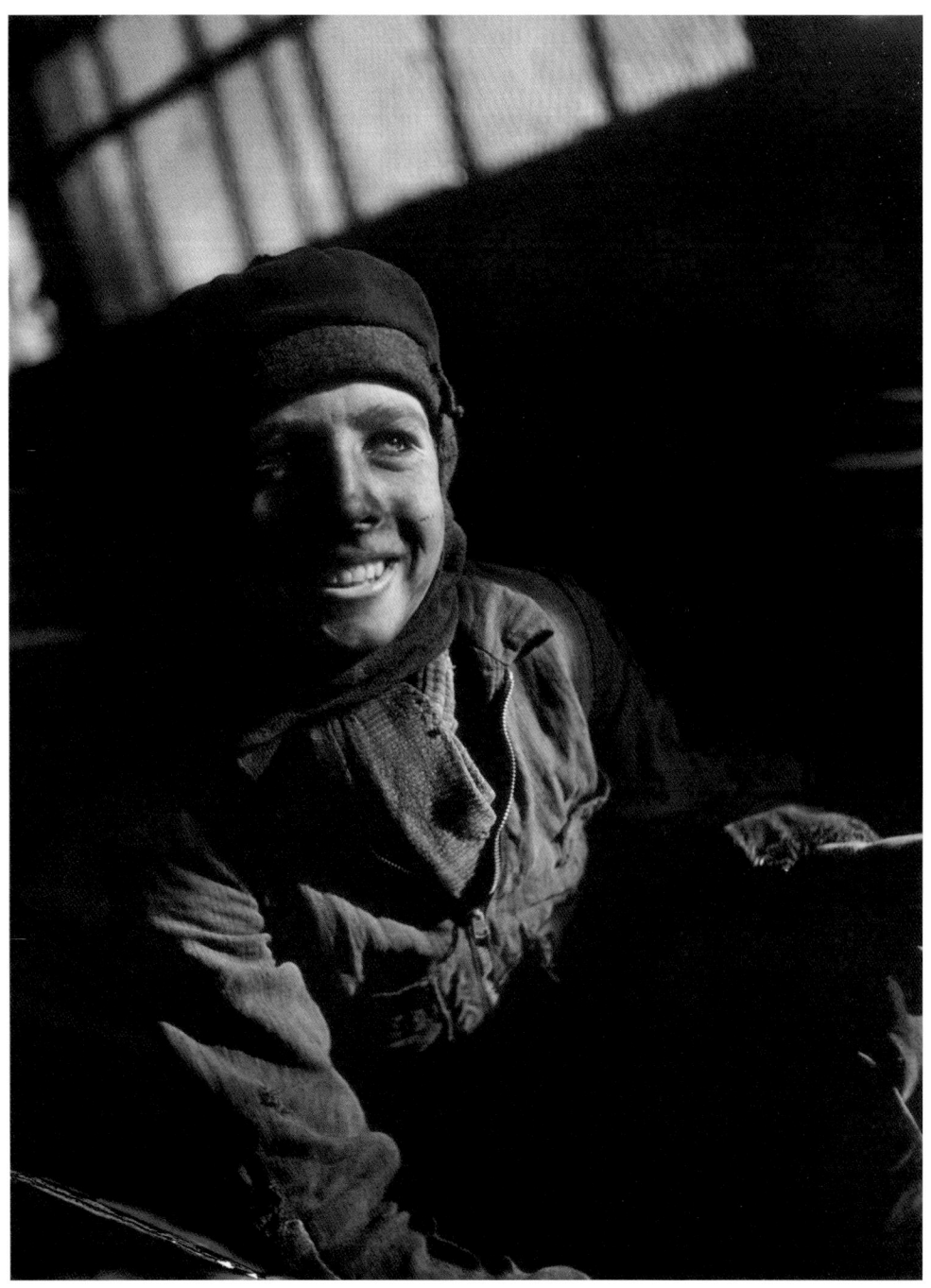

Pit Boy, 1945

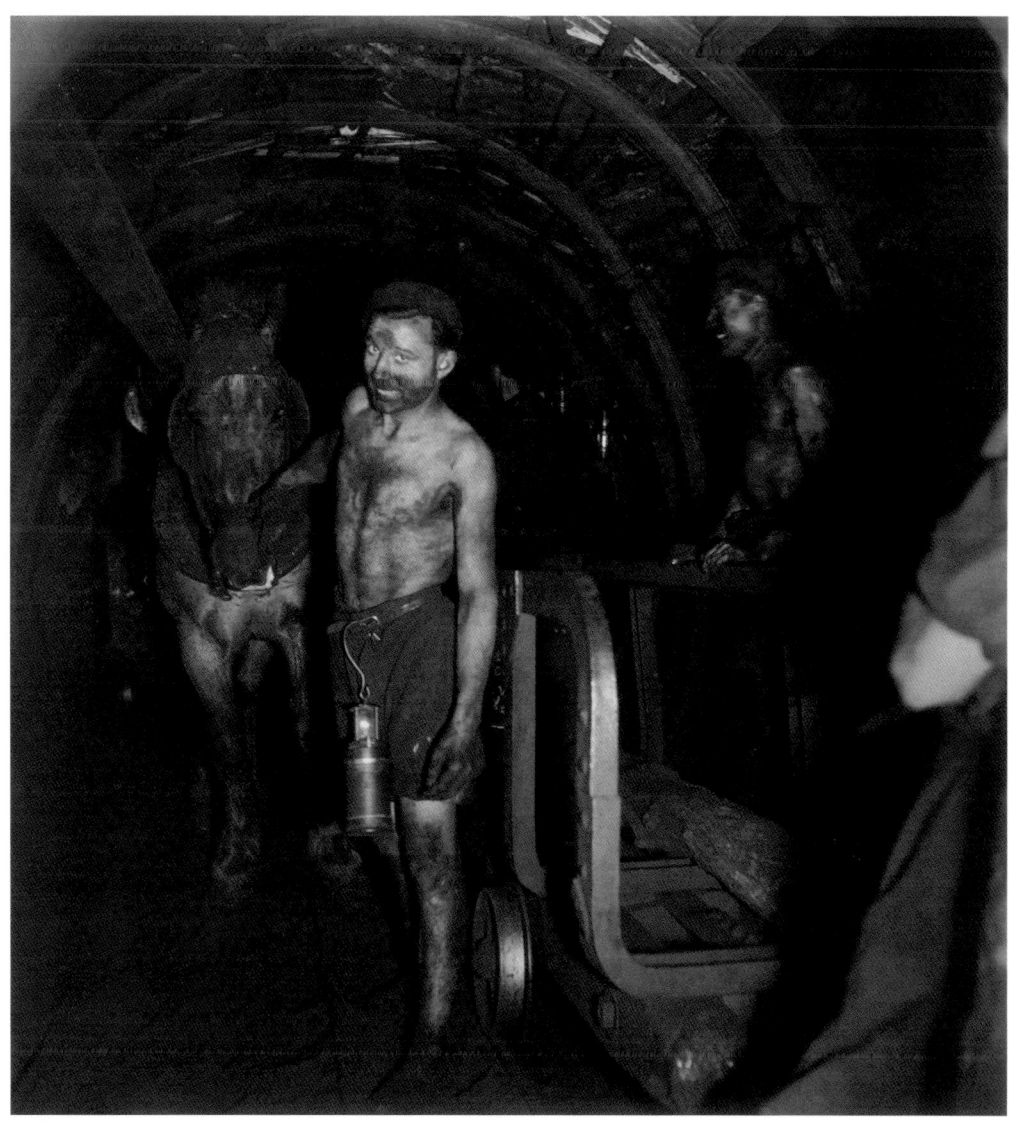

Pit Pony, 1945

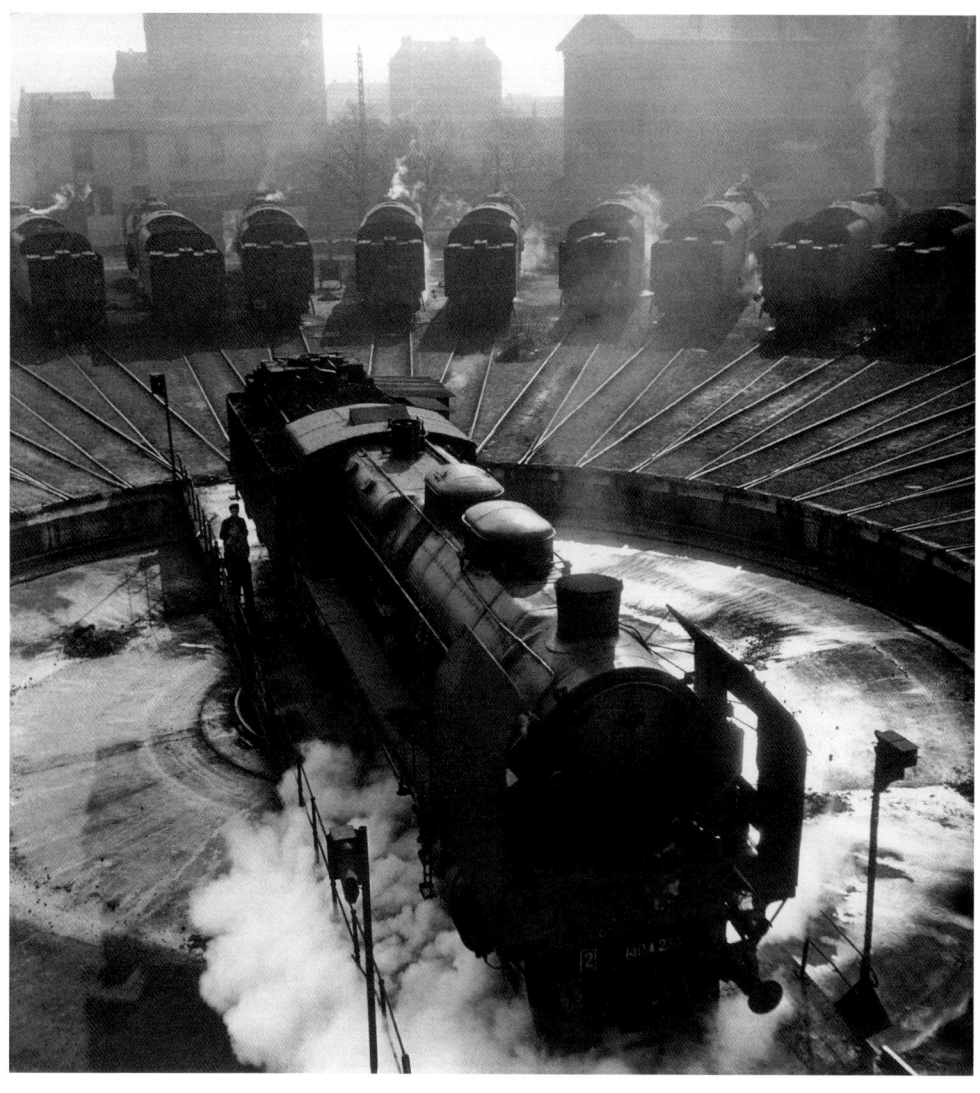

The Turntable at Le Bourget / La pleine Lune du Bourget, 1946

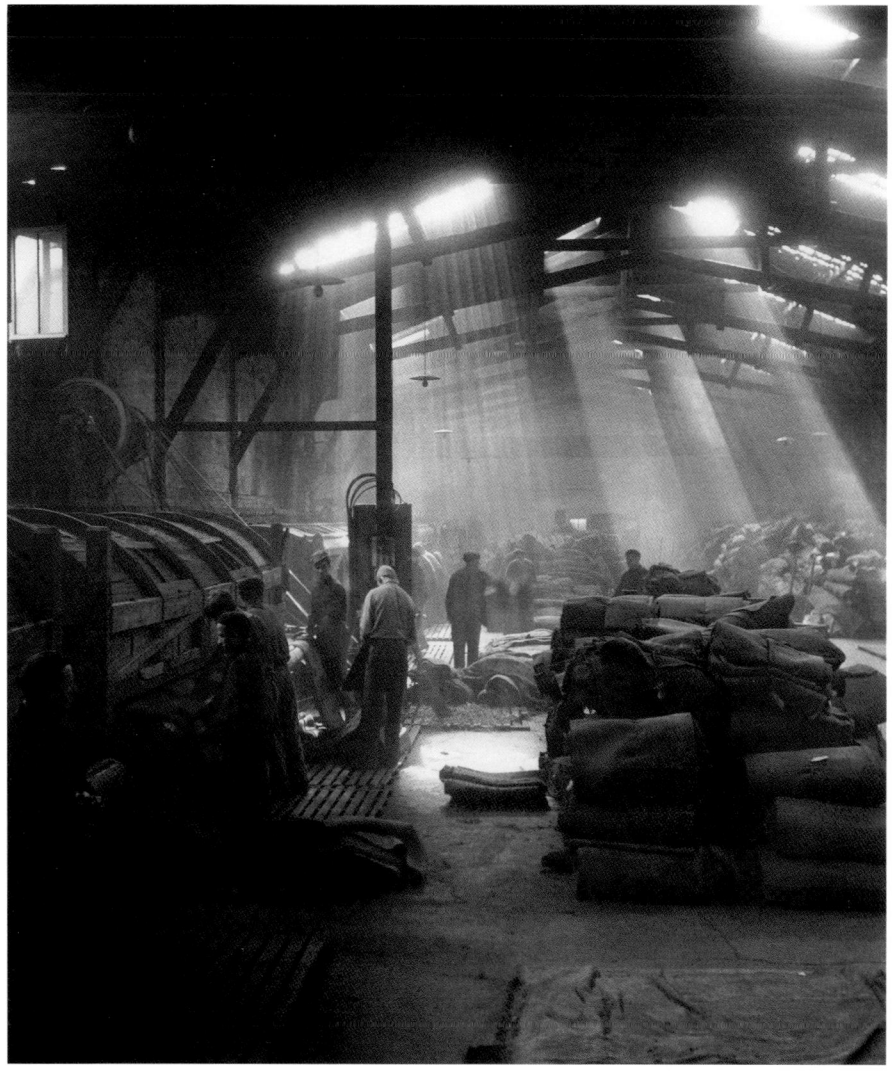

The Bobin Factory, Montrouge, 1945

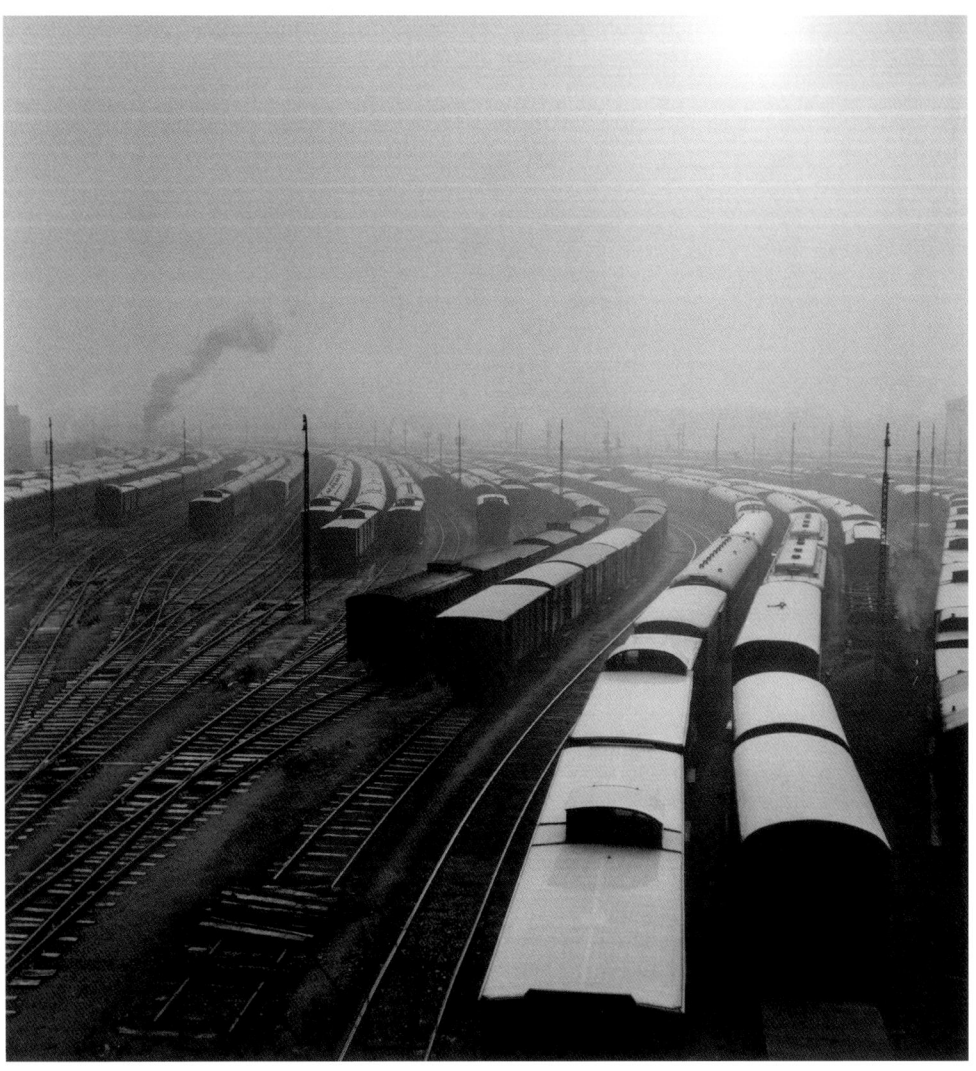

Villeneuve-Saint-Georges, 1945

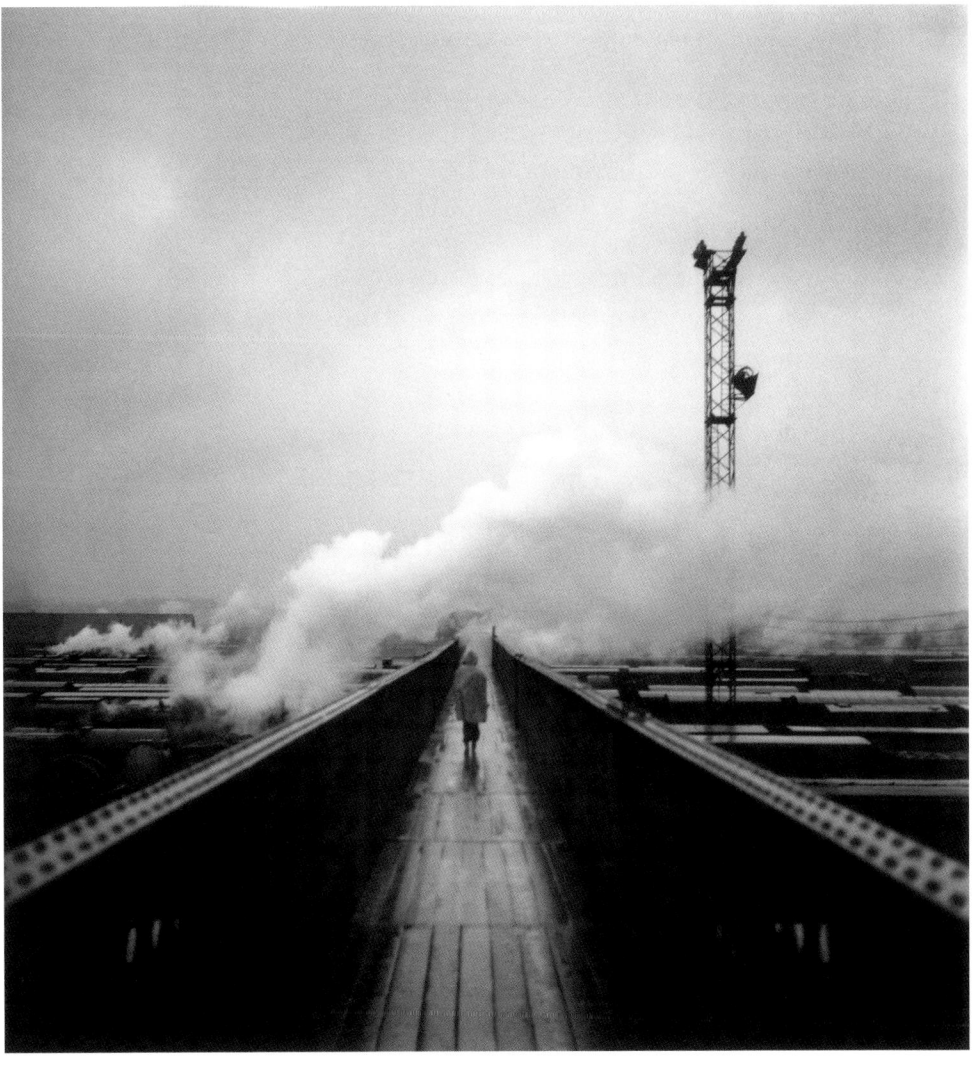

Steam Power, Footbridge, Villeneuve-Saint-Georges, 1945

"I've often had reason to return to these places where
men serve out their sentence…"

"Magnesium lighting meant a moment of distraction for
the whole workshop. A 50 g flash going off: Boom! And fifty
fellows having a laugh about it. That was the good deed
the little photographer could do…"

Production Line, Renault Factory, Boulogne-Billancourt, 1945

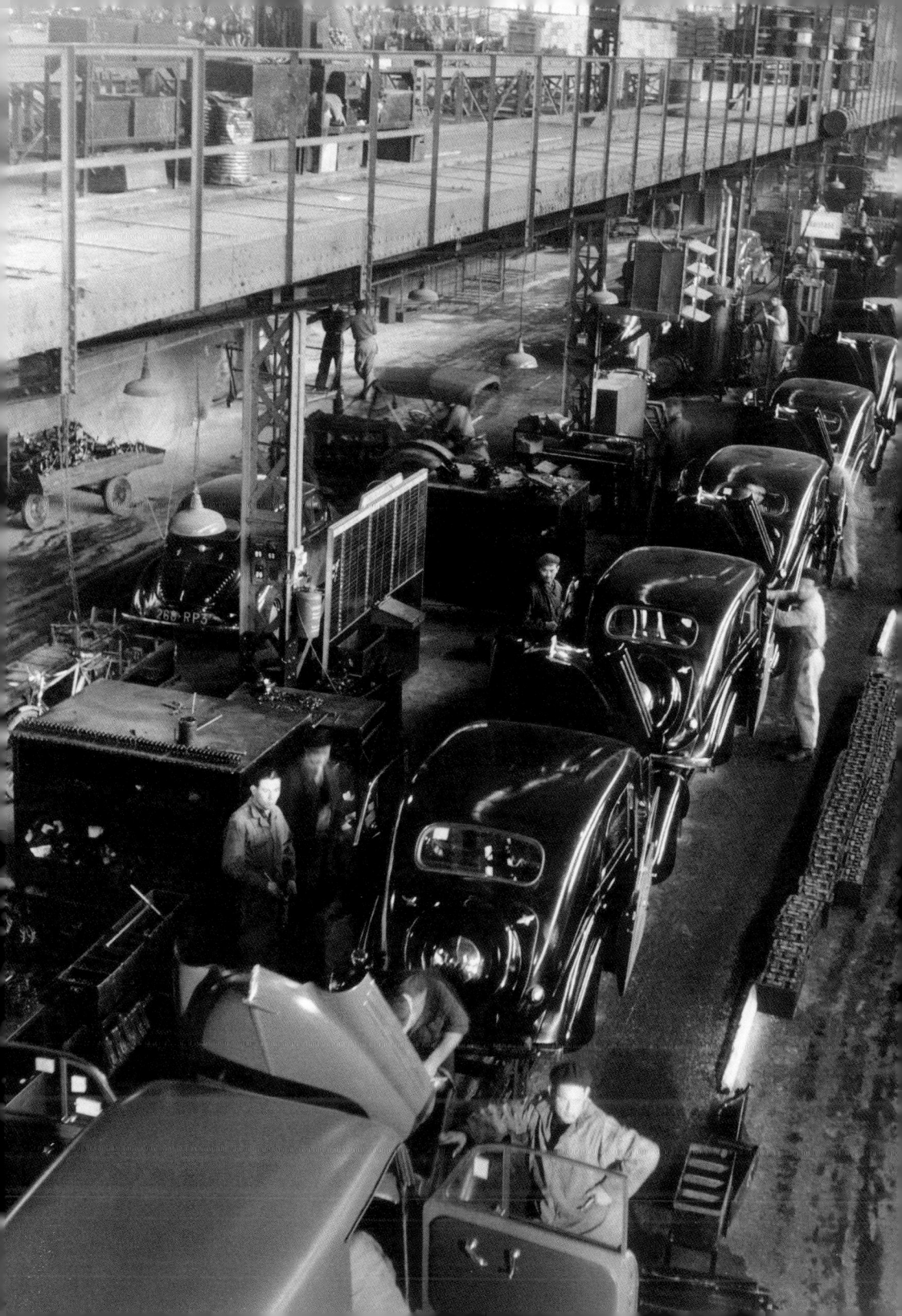

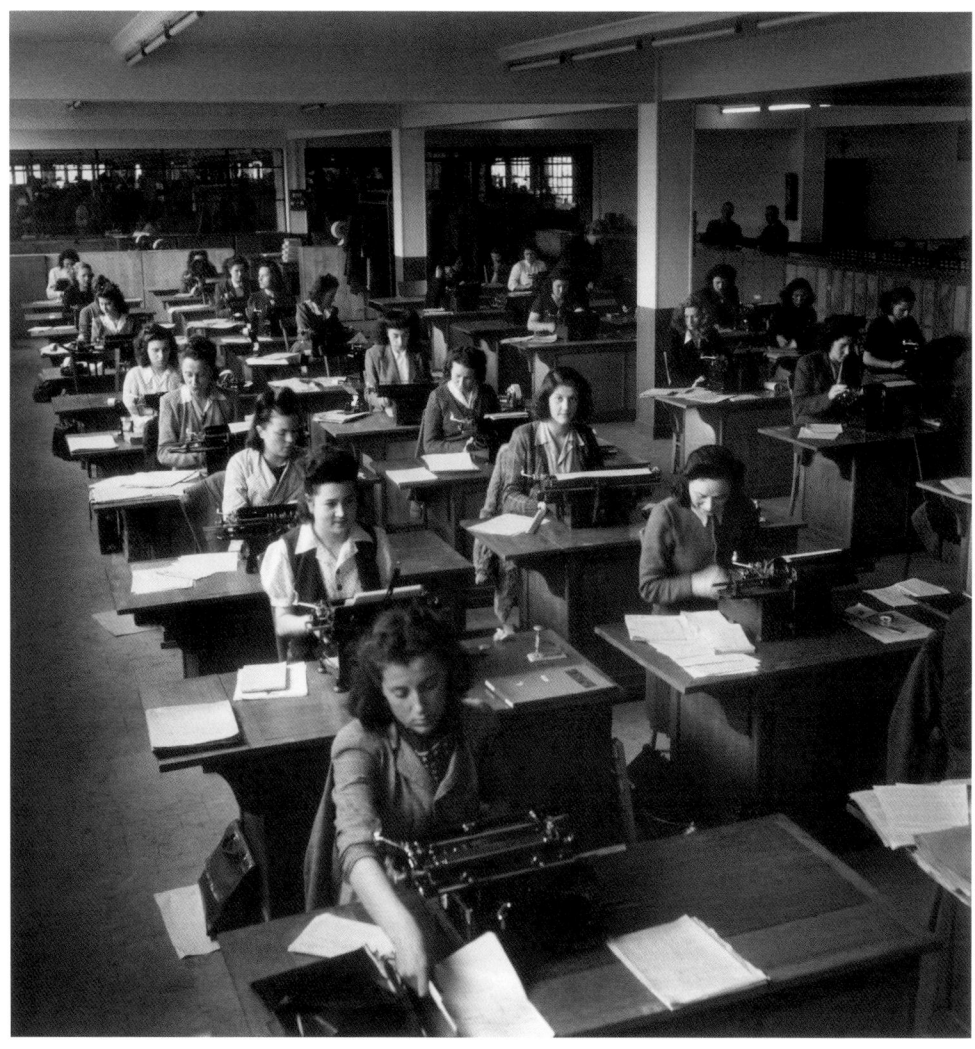

Typists, Renault Factory, Boulogne-Billancourt, 1945

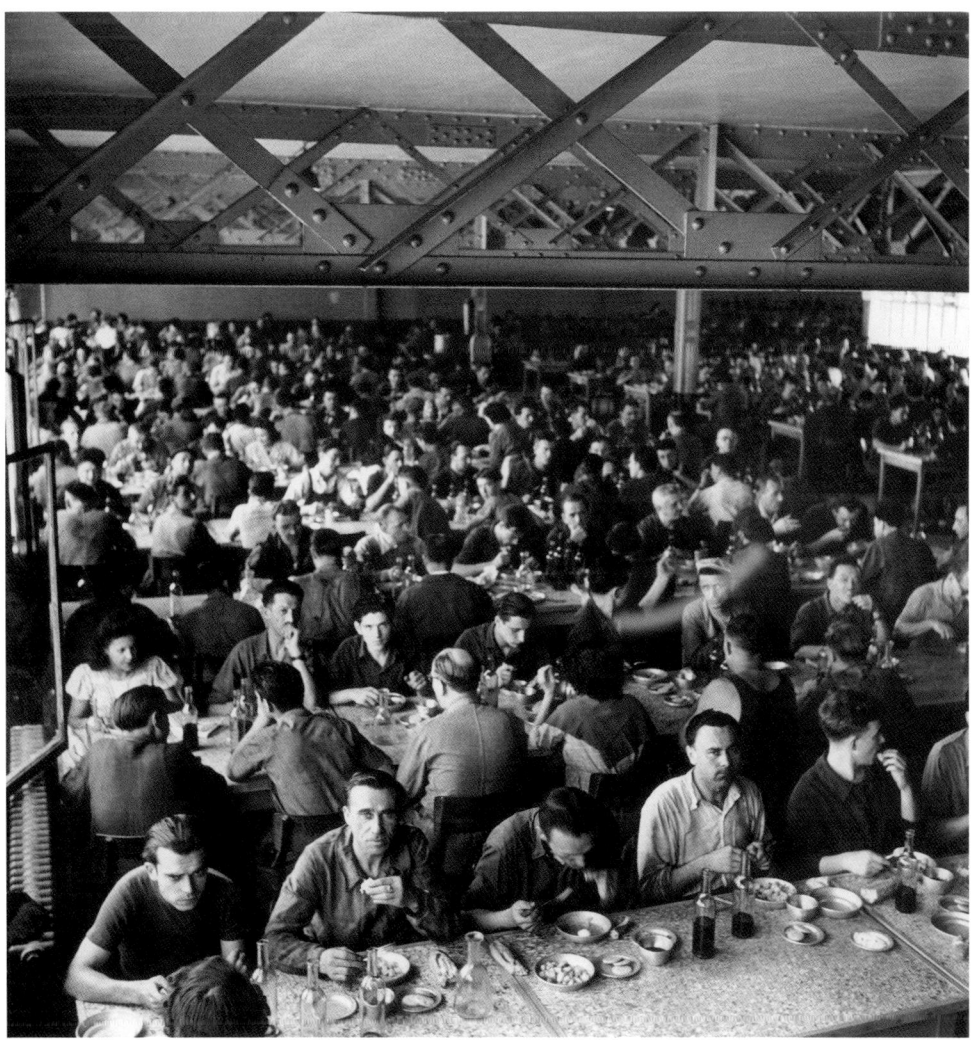

Canteen, Renault Factory, Boulogne-Billancourt, 1950

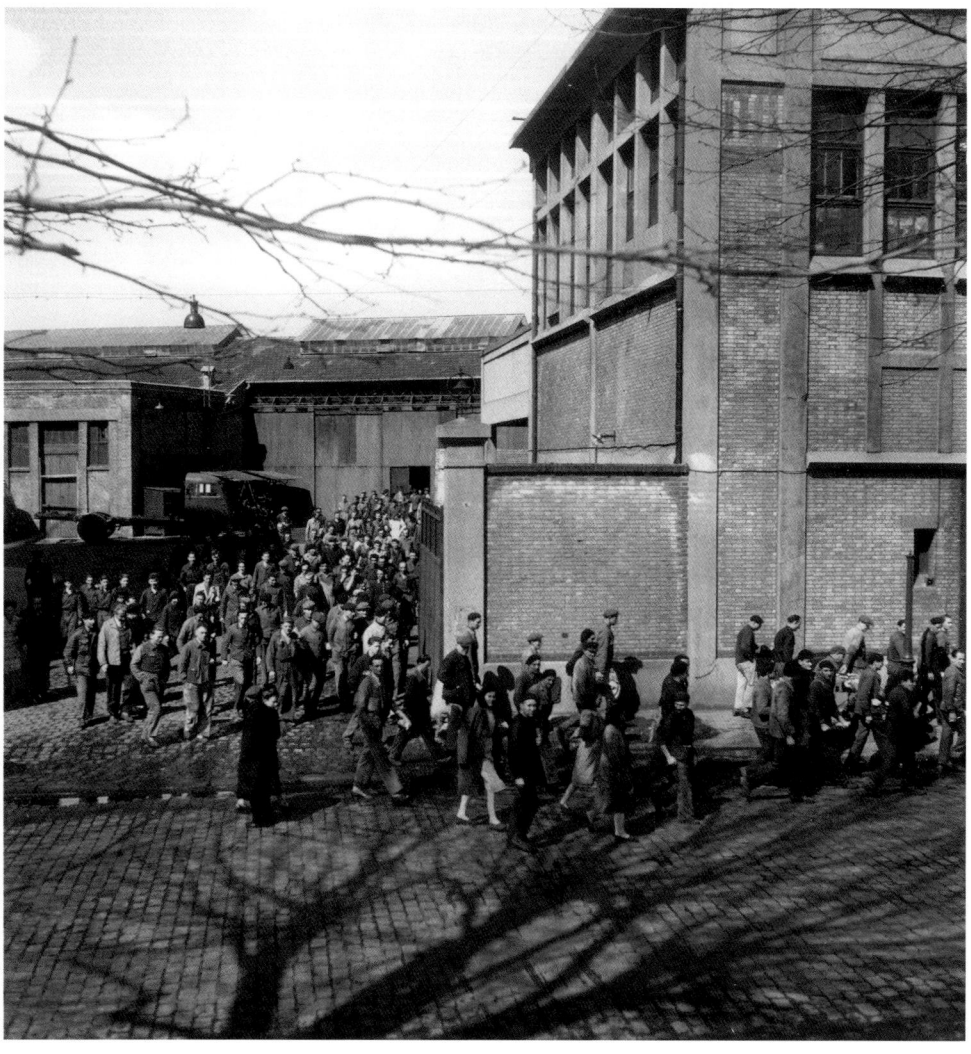

Knocking Off, Renault Factory, Boulogne-Billancourt, 1945

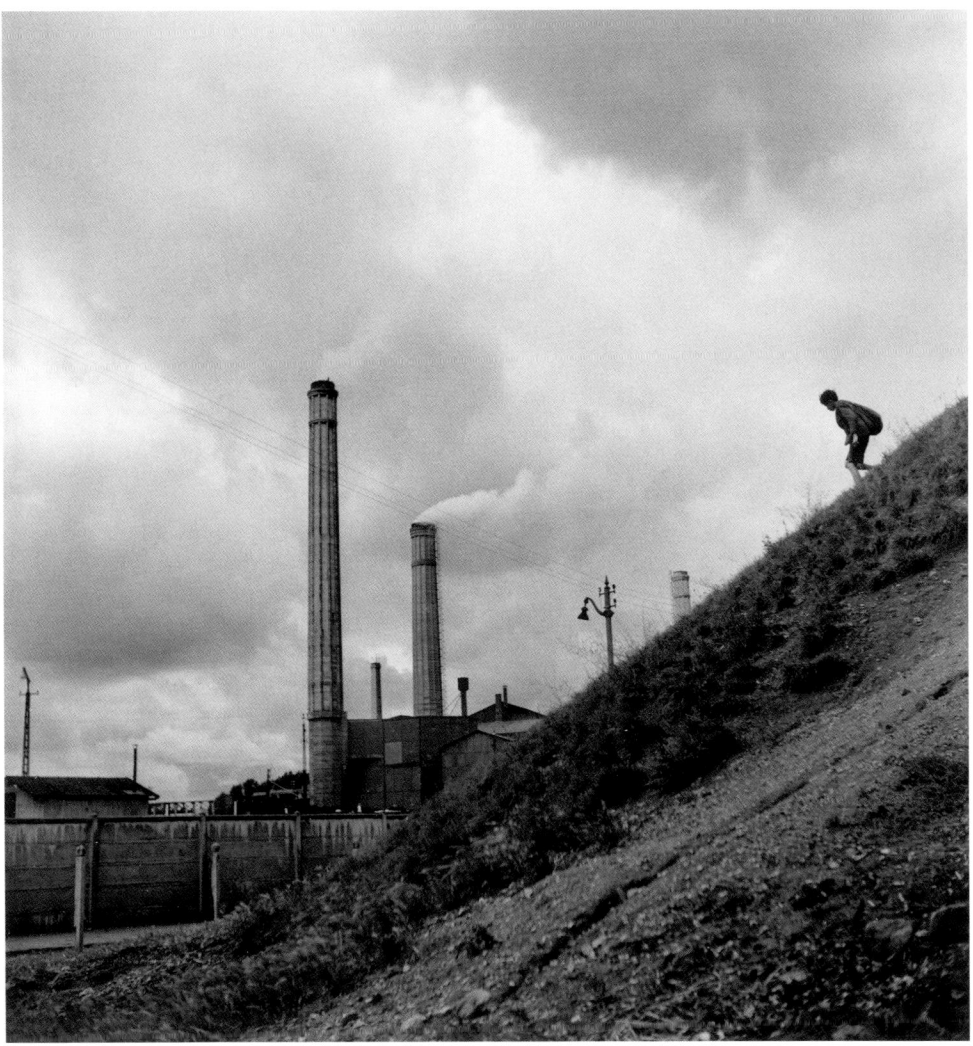

The Way Down to the Factory / La Descente à l'usine,
Issy-les-Moulineaux, 1946

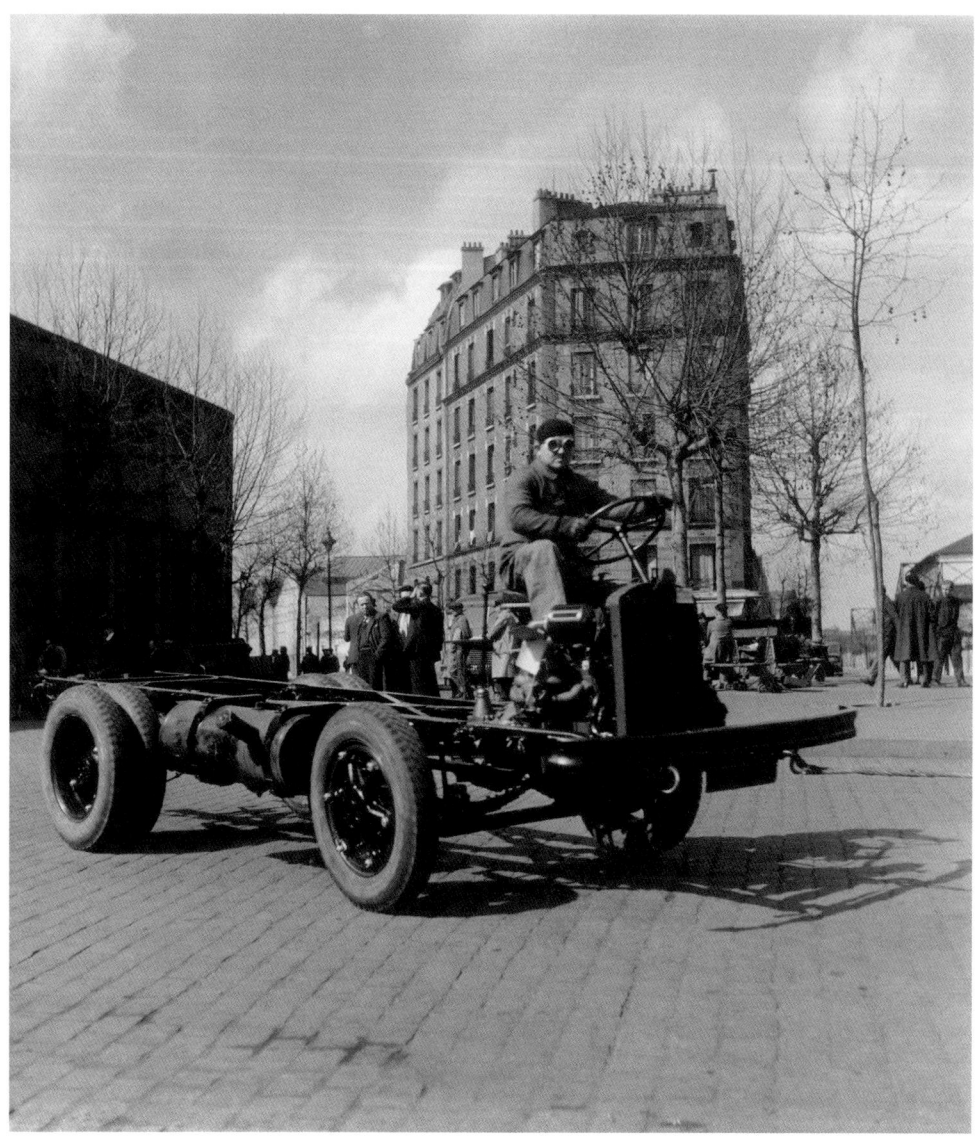

Renault, Boulogne-Billancourt, 1945

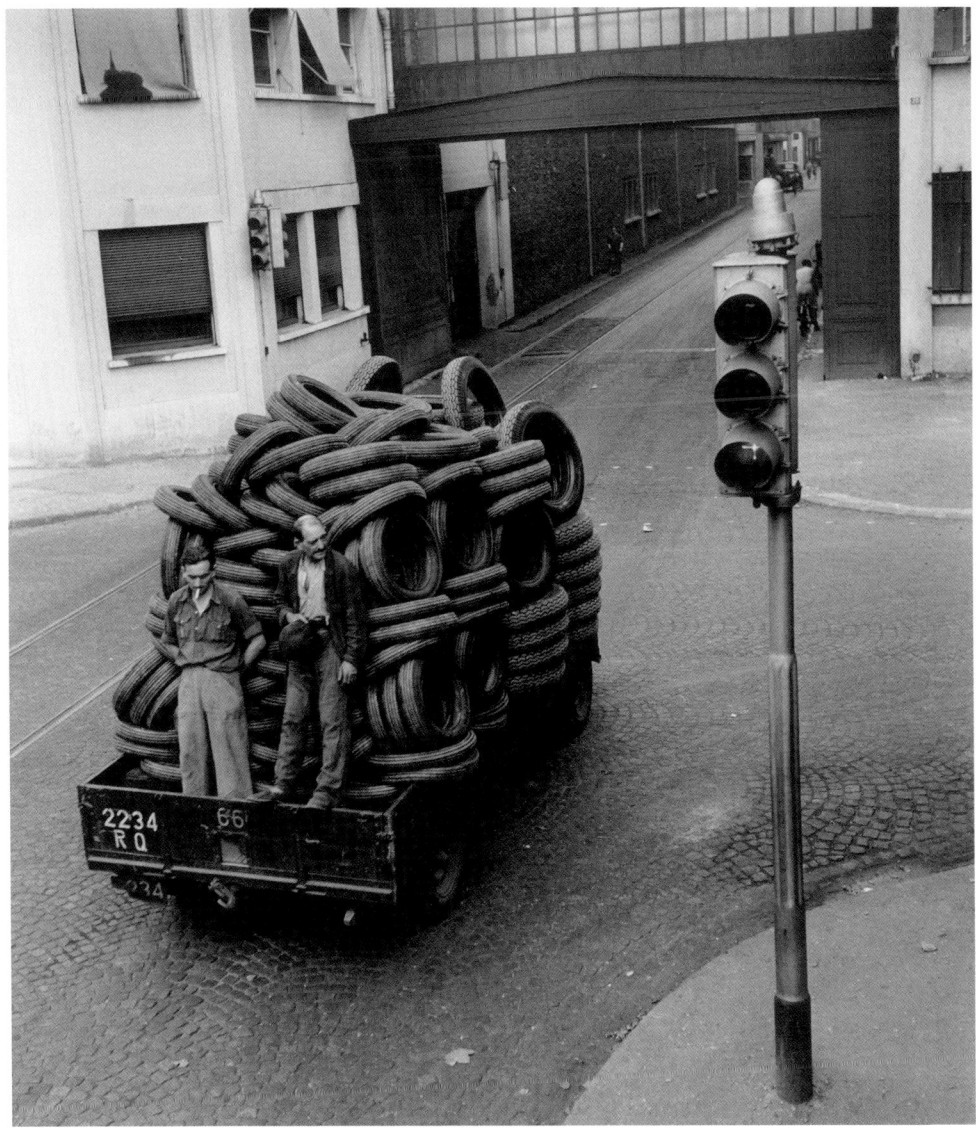

Tires, Renault, Boulogne-Billancourt, 1950

Suburbs
Blaise Cendrars

"Cendrars liked my rough-cast photos. He told me:
  'We're going to make a book.'"

"Dear Doisneau. Got your photos. Go on making them
  just as you like and don't worry about my text.
  The photos come first and I'll take my inspiration from
  them when I write. This collection should be your book.
  You're a genius. Understood?"

Blaise Cendrars, Aix-en-Provence, 1945

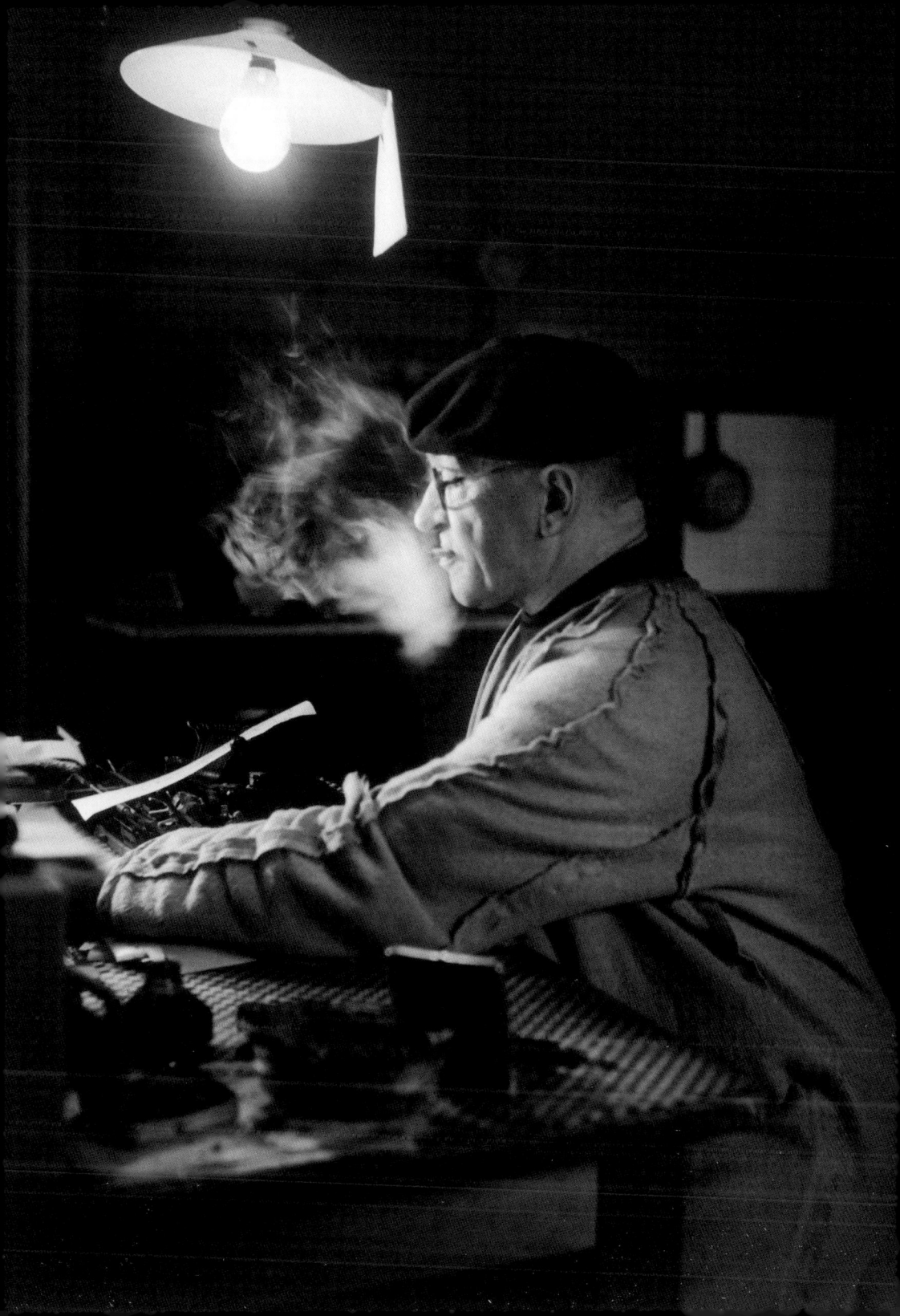

"I began taking photographs to make a record
of things that I saw every day. I thought that this
suburb was vanishing, that it was ephemeral..."

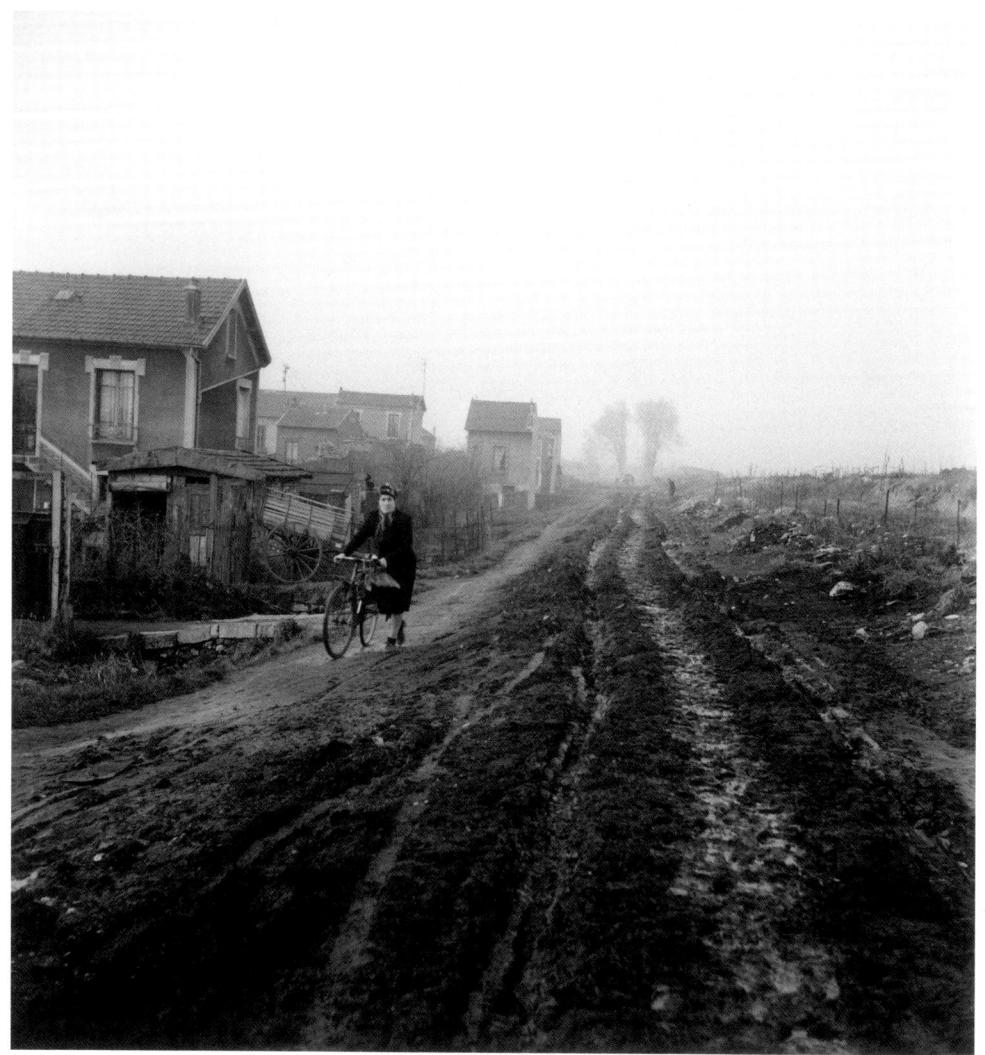

La Plaine Saint-Denis, 1944

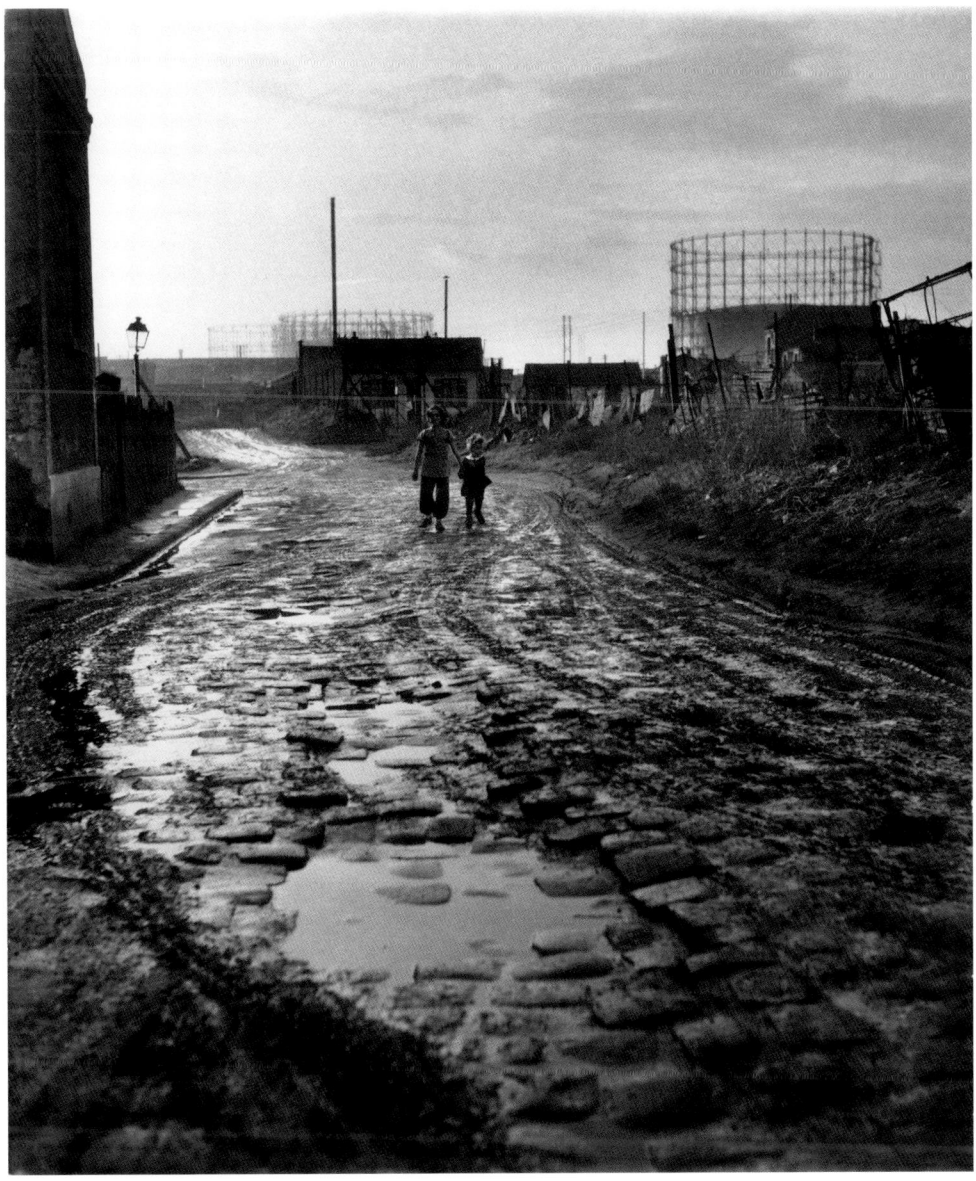

Children Going to School, La Courneuve, 1945

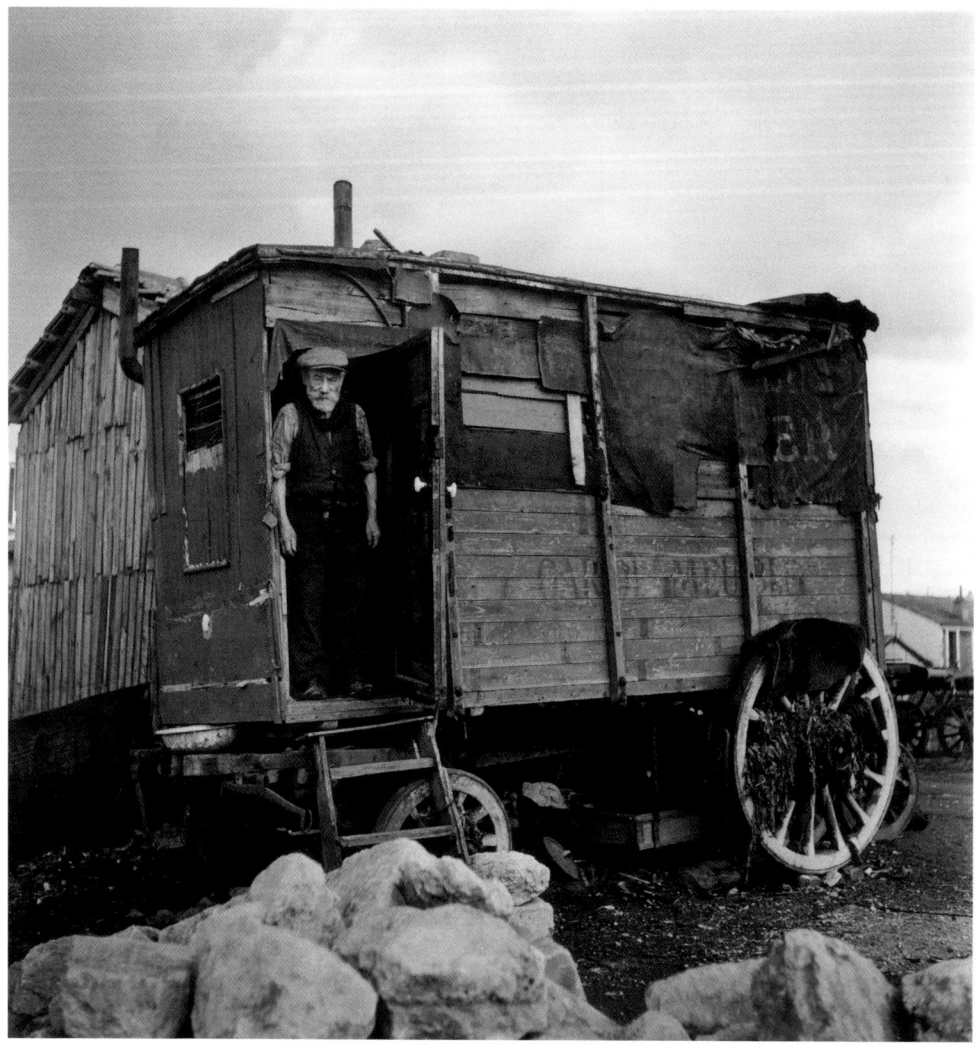

The Moored Caravan / La Roulotte amarrée, Villejuif, 1946

"As a Sunday or stolen-time photographer, I attempted to record this absurd setting and work out the cast list. Gradually, I accumulated images; I quite liked some of them but I felt very much alone; my photos of the suburbs didn't elicit any interest in the people around me..."

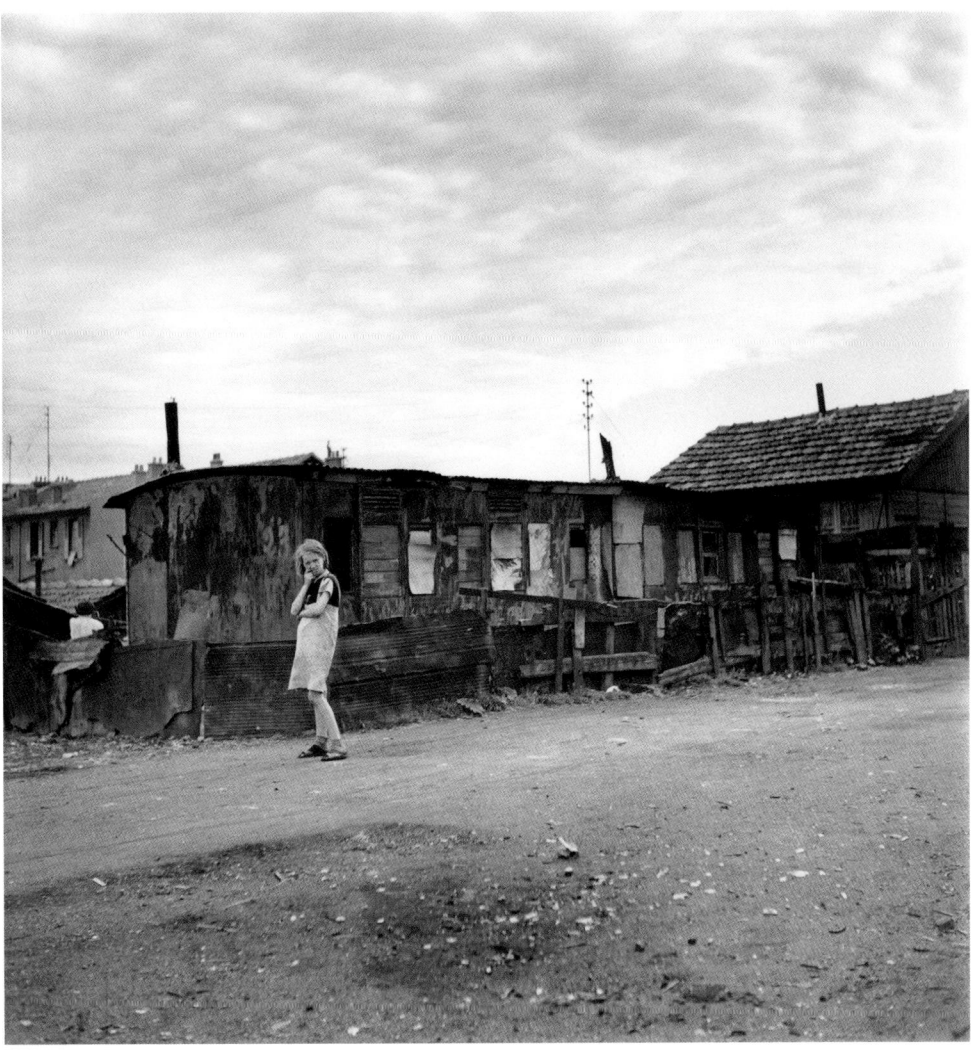

Ivry, 1946

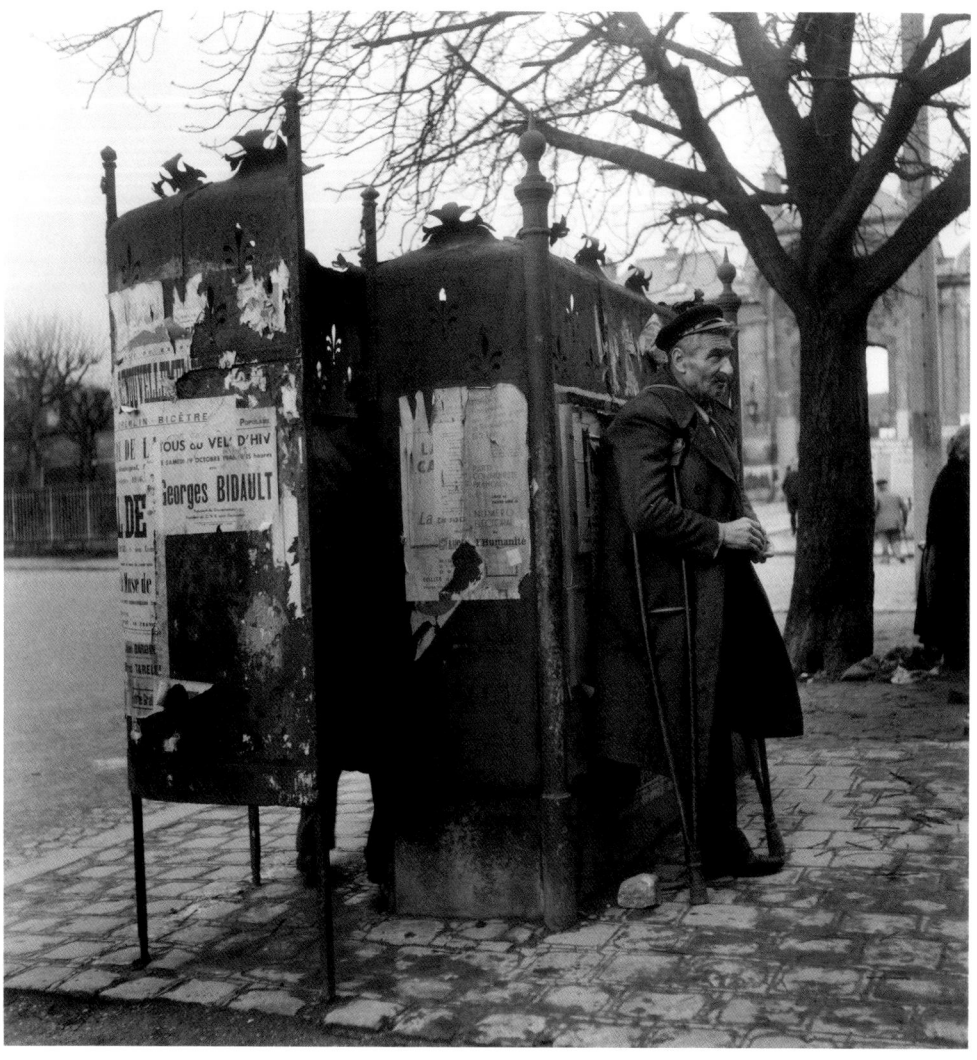

The Old Man of Bicêtre, Le Kremlin-Bicêtre, 1945

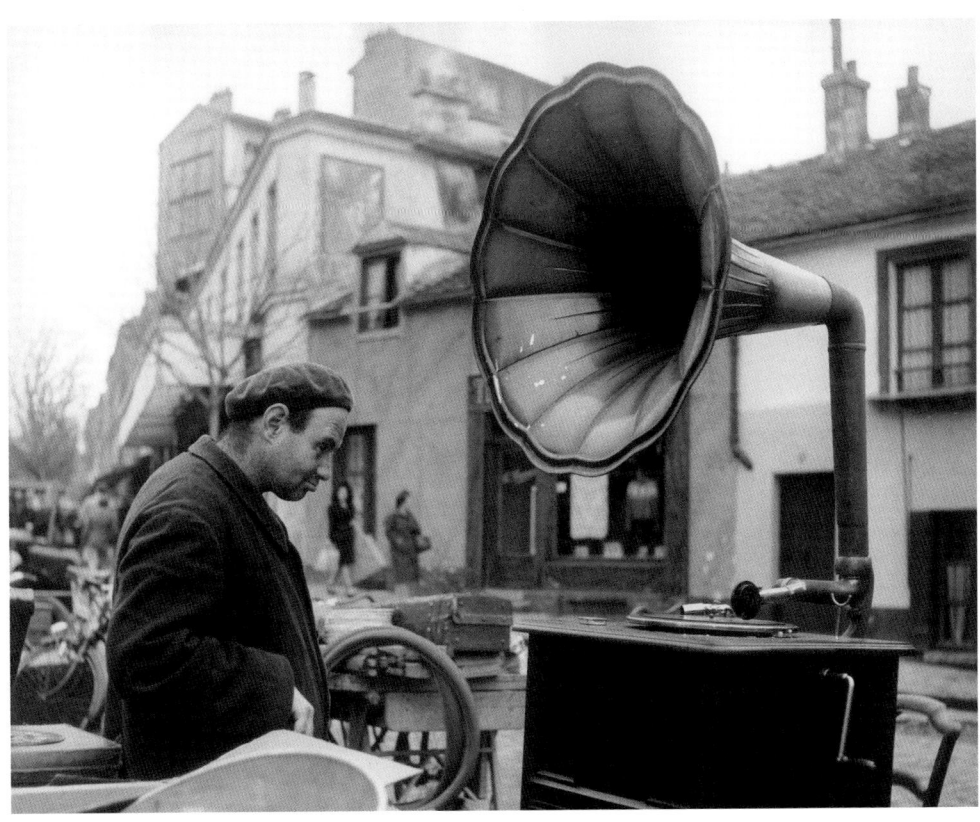

Flea Market / La Musique des puces, Le Kremlin-Bicêtre, 1944

"People like my photos because they recognize in them what
  they would see themselves if they could just get off the
  treadmill, if they took a little time to savor this city..."

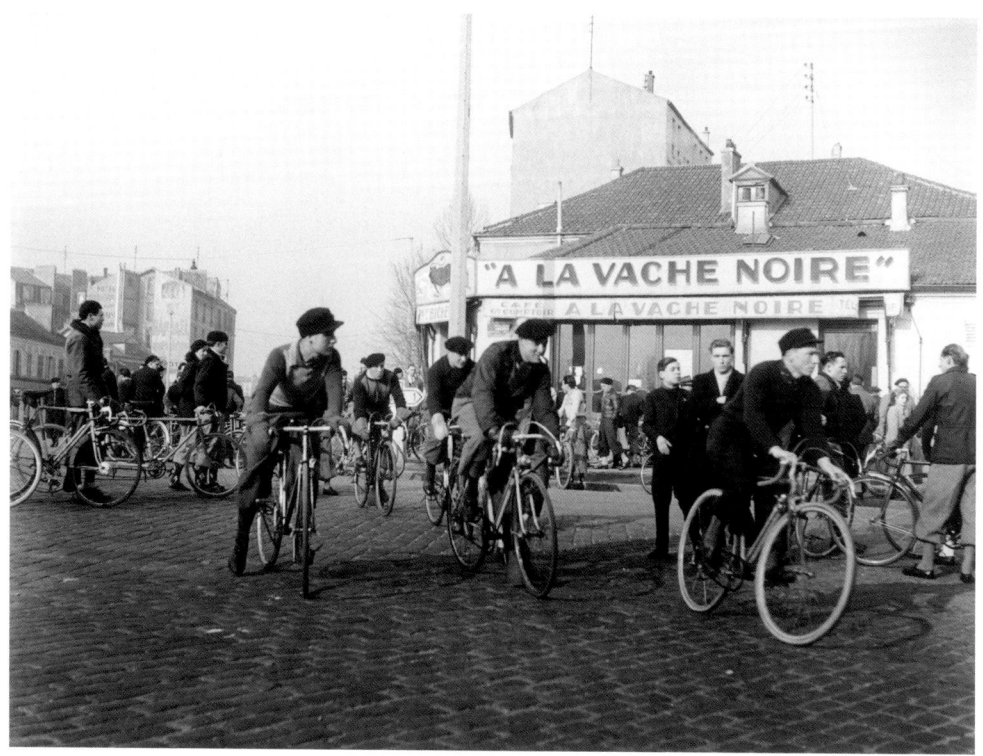

Cyclists at La Vache Noire, Arcueil, 1946

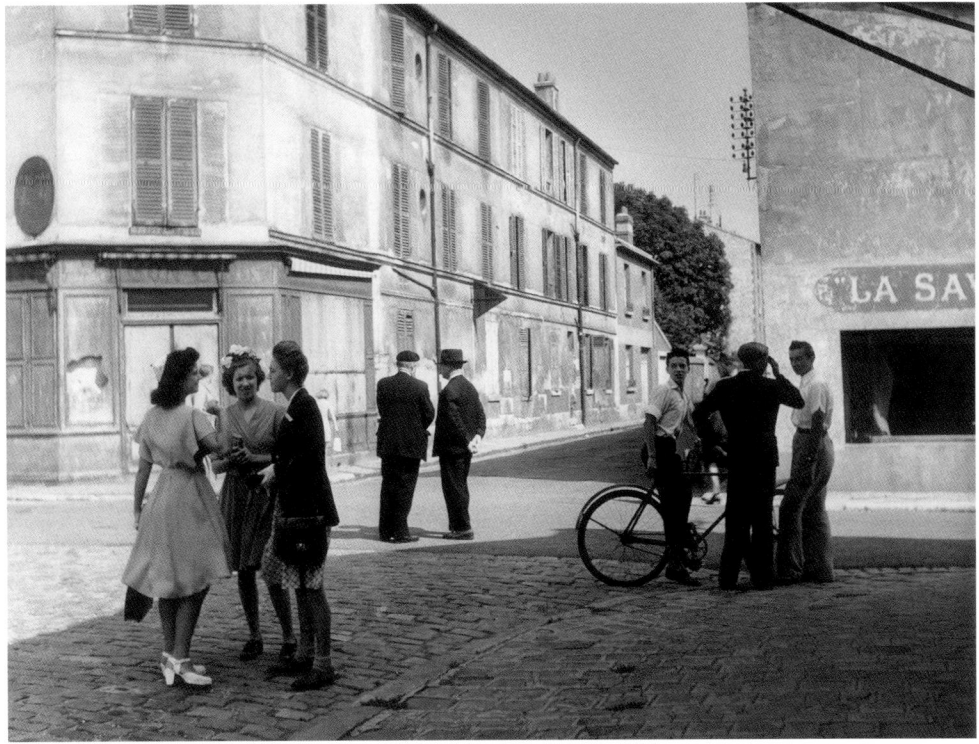

Sunday Morning / Dimanche matin, Arcueil-Cachan, 1945

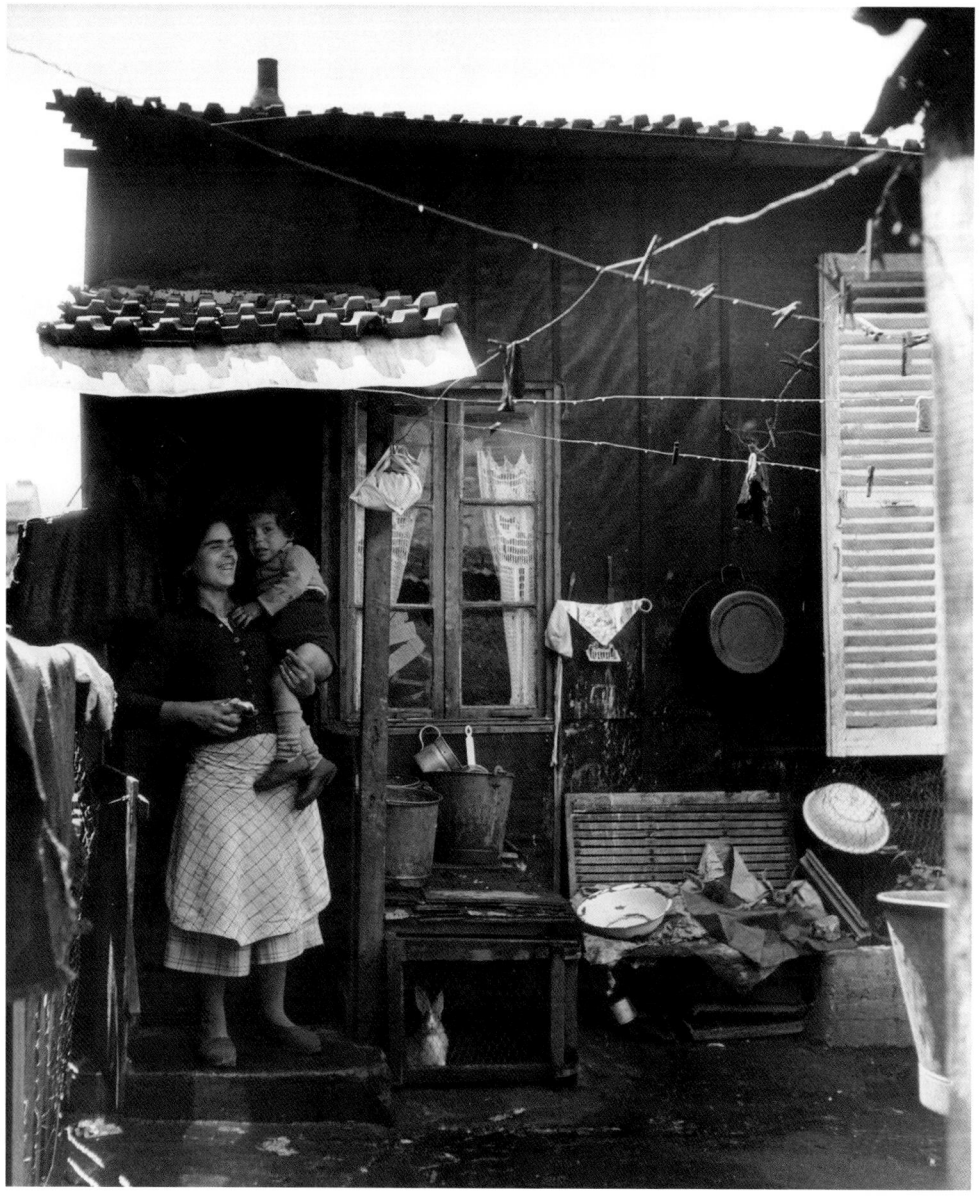

Villejuif, 1946

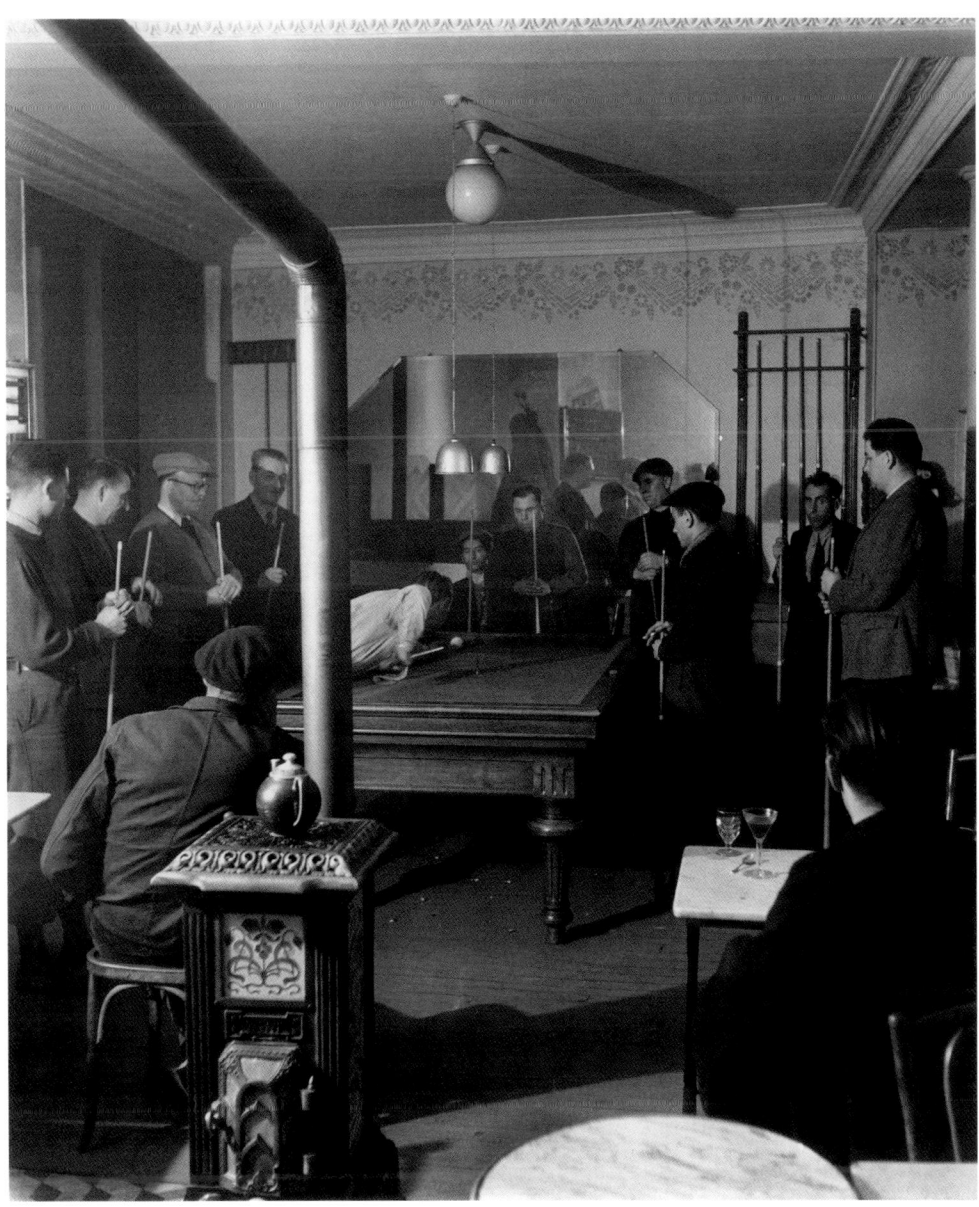

Skittle Pool, Café des Camarades, Montrouge, 1946

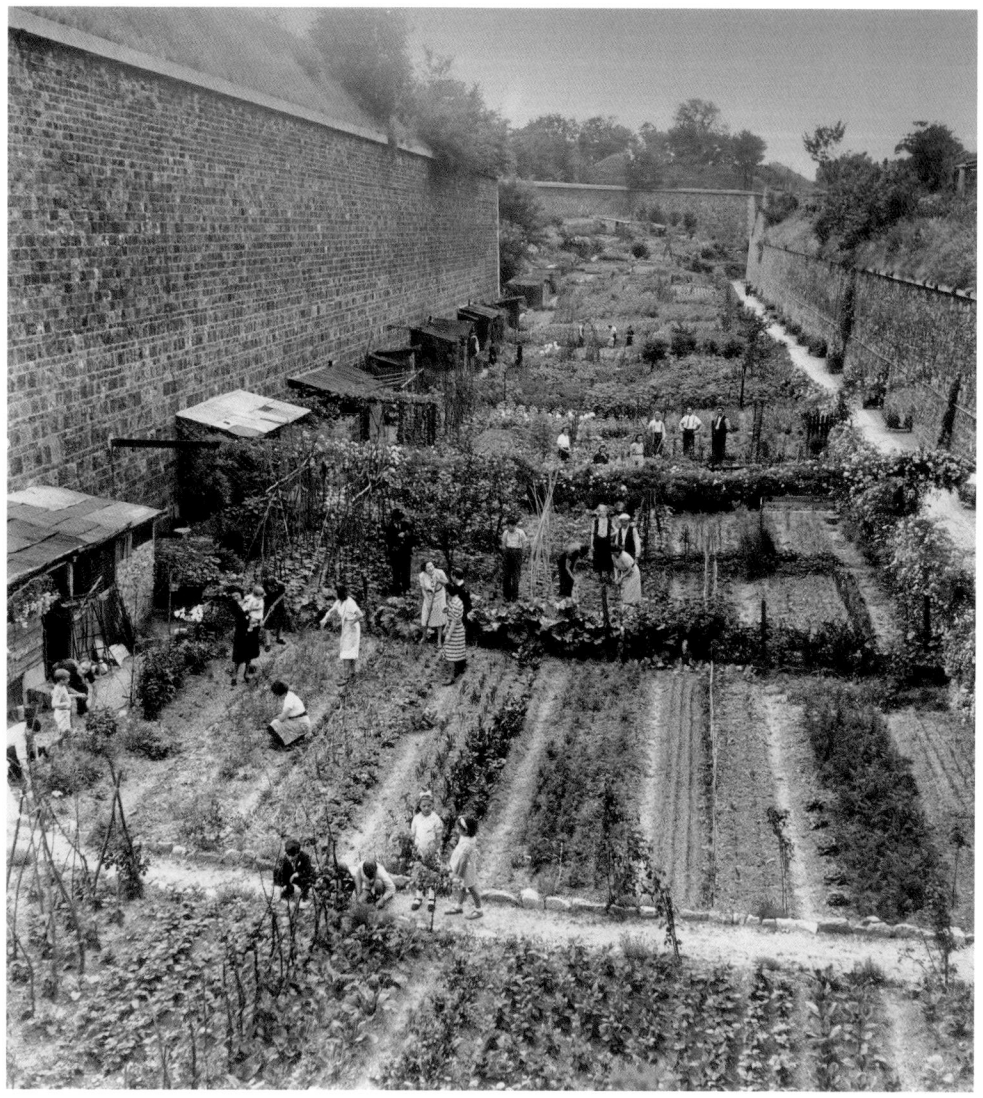

Workers' Gardens in the Ditch of Fort d'Ivry, 1949

"To the right and the left, in the ditches of the fortifications,
workers' gardens, each one with its tar-paper-roofed hut."

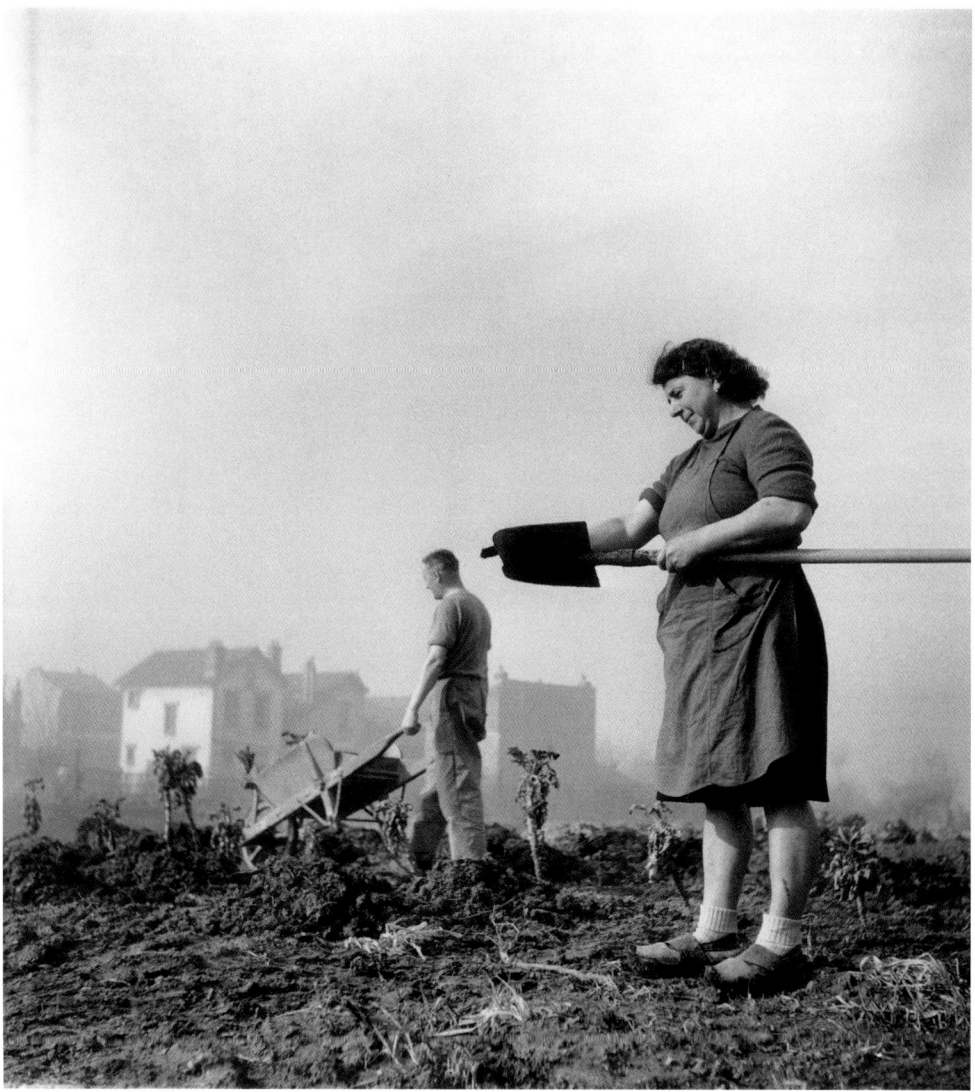

Woman with Spade, Fresnes, 1946

"Outside the factory walls but not so very far
from them, I used to go and wait, not for some event ...
but for who knows what, with an unreasonable
obstinacy that was sometimes rewarded with what
seemed to me to be a ray of beauty emerging from
the gray surroundings..."

"...I refuse to show the dark side of life;
I hate ugliness, it makes me physically sick...
But melancholy and compassion, these may
be minor values but they're the ones that
move me most of all."

Just the Two of Us / *La stricte Intimité*, Montrouge, 1945

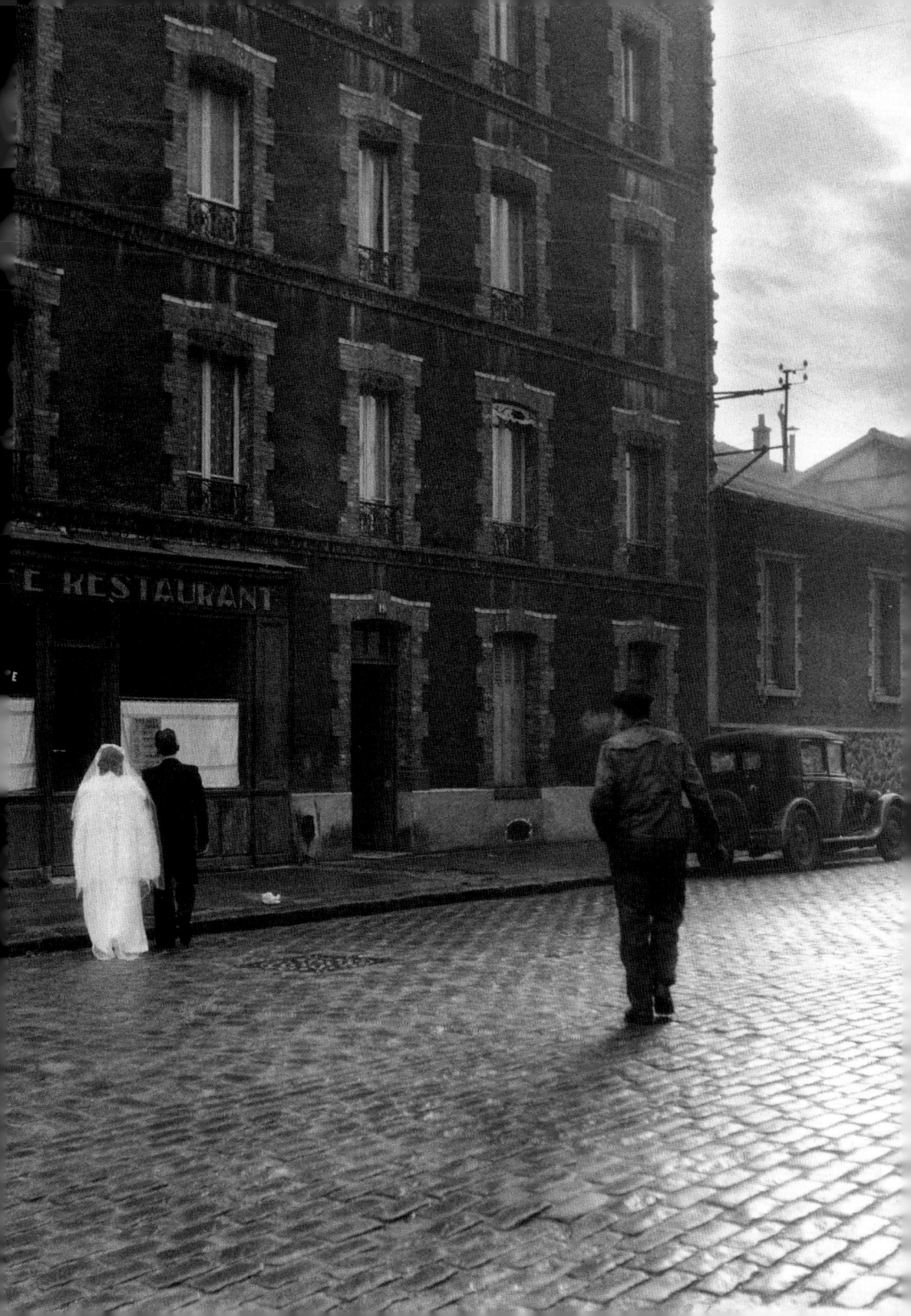

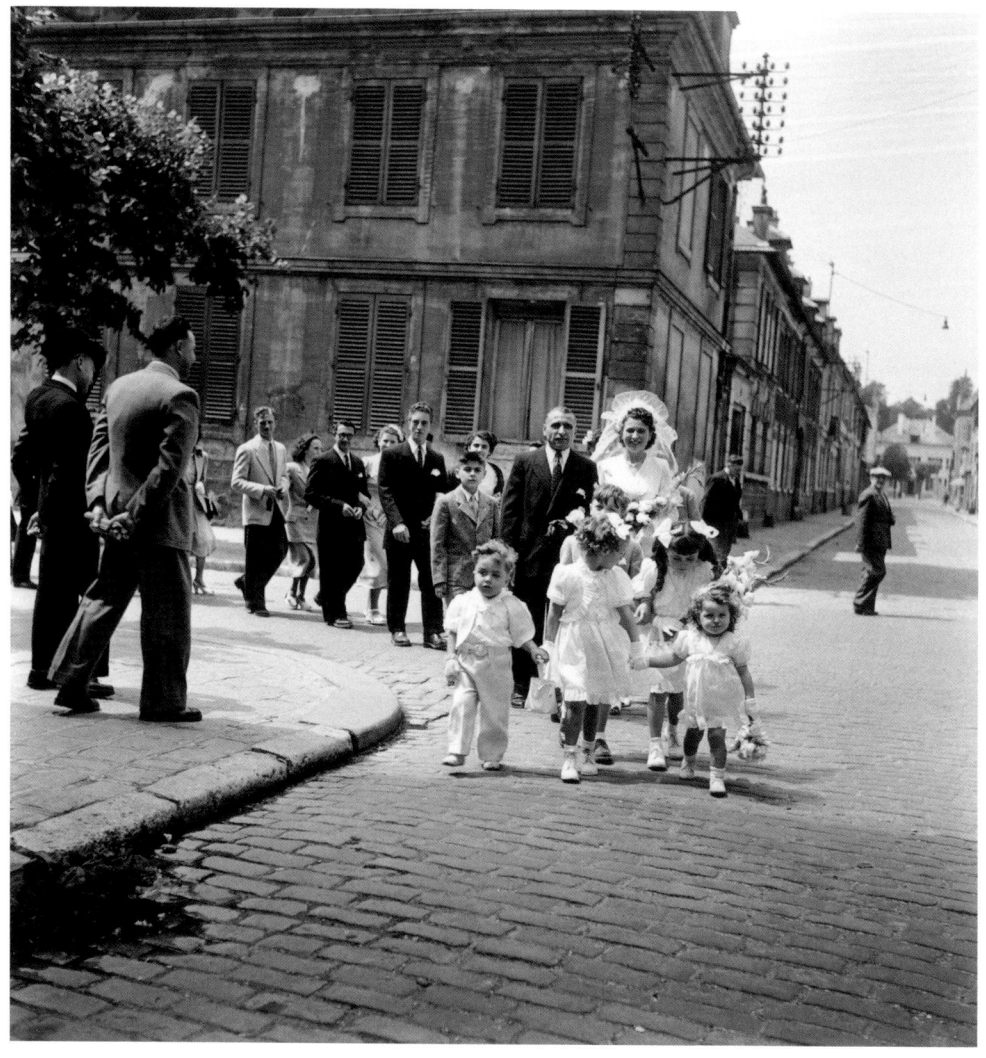

Denise's Wedding, Choisy-le-Roi, 1950

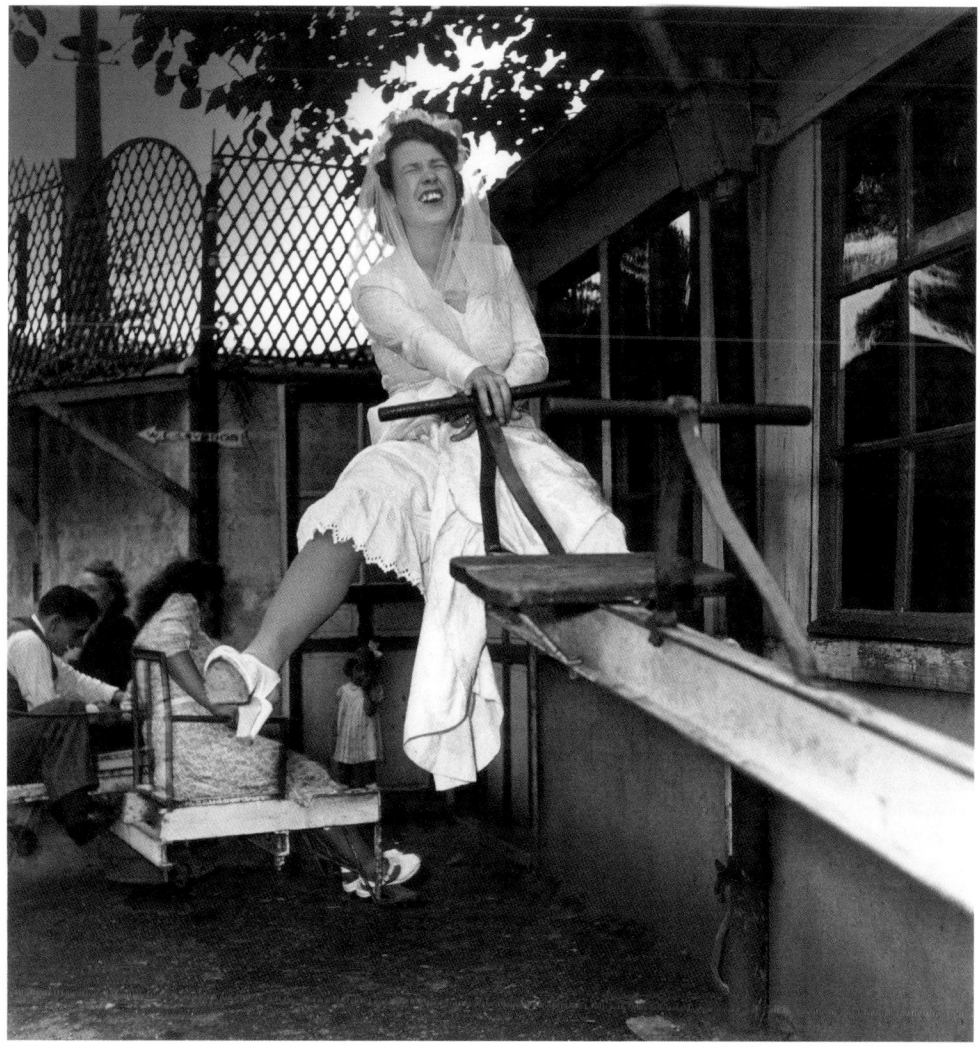

Bride at Gégène's / La Mariée chez Gégène, Joinville-le-Pont, 1946

"It's a rare luxury to be able to place under the noses
of our contemporaries, who are blinded by cinematic
images, one of those little treasures that were soon to
disappear into the dustbin of time."

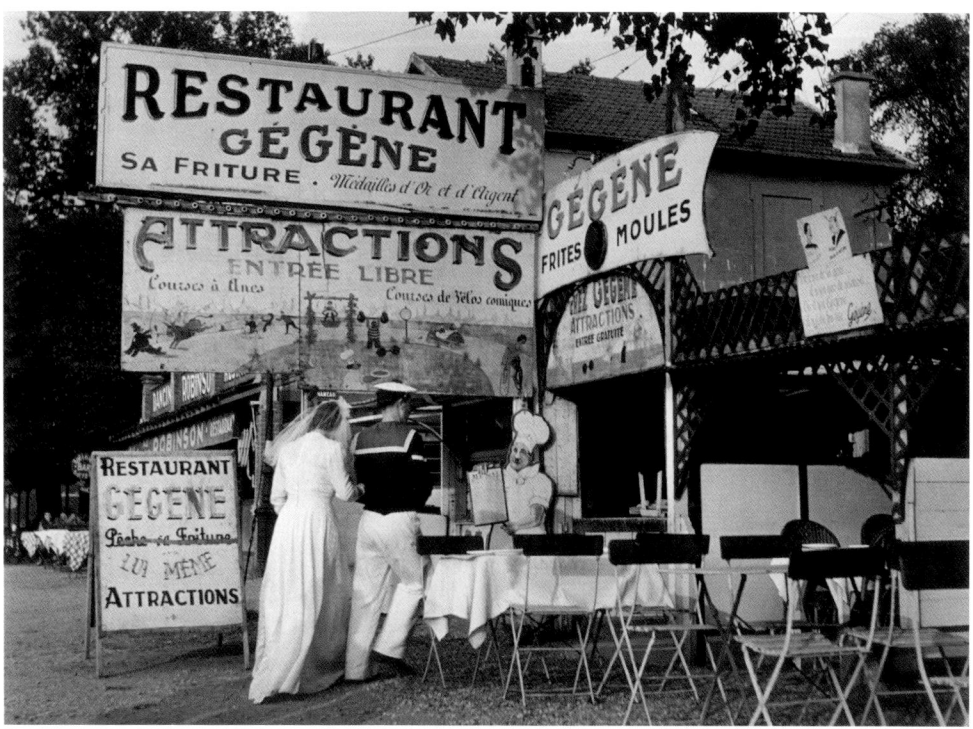

At Gégène's, Joinville-le-Pont, 1946

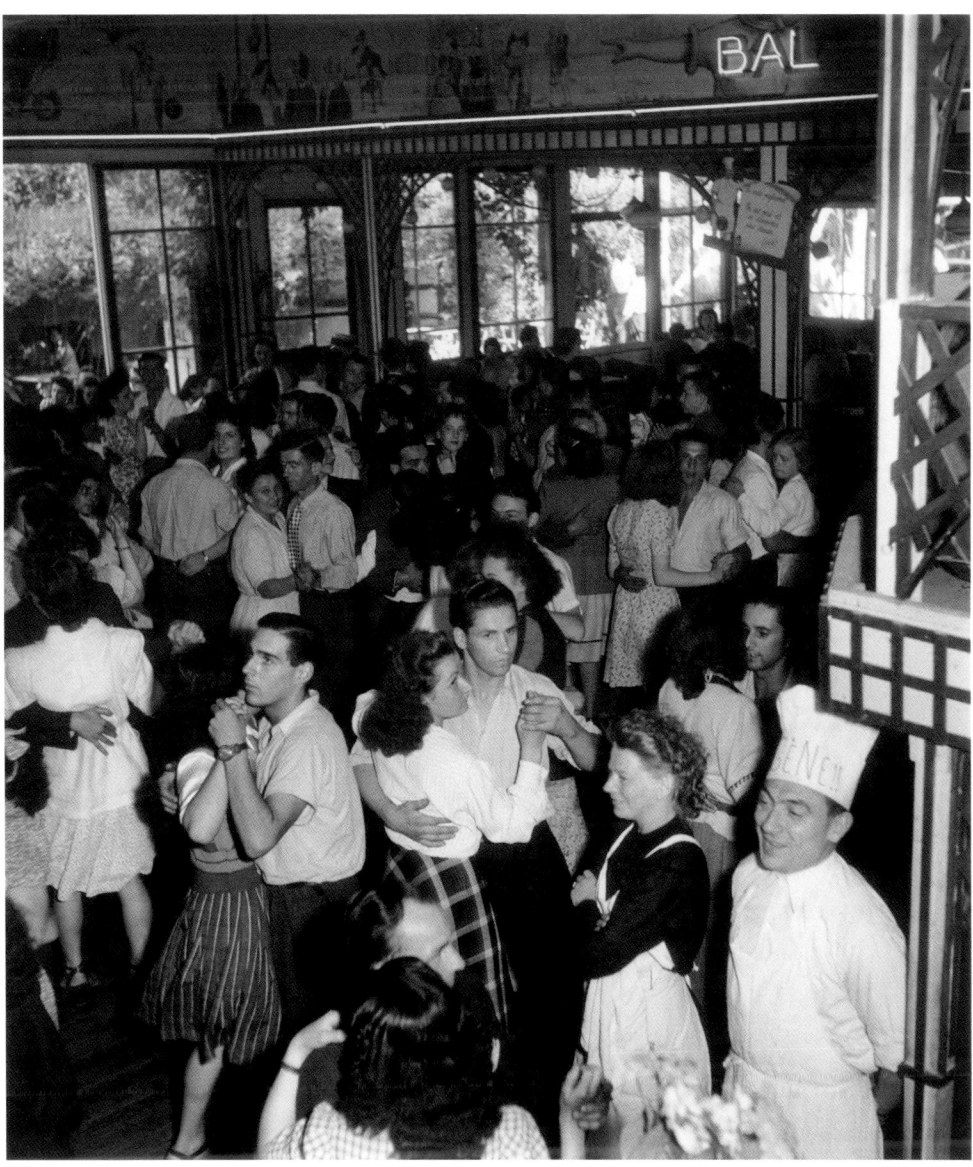

Dance at Gégène's, Joinville-le-Pont, 1945
PP. 232/233 *Black and White Coffee / Café noir et blanc*, Joinville-le-Pont, 1948

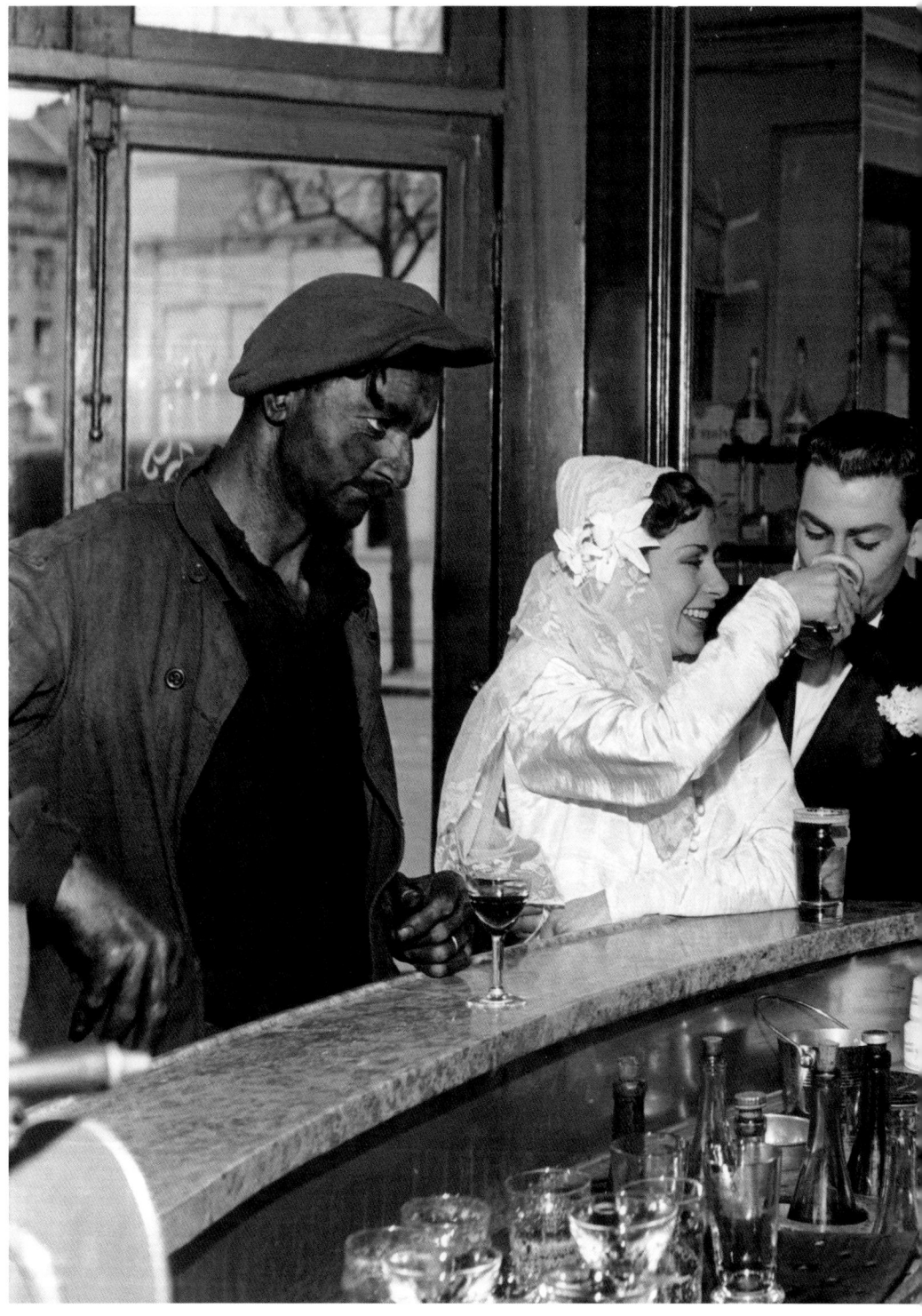

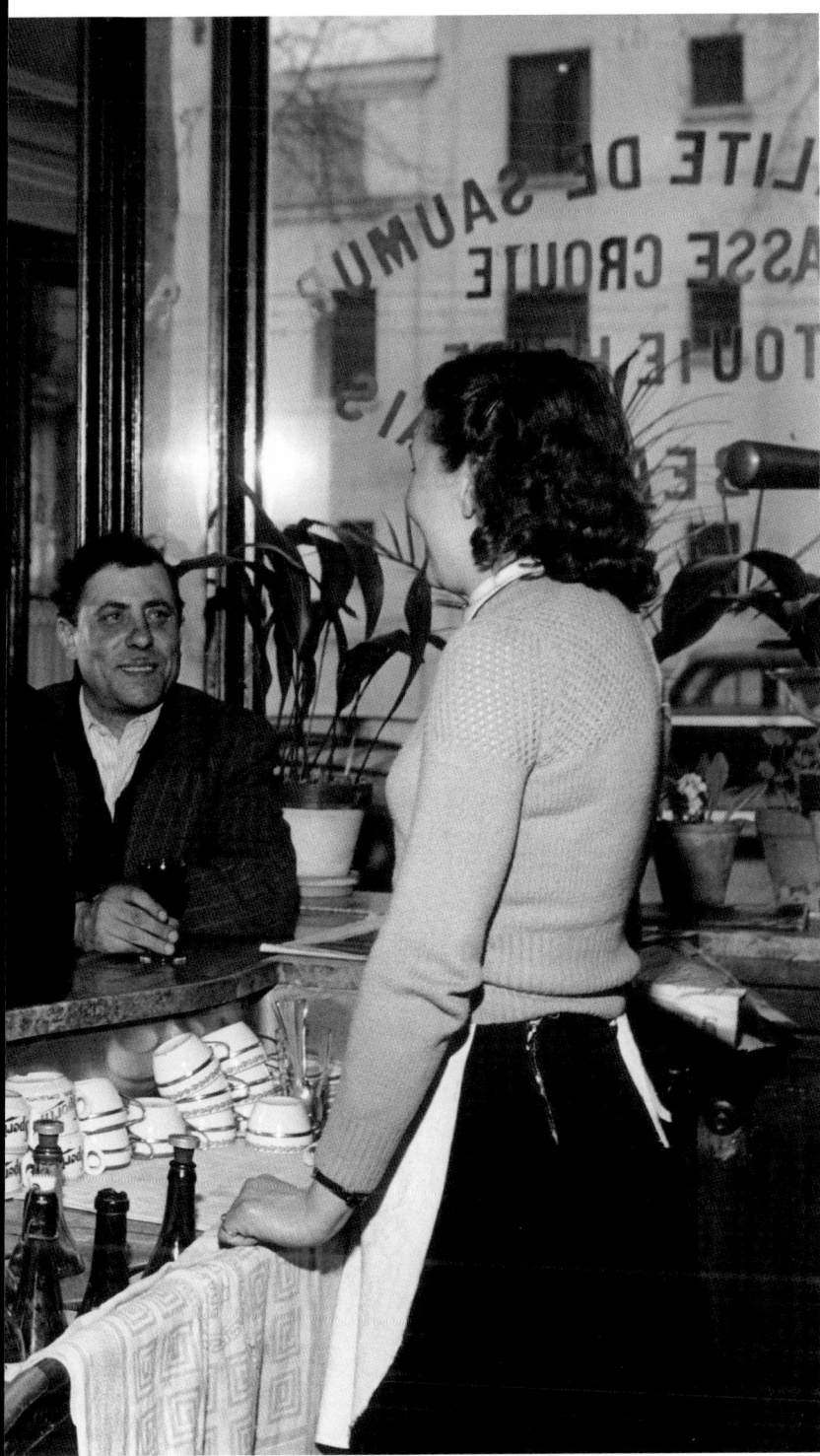

"Something is always coming into being, wherever you are.
You just have to wait, to watch a long time for the curtain
to go up. So I wait. And every time I do, the same pompous
formula runs ironically through my mind: Paris is a theater
where you pay for your seat in wasted time."

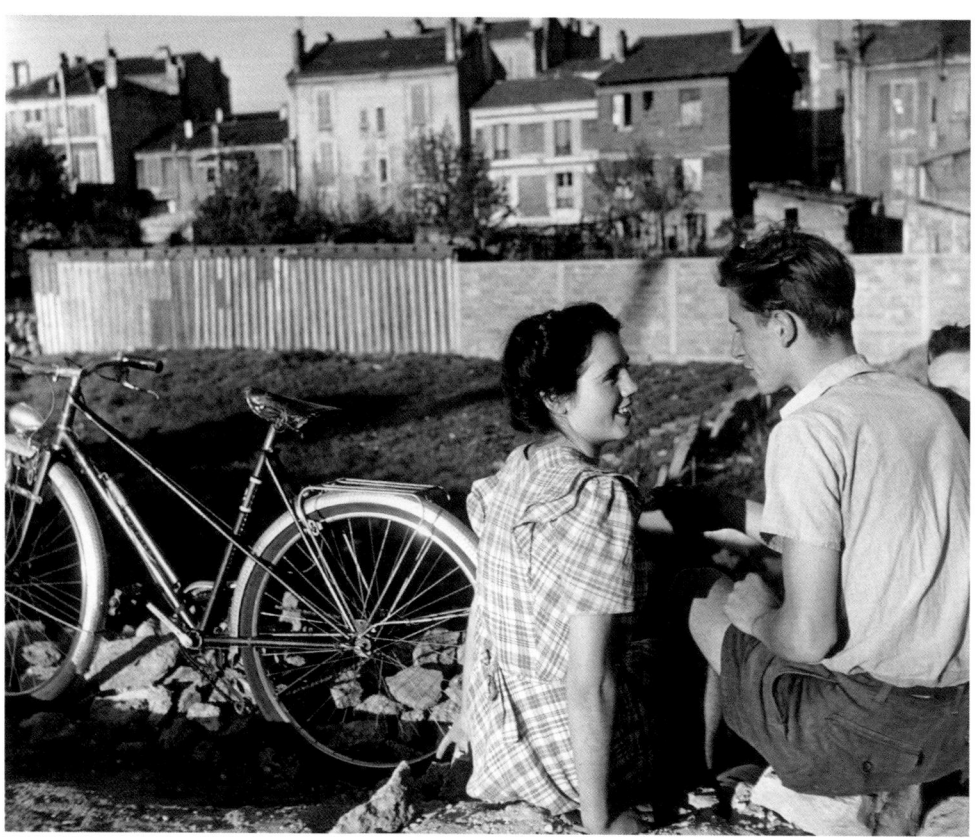

Cycling in Spring / Le Vélo du printemps, Arcueil, 1948

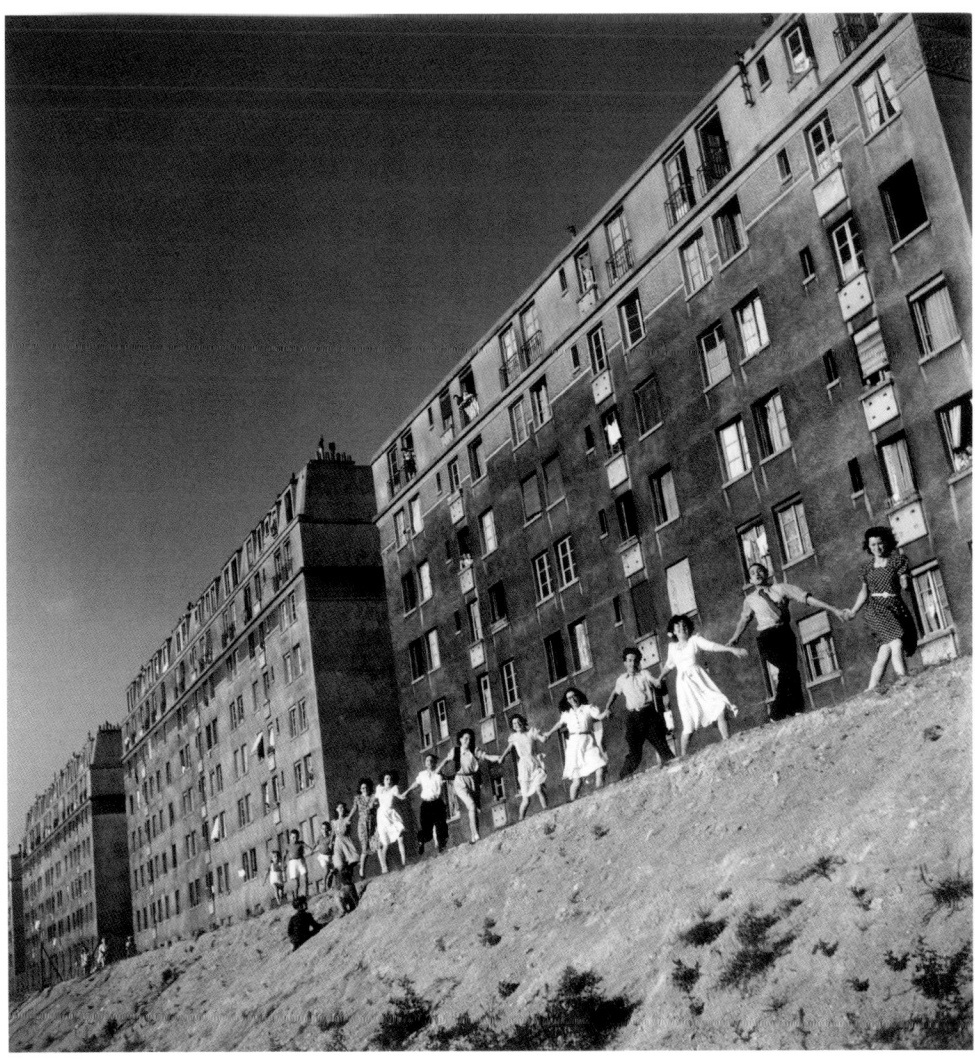

Josette's Twentieth / Les vingt Ans de Josette, Gentilly, 1947

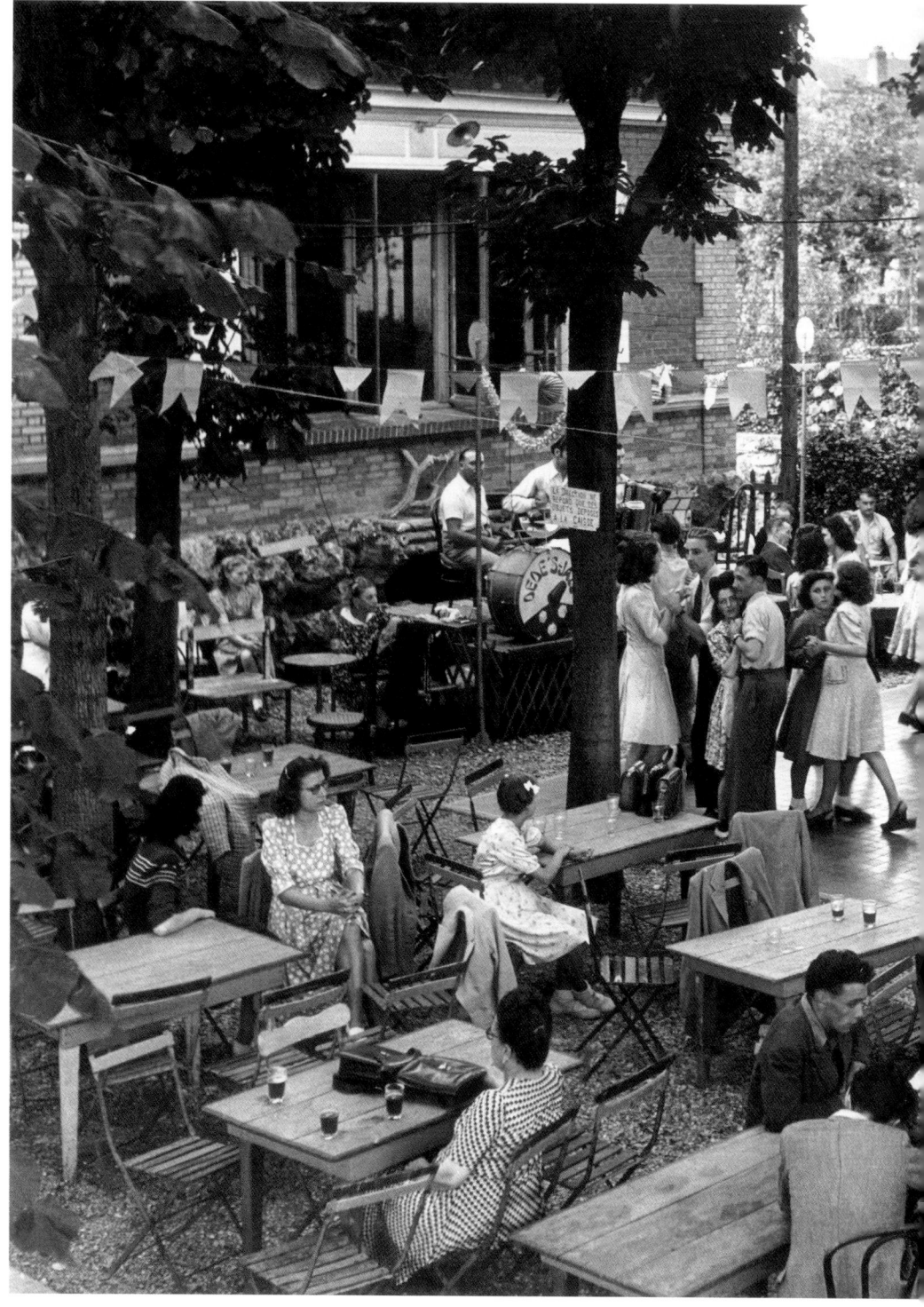

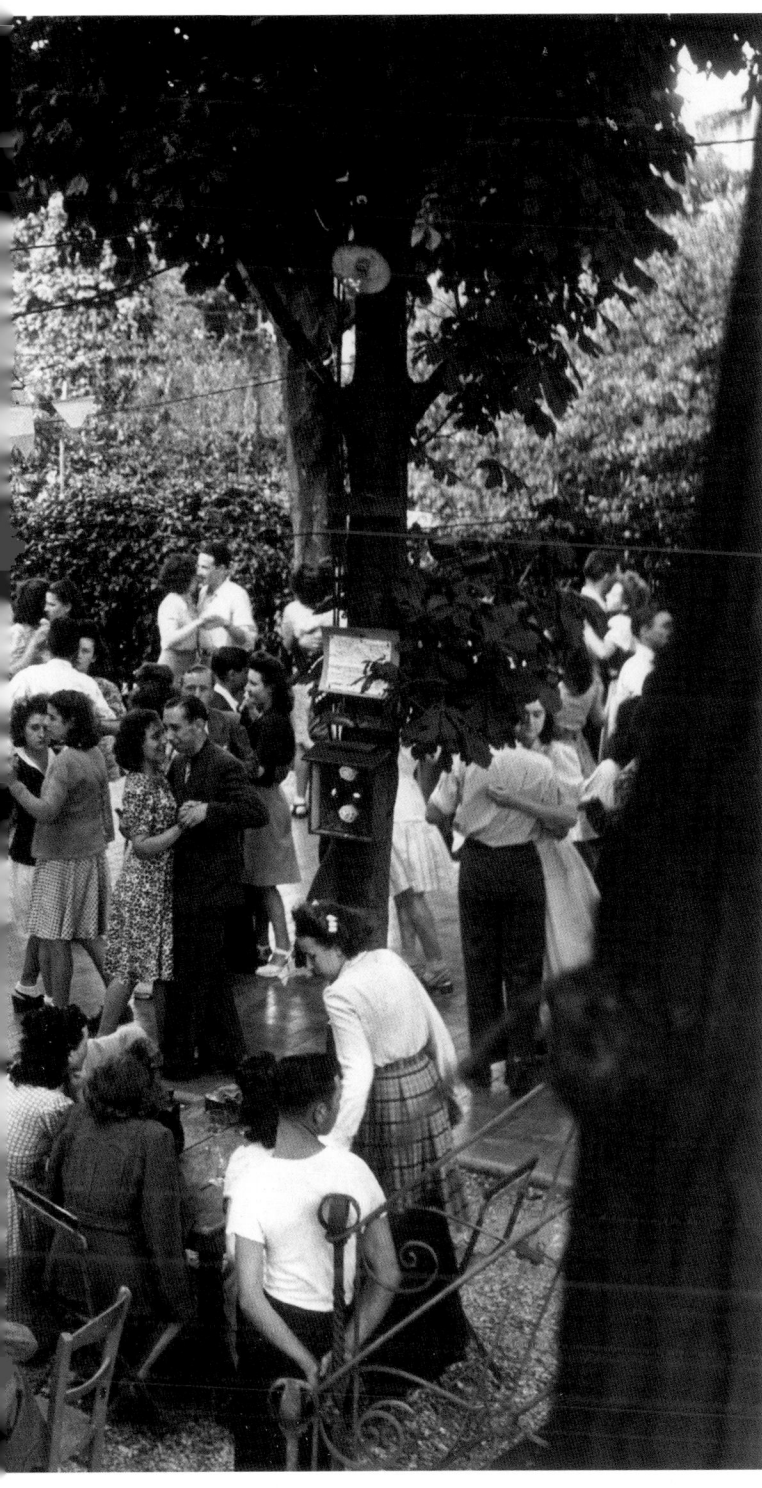

Café-dansant, Paris
suburbs, July 14, 1945

"...like swifts around a bell tower, children came
swirling around the land left 'waste' by the demolition
of the fortifications..."

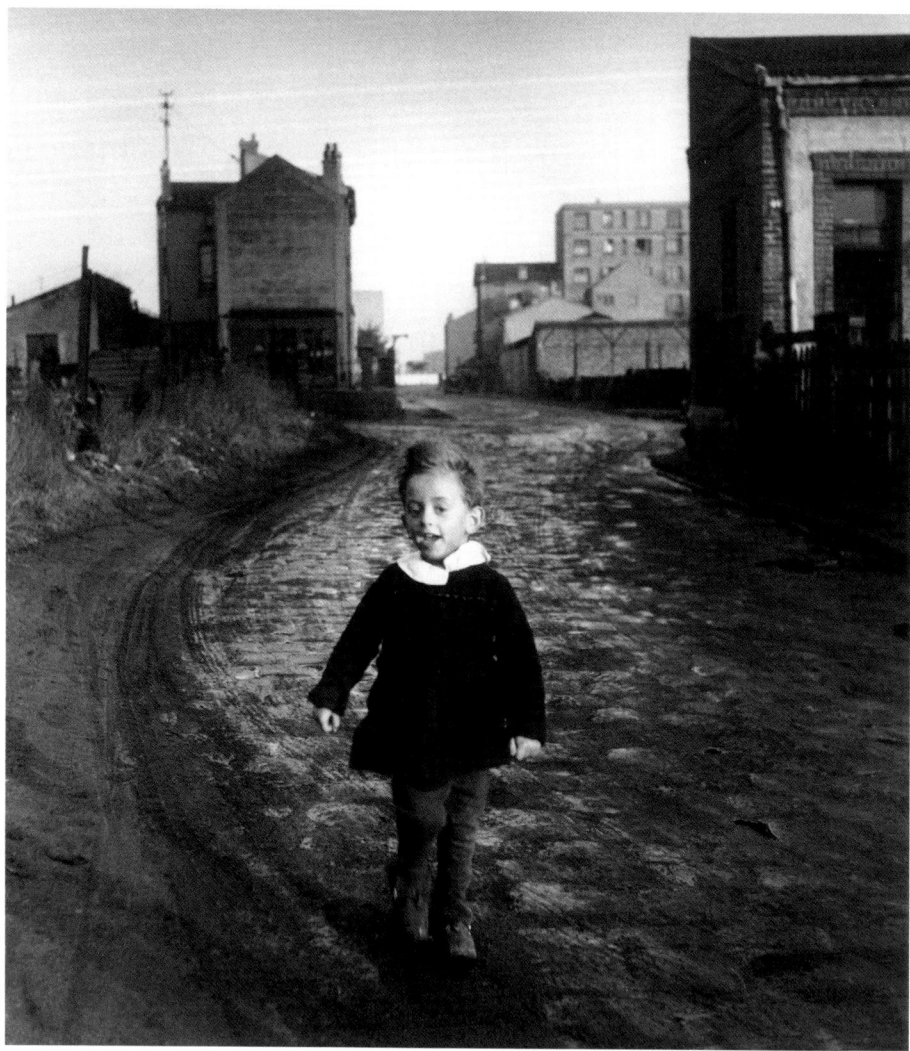

Butterfly Child / L'Enfant papillon, Saint-Denis, 1945

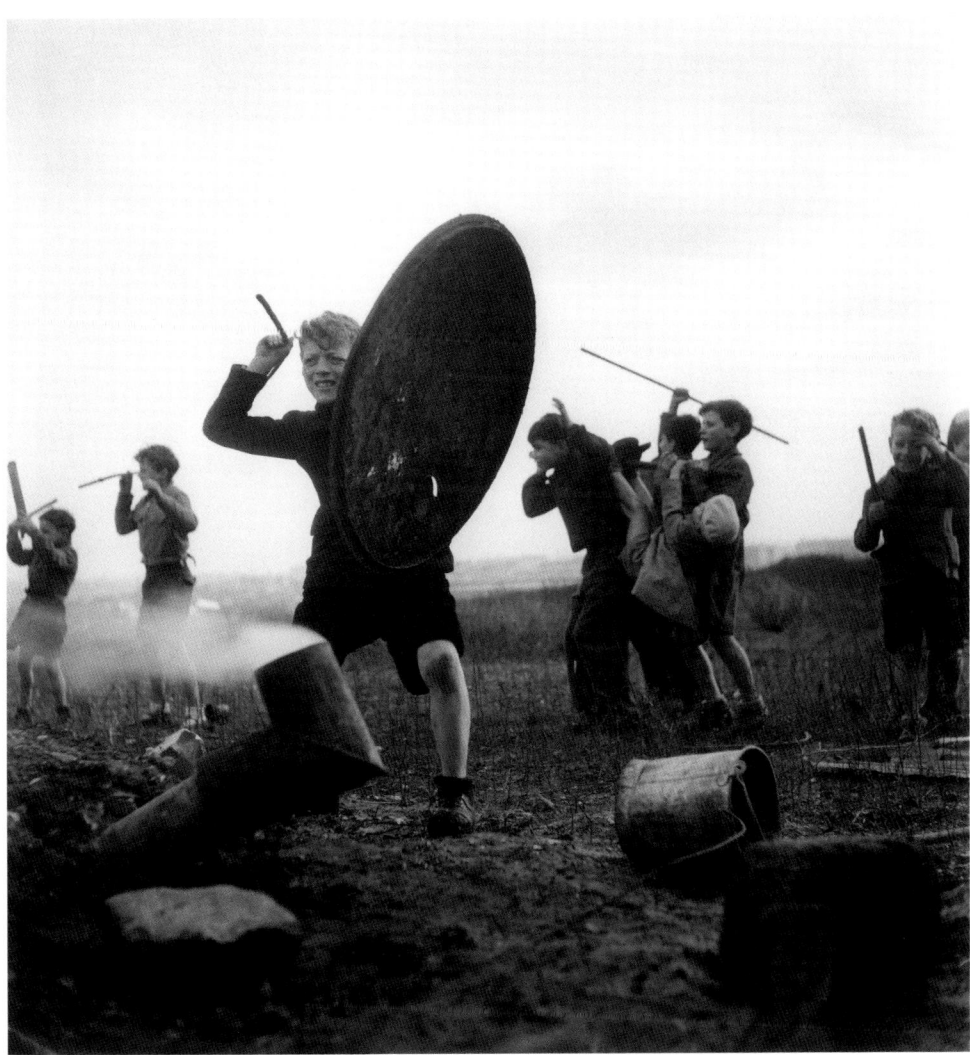

African Games / Jeux africains, 1945

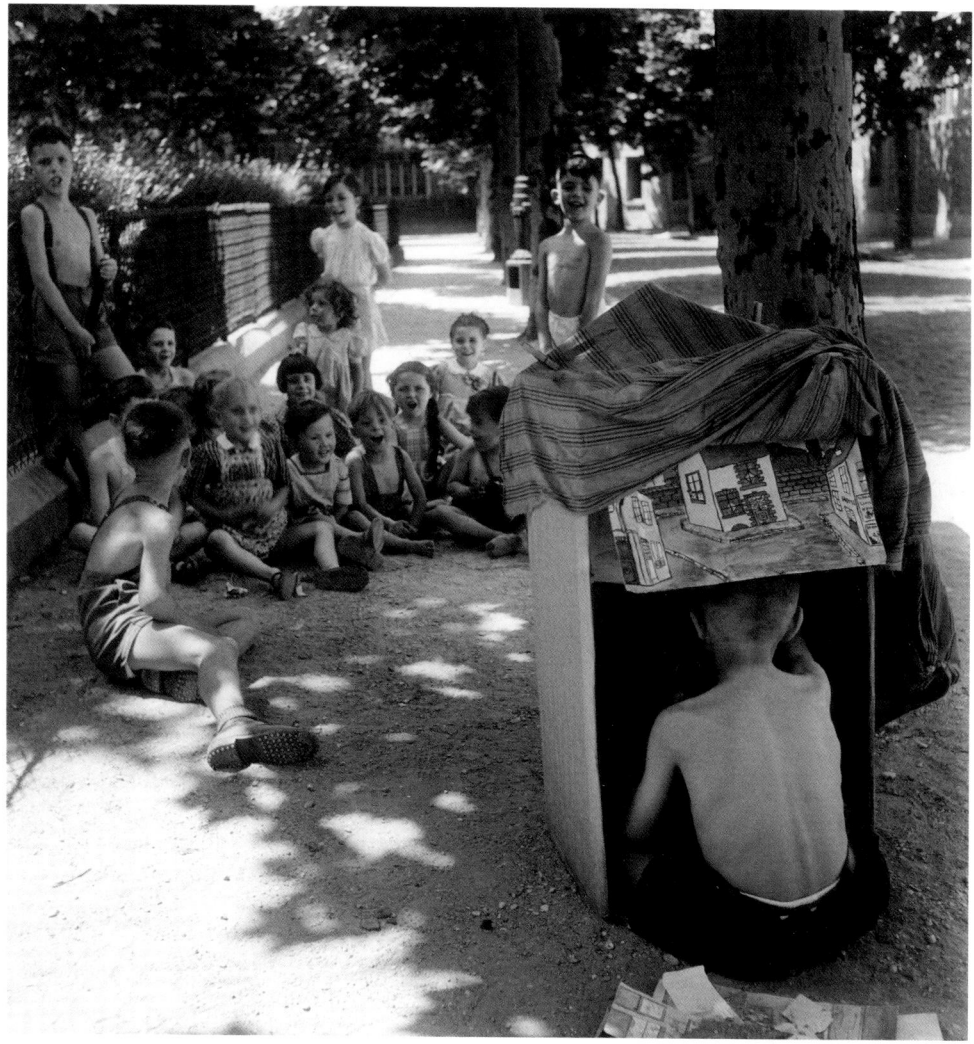

Puppet Theater, Place Jules Ferry, Montrouge, 1945

"...the wonders of daily life are thrilling; no film director
could ever set up the kind of scene that you see in the street."

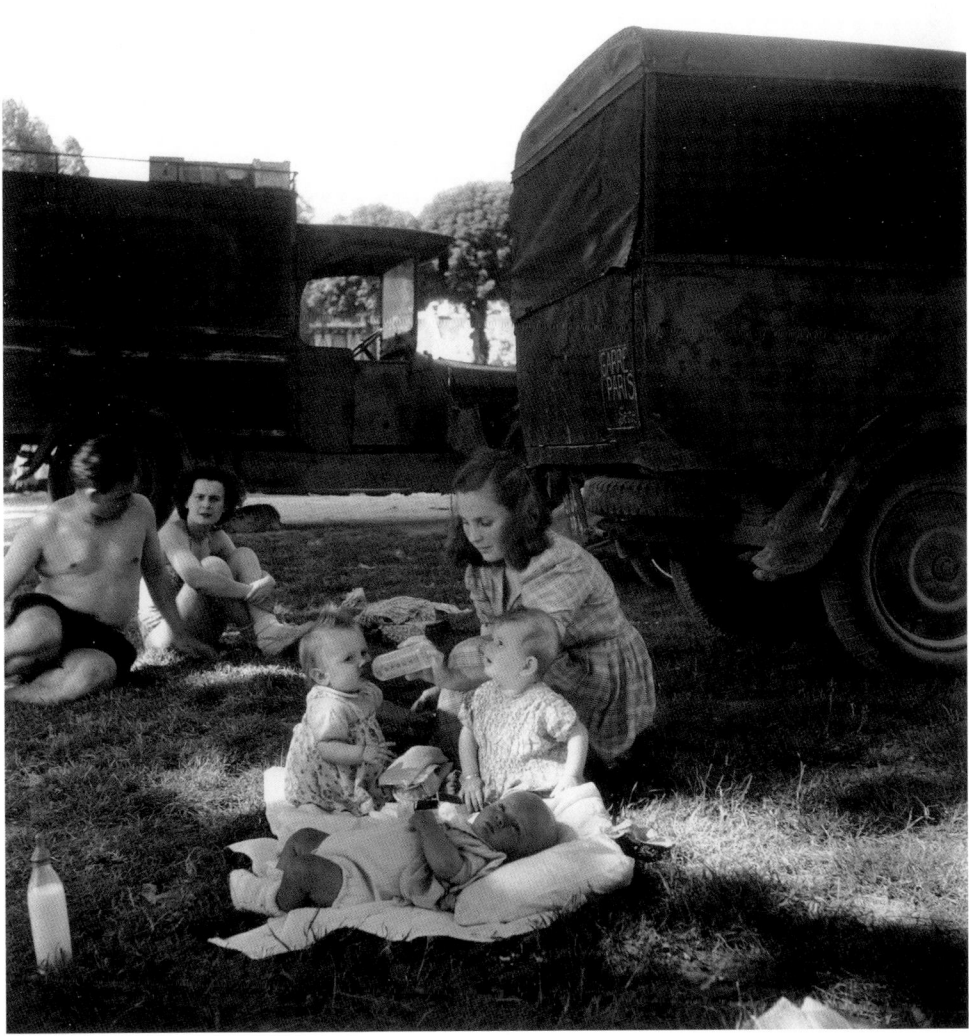

Roadside Nursery, Bois de Vincennes, 1945

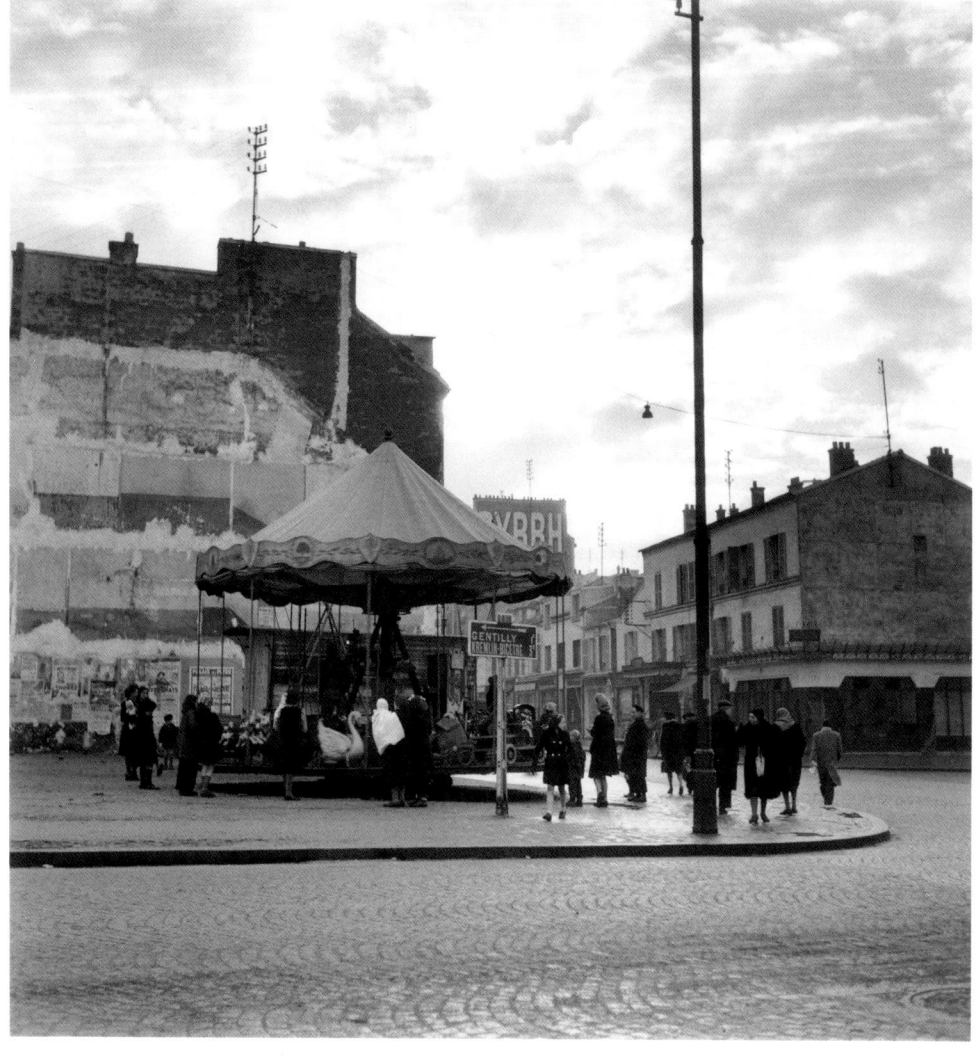

Sunday in the Suburbs, Merry-Go-Round, Montrouge, 1946

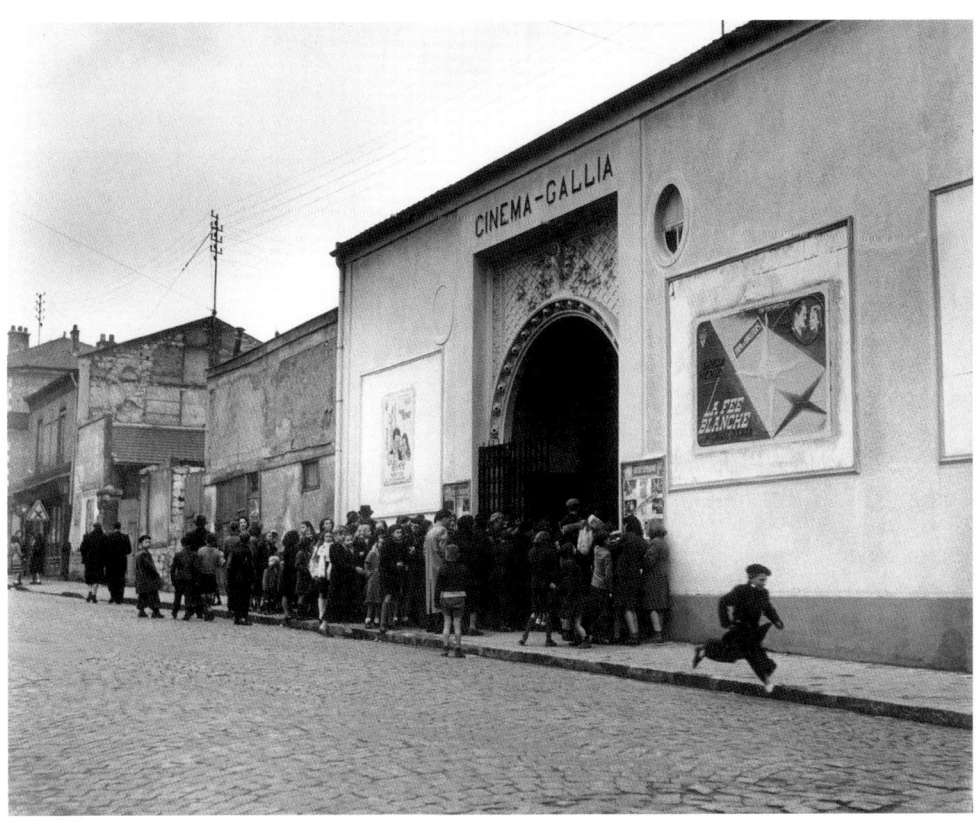

Cinéma Gallia, Gentilly, 1948

"My own suburb was mainly two-story houses,
gray and stupid, with nooks and crannies, overhangs,
makeshift repairs, and people living midway
between street and bar..."

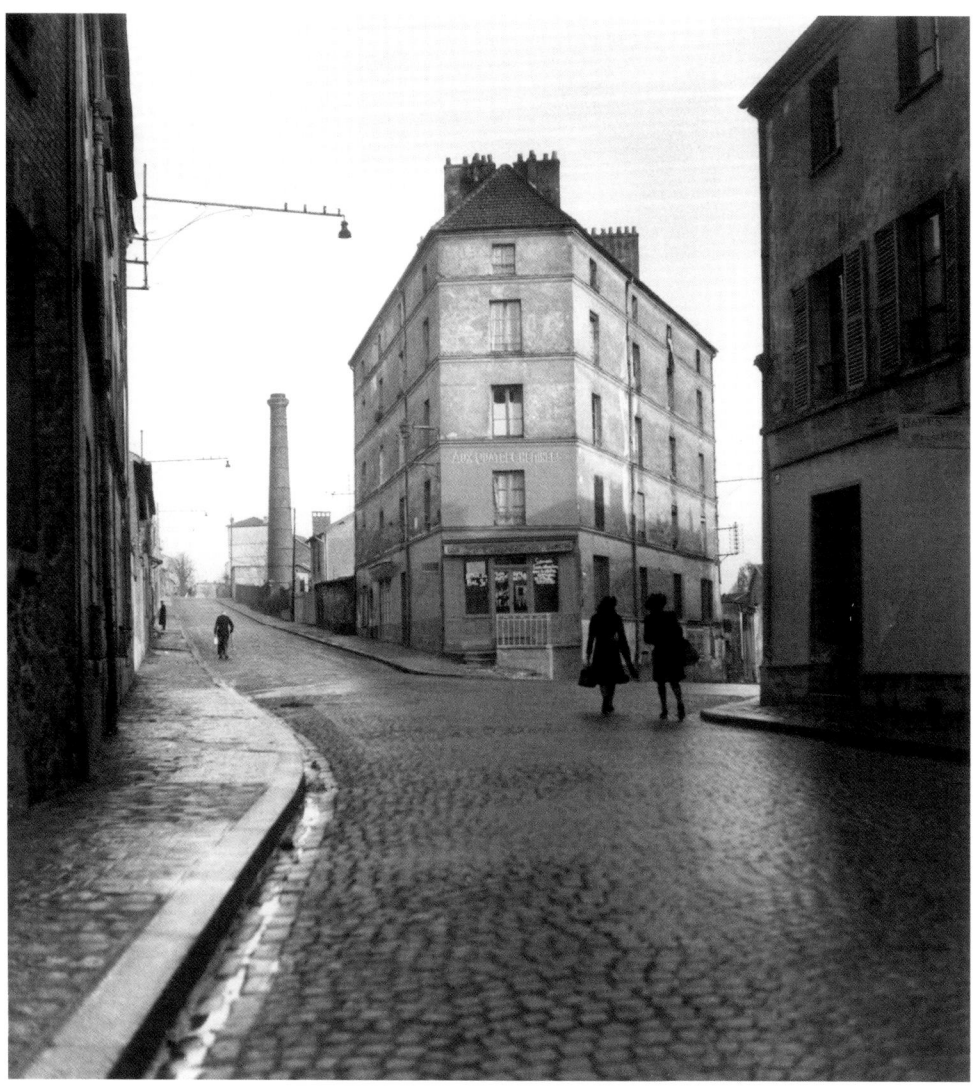

Erik Satie's House, Arcueil, 1946

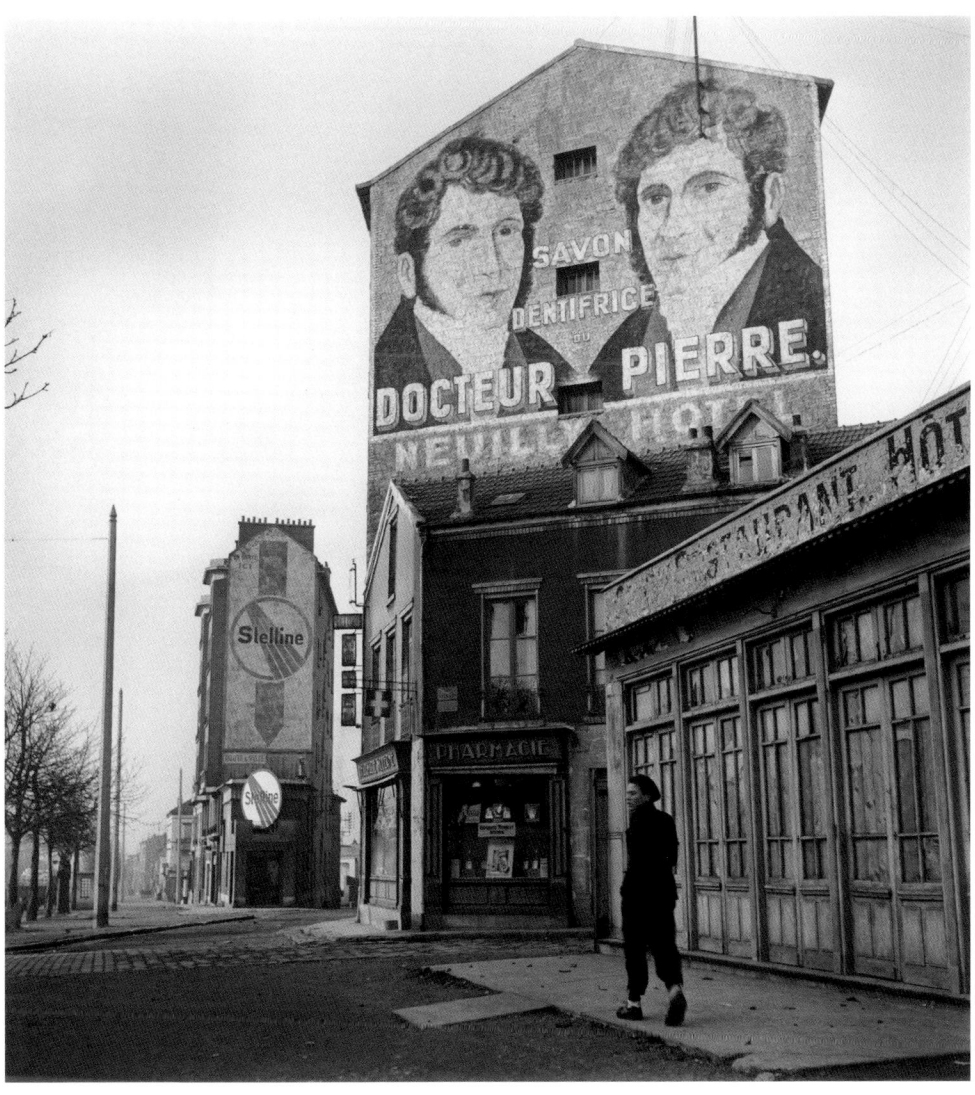

Nanterre, 1947

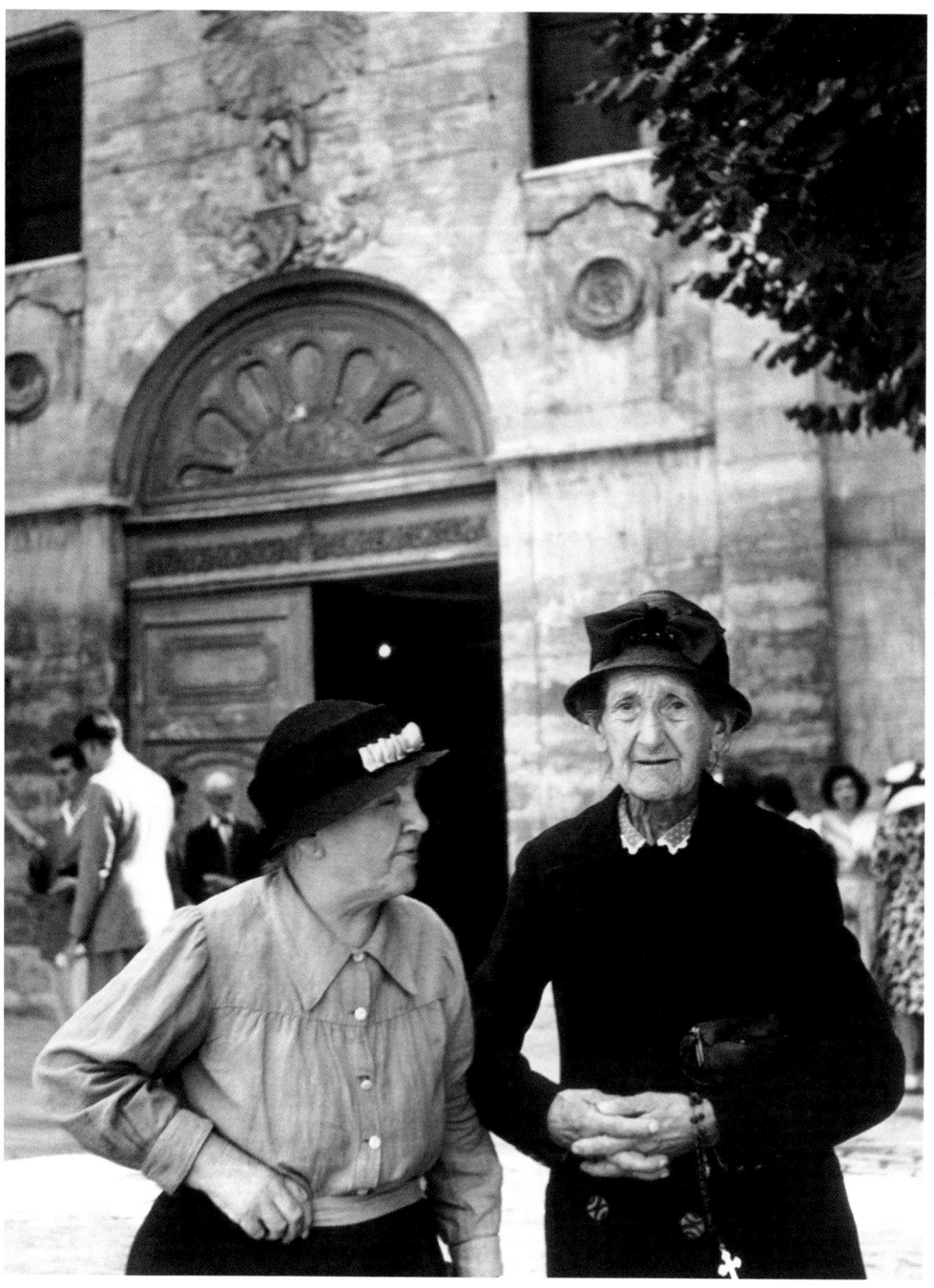

The Right-Minded Ladies, Sceaux, 1945

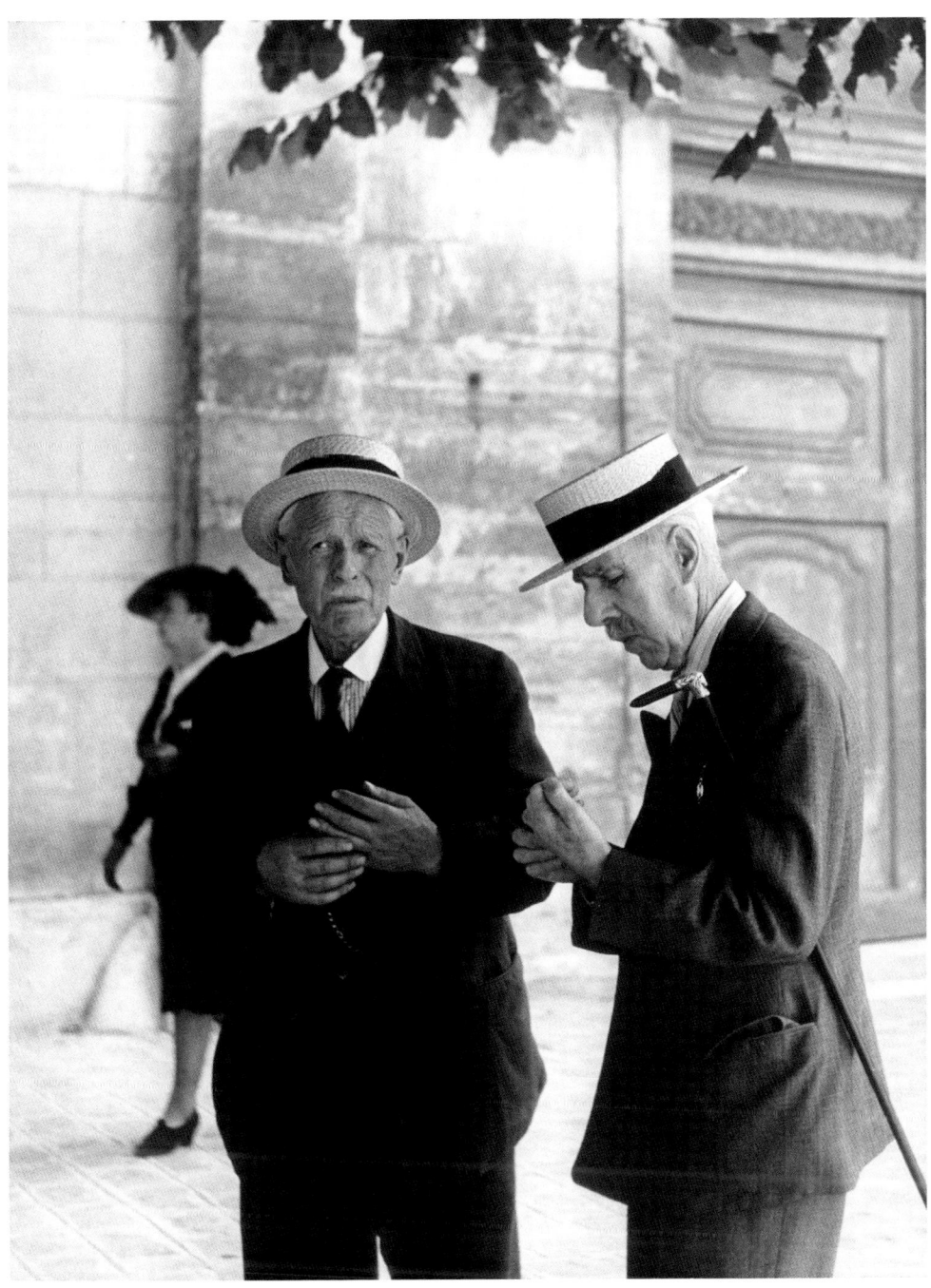

Coming Out of Mass / Sortie de Messe, Sceaux, 1945

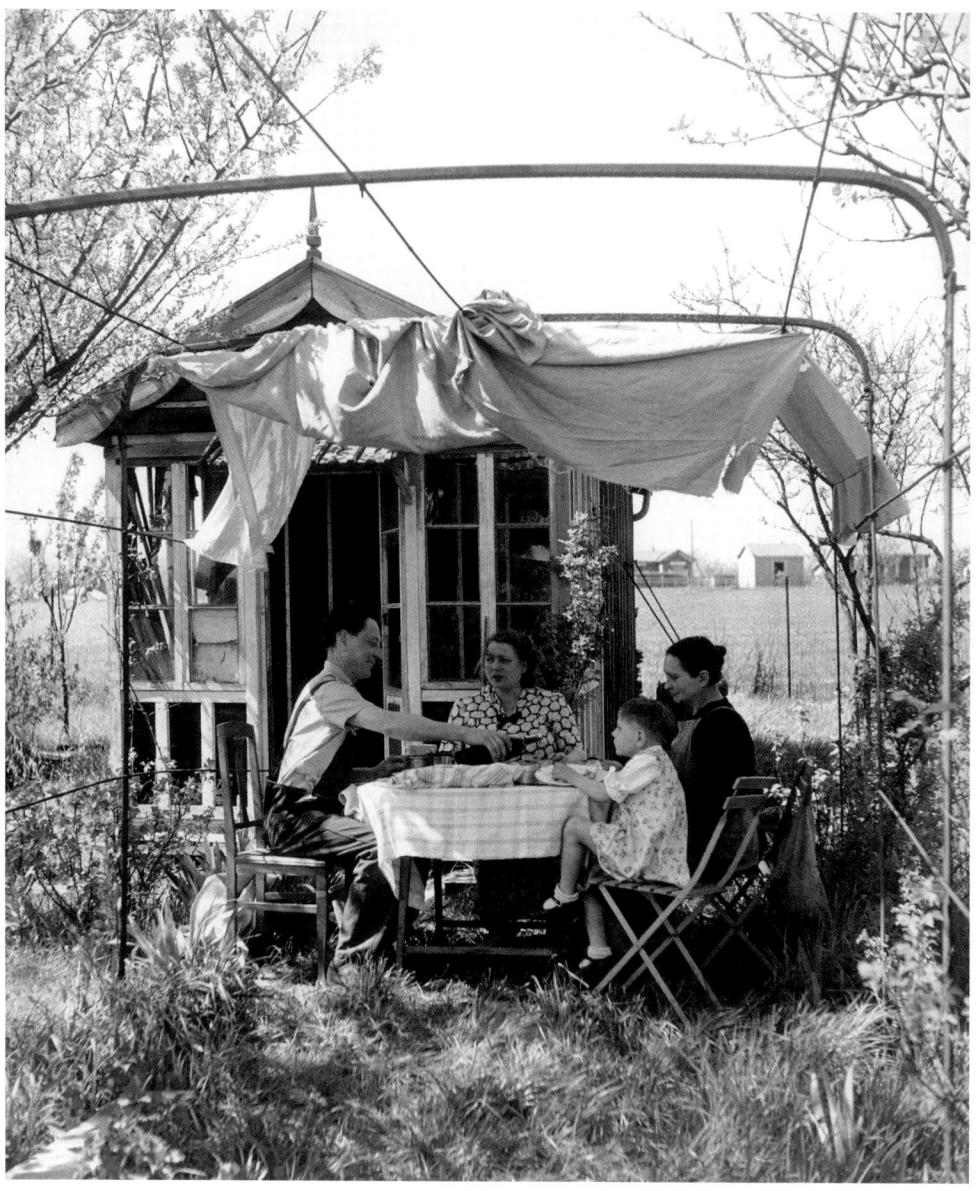

The Cabin at L'Haÿ-les-Roses / Un déjeuner à la campagne, L'Haÿ-les-Roses, 1949

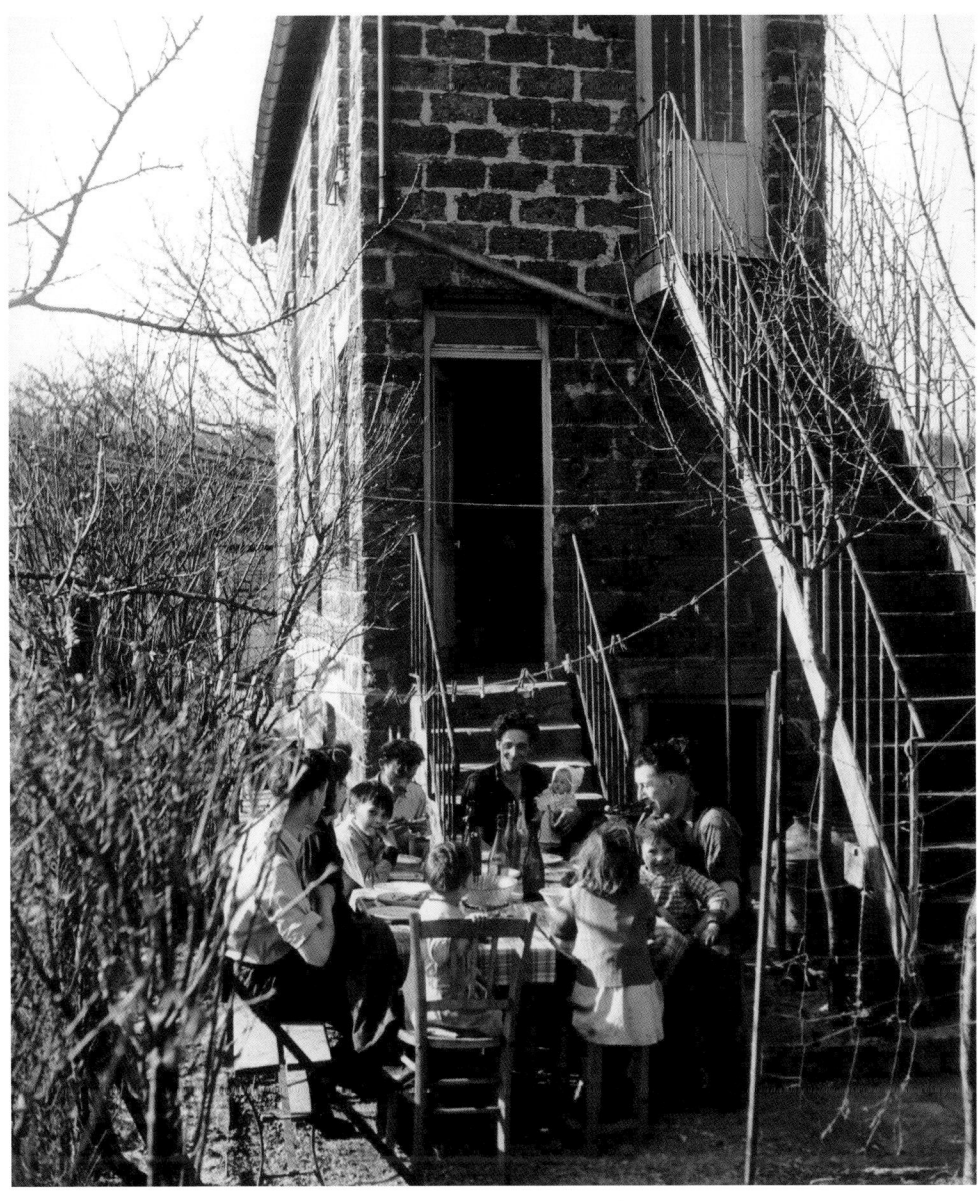

Lunch at Bagneux / Le Déjeuner de Bagneux, 1946

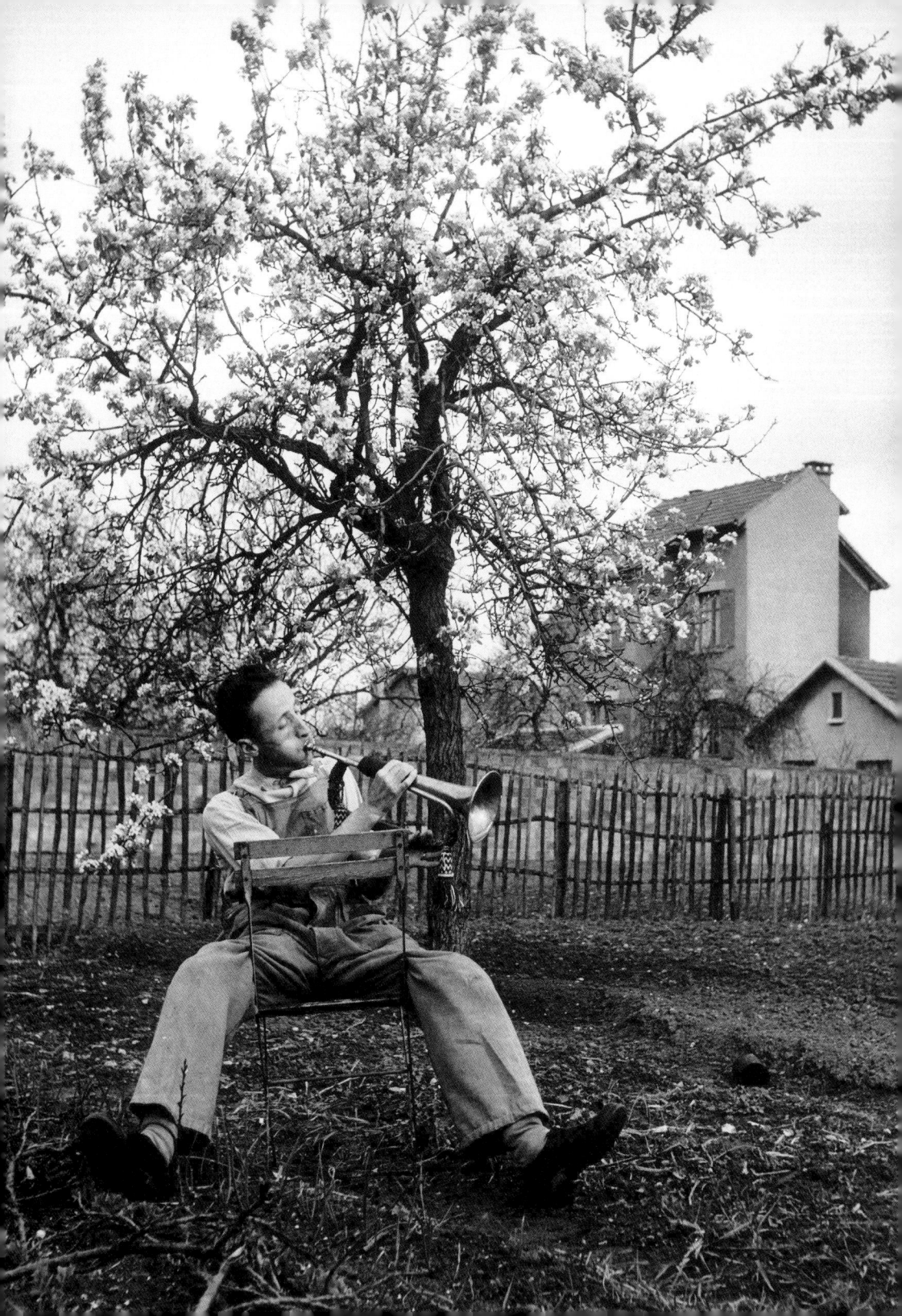

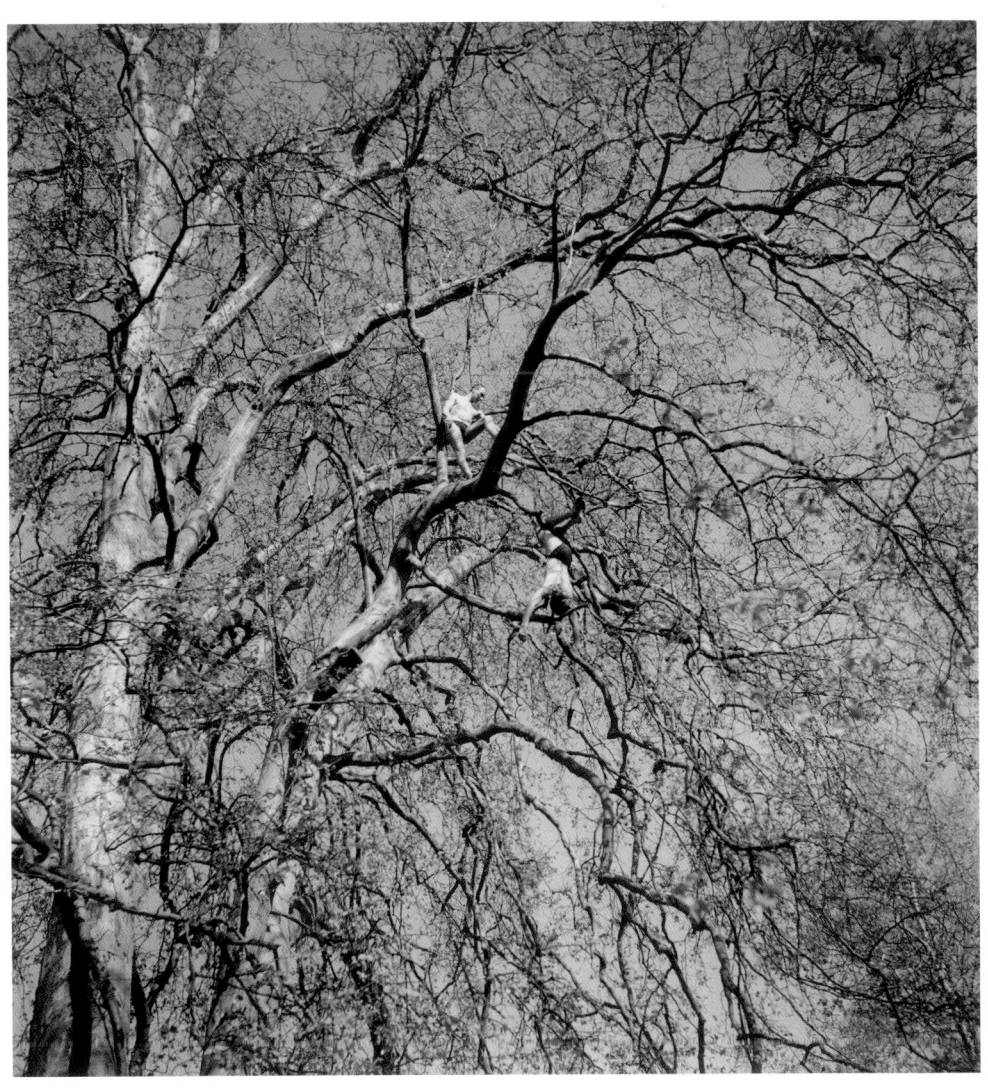

Sunday Morning Bugler / Le Clairon du Dimanche matin, Antony, 1947
Naturists in the Trees, Meulan, 1946

"...the only photos that survive are
    the innocent ones, made with feeling."

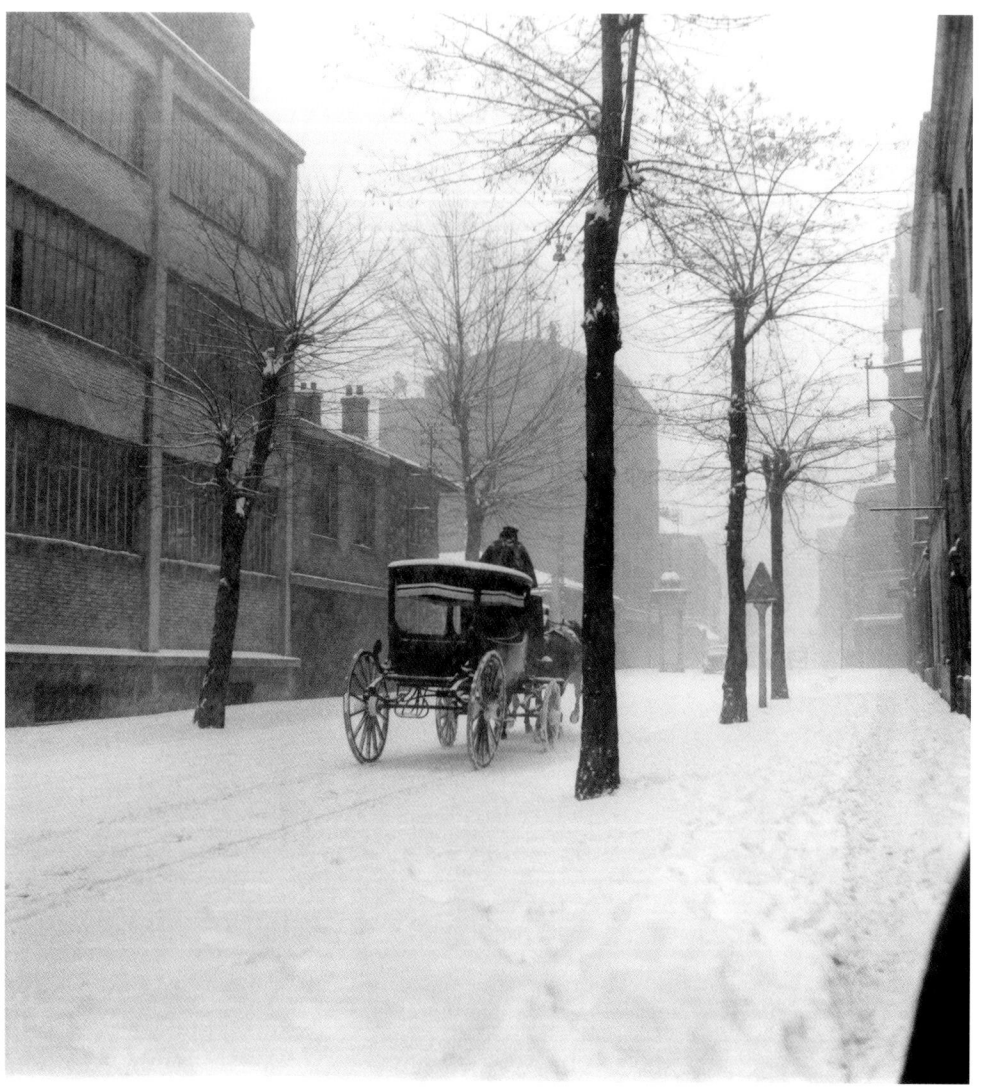

Avenue Verdier, Montrouge, 1947
Snow in the Suburbs / *La Neige grise d'Arcueil-Cachan*, Arcueil, 1943

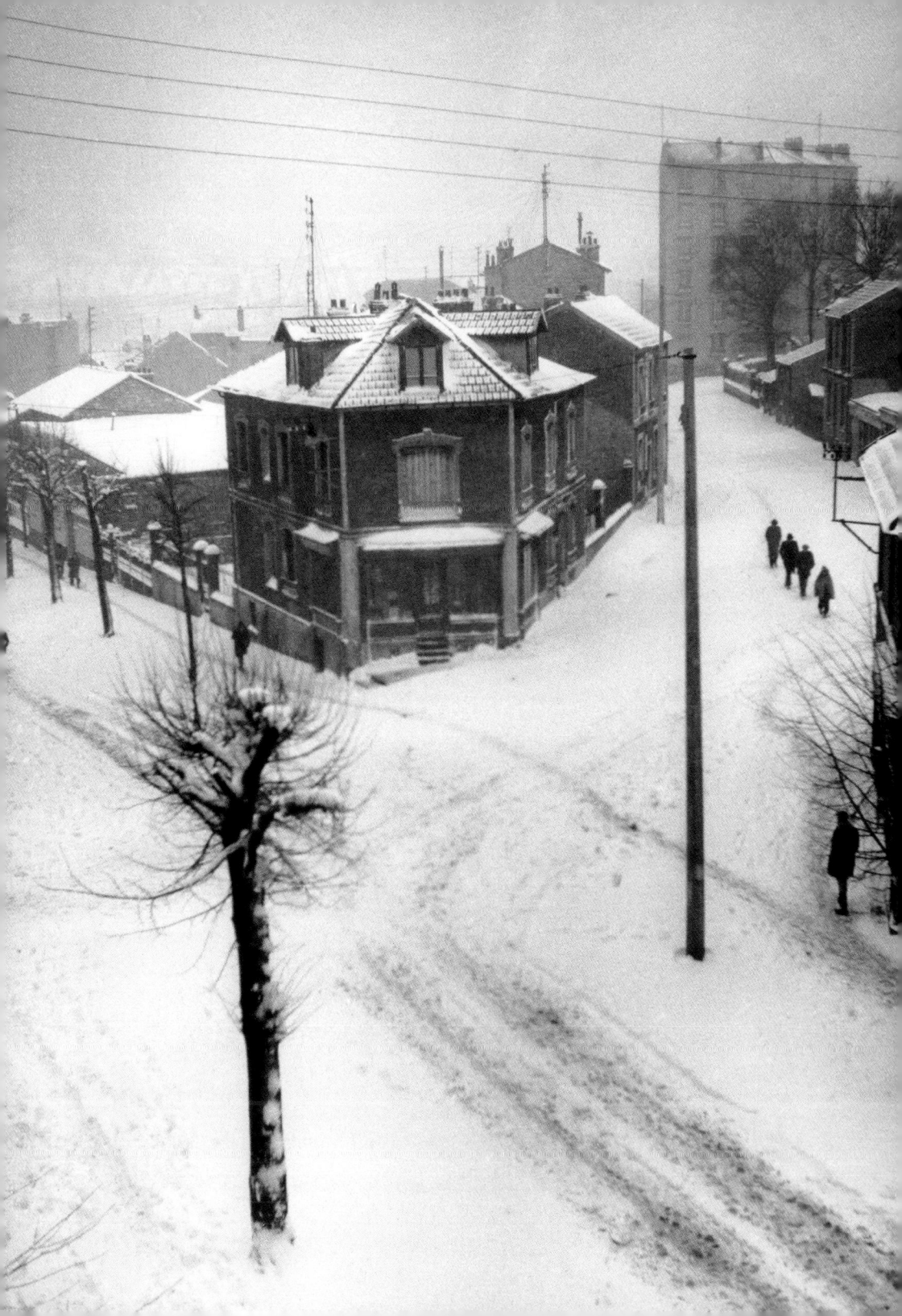

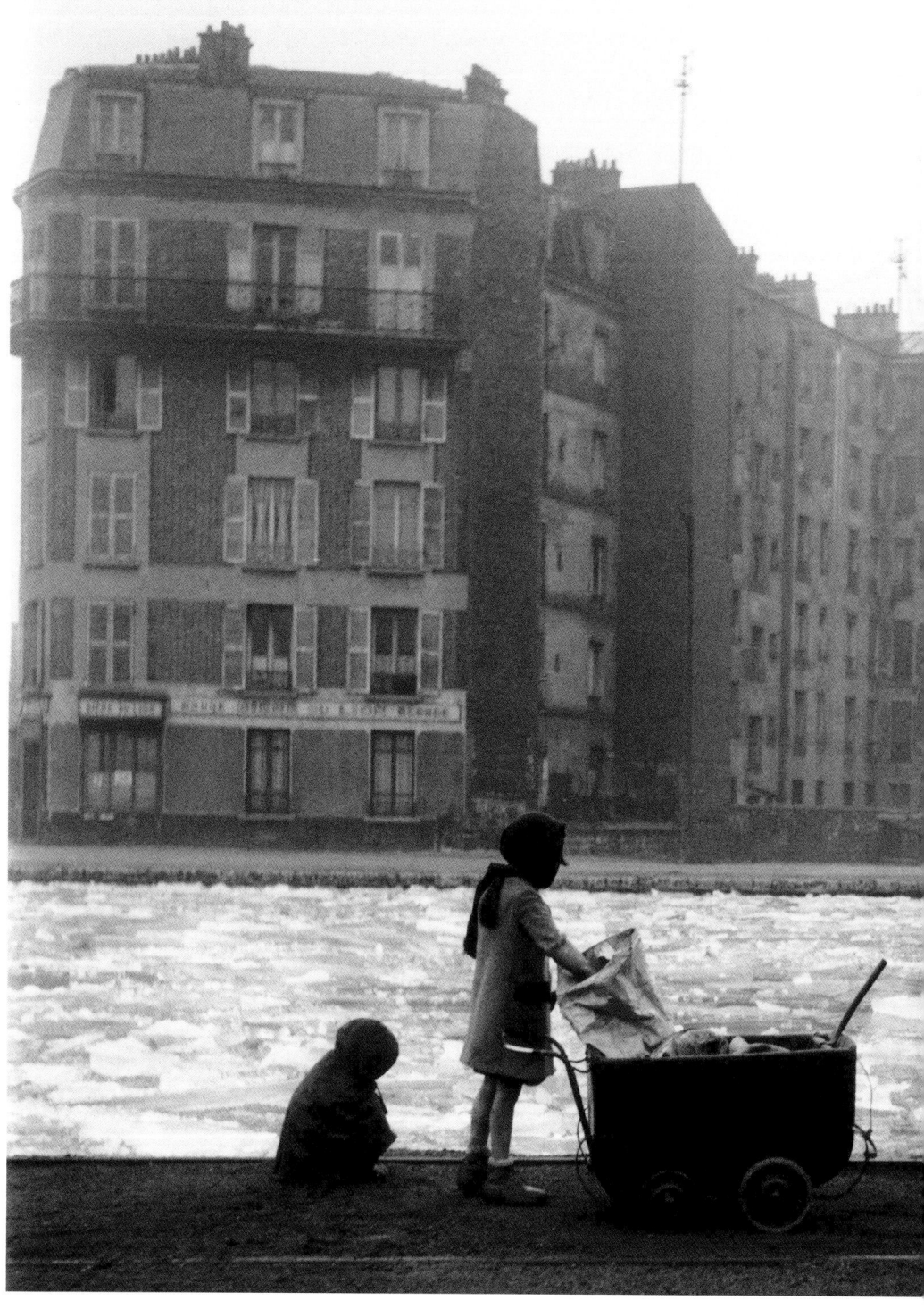

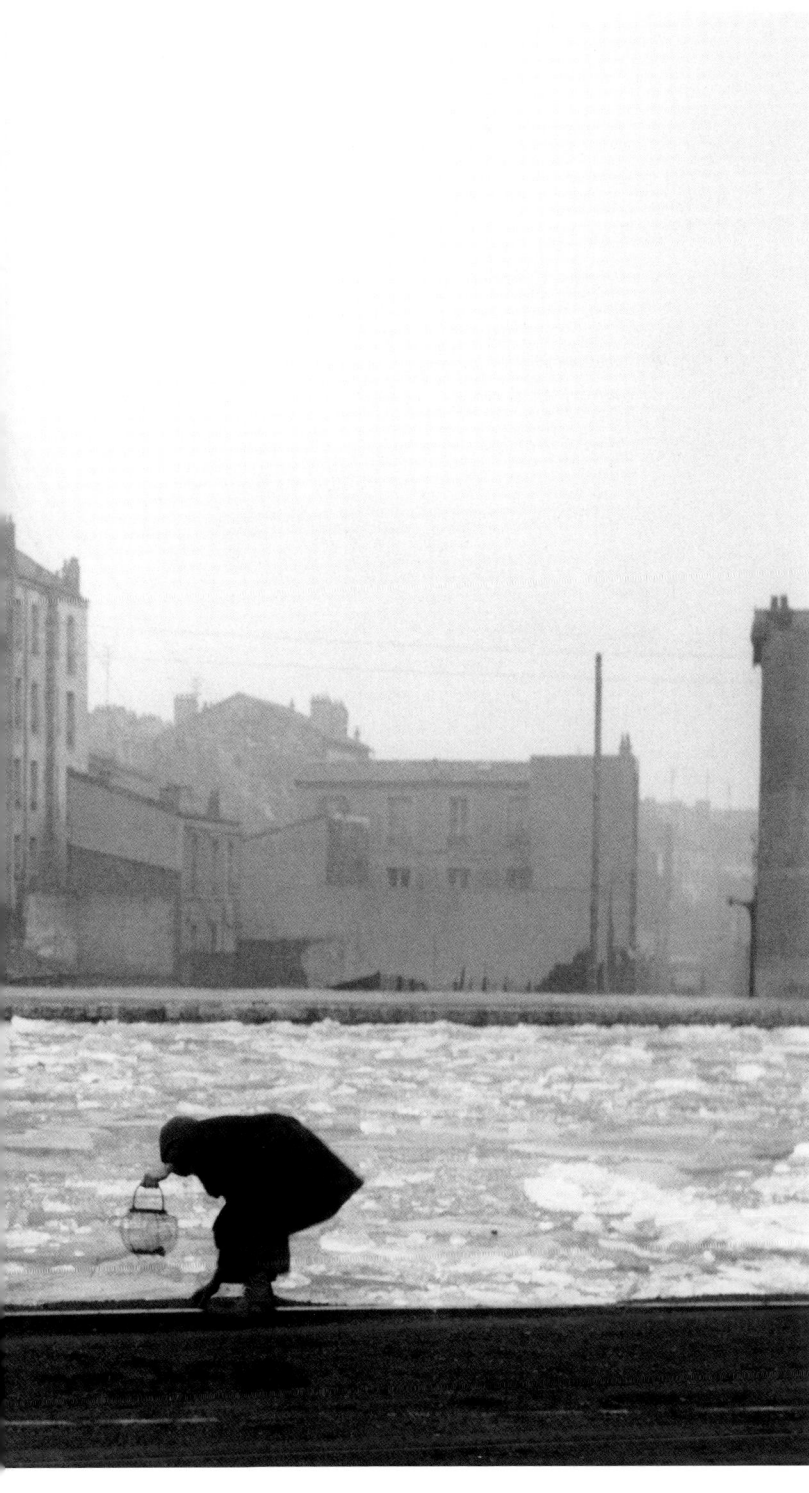

Coal Gleaners /
Les Glaneurs de
charbon, Canal
Saint-Denis, 1945

Encounters
Jacques Prévert

"It was invigorating to walk the banks of the Saint-Martin canal with him. He took me to the Château Tremblant near the metal bridge: a bistro where the glasses chattered on their shelves whenever a locomotive went by. He showed me the wheels of Fate, which are those of the Pont de Crimée…"

Jacques Prévert at the Pont de Crimée, 1955

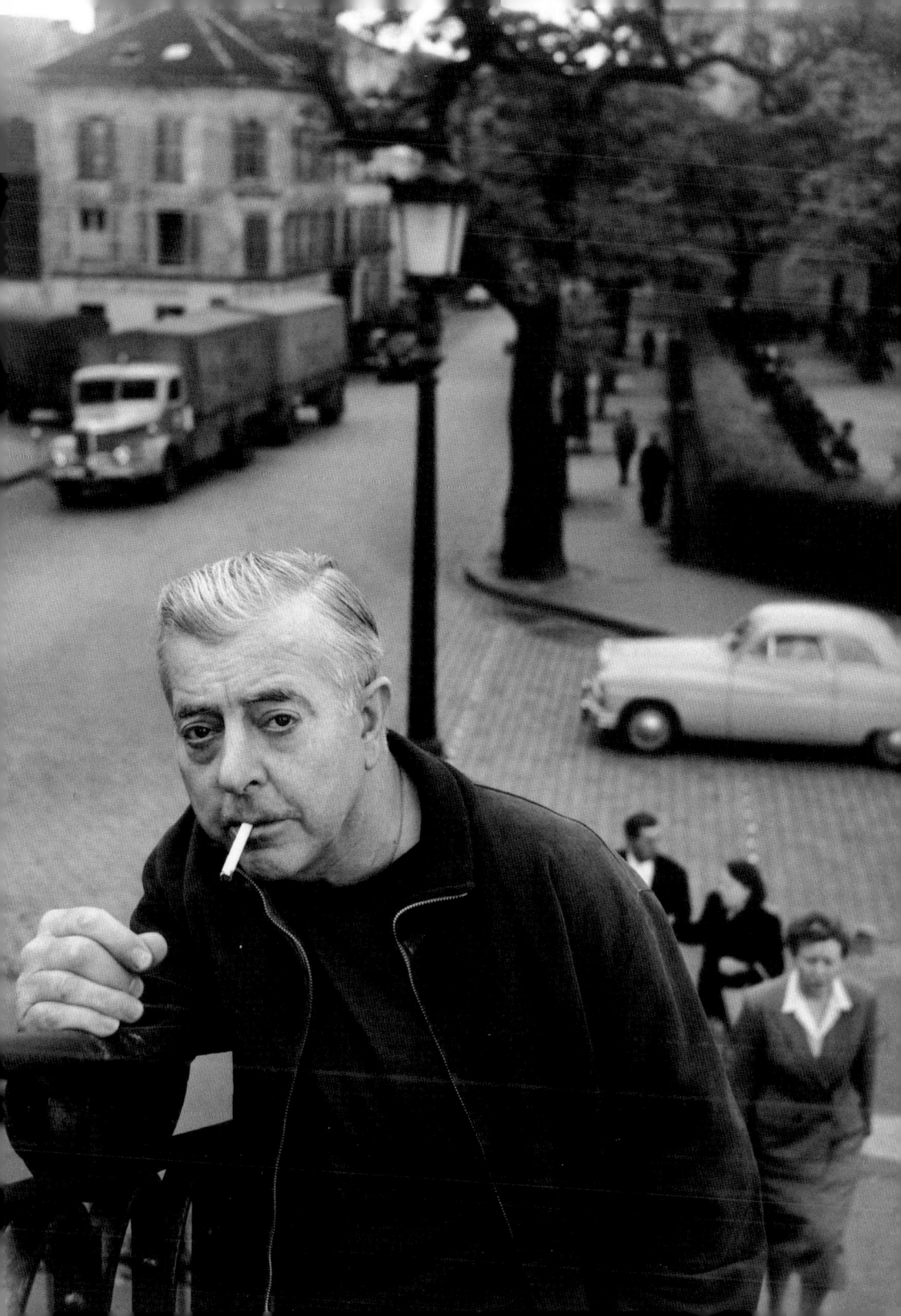

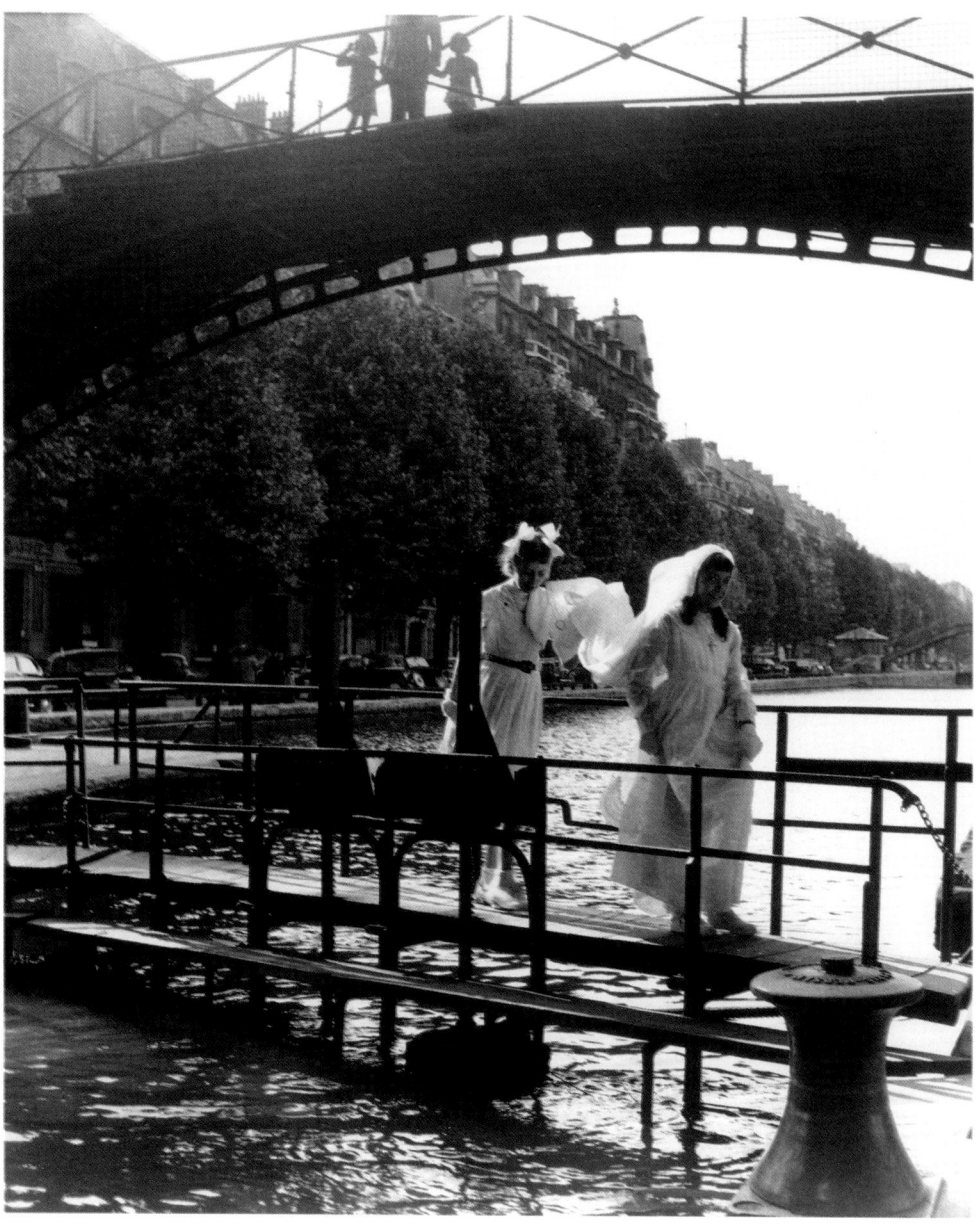

Lock, Canal Saint-Martin, 1953

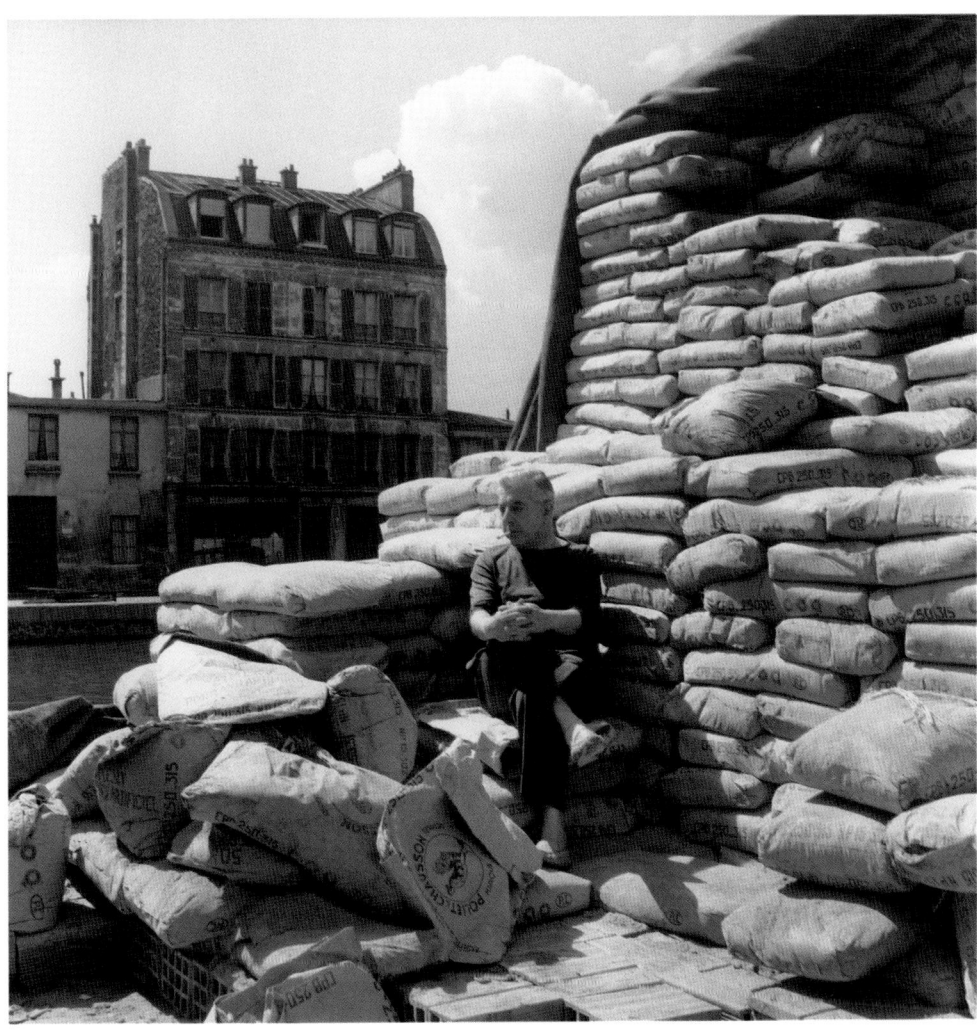

Jacques Prévert, Canal Saint-Martin, 1955

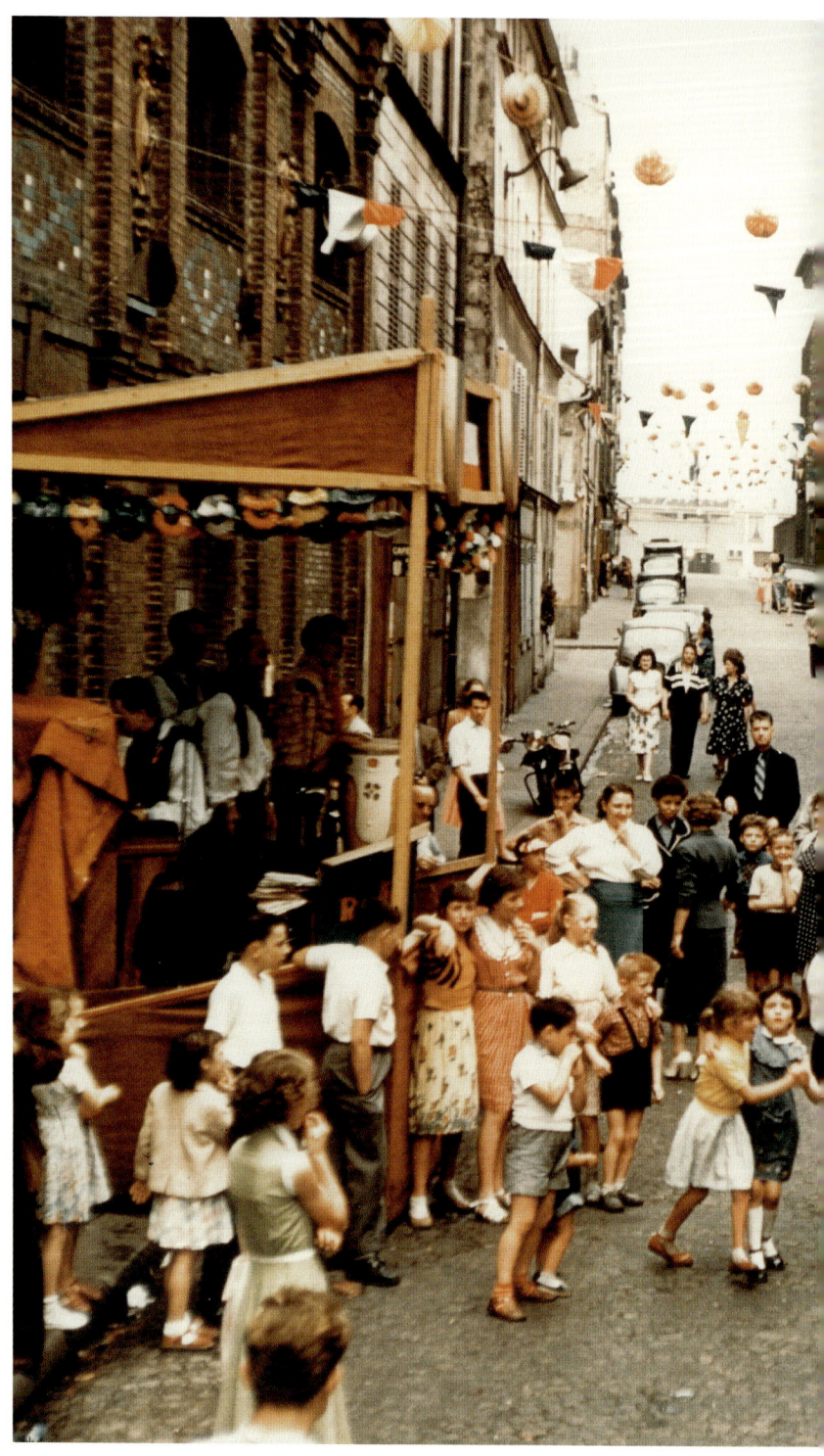

Dance in Rue de Nantes, July 14, 1955 (Jacques Prévert, near right-hand pavement)

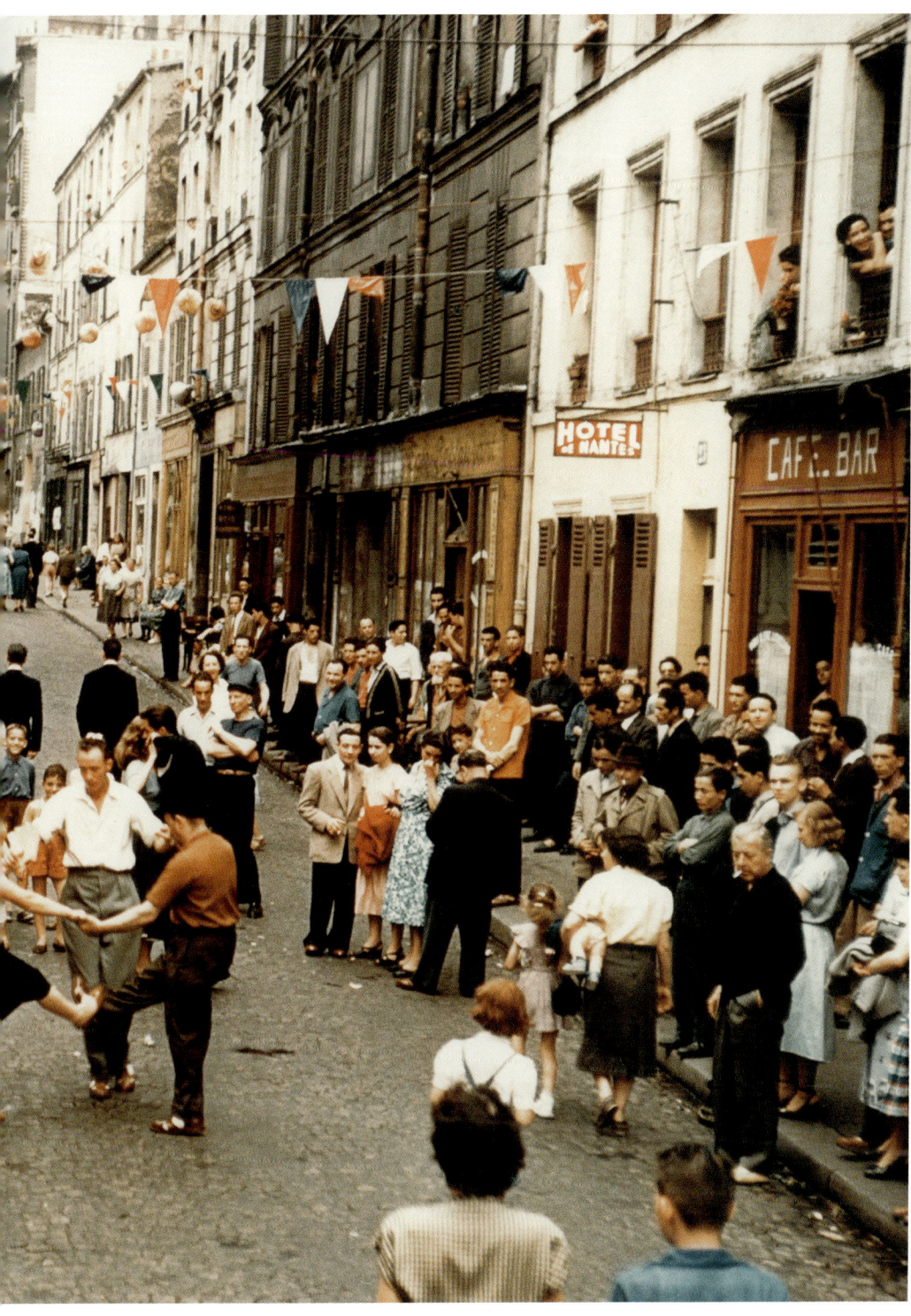

"No wonder that hunter of marvels, Jacques Prévert ...
had so many friends among image chasers. He was totally
at one with those who entertained themselves looking
for the truants' haunts among the clutter of street furniture."

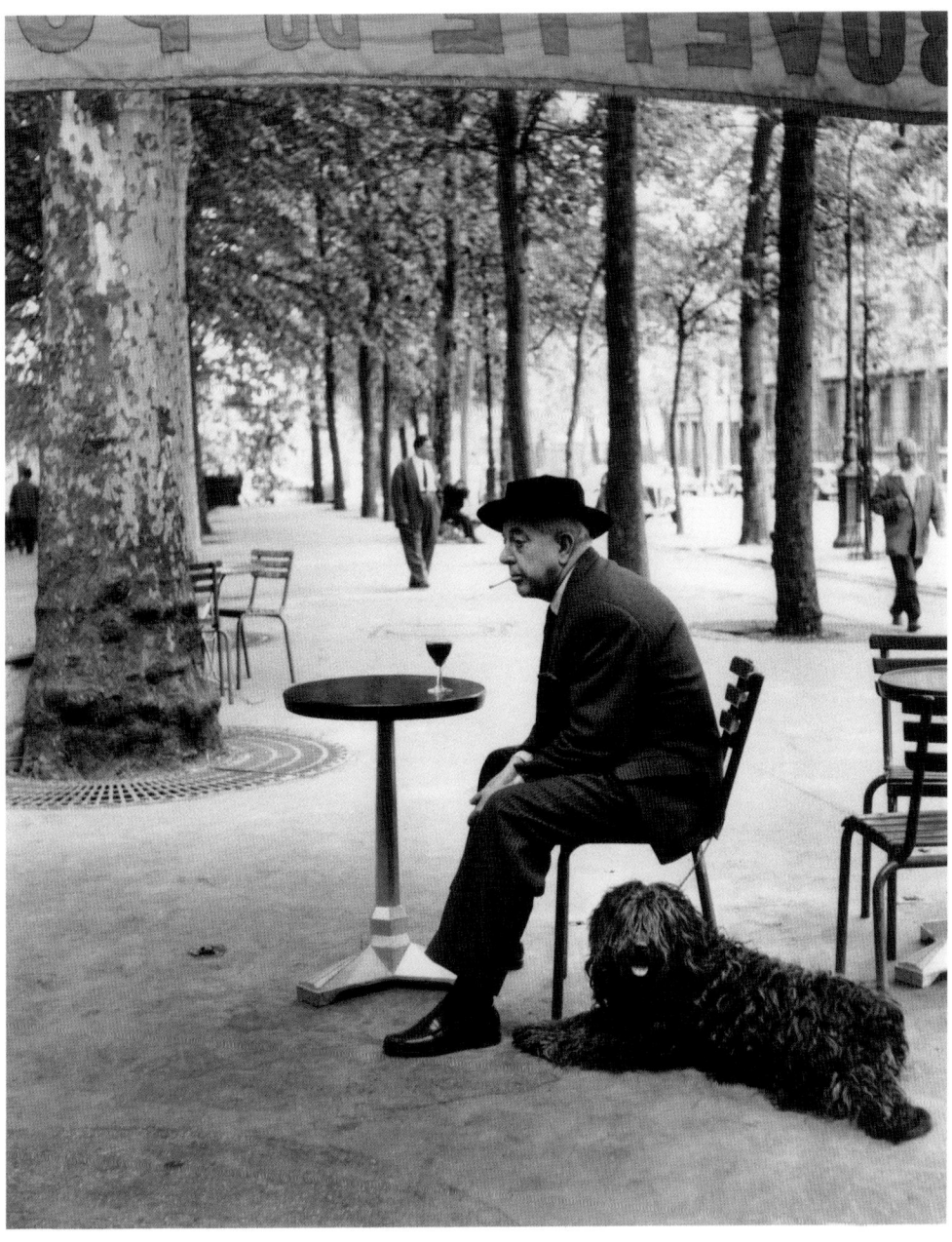

Jacques Prévert at a Café Table / Prévert au guéridon,
Quai Saint-Bernard, 1955

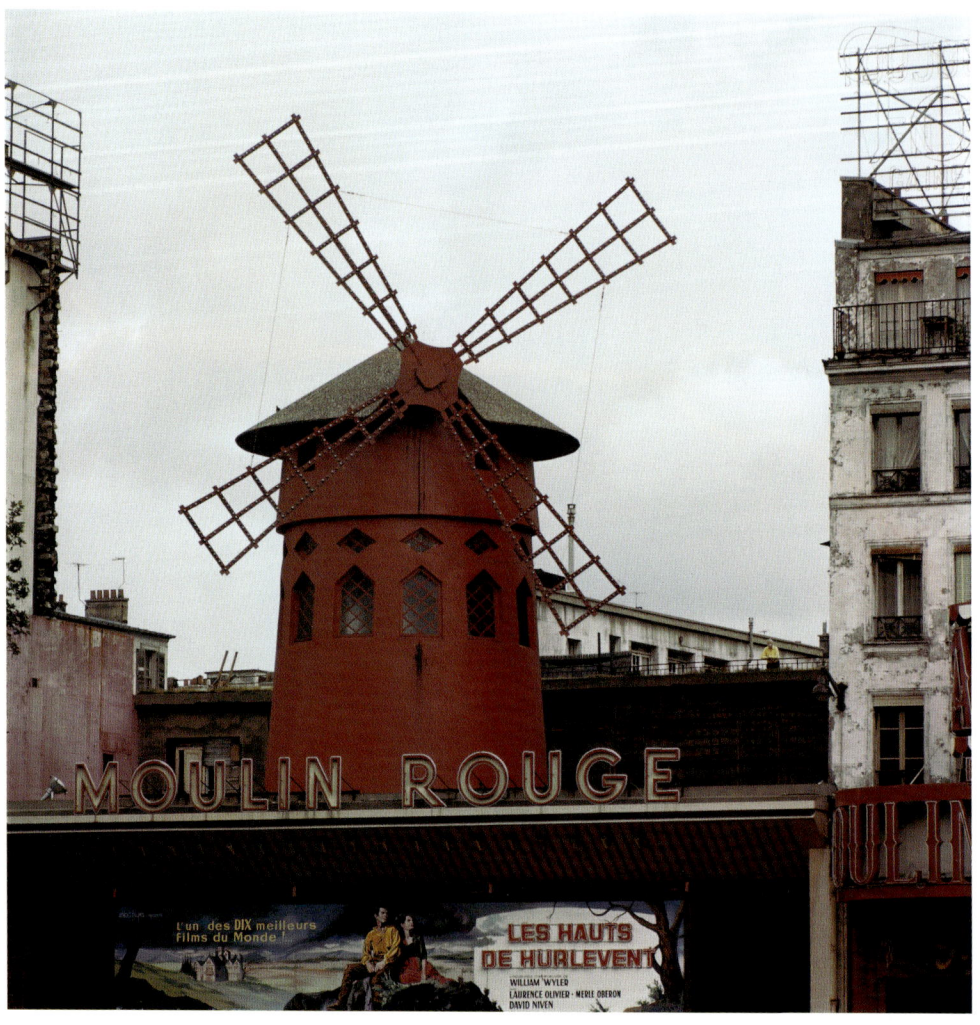

Jacques Prévert on the Roof of the Moulin Rouge, 1967

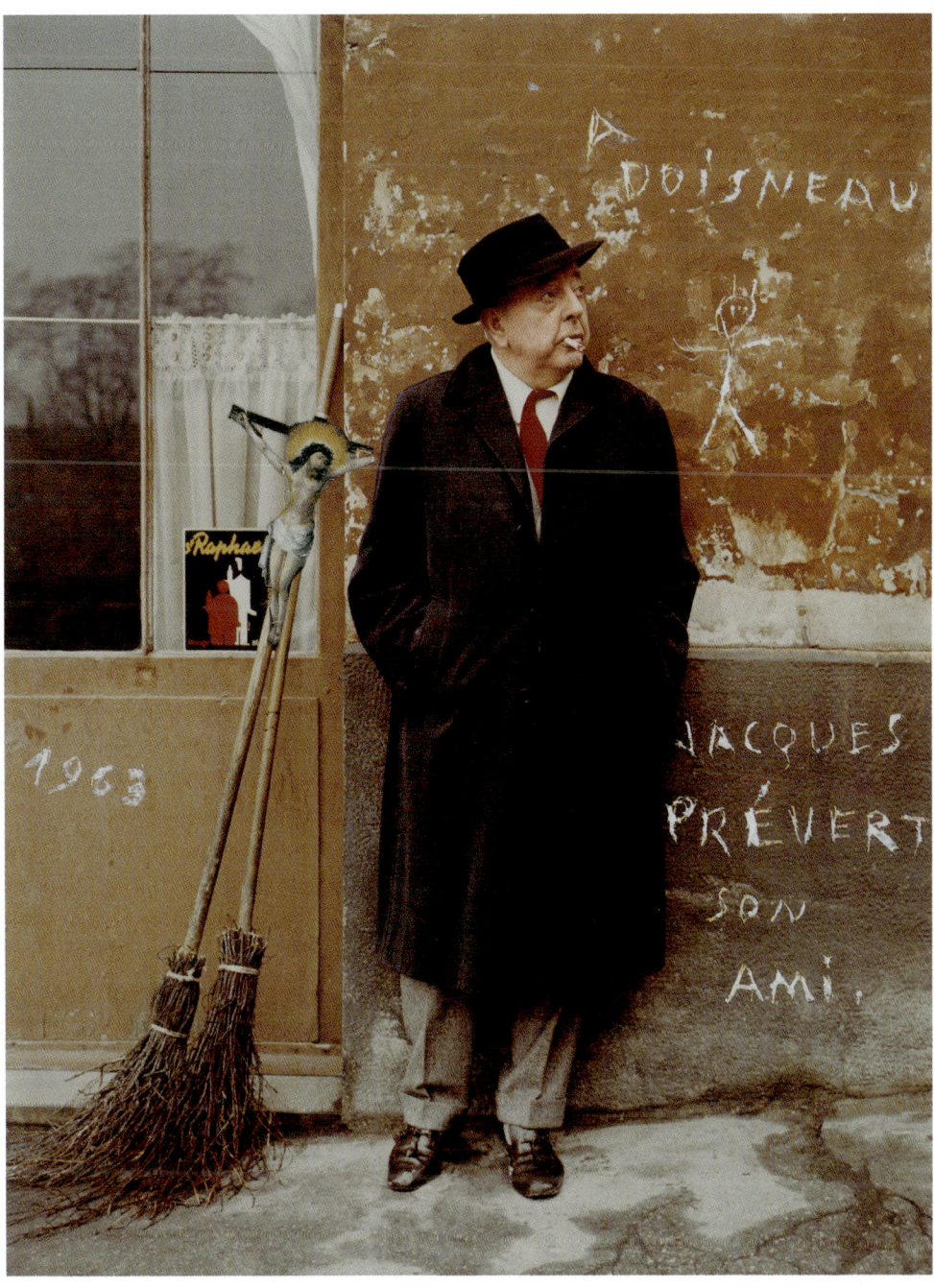

Prévert in Color with Dedication, 1963

Encounters
Robert Giraud

"You should have seen him, elbows on the bar, head turned
towards the door of the bistro in expectation of an unexpected
event or the arrival of someone stranded in the night in
need of a sympathetic ear..."

"Wearing out his shoe leather on the quays, sniffing the scent of
celery at Les Halles, wasting his nights in the Maubert bistros,
Giraud can tell you about a Paris that you would never otherwise
know of...A main protagonist: the wine in the veins of the cast,
a truth serum that loosens every tongue."

Romi and Robert Giraud in front of
Galerie Romi, Rue de Seine, 1947

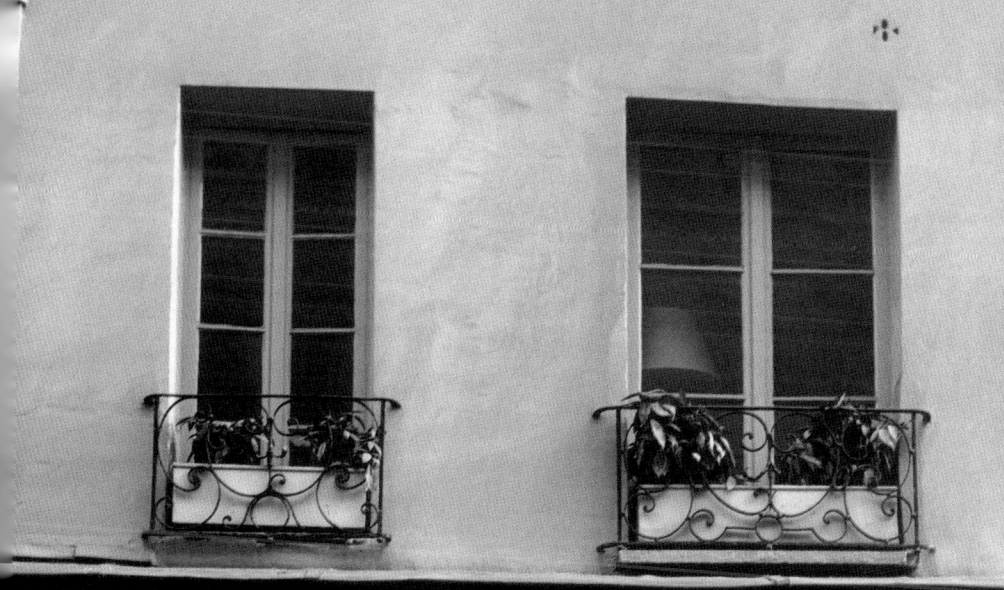

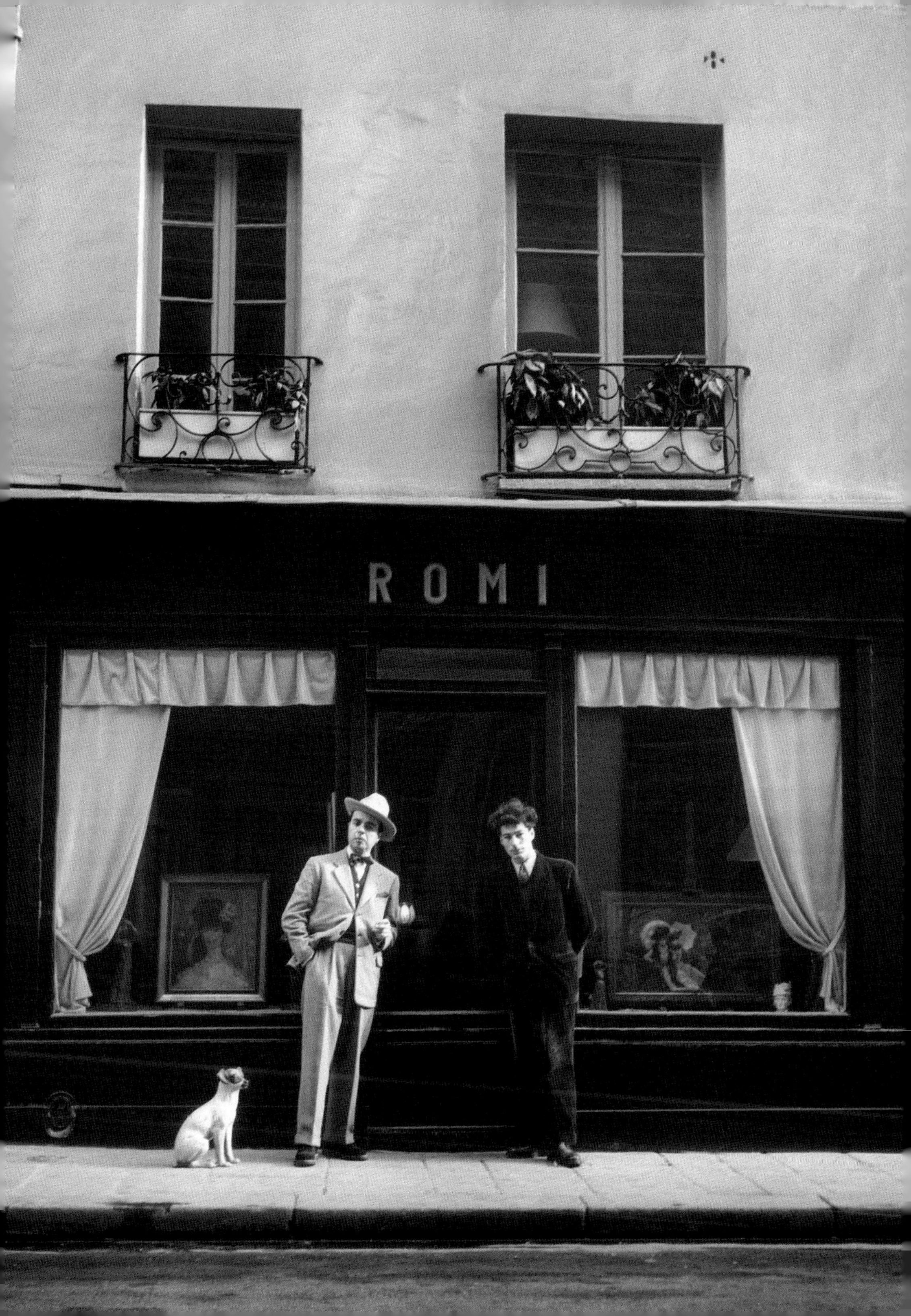

"It was at Albert Fraysse's place, Rue de Seine. At the time,
I was playing at being a fashion photographer but I didn't enjoy
it very much. To avoid any trace of depression, every evening,
I sought the indispensable antidote at the bar of this café-tabac."

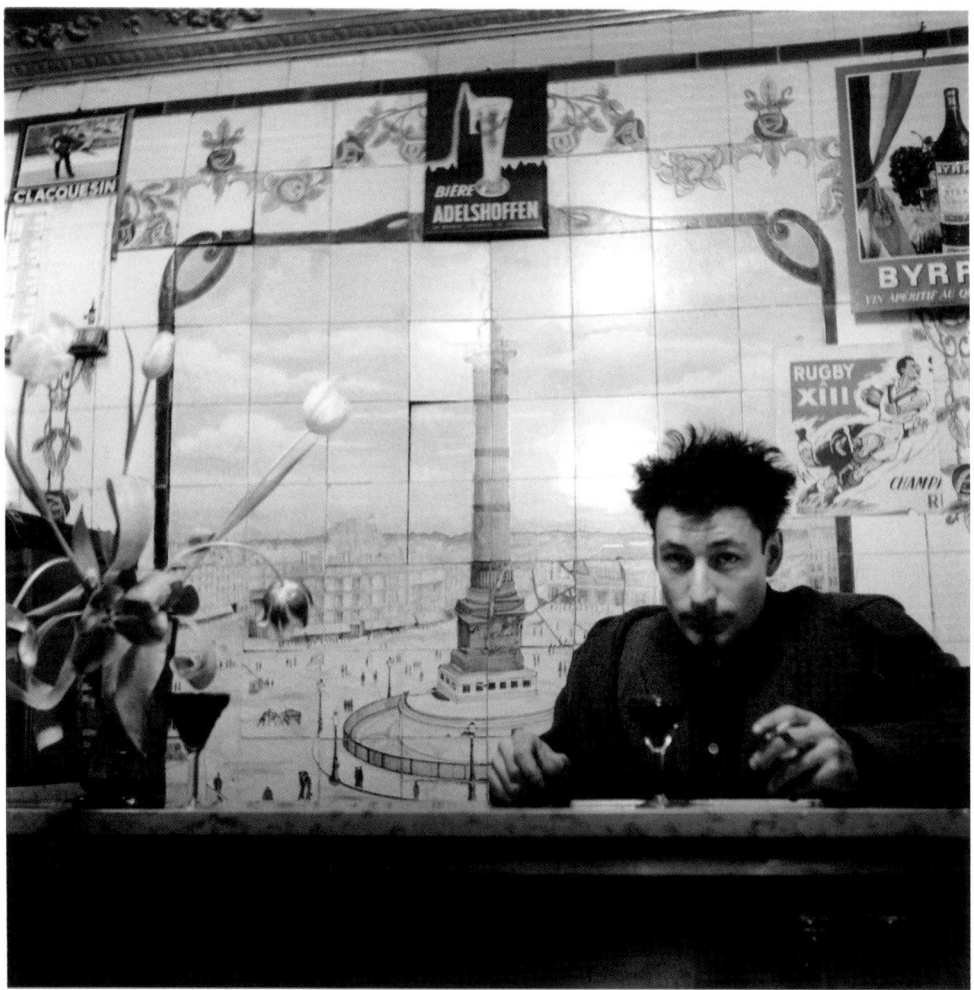

Robert Giraud, Rue de la Roquette, 1953

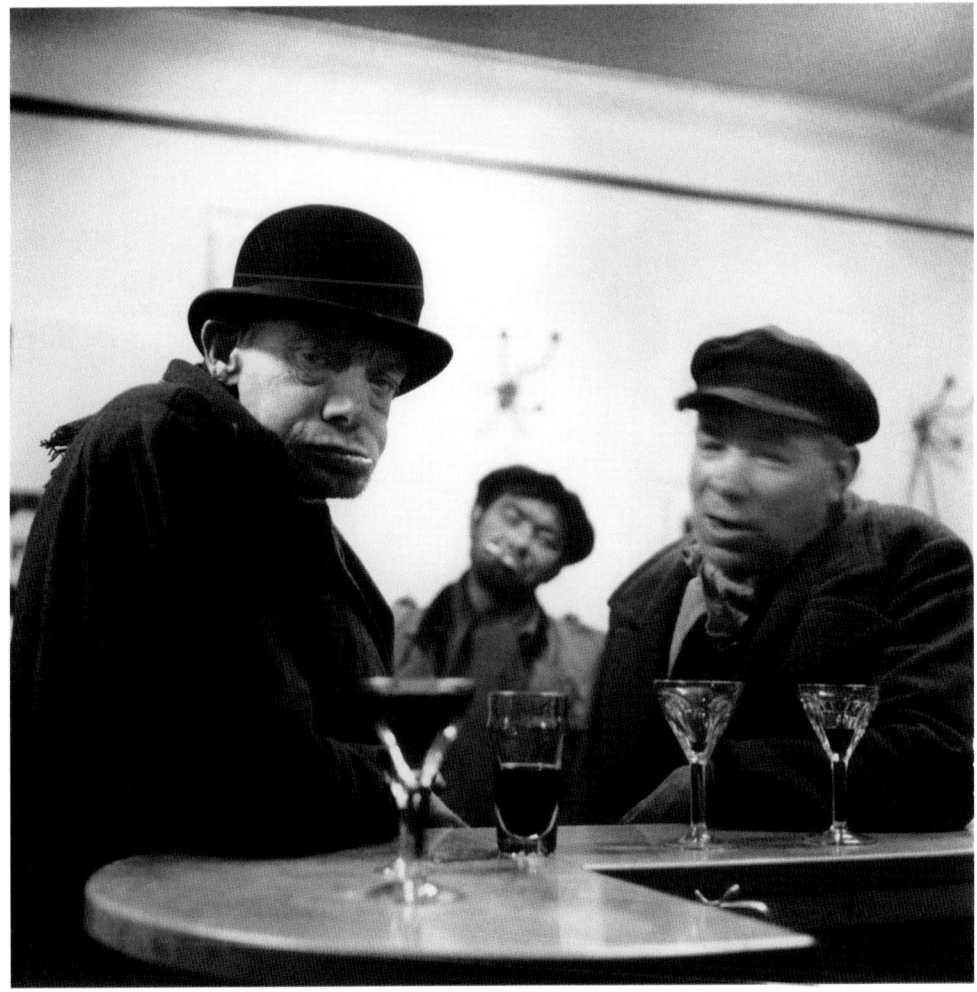

Coco, Café à la Belle Étoile, Rue Xavier Privas, 1952

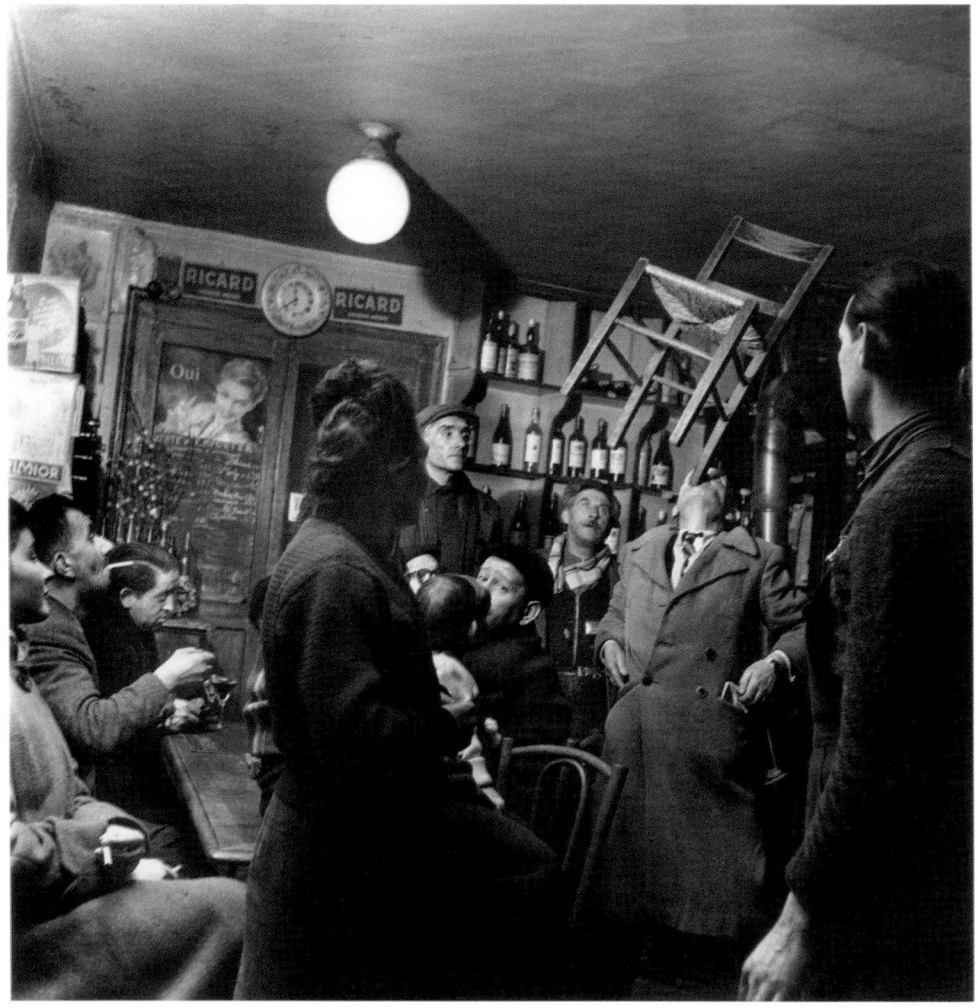

Party Games / Jeux de société, Rue Lacépède, 1950

"...the bistro very naturally plays its own role
as a first-aid center for melancholics..."

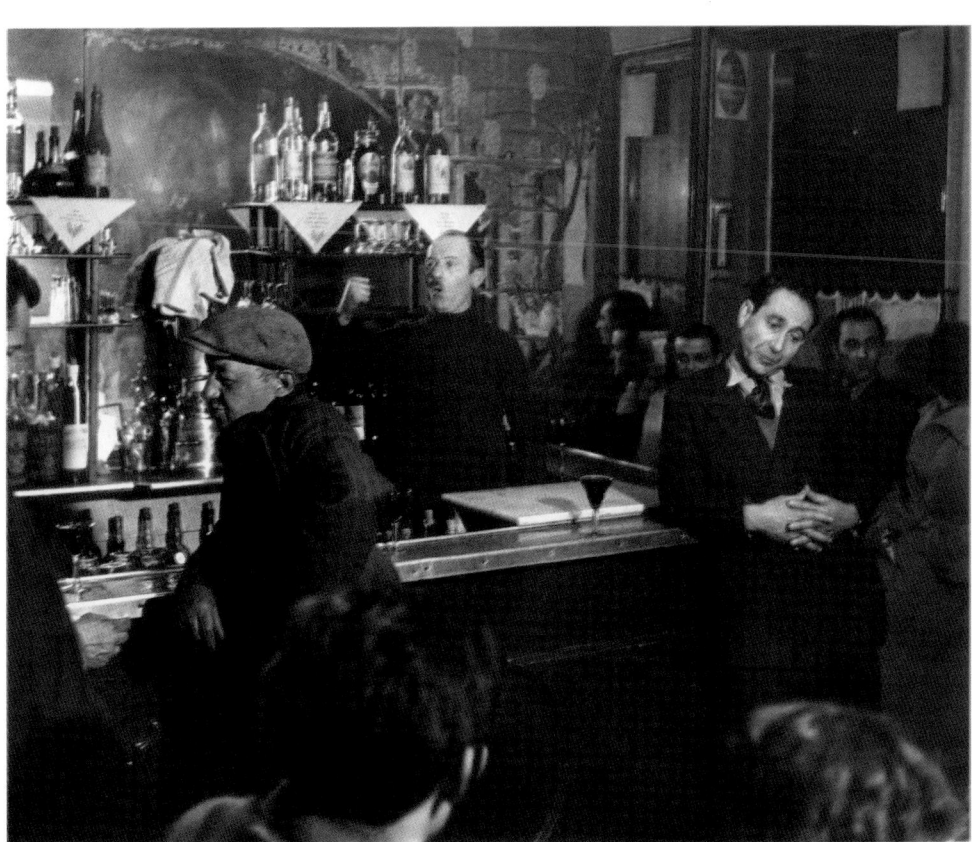

Partitioned Bistro / Bistrot cloisonné, Les Quatre
Sergents de La Rochelle, Rue Mouffetard, 1950

"How had this little bouquet of mimosa reached the bar, and by whose agency? Who had interleaved its timid scent between the stench of old tobacco and the more acrid reminder of the wine mop? It was all big Mado needed to rediscover the little girl in her..."

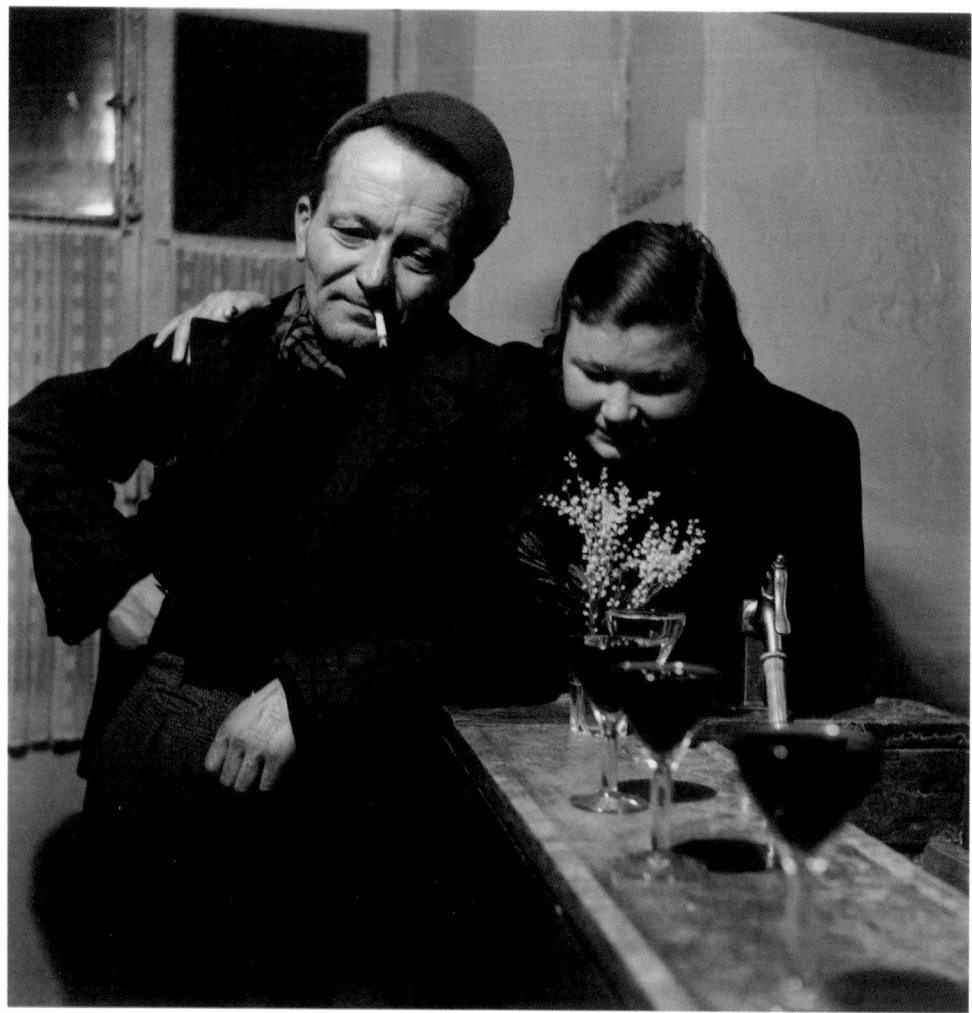

Mimosa on the Counter / Le Mimosa du comptoir, Rue Maître-Albert, 1952

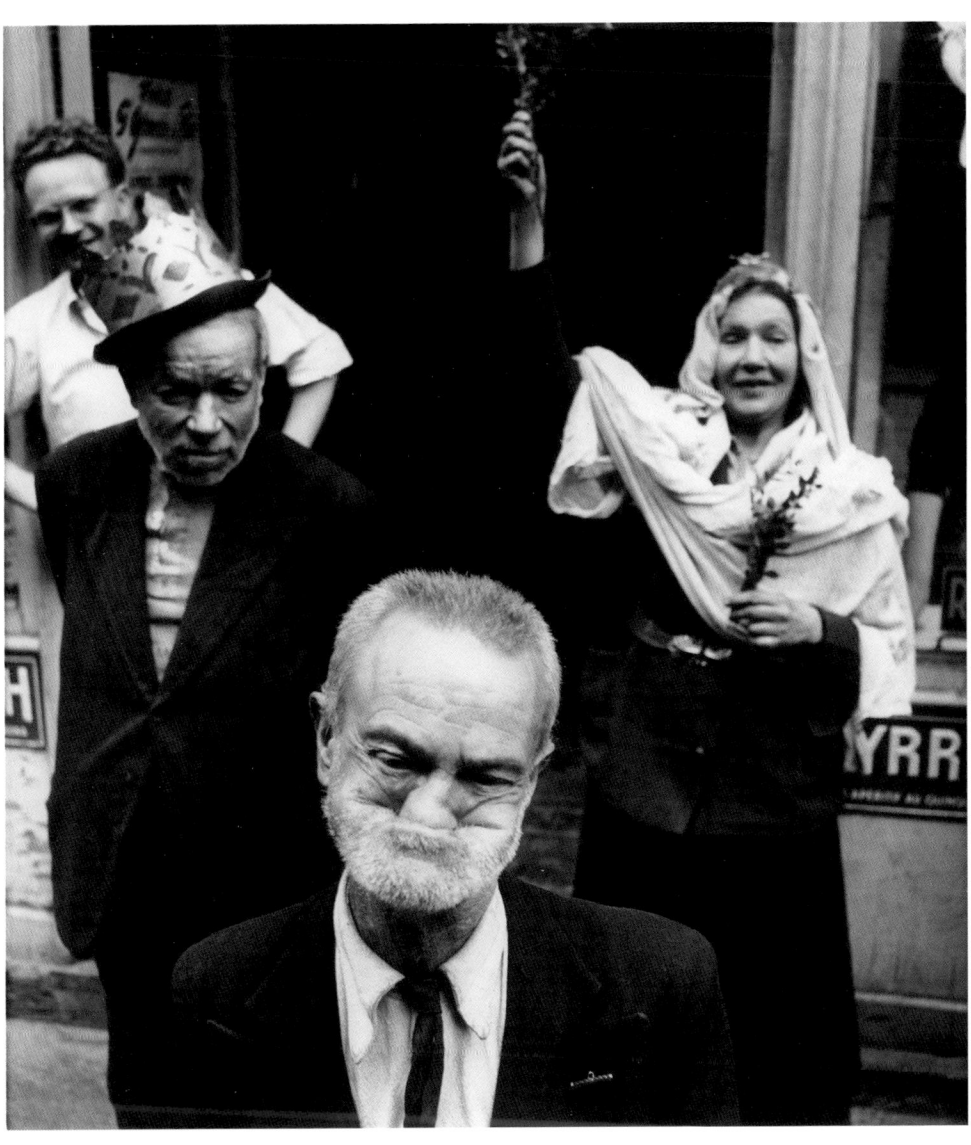

Coronation of the Queen of the Tramps / Sacre de la reine des cloches, 1953

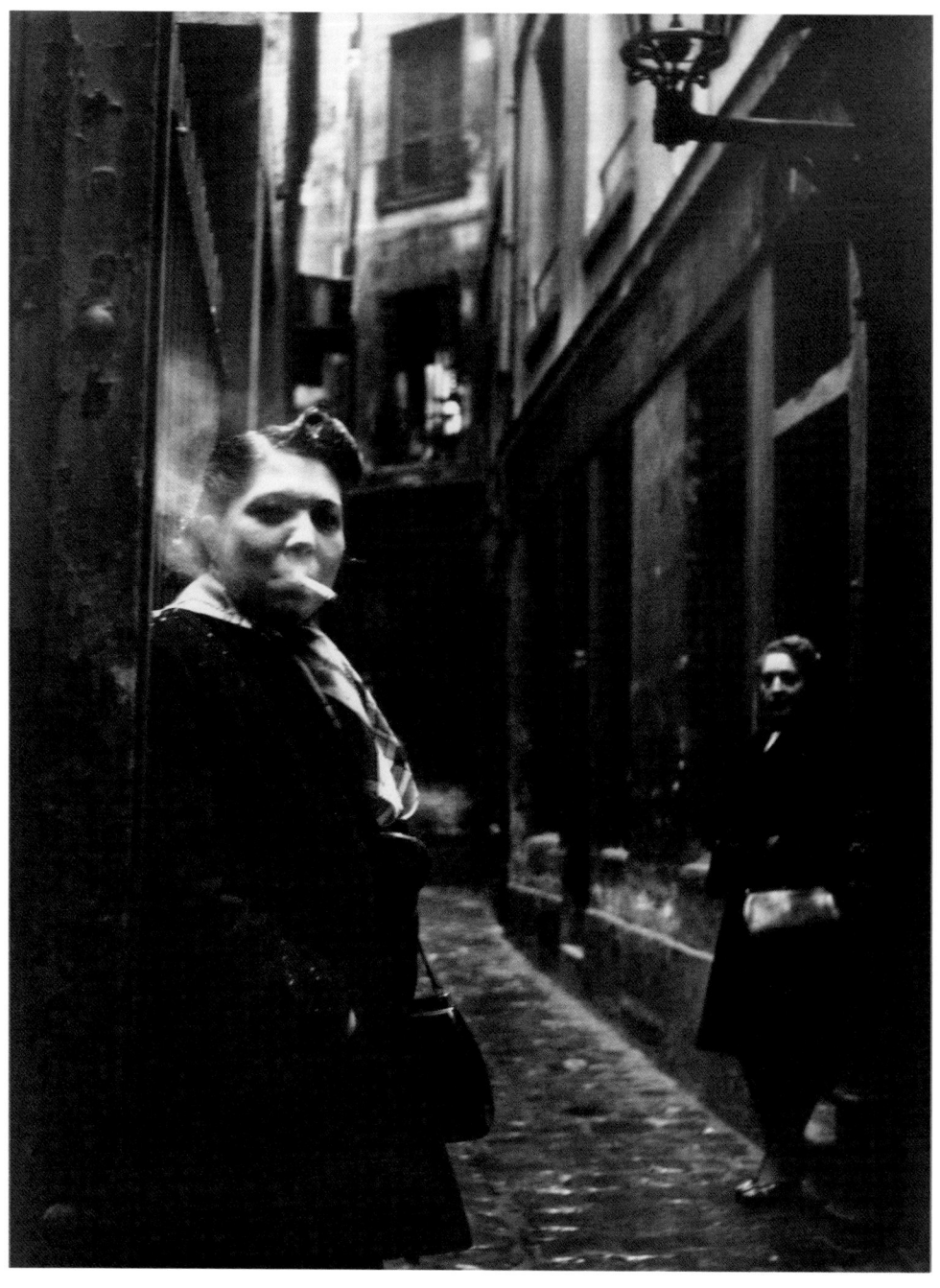

Passage de la Trinité, 1953

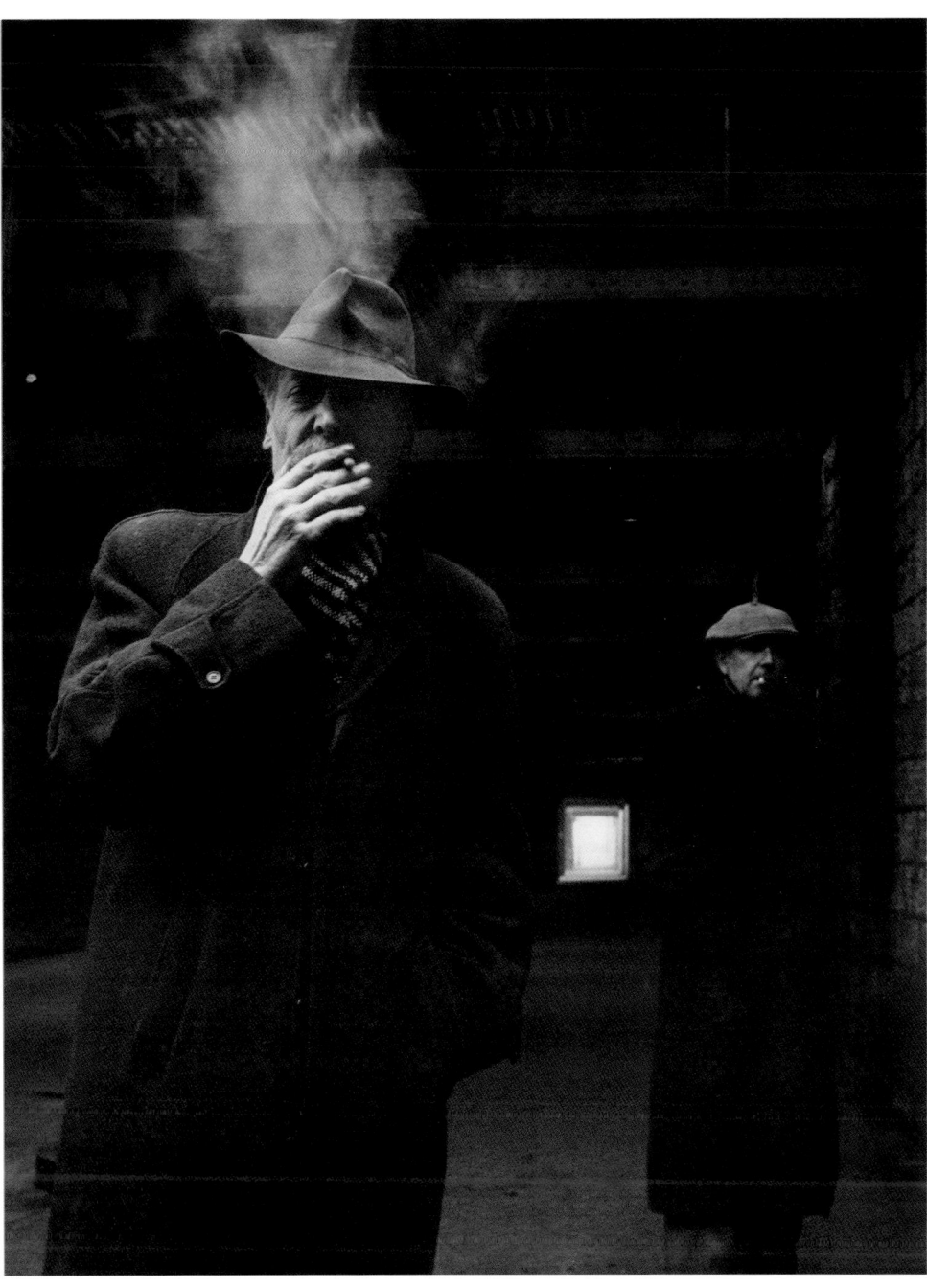

Georges and Riton, Rue Watt, 1952

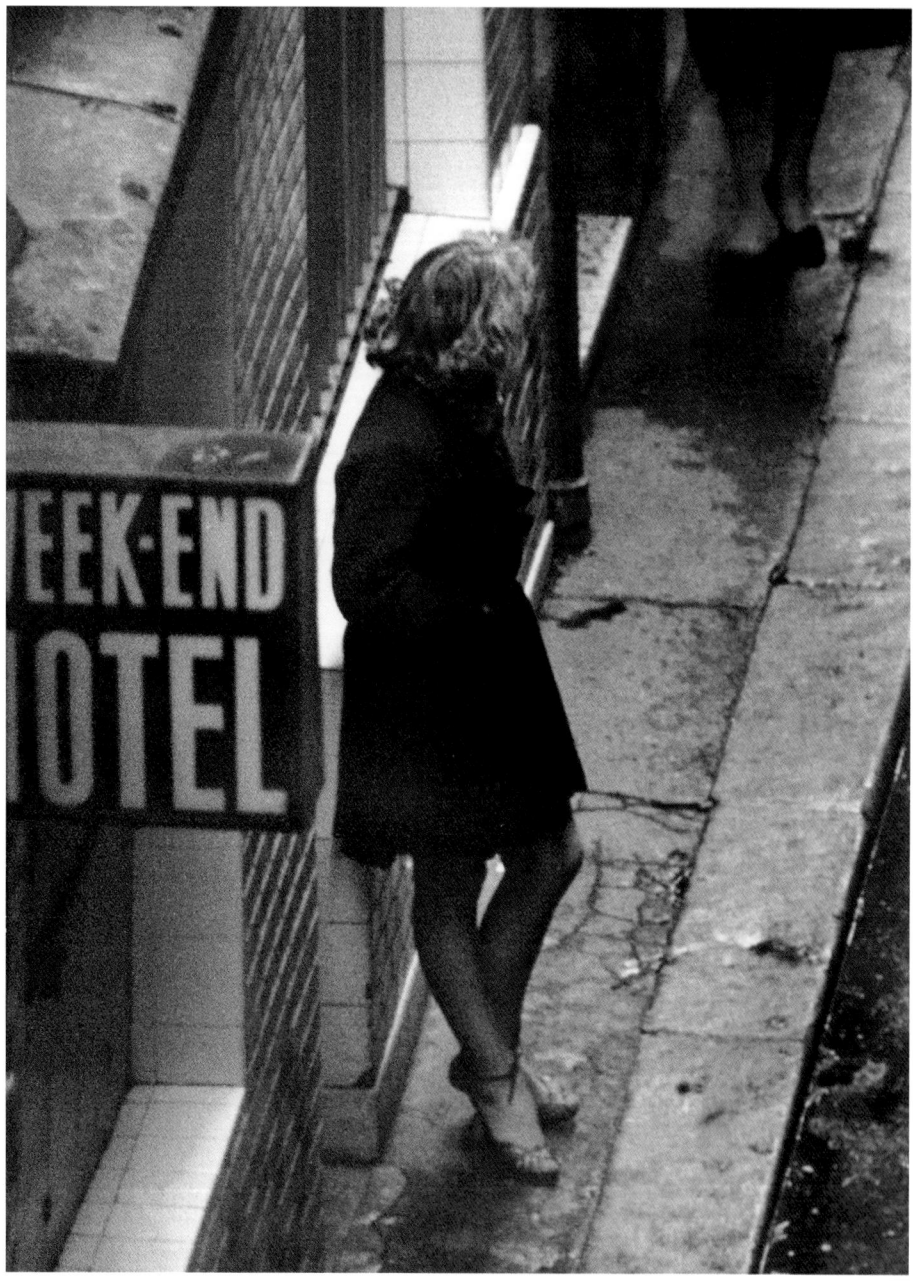

Rue Guérin-Boisseau, 1946
Passage de la Trinité, 1953

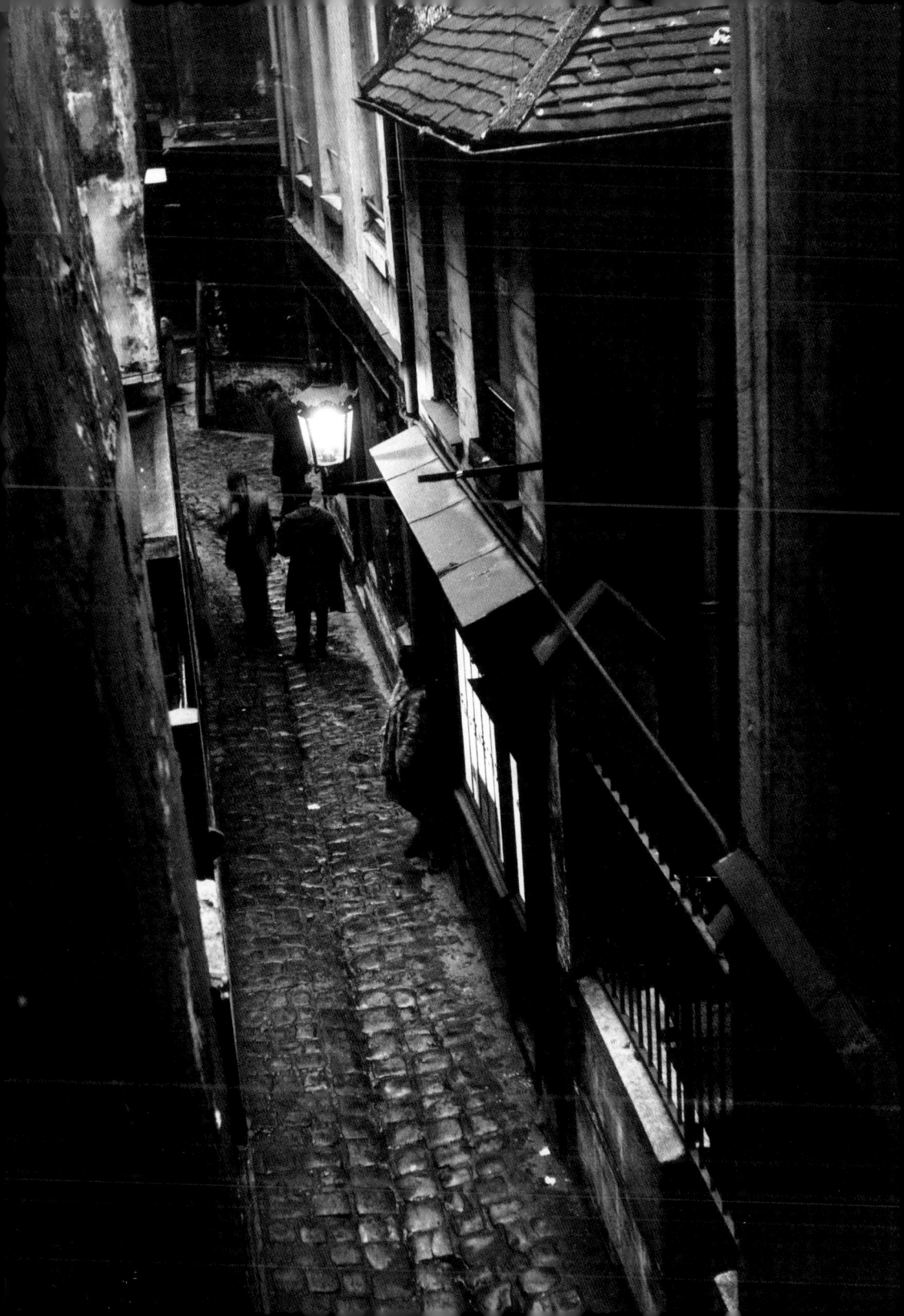

"You have to be a poacher, have that sort of
  pickpocket's instinct, and that little trigger that
  makes you fall in love the instant you see..."

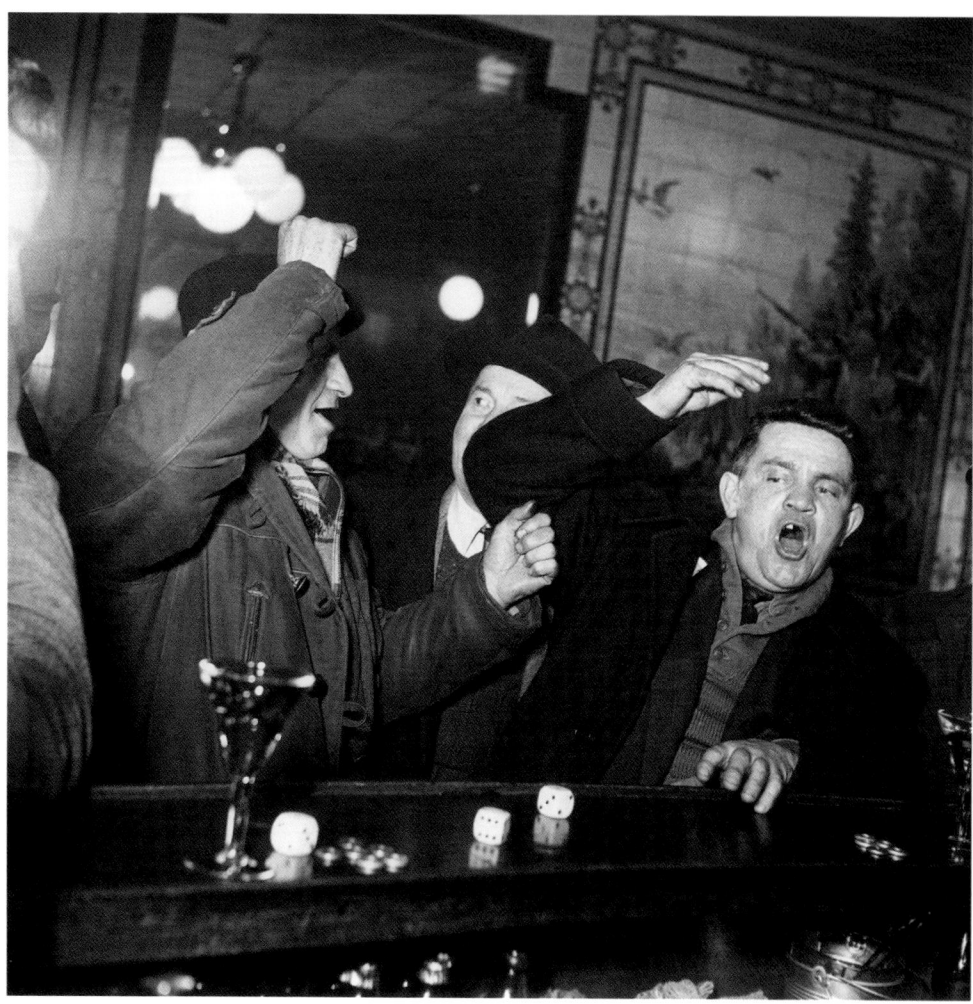

A Game of "421," Café Aux Chasseurs, 1950

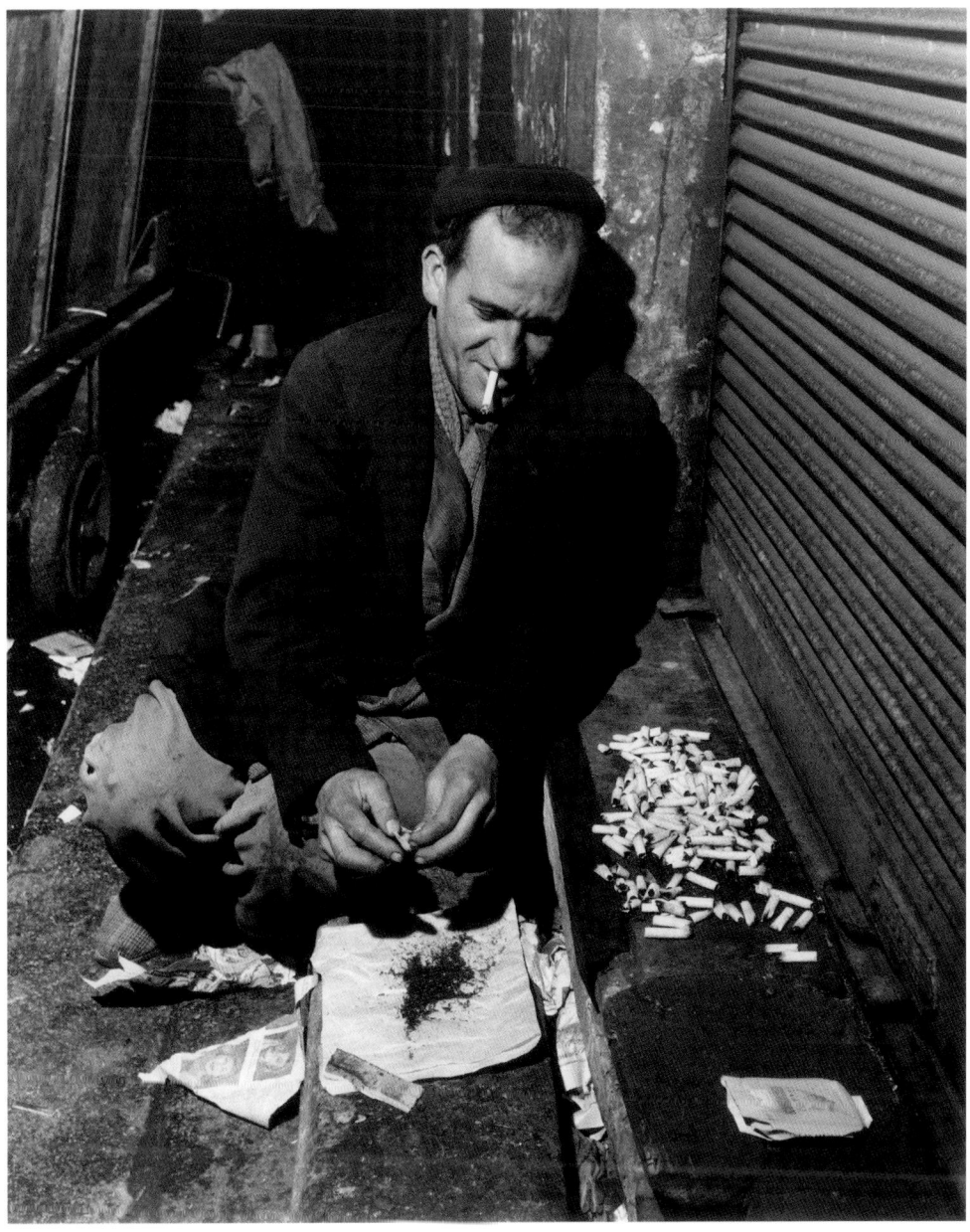

Fag-Ends, 1956

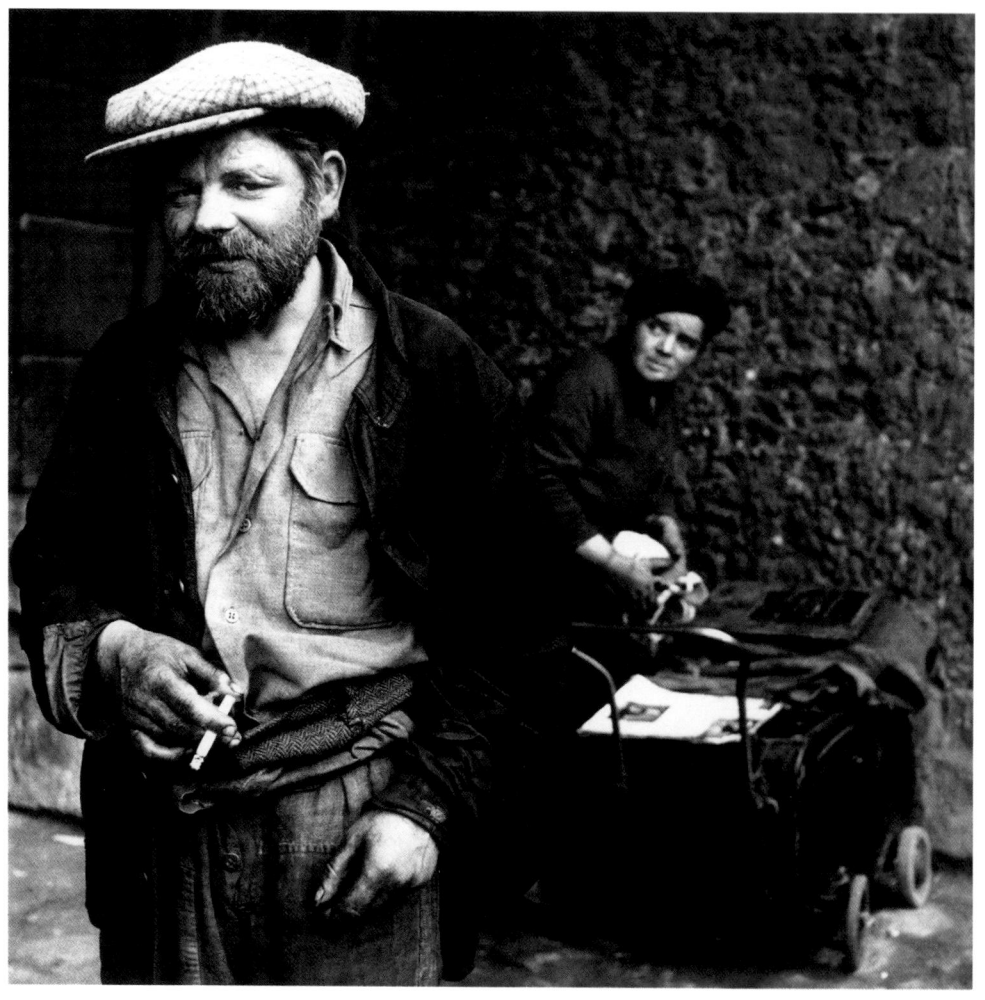

Marceau and Mélanie, 1950

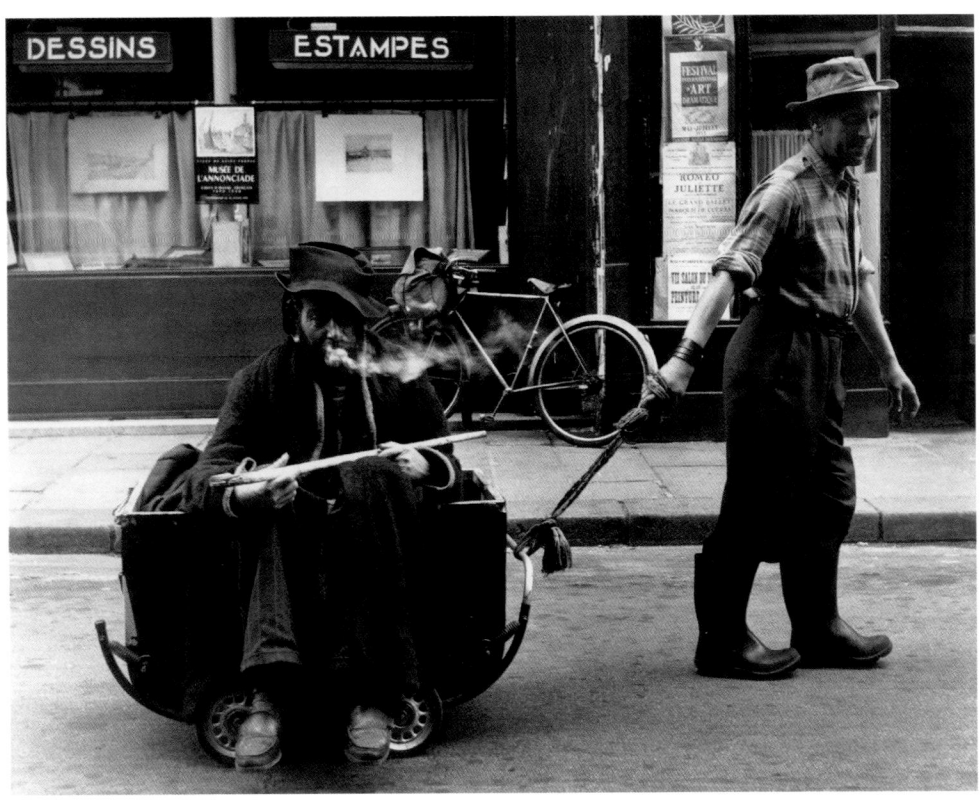

Rue de Seine, 1950

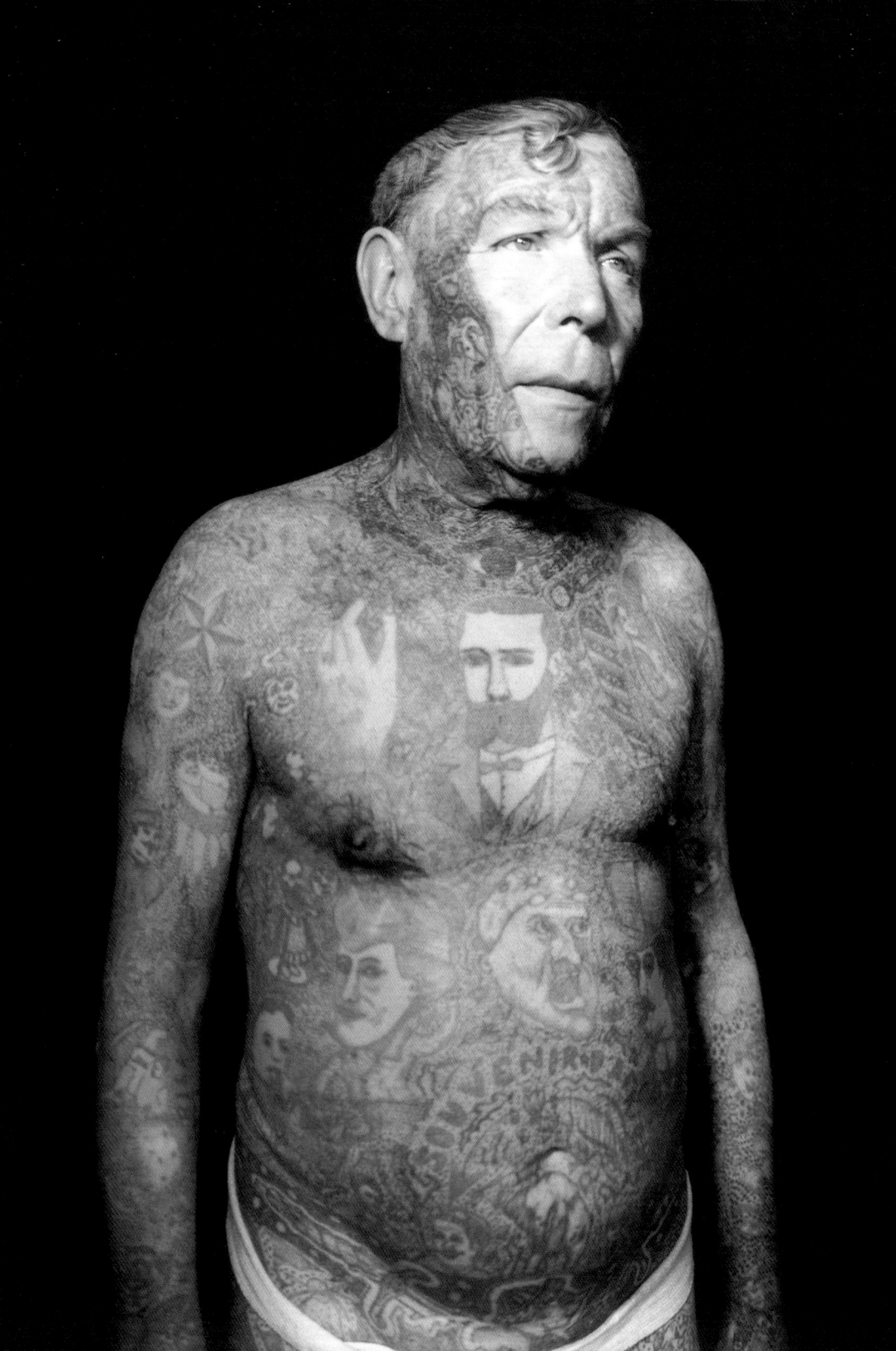

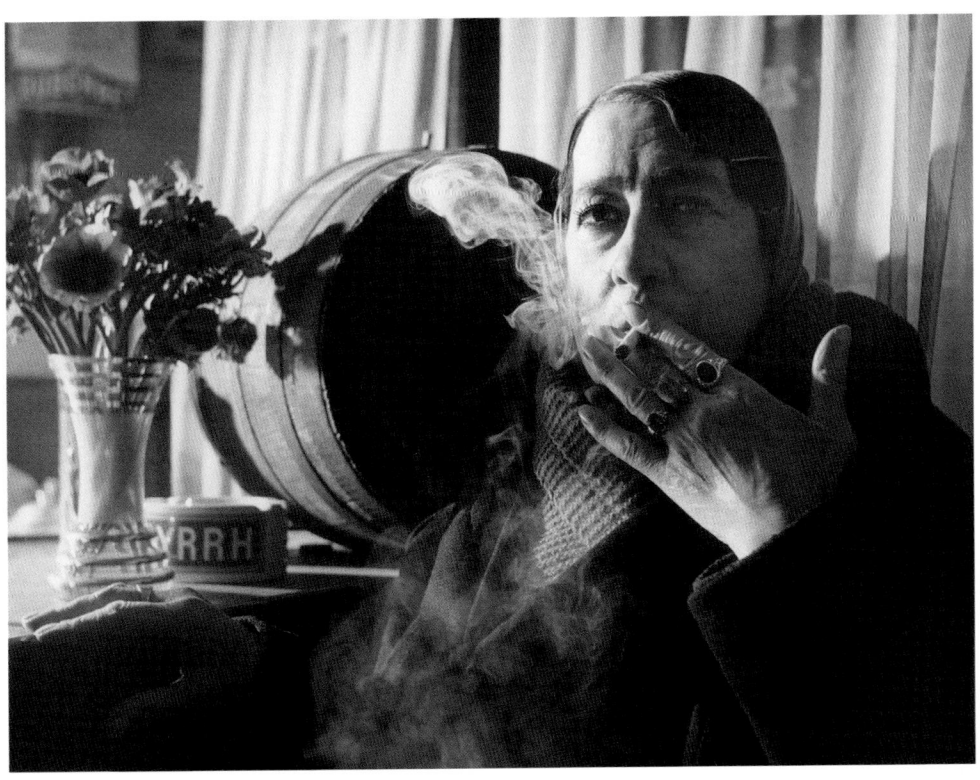

Richardo, the Most Tattooed Man in the World, Montrouge, 1950
Madame Rita, Rue de la Montagne-Sainte-Geneviève, 1954

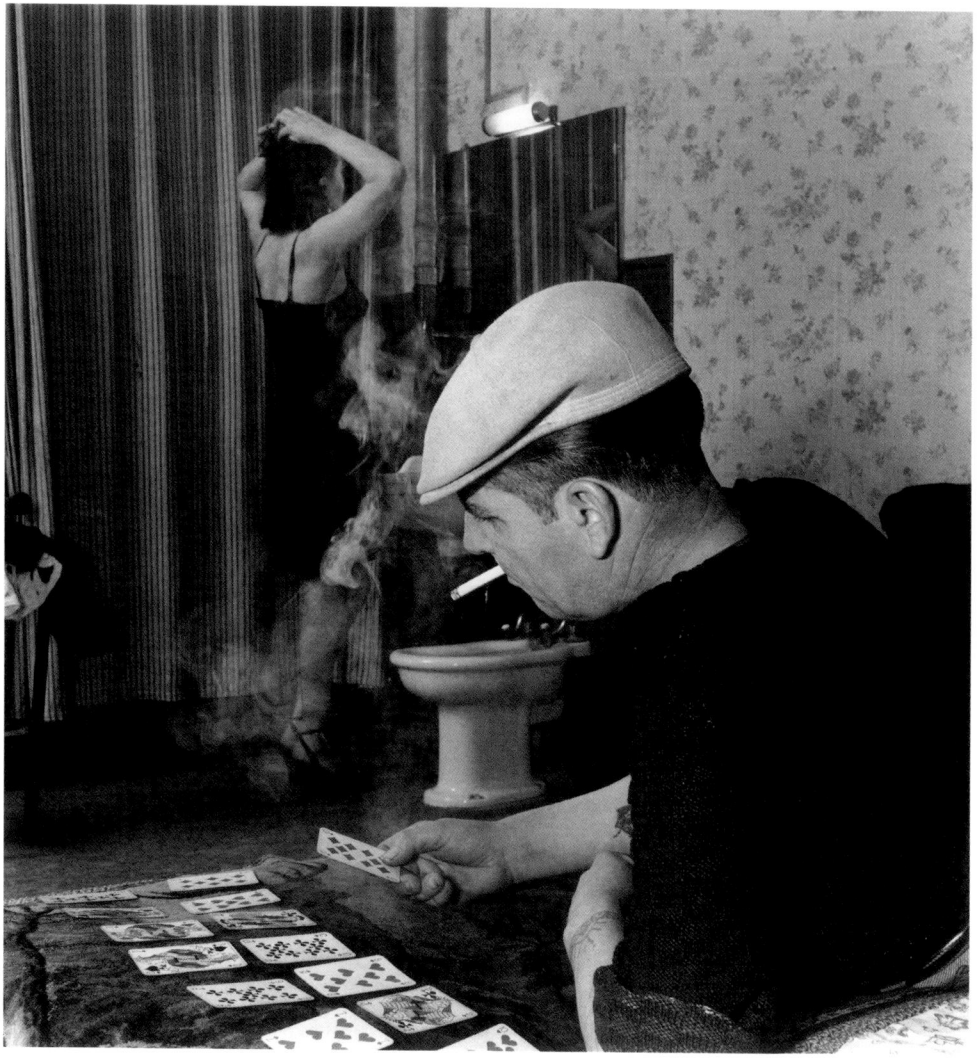

Success / La Réussite, Rue Saint-Germain-l'Auxerrois, 1952

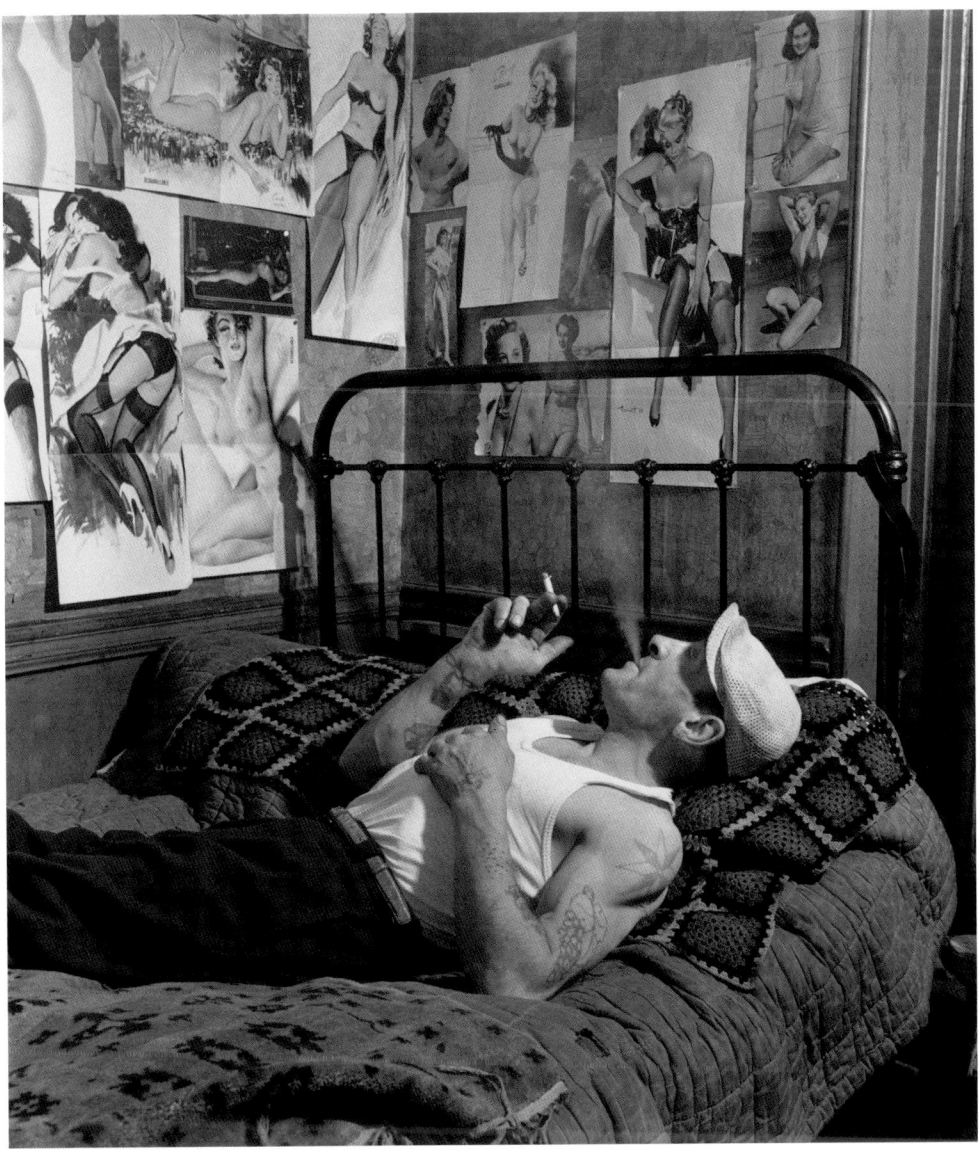

Creatures of Dreams / Créatures de rêves, Rue Mouffetard, 1952

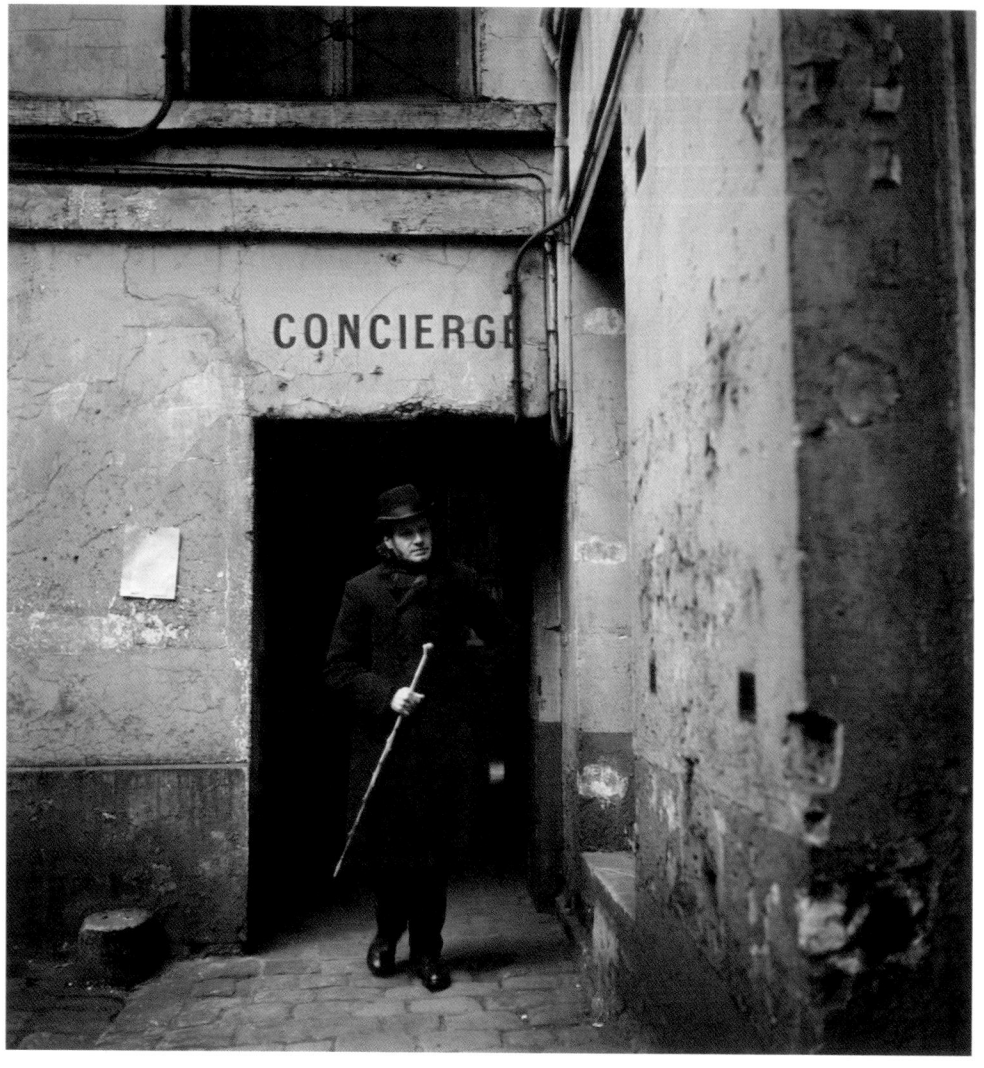

Armand Fèvre, the Bonapartiste of
Saint-Germain-des-Prés, 1952

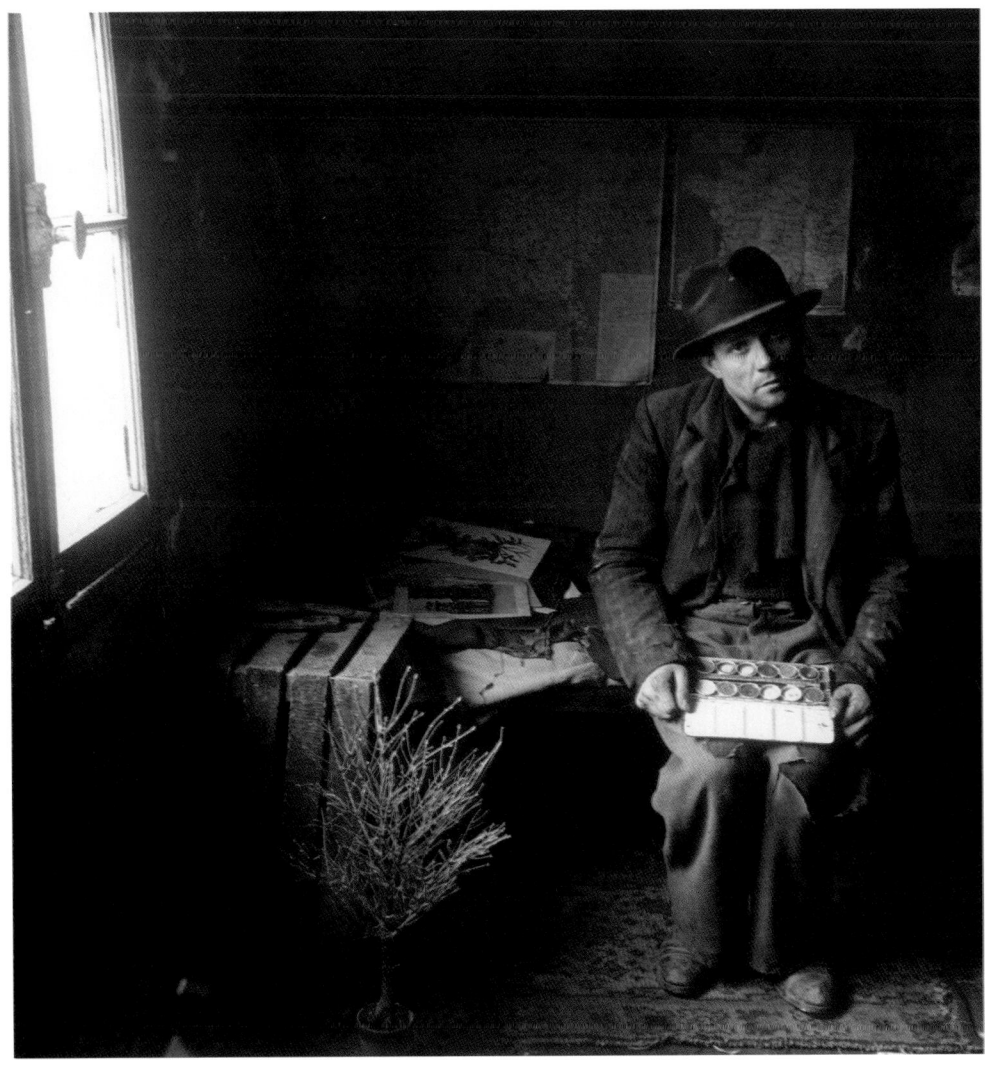

Maurice Duval, Painter and Rag-and-Bone Man /
Duval aquarelliste, Rue Visconti, 1948

"The reflections in the window and the interest in the picture
rendered me invisible...The expression hunt lasted two days.
I went on with it a bit longer for the sheer pleasure of it."

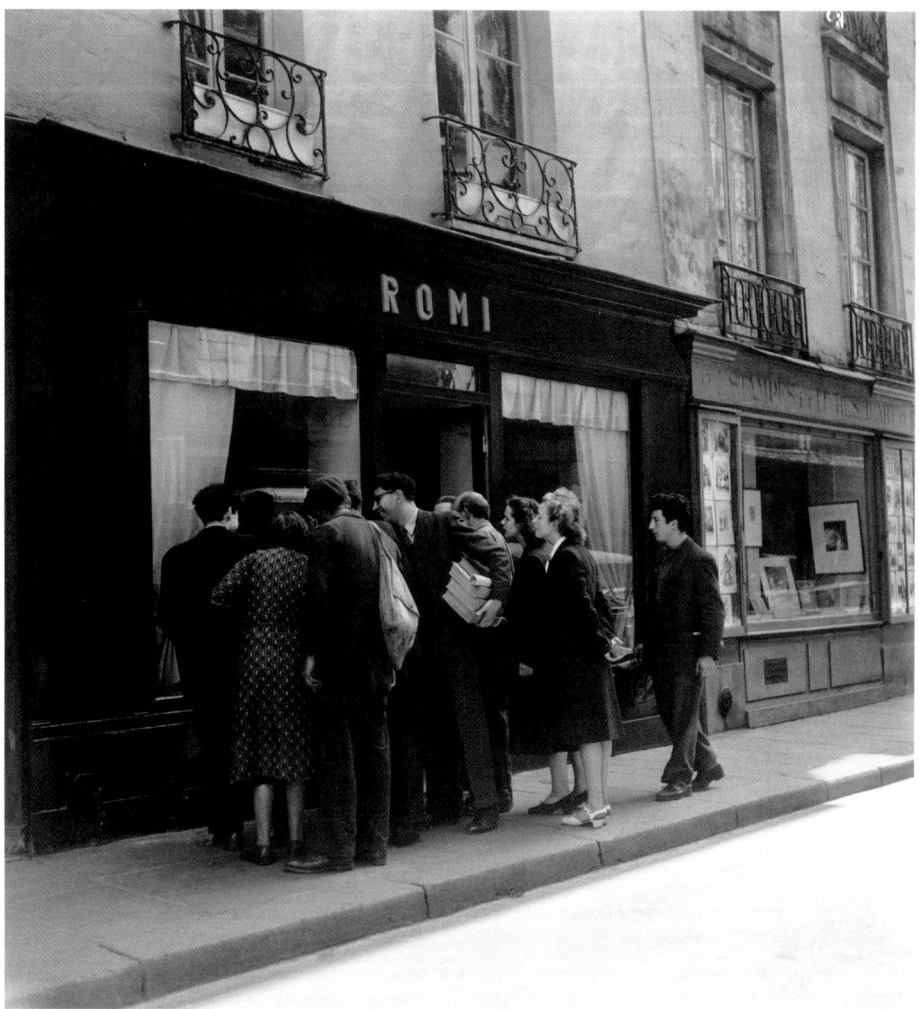

Galerie Romi, Rue de Seine, 1948

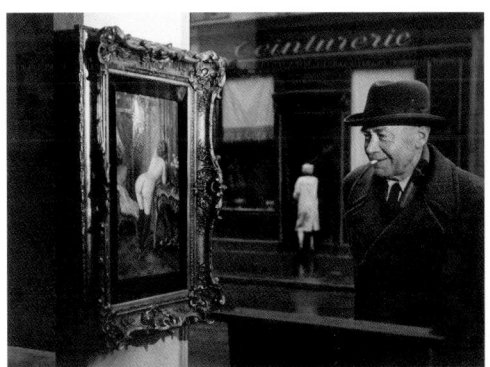
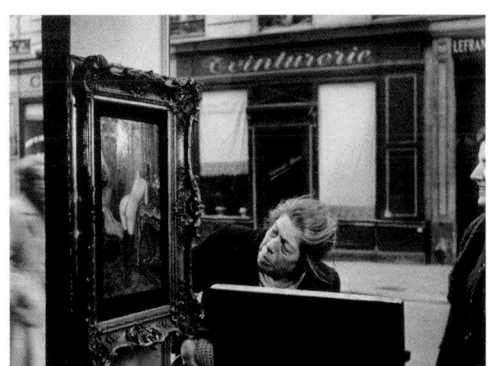
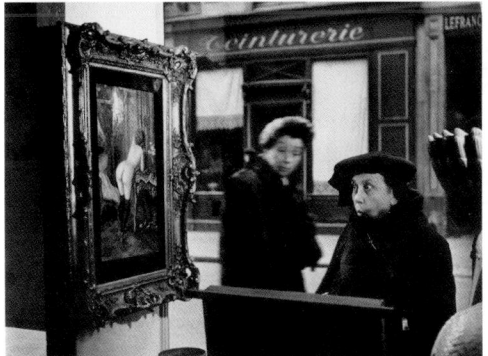
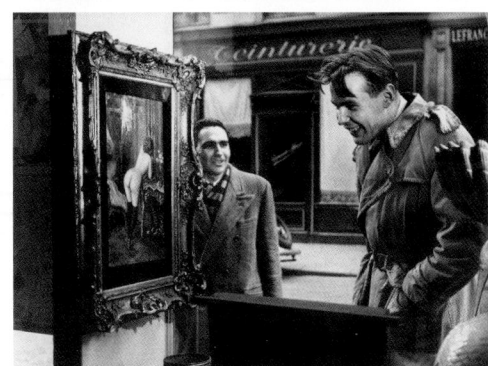
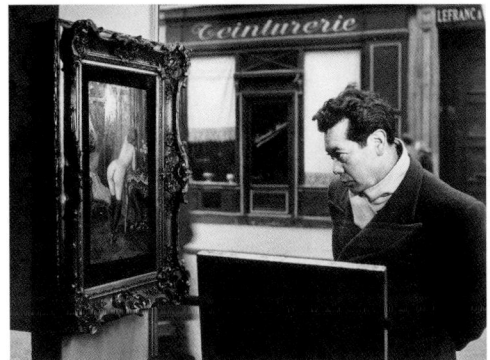
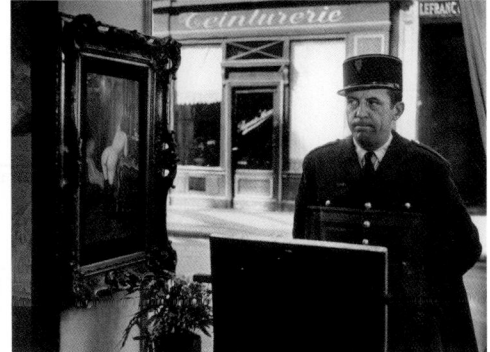

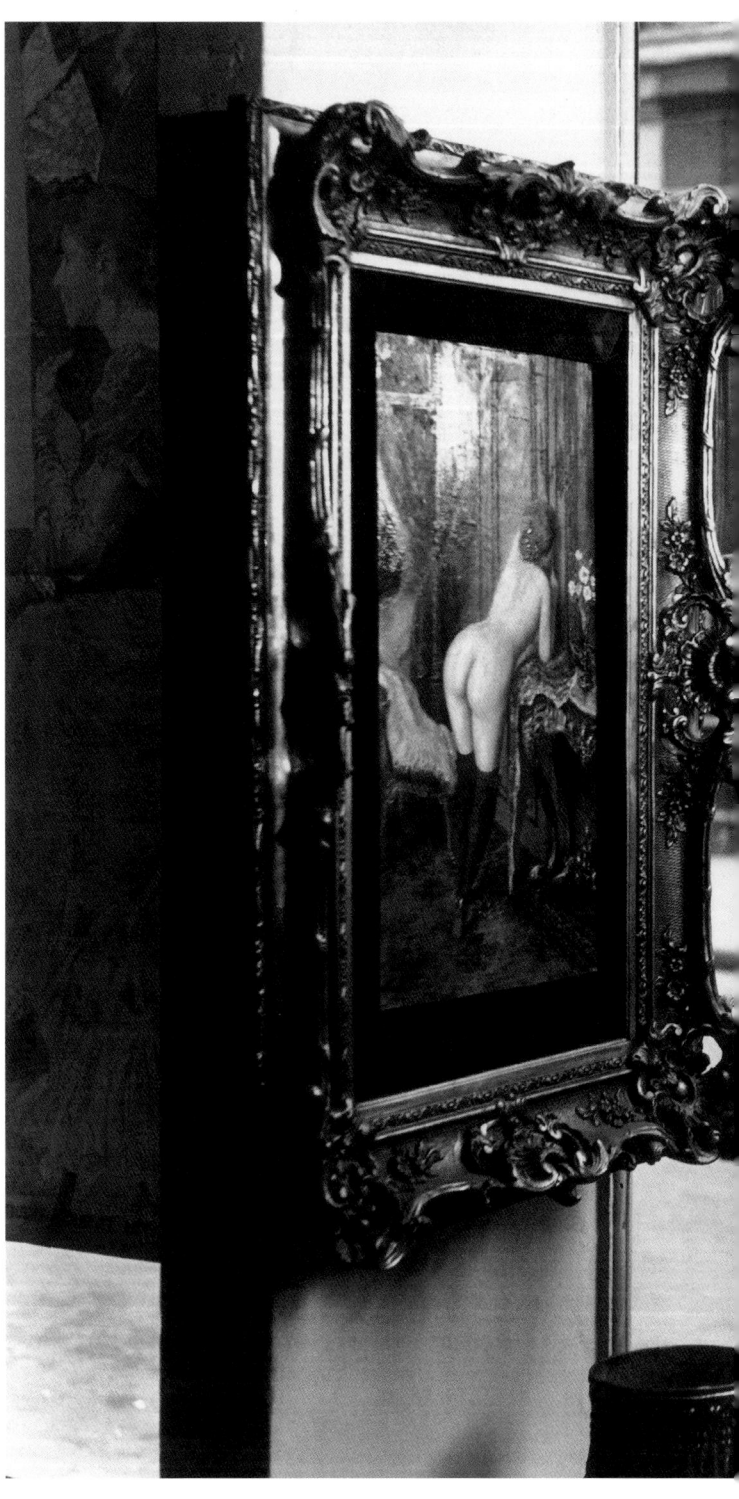

The Sidelong Glance /
Un regard oblique, Galerie
Romi, Rue de Seine, 1948

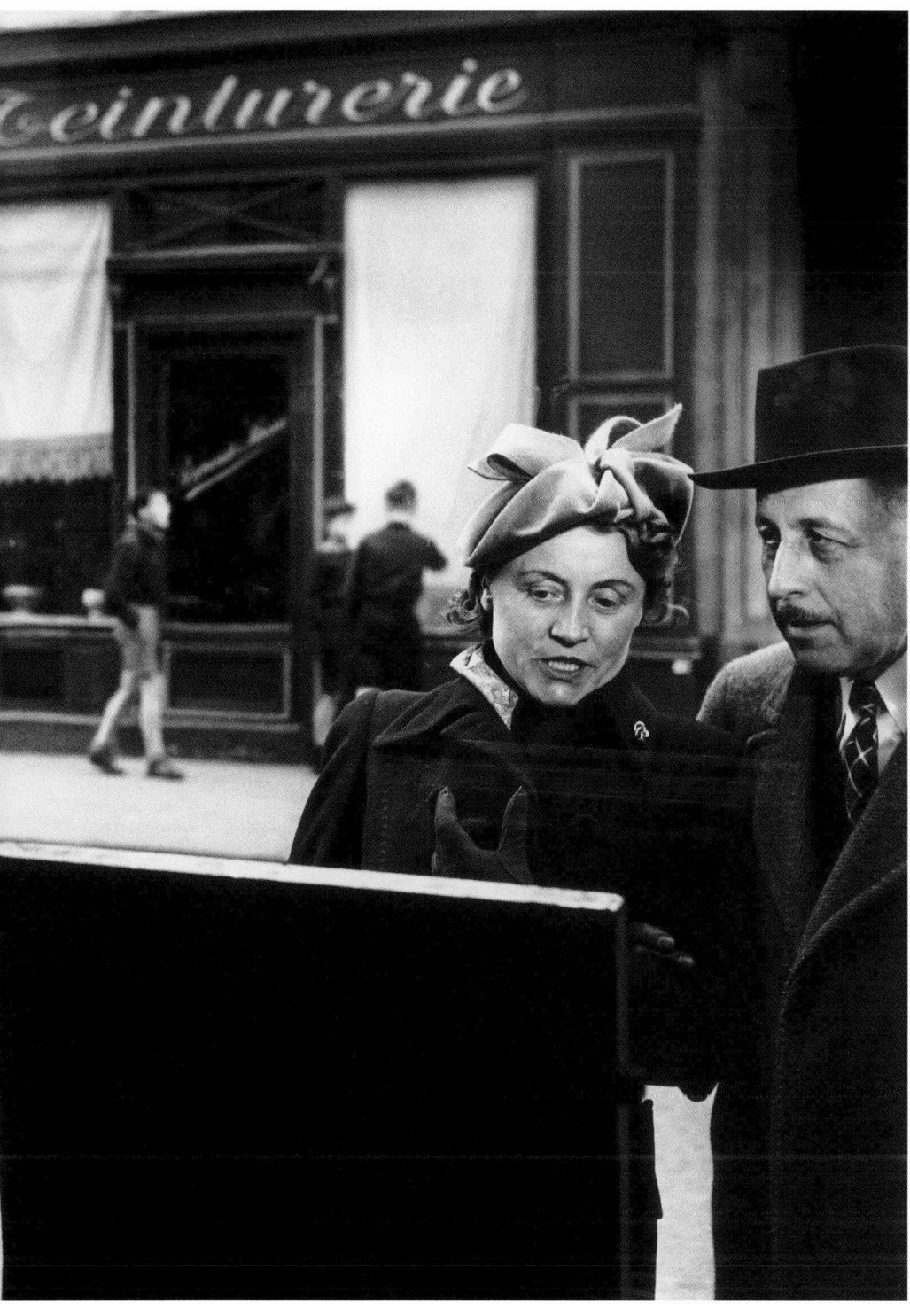

Vogue

"For two years, I was a fashion photographer, which fitted me
like a bra would a policeman. I had to photograph the most
magnificent creatures. What bothered me was that their concerns
and conversation were completely alien to me ... a privileged tribe
whose only topics of conversation were ones I knew not the
faintest thing about..."

Ball Given by Jacques Fath, Château de Corbeville, 1951

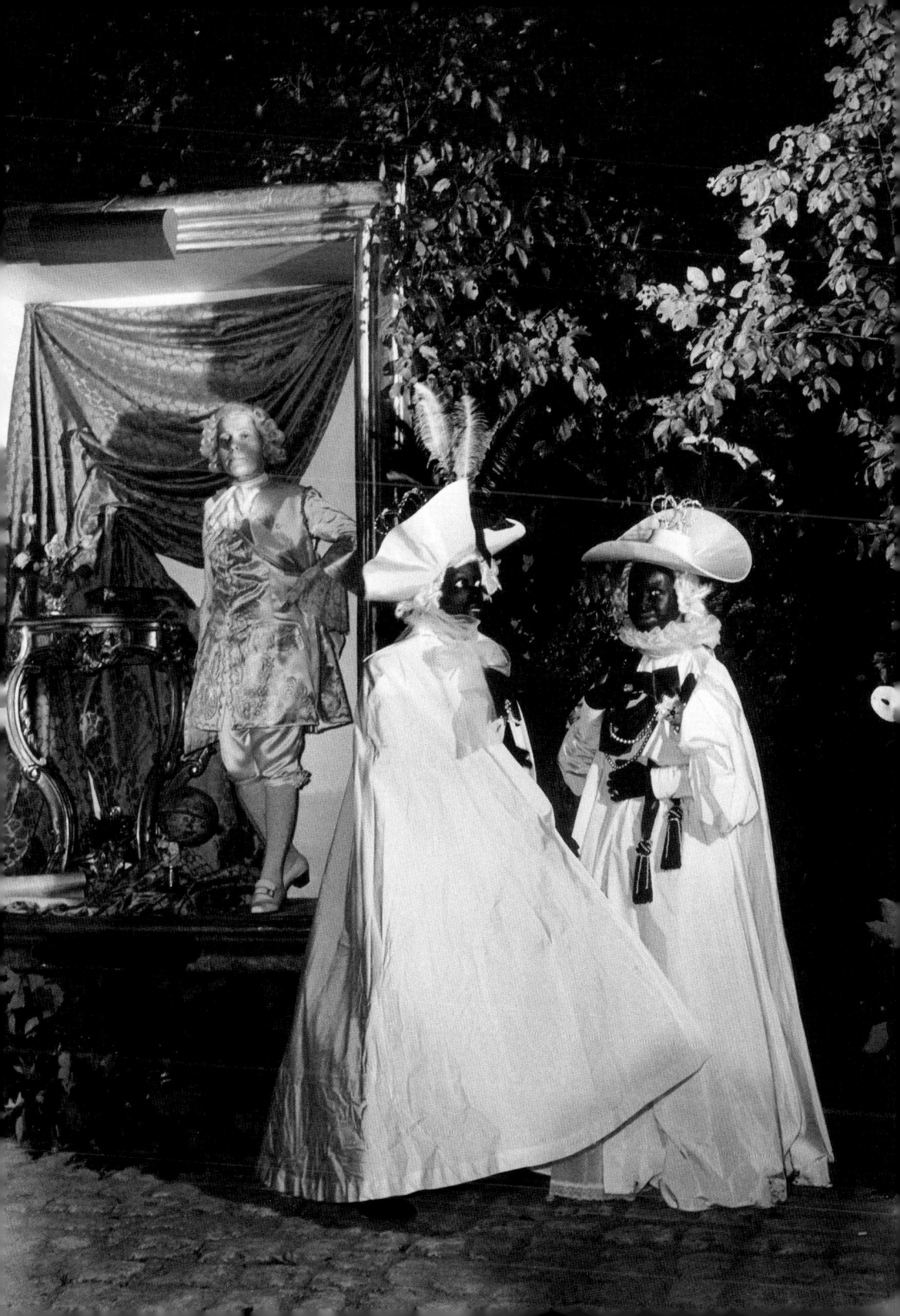

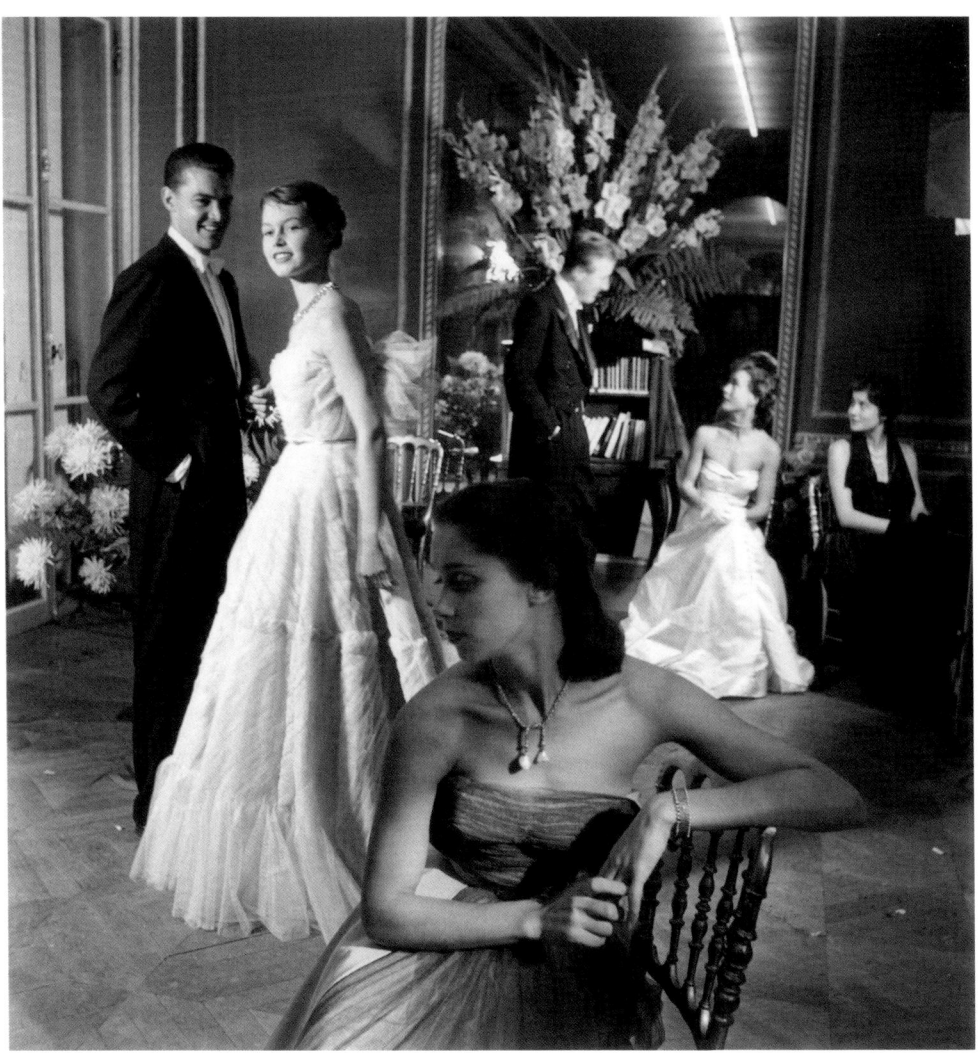

Brigitte Bardot for Vogue, 1950

"This is Elsa Maxwell, the American gossip columnist:
she was very ugly and very malicious. People smiled at her
because she was redoubtable…"

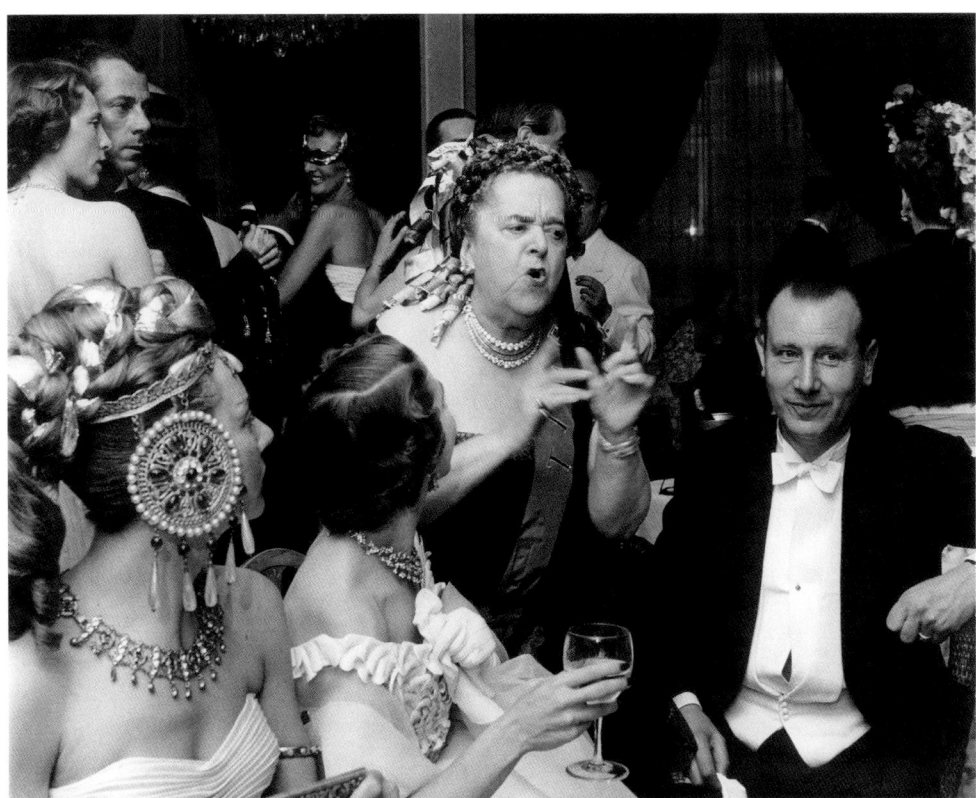

Elsa Maxwell's Tittle-Tattle / Les Potins d'Elsa Maxwell, 1952

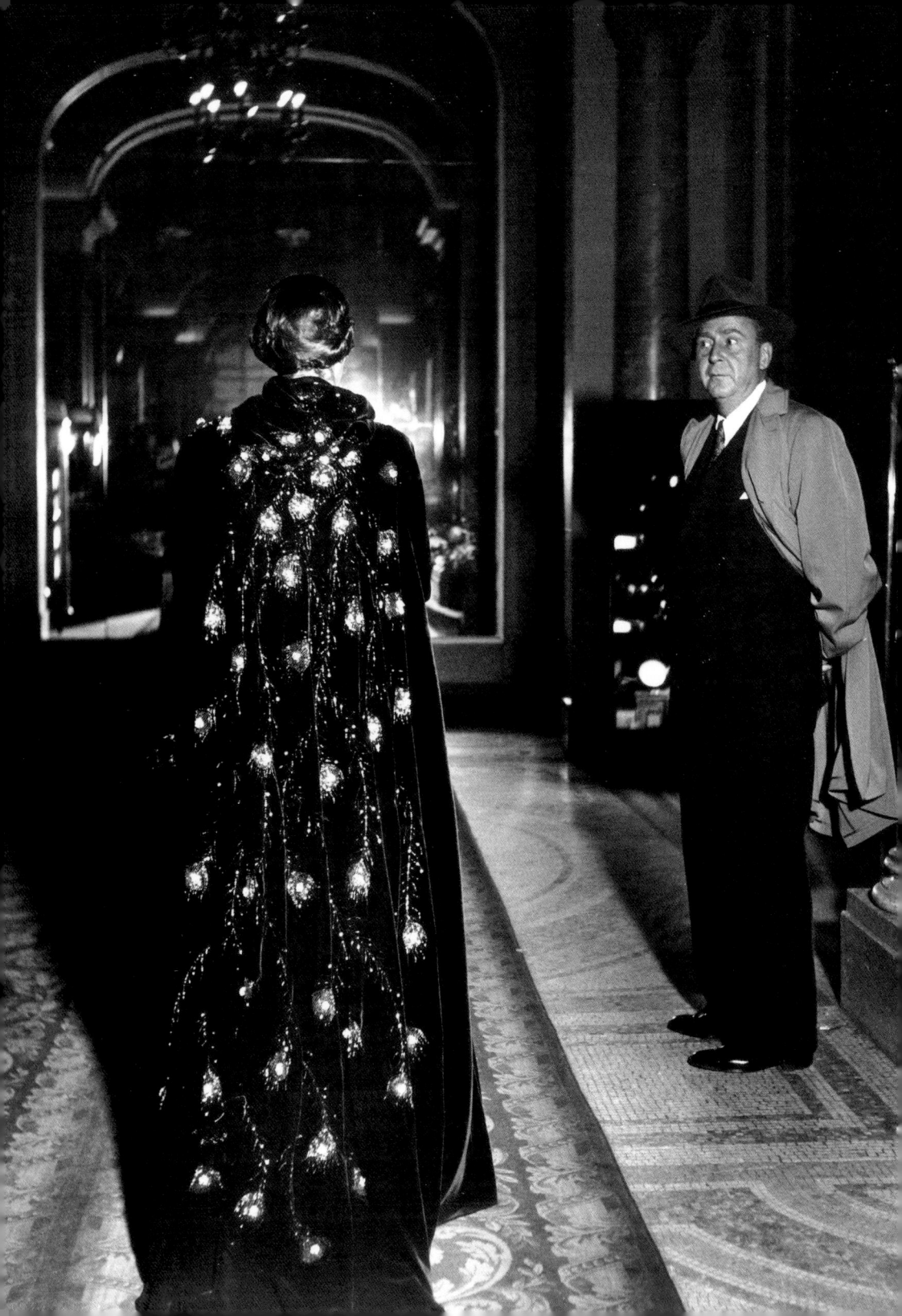

"She strutted past, slow as a peacock..."

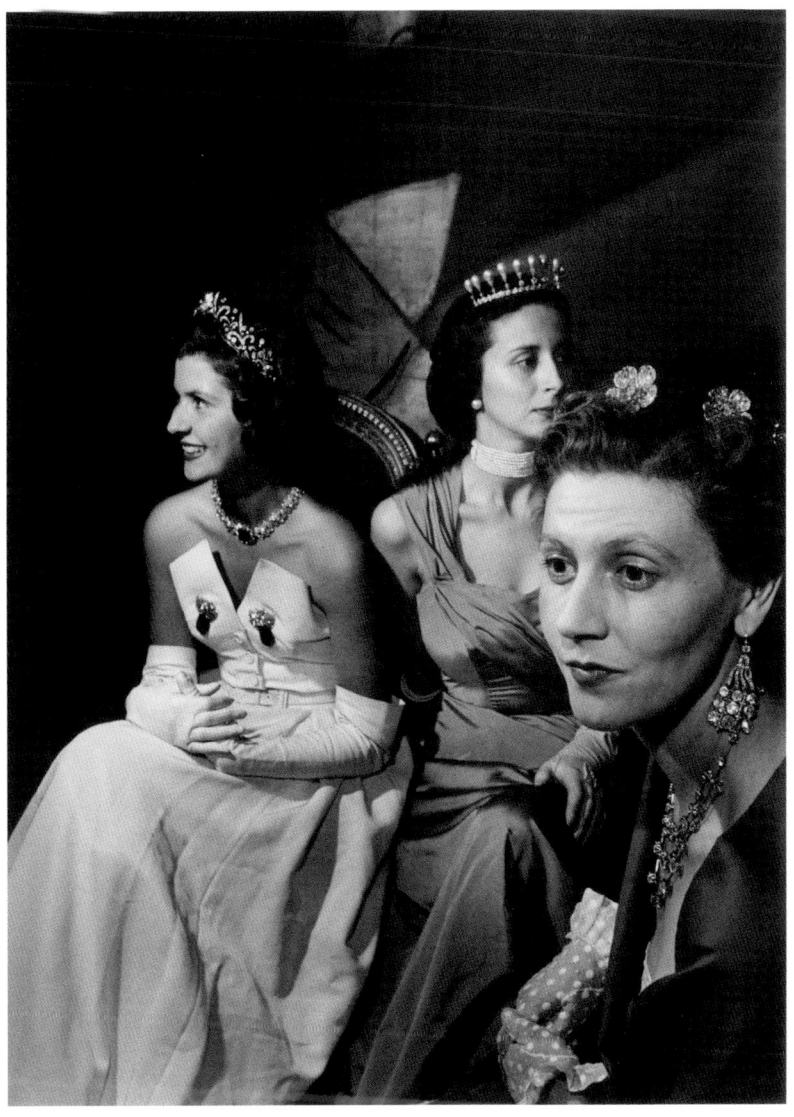

A Woman Passing By / Une femme passe, Hôtel Claridge, 1947
The Three Diadems, Ball Given by the Comte Étienne de Beaumont, 1950

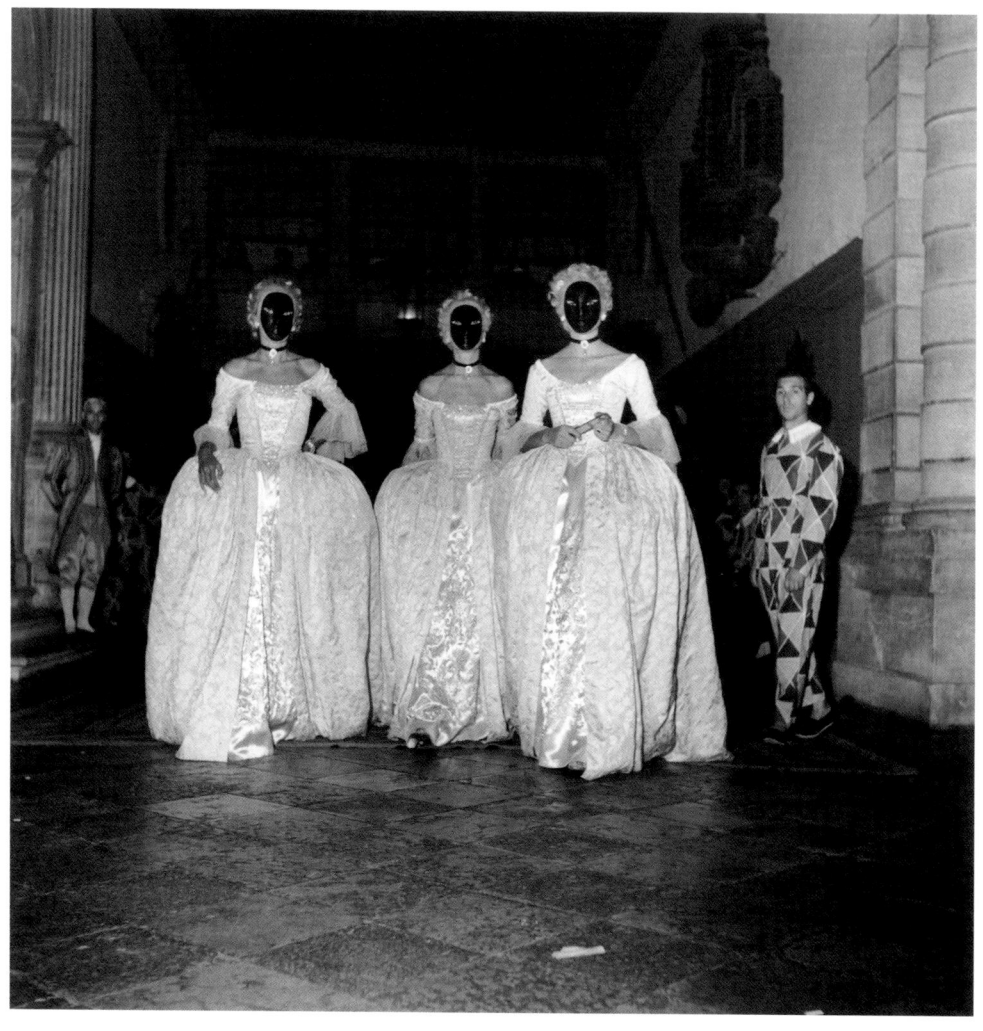

Bal Bestegui, Palais Labbia, Venice, 1951

"I have a very clear memory of the animal masks of
the people cluttering up all those salons in pastel shades
– a world as pitiless as the croupier's rake…"

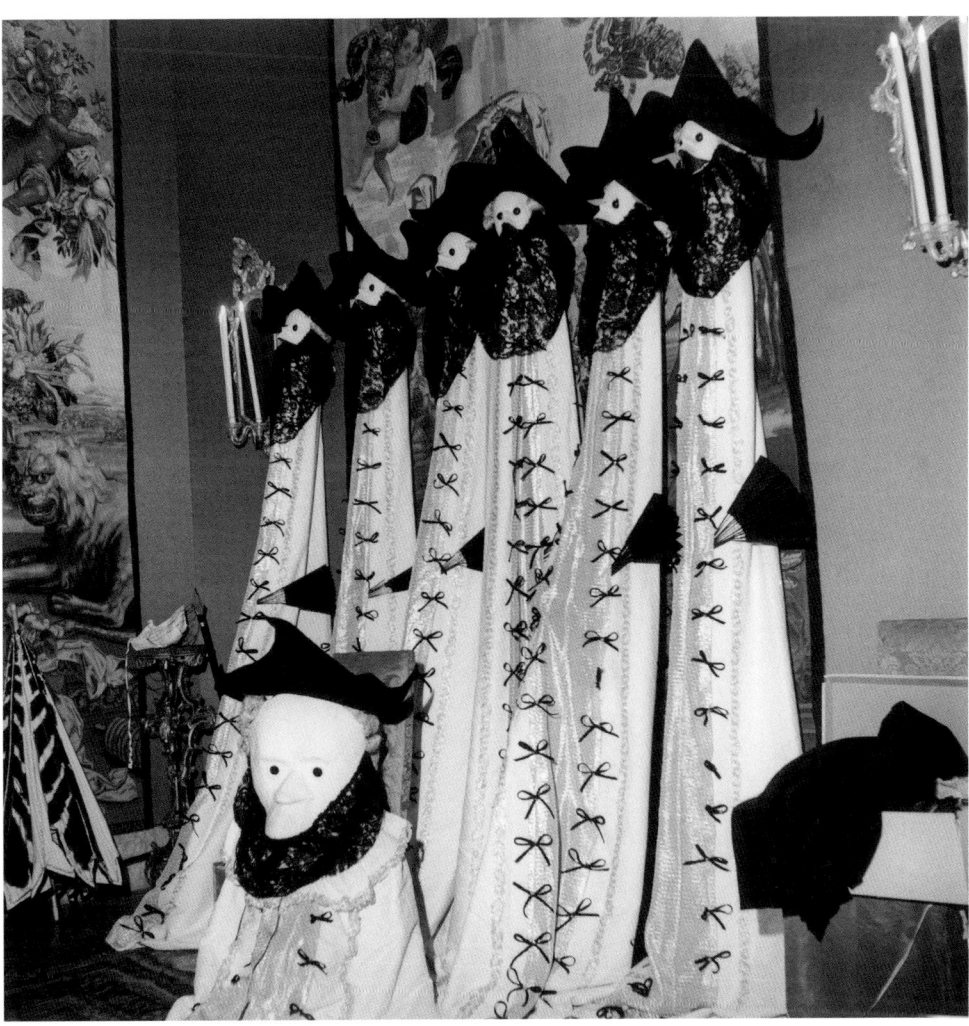

Bal Bestegui, Venice, 1951

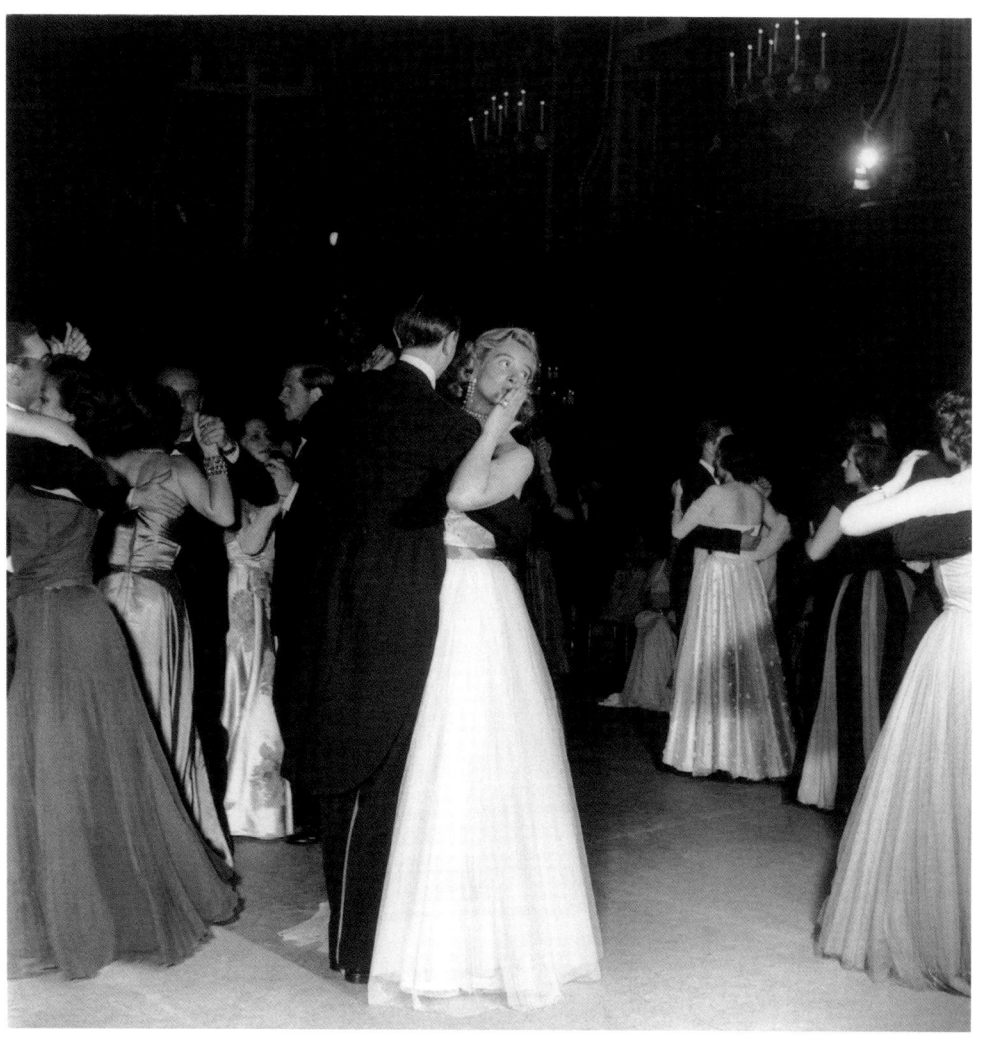

The Waltzing Kiss / Baiser valsé, Ball at the Hôtel Lambert, June 1, 1950

"The studio photographer does hothouse work.
The street photographer, by contrast, is a thug, a poacher..."

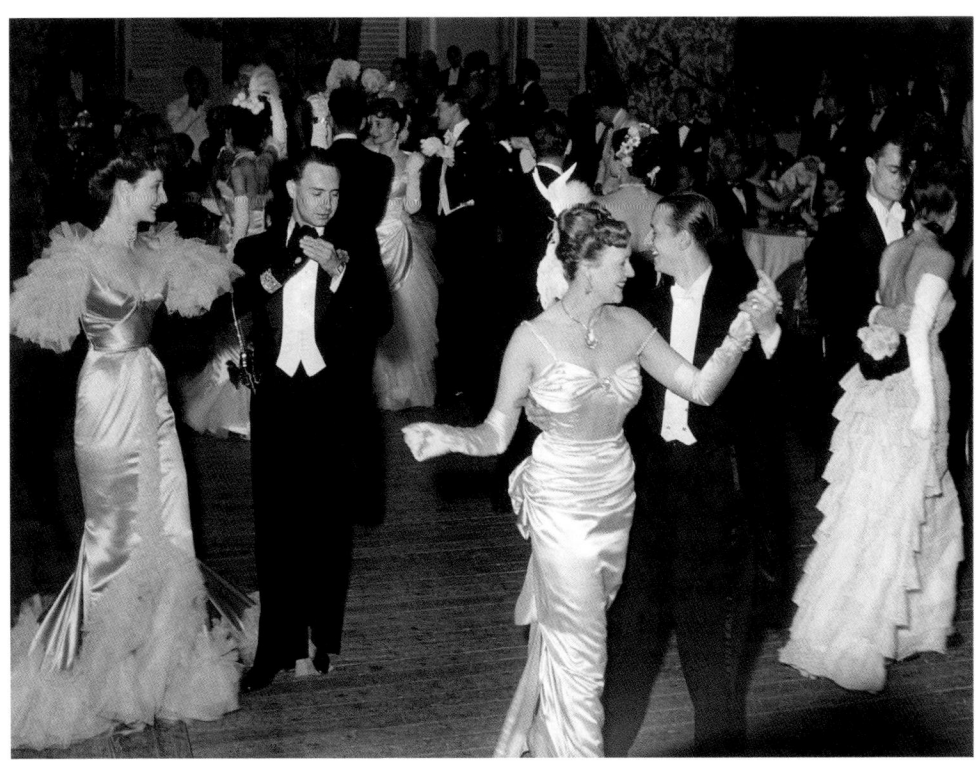

Ball Given by the Baron and Baroness de l'Espée /
Bal chez le baron et la baronne de l'Espée, June 1949

"For two years, I had a walk-on part in a Comtesse de Ségur
novel, in which fashion editors, their noses confidently turned up,
played the role of spoilt little girls..."

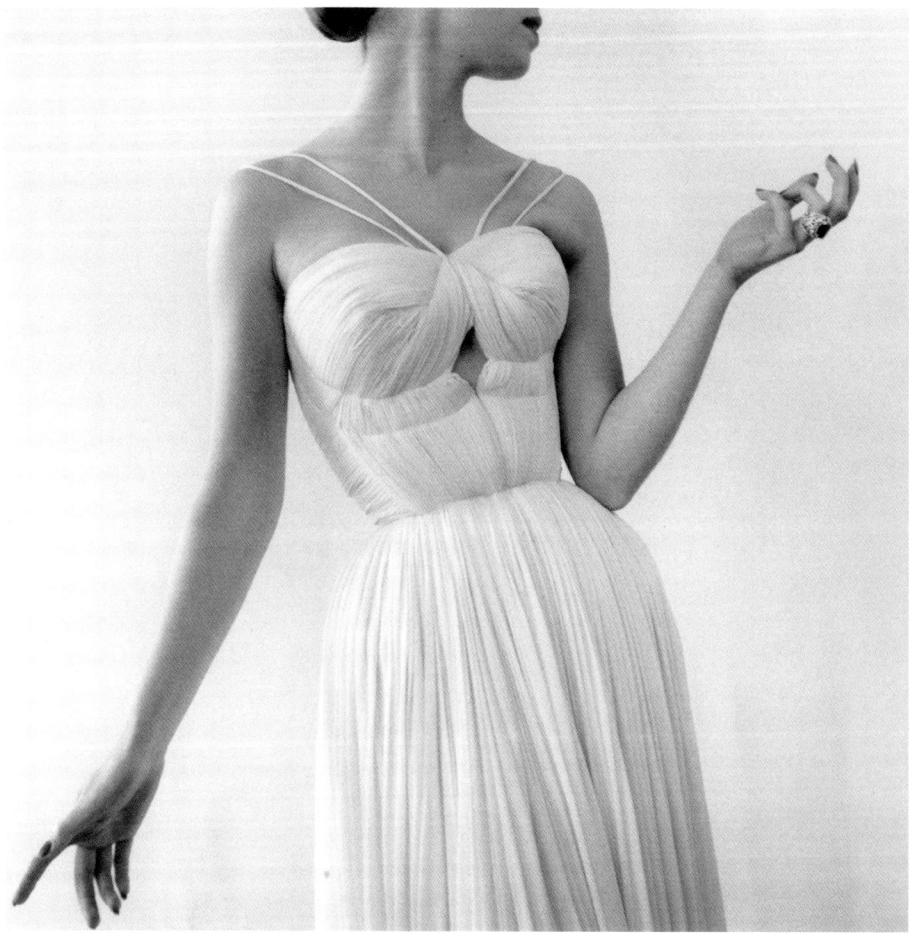

Madame Grès Drapeggio / Drapé de Grès, Vogue, 1955
Yves Saint Laurent and Zizi Jeanmaire, Fitting for a Carmen *Costume*, 1959

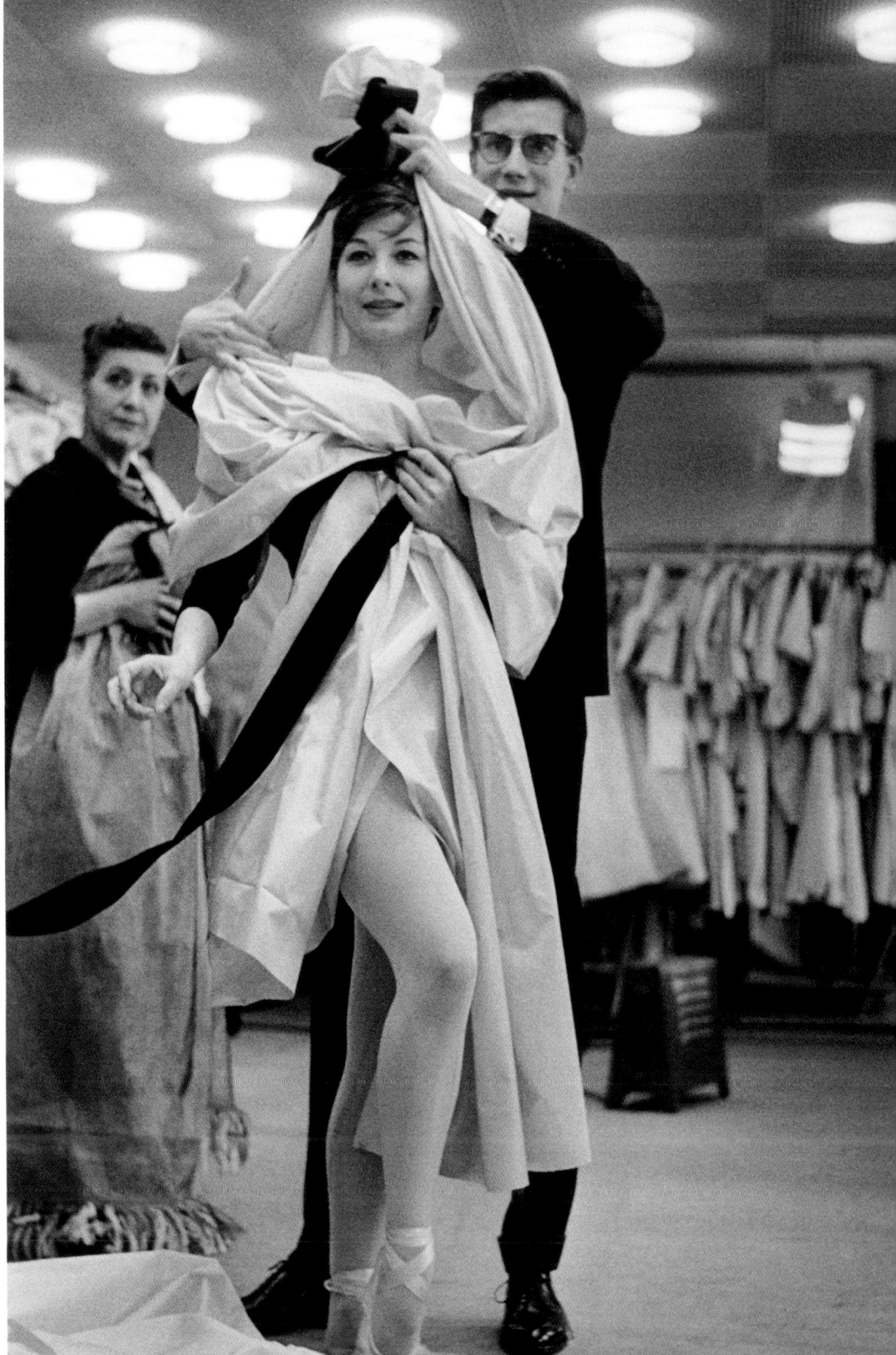

Portraits of Artists

"He is the most meticulous person I know. Tati spent two
hours taking the old bicycle to pieces. He has the same patience
with every kind of mechanism: a gag is just another piece
of clockwork."

Tati's Bike / Le Vélo de Tati, 1949

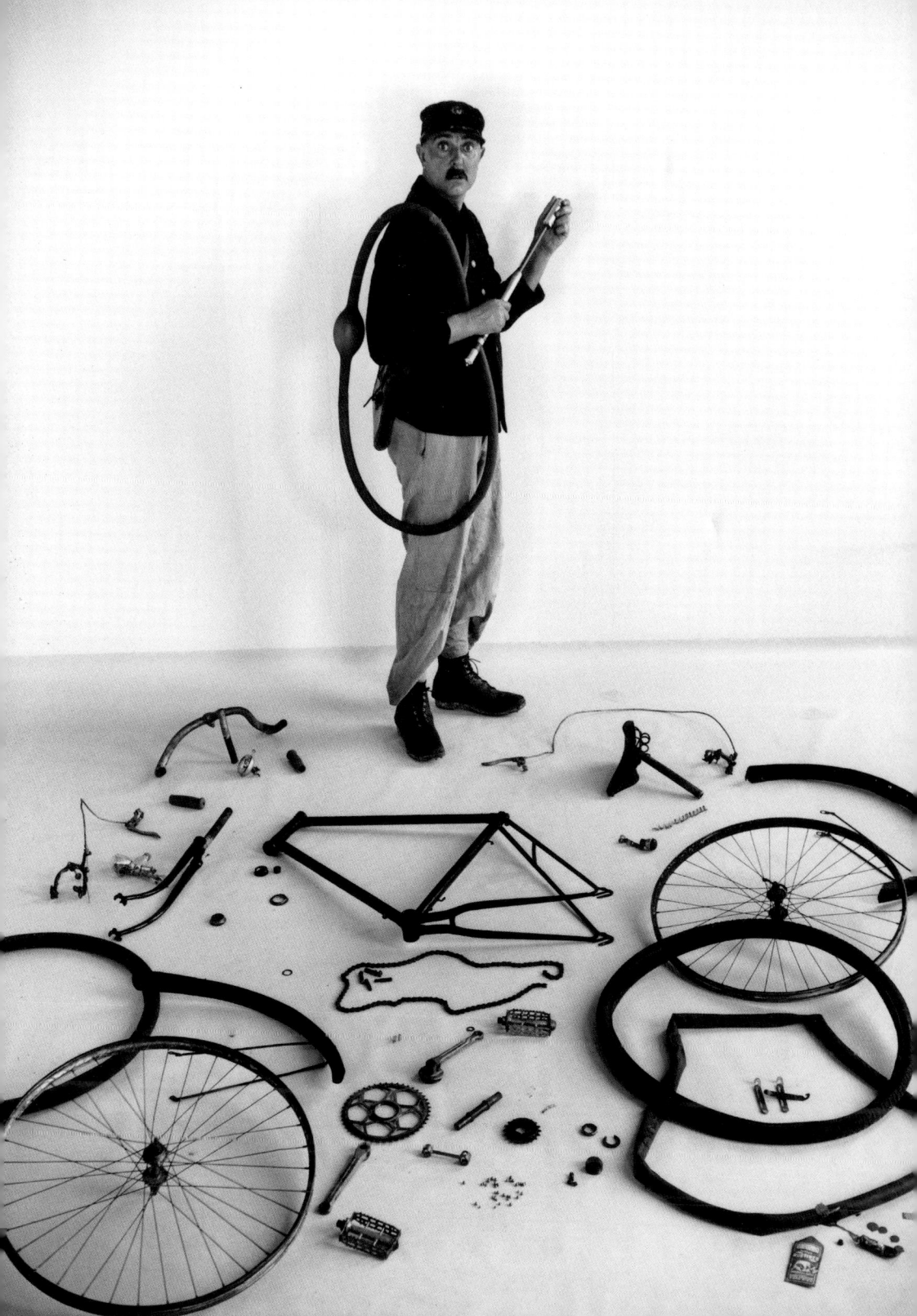

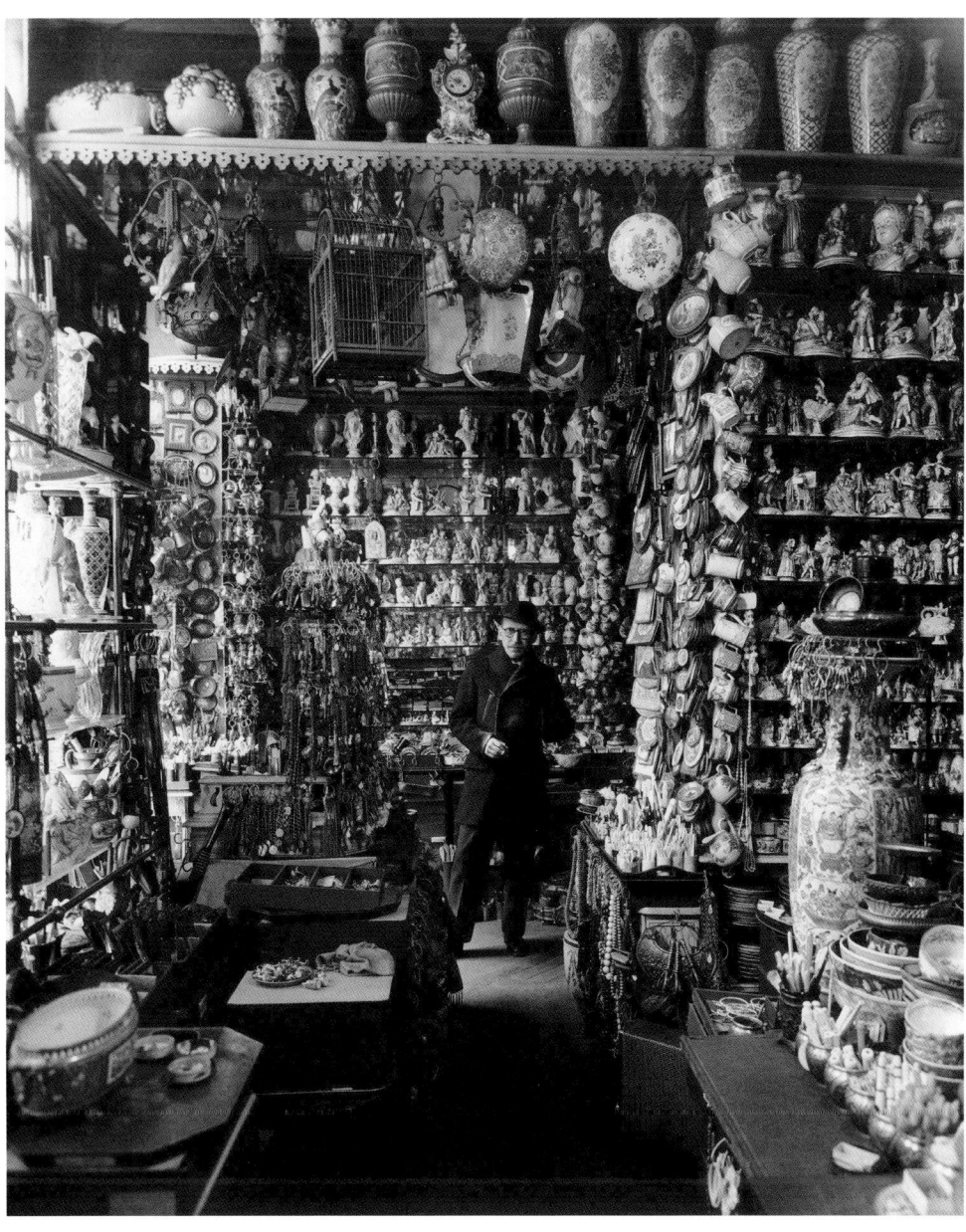

Saul Steinberg in a Porcelain Shop,
Rue des Petits-Champs, 1953

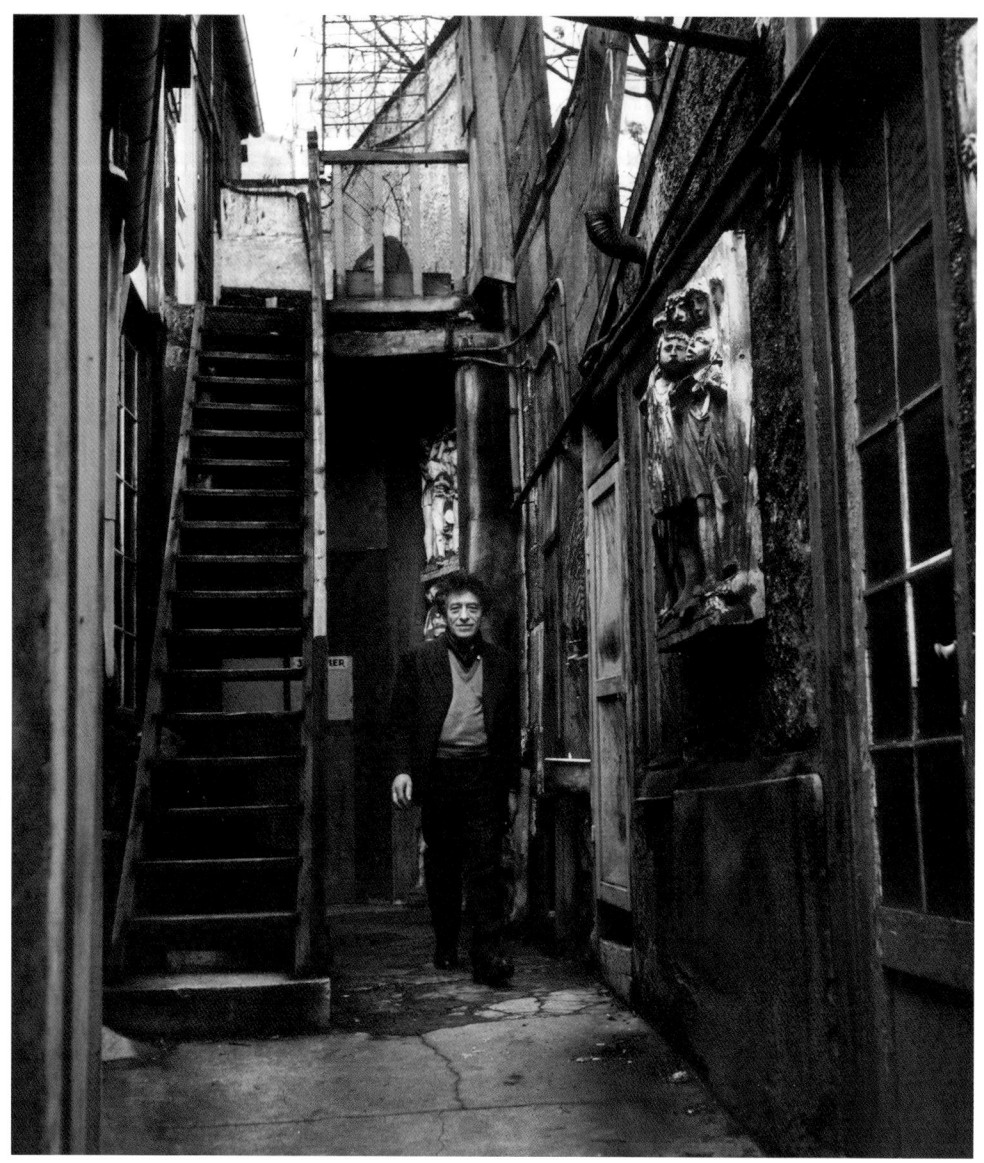

Alberto Giacometti, Rue Hippolyte-Maindron, 1957

"...Giacometti was charming. It was difficult to have a conversation with him. He smoked cigarette after cigarette, rubbed his hand across his face and said: 'My God, I'm exhausted today'..."

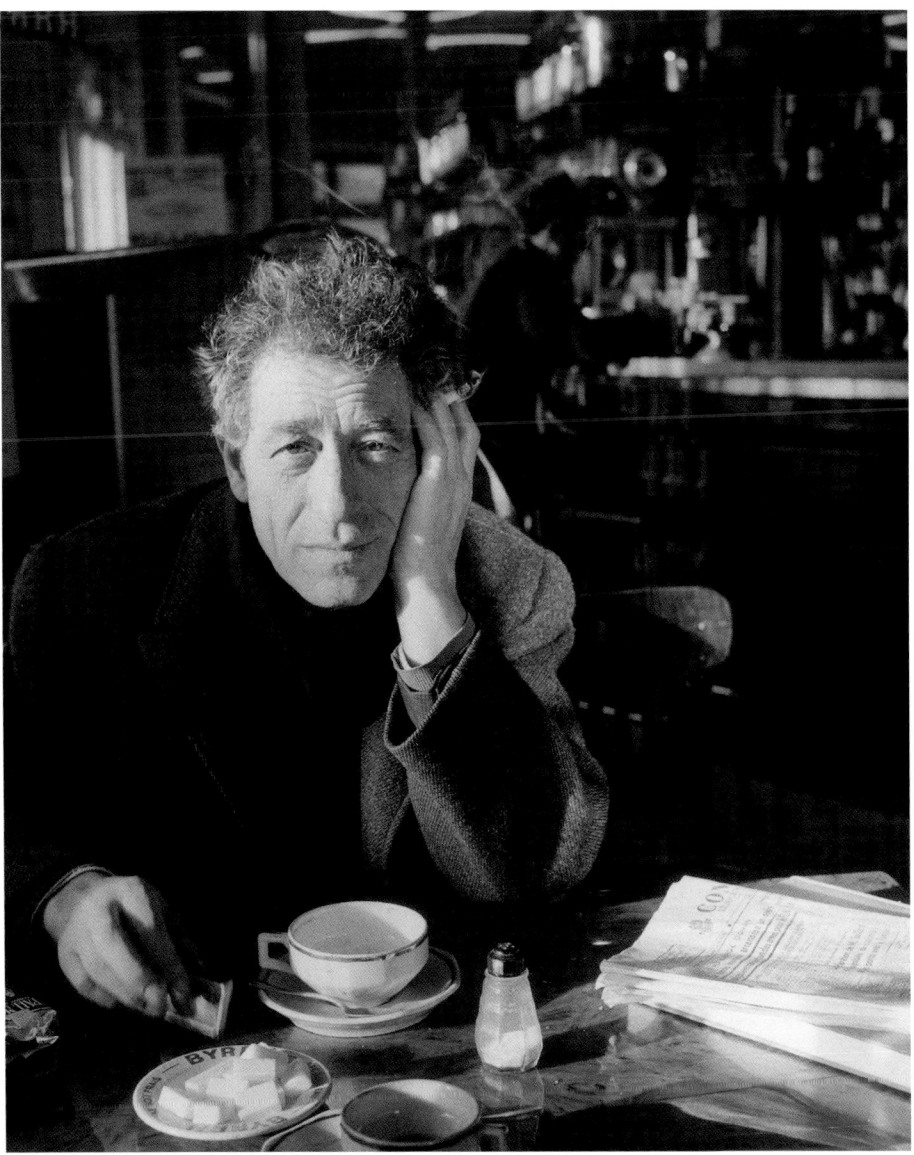

Alberto Giacometti, Café du Moulin Vert, 1957

The Concierges

Madame Lucienne's Mantelpiece / La Cheminée de Madame Lucienne,
Ménilmontant, 1953

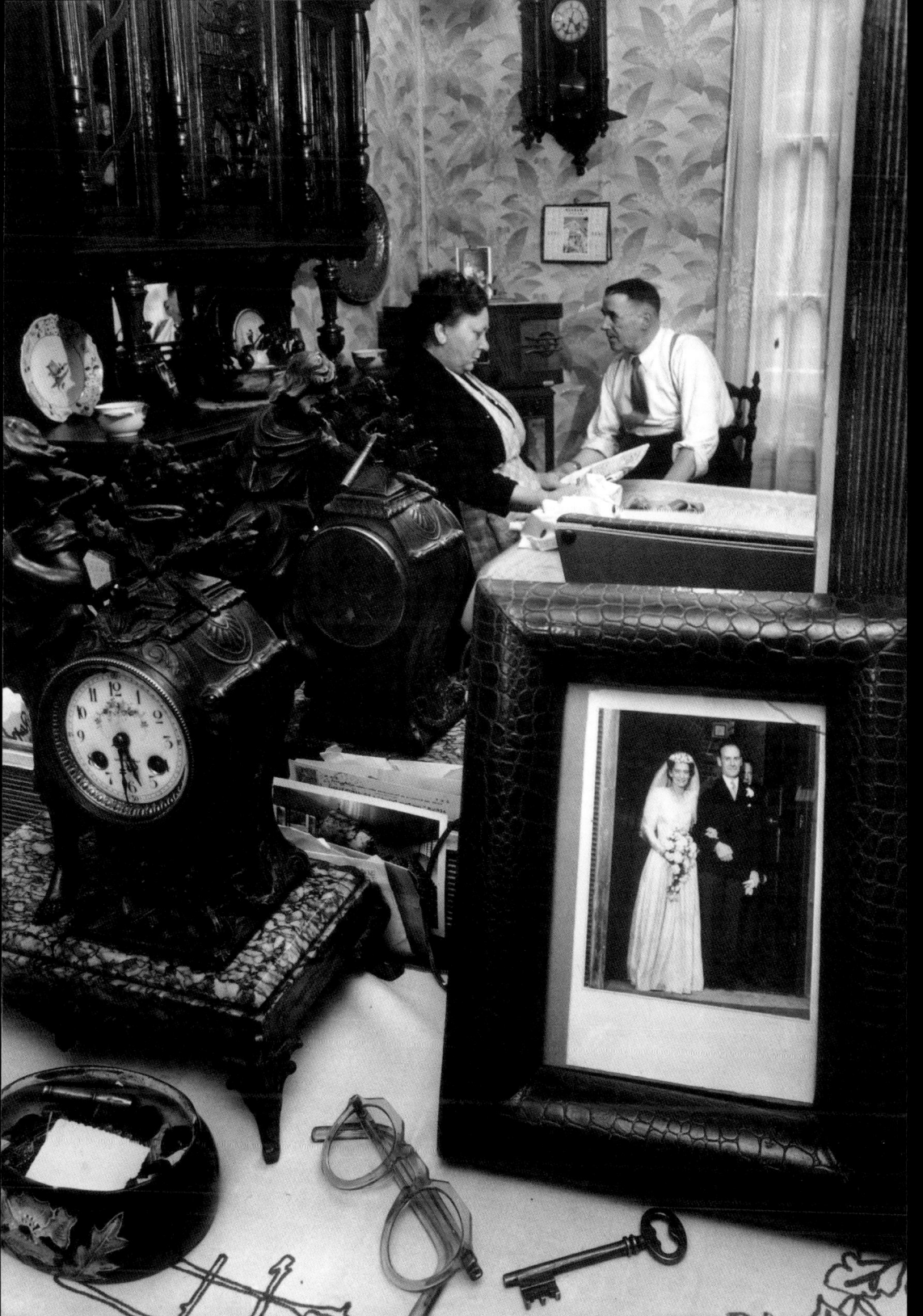

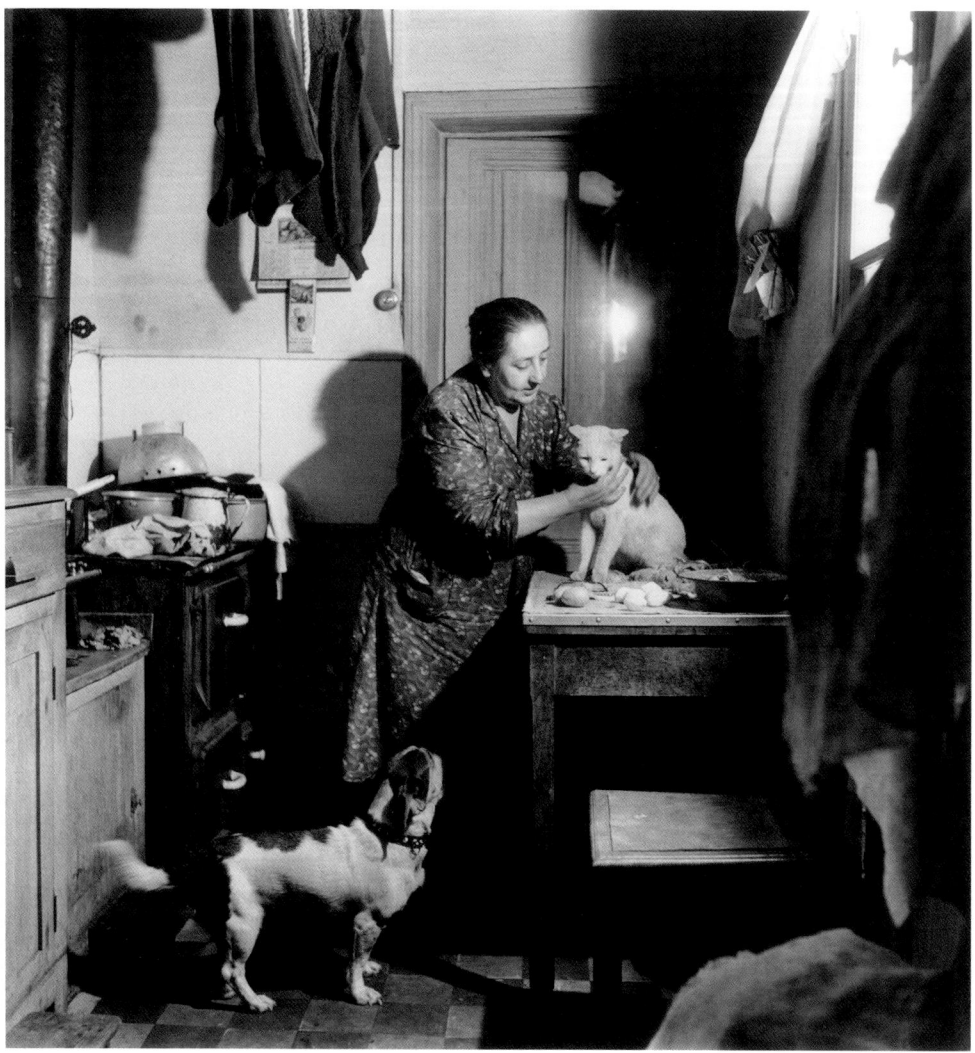

Concierge with White Cat, 1945

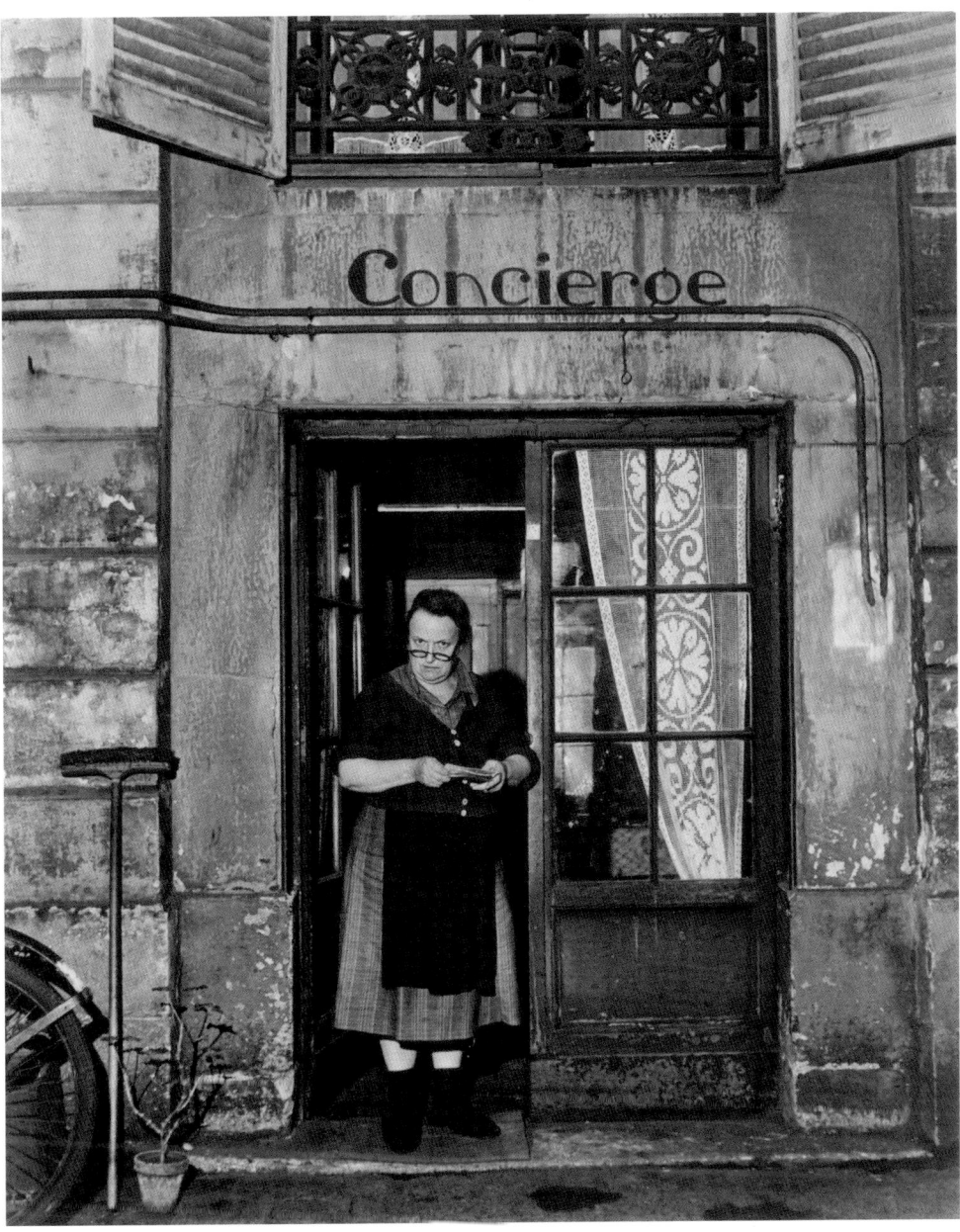

Bespectacled Concierge / Concierge aux lunettes, Rue Jacob, 1945

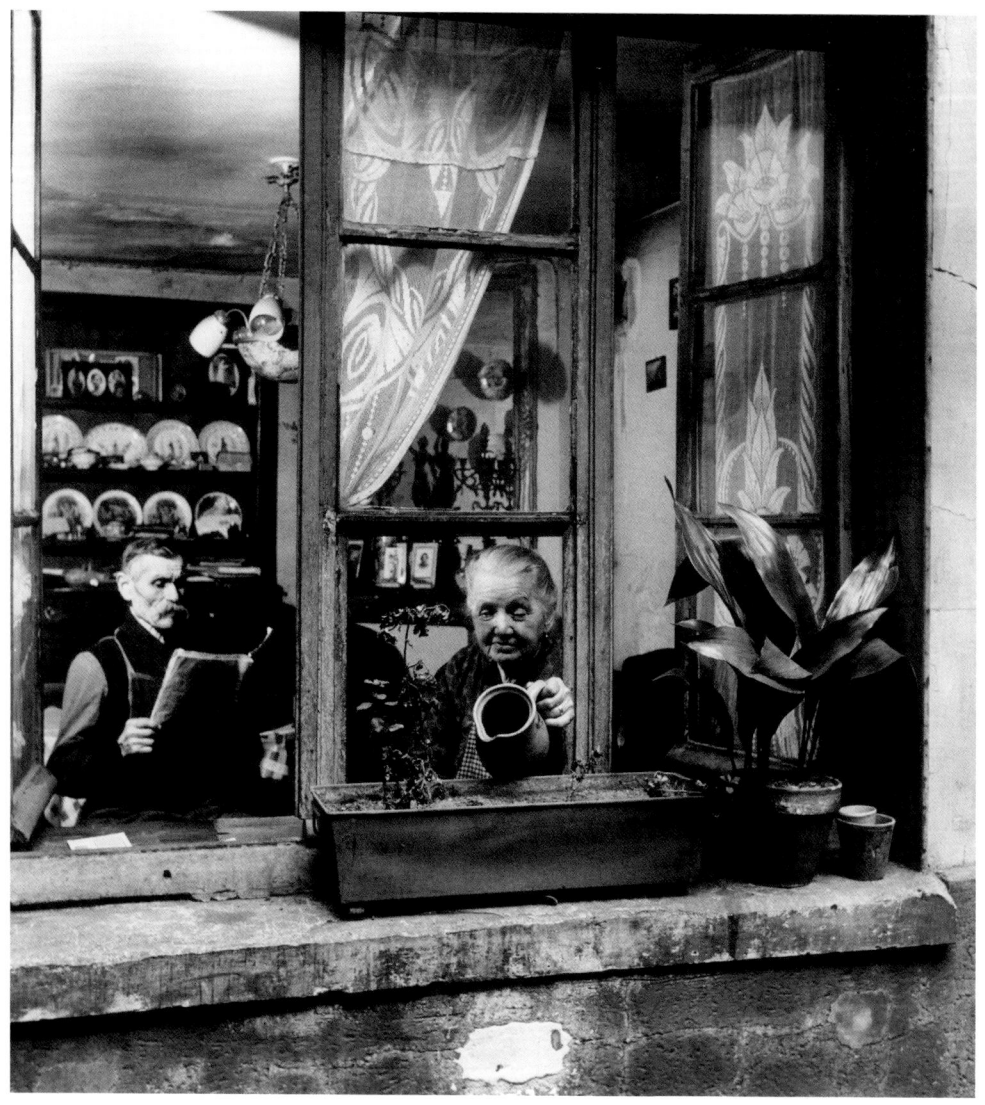

The Concierges of Rue du Dragon, 1946

"...I wanted to take this photo ... the bottom pane that opens to water the garden, the plates on the wall, the oval picture frames, and the hanging lamp – everything seemed to fit perfectly. When I went ahead and asked their permission to take a picture, they found it amusing and the grandmother, gay as a cricket, spontaneously suggested watering the geranium."

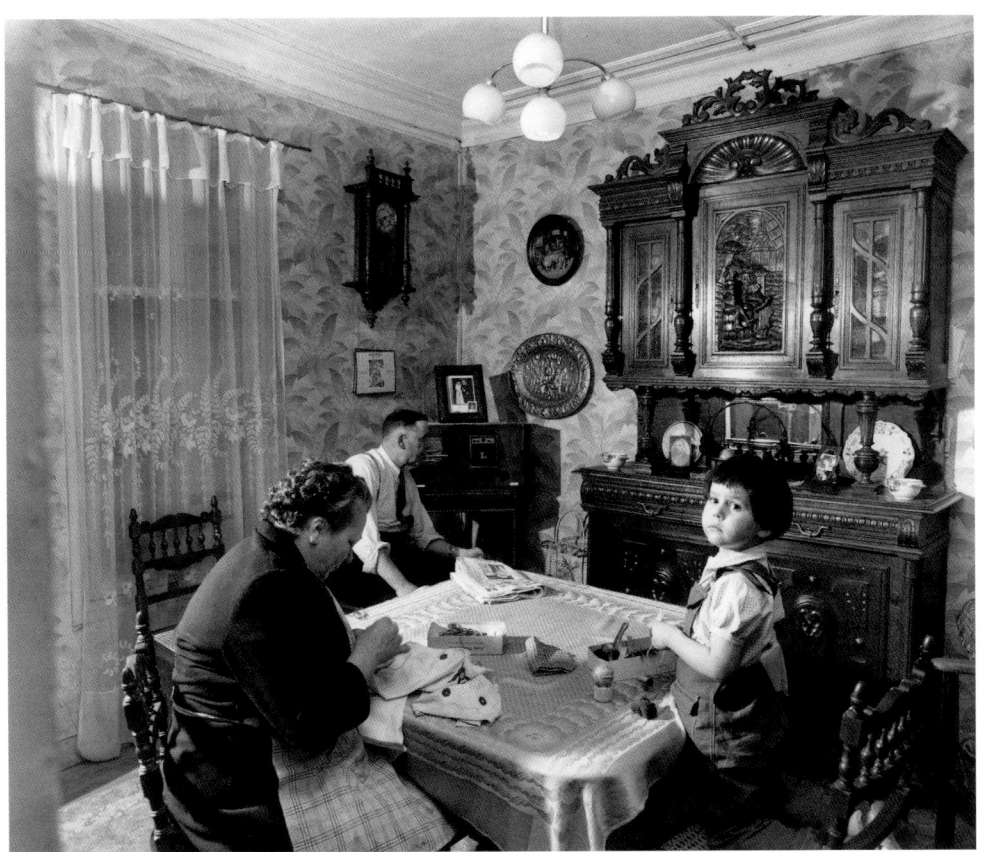

Madame Lucienne's Dining Room, Ménilmontant, 1953

The Collectors

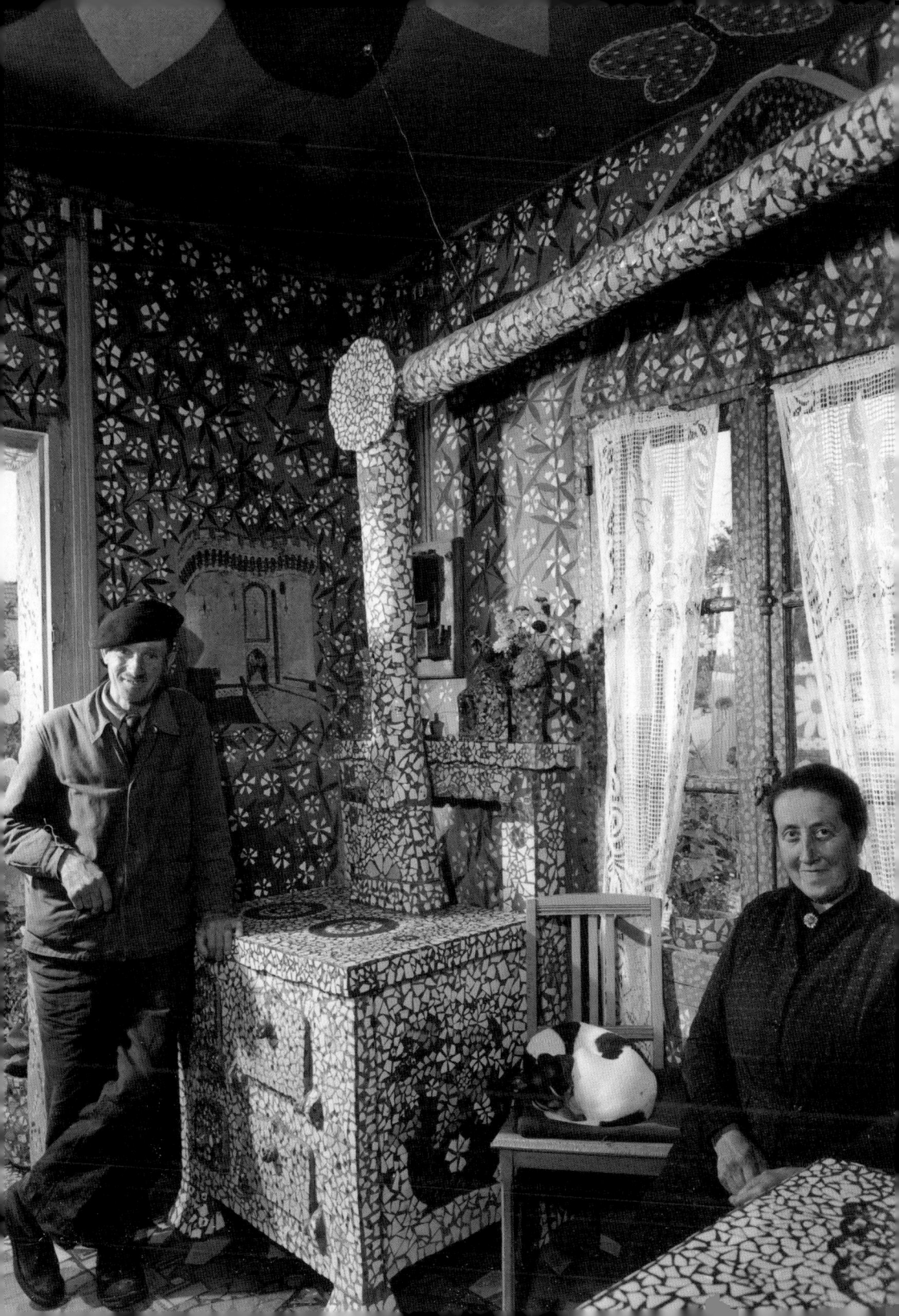

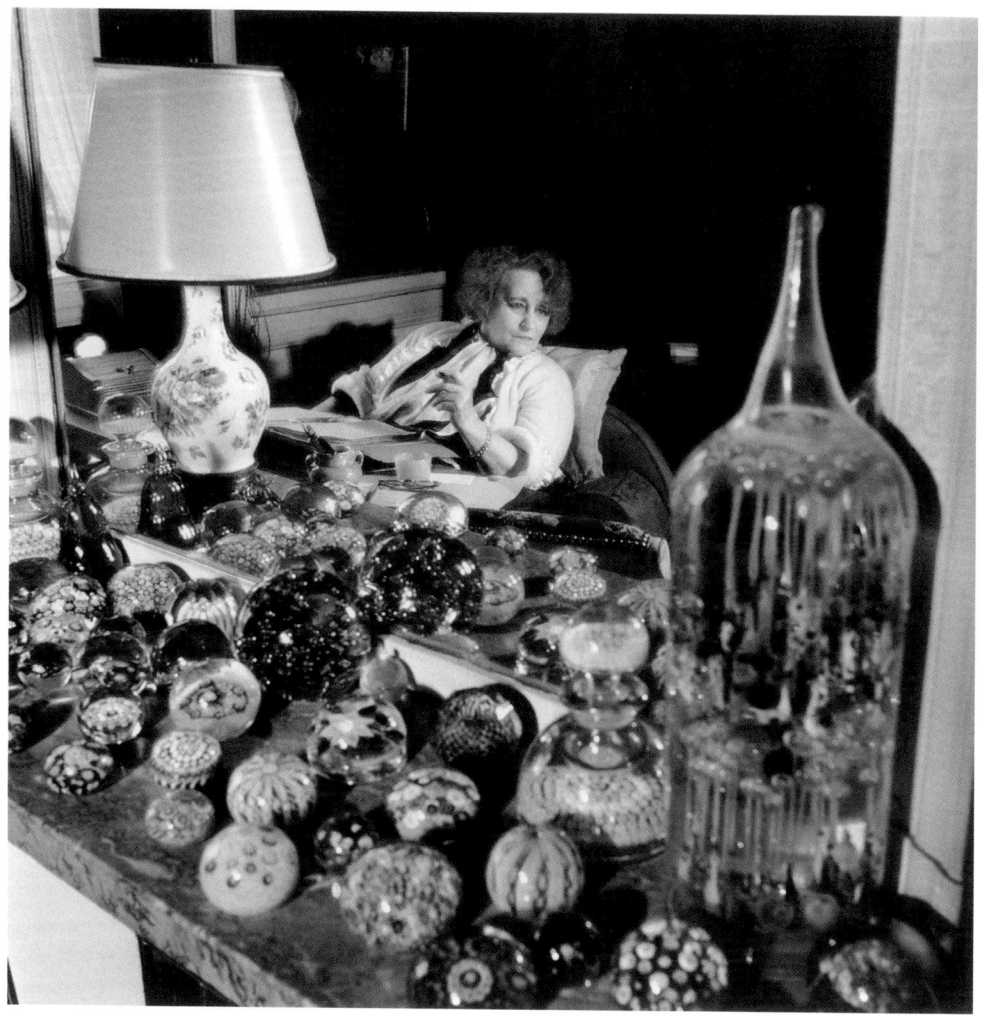

Colette with Paperweights / Colette aux Sulfures,
Vogue, Palais-Royal, 1950

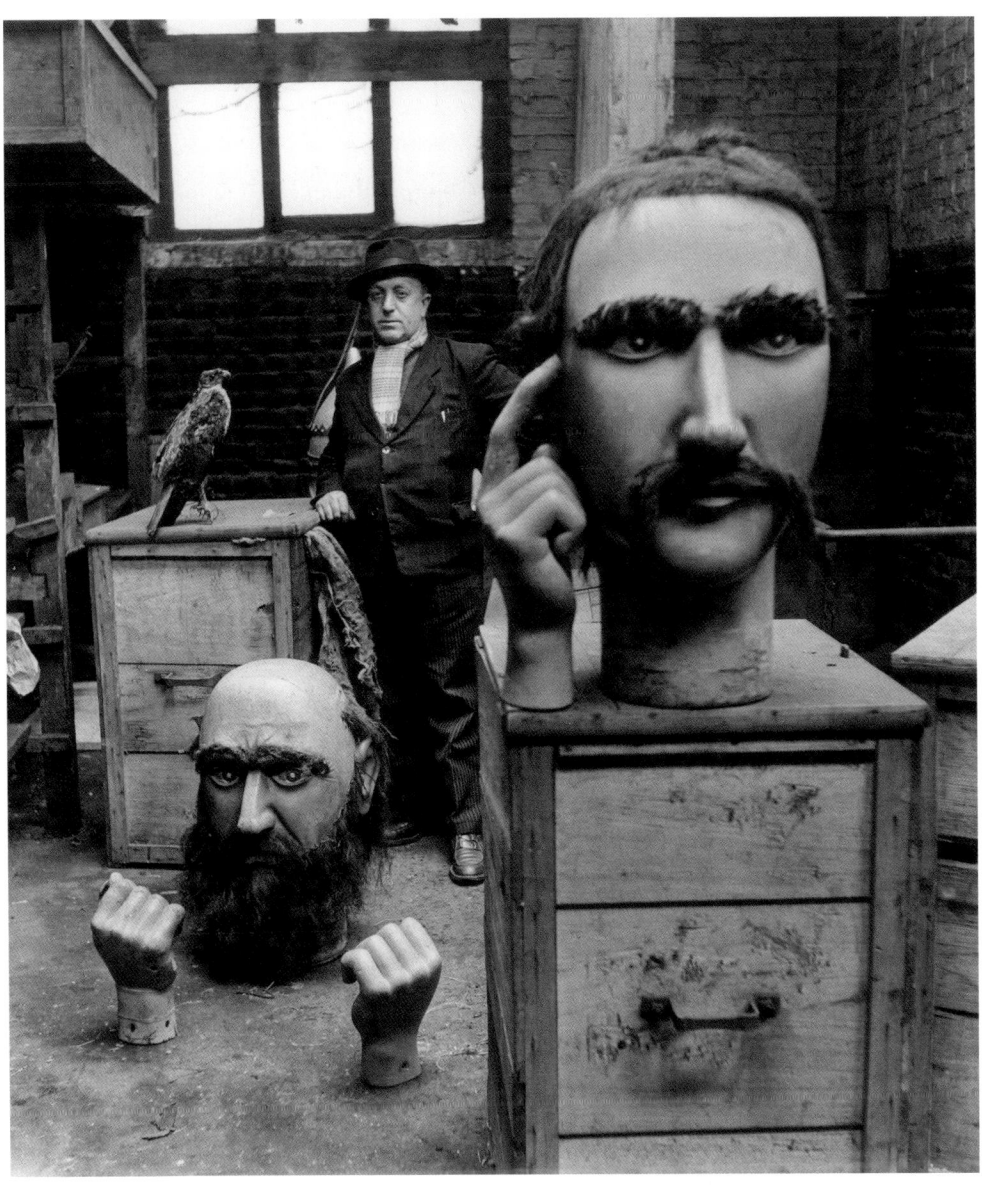

The Giants of the North / Les Géants du Nord,
Monsieur Monnard, Lille, 1951

At School

**"While looking out the window, the brainbox
is unaware of the fun the duffer is having…"**

Time Dilation / Le Cadran scolaire, 1956

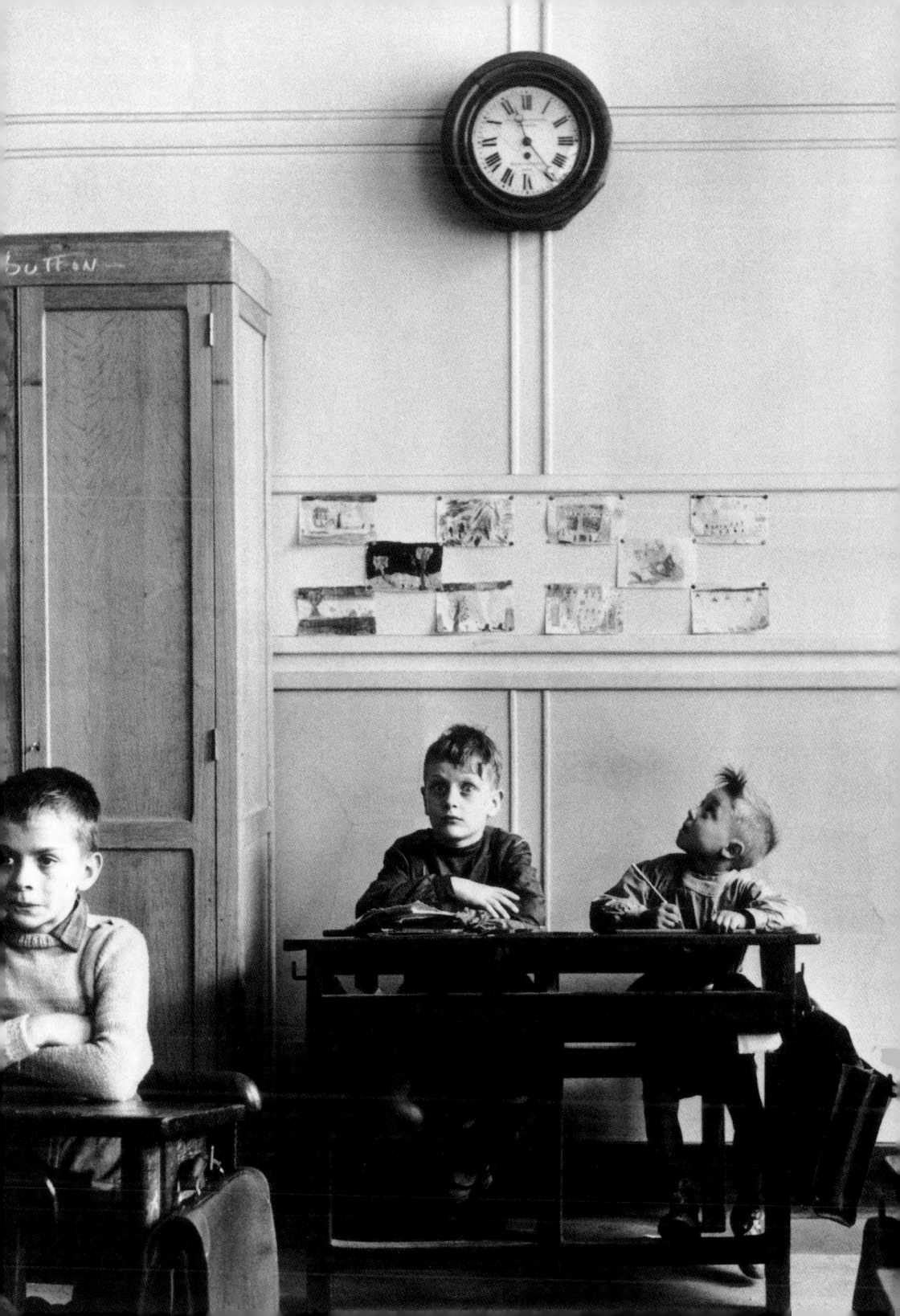

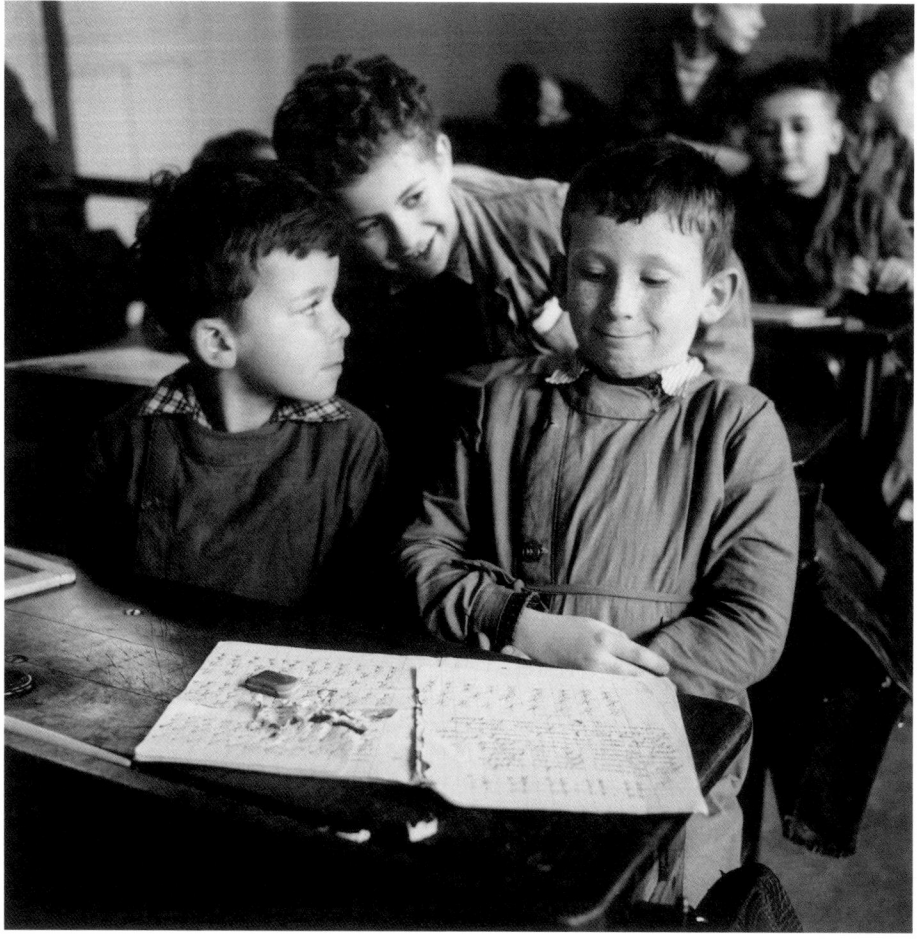

Irremediable Mess / L'irréparable Gâchis, 1956

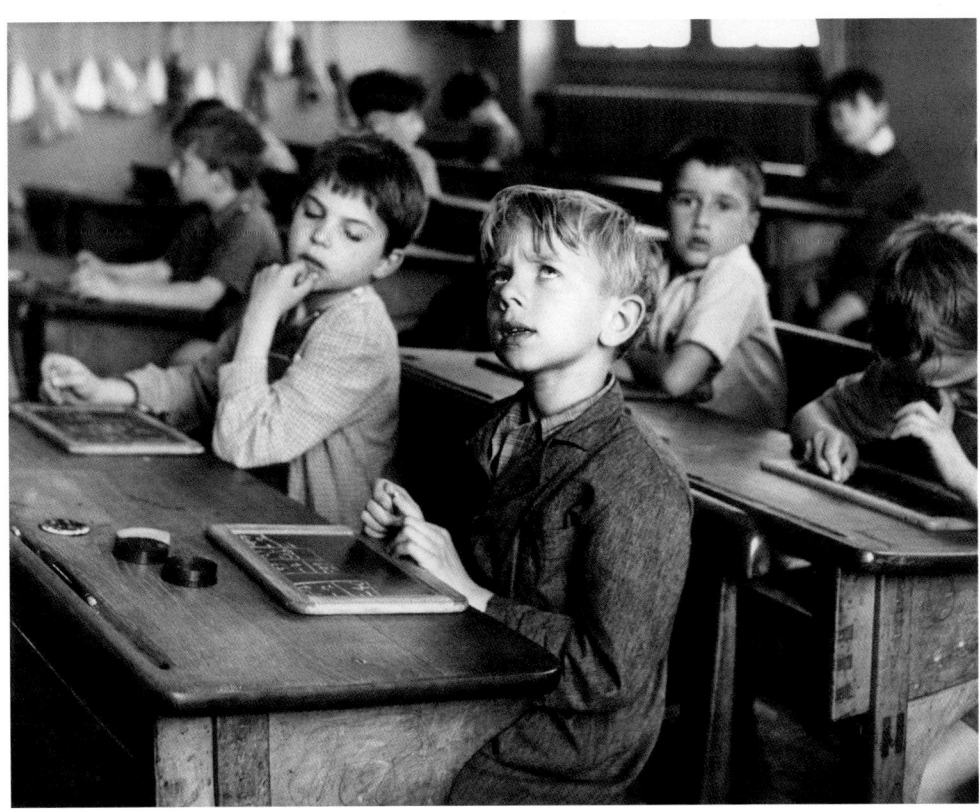

Schoolboy Information / L'Information scolaire, 1956

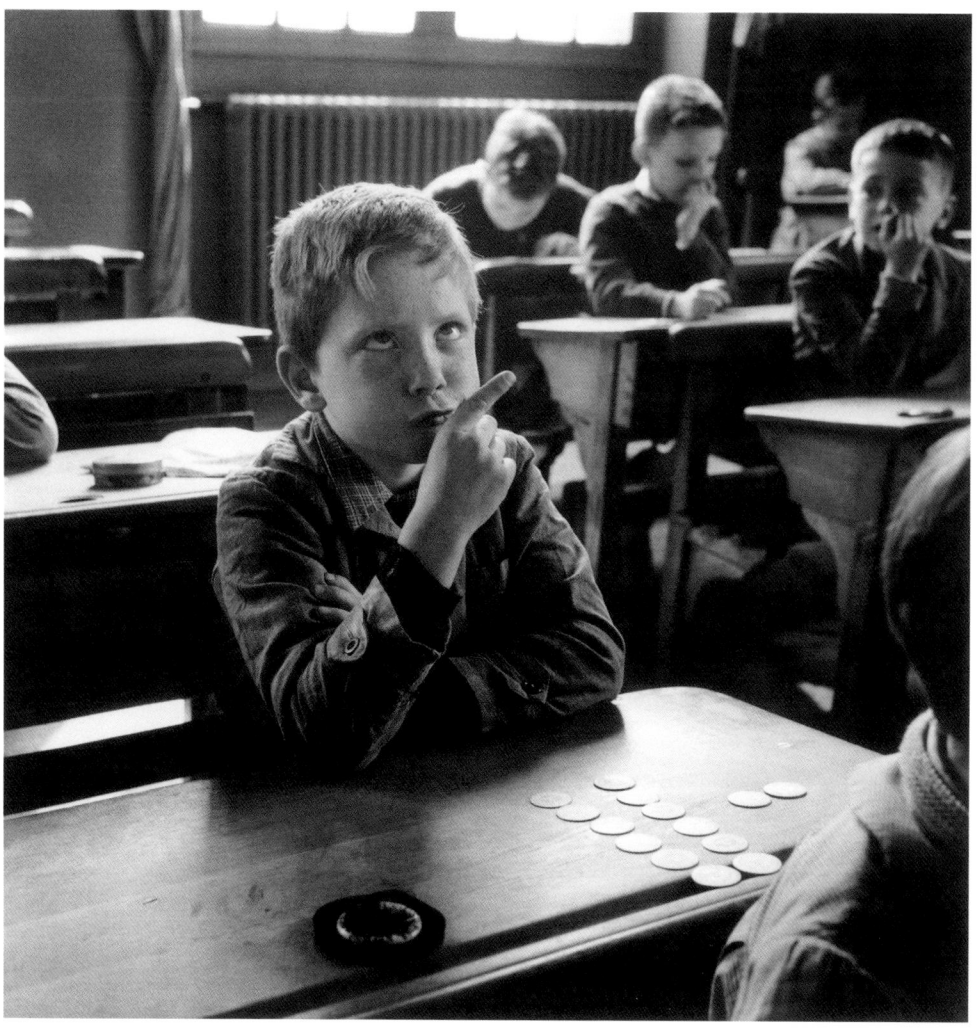

Mental Calculation / Calcul mental, 1956
The Tooth / La Dent, 1956

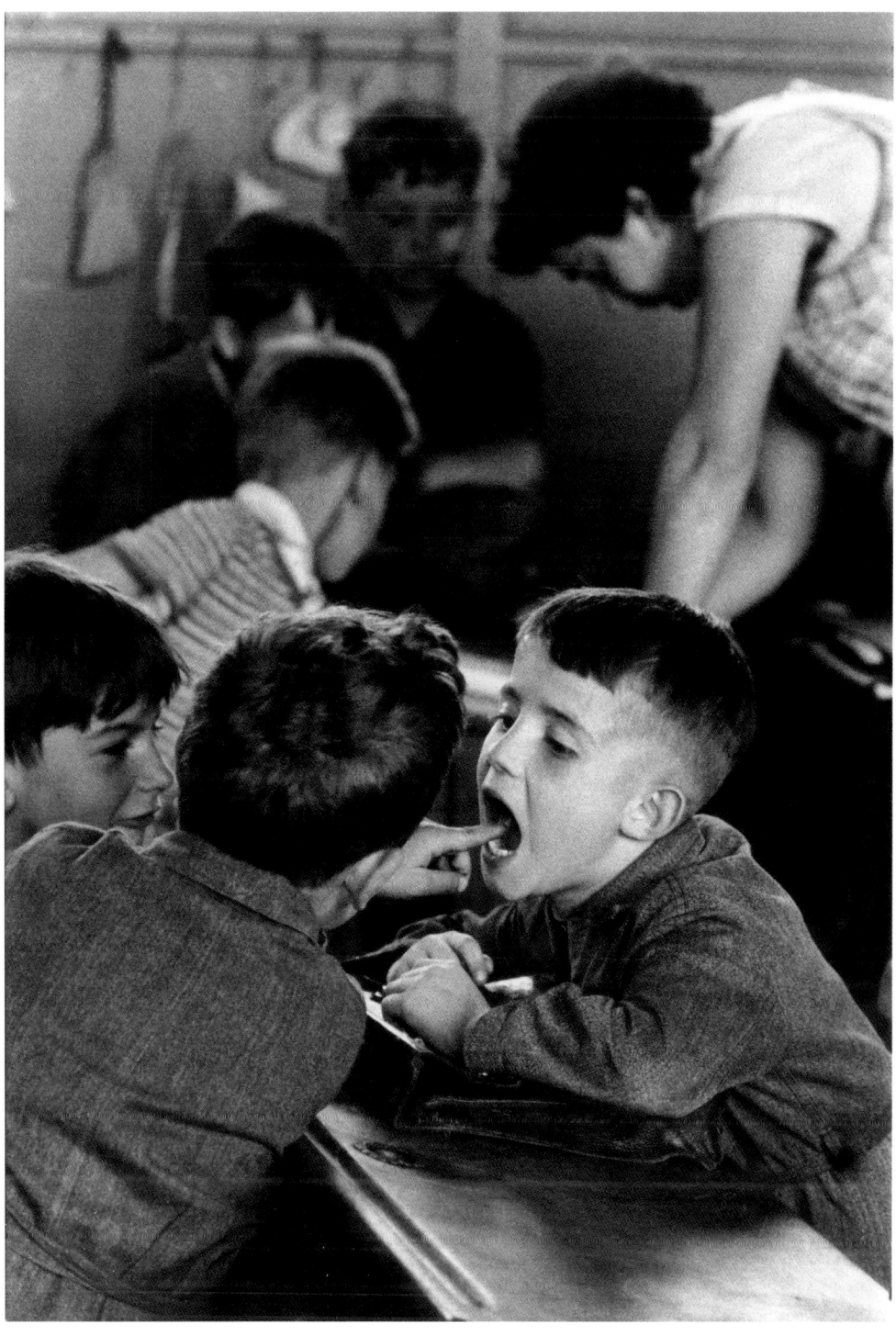

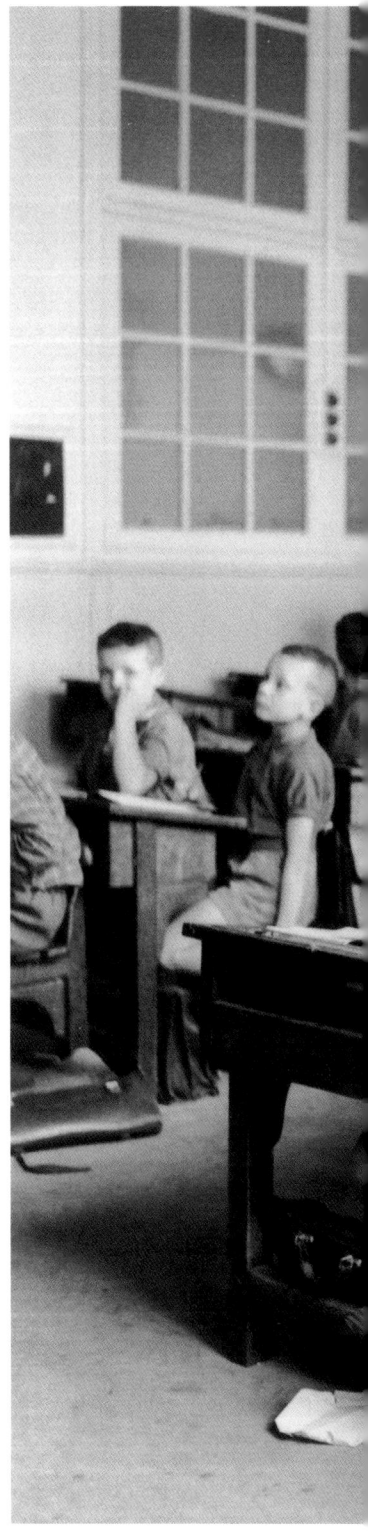

The Argument, 1956

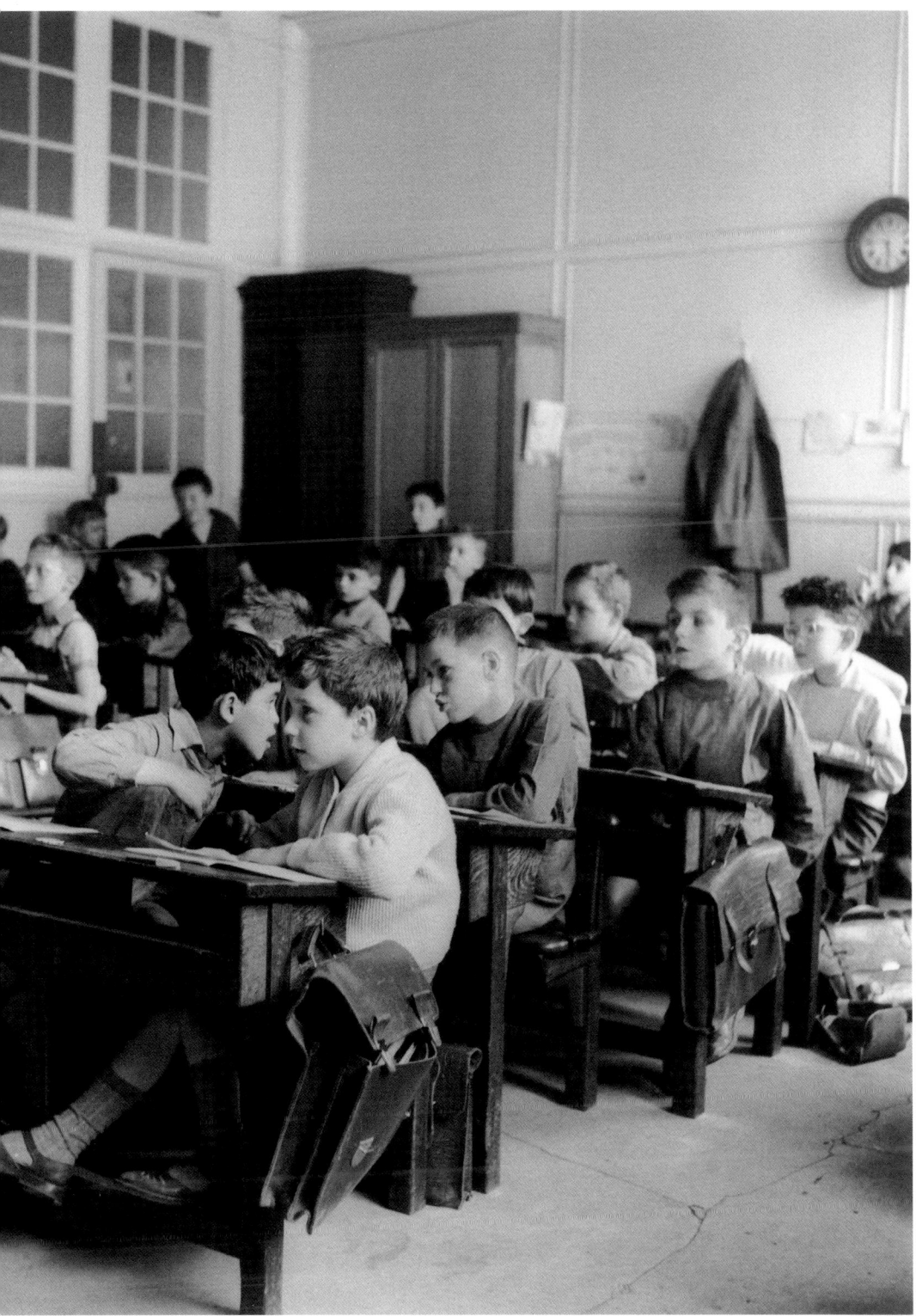

"Nowhere else would I have had the privilege of meeting
so many different individuals as in the courtyard during break,
when I played the ambulant photographer..."

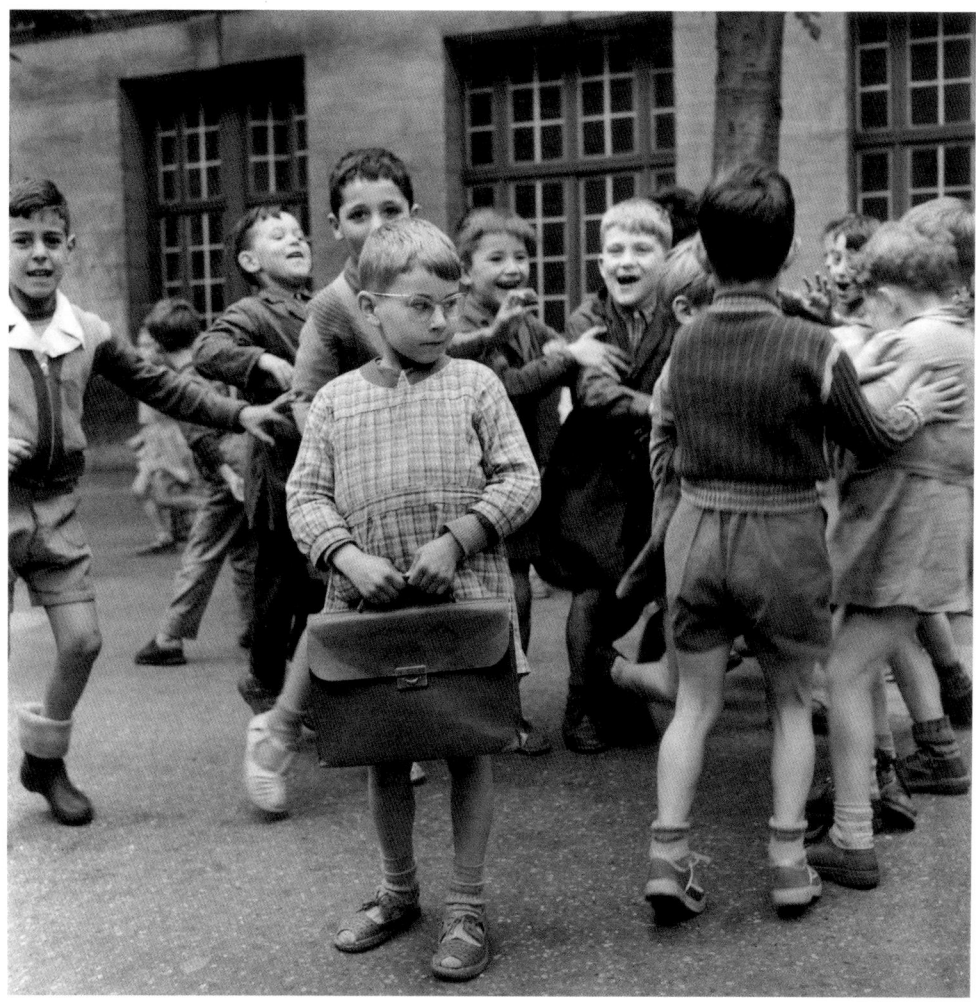

Bespectacled and Shy / Timide à lunettes, 1956
Break / La Récréation, 1956

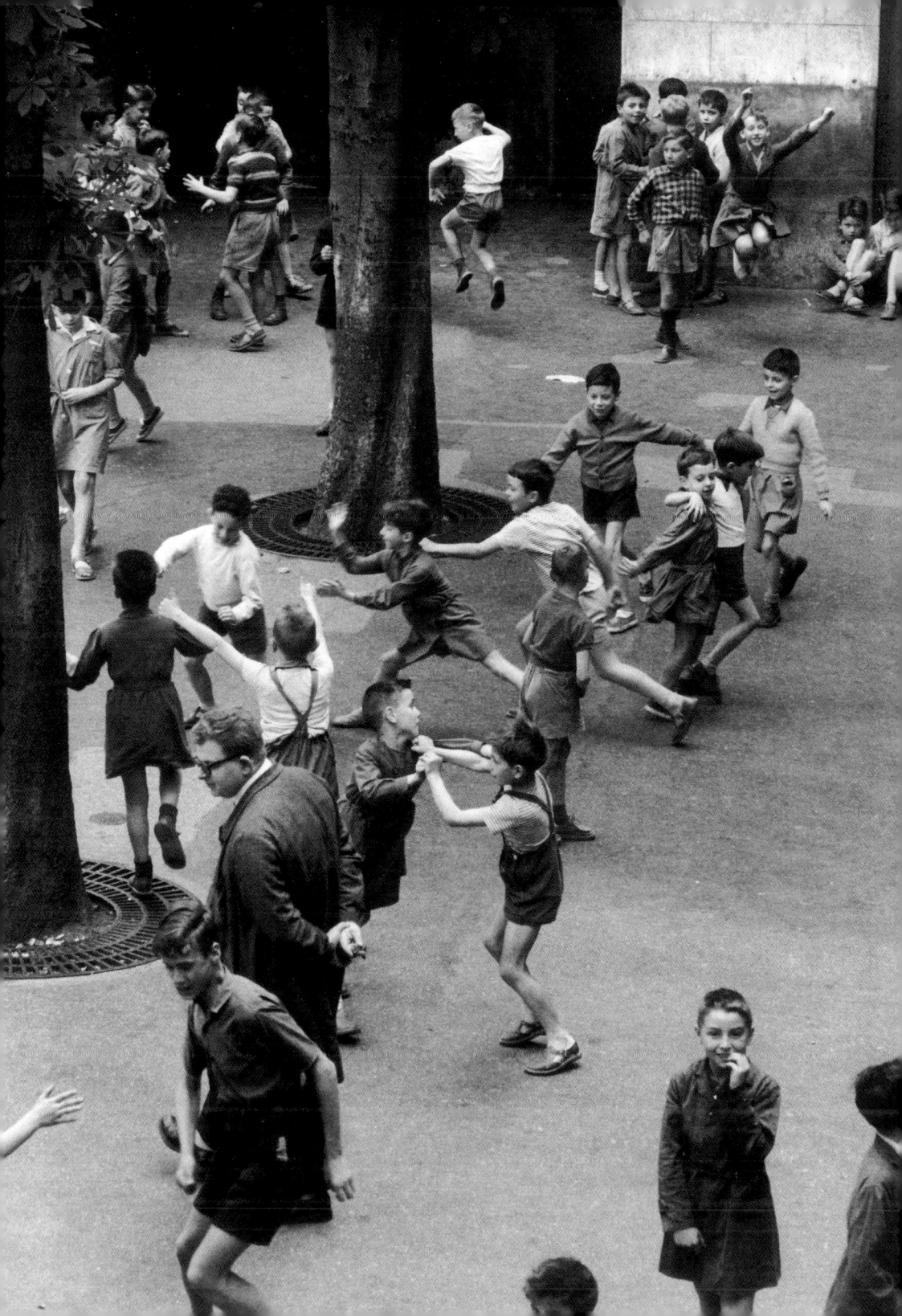

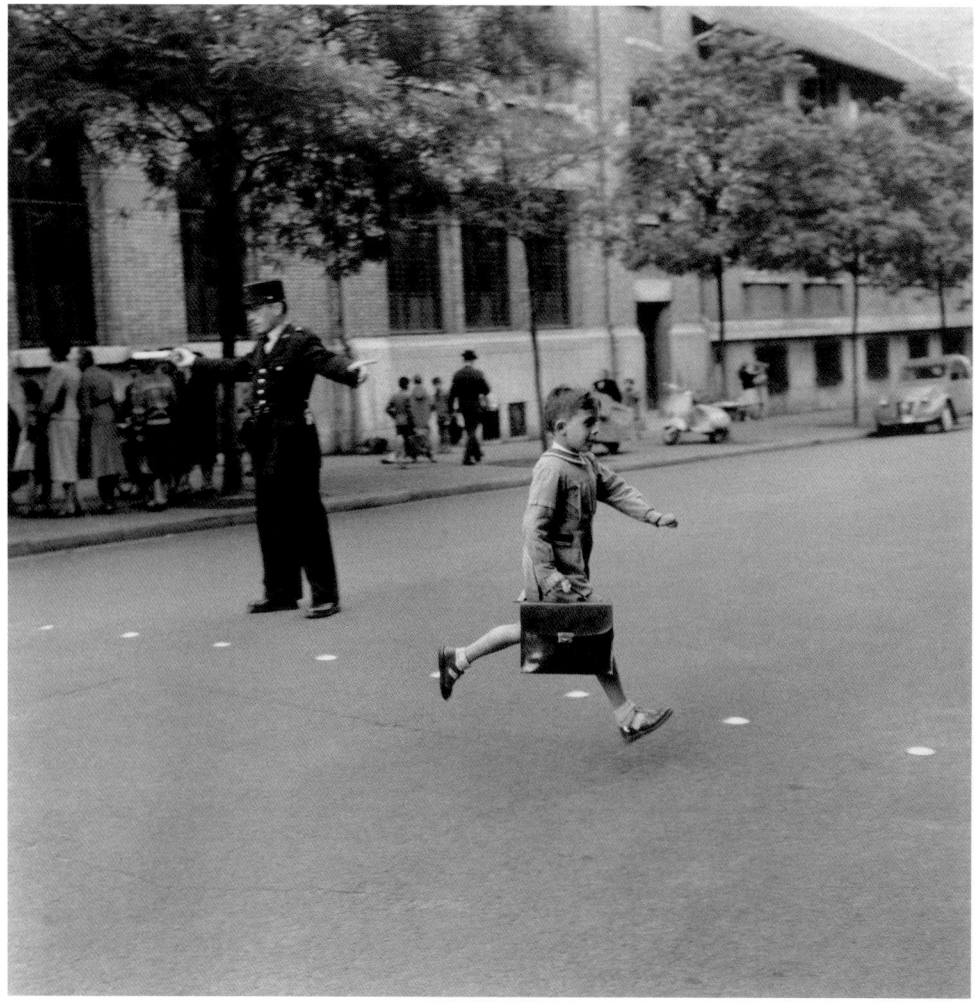

New Satchel / Le Cartable neuf, 1956

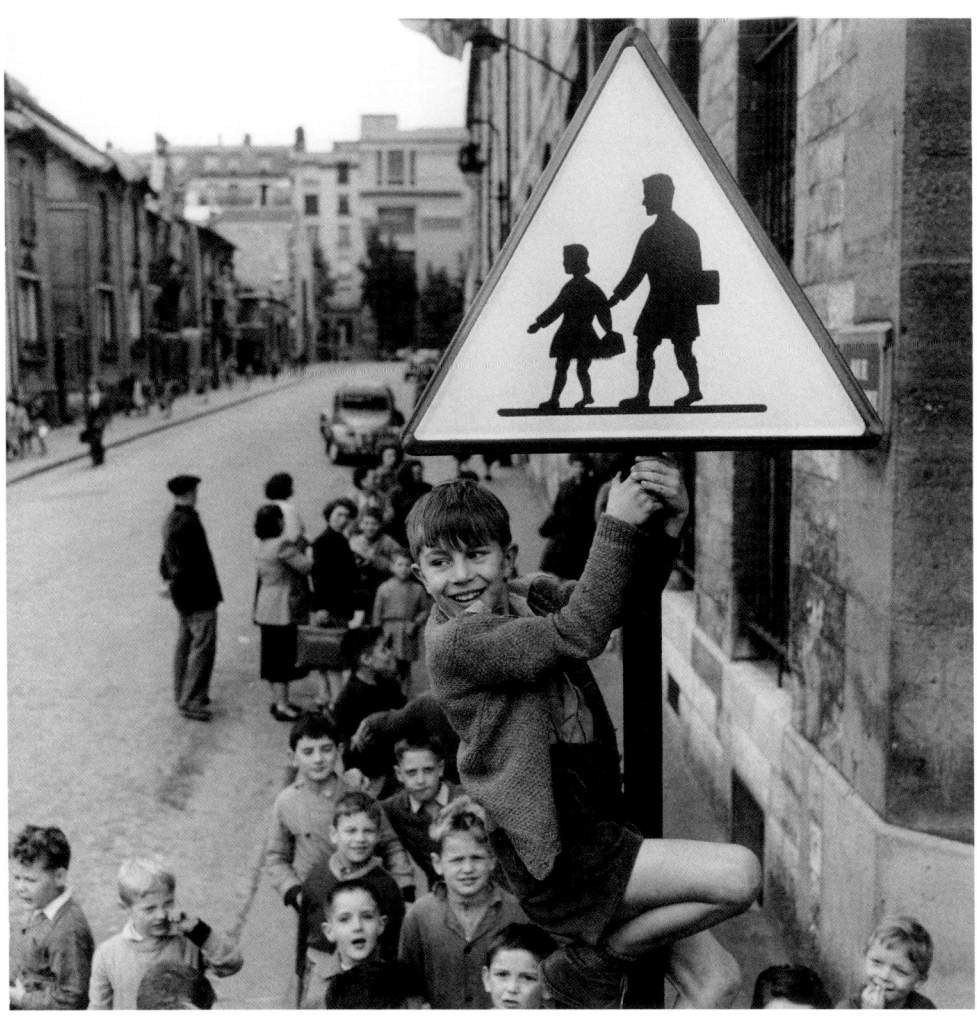

The Schoolchildren of Rue Damesme /
Les Écoliers de la rue Damesme, 1956

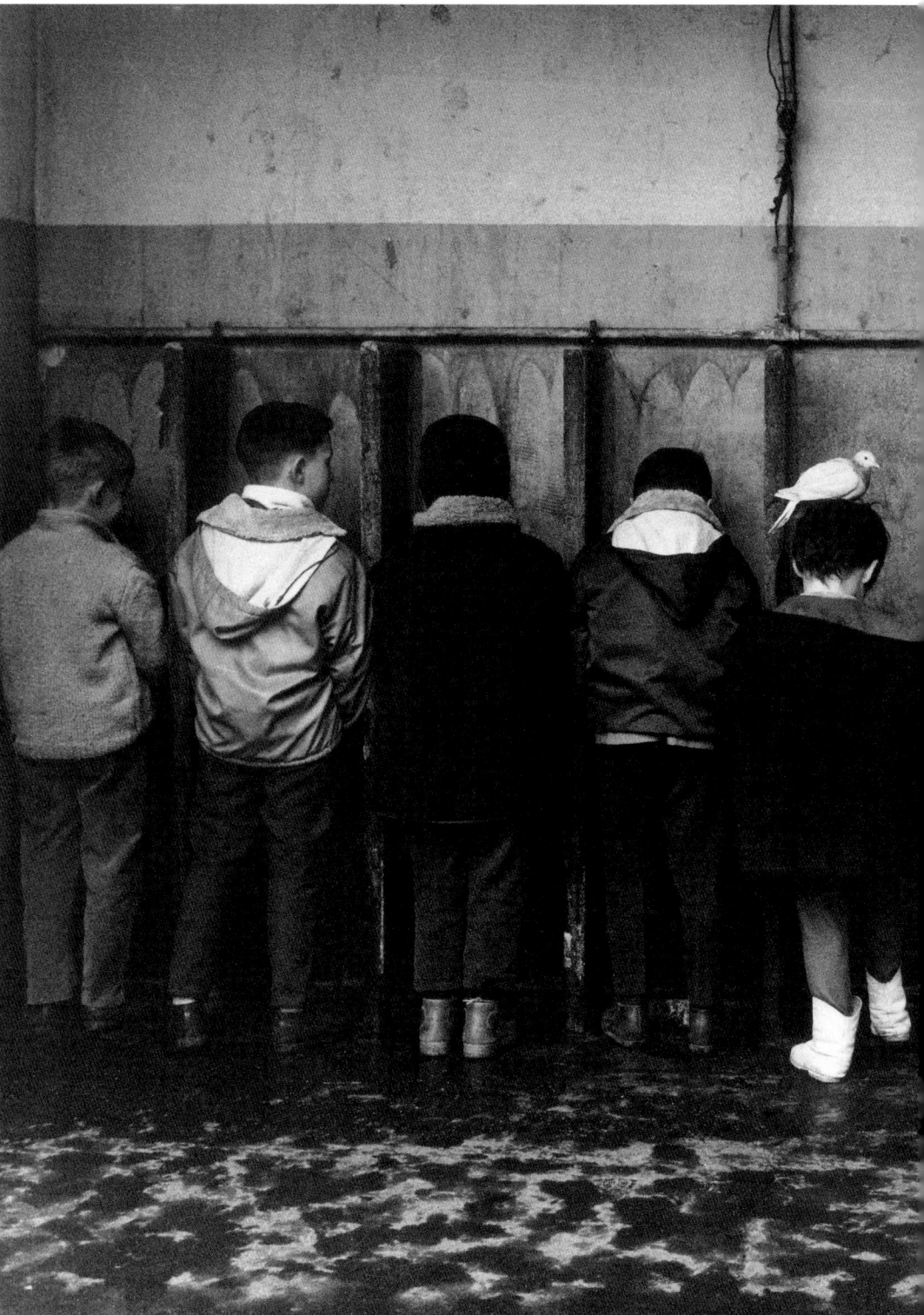

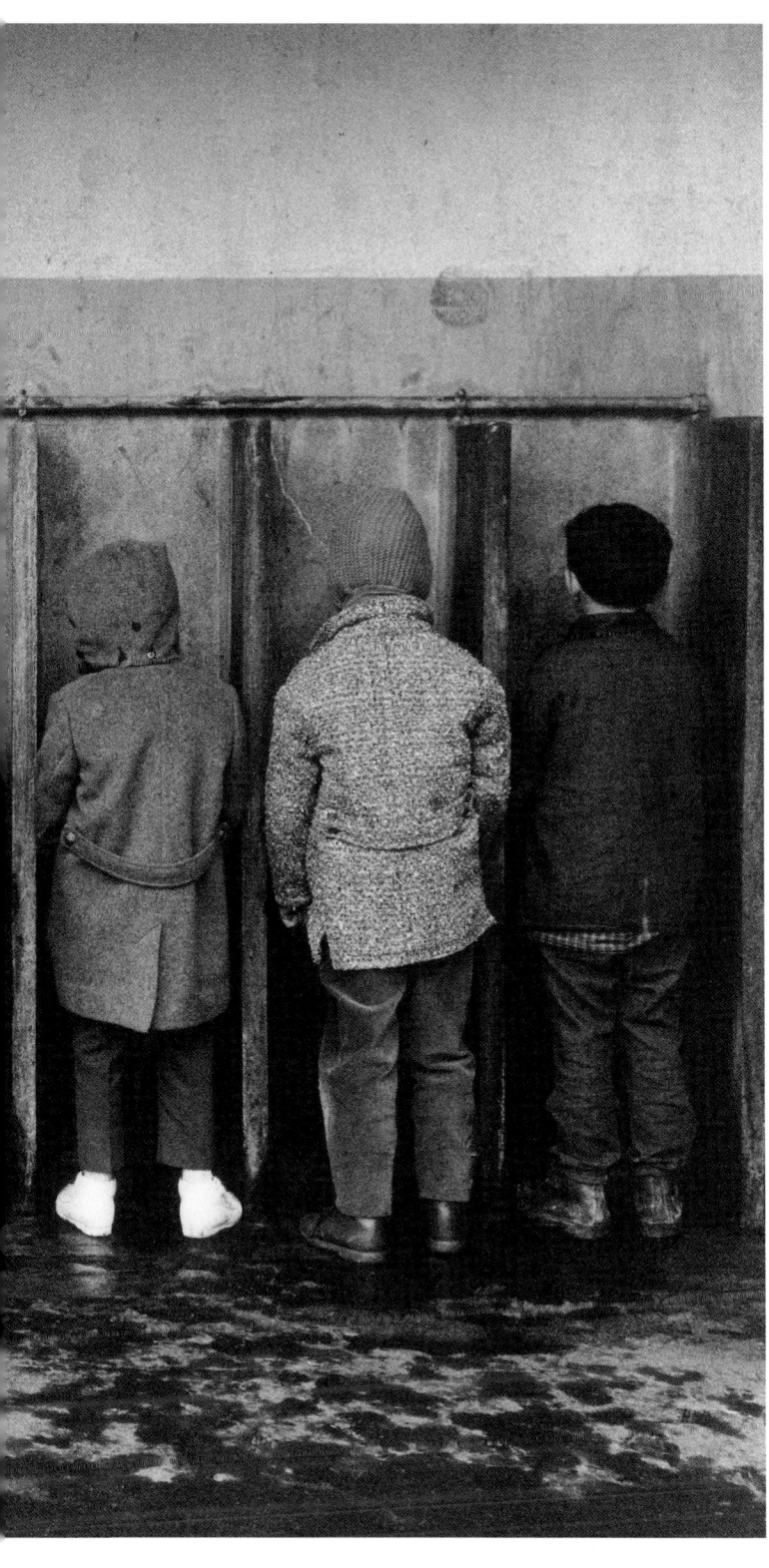

Indiscreet Pigeon /
Le Pigeon indiscret,
Gentilly, 1964

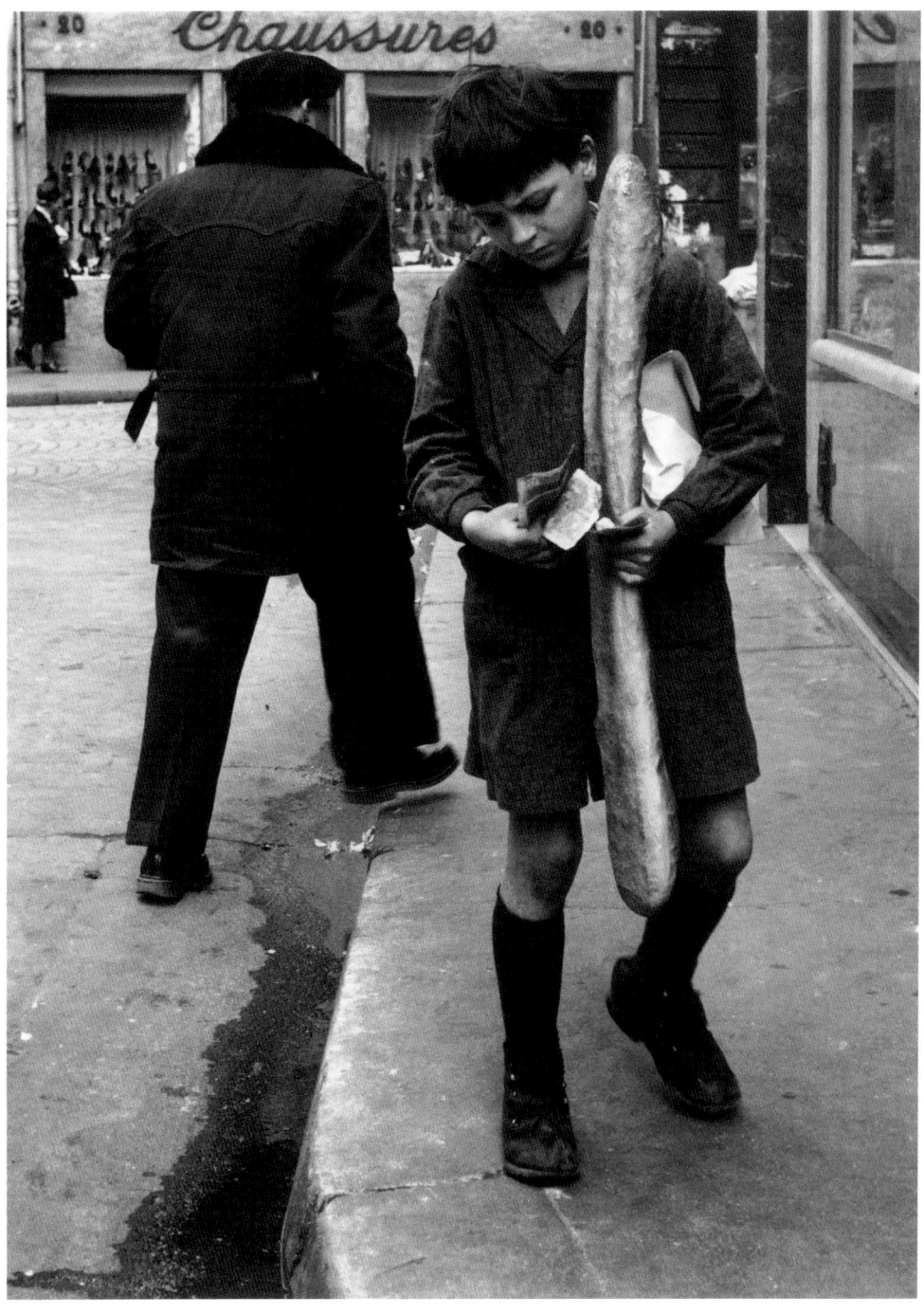

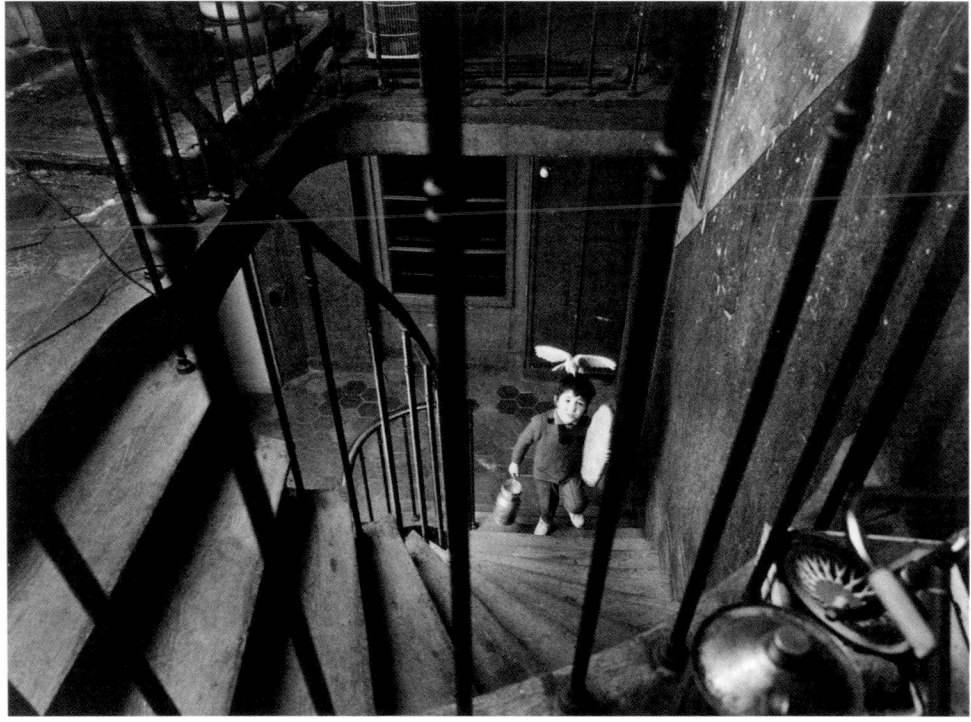

Change from the Errand / La Monnaie des commissions, 1953
Child and Dove on a Staircase, 1964

Round the Next Corner

Monsieur Barré's Merry-Go-Round / Le Manège de Monsieur Barré, 1955

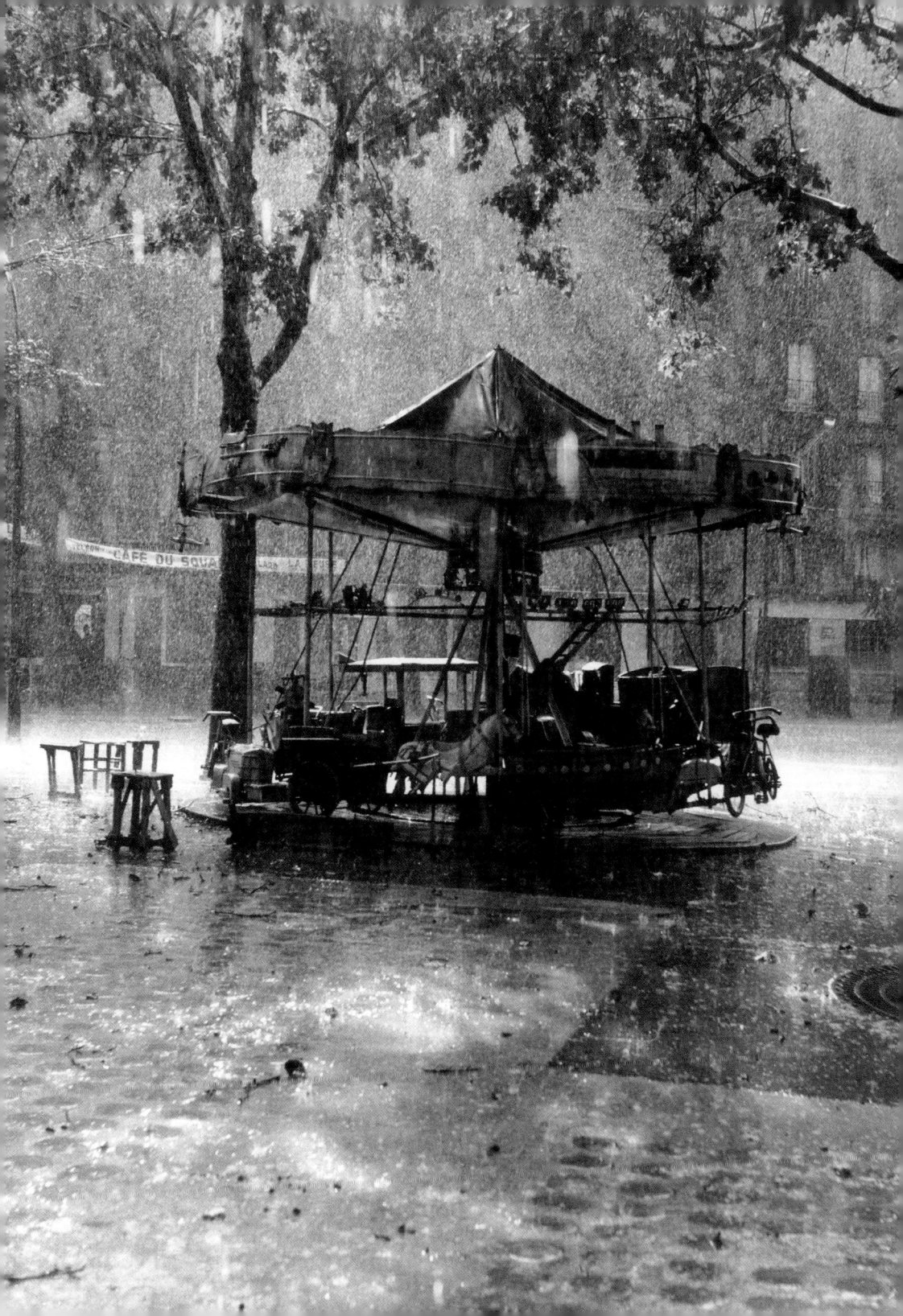

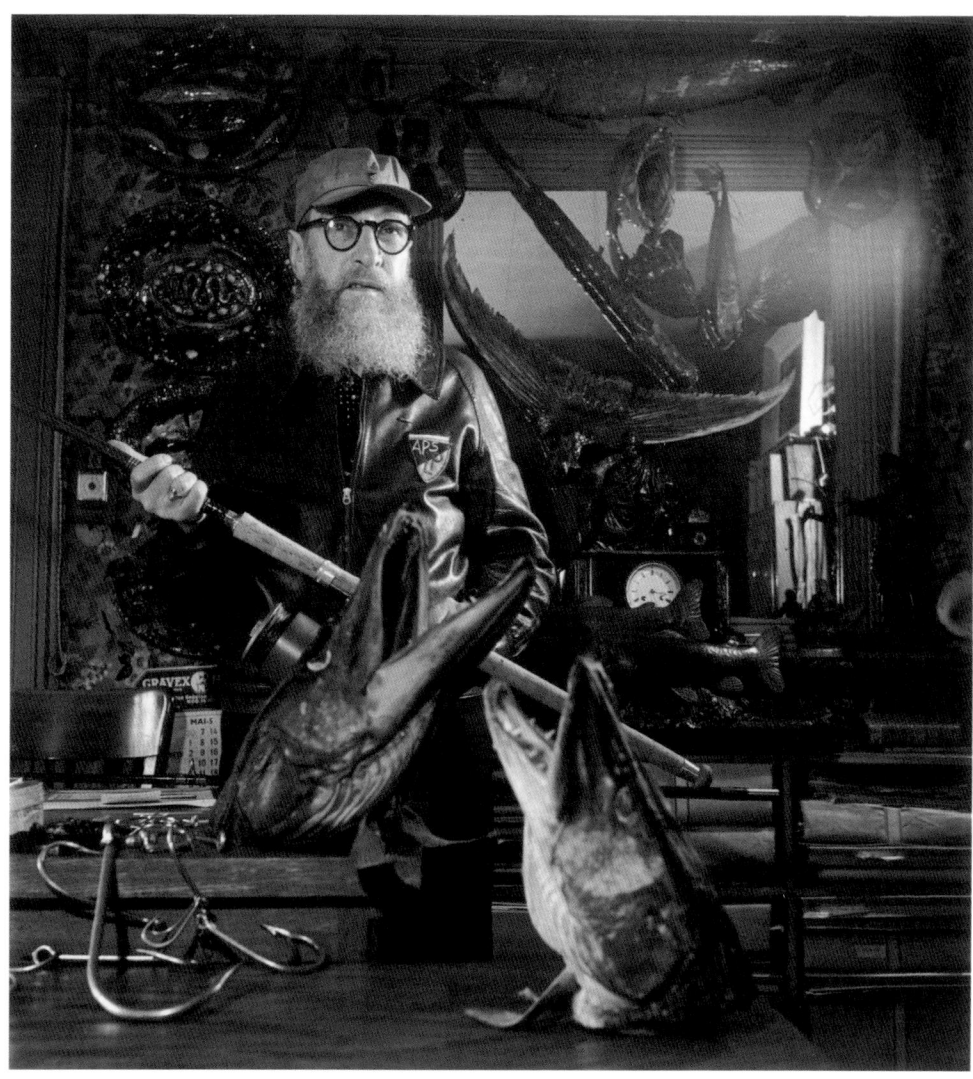

Monsieur Perrot in His Store Au Tireur du Ver de Vase, 1951

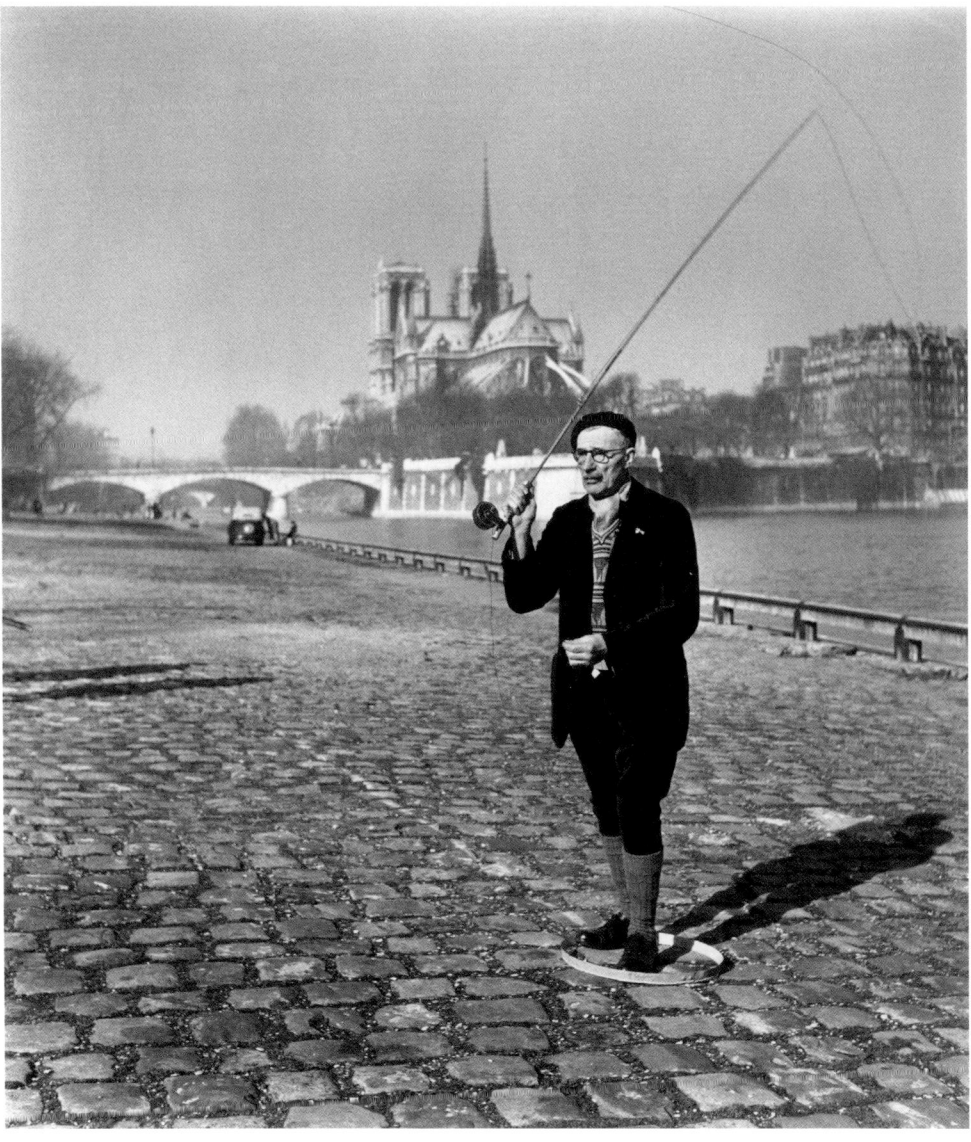

Dry Fly-Fishing: Casting Lesson / Pêcheur à la mouche sèche,
Pont de la Tournelle, 1951

"Easier than making a bouquet. Here, the flowers
turn up and arrange themselves. All you need to do
is wait and choose..."

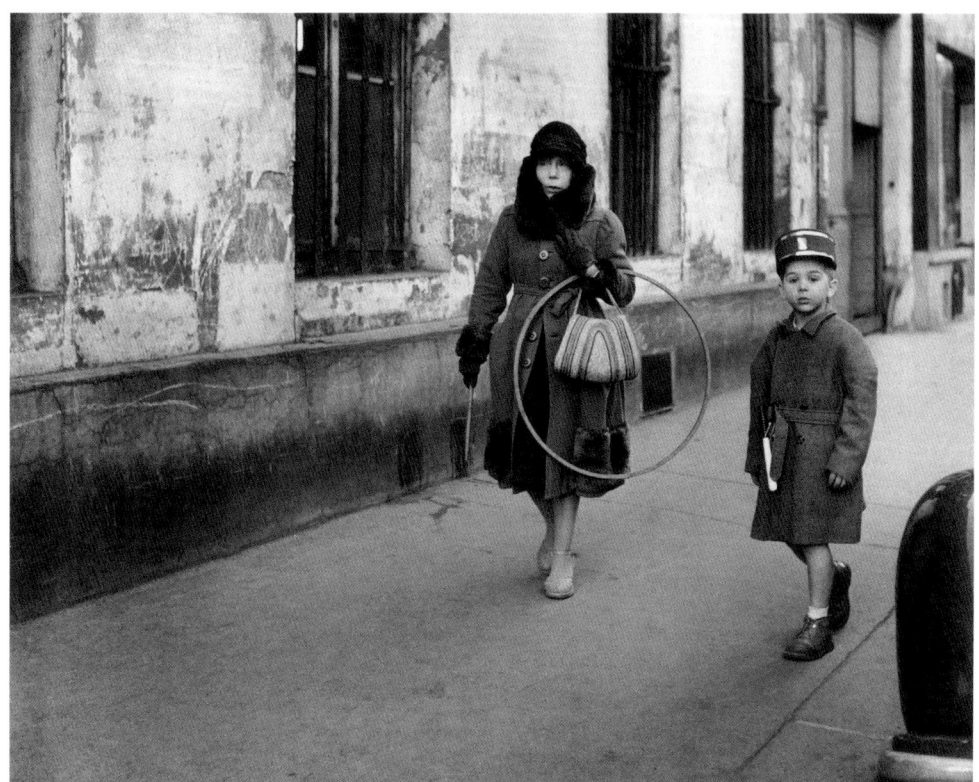

Thursday Joys / Les beaux Jeudis, Rue Amelot, 1957

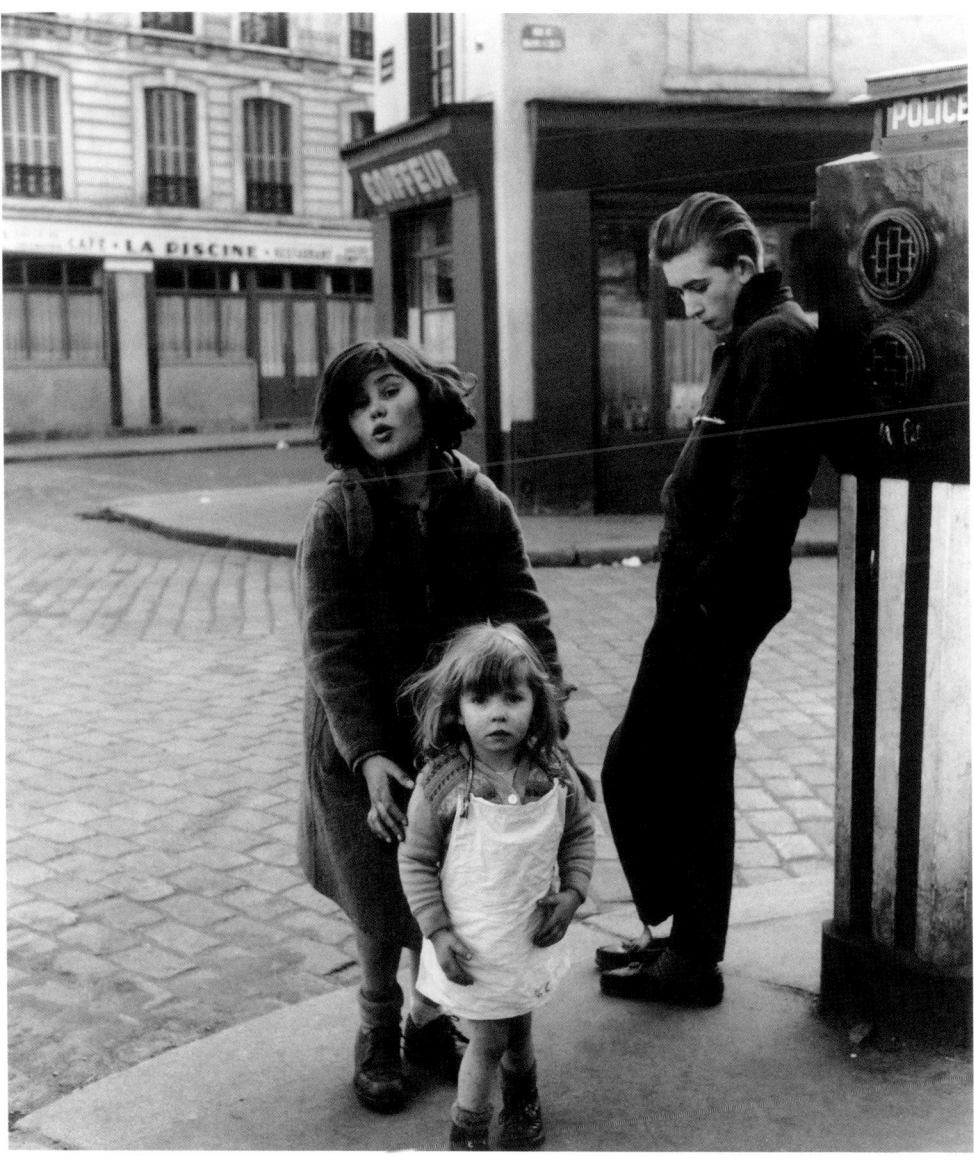

The Children of Place Hébert / Les Enfants de la Place Hébert, 1957

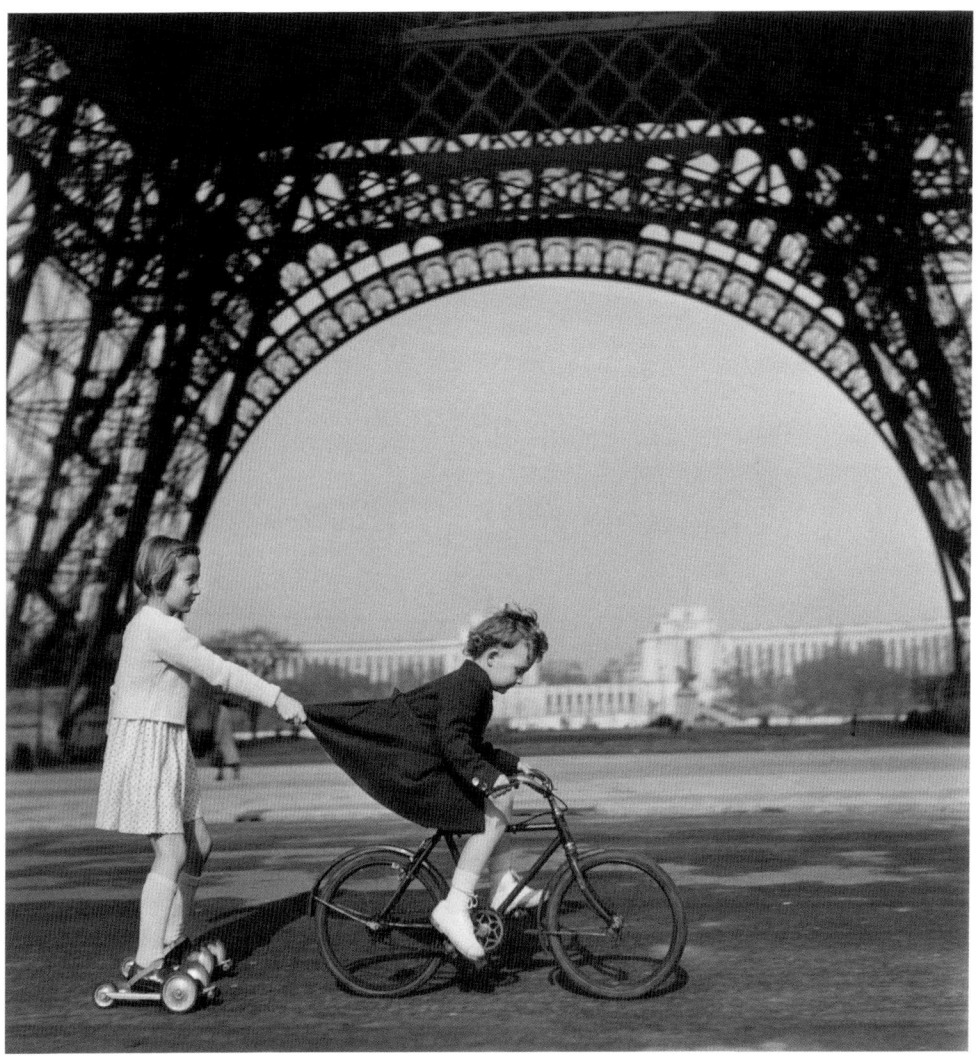

Towing on the Champ-de-Mars, 1943

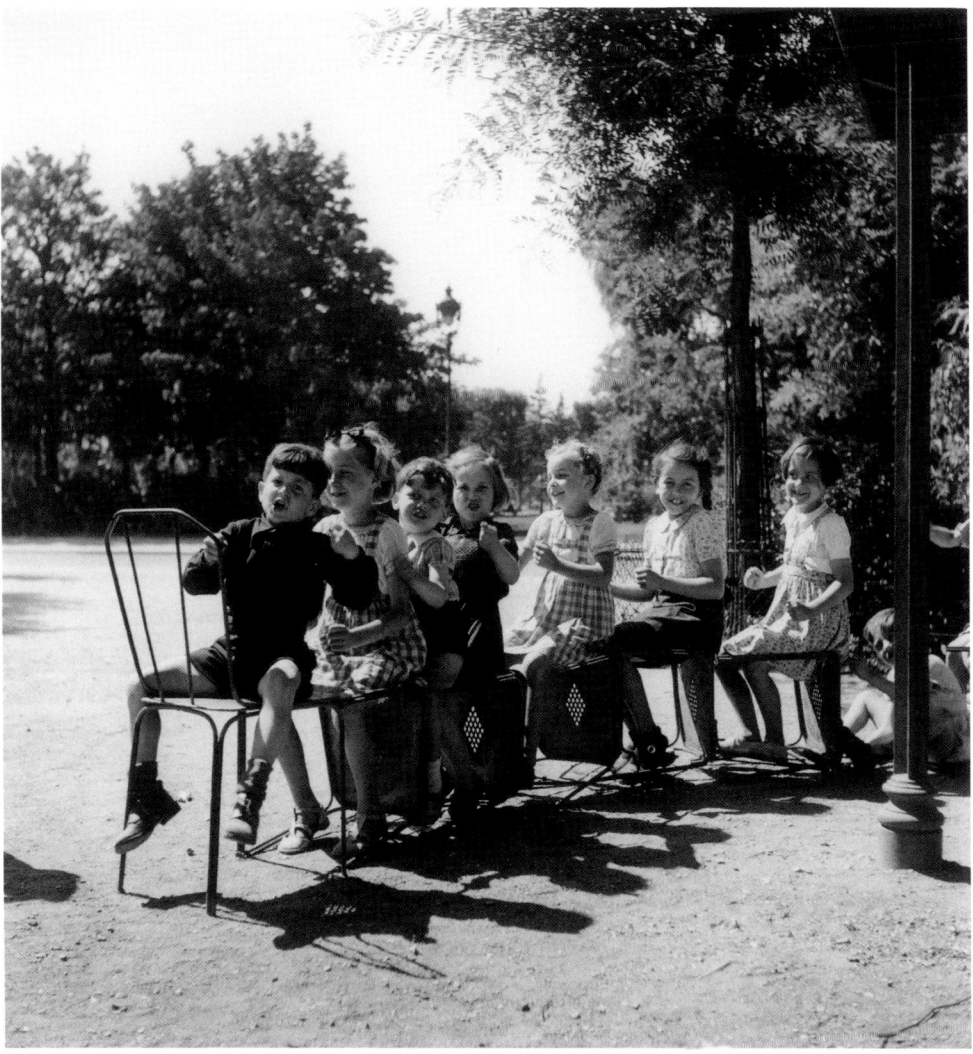

The Little Train of Chairs, Jardin des Tuileries, 1944

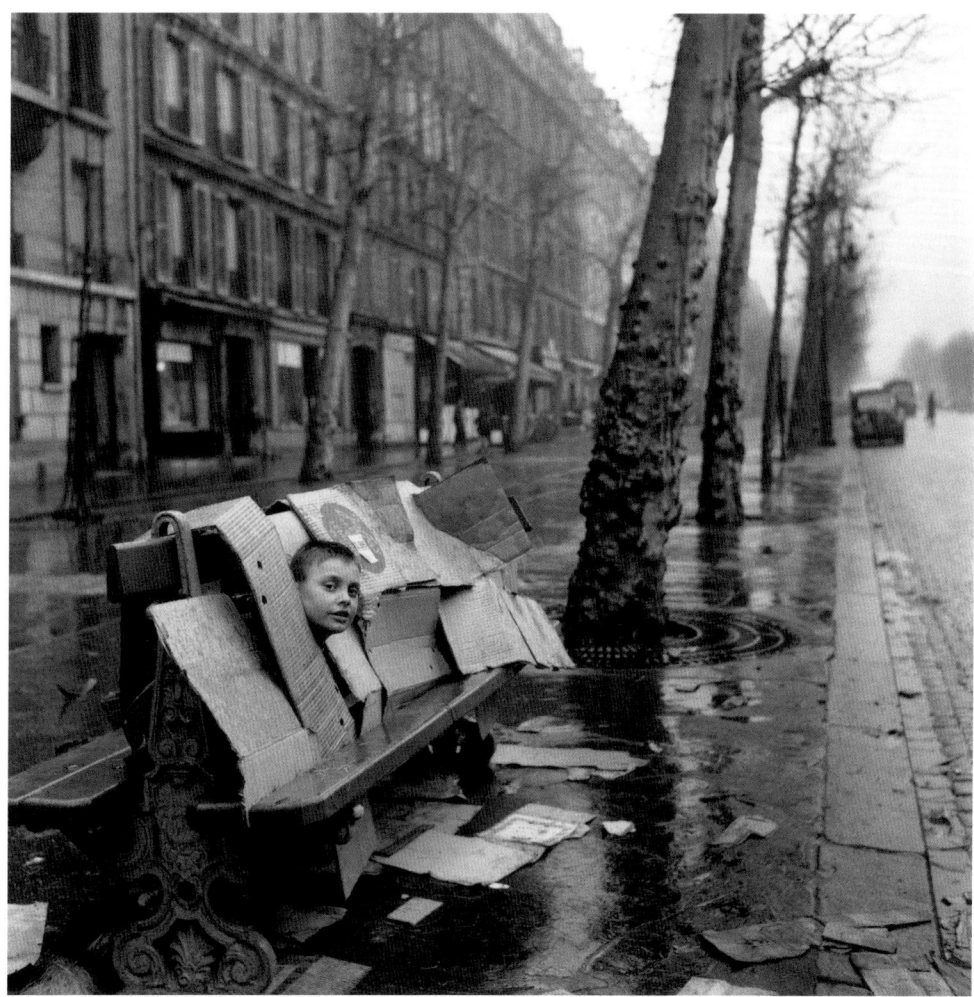

The House of Cardboard / La Maison de carton, 1957

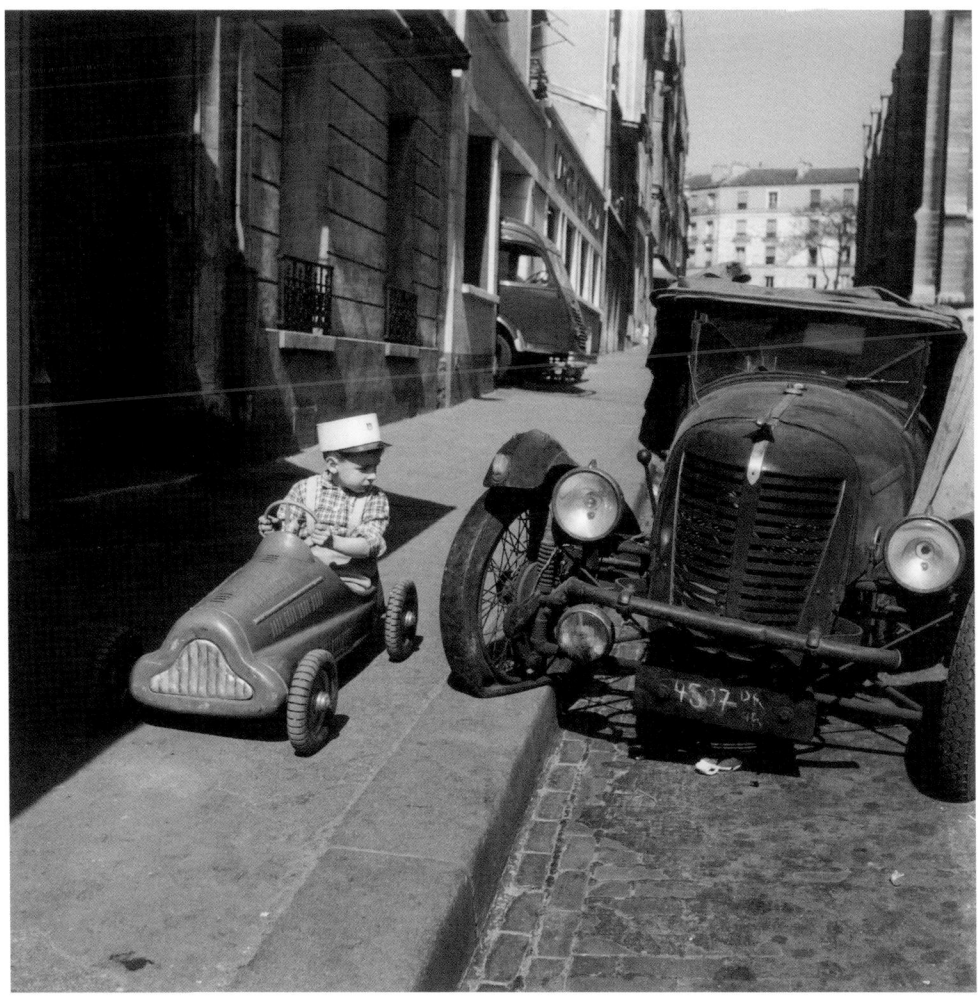

Racing Cars, 1956

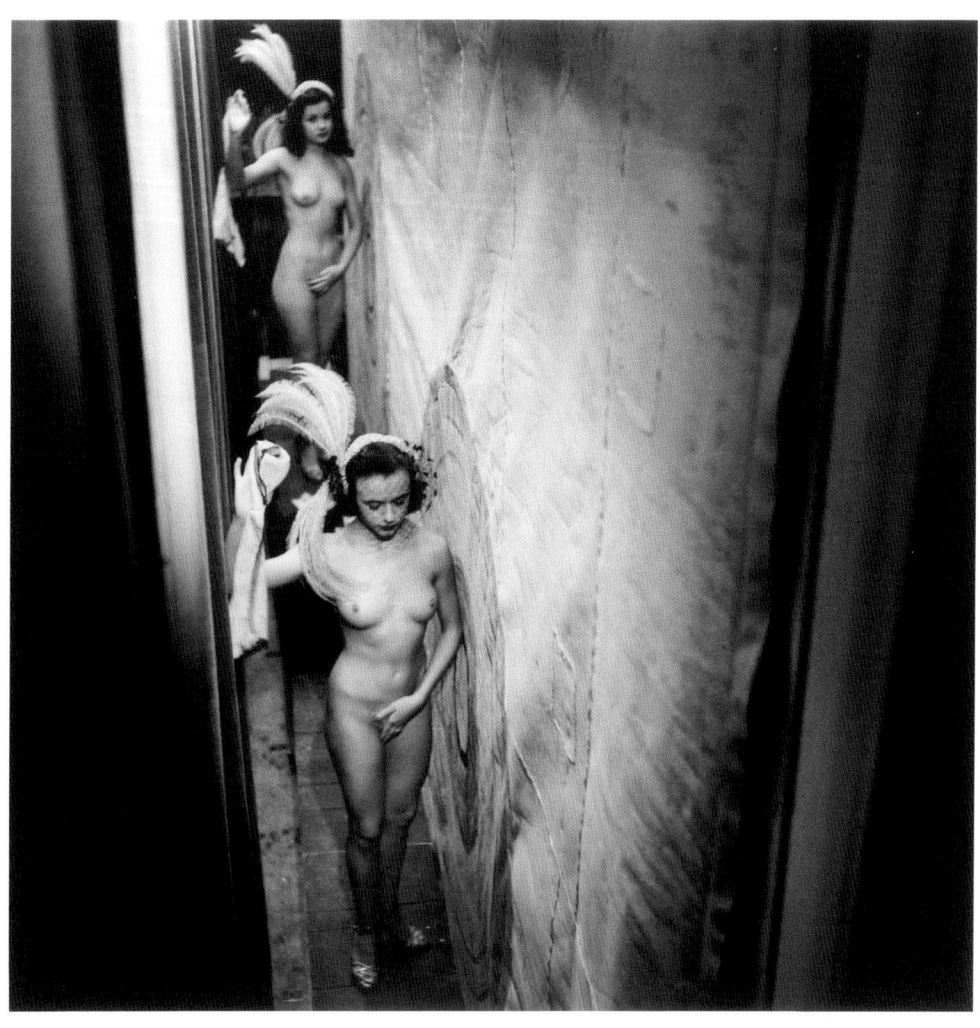

PP. 348/349

Nude Dancers / Petites danseuses nues, Concert Mayol, 1952
Sweeties, Concert Mayol, 1952

Le petit Balcon,
Rue de Lappe, 1953

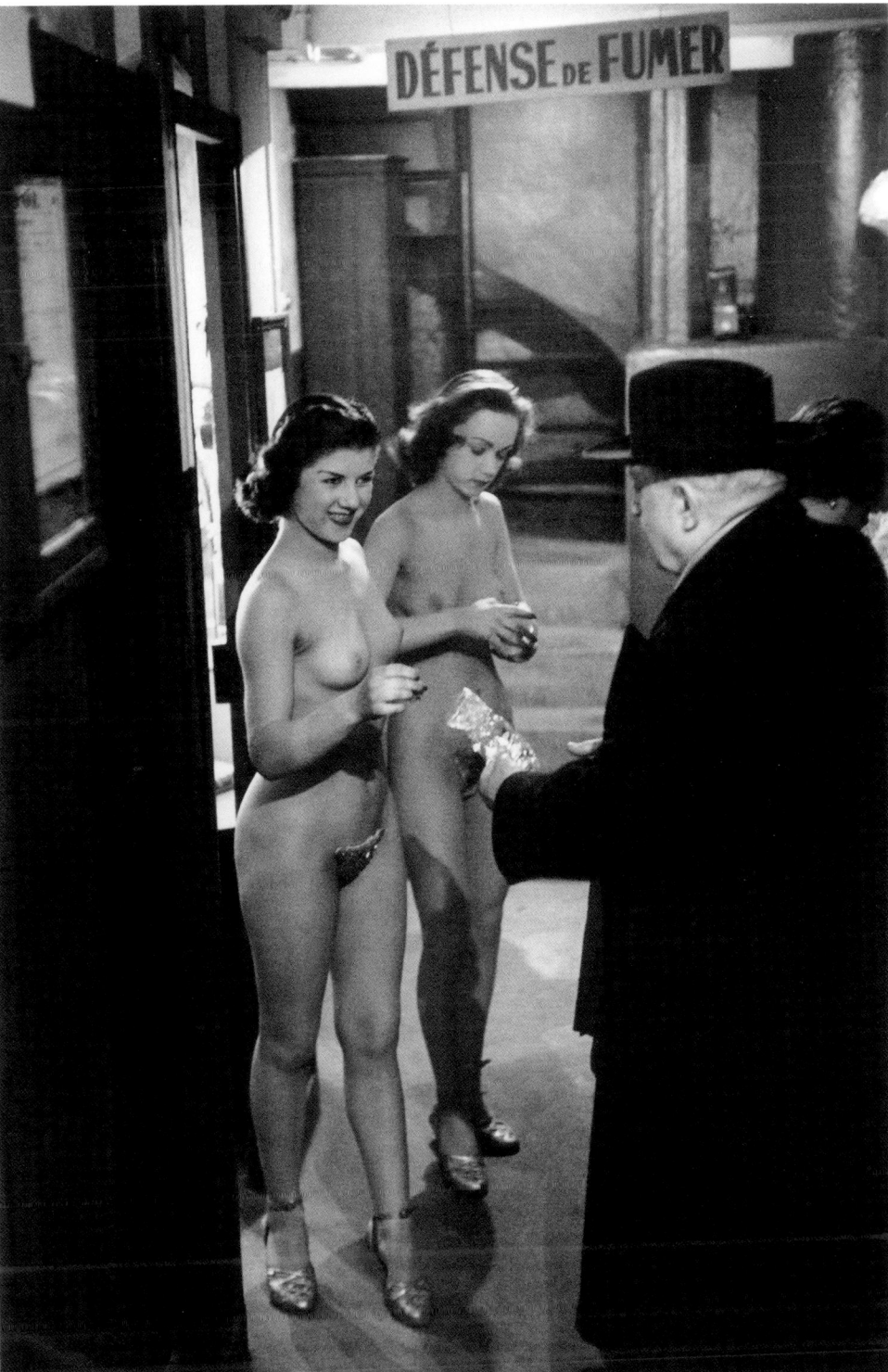

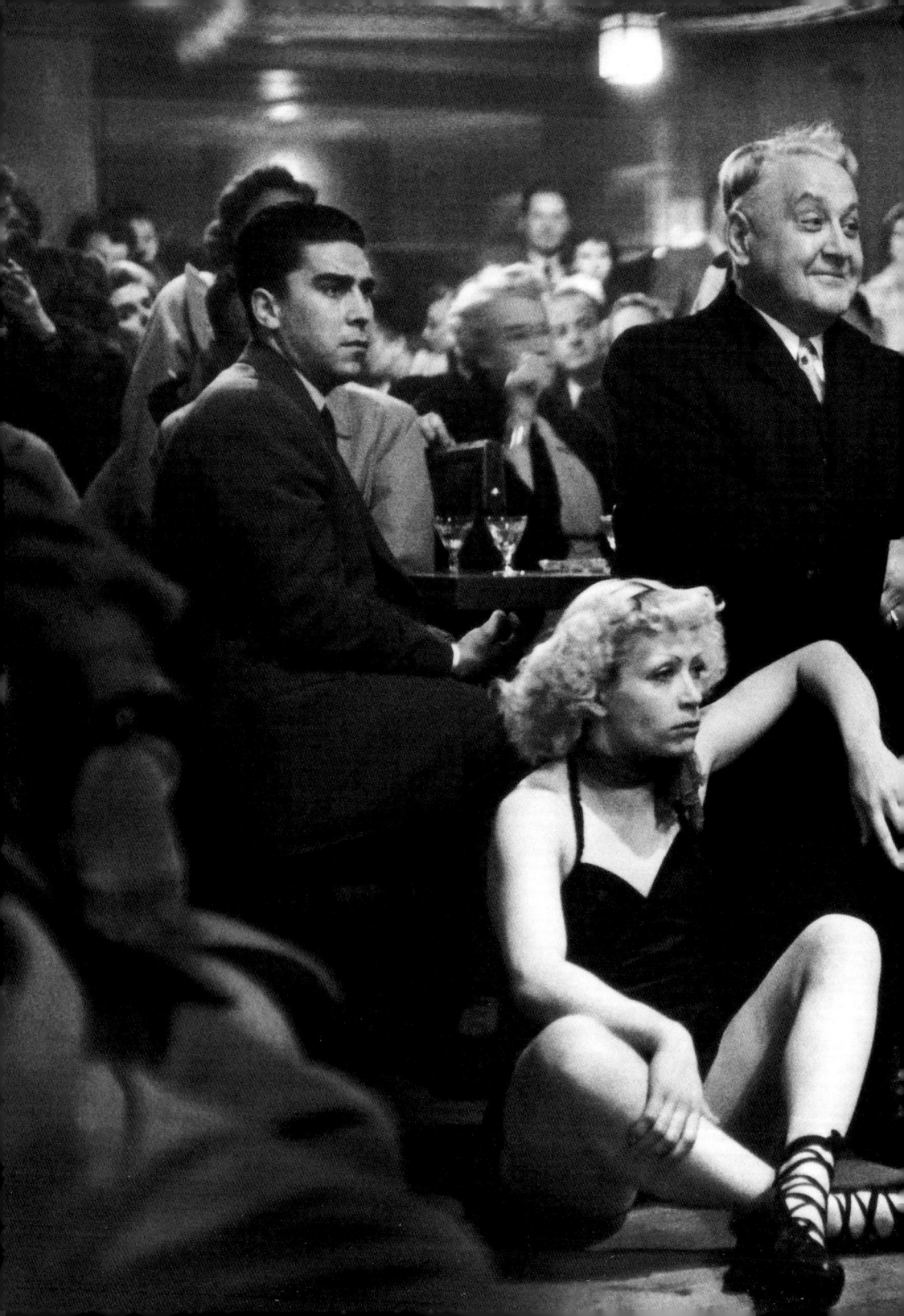

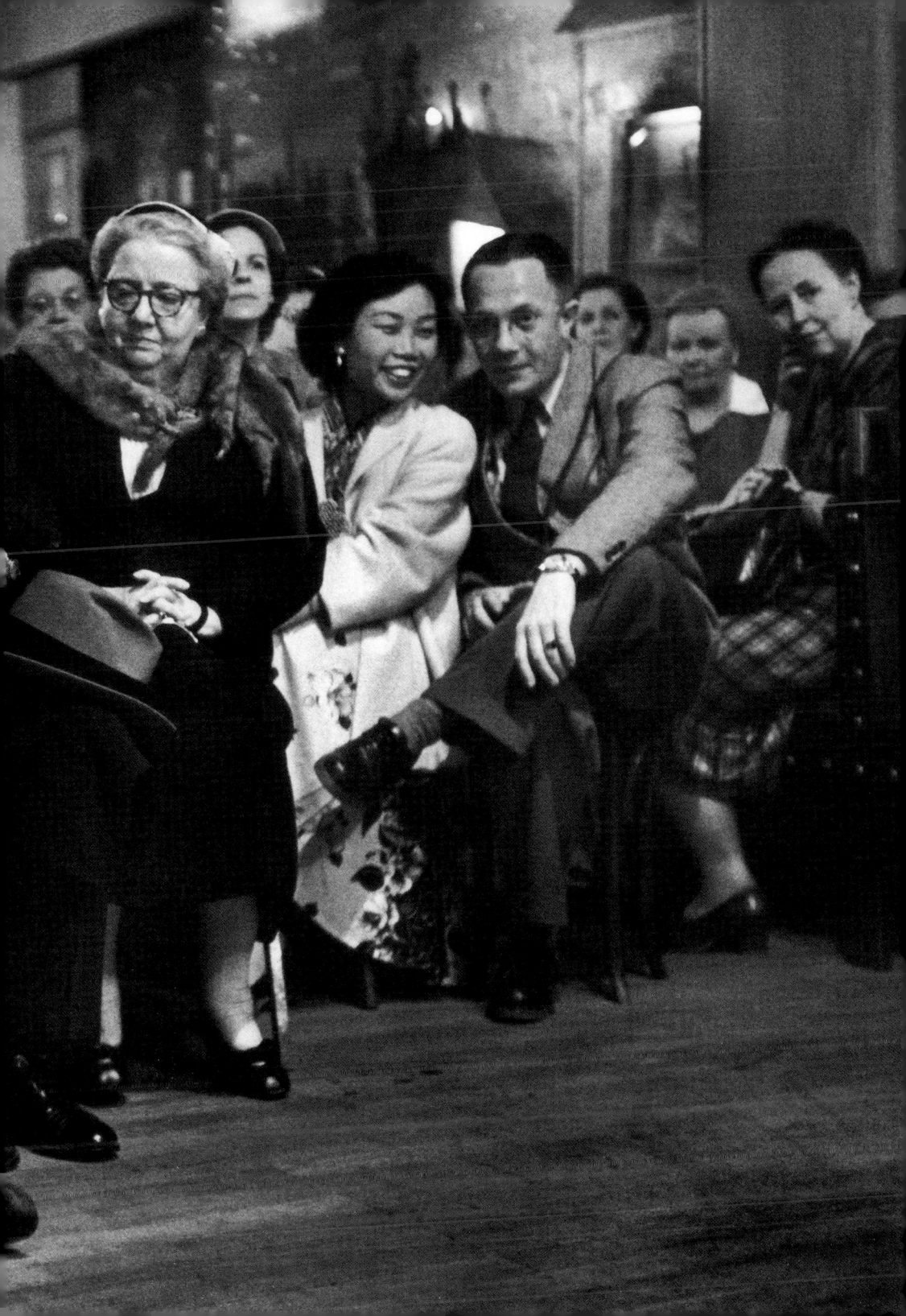

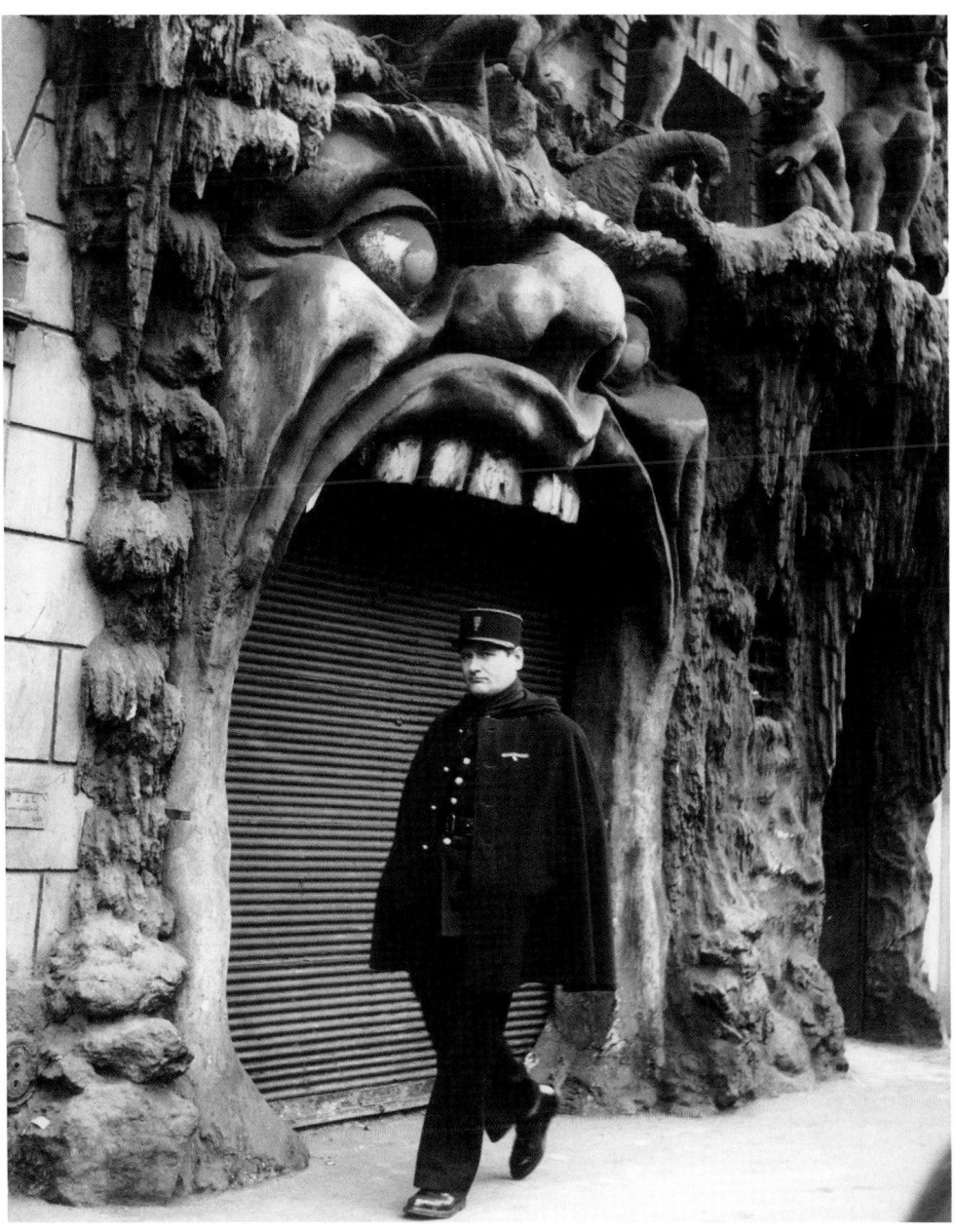

Hell / L'Enfer, 1952

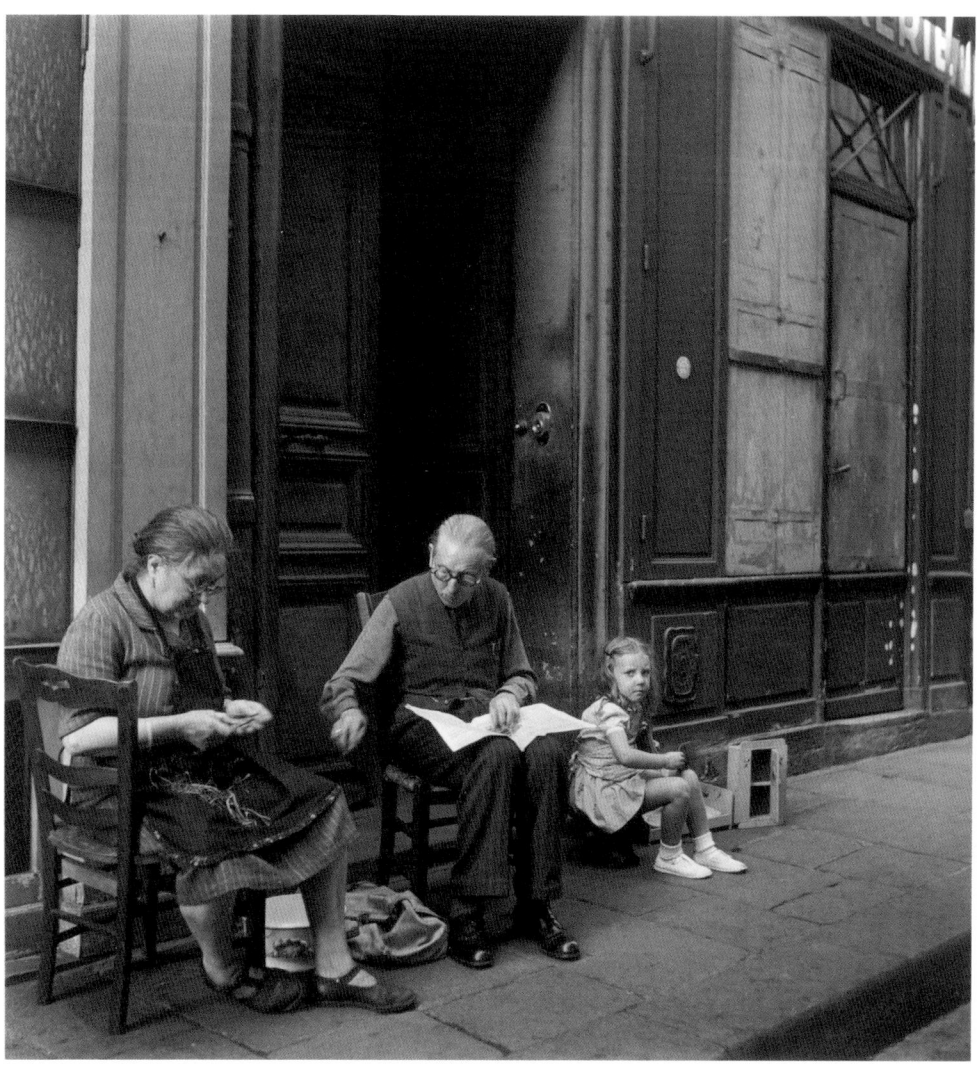

Green Beans / Les Haricots verts, 1945

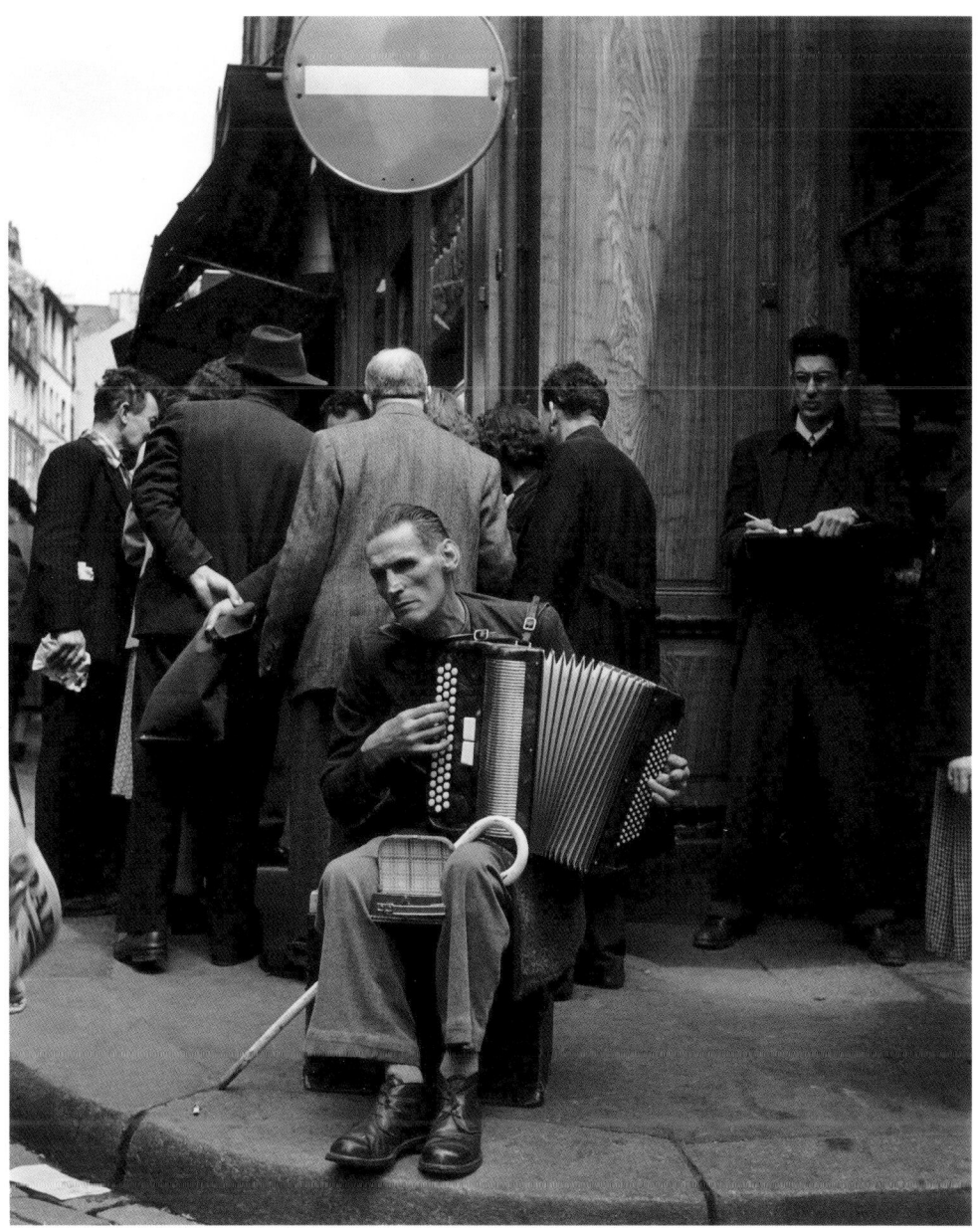

The Rue Mouffetard Accordion / L'Accordéon de Mouffetard, 1951

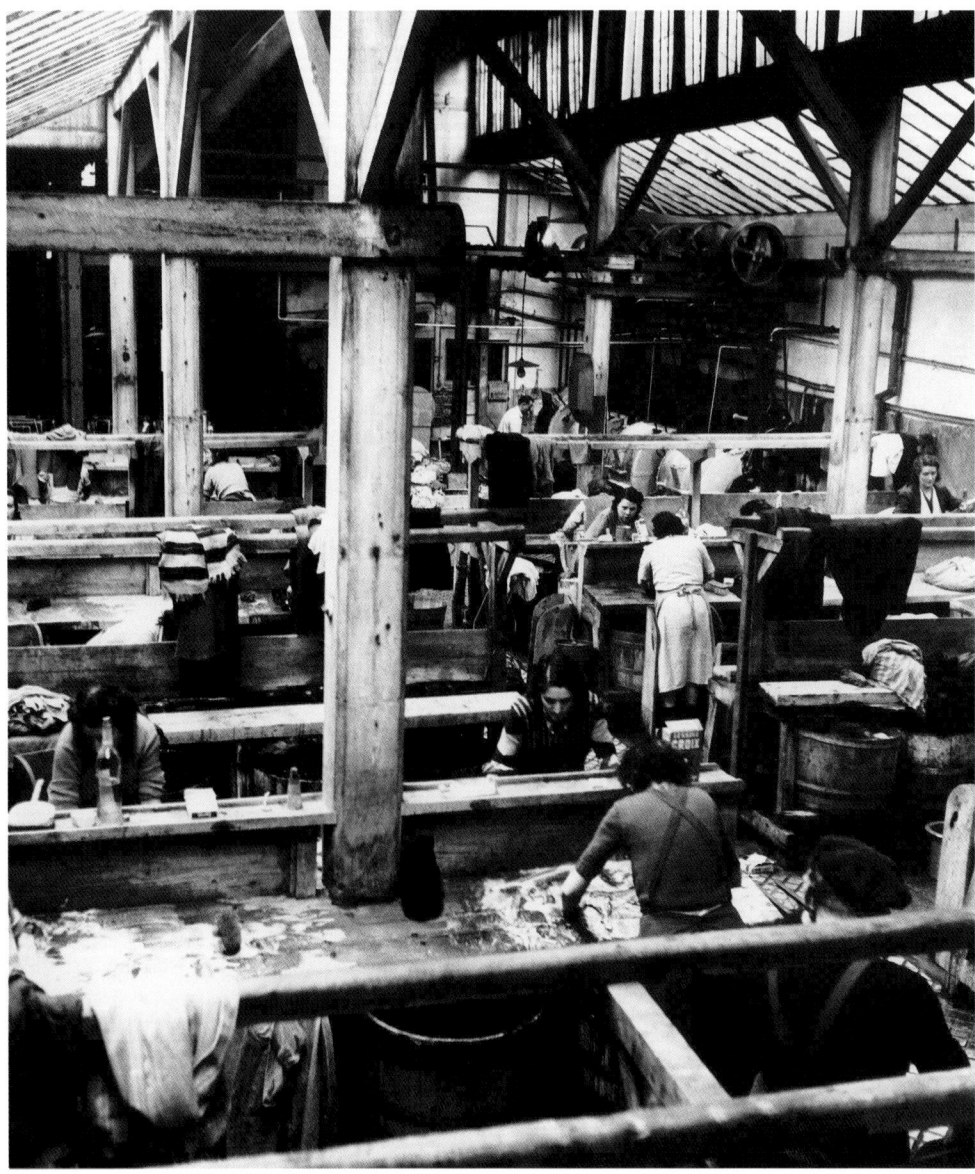

Washhouse, Rue des Partants, 1953

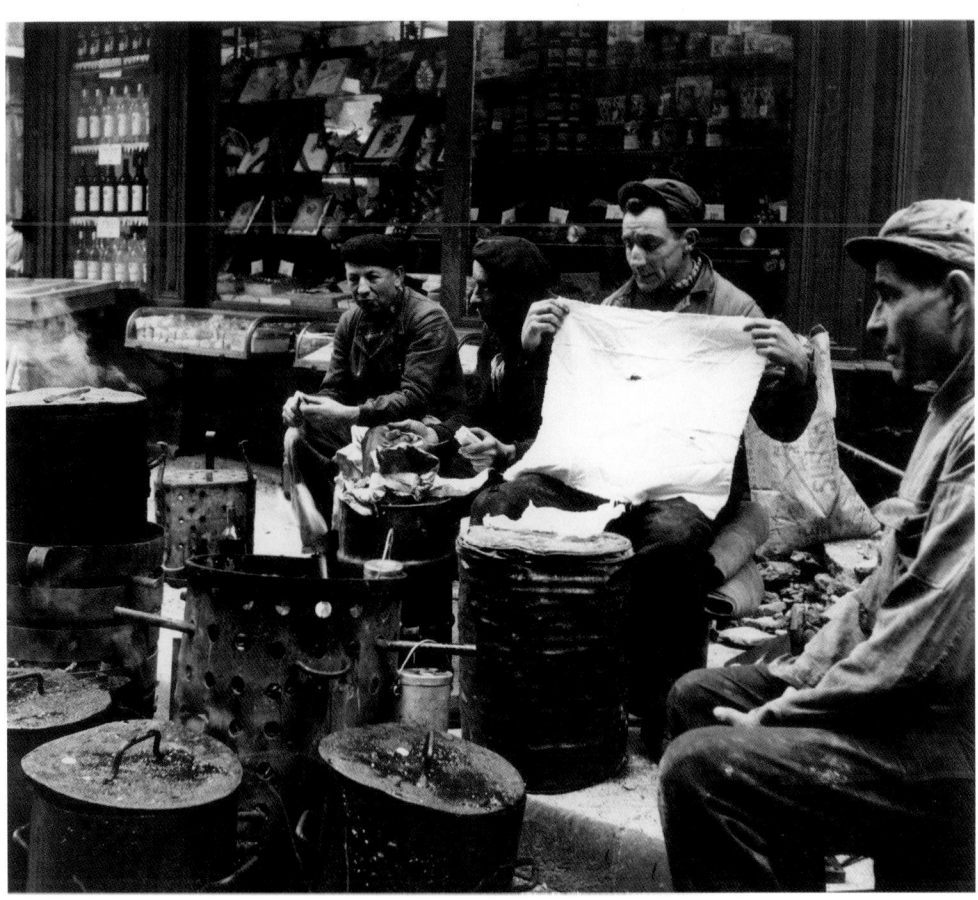

Lunch / Déjeuner, Rue du Temple, 1953

"Idling about in this fashion, I discovered aspects of the city that don't appear in the guidebooks…"

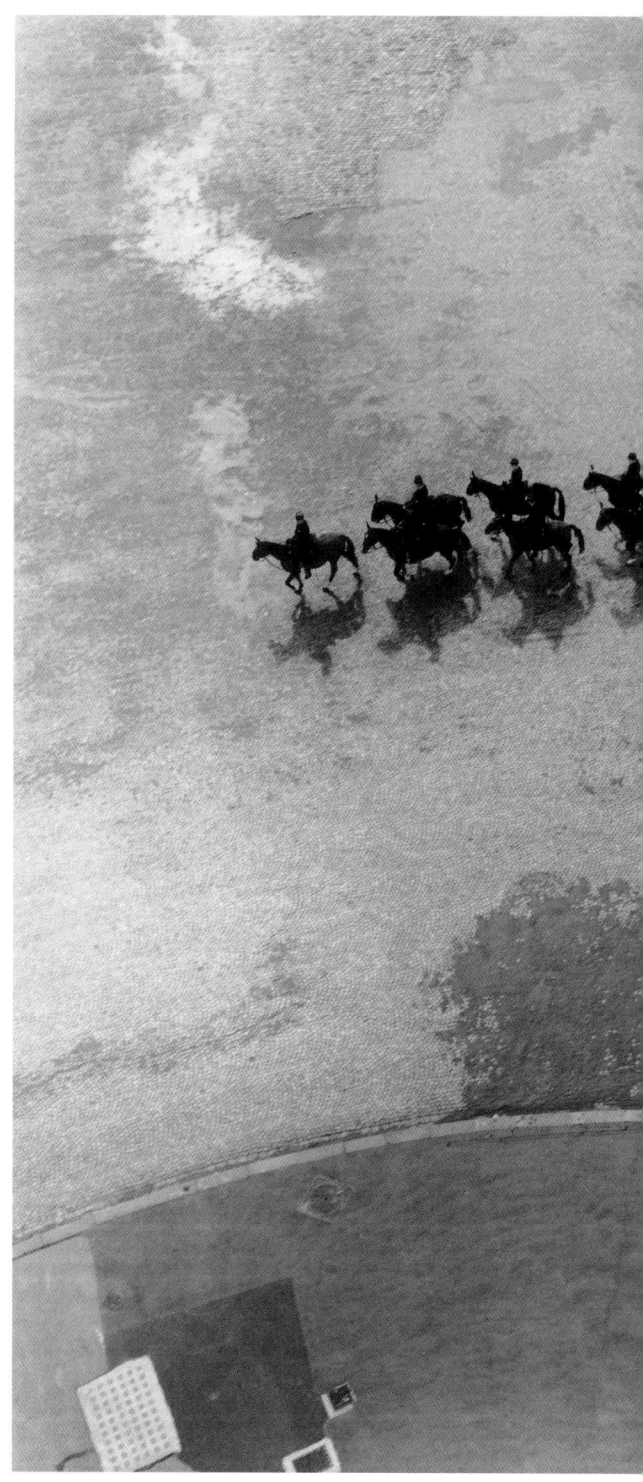

Garde Républicaine,
Place de la Bastille, 1962

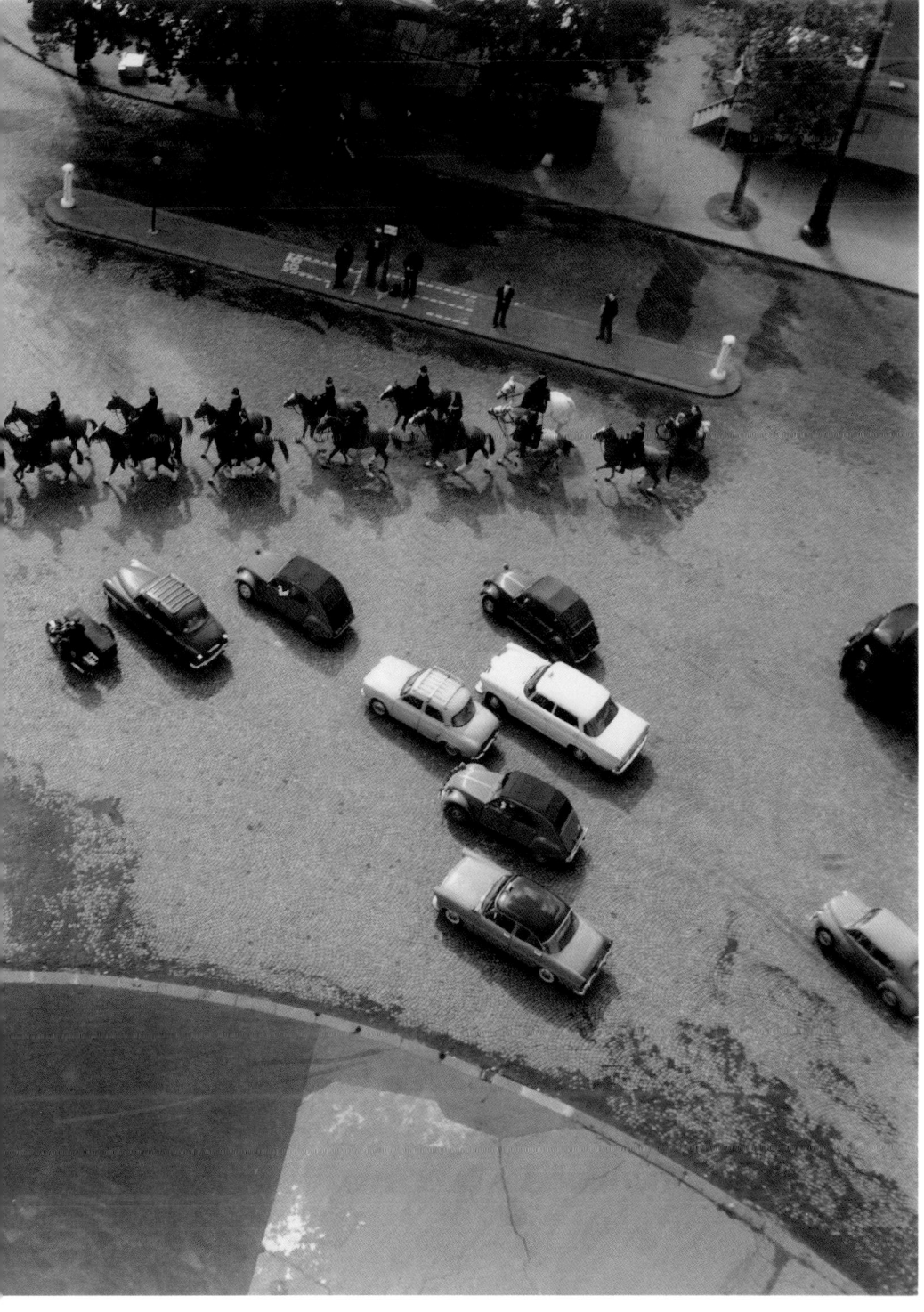

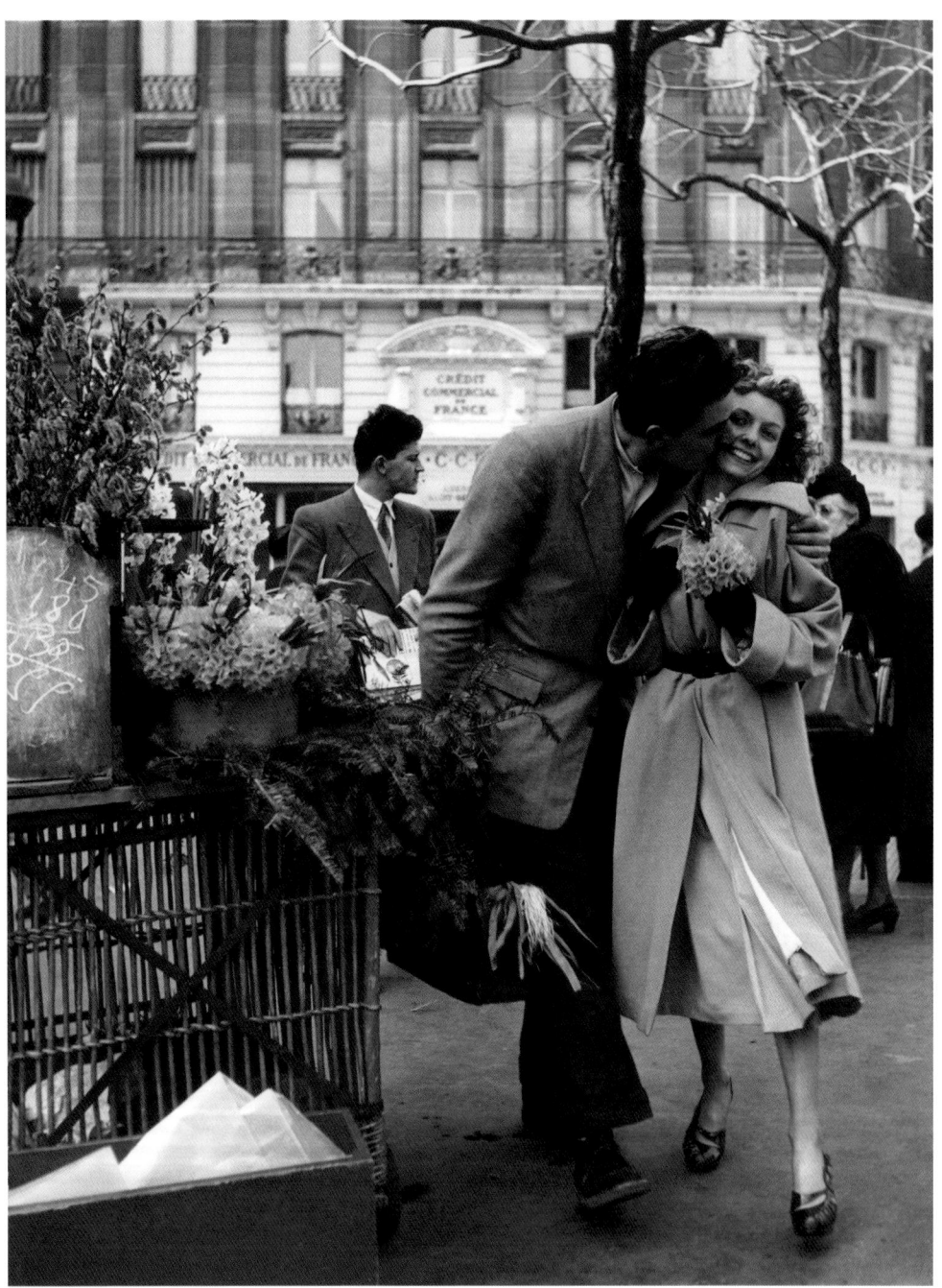

Lovers with Leeks / Les Amoureux aux poireaux, 1950

"...I have never stopped having fun;
I have created my own little theater."

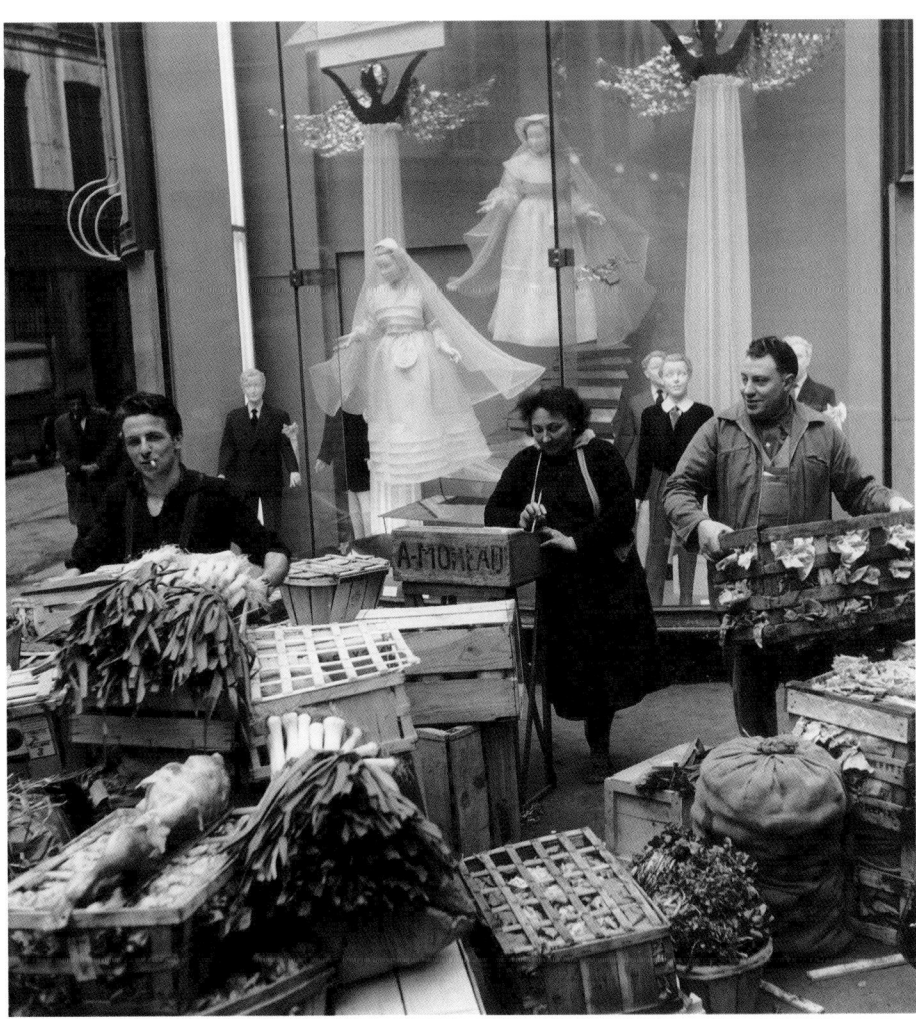

Angels and Leeks / Anges et poireaux, 1953

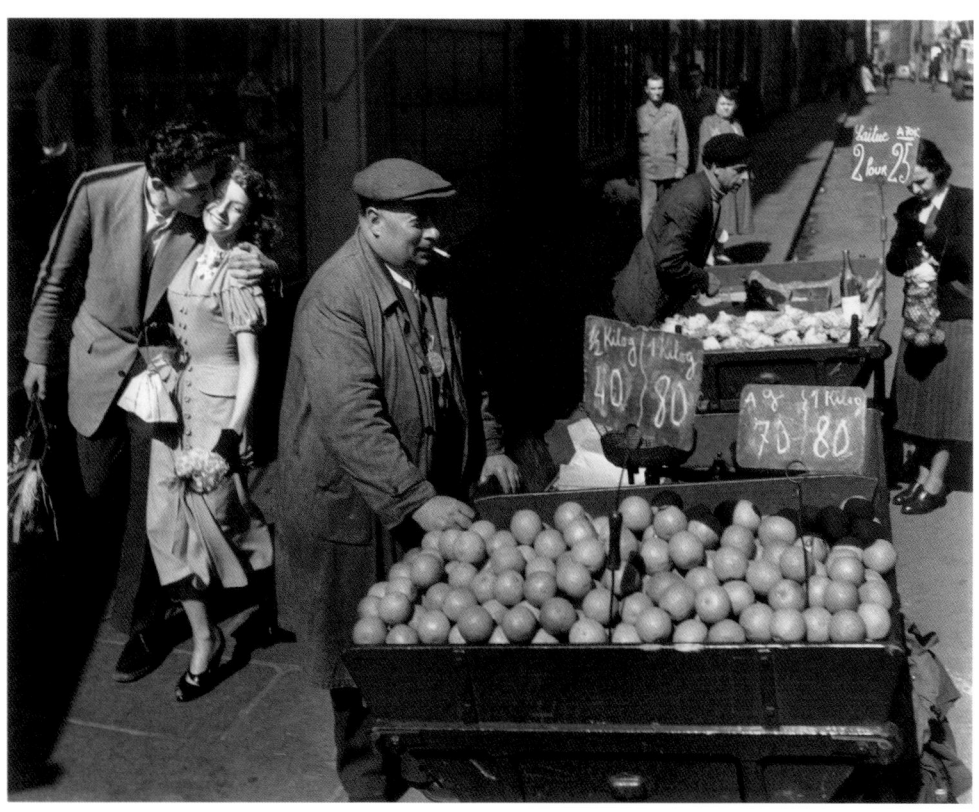

Four Seasons – Spring, 1950
The Blotto Kiss / Baiser Blotto, 1950

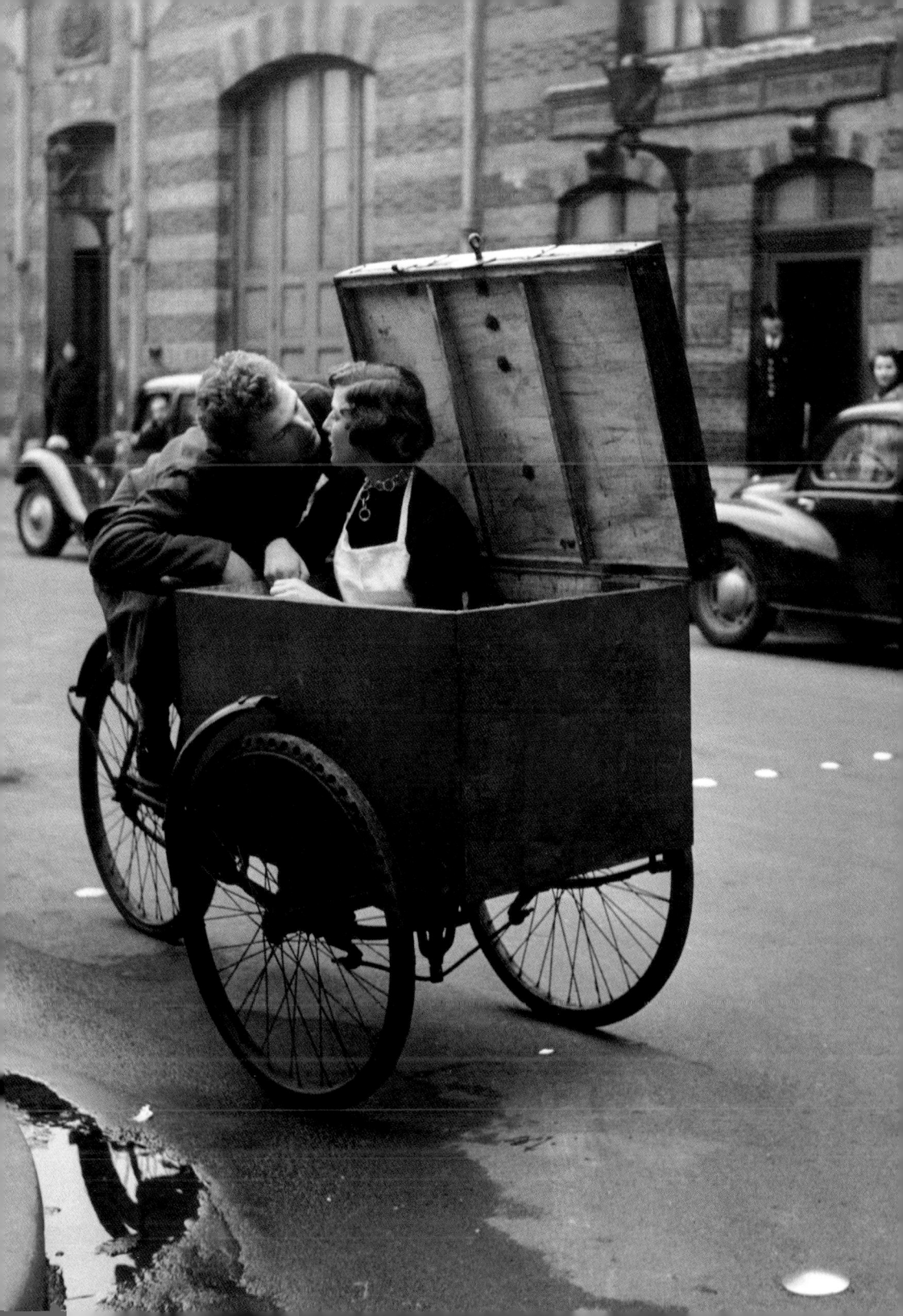

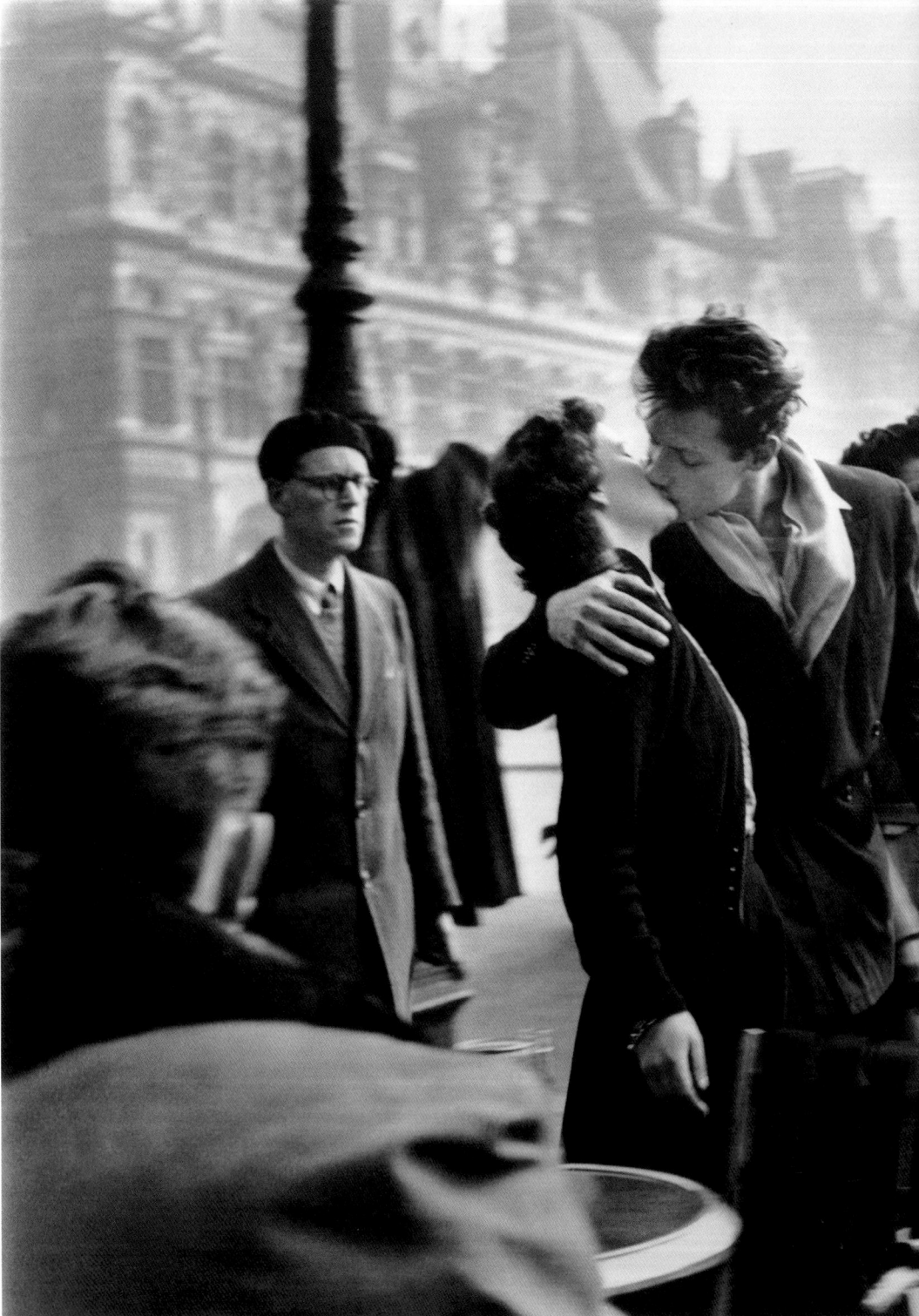

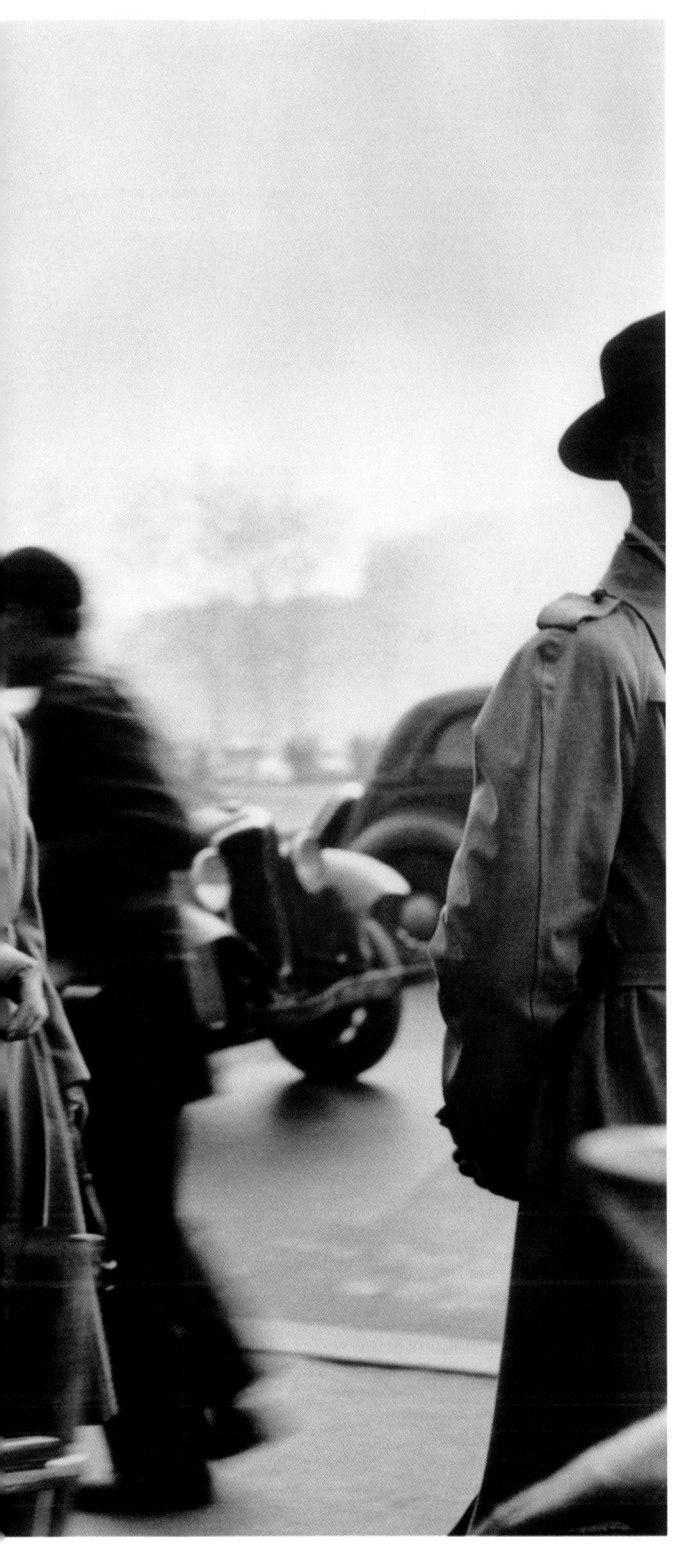

The Hôtel de Ville Kiss /
Le Baiser de l'hôtel de ville, 1950

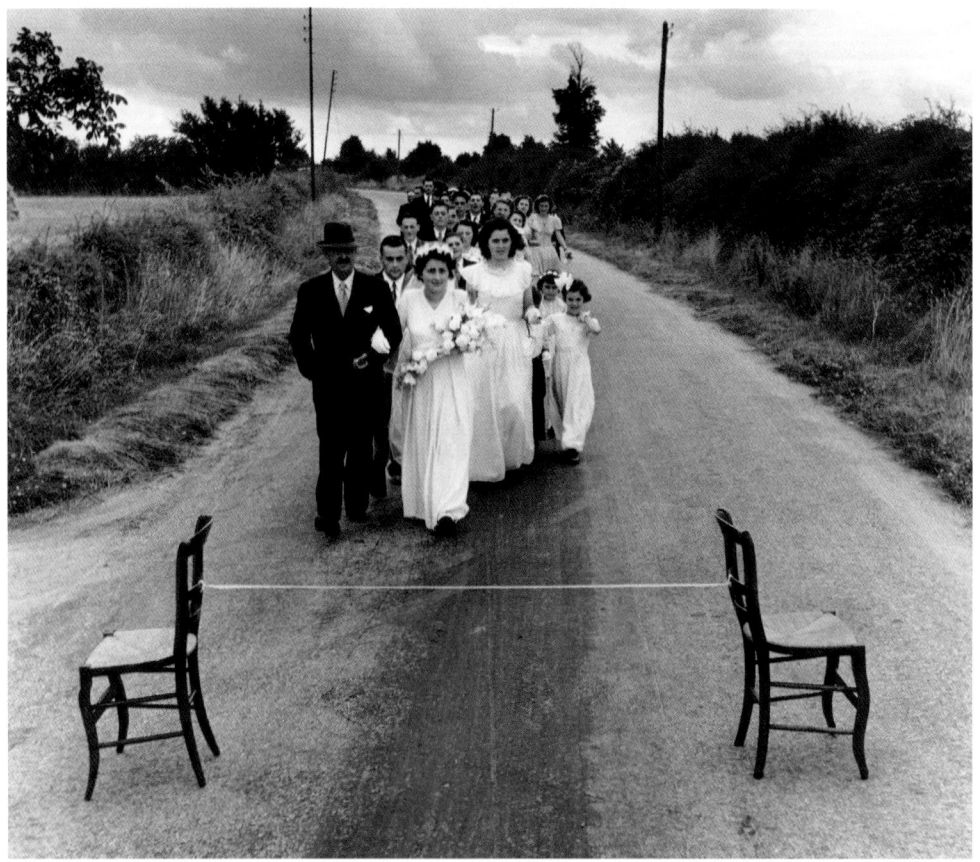

The Bridal Ribbon / Le Ruban de la mariée, Saint-Sauvant, Vienne, 1951

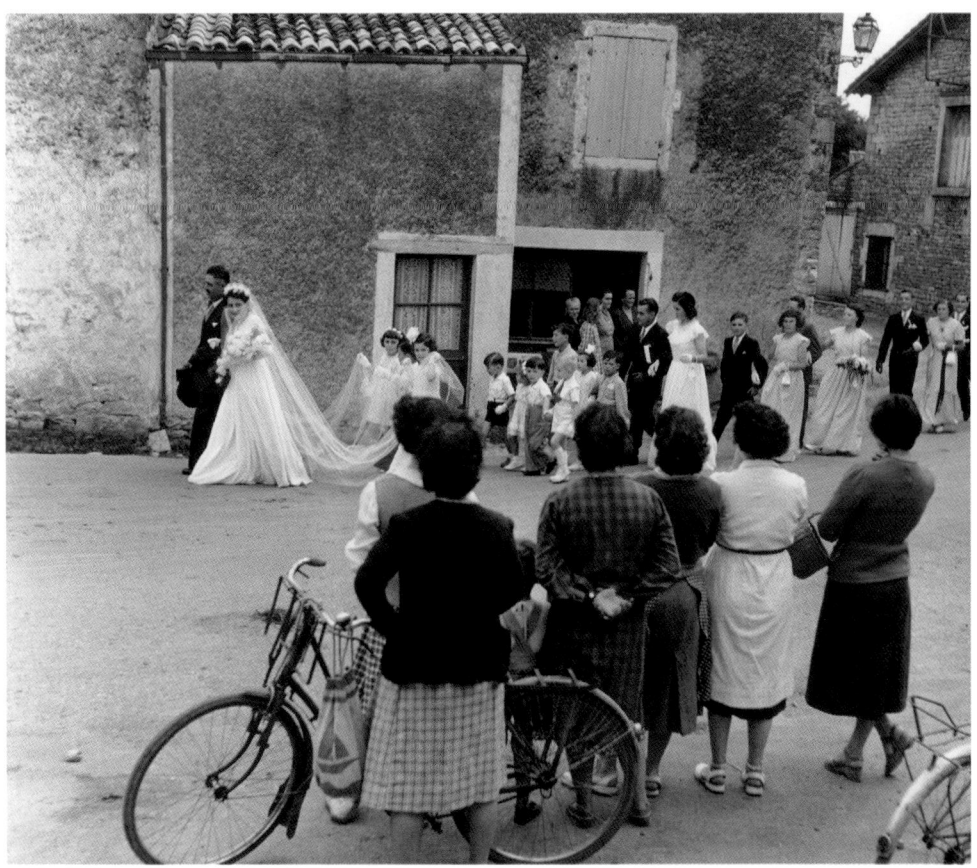

The Procession Arrives, Saint-Sauvant, Vienne, 1951

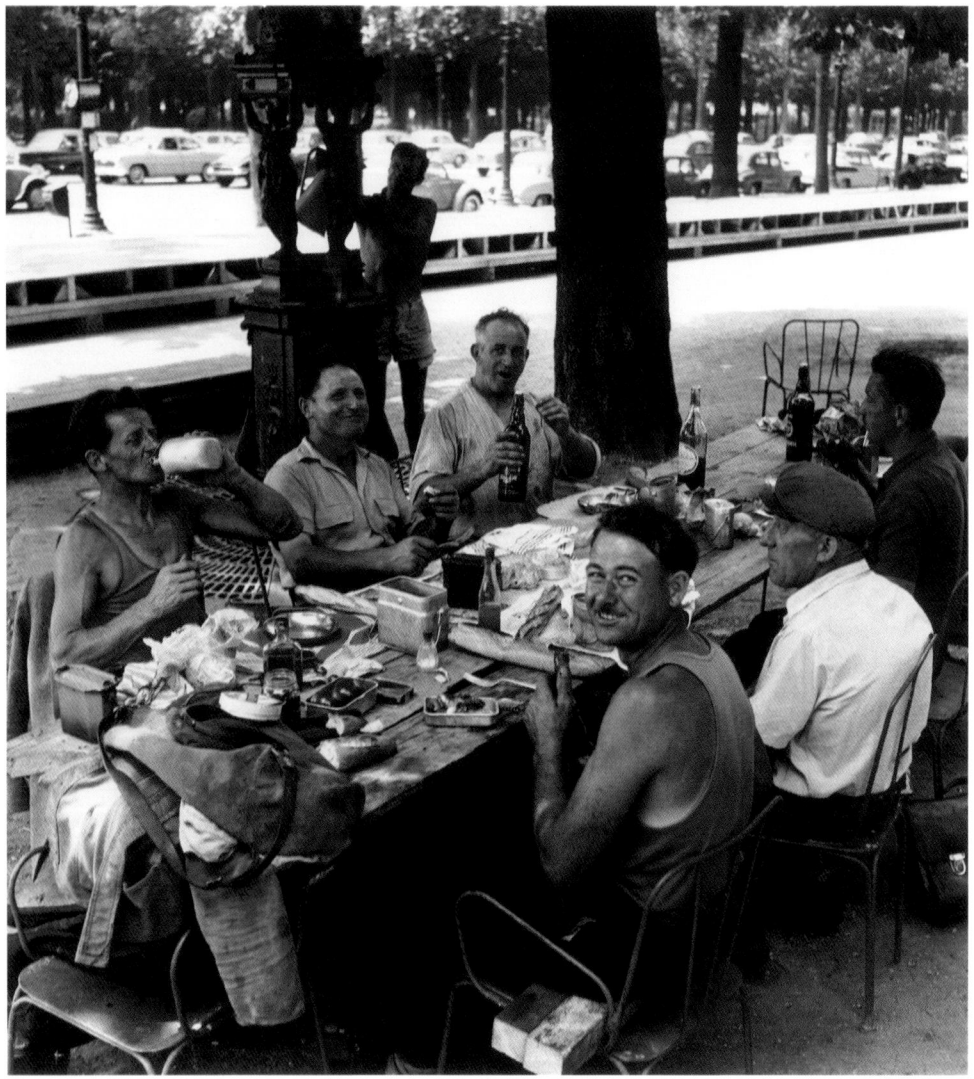

The Roadworkers' Meal, Champs-Élysées, 1959

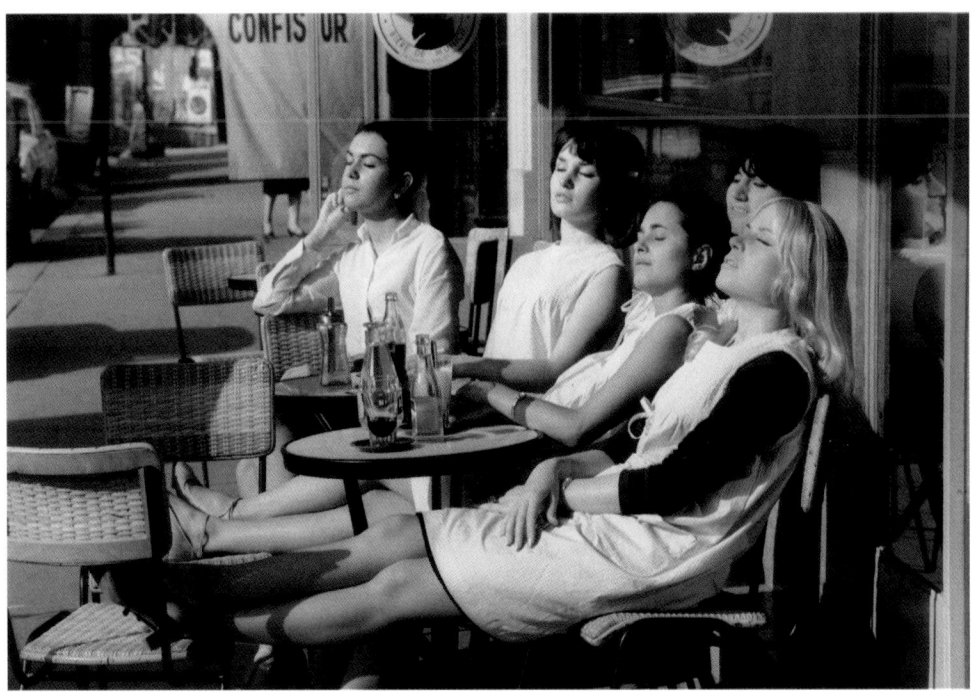

Hairdressers Taking the Sun / Les Coiffeuses au soleil, 1966

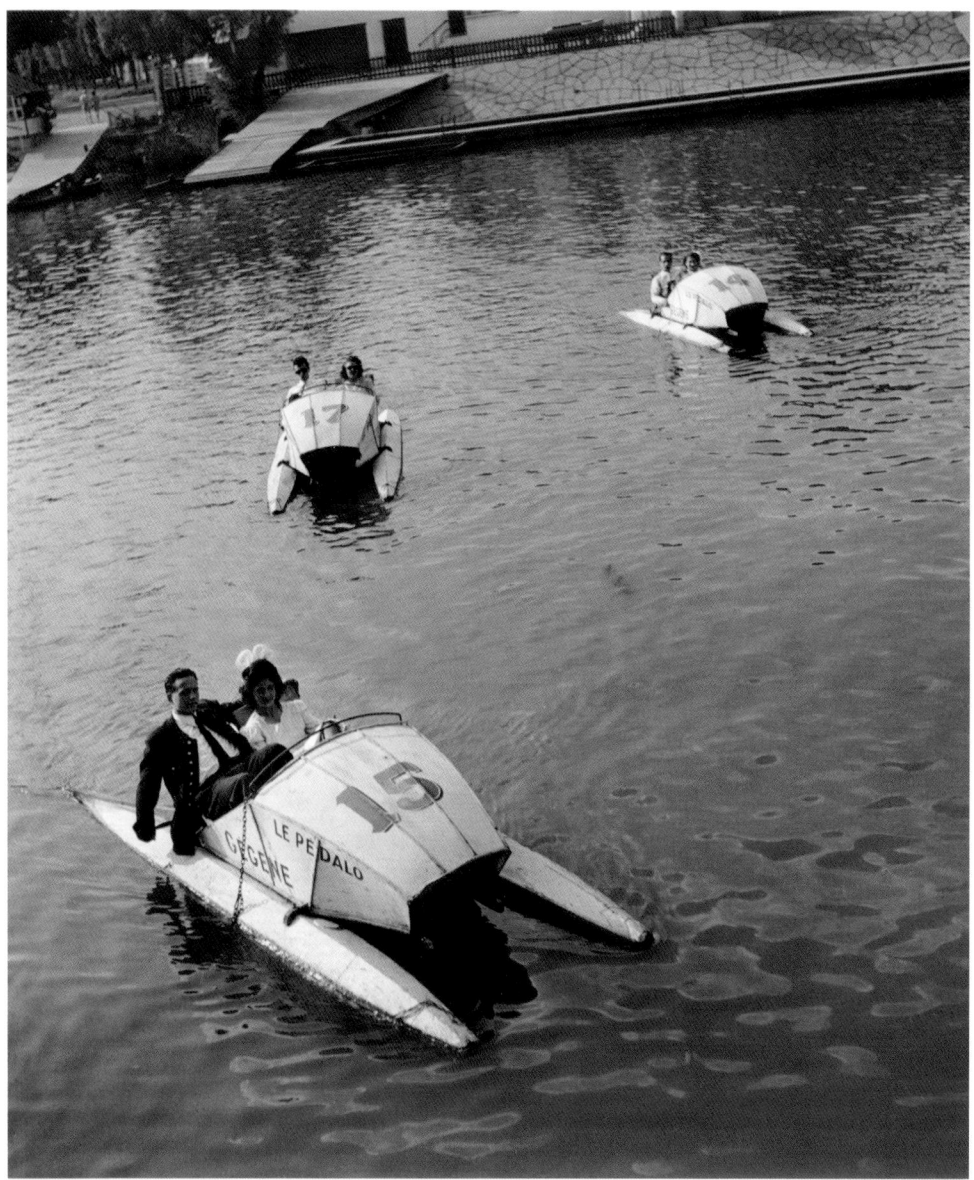

Pedal Boats, Joinville-le-Pont, 1946

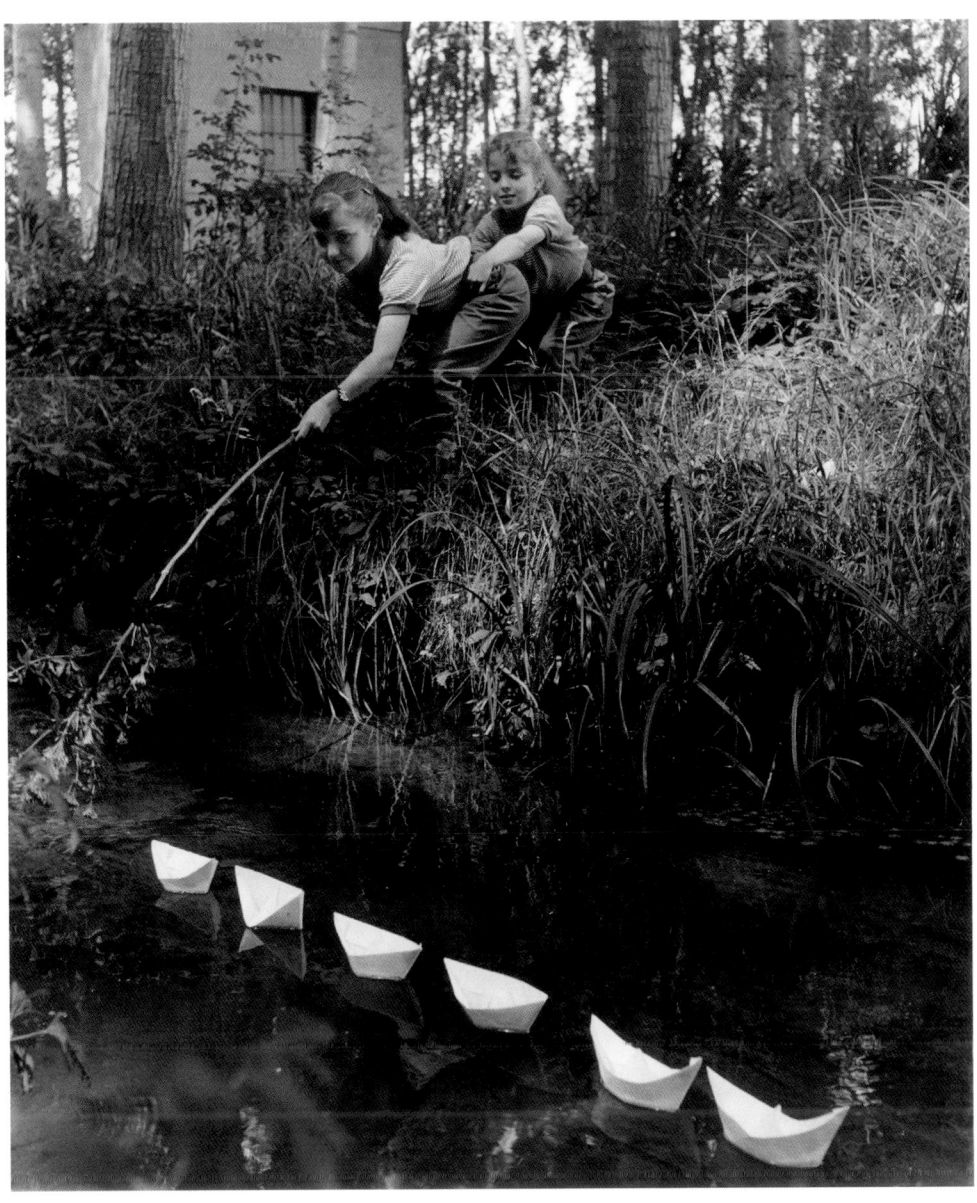

Six Little Boats, Annette and Francine Doisneau at Buthiers, 1954

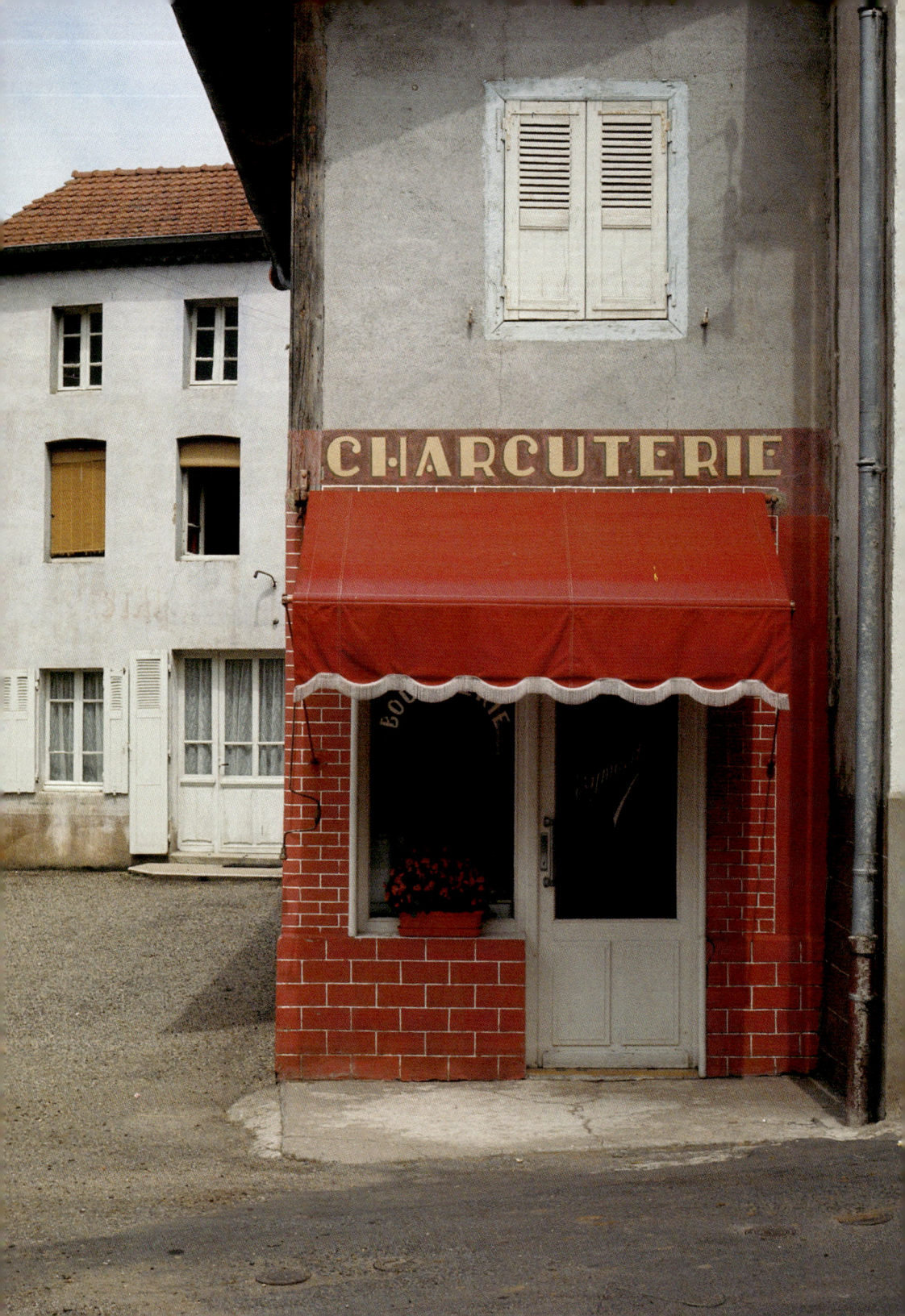

#4

The Lean Years

1960–1980

In the 1960s, everything ground to a halt. In France, photography went into a sudden decline and, for many photographers, these were the wilderness years. Publications and exhibitions were increasingly rare and the demand for images declined drastically. The press itself, now seriously under pressure from television (the number of sets in French households already exceeded a million), moved away from humanist photography; it favored a more detached style and a new generation of photographers with a vision that was at odds with the humanists and the narrative reportages of the illustrated press. One sign of this intergenerational transition was the disappearance of the Groupe des XV in 1958 and the birth in 1952 of the Club 30 × 40, made up of passionate young photographers determined to overthrow the prevailing gods and, above all, to promote an *auteur* photography largely unknown to a market that focused primarily on the commercial and decorative aspects of the art. An entire generation of photographers was consigned to the scrap heap and departed to await better things. The greatest among them were not spared: Willy Ronis took himself off to live in Provence and Doisneau was not unaffected. Free from many of his obligations, he was

pleased to return to his Parisian *flâneries*, but these were no solution to his material needs and family concerns: his wife was seriously ill. He found himself forced to take on a number of uninteresting jobs that impeded the realization of his personal projects.

Fortunately, Doisneau's collaboration with the weekly *La Vie ouvrière* continued until 1980. He had many friends there, including the directors of the CGT, Georges Séguy and Henri Krasucki. The magazine commissioned a series of reportages and a number of photomontages in both black-and-white and color, which were often used for the magazine's cover. This was something he particularly enjoyed and produced some spectacular results. The famous montage *The Hands of the Steel Industry*, showing hands with the fingers chopped off on the background of a Sollac factory in Moselle, is particularly eloquent.

Since time was now on his side, he made others such as *The Tenants' House*, combining a number of shots made earlier in his life, to create a veritable synthesis of a particular kind of society. These slices of life offered clues to "an entire city, an entire life, an entire epoch," wrote Albert Plécy. Doisneau returned to this art form with *Le Pont des Arts*, a jigsaw

Little Shops, personal project / La Charcuterie Eymard, Siaugues-Saint-Romain, Haute-Loire, 1972

of the vivid life of this emblematic footbridge; in 1965, his photomontage formed part of an exhibition at the Musée des Arts Décoratifs, shown alongside works by Jean Lattès, Willy Ronis, Daniel Frasnay, and Janine Niépce. In homage to the demolition of Les Halles de Paris in 1971, he made a similar synthesis of the nocturnal activity of the *"belly of Paris."* These technical games and manipulations kept him amused and led him to modify some of his cameras in order to make experiments such as *Optical Distortion* (a warped Eiffel Tower) or *The Corkscrew Couple*, which were used in a publicity campaign for the textiles manufacturer Lesor.

In 1960, Doisneau, the inveterate Parisian, briefly left the capital. His friend Maurice Baquet, who was on a theater tour in the United States, invited Doisneau to join him there to continue their series of cello photos. After much hesitation and the intervention of Charles Rado, who solicited commissions from the magazines *Fortune* and *Life*, Doisneau decided to leave for New York. There, he took a series of images that were published in *Life*, while having the time of his life with Maurice Baquet. He then flew to Palm Springs, a new town constructed in the middle of the desert, made up of golf courses, swimming pools, and villas, and inhabited by a colony of millionaire retirees. This reportage took the form of slides and Doisneau demonstrated a virtuosity in the use of color that perfectly matched the kitsch aspect of

this rather absurd environment. *"On building lots next to green spaces, they had built residences that varied between the Swiss chalet and the Chinese pagoda, like so many fantasies and travel memories. Indoors, old couples of excessive wealth were comfortably bored... Swimming pools everywhere, of course. But no diving and no splashing. I can remember a melancholy septuagenarian who had realized a lifetime's dream: after working with four telephones on his desk, he now possessed not one but two swimming pools separated by a mirror. One was for summer, the other for winter: the latter was part of his living room... Sitting in his armchair before the azure mirror, he was playing with rubber ducks, using a long piece of bamboo..."* [46]

In a world that reflected so little of what he was, Doisneau made a visual travel diary that dealt harshly with a certain American way of life. These images, whose whereabouts were long unknown, have recently been rediscovered in the archives of the magazine *Fortune*. They are surprising both in their modernity and the critical, ironic scrutiny that he brought to bear on this alien universe. Their uproariously caustic tone reveals a completely new side of Doisneau. The strident colors of his images are sometimes evocative of the paintings of Edward Hopper and prefigure the photos of Martin Parr. After a short stay in Hollywood, where he attempted to photograph Jerry Lewis without notable pleasure, Doisneau was overjoyed to return to Paris.

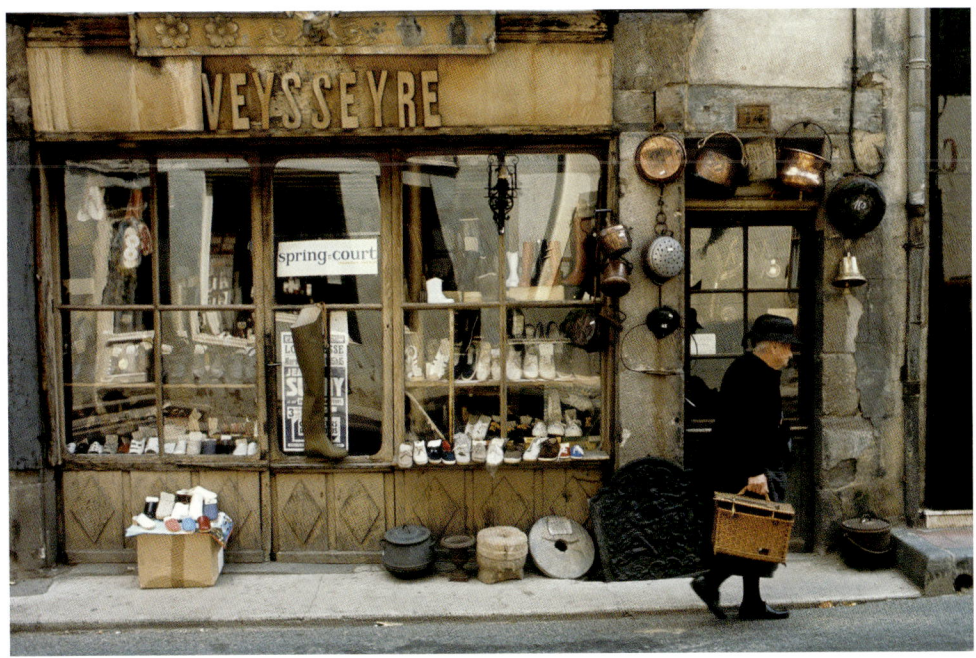

Little Shops, Veysseyre, 1970s

In contrast with this excursion through the capitalist world, Doisneau also made a trip to the USSR in 1967 at the request of *La Vie ouvrière* to mark the fiftieth anniversary of that country's existence. But working conditions were very different there and he could not accommodate his art to them. "I would have done better to stay at home... You can't wander the streets in the USSR."[47] Doisneau nevertheless brought back some twenty prints that he had contrived to capture between two official visits.

During these slightly lean years, Doisneau nevertheless managed to publish a few books, such as *Épouvantables épouvantails* (Scary Scarecrows; 1965), a sort of hymn to outsider art, *Métiers de tradition* (Traditional Trades; 1966), and *Témoins de la vie quotidienne* (Witnesses of Daily Life; 1971); the last of these was the fruit of an extensive tour around regional museums with Jacques Dubois. More significant was *Le Paris de Robert Doisneau et Max-Pol Fouchet*, published in 1974: a long voyage

"In chronological order, I wanted to: faithfully reproduce the outside of things; discover the hidden treasures people trample underfoot every day; make fine slices of time; frequent phenomena; find out what makes some images so endearing…"

through Paris, its signs and tiled shopfronts from the 1930s and, in short, the entire signage that punctuates our lives. Doisneau did not greatly like the chaotic layout of the book but it has become a repertory of the many elements even then disappearing from the Parisian cityscape. The very nature of his subjects encouraged him to increase the focal length and stand back further. Consequently, the surroundings take on greater significance in the resulting image. As he said, *"I was less close up and there are numerous details in the backgrounds which therefore take on a new importance."* [48]

Whether he liked it or not, he had more time on his hands now and this encouraged him to add to the work that he had already begun over the previous few years on Les Halles. When, in 1967, he learned that the Parisian wholesale food markets were to move to Rungis and that Victor Baltard's magnificent cast-iron structures were to be demolished, he decided to go there as often as he could, sometimes from three o'clock in the morning, rubbing shoulders in this vast marketplace with the very colorful crowd that inhabited the place. *"I had lots of friends there, in that 'village.' I was the inoffensive photographer considered a sort of amiable loon… Ah, what solidarity there was among those who worked by night! And I turn and we turn the handle of the barrel organ whence there comes a sad tune perfumed with the celery of Saint-Eustache."* [49]

In the midst of the noise, smells, and jumble of the market, Doisneau was completely at home and his empathy with people made it easy for him to approach them. Alone or accompanied by his nocturnal brother, Robert Giraud, he captured among the streets and market buildings, from the bistros of Saint-Eustache to those of the Fontaine des Innocents, an entire people who lived by the principles of conviviality and mutual aid. One of his friends, Pierre Delbos, remembers nights spent in the *"belly of Paris"* with Doisneau. *"What surprised me was the way people came up to him; he really had a nose for things. You should have seen the way he looked at them, he loved them!"* [50] Doisneau threw himself into this work knowing that it was merely a matter of time before this entire universe was consigned to oblivion. He continued this campaign until the market buildings were demolished in 1971 and, indeed, beyond that point, by photographing the rebuilding of the "hole" left by the demolition.

Like many of his colleagues, Doisneau found things difficult during the 1960s; work and money were scarce. But in 1970, there were signs of life with the advent of the Rencontres internationales de la photographie d'Arles, founded by Lucien Clergue, Michel Tournier, and Jean-Maurice Rouquette. This now annual event marked the beginning of a new era for photography. The recognition of *auteur* photography became the catalyst for a series of initiatives, such as the founding in Toulouse of the Château d'Eau gallery by Jean Dieuzaide, which opened its doors on April 23, 1974, with an exhibition by none other than Robert Doisneau. This superlative exhibition effaced from memory any trace of the one given to him in 1968 by the Bibliothèque Nationale, whose exhibition space was a narrow landing between two stories and where the photographs were hung by being stapled onto pieces of plywood. That show was emblematic of the very limited respect bestowed on photographers at the time. The exhibition in Toulouse marked the start of a new interest in Doisneau, who was the principal guest artist at the Rencontres internationales de la photographie d'Arles the following year, when he charmed his audience by speaking of his spontaneous feelings of love for those he photographed. In the wake of his appearance at Arles, some dozen exhibitions were immediately on offer, at the Witkin Gallery in New York and others in Brussels, Basel, and Cracow alongside Brassaï, Henri Cartier-Bresson, Jean-Philippe Charbonnier, Izis, and Marc Riboud (1975).

Now that photography was occupying the limelight, the French state moved rather belatedly into action and, in 1978, the Ministry of Culture woke up and established a Fondation Nationale de la Photographie at the Château Lumière in Lyon. That same year, Doisneau exhibited at the Musée Nicéphore Niépce in Chalon-sur-Saône and published two books, *La Loire* in the *Journal d'un voyage* collection edited by Jeanloup Sieff, and *L'Enfant et la colombe* (Child and Dove), a voyage into the fantastical that Doisneau had begun in 1963; published only in 1978, it won the Prix du Livre at Arles the following year.

Thus, by the end of the decade, things were again on the move; there were all kinds of initiatives, and members of the postwar generation of photographers returned to prominence. Moreover, a new generation was discovering a vision of the country and its people that was unknown to it at the time, along with the charms of a certain kind of nostalgia. In 1975, Claude Nori founded the photographic publishing house Contrejour and, in 1979, definitively reestablished the reputation of this most Parisian of photographers with *Trois secondes d'éternité* (Three Seconds of Eternity), a first survey of his career; this, too, won the Prix du Livre at Arles in the year of its publication. A handsome selection of images accompanied by a long text by Doisneau himself, it showed that his pen was as limber and graceful as his photography. Still in 1979, the Musée d'Art Moderne de la Ville de Paris exhibited more than 200 Doisneau photographs under the title *Paris, les passants qui passent* (Paris and the Fleeting Passersby).

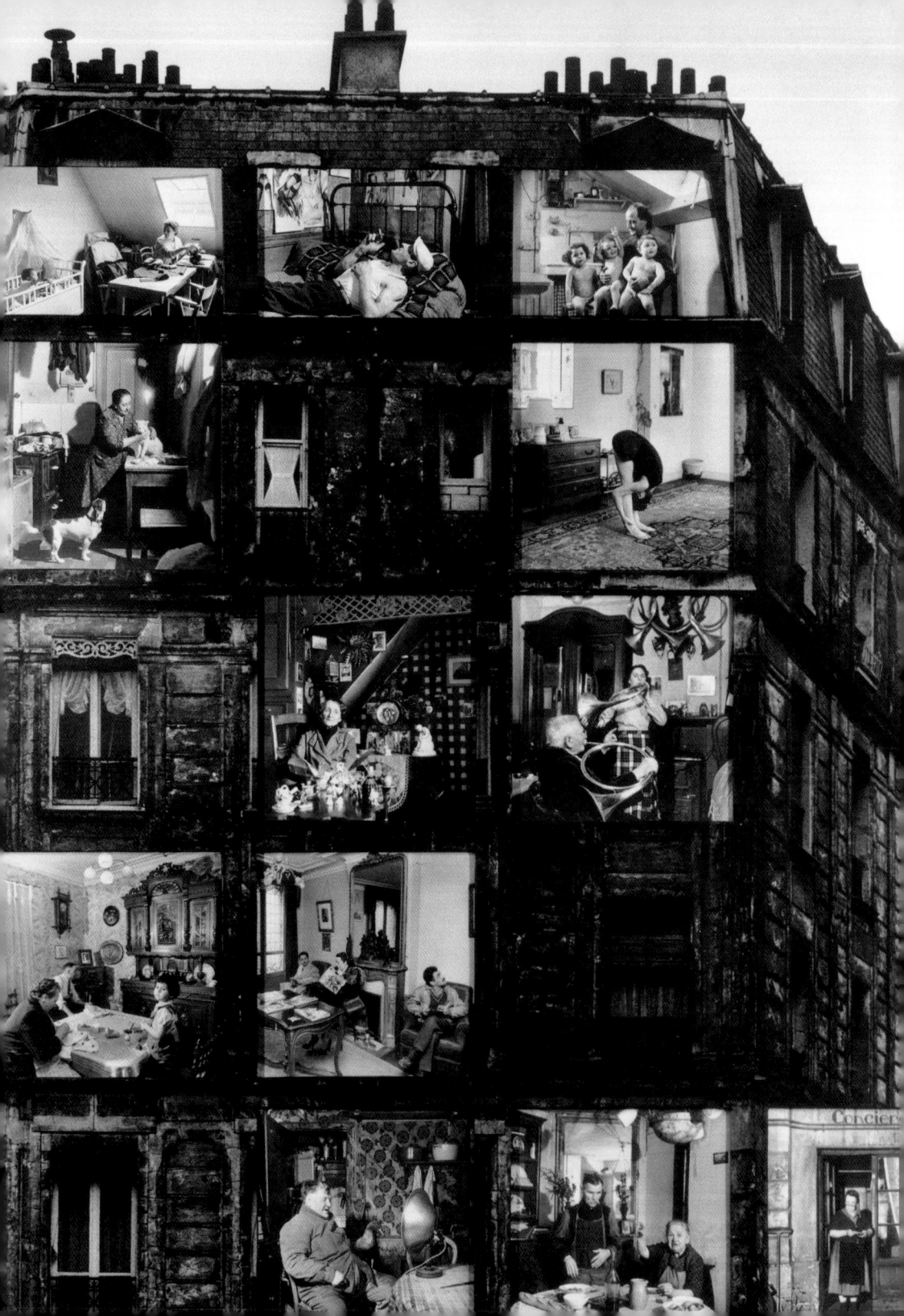

#4

Les années laborieuses

1960–1980

Dans les années 1960, l'horizon va singulièrement s'obscurcir. La photographie en France va connaître un déclin évident entraînant pour beaucoup une véritable traversée du désert. Publications et expositions vont se raréfier marquant un reflux certain de la demande. La presse elle-même, sérieusement concurrencée par l'apparition de la télévision – dont le nombre de postes dans les foyers français dépasse déjà le million –, s'éloigne de la photographie humaniste au profit à la fois d'images plus aseptisées mais également d'une nouvelle génération de photographes à la vision différente en rupture tant avec celle des humanistes qu'avec le reportage narratif de la presse illustrée. Ce passage d'une génération à l'autre se trouve confirmé par la disparition du Groupe des XV en 1958 et l'apparition, en 1952, du club des 30 x 40, composé de jeunes passionnés désireux de briser les idoles et surtout de prôner une politique d'auteurs que le marché de la photo ignore totalement en se préoccupant alors davantage de son aspect décoratif et commercial. C'est toute une génération de photographes qui va vivre momentanément sous l'éteignoir en attendant des jours nouveaux. Les plus grands, comme Willy Ronis qui va s'exiler en Provence ou comme Robert Doisneau, n'y échapperont pas.

Si, dégagé de beaucoup d'obligations, Doisneau retrouve avec un certain plaisir les déambulations parisiennes, celles-ci ne le délivrent pas de ses soucis matériels et familiaux qui, avec la maladie de son épouse, l'assaillent. Il se voit donc obligé d'effectuer un certain nombre de travaux sans grand intérêt mais qui obèrent sérieusement la réalisation de projets personnels.

Fort heureusement, Doisneau va poursuivre jusqu'en 1980 sa collaboration avec l'hebdomadaire *Vie ouvrière* où il compte nombre d'amis comme les dirigeants de la CGT, Georges Séguy ou Henri Krasucki. Ce sera la source de nombreux reportages mais également de nombreux photomontages en noir et blanc ou en couleur qui feront souvent les premières de couverture, exercice dans lequel il se complaît d'ailleurs particulièrement et qui donnera de beaux résultats. Le fameux montage *Les Mains de la sidérurgie*, qui représente des mains blessées aux doigts coupés sur fond d'usine de la Sollac en Moselle, en témoigne.

Le temps lui étant moins compté, il en réalisera d'autres comme *La Maison des locataires* qui rassemble un certain nombre d'épreuves réalisées au fil des temps, véritable synthèse d'une société. Autour de ces morceaux de vie « c'est toute une ville, toute une vie, toute une

The Tenants' House / La Maison des locataires, 1962

époque » [que l'on découvre], écrit Albert Plécy dans *Point de vue*. Doisneau récidivera avec *Le Pont des Arts*, un beau puzzle sur l'animation de cette passerelle emblématique, dont un exemplaire sera présenté, en 1965, dans une exposition au musée des Arts décoratifs, où figurent à ses côtés Jean Lattès, Willy Ronis, Daniel Frasnay et Janine Niépce. En témoignage de la disparition des Halles de Paris en 1971, un autre photomontage synthétise de la même manière l'étonnante activité nocturne du « ventre de Paris ». Ces jeux et bricolages techniques l'amusent et l'amènent à modifier techniquement certains appareils pour tenter des expériences comme *Distorsion optique* (la *Tour Eiffel déformée*) ou *Couple tire-bouchon* qui fera l'objet d'une illustration publicitaire pour les tissus Lesor.

Ironie du sort, ce Parisien invétéré va, en 1960, quitter momentanément sa capitale. C'est son complice Maurice Baquet, en tournée théâtrale à New York, qui l'incite à venir le rejoindre pour poursuivre sur place la série de photos du violoncelle. Après bien des tergiversations et l'intervention de Charles Rado qui lui obtient une commande pour les magazines *Fortune* et *Life*, Doisneau se décide à s'envoler pour New York. Il y réalise, en s'amusant follement avec Baquet, une série d'images qui seront publiées dans *Life*. Il s'envole ensuite pour Palm Springs, une ville nouvelle construite en plein désert, peuplée de terrains de golf, de piscines, de villas et d'une colonie de vieillards richissimes. Il y découvre un monde qui ne cesse de l'étonner. Pour ce reportage réalisé en diapositives, Doisneau fait preuve d'une habileté dans l'utilisation des couleurs qui répond parfaitement au côté kitch de cet univers proche de l'absurde : « Sur les terrains qui bordaient les espaces verts, on avait bâti des résidences qui allaient du chalet suisse à la pagode chinoise, comme autant de fantasmes et de souvenirs de voyage. À l'intérieur, des couples âgés, très riches, qui doucement s'ennuyaient... Piscines partout, naturellement. Piscines sans plongeons ni éclaboussures. Je revois ce septuagénaire mélancolique qui avait réalisé le rêve de sa vie : après avoir travaillé avec quatre téléphones sur son bureau, il possédait enfin non pas une, mais deux piscines séparées par une glace. L'une pour l'été, l'autre pour l'hiver : cette dernière entrait dans le salon... Assis sur son fauteuil, devant le miroir bleu azur, il animait des canards en caoutchouc avec une longue canne en bambou...[46] »

Dans ce monde où il ne se reconnaît pas, Doisneau va réaliser un carnet de voyage assez critique sur une certaine manière de vivre américaine. Ces images, longtemps oubliées et retrouvées récemment dans les archives du magazine *Fortune,* surprennent par leur modernité et par le regard scrutateur critique et ironique porté sur cet univers étrange. Leur causticité presque joyeuse fait découvrir un Doisneau totalement nouveau. Ses images aux couleurs stridentes évoquent parfois les toiles du peintre Edward Hopper et préfigurent les photographies de Martin Parr. Après un court

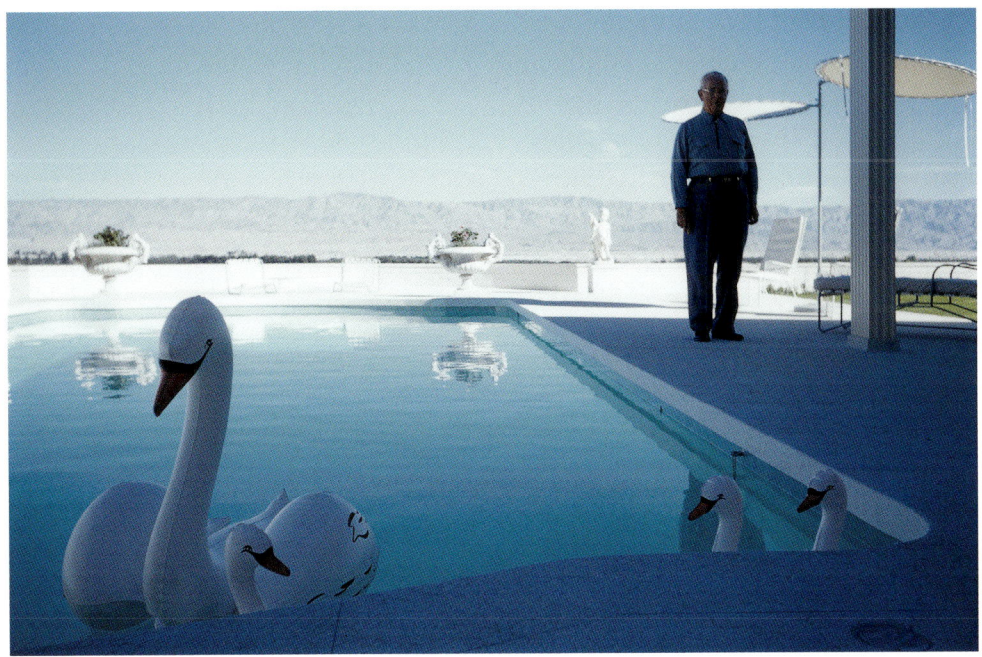

Inflatable Swans, Palm Springs, 1960

séjour à Hollywood où il tente de photographier sans grand plaisir Jerry Lewis, Doisneau
regagne avec une joie évidente sa capitale.

À l'opposé de ce voyage dans le monde
capitaliste, Robert Doisneau va également, à la
demande de la *Vie ouvrière*, effectuer en 1967
un voyage en URSS à l'occasion de cinquante
ans de réalisations soviétiques. Mais les conditions de travail sont différentes. Il ne peut photographier comme il l'entend : « J'aurais mieux
fait de ne pas faire le voyage... On ne pouvait

pas flâner dans la rue.[47] » Doisneau ramènera
cependant une vingtaine d'épreuves pêchées, à
la volée, entre deux visites officielles.

Dans ces années moroses, Doisneau va
néanmoins réussir à publier quelques petits
ouvrages comme *Épouvantables épouvantails*
(1965), un chant à l'art brut, *Métiers de tradition*
(1966), *Témoins de la vie quotidienne* (1971),
fruit d'un long périple avec Jacques Dubois
dans les musées régionaux. Plus important,
Le Paris de Robert Doisneau et Max-Pol Fouchet,

« J'ai voulu successivement : reproduire fidèlement l'épiderme des objets ; découvrir les trésors cachés sur lesquels on marche tous les jours ; couper le temps en lamelles fines ; fréquenter les phénomènes ; chercher ce qui rend certaines images attachantes... ».

publié en 1974, est une longue promenade dans Paris, ses enseignes, ses vitrines de céramique des années 1930 et toute la signalétique qui rythme la vie. Ce livre que Doisneau n'appréciait guère, du fait d'une mise en page un peu chaotique, reste cependant une quête de ces multiples éléments qui ne cessent de disparaître dans Paris. Du fait sans doute de la nature même des sujets, Doisneau utilise ici des focales un peu plus longues qui l'incitent à prendre du recul dans certaines prises de vue. D'où une proximité qui tend à faire place à une plus grande importance donnée à l'environnement. Mais, dira-t-il, « en étant moins près, il y a une quantité de détails dans les décors qui prennent maintenant de l'importance[48] ».

Cette relative et involontaire disponibilité du moment va inciter Robert Doisneau à approfondir un travail déjà commencé sur les Halles les années précédentes. Lorsqu'il apprend en 1967 que celles-ci vont être installées à Rungis et que les magnifiques structures métalliques de

Victor Baltard vont être abattues, il se décide à aller de plus en plus souvent, et ce dès trois heures du matin, dans ce vaste marché où il côtoie avec joie une faune de personnages hauts en couleur. « J'avais beaucoup d'amis dans cette sorte de village où j'étais photographe inoffensif considéré comme un doux maniaque... Ah ! La rude solidarité des travailleurs de la nuit. Et je tourne, et nous tournons la manivelle de l'orgue de Barbarie d'où sort la complainte parfumée au céleri de Saint-Eustache.[49] »

Au milieu des bruits, des odeurs et des encombrements, Doisneau s'ébat à son aise tant son empathie avec les gens lui facilite les approches. Seul ou en compagnie de son frère de la nuit, Robert Giraud, il saisit, de rues en pavillons, des bistrots de Saint-Eustache à ceux de la fontaine des Innocents, tout un peuple où règnent la convivialité et l'entraide. L'un de ses amis, Pierre Delbos, se souvient de ces nuits passées dans le « ventre de Paris » en sa compagnie : « Ce qui me surprenait, c'était de voir les gens aller vers lui, et lui, il avait du flair, vous auriez vu la manière de les regarder, il les aimait ![50] » C'est dans ce combat perdu d'avance que Doisneau s'est engagé avec rage pour apporter un témoignage sur ce monde qui allait disparaître. Il poursuivra son travail jusqu'à la démolition des pavillons en 1971 et, au-delà, en photographiant les travaux d'aménagement du « trou des Halles ».

Doisneau, comme beaucoup de ses confrères va donc traverser, dans ces années 1960 et 1970, une période économiquement difficile.

Un frémissement se fait toutefois ressentir en 1970 avec la naissance des Rencontres internationales de la photographie d'Arles sur une initiative de Lucien Clergue, Michel Tournier et Jean-Maurice Rouquette. Un événement désormais annuel qui marque le début d'un nouveau départ pour la photographie. Cette reconnaissance de la photographie d'auteur va devenir le catalyseur d'une série d'initiatives comme l'ouverture à Toulouse de la galerie Le Château d'Eau créée par Jean Dieuzaide et inaugurée le 23 avril 1974 avec une exposition de Robert Doisneau. Une exposition brillante qui fait un peu oublier celle que lui avait consacrée en 1968 la Bibliothèque nationale, présentée misérablement sur un palier étroit entre deux étages et accrochée avec des punaises sur des plaques de contreplaqué! Image même du peu de considération accordée alors à la photographie. Cette exposition toulousaine marque un regain d'intérêt pour le photographe, qui sera par ailleurs l'invité d'honneur l'année suivante des Rencontres d'Arles où il charmera les spectateurs le temps d'une soirée en parlant de ses « bouffées de tendresse » pour ceux qu'il photographie. Dans la foulée arlésienne une dizaine d'expositions vont être proposées à Robert Doisneau. à la Witkin Gallery à New York, à Bruxelles, à Bâle, à Cracovie en compagnie de Brassaï, Henri Cartier-Bresson, Jean-Philippe Charbonnier, Izis et Marc Riboud (1975).

Ces coups de projecteur sur la photographie vont inciter les instances officielles, en l'occurrence le ministre de la Culture, à s'éveiller et à créer en 1978 une Fondation nationale de la photographie au Château Lumière à Lyon. Cette même année Doisneau expose au musée Nicéphore Niépce à Chalon-sur-Saône, et publie deux ouvrages : *La Loire,* dans la collection « Journal d'un voyage » dirigée par Jeanloup Sieff, et *L'Enfant et la Colombe,* qui nous entraîne dans le domaine du merveilleux et qui, commencé en 1963, ne sera édité en France qu'en 1978 (il obtiendra le Prix du livre à Arles l'année suivante).

Indéniablement, en cette fin de décennie, les choses bougent et les initiatives vont pulluler, remettant en selle bon nombre de photographes de l'après-guerre. Par ailleurs, une nouvelle génération découvre à la fois une vision du pays et des gens qu'elle n'a pas connue et le charme d'une certaine nostalgie pour le passé. En 1975, Claude Nori, fondateur des éditions Contrejour, va remettre définitivement en scène le plus parisien des photographes en publiant en 1979 *Trois secondes d'éternité,* un premier livre-bilan qui obtiendra lui aussi, la même année, le Prix du livre au festival d'Arles. Une belle sélection d'images accompagnée d'un long texte de Robert Doisneau, prouvant que la plume du photographe est aussi agile et virevoltante que l'est son objectif. Toujours en 1979, c'est au tour du musée d'Art moderne de la Ville de Paris de présenter plus de deux cents tirages de Doisneau sous le titre *Paris, les passants qui passent.*

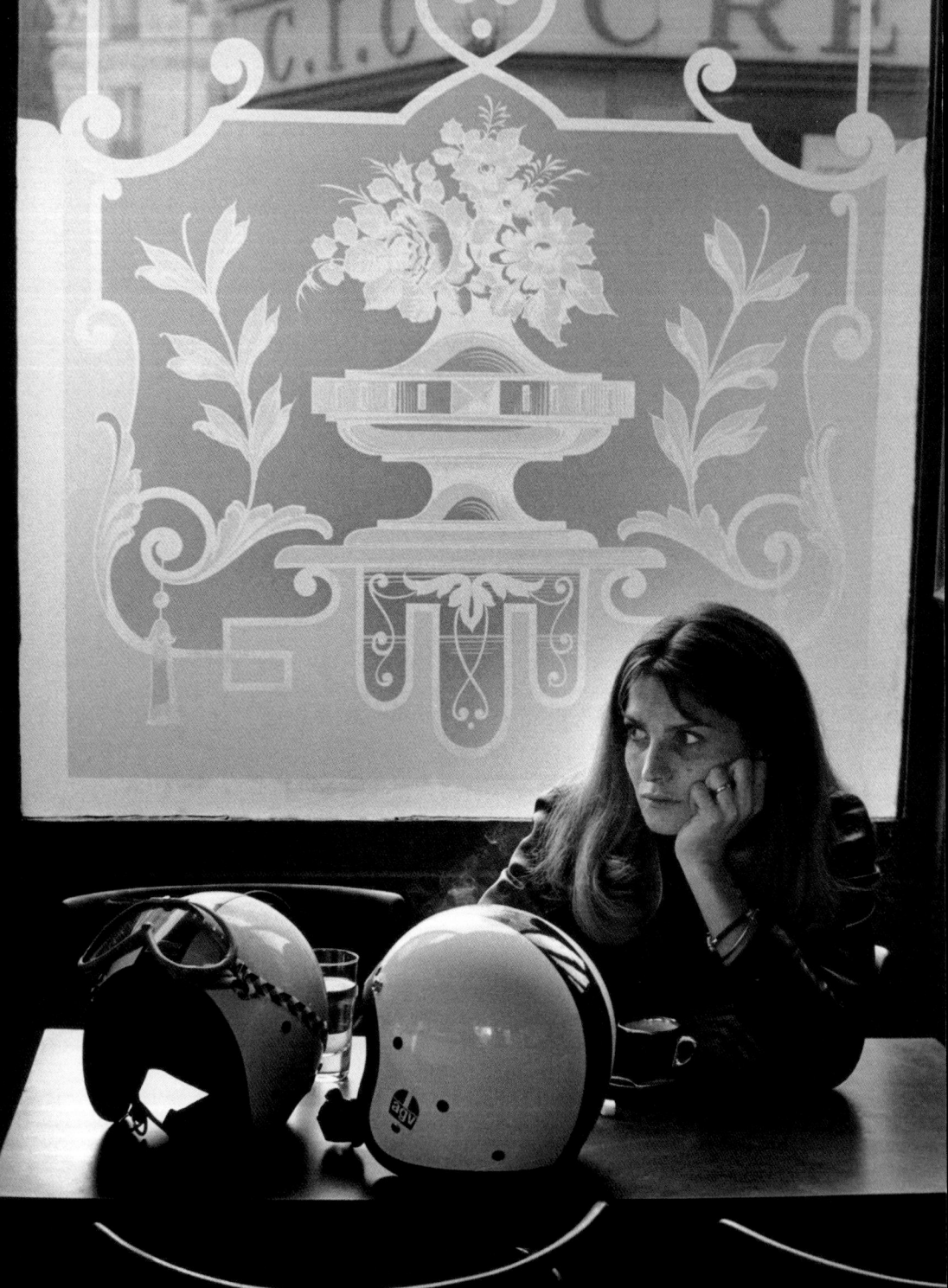

#4

Schwierige Jahre

1960–1980

In den 1960er-Jahren ziehen dunkle Wolken am Horizont auf. Die französische Fotografie erlebt einen deutlichen Niedergang, für viele Fotografen beginnt eine harte Durststrecke. Es gibt weniger Ausstellungen und Publikationen, die Auftragslage wird schlechter. Die Presse, die mit dem konkurrierenden Medium Fernsehen zu kämpfen hat – die Zahl der Fernsehapparate in den französischen Haushalten übersteigt schon eine Million –, wendet sich von der *Photographie humaniste* ab und bevorzugt nun eine kühlere, sterilere Bildsprache. Eine neue Generation von Fotografen tritt auf den Plan, die sowohl mit der *Photographie humaniste* als auch mit der Tradition der klassischen narrativen Bildreportage brechen. Bezeichnend für diesen Generationswechsel sind die Auflösung der Groupe des XV im Jahr 1958 und die Gründung des Club des 30 × 40 (1952). Dieser besteht aus einer Gruppe engagierter junger Fotografen, die den etablierten Idolen den Rang streitig machen und vor allem für eine neue Autorenfotografie eintreten, die dem auf die dekorativen und kommerziellen Aspekte der Fotokunst fokussierten Markt bisher fremd war. So geht eine ganze Generation von Fotografen in Warteposition und hofft auf bessere Zeiten. Diese Entwicklung geht auch

an den großen Namen wie Willy Ronis, der sich in die Provence zurückzieht, oder Robert Doisneau nicht spurlos vorüber. Er freut sich zwar, dass er weniger Verpflichtungen hat und sich vermehrt seinen Streifzügen durch Paris widmen kann, doch zugleich plagen ihn materielle und familiäre Sorgen, zumal seine Frau schwer erkrankt. Er nimmt eine Reihe von Auftragsarbeiten an, die ihn wenig reizen und ihn überdies bei seinen persönlichen Projekten stark einschränken.

Glücklicherweise kann Doisneau seine Mitarbeit bei der Wochenzeitschrift *La Vie ouvrière* bis 1980 fortsetzen. Mit den Chefs der Gewerkschaft CGT, Georges Séguy und Henri Krasucki, ist er befreundet. Für das Blatt entstehen unzählige Reportagen, aber auch viele Fotomontagen in Schwarz-Weiß oder Farbe, die oft auf dem Cover erscheinen – eine Arbeit, die ihm große Freude bereitet und die zu beeindruckenden Ergebnissen führt, etwa der berühmten Montage *Les Mains de la sidérurgie* (Stahlarbeiterhände), auf der verletzte Hände mit fehlenden Fingern vor dem Hintergrund der Fabrik Sollac im Département Moselle zu sehen sind. Zeitlich weniger eingespannt, produziert Doisneau weitere Collagen wie *Das Haus der Mieter*, ein regelrechtes

Bistro Flower / Fleurs de bistrot, 1971

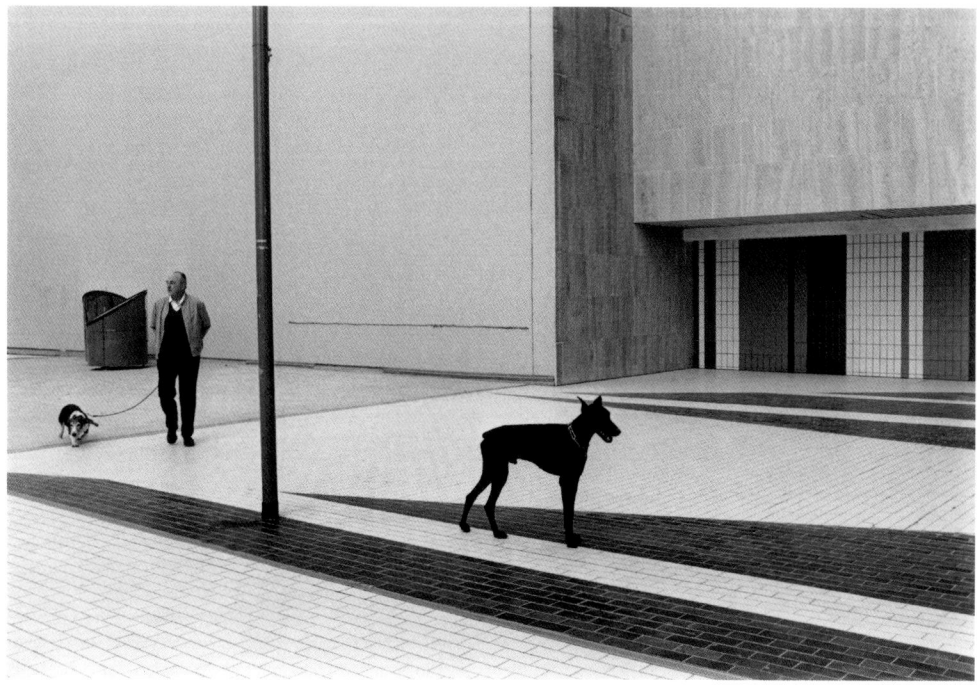

Front de Seine, 1978

Sittenbild über die Gesellschaft seiner Zeit.
In diesen Arbeiten ist „eine ganze Stadt, ein
ganzes Leben, eine ganze Epoche" zu entdecken, wie Albert Plécy schreibt. Mit *Le Pont
des Arts* greift Doisneau diese Technik später
noch einmal auf, es entsteht ein wunderbares
Puzzle über das Leben auf der legendären Fuß-
gängerbrücke in Paris, das 1965 neben Werken
von Jean Lattès, Willy Ronis, Daniel Frasnay
und Janine Niépce auf einer Ausstellung im

Musée des Arts Décoratifs zu sehen ist. Eine
weitere nach diesem Prinzip erstellte Montage
dokumentiert das nächtliche Treiben rund um
die 1971 abgerissenen Hallen, den „Bauch von
Paris". Solche technischen Basteleien machen
ihm Spaß, und er manipuliert sogar einige
Kameras für Experimente wie *Optische Ver-
zerrung* (ein deformierter Eiffelturm) oder das
Korkenzieherpaar, das er für die Werbung der
Stofffirma Lesor verwendet.

1960 verlässt der eingefleischte Pariser vorübergehend die Hauptstadt. Sein alter Freund Maurice Baquet, der auf Theatertournee in New York ist, lädt ihn ein, dort die Serie seiner Cellobilder fortzusetzen. Doisneau zögert, aber als Charles Rado ihm Aufträge für die Magazine *Fortune* und *Life* besorgt, fliegt er schließlich doch nach New York. Gemeinsam mit Baquet amüsiert er sich prächtig und produziert eine Bildstrecke, die in *Life* erscheint. Danach fliegen die beiden nach Palm Springs, eine ganz neue, mitten in die Wüste gebaute Stadt mit Golfplätzen, Swimmingpools, Villen und steinreichen Pensionären. Staunend entdeckt Doisneau eine ganz neue Welt. Die Diareportage zeugt von Doisneaus großem Geschick im Umgang mit Farben, die perfekt zur kitschigen Ästhetik dieser schon absurd anmutenden Welt passen: „Auf den Grundstücken neben den Grünanlagen hatte man Wohnhäuser in allen erdenklichen Baustilen von der Schweizer Berghütte bis zur chinesischen Pagode errichtet, Phantasmagorien oder Reiseandenken, bewohnt von betagten, schwerreichen Paaren, die sich vornehm langweilten (…). Es gab zwar überall Swimmingpools, aber keinen Kopfsprung oder Spritzer. Ich erinnere mich an den melancholischen Siebzigjährigen, der sich seinen Lebenstraum erfüllt hat: Früher standen vier Telefone auf seinem Schreibtisch, jetzt besitzt er gleich zwei Schwimmbäder, durch einen Spiegel getrennt: eines für den Sommer, eines für den Winter. Letzteres ging in sein Wohnzimmer

über (…). Nun sitzt er vor dem azurblauen Spiegel und schubst mit einem langen Bambusstab die Gummienten im Becken an (…)."[46] Diese ihm fremde Welt dokumentiert Doisneau in Aufnahmen, die sich durchaus kritisch mit dem *American Way of Life* auseinandersetzen. Diese Bilder galten lange Zeit als verschollen, bis sie überraschend im Bildarchiv der Zeitschrift *Fortune* wieder auftauchten. Sie sind von erstaunlicher Modernität und zeugen von einem scharfen kritischen und ironischen Blick auf diese sonderbare Welt. In ihrer fast schon hämischen Schärfe zeigt sich ein ganz neuer Doisneau. Seine Bilder in leuchtenden Farben erinnern manchmal an die Gemälde von Edward Hopper, wirken wie eine Vorwegnahme der Fotografien von Martin Parr. Nach einem kurzen Aufenthalt in Hollywood, wo er wenig Freude daran findet, Jerry Lewis zu porträtieren, ist er glücklich, wieder in Paris zu sein.

Nach diesem Ausflug in die kapitalistische Welt reist Robert Doisneau 1967 im Auftrag der *Vie ouvrière* in die entgegengesetzte Richtung: Er besucht zum 50. Jahrestag der Oktoberrevolution die UdSSR. Hier findet er allerdings ganz andere Arbeitsbedingungen vor. Er kann nicht einfach fotografieren, wie er will. „Ich hätte diese Reise besser nicht unternommen (…). Man konnte nicht einfach auf der Straße spazieren gehen."[47] Am Ende hat Doisneau doch rund 20 Aufnahmen im Gepäck, die er im Vorübergehen zwischen den offiziellen Terminen gemacht hat.

Auch in diesen trüben Zeiten gelingt es Doisneau, einige kleinere Buchprojekte zu realisieren: *Épouvantables épouvantails* (Schreckliche Vogelscheuchen, 1965), ein Loblied auf die Art brut, *Métiers de tradition* (Traditionelle Berufe, 1966) und *Témoins de la vie quotidienne* (Zeugen des Alltagslebens, 1971), das Ergebnis einer langen Reise mit Jacques Dubois durch die Museen der Provinz. Vor allem aber ist das 1974 erschienene Buch *Le Paris de Robert Doisneau et Max-Pol Fouchet* zu erwähnen, ein ausgedehnter Spaziergang durch Paris mit seinen Ladenschildern, den Schaufenstern mit Porzellan aus den 1930er-Jahren und der ganzen Straßenbeschilderung, die unser Leben prägt. Doisneau mochte dieses Buch nicht besonders, weil das Layout etwas chaotisch geraten war, es ist aber ein wichtiges Dokument über all die Dinge, die zunehmend aus dem Stadtbild verschwinden. Um diesen Motiven gerecht zu werden, hat der Fotograf hier meist mit größeren Brennweiten gearbeitet, was bei manchen Aufnahmen zu einem distanzierten Blick einlädt. Damit kommt der Umgebung eine größere Bedeutung zu, oder wie Doisneau es ausdrückt: „Geht man weniger nah heran, gewinnen alle möglichen Details in der Umgebung an Gewicht."[48]

Den Umstand, dass er nun unfreiwillig etwas weniger ausgelastet ist, nutzt Robert Doisneau, um eine Arbeit über die Hallen von Paris zu vertiefen, die er bereits einige Jahre zuvor begonnen hatte. Als er 1967 erfährt, dass der Großmarkt nach Rungis verlegt und die wunderbaren Eisenkonstruktionen von Victor Baltard abgerissen werden sollen, beginnt er, regelmäßig – manchmal schon um drei Uhr morgens – auf diesen gewaltigen Großmarkt zu gehen. Dort trifft er auf einen bunten Haufen skurriler Gestalten: „Es war wie ein Dorf, und ich hatte dort viele Freunde, ich war ein unaufdringlicher Fotograf, den man für leicht verrückt hielt, (...). Wunderbar, diese handfeste Solidarität unter den Nachtarbeitern. Und ich drehte, wir drehten an der Kurbel des Leierkastens, und aus dem Selleriedunst erklang das Klagelied von Saint-Eustache."[49]

Mitten in diesem Lärm, in den Gerüchen und im Gewühl kann Doisneau sich frei bewegen, denn er versteht sich gut mit den Leuten und bekommt überall schnell Zugang. Er ist allein unterwegs oder mit seinem nächtlichen Gefährten Robert Giraud und erfasst in den Gassen und in den Hallen, in den Bistros von Saint-Eustache und an der Fontaine des Innocents das bunte Völkchen – eine Welt, in der man gut miteinander auskommt und sich gegenseitig hilft. Pierre Delbos, einer seiner Freunde, erinnert sich an die Nächte, die er mit ihm im „Bauch von Paris" verbrachte: „Überrascht hat mich, wie die Menschen auf ihn zugekommen sind, er hatte schon eine besondere Ausstrahlung. Wenn Sie gesehen hätten, wie er sie angesehen hat, er liebte diese Leute!"[50] Inmitten des aussichtslosen Kampfes um die Hallen von Paris setzt Doisneau alles daran, eine Welt zu dokumentieren, die bald verschwinden wird. Er hört mit seiner Arbeit

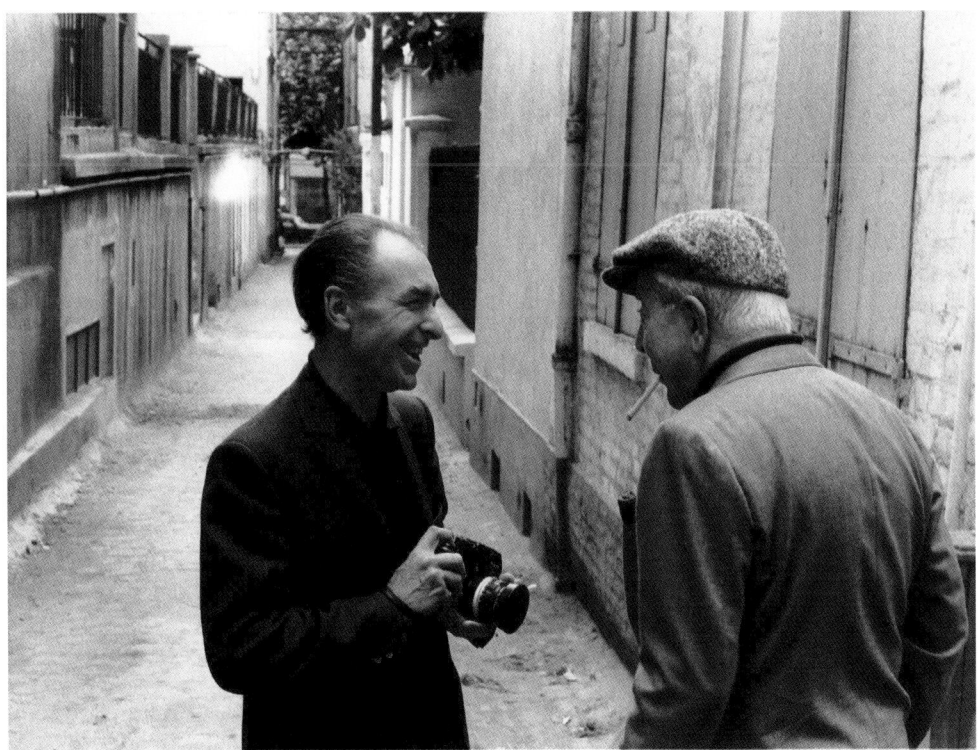

Robert Doisneau, Jacques Prévert, Passage Véron, Paris, 1972
Photo: André Pozner

nicht auf, bis die Pavillons 1971 schließlich abgerissen werden, und danach fotografiert er noch die Bauarbeiten im „trou des Halles", der Baugrube am ehemaligen Standort des Großmarkts.

Wie für viele seiner Kollegen sind für Doisneau die 1960er-und 1970er-Jahre geprägt von wirtschaftlichen Schwierigkeiten. Immerhin geht 1970 mit der Einrichtung der „Rencontres internationales de la photographie" in Arles ein Ruck durch die Szene. Die von Lucien Clergue, Michel Tournier und Jean-Maurice Rouquette initiierte Veranstaltung markiert für die Fotografie einen Neustart. Die

Wertschätzung für die Autorenfotografie, die in den „Rencontres" zum Ausdruck kommt, wird zum Katalysator für eine ganze Reihe ähnlicher Initiativen. So eröffnet in Toulouse am 23. April 1974 die von Jean Dieuzaide geleitete Galerie du Château d'Eau mit einer Ausstellung von Robert Doisneau. Man könnte diese glänzende Schau als Wiedergutmachung für die fürchterliche Ausstellung sehen, die 1968 in der Bibliothèque Nationale stattfand, wo seine Arbeiten in einem engen Zwischengeschoss miserabel präsentiert waren, mit Reißzwecken auf Sperrholzplatten geheftet – bezeichnend für die geringe Wertschätzung, die man damals der Fotografie entgegenbrachte. Die Ausstellung in Toulouse steht am Anfang eines wiedererwachenden Interesses an dem Fotografen. Im folgenden Jahr ist er Ehrengast bei den „Rencontres internationales de la photographie" in Arles, wo er die Teilnehmer des Empfangs mit der Bemerkung begeistert, die Anteilnahme für die Menschen, die er fotografiert, habe ihn wie „ein Anfall" überkommen. Im Anschluss an Arles erhält er Angebote für ein Dutzend Ausstellungen, u. a. in der Witkin Gallery in New York, in Brüssel, Basel und in Krakau, wo er 1975 mit Brassaï, Henri Cartier-Bresson, Jean-Philippe Charbonnier, Izis und Marc Riboud vertreten ist.

Dieser Aufschwung für die Fotografie zeigt auch auf der offiziellen Ebene Wirkung. So wacht schließlich sogar der Kulturminister auf und gründet 1978 die Fondation Nationale de la Photographie im Château Lumière in Lyon. Im selben Jahr stellt Doisneau im Musée Nicéphore Niépce in Châlon-sur-Saône aus und publiziert zwei Bücher: *La Loire* in der von Jeanloup Sieff herausgegebenen Reihe „Journal d'un voyage" und *L'Enfant et la Colombe* (Das Kind und die Taube), das uns in eine magische Welt entführt. Doisneau hatte das Projekt bereits 1963 begonnen, in Frankreich erschien das Buch aber erst 1978. In Arles wurde der Band im folgenden Jahr mit dem Prix du livre ausgezeichnet.

Am Ende der 1970er-Jahre nahmen die Dinge unverkennbar wieder Fahrt auf, zahlreiche Initiativen wurden gestartet, viele Fotografen der Nachkriegszeit kamen wieder auf die Beine. Zugleich entdeckte die junge Generation den besonderen Blick dieser Fotografen auf das Land und seine Menschen, den Charme der Vergangenheit. Claude Nori, der Gründer des Verlags Contrejour, bringt 1979 mit *Trois secondes d'éternité* (Drei Sekunden Ewigkeit) Doisneau, den Parisfotografen schlechthin, endgültig wieder ins Rampenlicht. Dieser erste Überblick über sein Gesamtwerk wird in Arles ebenfalls mit dem Prix du livre ausgezeichnet. Der Band bietet eine schöne Auswahl der Bilder mit einem langen Text, verfasst von Doisneau selbst, der mit der Feder ebenso geschickt umzugehen versteht wie mit der Kamera. Ebenfalls 1979 zeigt das Musée d'Art Moderne de la Ville de Paris unter dem Titel „Paris, les passants qui passent" (Paris, vorübergehende Passanten) mehr als 200 Aufnahmen von Doisneau.

Cowboys for the Day, Palm Springs, 1960

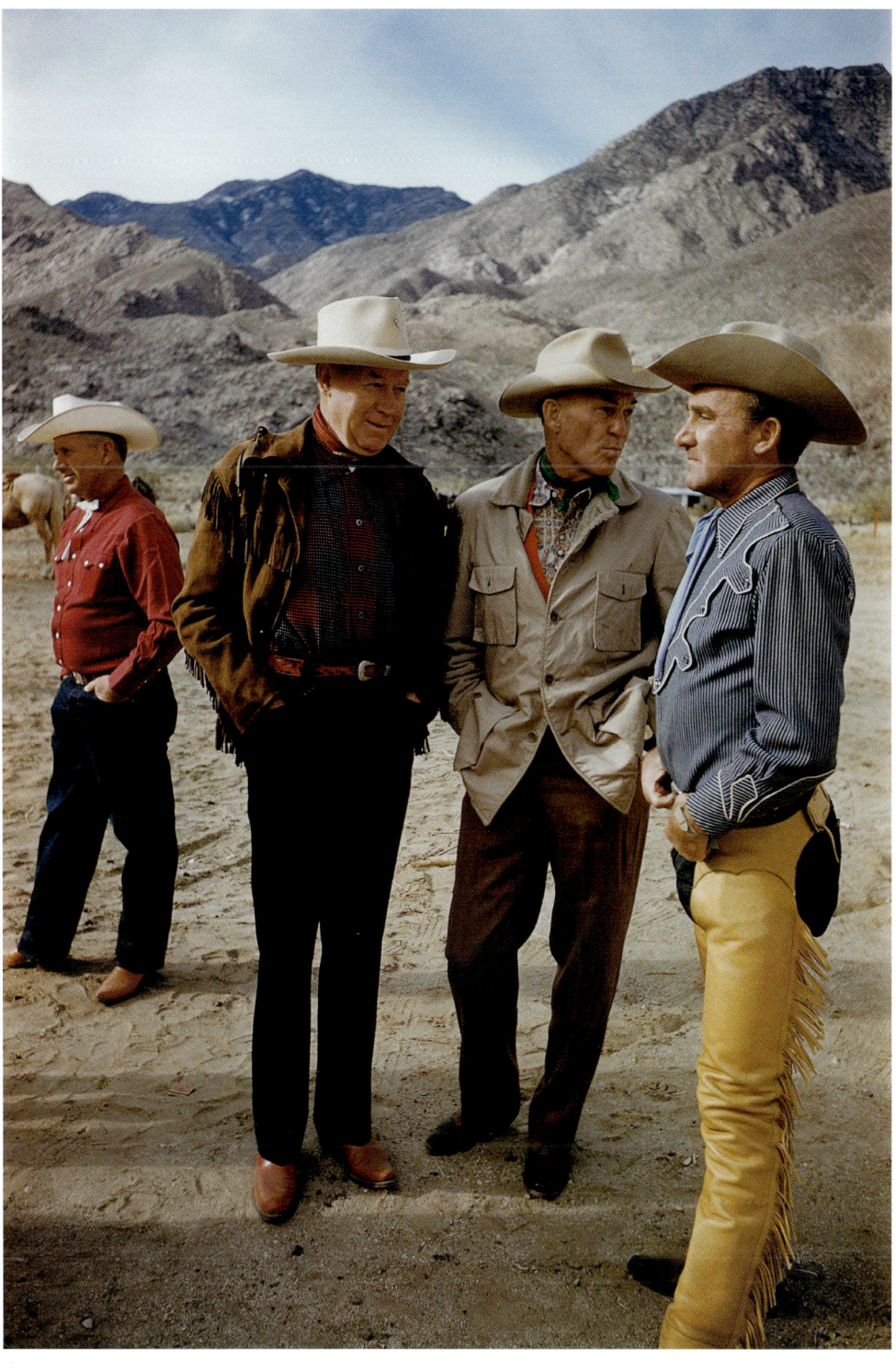

A Different Way of Seeing

"Our era is characterized by the anesthetizing of our vision, which is guided, directed, and conditioned by media, signage, and advertising."

Posters, Fortune *magazine commission,* 1959

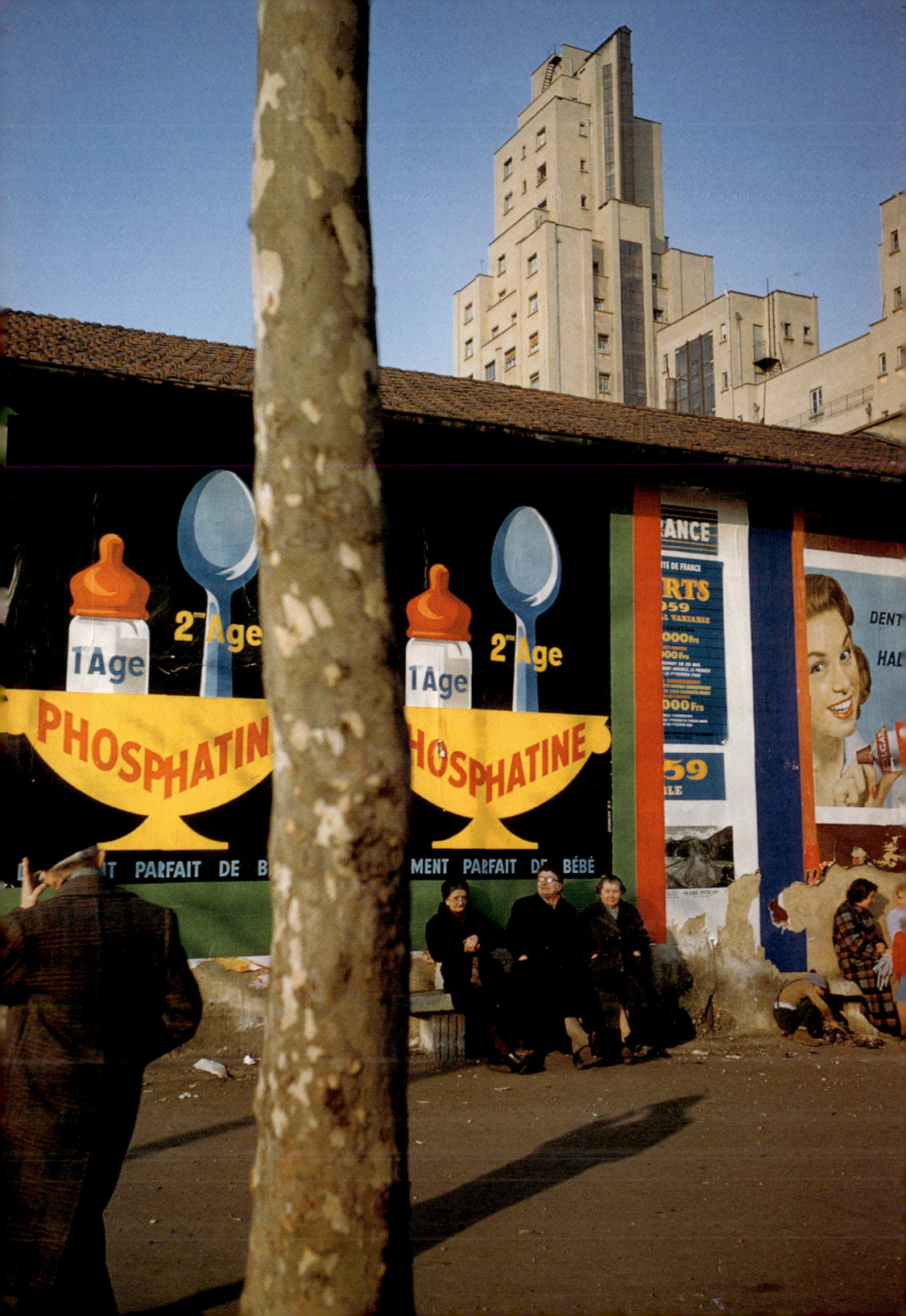

PP. 394/395
Posters, Fortune *magazine commission*, 1959   *The Ascent of the Morris Column*, 1957

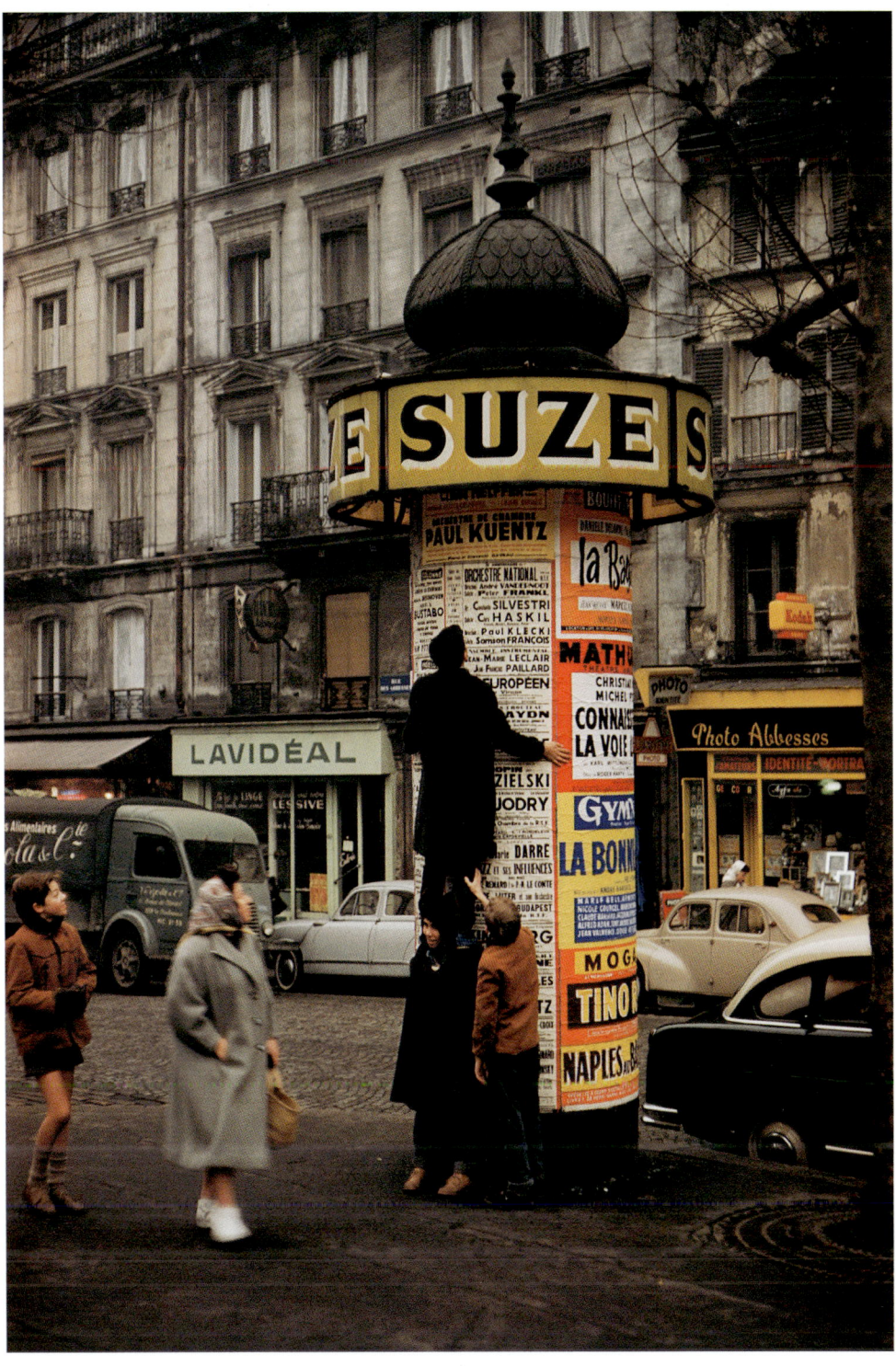

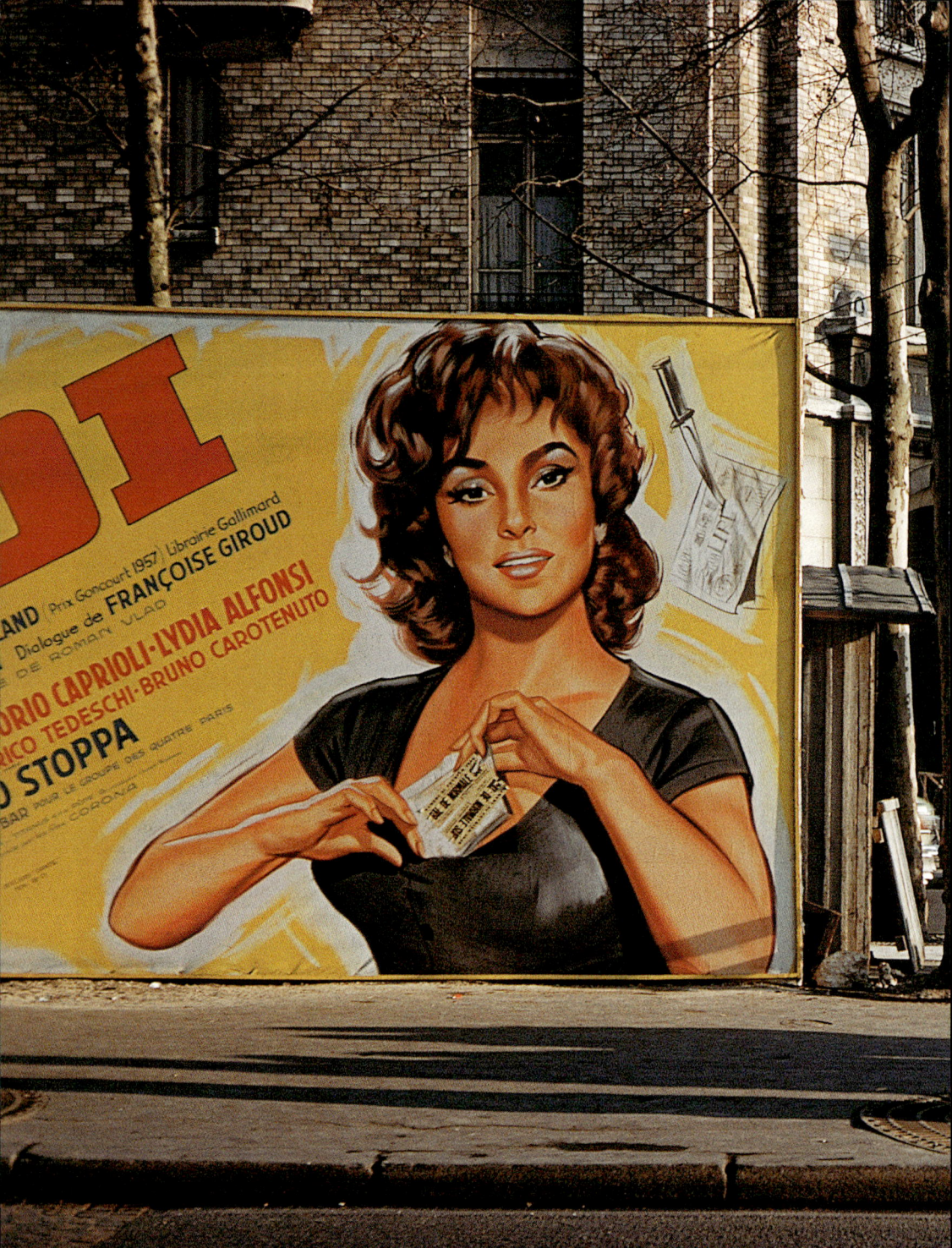

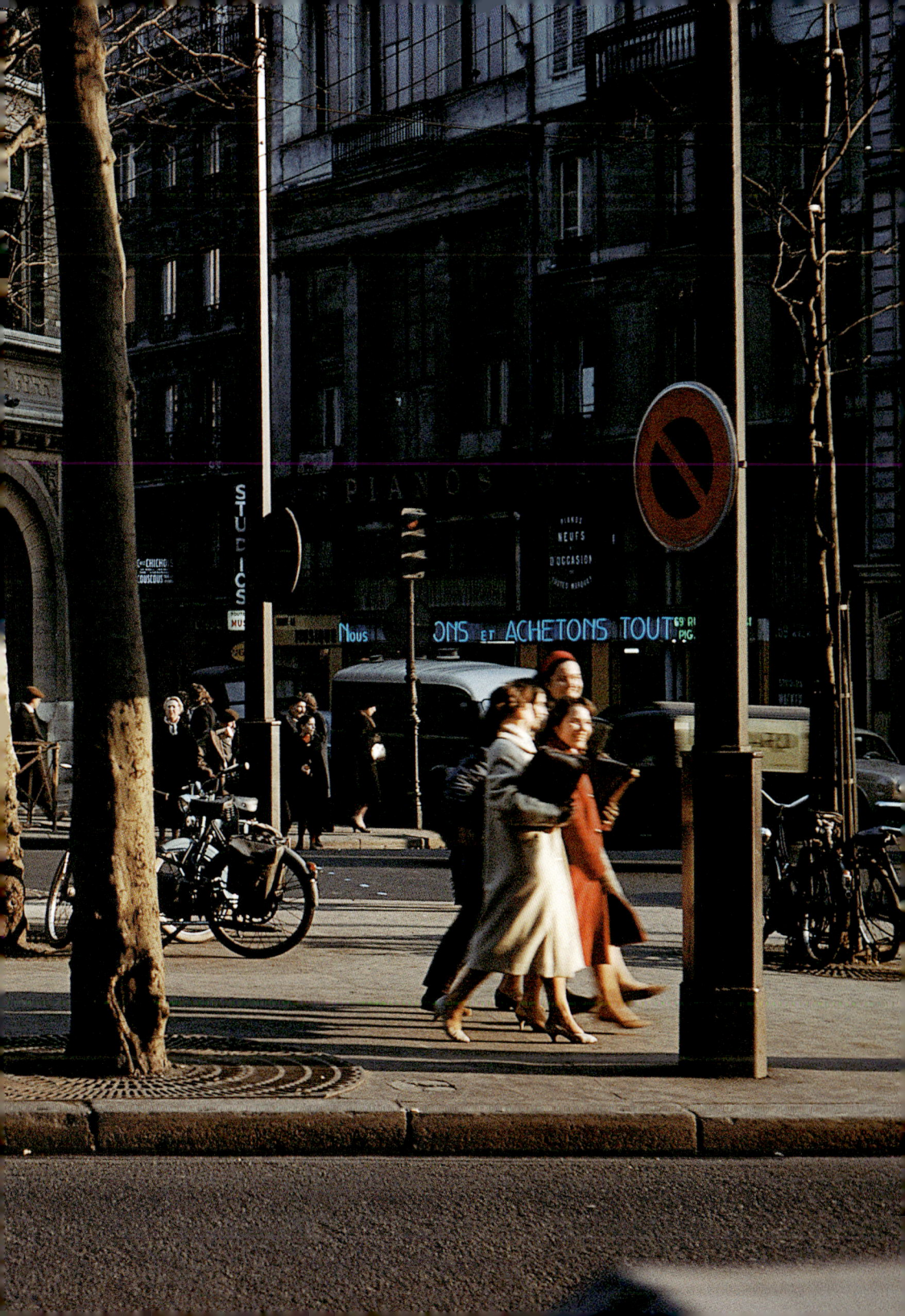

Strolling through Paris

"There are places in Paris that are cursed.
The pedestrian crossing on place de la Concorde lies
on the site where the guillotine was erected two
centuries ago. Today a few, very agile people manage
to avoid the motorized hunting packs..."

The Pack / La Meute, 1969

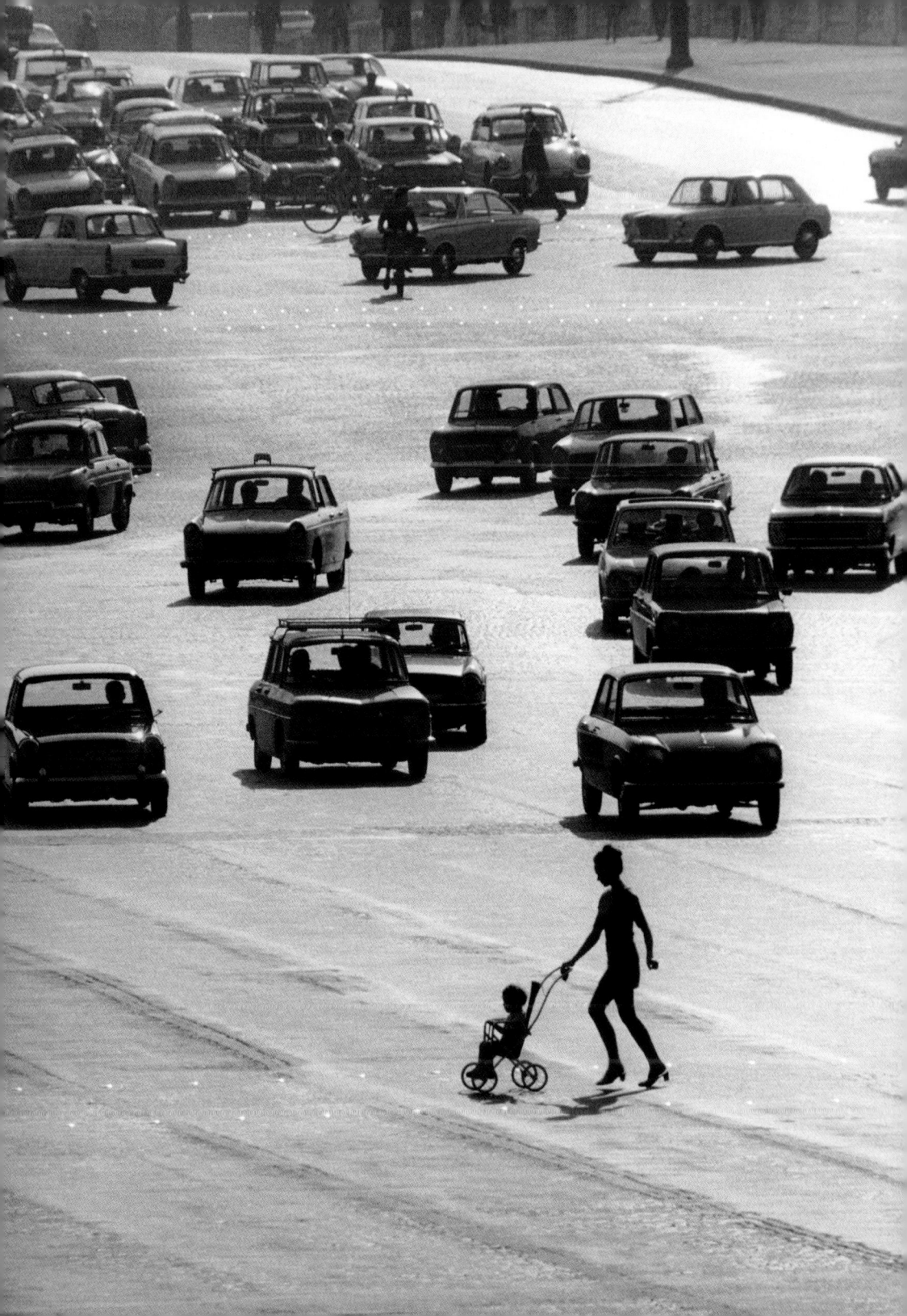

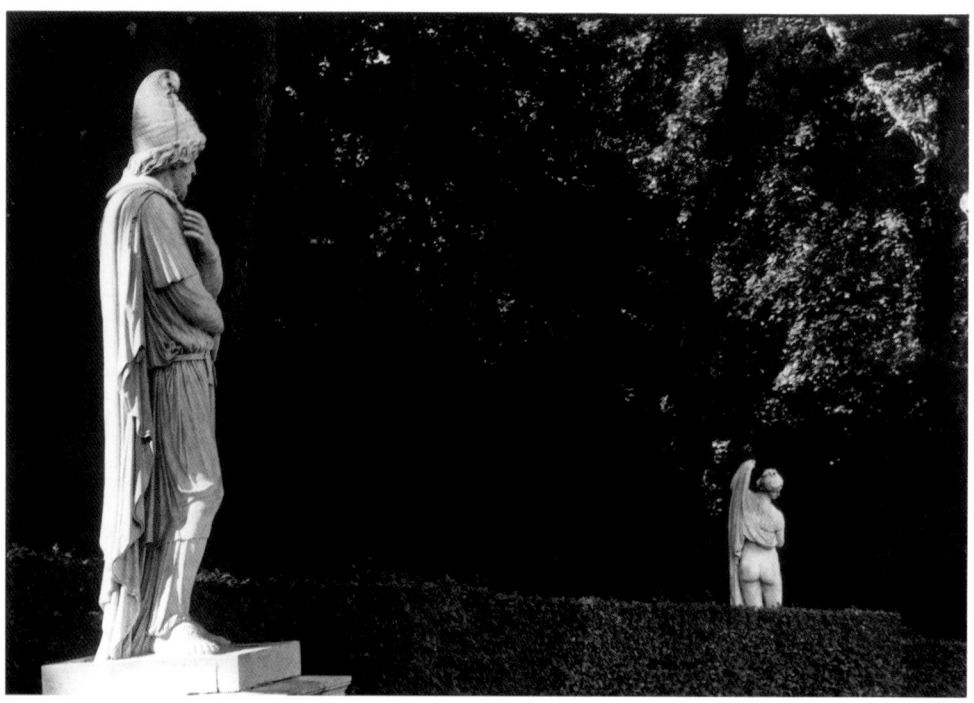

Vice and Versailles, 1966

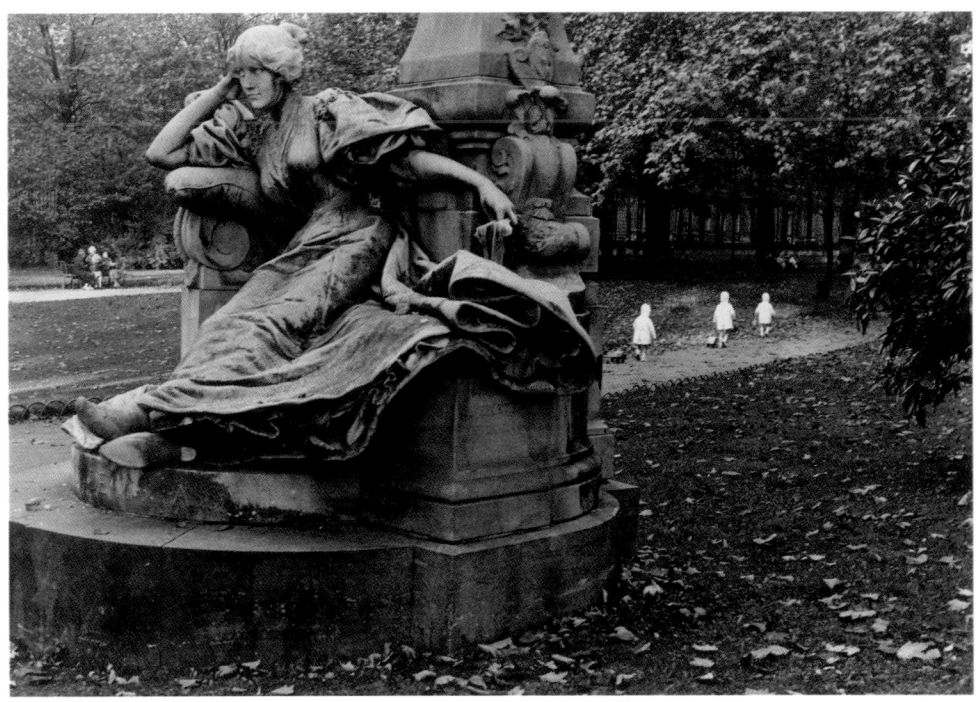

Three Little White Children, Parc Monceau, 1971

PP. 400/401
Crocodile on the Rue de Rivoli /
Les Tabliers de Rivoli, 1978

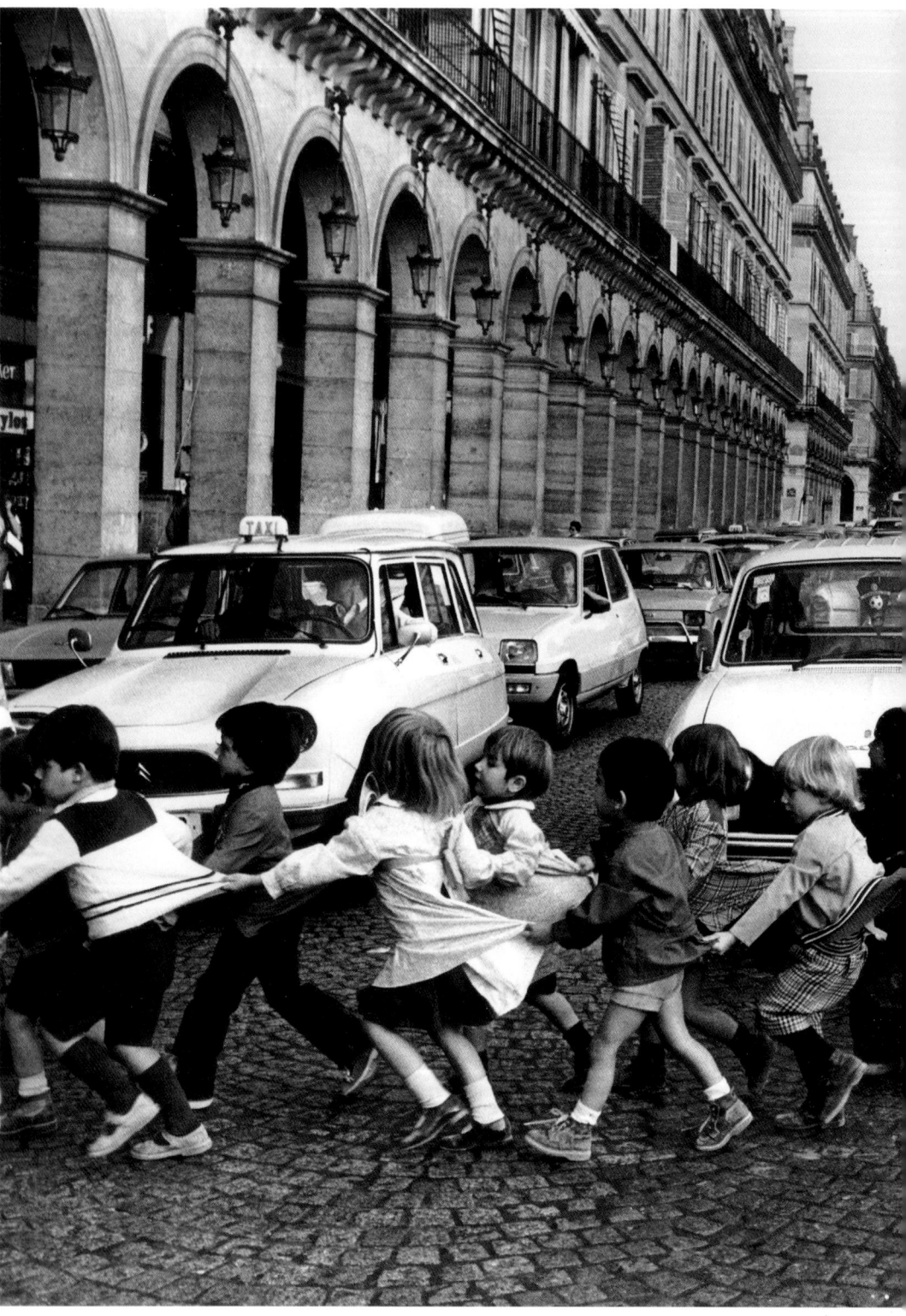

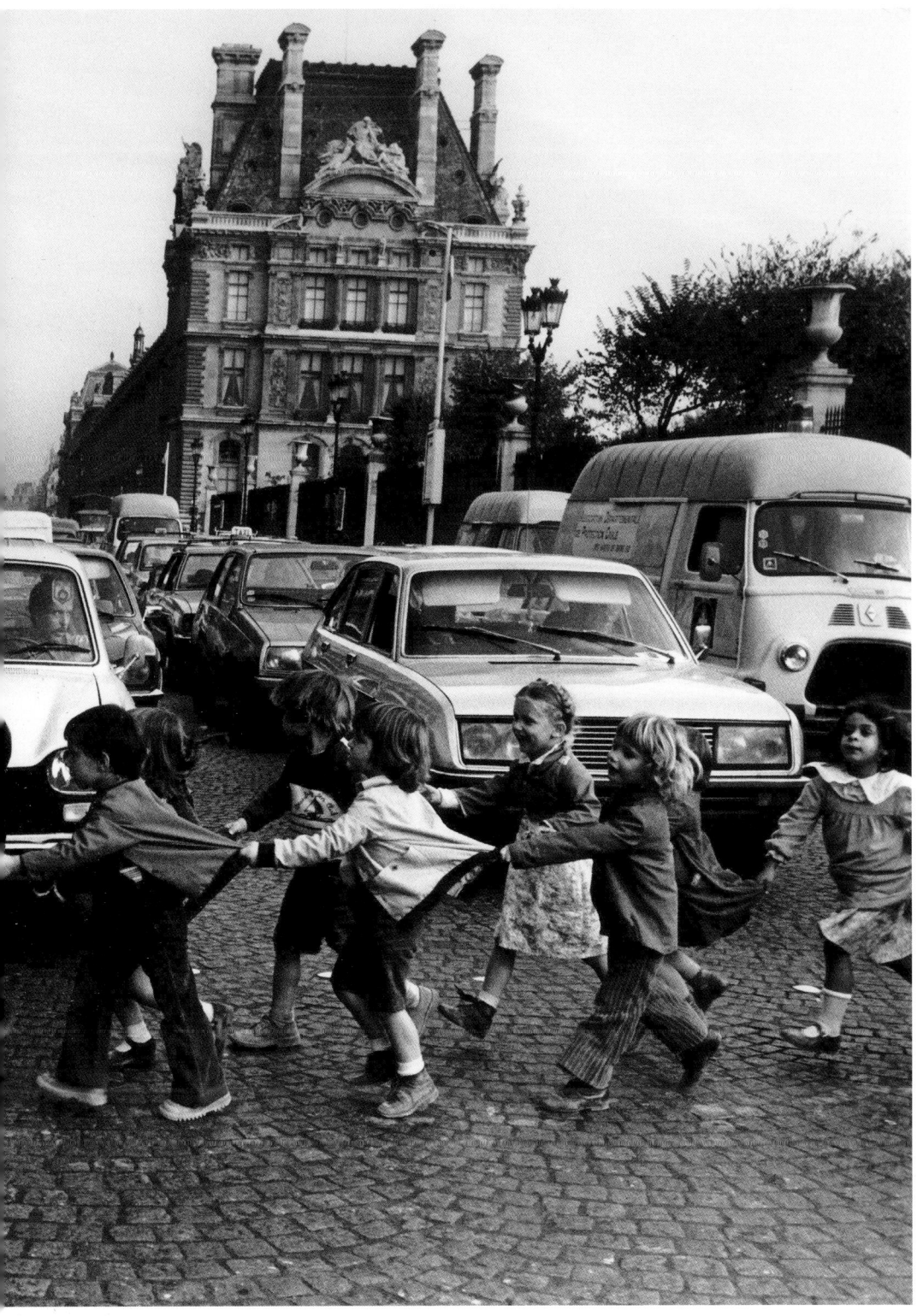

"The photographs that interest me, the ones that I find successful, are those that reach no conclusion. They never tell a story right to the end. They leave things open so that people can keep company with the image a while and continue it as they see fit; a sort of stepping stone for dreams, in other words."

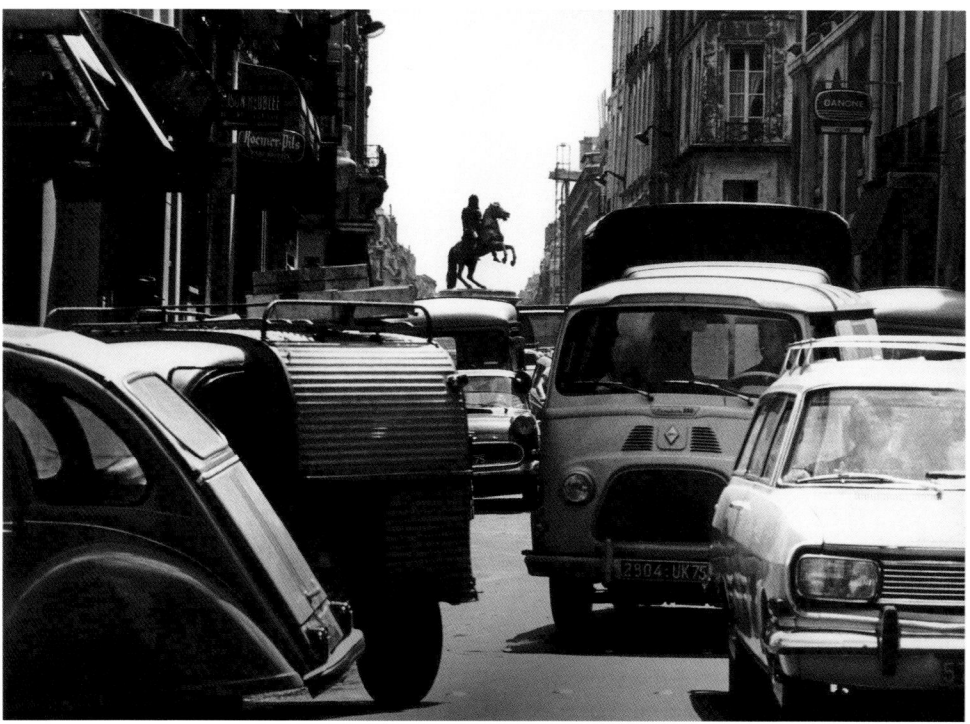

Traffic Jam, Petits-Champs / Embarras des Petits-Champs, 1969

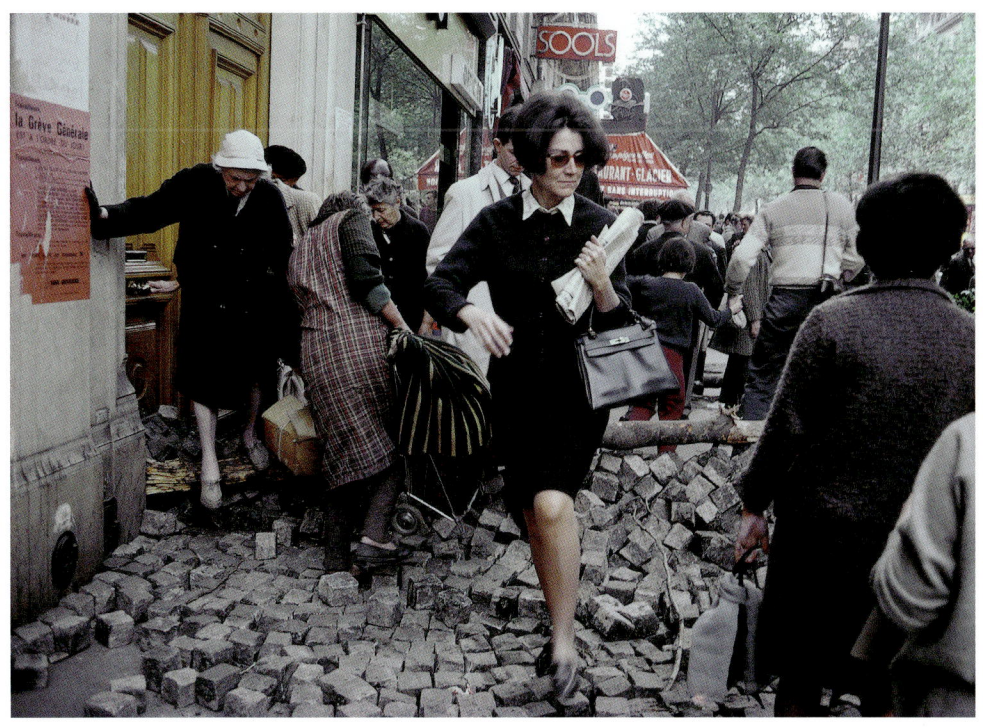

Boulevard Saint-Michel, Latin Quarter, May 1968

PP. 404/405
The Burned-Out Car,
Latin Quarter, May 1968

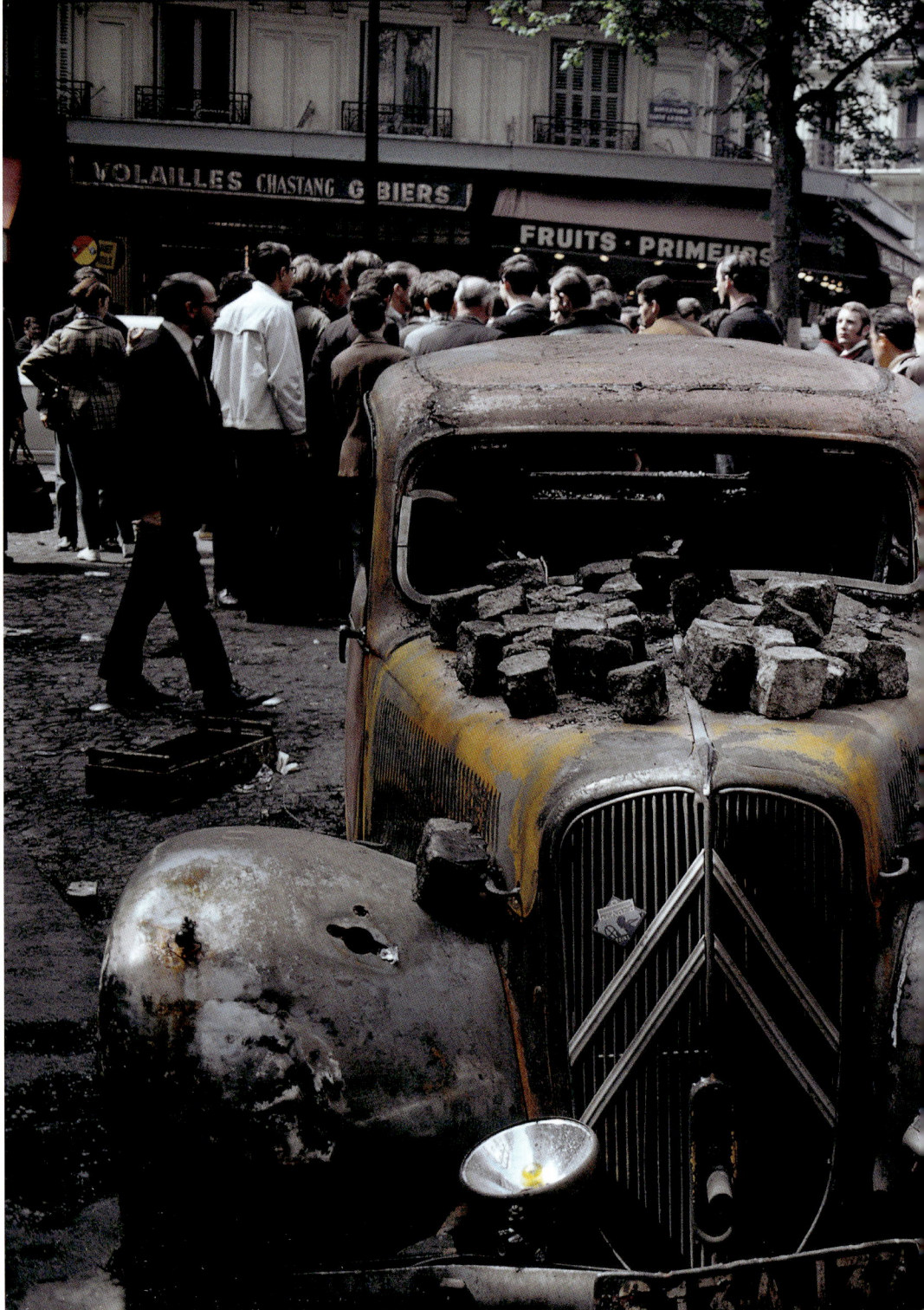

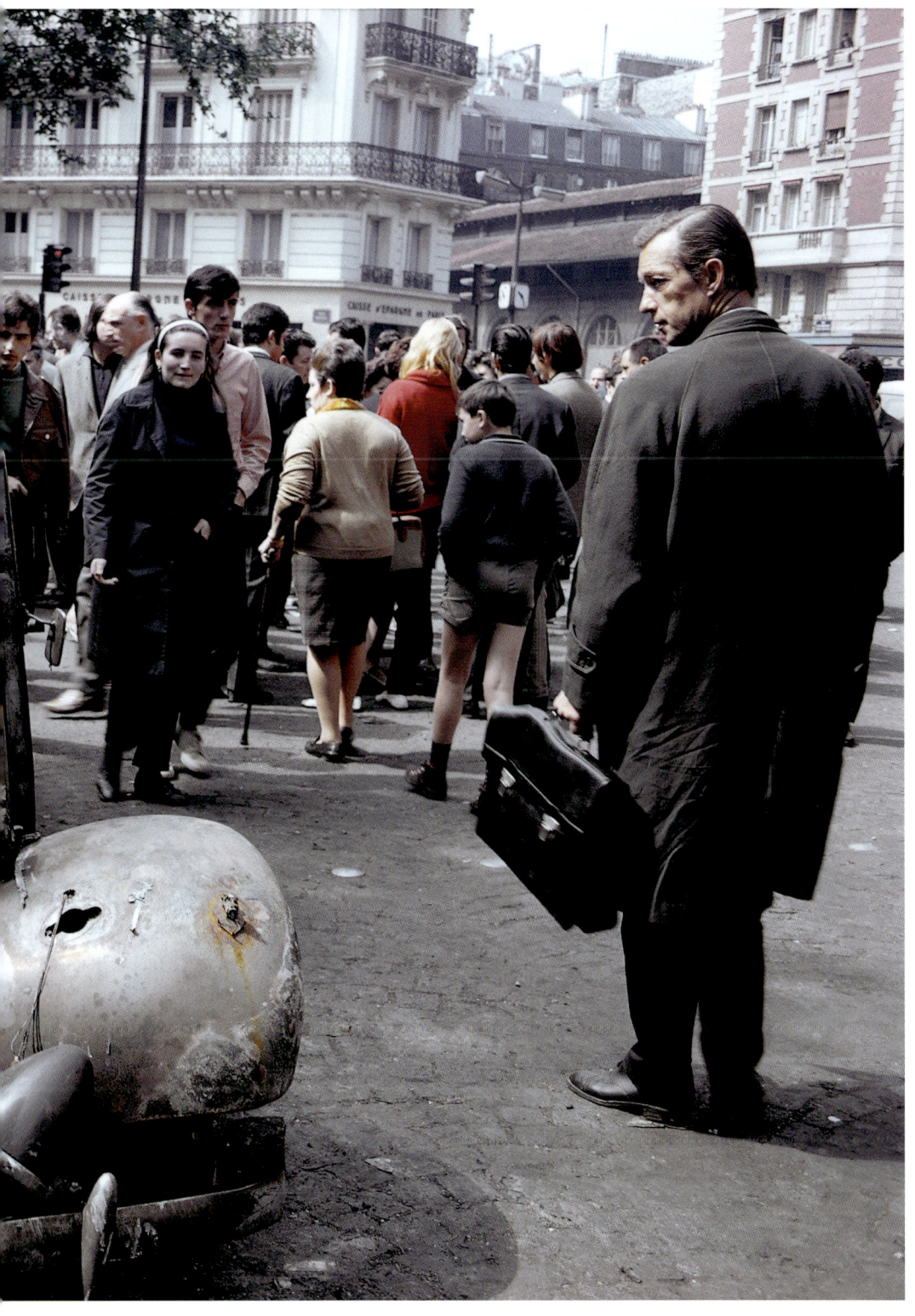

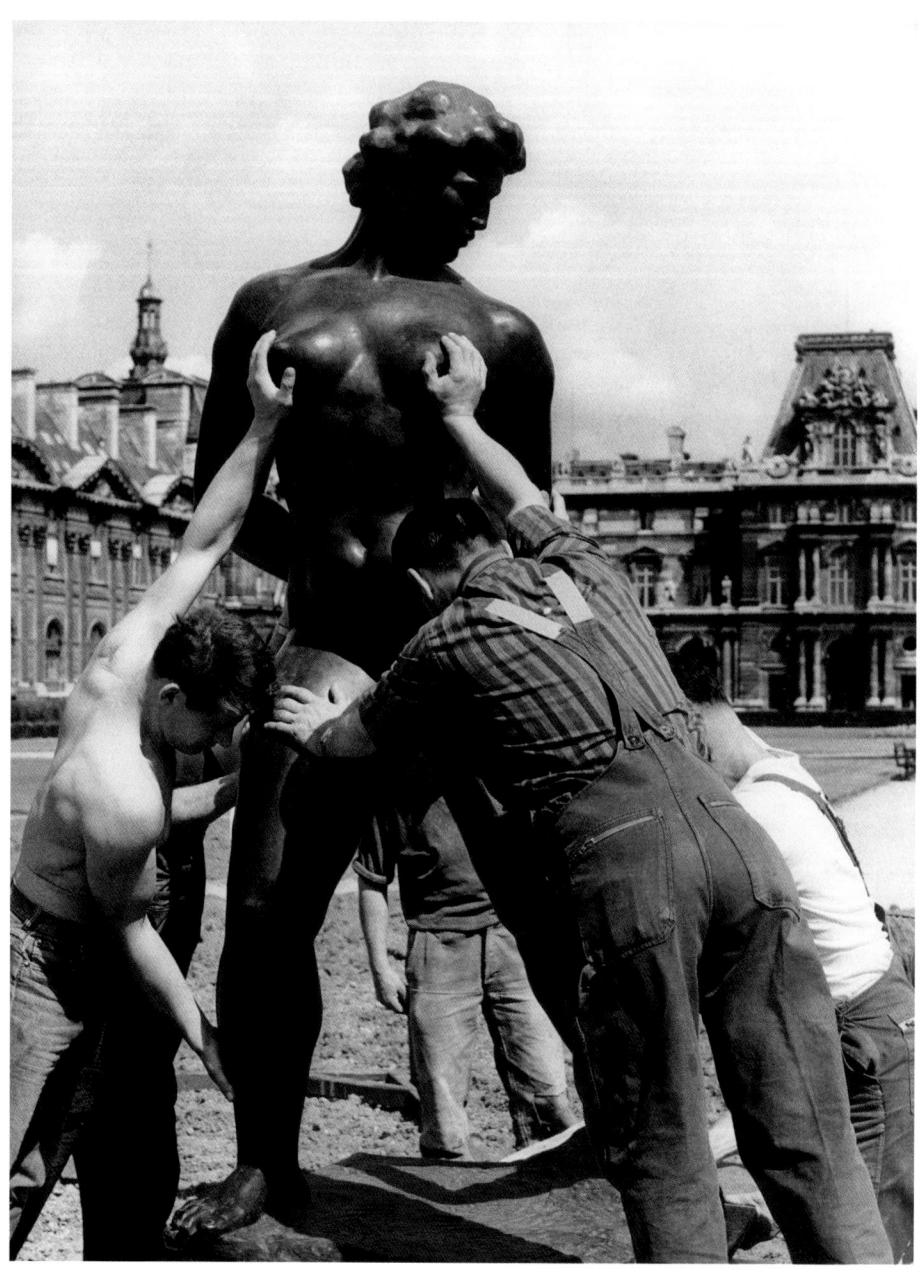

Venus Handles / Vénus prise à la gorge, Tuileries, 1964
The Helicopters / Les Hélicoptères, Tuileries, 1972

PP. 408/409

A Dog on Wheels / Un chien à roulettes, 1977

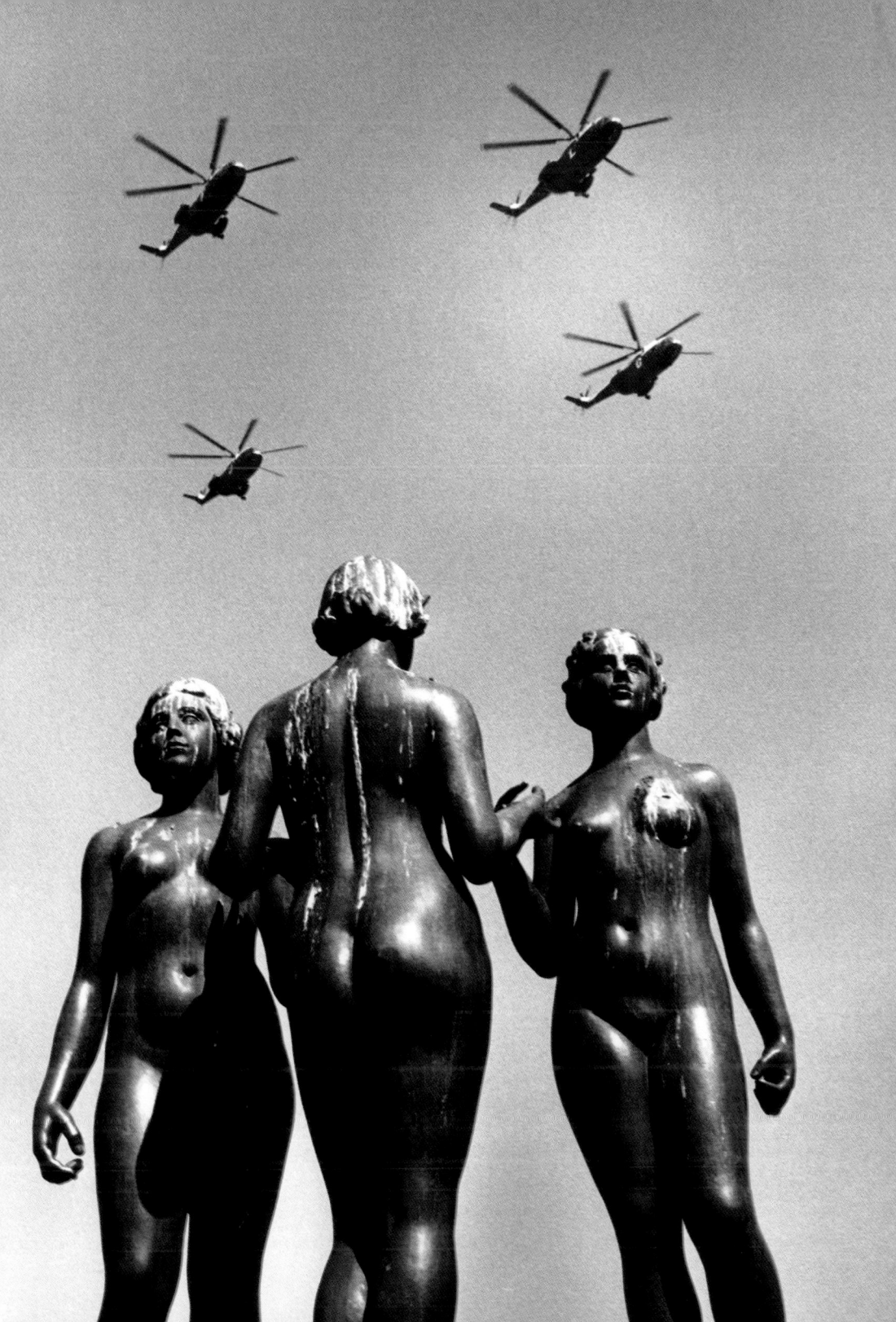

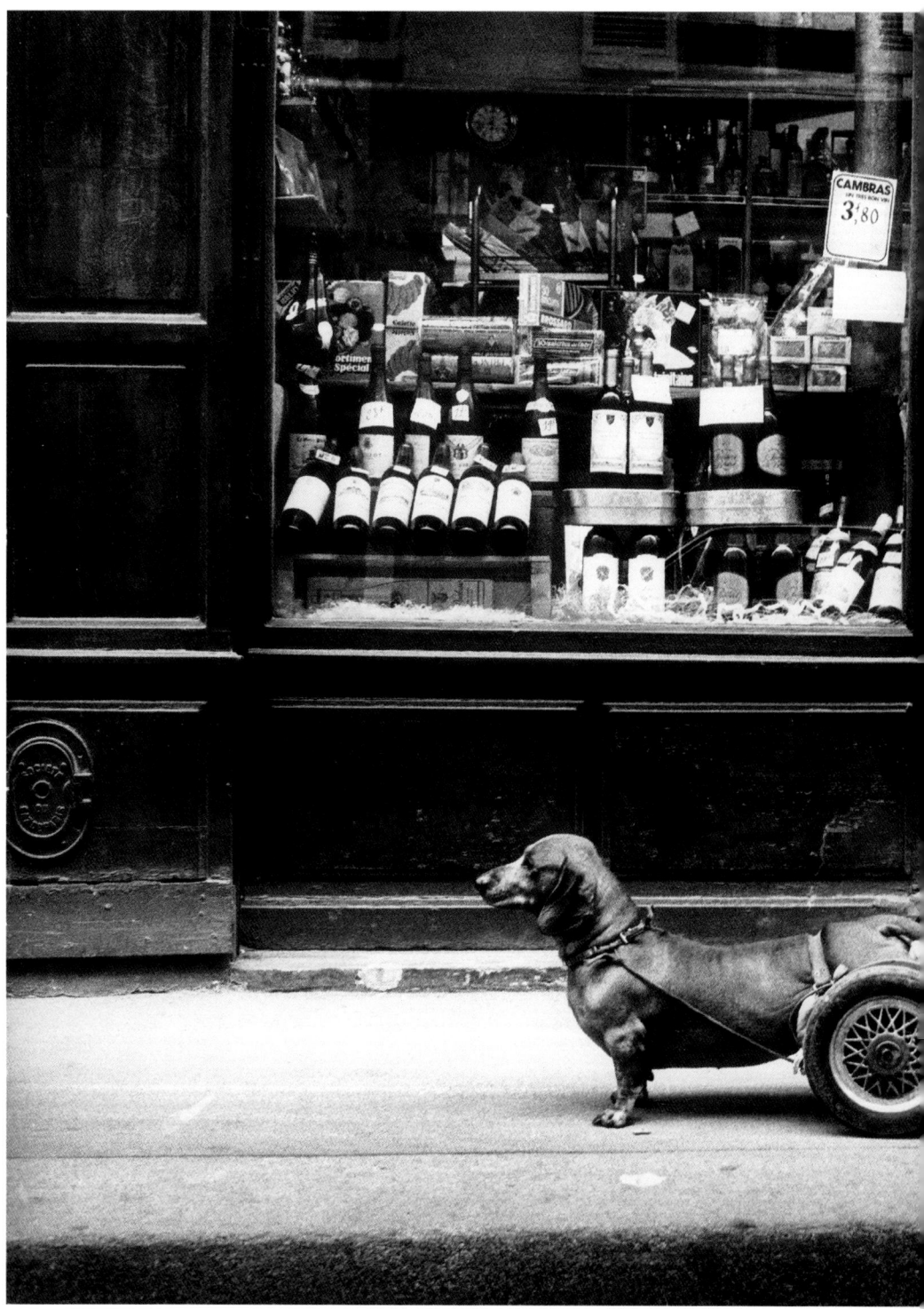

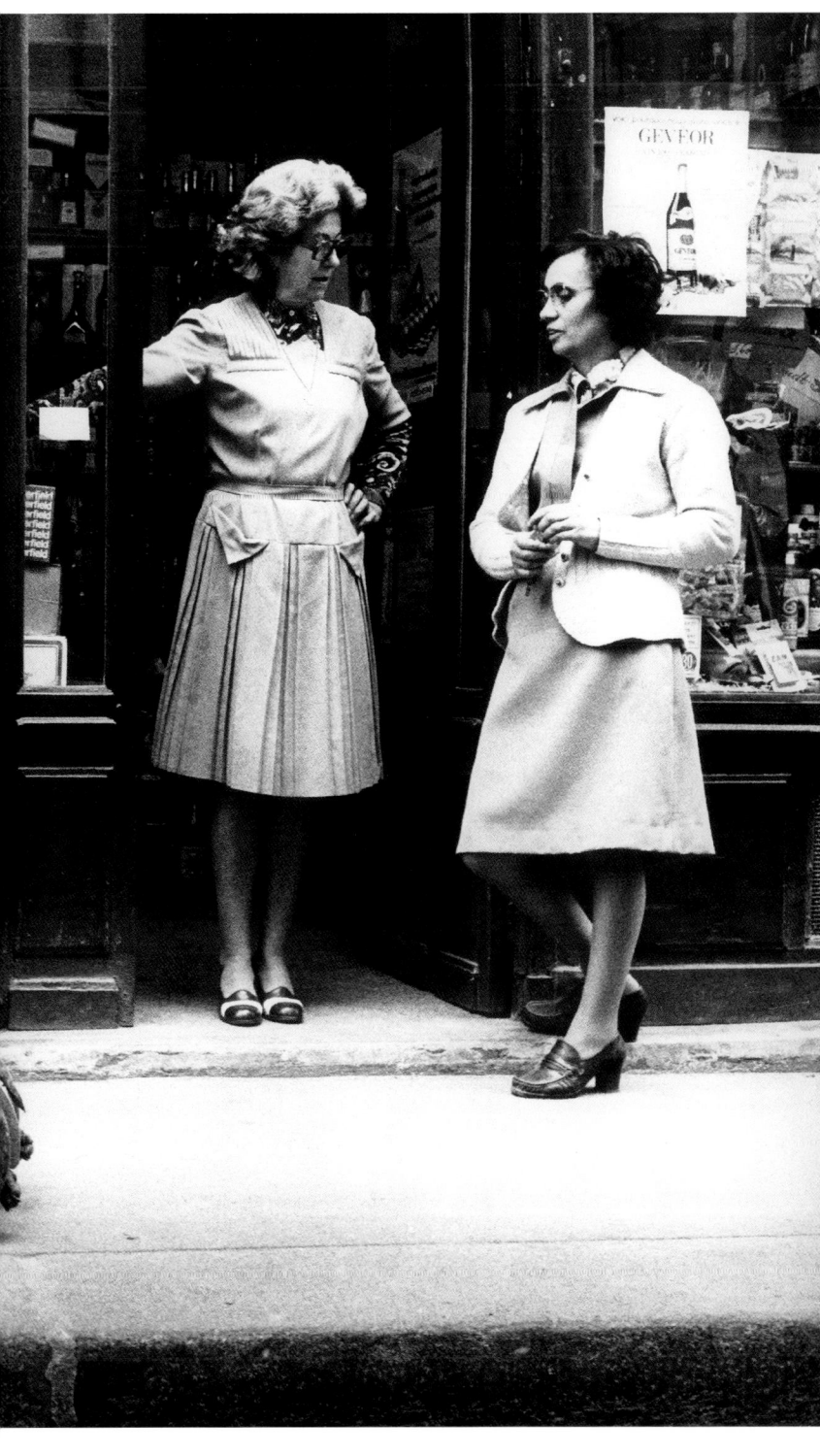

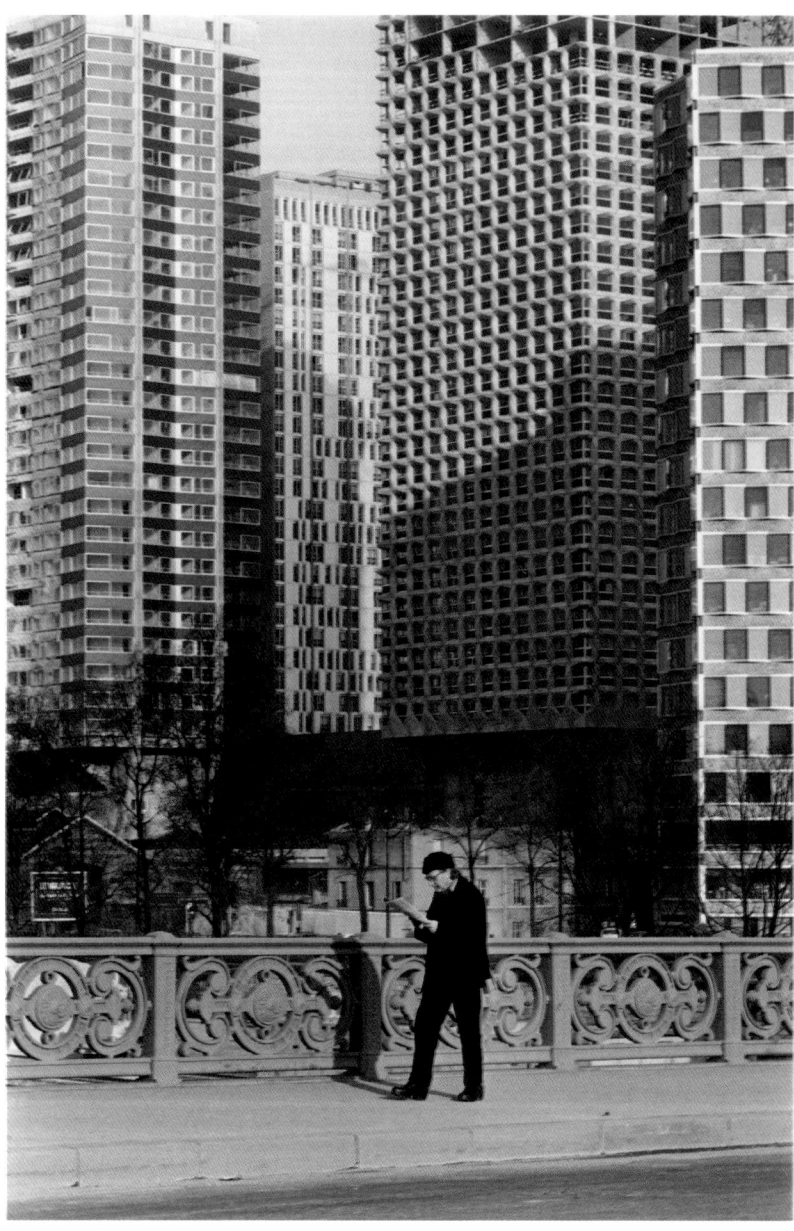

The Pont Mirabeau Reader / Le Lecteur du Pont Mirabeau, 1975   PP. 412/413
Techno-Graft / La Greffe, Place des Fêtes, 1977   *Signaletics*, Front de Seine, 1977

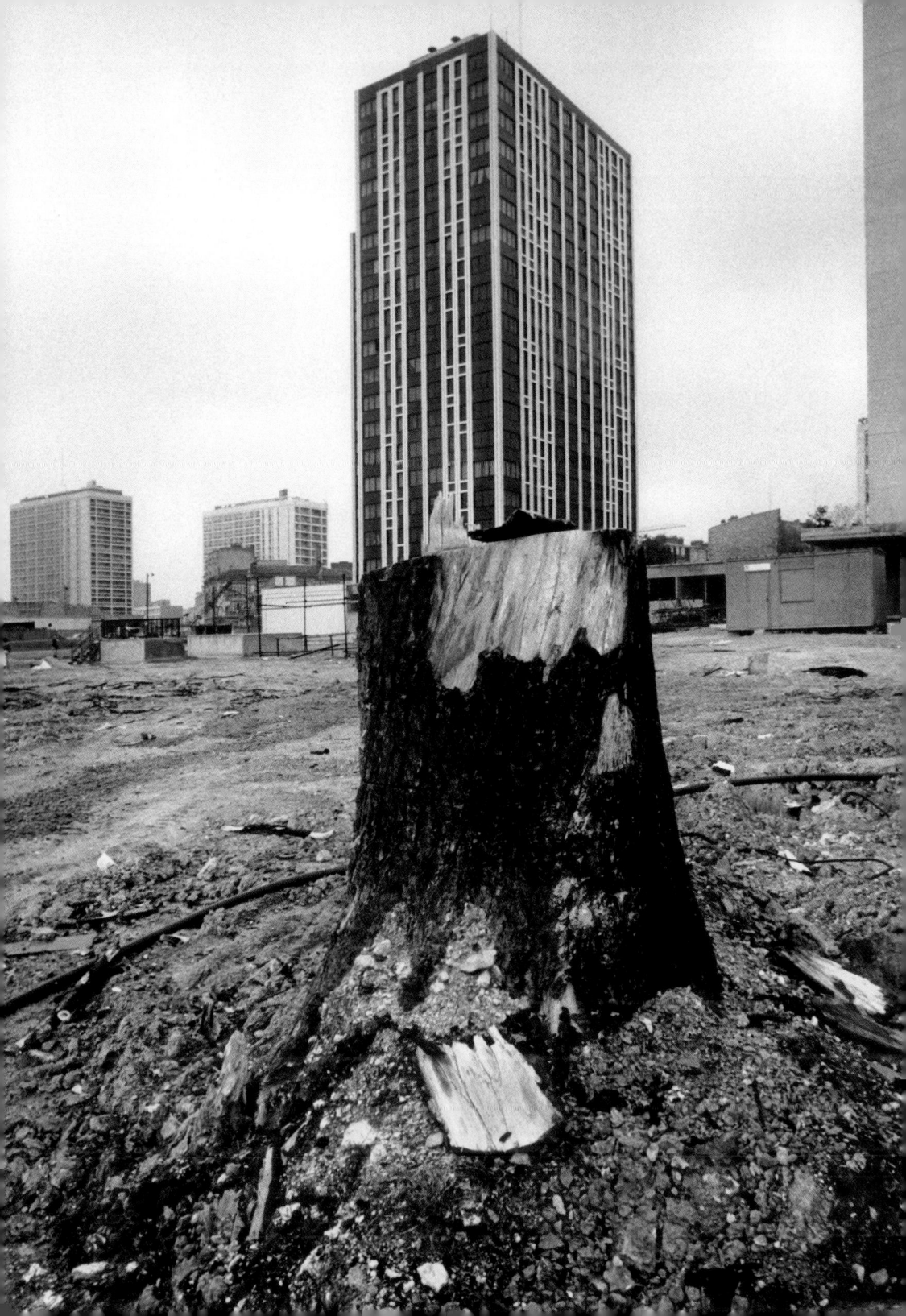

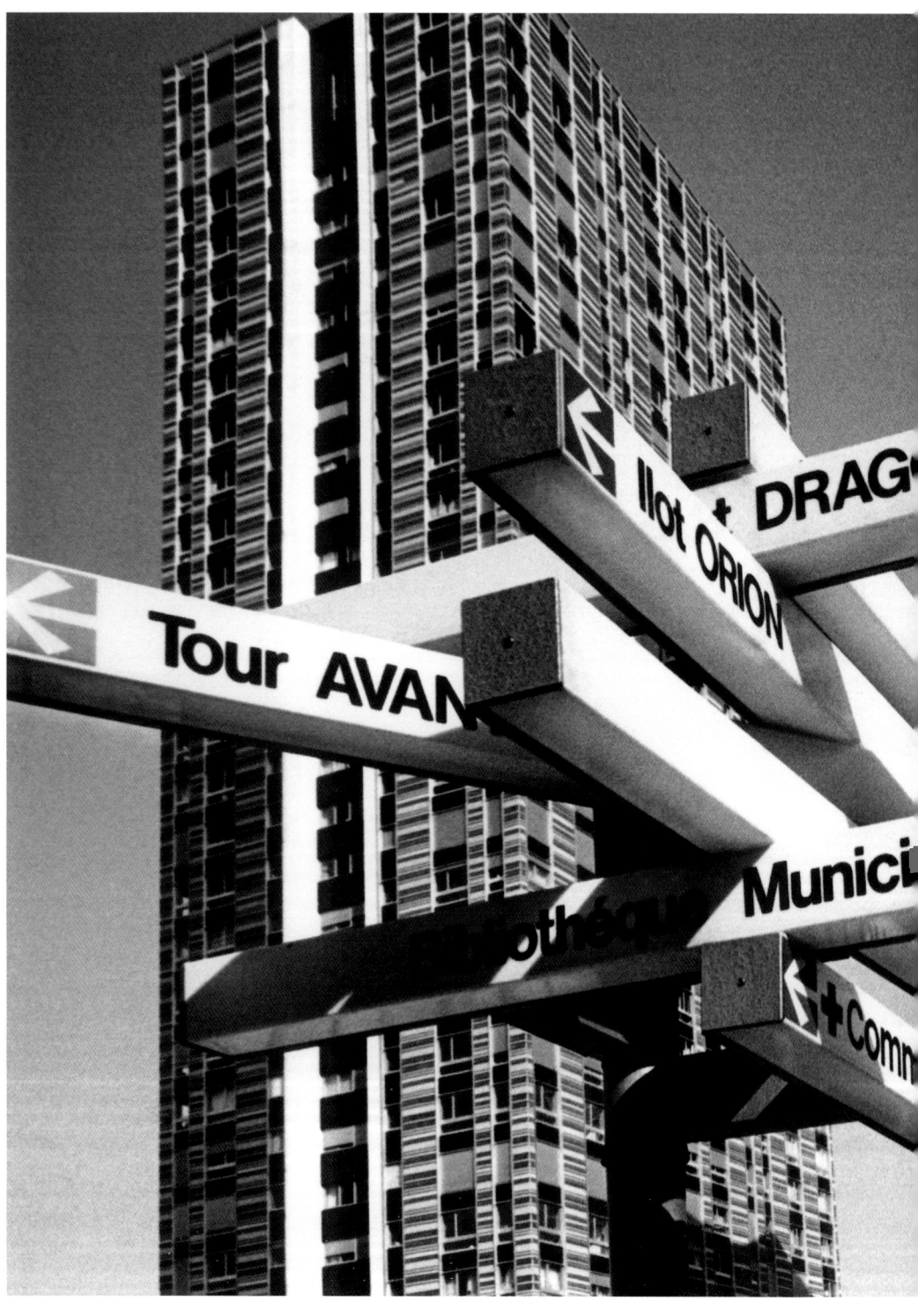

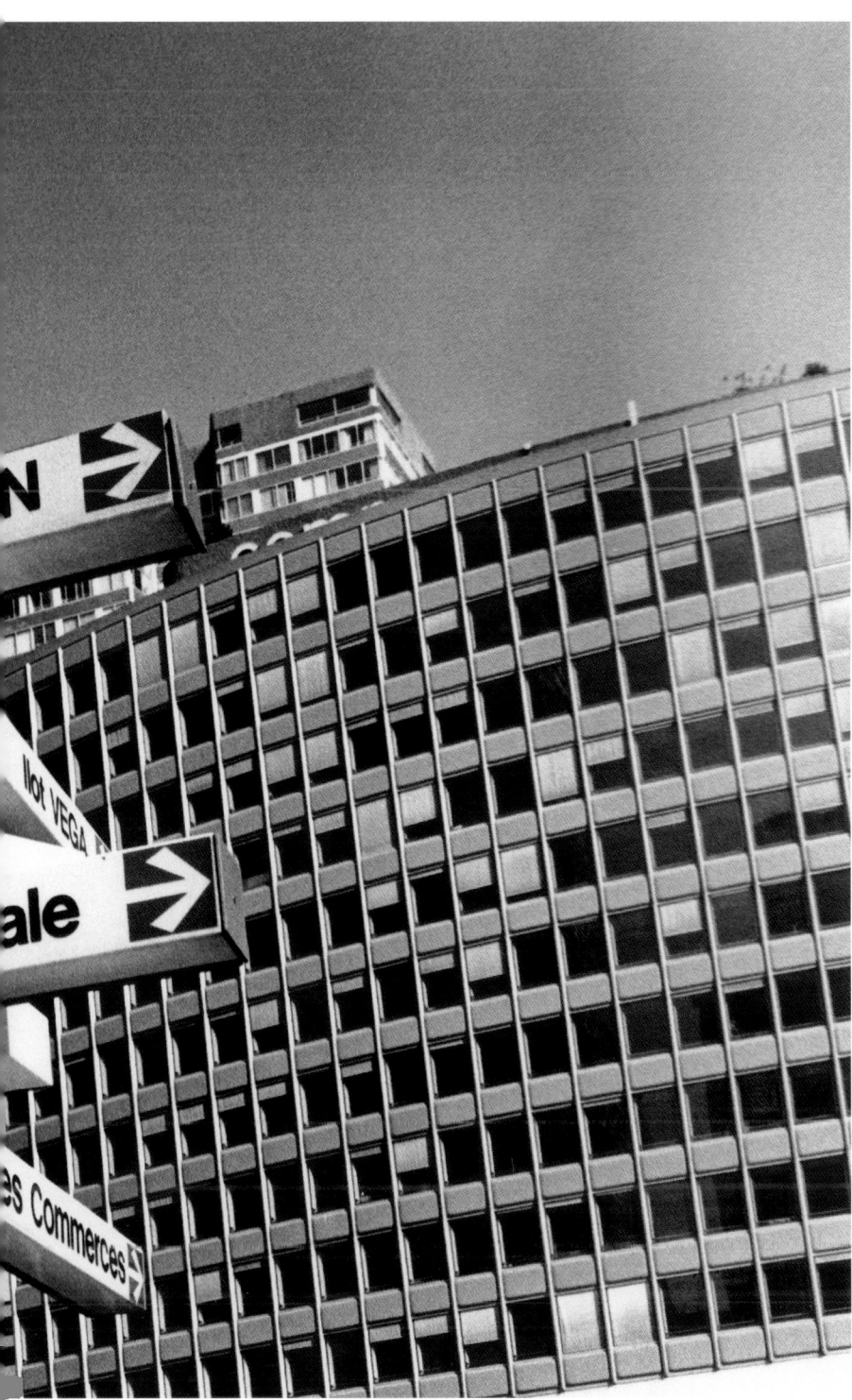

Les Halles de Paris

"...all around, a curious weave of humanity under a sort of fun-fair lighting, the filthy rich and the beggars, truck drivers and the down at heel, butchers and women wearing Dior, the market gardeners alongside the drunks, and everyone addressing each other in the familiar form, tu."

Scalding Room / L'Échaudoir, Rue Sauval, 1968

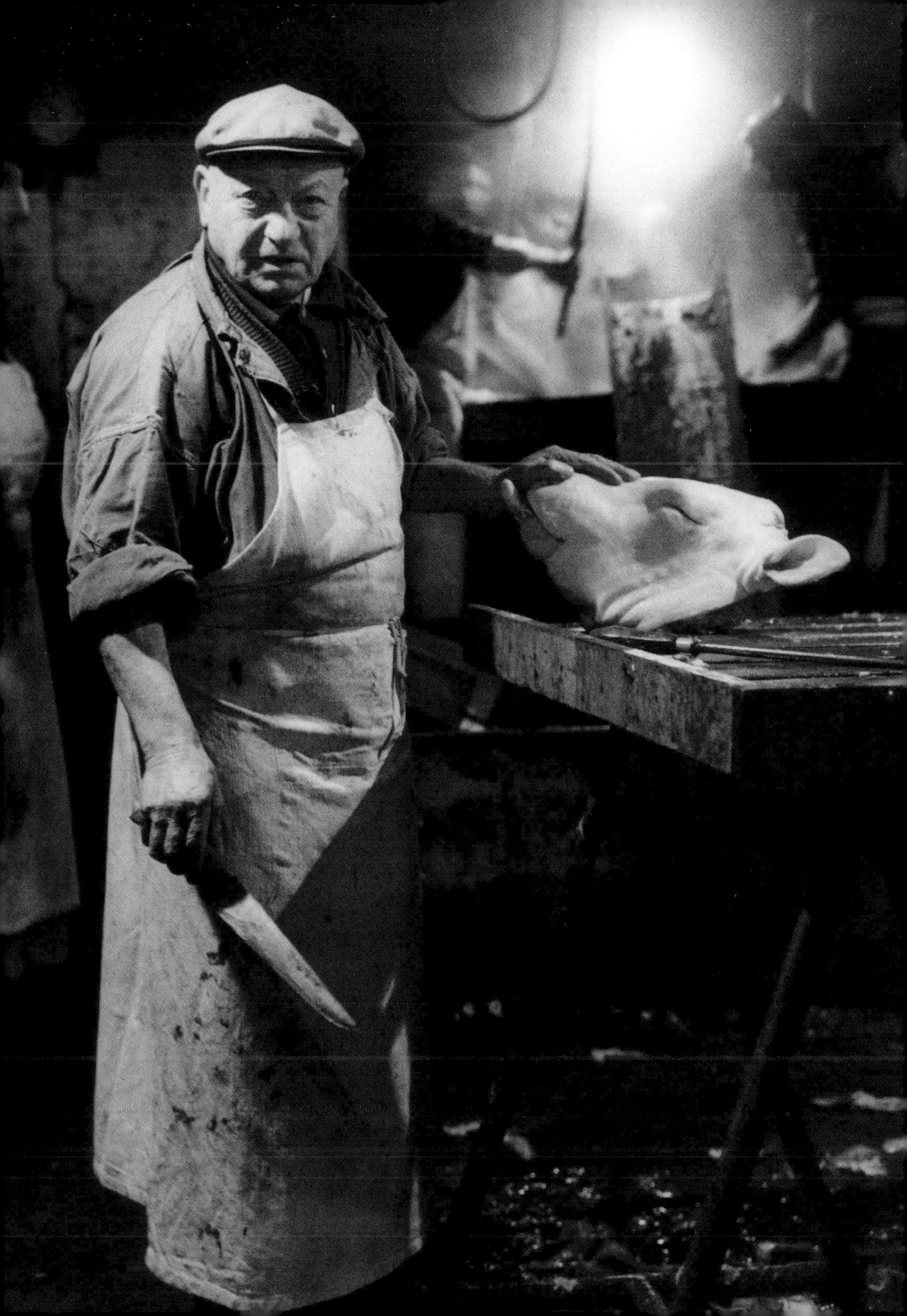

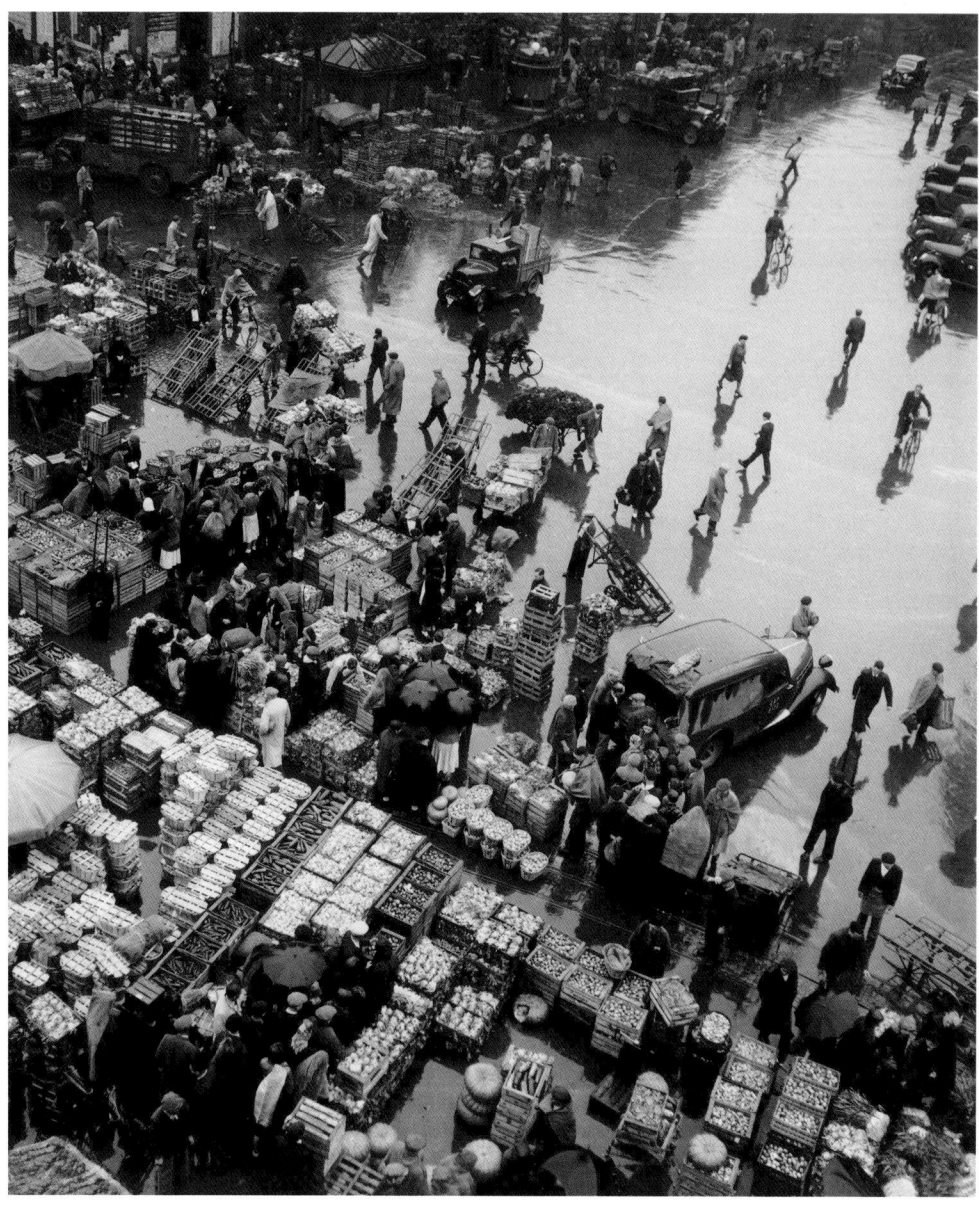

Les Halles in the Rain / *Les Halles, la pluie*, 1945

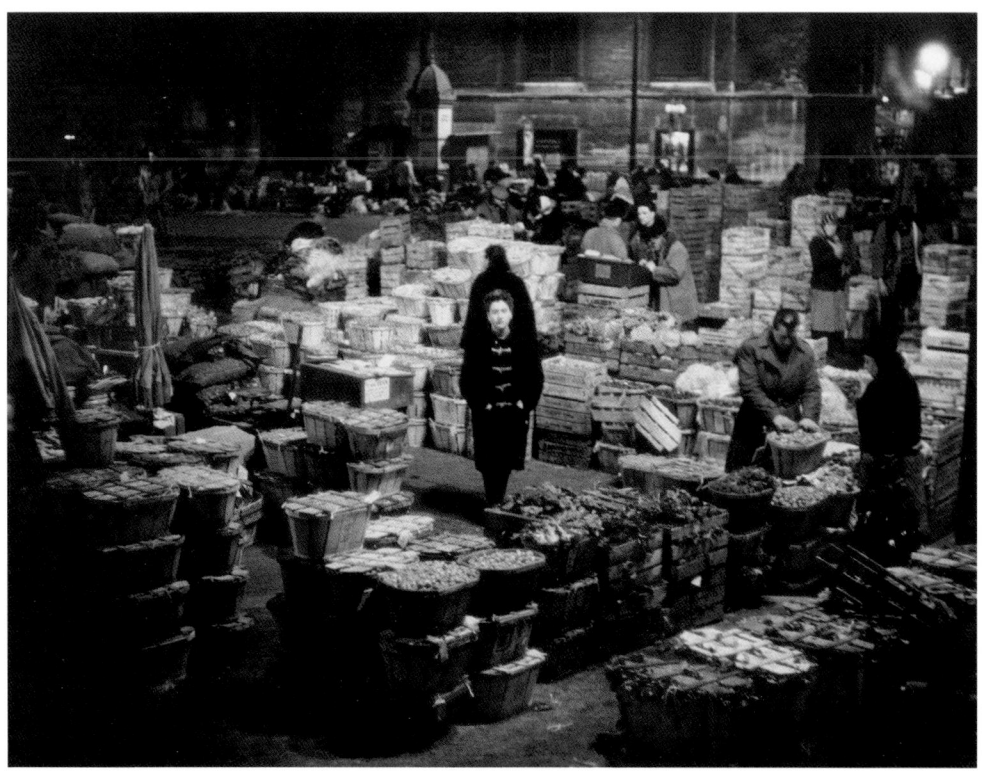

All on His Own, 1953

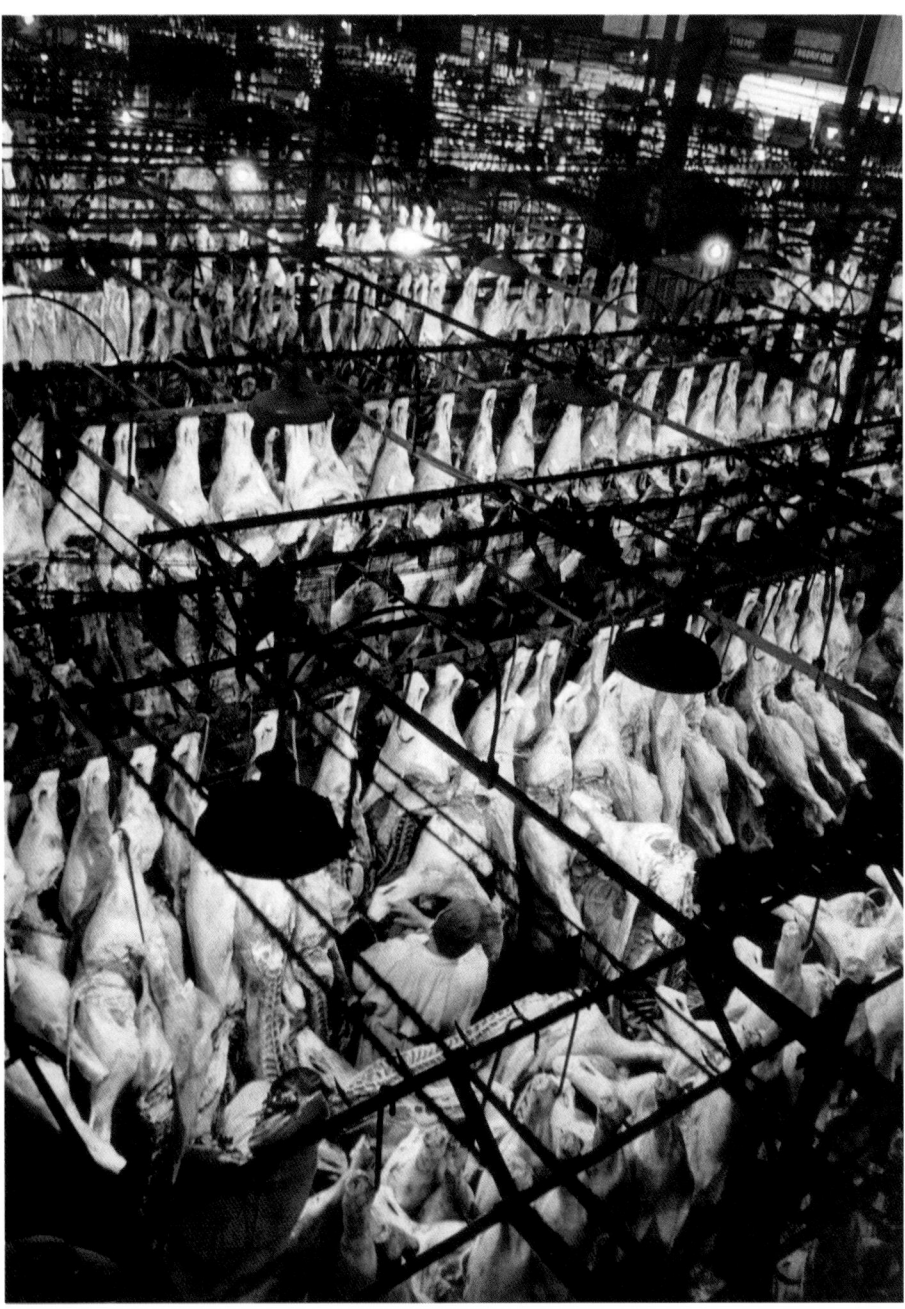

Meat Hall, 7 a.m., 1955

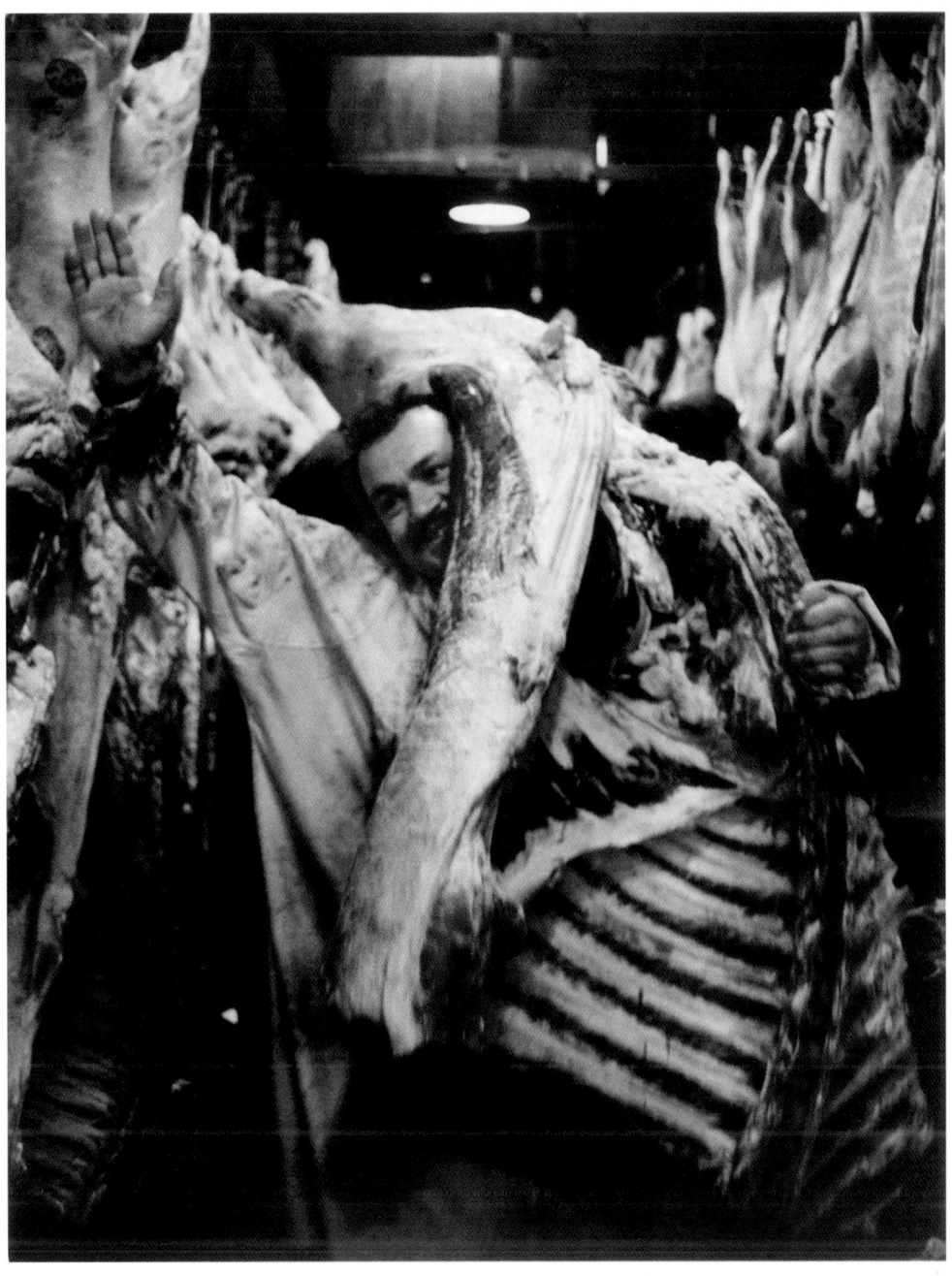

Meat Hall (Deplanche), 1967

PP. 420/421
Butchers Who Love Music / Les Bouchers mélomanes, 1953

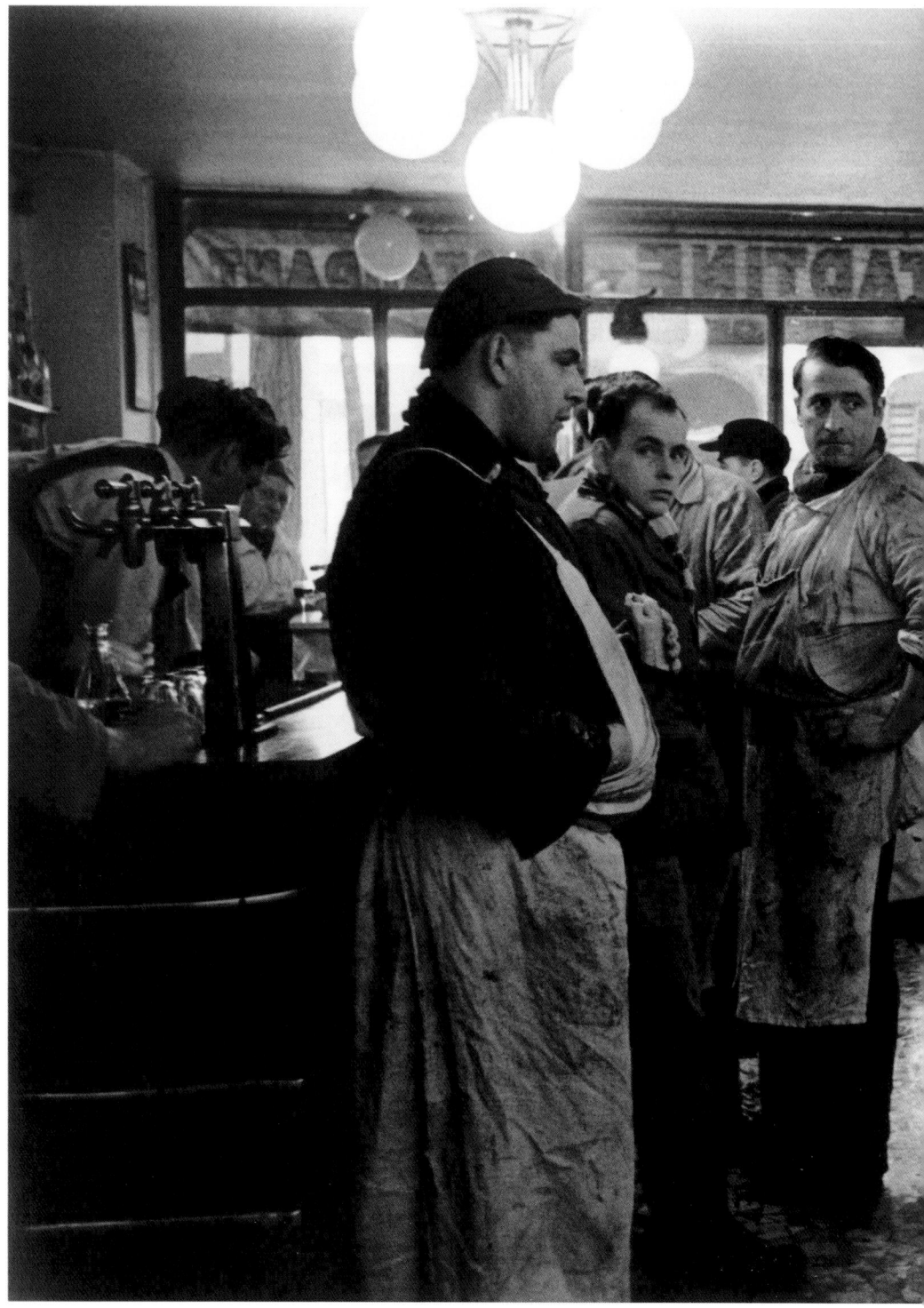

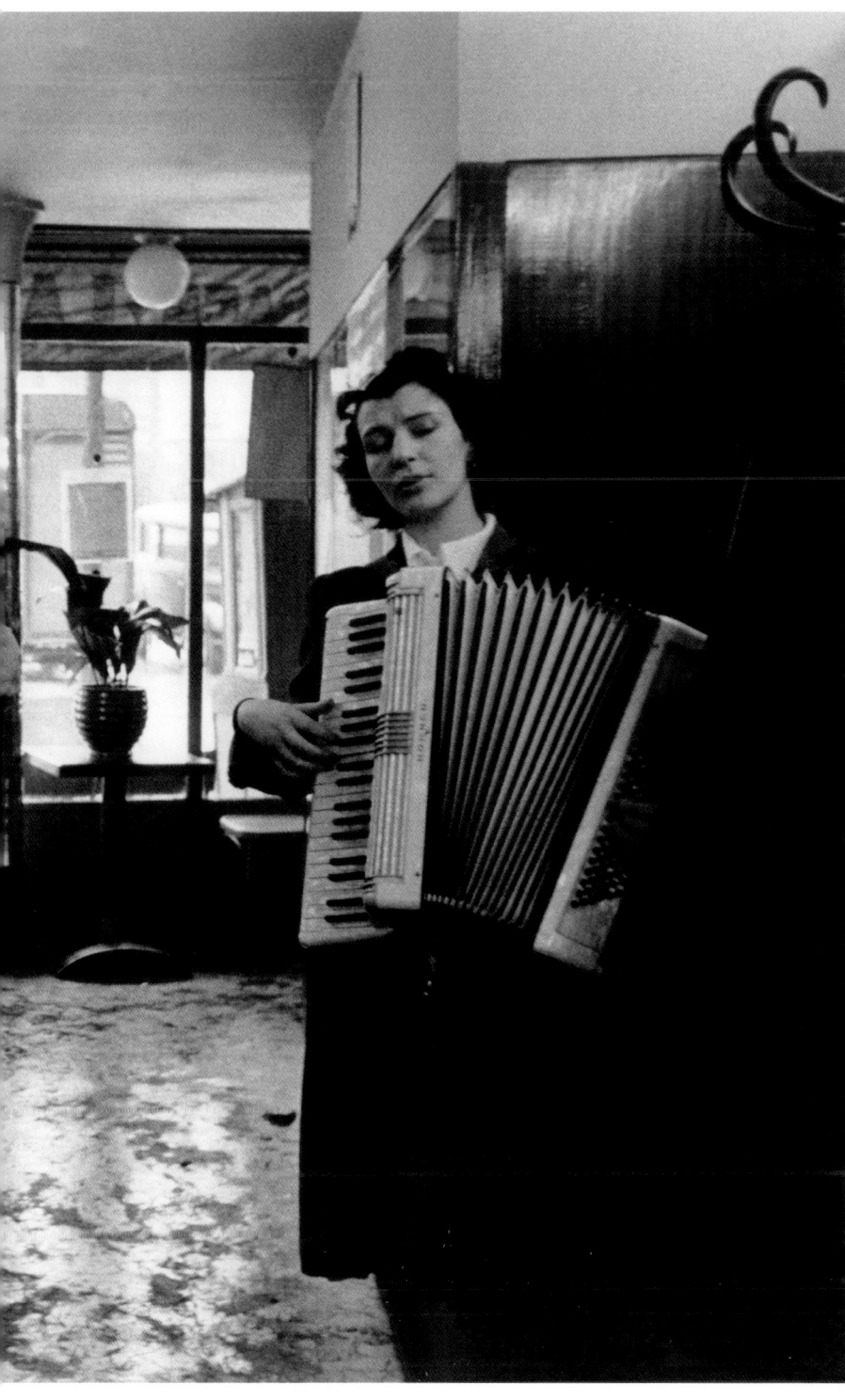

"I prefer those who've come into contact with life's asperities,
the thugs, the people of Les Halles...These people really interest
me because they've paid the price, body and soul..."

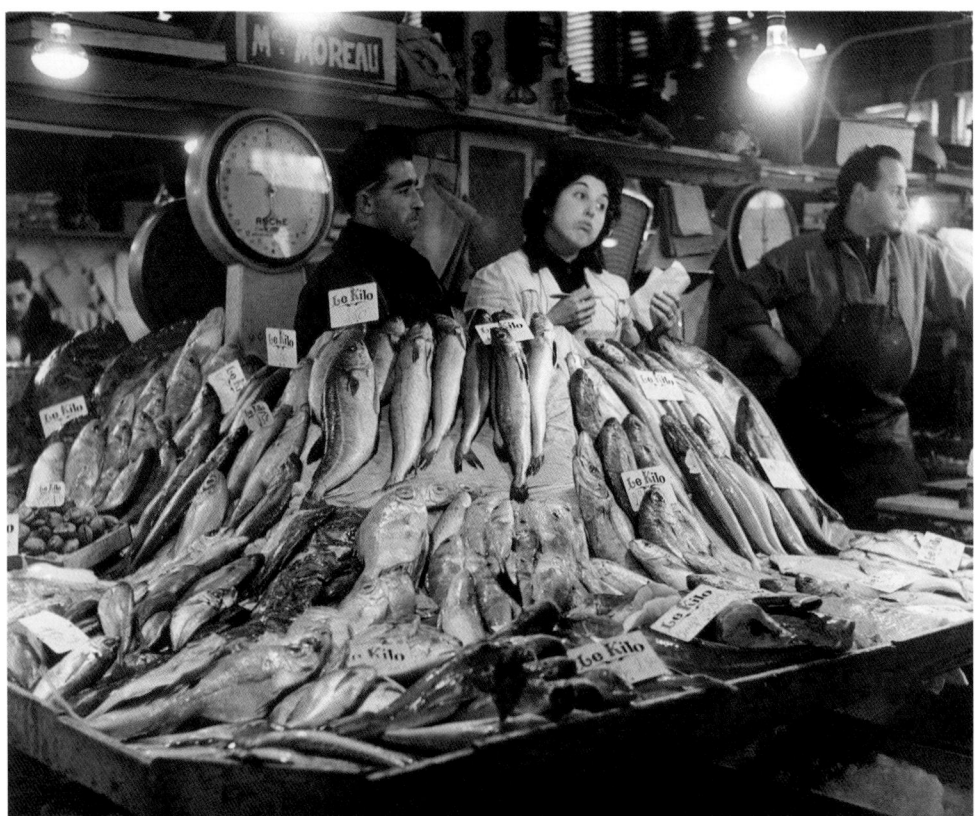

Moreau Fishmongers, 1958

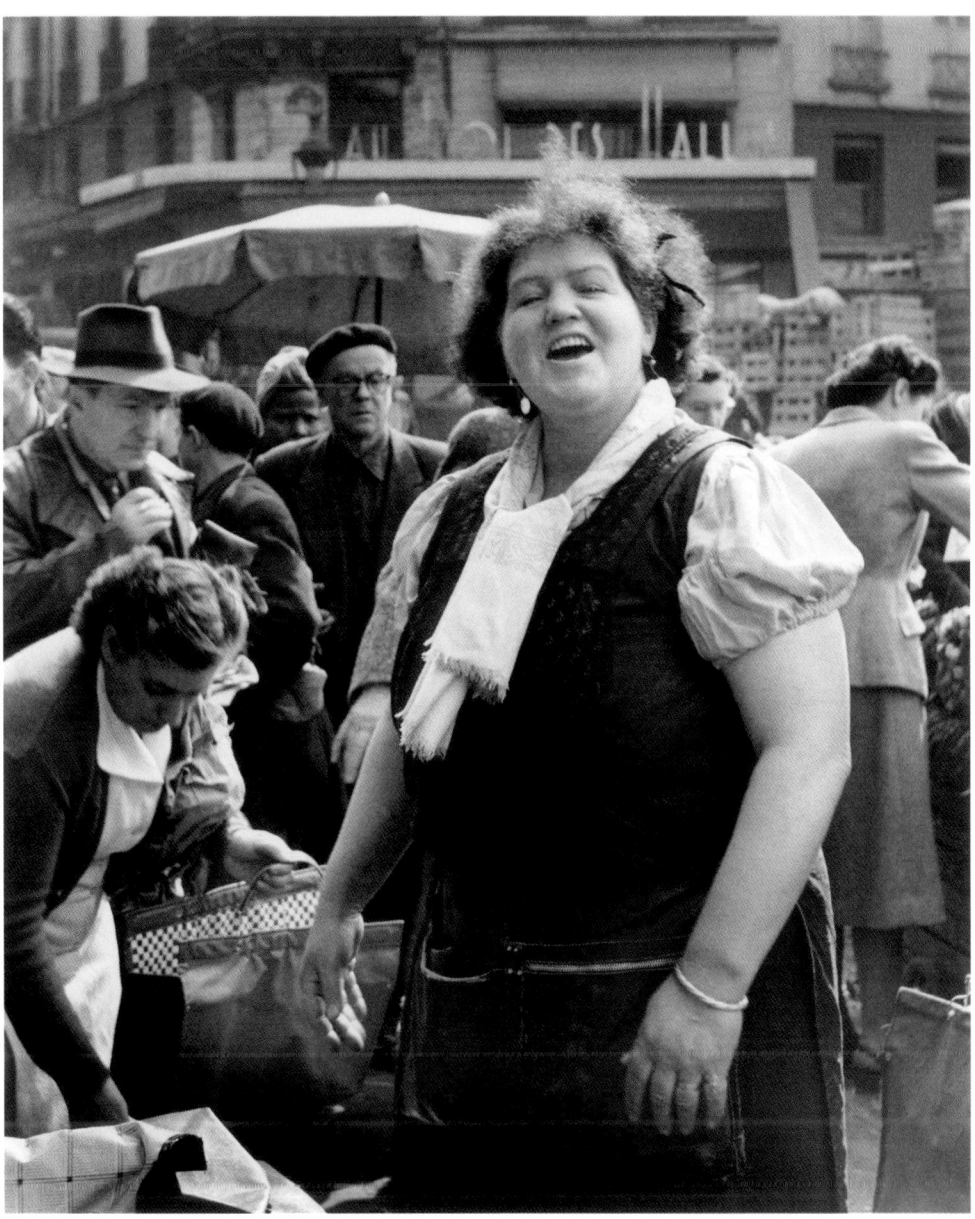

Les Halles Stallholder, 1953

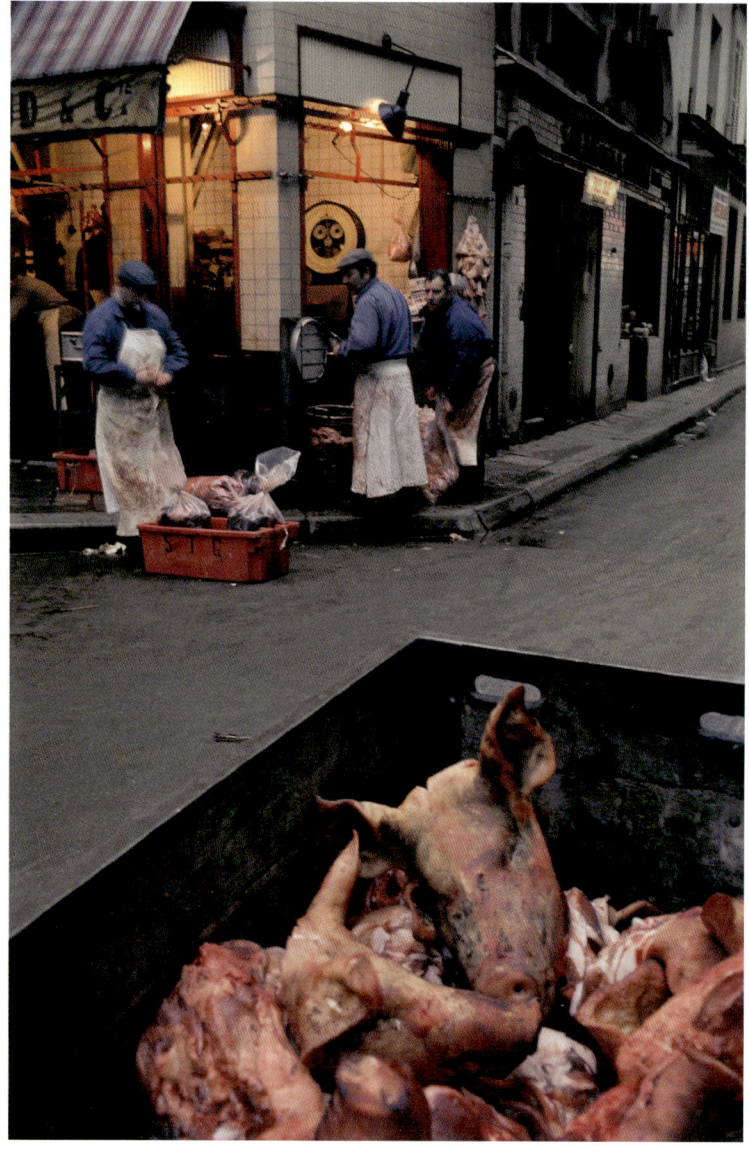

Pigs' Heads, c. 1960
Red Butchers' Trolleys, c. 1960

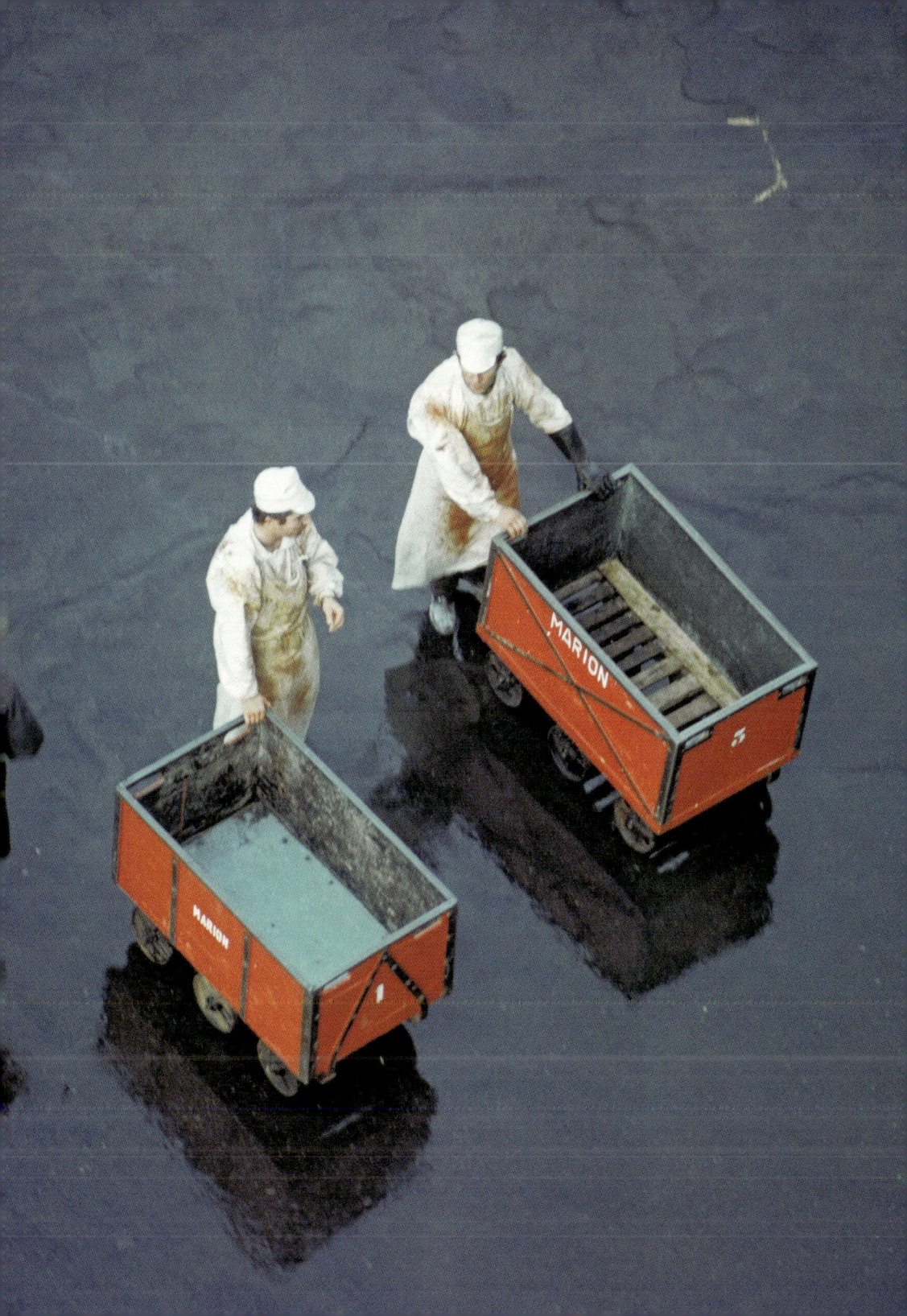

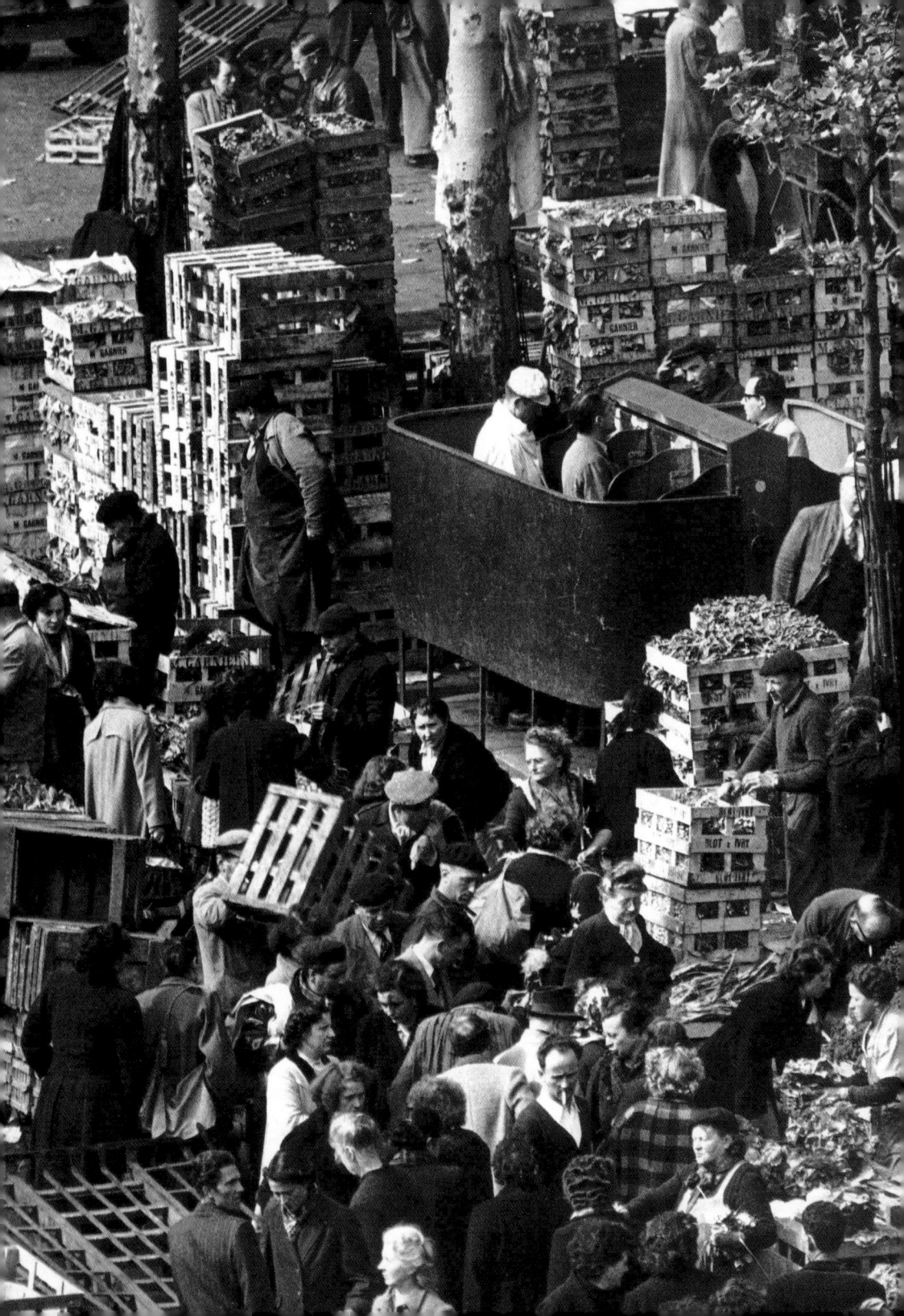

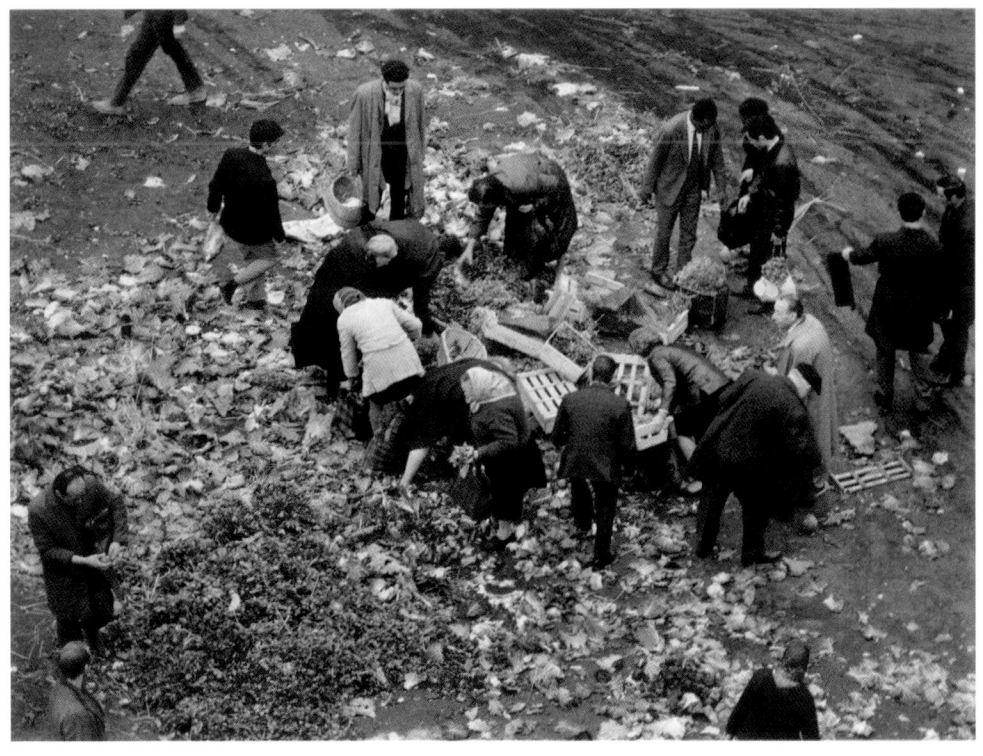

PP. 428/429
Pavillon Baltard by Night, c. 1960

A Discreet Little Spot / Un petit endroit discret, 1953
The Gleaners of Les Halles / Les Glaneurs des Halles, 1967

PP. 430/431
Birds, 1973

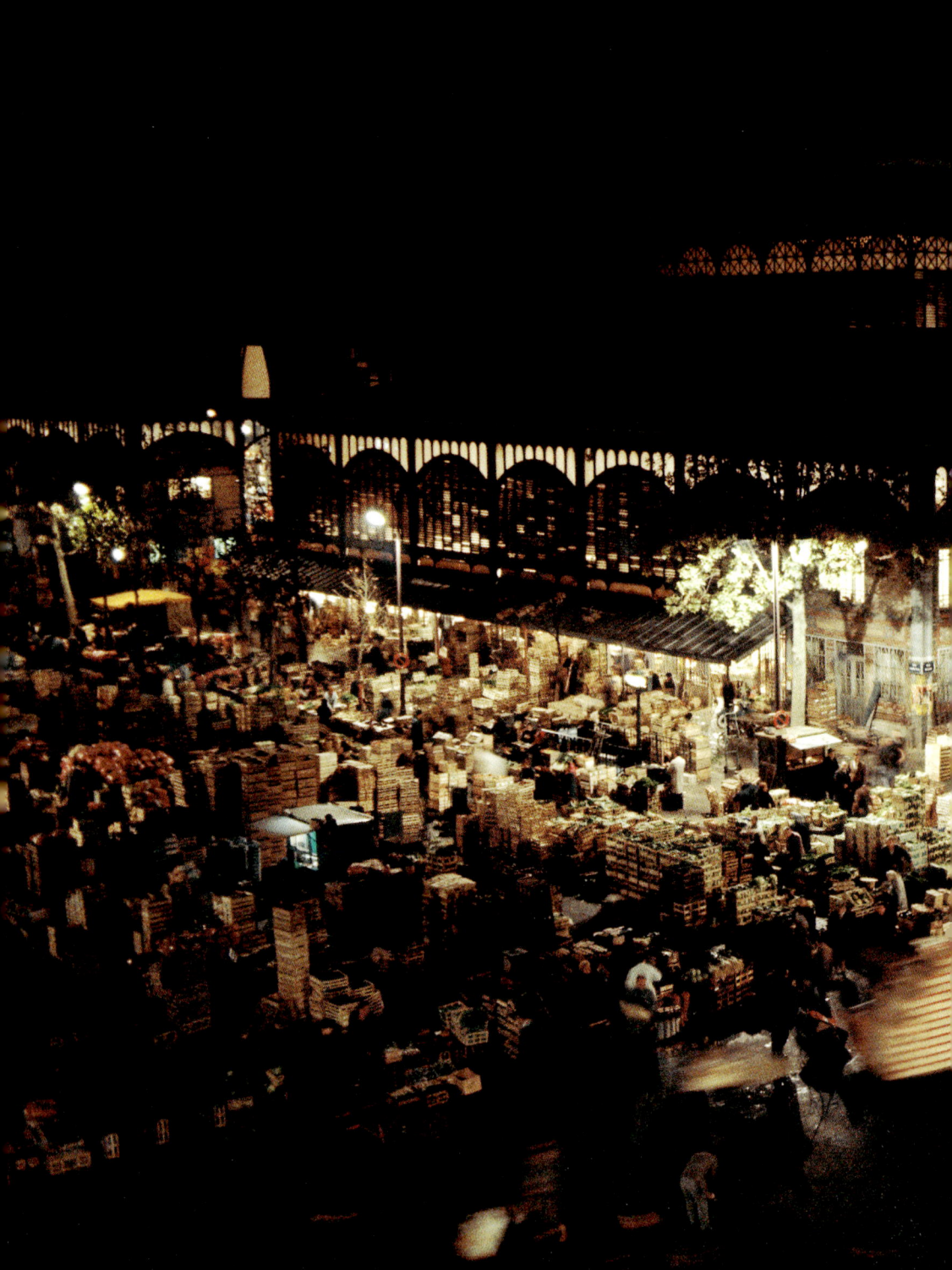

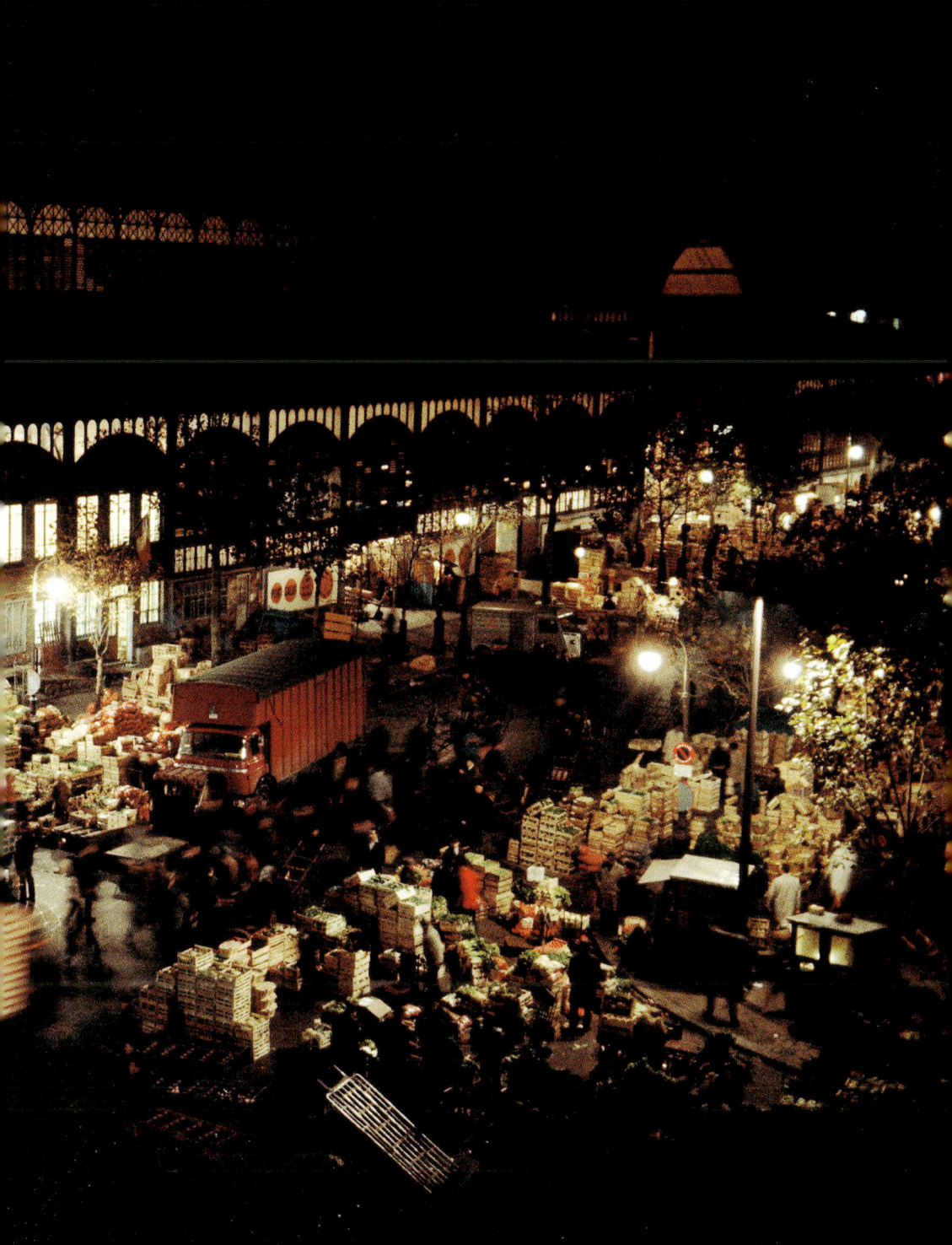

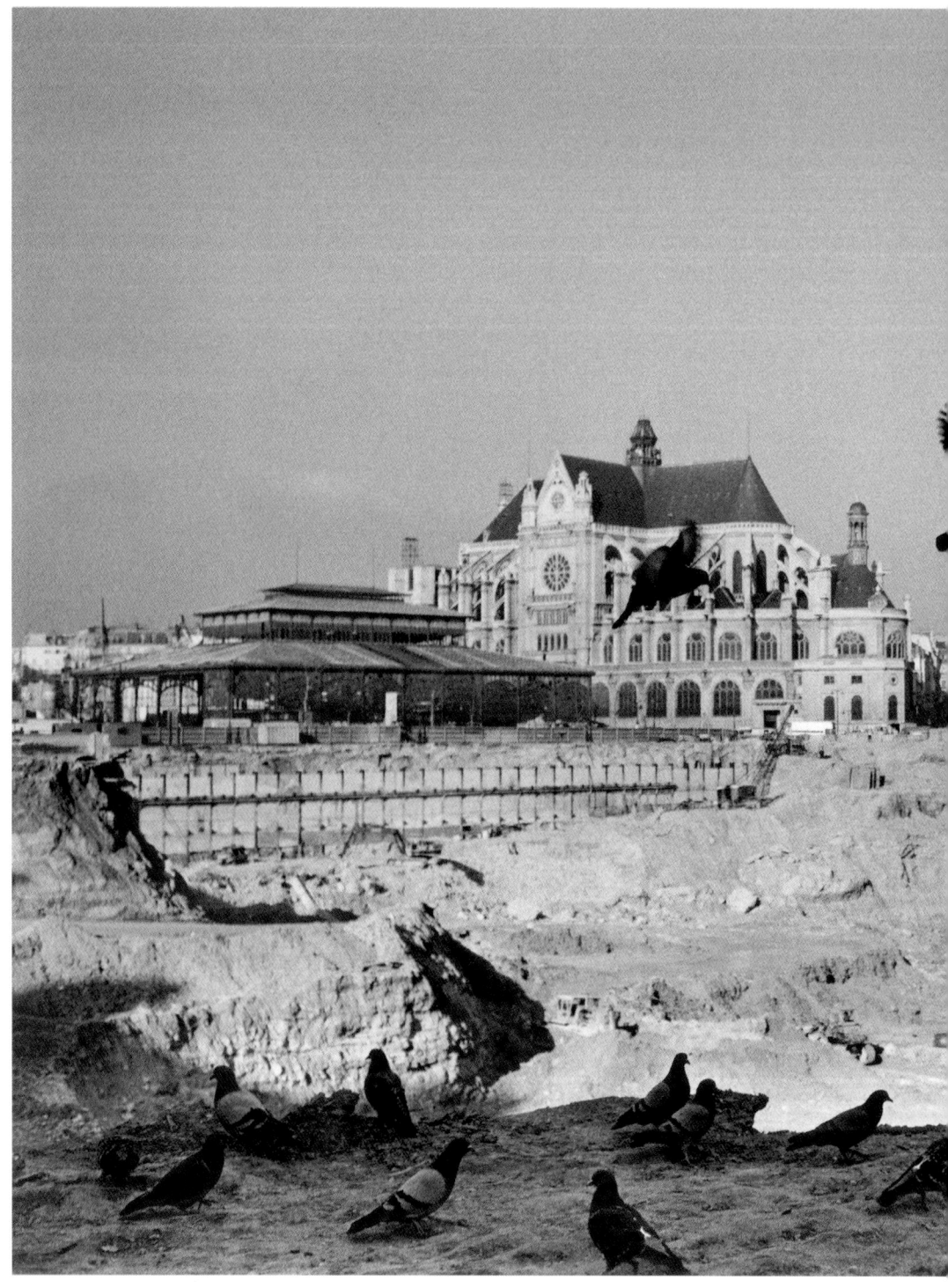

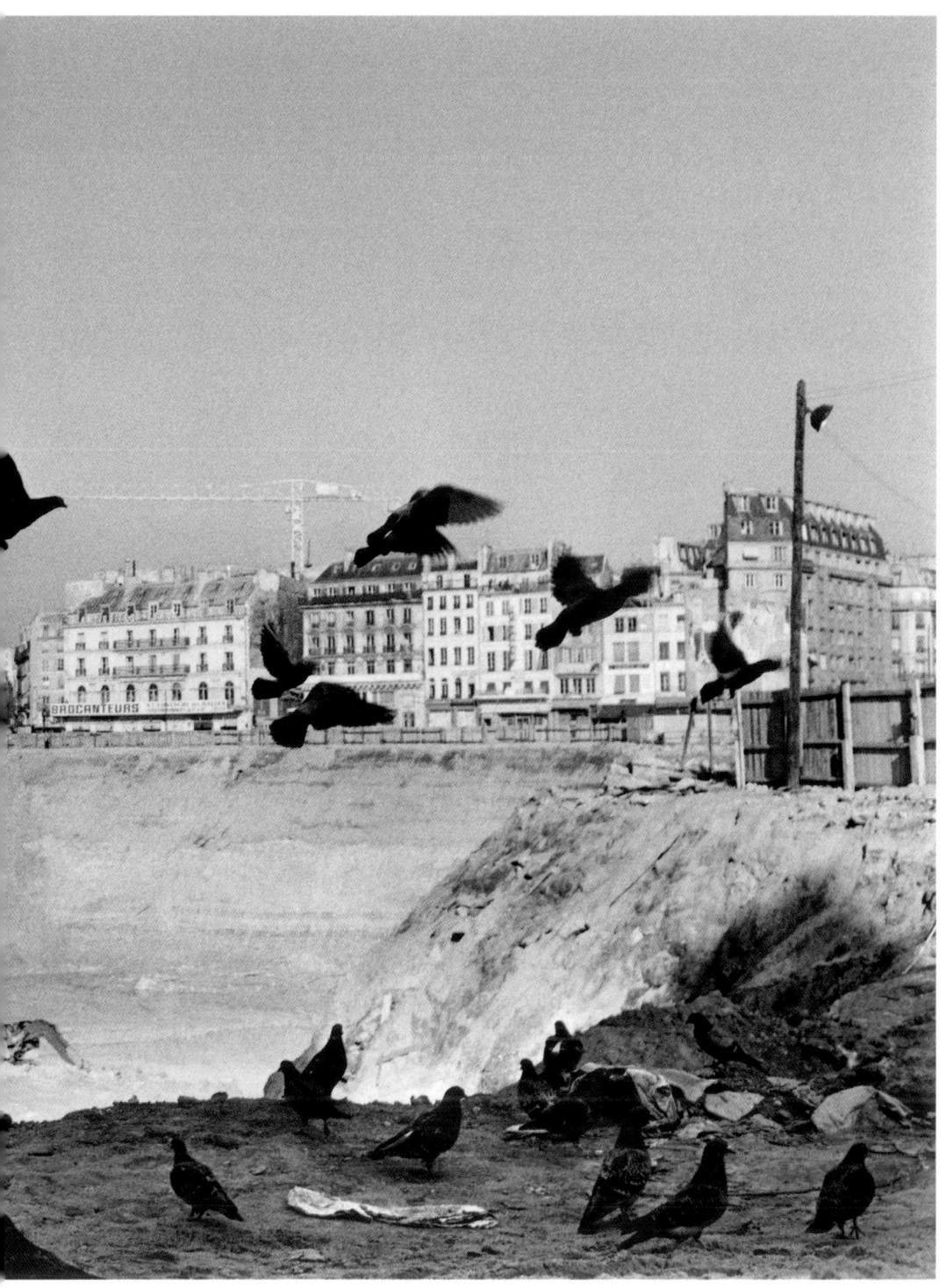

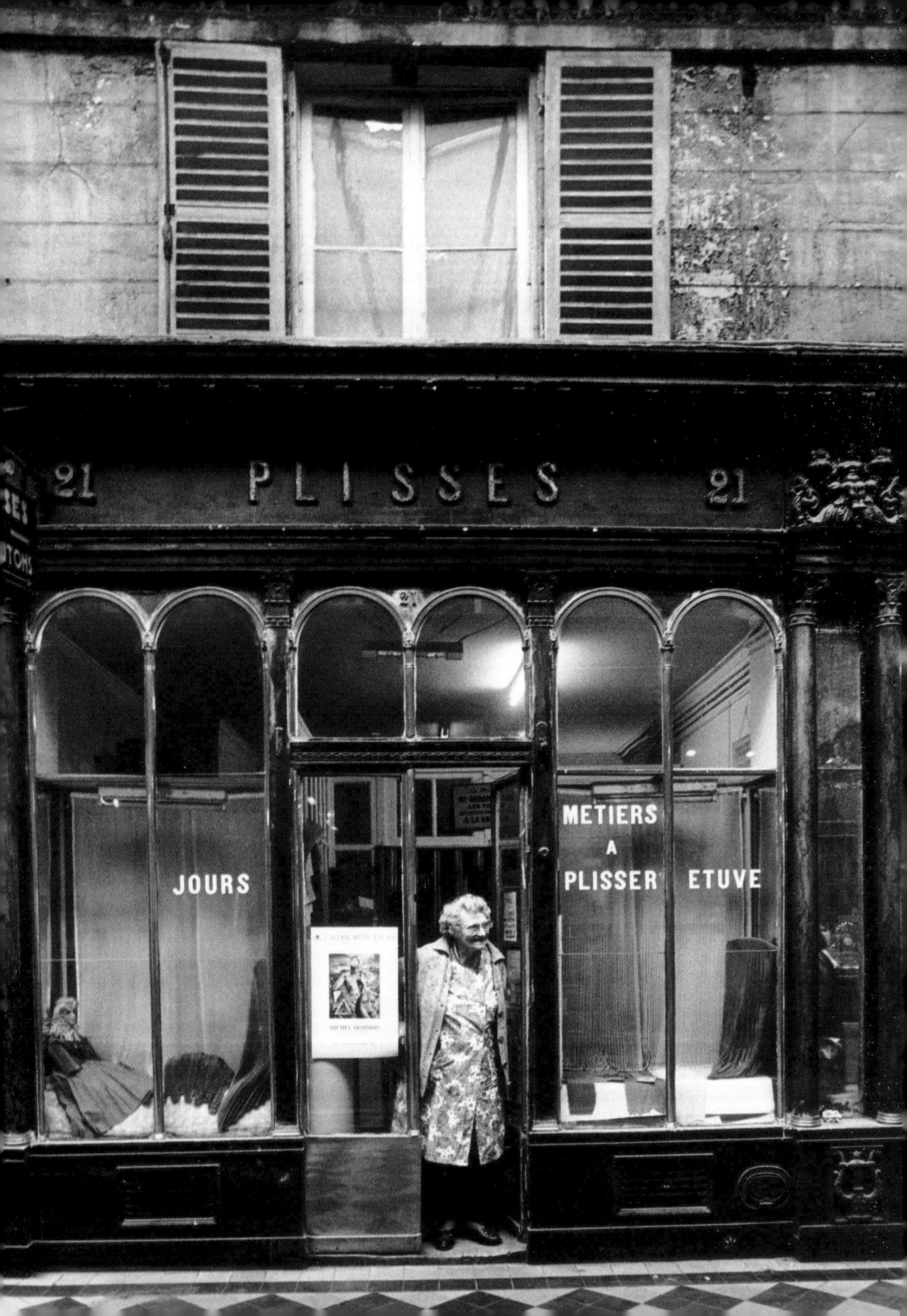
21 PLISSES 21
21
JOURS
METIERS
A
PLISSER
ETUVE

#5

Recognition

1980–1994

Over the following decades, the rediscovery of both photography and certain photographers took on ever greater dimensions. In 1981, a film entitled *Poète et piéton* (Poet on Foot) was made about Robert Doisneau by François Porcile and the book *Ballade pour un violoncelle et chambre noire*, the photographic marathon that he had run with his friend Maurice Baquet, finally saw the light of day. Greatly limited in his activities by the long illness of his wife, Pierrette, Doisneau nevertheless had to cope with numerous demands on his time. New generations rediscovered these images gleaned from the manipulation of chance and unpretentiously made for the pleasure of the eye. Publications, exhibitions, and distinctions rained down on him. In 1983, the Centre National de la Photographie, founded by the Minister of Culture, Jack Lang, and headed by Robert Delpire, published his photos in its Photo Poche collection. That same year, the Grand Prix National de la Photographie, created in 1978, was awarded to Doisneau in succession to André Kertész.

Doisneau's return to eminence was given concrete form in the invitation to take part with fourteen other photographers, including Gabriele Basilico, Raymond Depardon, Sophie Ristelhueber, Holger Trülzsch, François Hers, Pierre de Fenoyl, and Tom Drahos, in the DATAR Photographic Mission, whose object was to define the state of landscapes, work, and living spaces in 1980s France. By personal inclination – but also because of his wife's fragile state of health, which meant that he could not leave Paris – Doisneau chose to photograph the Parisian suburbs and their redevelopment. Breaking with his previous habits, he brought off a remarkable challenge, choosing color photography and eliminating people from his scenes. "The image should be a simple sign,"[51] said Doisneau of these powerfully symbolic images. "It took nothing less than Doisneau's talent," writes Roger Brunet, "to set before us in all their garishness (but with what style!) the baroque of Évry, the manpower storage silos of Nanterre d'Aillaud, and the Disneylands of the poor in Évry or Grigny."[52] Doisneau painted a pitiless portrait of this polychrome suburbia, all "gentle colors so that the place seems bearable,"[53] in graphic and stridently colored images. His sarcastic analysis of a universe that he no longer recognized was a visual indictment and he accompanied it by these radical words: "Starting from the wastelands and the nibbling at the

Galerie Véro-Dodat, 1976

edges of the bungaloid housing estates, men in helmets have made vast clearings in which parallelepipeds spring up like mushrooms. The same volume set vertically on end becomes a tower; laid out horizontally, it becomes a block of flats whose featureless gables randomly display a mosaic Rimbaud or Beethoven. Sometimes one finds oneself in front of a cliff face pierced with simple openings, which is a very convenient way of storing the maximum number of working-class families in the minimum space."[54] Words and images alike reveal and confirm the profound social sensitivity of a photographer exasperated by the vision of these urban deserts.

Doisneau was restored to his true milieu by the commissions that he received from the municipalities of Saint-Denis and Gentilly. There are, he found, at least some signs of animation, of life. But he was beginning to feel a profound disenchantment. In the places where he had taken his first photographs, "concrete has replaced plaster panels and wooden hutments. Nothing any longer holds the light."[55] The pictures he took there emanate sadness and solitude. Even Paris and its Parisians were changing: "Photographers are now regarded with suspicion. I am no longer so welcome. The magic is broken. It is the end of uninhibited photography, of those who nosed out buried treasures. The joy has gone out of me."[56] "The streets have been emptied of their flâneurs, drivers scowl from the windows of their aquariums, and the only people you meet are those scurrying down the pavement to or from the station or Métro, always belated and frequently aggressive."[57]

Yet the pressure of his commitments was unremitting. In the fourteen years between 1980 and 1994, no less than twenty-four books of varying size were published. From *Un certain Robert Doisneau* (1986) to *La Vie de famille* (Family Life; 1993), an entire universe was in the process of rediscovery, thanks in particular to the photographer and author teaming up with old or new friends such as Jacques Prévert (*Rue Jacques Prévert*, 1992), François Cavanna (*Les Doigts pleins d'encre* [Fingers Covered in Ink], 1989), Daniel Pennac (*Les grandes Vacances* [Summer Holidays], 1991), not forgetting *À l'imparfait de l'objectif* (1989), a major work of autobiography in which Doisneau gives a humorous, affectionate account of his own life. These publications were a major commercial success, manifesting as they did the proximity and indeed complicity between Doisneau and the writers: "I like men who took the trouble to live before writing: Cendrars and Prévert for poetry, and Cavanna, too, who is a grubby kid and learned everything in the school of hard knocks. I prefer that kind of writer; they bring back to the surface the harmonics that I stored up in my childhood."[58] Other works brought complementary intuitions to bear on the work of Doisneau, such as *Les enfants de Germinal* (The Children of Germinal; 1993), with a text by François Cavanna and photographs by Willy

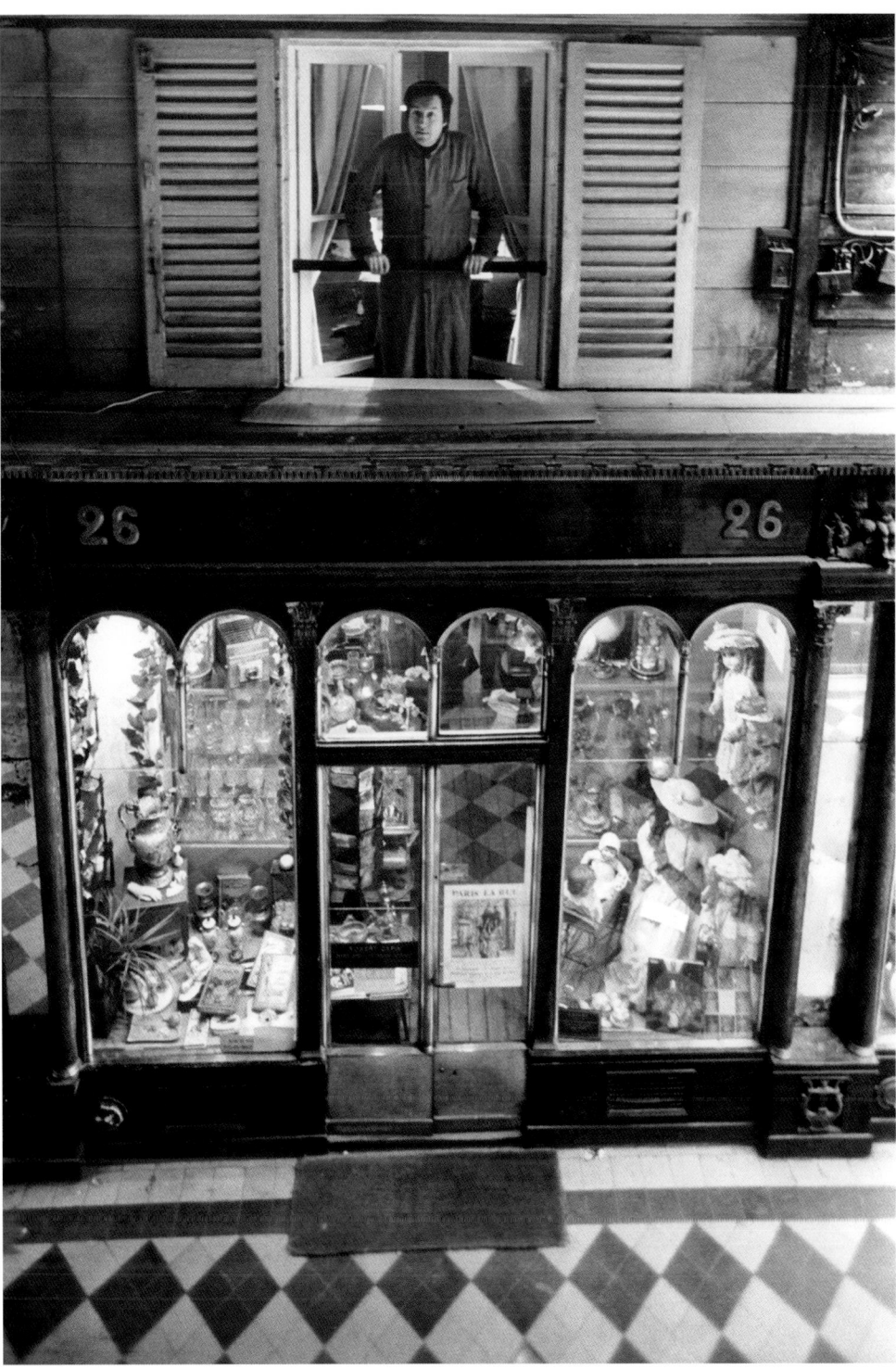

Ronis and Jean-Philippe Charbonnier, and *Doisneau 40/44* (1994). The most important of these books was the monograph by Peter Hamilton, *Robert Doisneau: A Photographer's Life* (1995), which was published to mark the large-scale exhibition curated for the Museum of Modern Art, Oxford, in 1994; the exhibition went on to the Musée Carnavalet the following year. It was an unparalleled popular success, exceeded only by the Doisneau retrospective *Paris en liberté* (Paris at Liberty; 2006), which was held at the Hôtel de Ville de Paris and seen by more than 400,000 visitors.

Doisneau's charisma inevitably increased the media pressure that he was under, in particular from television and cinema. Very early in his career, Doisneau had been attracted by the magic of cinema and, above all, by the great films of the 1930s. There are clear connections between the poetic realism of 1930s cinema and the photographic corpus that he accumulated over the course of his life; Doisneau was proud to confess the influence. In the company of André Vigneau, he had met filmmakers such as the brothers Jacques and Pierre Prévert and heard about Soviet cinematography and Luis Buñuel's *Un Chien Andalou*. "All the same, I must admit that, among my unacknowledged desires, there is, first and foremost, the world of cinema, in which I should so much like to have taken a stroll; yet again, it slammed the door in my face." "I should like, if it were possible, to try my hand at cinema, I shall look into the matter and cautiously circumnavigate

the bait before biting,"[59] he wrote to Maurice Baquet in September 1961. Though these ambitions were never fulfilled, he was able to enter the cinematic world as set photographer for a number of films, including René Clair's *Le Silence est d'or* (*Silence Is Golden*; 1945), François Truffaut's *Tirez le pianiste* (*Shoot the Piano Player*; 1960), and Nicole Védrès's *Paris 1900*. With Bertrand Tavernier's *Un dimanche à la campagne* (*A Sunday in the Country*; 1983), he followed the entire shooting and made the acquaintance of Sabine Azéma, who became one of the great friends of his final years. During the 1980s, he made some experiments with video, including a short for the Rencontres d'Arles and, in 1993, a little film called *Les Visiteurs du square*. He himself became the subject of filmmakers: in the wake of François Porcile's *Le Paris de Doisneau* (1973) and *Poète et piéton* (1981), he was the central character in a number of different films, including Sabine Azéma's *Bonjour, Monsieur Doisneau* (1992) and *Doisneau des villes, Doisneau des champs* (Doisneau of the City, Doisneau of the Fields) by Patrick Cazals (1993). But, of course, he devoted the majority of his later years to photography. Despite increasing fatigue, he photographed artists, singers, and celebrities: Renaud Séchan, Sandrine Bonnaire, Jack Lang, Christian Lacroix, Isabelle Huppert, and the French group Les Rita Mitsouko – a whole new generation who clearly enjoyed their collaboration with Doisneau.

Things happened quickly at the end. In July 1993, while staying with friends in Dordogne, Doisneau had a heart attack. His wife, Pierrette, had remained behind in Paris and died in September. Hospitalized in Paris, Doisneau died on April 1, 1994. The couple are buried in the little village of Raizeux in the Yvelines department, where they had met sixty years before. Doisneau's death was saluted by the press in France and abroad and he was unanimously hailed as the greatest member of the pantheon of humanist photographers. His legacy is a few seconds of eternity fixed on paper: a few seconds of wonder that afford us hours of joy as we discover ourselves and others in these pictures of "ordinary people in ordinary situations."

His work survives him in the form of 450,000 negatives that, over the course of a long life, he carefully filed and captioned. Today, his two daughters, Annette and Francine, have founded L' Atelier Doisneau, an organization based in the photographer's own apartment and devoted to ensuring the posterity of his works and archives. In doing so, his daughters continue the course of their professional lives. from the 1980s on, Annette had been deputy archivist of her father's image collection, while Francine worked with the Rapho agency on publications and exhibitions. The two of them ensure the diffusion and survival of this all but inexhaustible corpus. And very successful they have been: since 1994, exhibitions and publications of Doisneau's work have constantly been center stage on the photographic scene. After the major Parisian exhibitions at the Musée Carnavalet and the Hôtel de Ville came those in Düsseldorf (1997), Bogotá (2003), Japan (2009, 2012), Milan (2013), and many others in national and regional museums. Retrospective or thematic, these exhibitions were very successful in making available to a new audience these instants full of tenderness and love, these characters as moving as they are amusing, these environments epitomized in the photographer's penetrating gaze. To these successes must be added others in the publishing world, since the last decade has seen a vast number of publications on various scales. They include *Travailleurs* (Workers; 2003), *Paris Doisneau* (2005), *Portraits d'artistes* (Portraits of Artists; 2008), and *Palm Springs 1960* (2010); the entire universe of this modest collector of the instant is now available to the great visual delight of a vast audience.

Light years away from the predators of current affairs photography, Doisneau was for over six decades the gentle fisherman of calm waters, "feeling his way ... under the impulse of attraction and repulsion, driven here and there by events, allowing a slightly bolshie intuition to guide his hand."[60] It was a life during which this man with his clear, mischievous gaze and winning smile tells us, "I never noticed time passing, being too busy with the permanent, gratuitous spectacle afforded by my contemporaries and occasionally consoling them, when

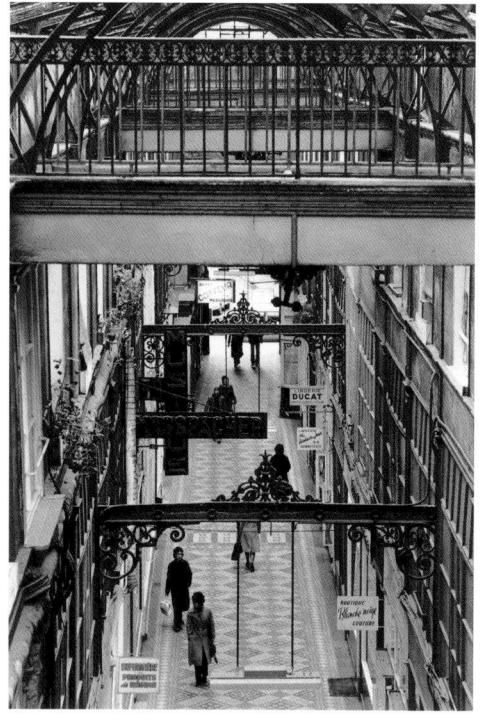

Passage du Grand-Cerf, 1976

tenderness with which I myself should like to be treated. My photos were a kind of proof that this world can exist."[62] His special interest in the working-class milieu and its physical environment allowed him to make images imbued with a kind of social realism that also profoundly marked the literature and cinema of the time. Out of the myriad moments, largely devoid of event, that he harvested during his random wanderings through the streets of time were born thousands of images which, on closer examination, reveal a wealth of inspiration and emotion that quite transcends the simple humanist definition with which this poet of the image is frequently identified.

When we go beyond a superficial reading, his work comes to seem infinitely more complex than it at first appeared. True, humor is, as we have seen, one of its essential components and is found in all its variants: ironic, tender, and disturbing. In Doisneau, humor is an ingredient made up of refinement and restraint: "Humor is both mask and discretion, the shelter behind which one can hide: suggesting something with a light and playful touch, apparently without criticism – but the thing is said all the same."[63]

We cannot help but acknowledge that, behind this protective mask, Doisneau's images are sometimes exceedingly somber. This is something that appears even in his very earliest photographs: the gas lamp, the paling fence, and even the interior are all bathed in an atmosphere of suburban grisaille and

the opportunity arose, with a fleeting image."[61] Over these decades, Doisneau tirelessly told us stories full of feeling, poetry, and humor, enchanting us with his capacity to transmit the fleeting but implicit tenderness that connected him with those whom he photographed. "The world that I attempted to show was a world in which I would have felt at home, where people were likeable, where I would encounter the

loneliness. This gravity is the more evident in another spectrum of Doisneau's work, one that has been less widely noticed and published even though it occupied much of his life, as we have seen: the images that he devoted to the world of work.

It began in the Renault factories in 1934 and continued to preoccupy him throughout his life. He illustrated working-class life with precision and no trace of voyeurism; at once present and absent, he was able to maintain a certain distance and, in this way, avoid the trap of militant photography, while at the same time focusing our attention with great simplicity on the work of the miners, steelworkers, dockers, agricultural workers, and sewermen. His profound empathy and solidarity with this world transpire as much in his selection of the infernal conditions of certain factories as in his portraits of workers, in which fatalism, serenity, and nobility are inscribed on the faces of men seemingly hardened by their very tough professions. With an acute sense of light that he had learned at André Vigneau's, a sense of space and the environment, Doisneau excelled at creating vivid portraits of men and women in the factory and the workshop. Here, the osmosis between photographer and model is self-evident. Doisneau persisted in this sociological enterprise over several decades with obvious sensitivity and commitment. This work was close to his heart and later inspired some regrets: "In fact, I took the easy way out. Picking flowers is much nicer than trying to make pastry out of clinker. I showed a lack of conviction and willpower – and I would have needed plenty of willpower to break down the barriers behind which the living conditions of workers are concealed. I mean: everyone works or almost everyone. But I am thinking of the ones who do the sweaty jobs, those close to the furnace or those at the coalface, all those inhabited by their pride at doing dangerous work."[64] Nevertheless, this astonishing account of a world, many elements of which have all but disappeared from France – miners, steelworkers, and textile workers – is a veritable treasure for the archivist, historian, and sociologist. And it bears witness to the admirable fraternity of a man who, over four decades, from 1934 to 1975, was able to immerse himself in the daily activity of those who labor for their lives and to make of his images a paean of praise.

With his impeccable eye, overt humor, and generosity of heart, Doisneau has, over the years, gleaned and harvested a veritable bouquet of moments, encounters, and environments and made of them his own personal world: "The only people I photograph well are those who resemble me."[65] He lived to see the irremediable transformation of the suburbs, which have now "become a stultifying backdrop where fun is outlawed."[66] He has always cut a solitary figure as a photographer, since "it is a great luxury to be on one's own. Many people never experience that vertiginous sense of solitude. But I have no difficulty with

"Knowing where to be, without influencing the subject, like wolves out hunting, moving so as to isolate the subject, cut it out of the herd. I learned all that just by marking time."

it because I see very clearly at moments like that."[67] This was the luxury that allowed him to traverse again and again his chosen quartiers between Paris, Montrouge, and Gentilly, shooting with a real sense of responsibility and with the previous consent of the subject. "One of the great joys of my career has been to meet and speak to people I don't know. Often, these simple people turn out to be delicious characters who create a poetic climate. One should only ever take photographs when overflowing with generosity for others..."[68]

His sense of mischief and complicity connected him with his models and help to explain certain of his carefully staged compositions – works at which some have, in the wake of *The Hôtel de Ville Kiss* affair, feigned astonishment. This objection seems completely fruitless since Doisneau has never denied setting up certain photographs. Examples include those in which his concierge and assistant, Paul Barabé, appears; he showed a remarkable ability to meet all Doisneau's requirements. Another is the photograph *Black and White Coffee*, in which, he says, "They are not real newlyweds,

they were extras from the Joinville studio. I asked them if they were happy for me to take a photograph, and yes, they were, then up pops this coalman. Of course, the black on white is a bit crude..."[69] Pure luck! Another example was *The Hôtel de Ville Kiss*, which embittered his later years because of the idiotic case brought against him in 1993 (forty-three years later) by a couple who thought they were represented in this image and were, of course, claiming financial compensation. Yet this very image formed part of a series of photos commissioned by *Life* in 1950 to illustrate the theme of Parisian lovers. Doisneau had never concealed the fact that these photographs were staged with two actors, who were duly recompensed at the time and were, in fact, genuinely in love. Doisneau was deeply shocked by the reaction of certain people to this court case, which continued after his death. But such images account for a very small part of the mass of photographs made by him in his guise as a "private reporter." And their participants do no more than deliberately tread the boards of the little theater set up by the photographer. They do this, moreover, in the same way as all those anonymous characters who crossed his path throughout his life and left him one hundredth of a second of their existence. "I always feel I must speak to the people I photograph, either apologizing afterwards or asking permission in advance."[70] "The special attribute of the photographer must be the hope that a miracle will occur against all the odds. A kind of faith in fortune's smile. Anything can happen on the corner of the street. I set my backdrop, a rectangle of space, and wait for the actors to come and play out I know not what."[71] Doisneau never imposed on anybody; he only ever made suggestions. "The photographs that interest me, the ones that I find successful, are those that reach no conclusion. They never tell a story right to the end. They leave things open so that people can keep company with the image a while and continue it as they see fit; a sort of stepping stone for dreams, in other words."[72] In short, they invite spectators to take part and make their own entrance on the stage of this timeless theater of the moment.

An extremely multifarious photographer, Robert Doisneau told the story of his era with a benevolence that cannot mask either his deeply reflective nature or the complete independence of his gaze. The field of observation that he established over several decades is very broad and covers the poor of this world, the forgotten, the lonely, the workers, the well-off, the artists, the dropouts, the dreamers, alongside the many others who fill the boxes of prints stacked in his studio.

It was a much broader field of investigation than is customarily acknowledged; he is, ironically, confined to a hackneyed image of himself. In fact, it was the public and the publishers who, throughout his life, focused on the more lighthearted and picturesque themes, preferring them to others undeniably more somber but also deeply endearing, honest, and truthful. No doubt the images of Paris and its suburbs, in which some people believe that they recognize themselves, spicing up the image with a grain of personal nostalgia, are more immediately appealing. But nostalgia has no place in the photographs of a man so much in love with life and too much devoted to the present to indulge in any such thing.

Throughout his long life, Doisneau cast his lines from the banks of the Parisian suburbs. This was his conclusion: "The population of Paris, rubbing up against the urban structure, has given the city a kind of burnish that is very likeable. In my endless peregrinations, I have myself done so much polishing of the street ornaments that, for the first time in my life, I feel a vague sense of ownership. I should nevertheless like to take up a position relatively unknown to the free-market landlord and leave my door wide open to you."[73] Let us take advantage of this generous invitation to visit and rediscover in his company a vast reservoir of precious instants, amorous gazes, permanent street theater, and authentic characters accumulated over half a century of wonder-filled contemplation.

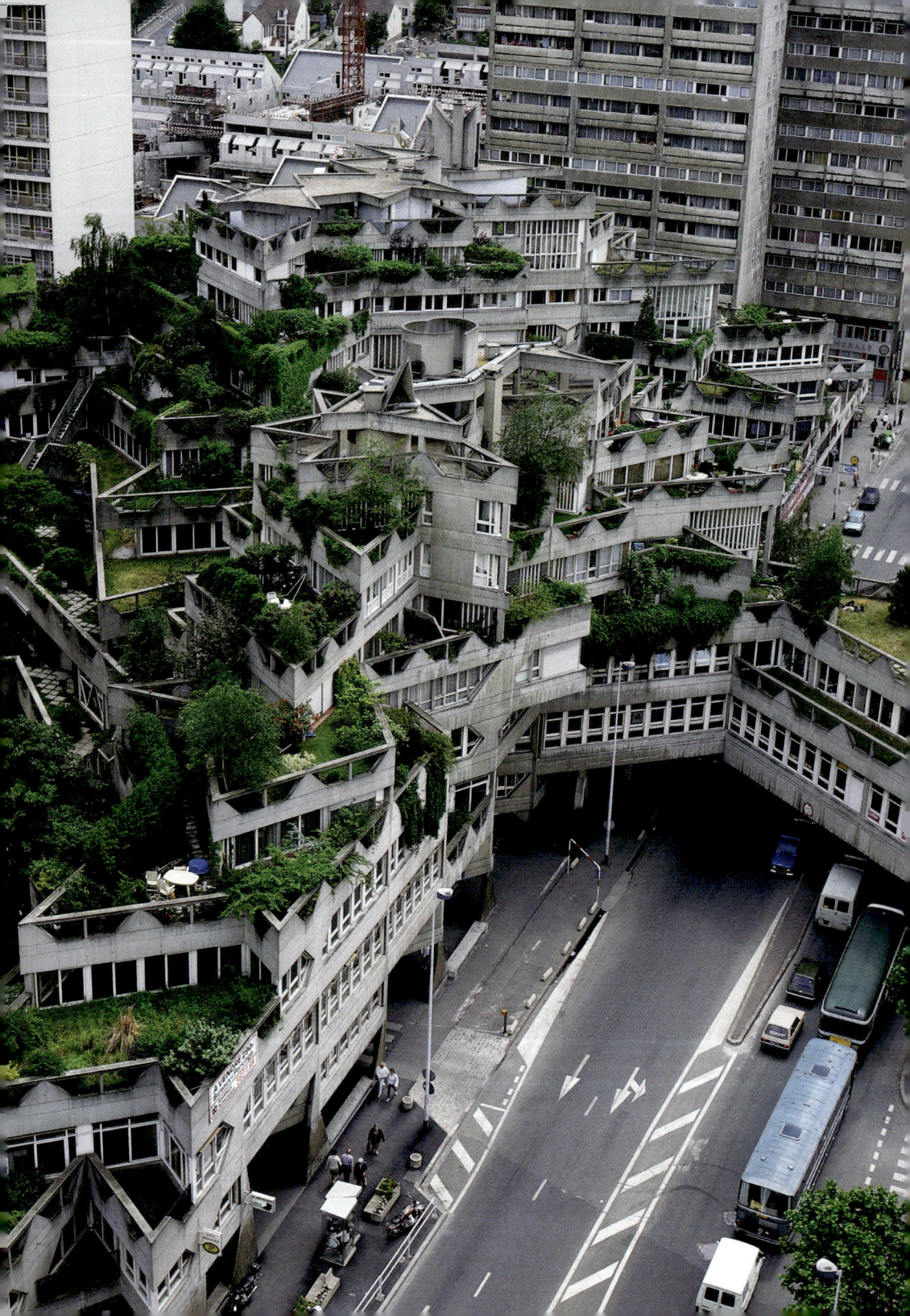

#5

La consécration

1980–1994

Le phénomène de redécouverte de la photographie et de certains photographes ne va cesser de s'amplifier tout au long des décennies suivantes. Dès 1981, un film *Poète et piéton* de François Porcile est consacré à Robert Doisneau qui a également la joie de voir le livre *Ballade pour violoncelle et chambre noire*, ce long marathon photographique parcouru avec l'ami Maurice Baquet, enfin publié. Fortement handicapé par la longue maladie de son épouse Pierrette, dont l'état ne cesse de s'aggraver, Doisneau doit cependant faire face à de nombreuses sollicitations. De nouvelles générations redécouvrent ces images cueillies au gré du hasard, faites sans prétention, pour le simple plaisir de l'œil. Publications, expositions, distinctions vont se succéder sans guère d'interruptions. Ses photographies font l'objet, en 1983, d'une publication dans la nouvelle collection Photo Poche née sous les auspices du Centre national de la photographie dirigé par Robert Delpire et créé par Jack Lang, ministre de la Culture. Cette même année, le Grand Prix national de la photographie, instauré en 1978, lui est décerné, succédant ainsi au palmarès à André Kertész.

Ce retour au premier plan de Robert Doisneau se concrétise également par l'invitation qui lui est faite, ainsi qu'à quatorze autres photographes dont Gabriele Basilico, Raymond Depardon, Sophie Ristelhueber, Holger Trülzsch, François Hers, Pierre de Fenoyl et Tom Drahos de participer à la Mission photographique de la DATAR chargée de définir l'état des paysages, des lieux de vie et de travail dans la France des années 1980. Par inclinaison personnelle bien sûr, mais également du fait de la santé de son épouse qui l'empêche de s'éloigner de Paris, il choisit de photographier la banlieue parisienne et son urbanisation nouvelle. C'est un véritable défi que va assurer Doisneau en rompant avec ses pratiques antérieures : choix de la couleur pour les prises de vue, élimination des scènes avec des personnages. « L'image doit être un signe simple[51] », dit Doisneau, des images symboles faites pour signifier. « Il ne fallait pas moins que Doisneau, écrit Roger Brunet, pour donner à voir, tout crus et avec quel clin d'œil, le baroque d'Évry, les silos à main-d'œuvre du Nanterre d'Aillaud ou les Disneyland du pauvre à Évry ou Grigny.[52] » De cette banlieue aux bâtiments tout en couleurs – « des couleurs suaves, c'est un gaspillage plus qu'une décoration, on les maquille pour les rendre aimables[53] » –, Doisneau en dresse un portrait sans concession, dans des images

Jean Renaudie Apartment Block, Ivry-sur-Seine, 1984

profondément graphiques et violemment colorées. Une analyse sarcastique d'un univers qu'il ne reconnaît plus, un véritable réquisitoire visuel qu'il accompagne dans *À l'imparfait de l'objectif* de ces mots radicaux : « Partant des terrains vagues et grignotant les zones pavillonnaires, les hommes casqués ont dégagé de vastes clairières où champignonnent des parallélépipèdes. Les mêmes volumes plantés verticalement sur le côté deviennent des tours. Allongés horizontalement, ce sont des barres dont les pignons aveugles affichent à tout hasard un Rimbaud ou un Beethoven en mosaïque. Quelquefois on se trouve devant des falaises simplement percées de trous, ce qui est bien commode pour classer, dans un minimum d'espace, le maximum de familles ouvrières.[54] » Des mots et des images qui révèlent ou confirment la profonde sensibilité sociale d'un photographe touché par la vision de ces déserts urbains.

Robert Doisneau renouera cependant avec son véritable milieu avec deux autres commandes qu'il reçoit des municipalités de Saint-Denis et de Gentilly. Là, il retrouve une certaine vie, une certaine animation. Mais un réel désenchantement le gagne. Dans ces lieux de ses premiers clichés, « le ciment a remplacé les carreaux de plâtre et les baraques en bois. Plus rien ne retient la lumière.[55] » D'où la sensation de tristesse, l'impression de solitude qui se dégage de ces travaux. Même Paris et ses Parisiens changent : « Les photographes sont devenus suspects. Je me sens moins bien accueilli. La magie est cassée. C'est la fin de la photographie sauvage, des dénicheurs de trésors. J'ai moins de joie intérieure.[56] » « La rue a été vidée de ses flâneurs, les automobilistes dans leur aquarium font la gueule et sur les trottoirs on ne rencontre plus que des gens allant, venant vers une gare ou un métro, toujours en retard et souvent agressifs.[57] »

La pression médiatique ne cesse cependant de croître. Pour la seule période s'étendant de 1980 à 1994, vingt-quatre livres, d'une importance plus ou moins grande vont être publiés. De *Un certain Robert Doisneau* (1986) jusqu'à *La Vie de famille* (1993), c'est tout un univers qui va être redécouvert grâce en particulier à l'association du photographe et de sa plume avec d'anciens ou de nouveaux amis comme Jacques Prévert (*Rue Jacques Prévert*, 1992), François Cavanna (*Les Doigts pleins d'encre*, 1989), Daniel Pennac (*Les grandes Vacances*, 1991), non sans oublier *À l'imparfait de l'objectif* (1989), ouvrage autobiographique capital où Doisneau, avec beaucoup d'humour et de tendresse, se révèle totalement. Ces ouvrages connaîtront un réel succès commercial car ils traduisent la proximité voire la complicité du photographe et des écrivains : « J'aime les hommes qui se sont donné la peine de vivre d'abord et qui écrivent ensuite : Cendrars, Prévert, pour la poésie, et Cavanna aussi, qui est un sale môme et qui a tout appris à l'école de la rue. Je préfère ces écrivains-là, parce qu'ils réveillent en moi des harmoniques que j'ai accumulés pendant l'enfance.[58] » D'autres ouvrages apportent des lumières complémentaires

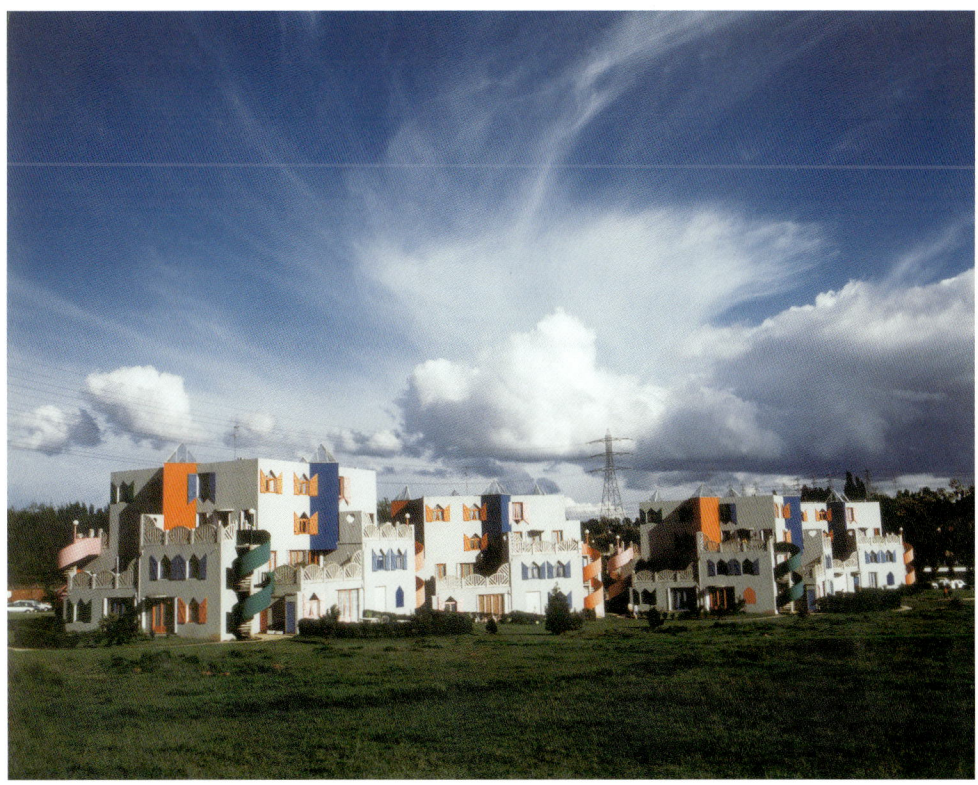

La Fosse aux Prêtres, Marc Duval architecte, Palaiseau, 1984

sur l'œuvre de Robert Doisneau comme *Les Enfants de Germinal* avec un texte de François Cavanna où l'on note également la présence de Willy Ronis et de Jean-Philippe Charbonnier (1993), *Doisneau 40/44* (1994), et surtout l'importante monographie de Peter Hamilton *Robert Doisneau ou La Vie d'un photographe* (1995) éditée à l'occasion de la grande exposition conçue pour le MoMA d'Oxford (1994) et qui sera présentée au musée Carnavalet l'année suivante avec un succès populaire qui ne sera égalé que par l'exposition « Paris en liberté » présentée à l'Hôtel de Ville de Paris en 2006 et qui sera vue par plus de 400 000 visiteurs !

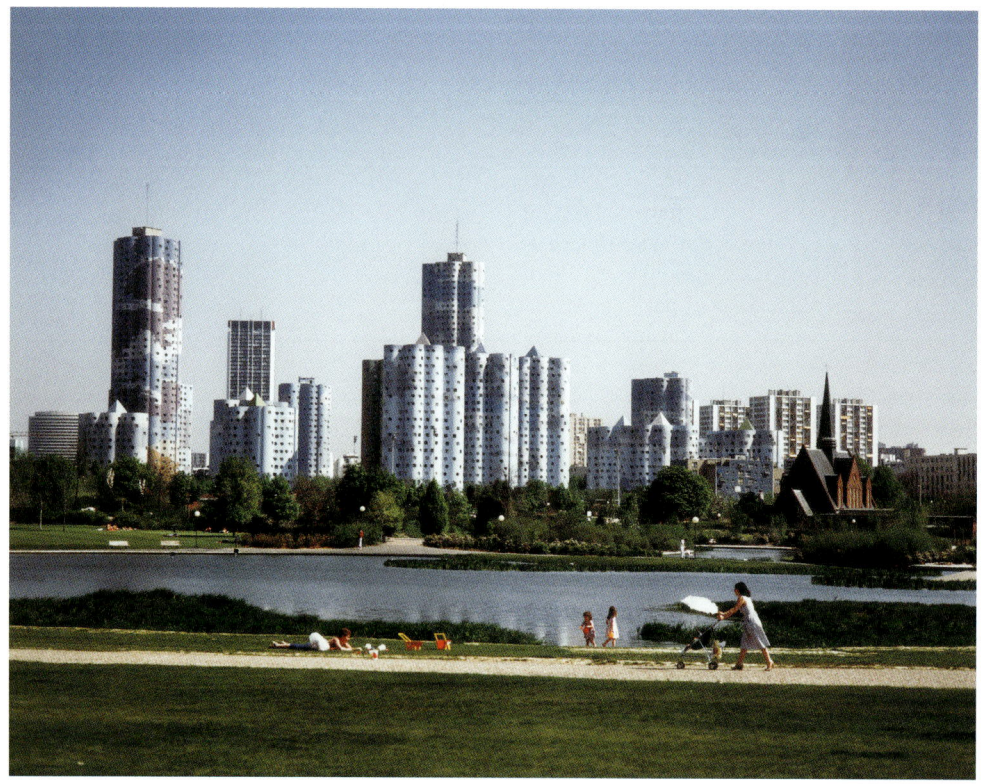

The Émile Aillaud Towers, Nanterre, 1984

Il est bien évident que l'aura indiscutable de ce personnage ne peut qu'accroître la pression médiatique et tout particulièrement celles de la télévision et du cinéma. Déjà à ses tout débuts, Doisneau est attiré par la magie du cinéma qu'il découvre dans les grands films de la fin des années 1930. Le réalisme poétique qui

s'impose alors sur les écrans révèle des liens évidents avec ce que deviendra l'œuvre du photographe qui, d'ailleurs, ne se cache pas d'avoir été influencé par celui-ci. Par ailleurs, chez André Vigneau, il va rencontrer des cinéastes comme les frères Jacques et Pierre Prévert, entendre parler des films soviétiques ou du

Chien Andalou de Luis Buñuel. « Tout de même, je dois avouer que parmi mes désirs inavoués il y a, en priorité, cet univers du cinéma dans lequel j'aurai tant aimé me promener et qui, encore une fois, me fermait la porte au nez [...] J'aimerais, si cela est possible, faire quelques tentatives de cinéma, je vais flairer la chose et faire de grands cercles autour avant de mordre à l'appât [59] », écrit-il à Maurice Baquet en septembre 1961. Doisneau avait par le passé participé en tant que photographe au tournage de plusieurs films dont *Le Silence est d'or* de René Clair (1947), *Tirez sur le pianiste* de François Truffaut (1960) ou *Paris 1900* de Nicole Védrès (1946), mais c'est avec *Un dimanche à la campagne* de Bertrand Tavernier (1983), dont il suit tout le tournage, qu'il approche au plus près l'univers du cinéma : il fera à cette occasion la rencontre de Sabine Azéma, qui deviendra la grande complice de ses dernières années. Au cours des années 1980, Doisneau fera quelques expériences de vidéo : un court métrage pour les Rencontres d'Arles ainsi qu'un petit film, *Les Visiteurs du square*, en 1992. Le personnage lui-même intéresse les réalisateurs puisque, après les réalisations de François Porcile (*Le Paris de Doisneau* en 1973 et *Poète et piéton* en 1981), Doisneau va devenir l'interprète principal de différents films dont *Bonjour, Monsieur Doisneau* que réalise Sabine Azéma en 1992 et *Doisneau des villes, Doisneau des champs* de Patrick Cazals en 1993. Mais c'est bien entendu à la photographie qu'il consacrera, en dépit d'une fatigue croissante, les derniers instants

de sa vie, photographiant artistes, chanteurs et gens célèbres du moment : Renaud Séchan, Sandrine Bonnaire, Jack Lang, Christian Lacroix, Isabelle Huppert, Les Rita Mitsouko, toute une nouvelle génération qui lui offre généreusement une évidente complicité.

Les choses vont brusquement s'accélérer. Alors que Robert Doisneau séjourne en juillet 1993 chez des amis en Dordogne, il est victime d'une crise cardiaque. Restée à Paris, Pierrette, son épouse, s'éteint peu de temps après en septembre. Rapatrié à Paris et hospitalisé, Robert Doisneau décède à son tour le 1er avril 1994. Tous deux reposent désormais dans le petit village de Raizeux, dans les Yvelines, où ils s'étaient rencontrés quelque soixante ans auparavant. L'ensemble de la presse française et étrangère, unanime pour lui accorder la première place dans le Panthéon des humanistes, lui rend un large hommage. Un humaniste qui nous a laissé en héritage quelques secondes d'éternité figées sur le papier, quelques secondes d'émerveillement qui continueront à nous valoir des heures de joie à la découverte des autres et de nous-mêmes, à la découverte des « gens ordinaires dans des situations ordinaires ».

Son œuvre continue d'ailleurs à vivre grâce aux 450 000 clichés qu'il a, tout au long de sa vie, soigneusement classés et légendés. Aujourd'hui ses deux filles, Annette et Francine, qui ont fondé L'Atelier Doisneau – une structure installée dans l'appartement que Robert Doisneau n'avait jamais quitté de son vivant –, ont entrepris d'assurer la lourde tâche de faire vivre l'œuvre et les archives de leur père. En fait, elles ne font que poursuivre leurs activités professionnelles puisque, dès les années 1980, Annette était devenue l'assistante archiviste de la collection d'images de son père tandis que Francine travaillait chez Rapho chargée de l'édition et des expositions. Toutes deux continuent à assurer la diffusion et la vie d'une œuvre quasi inépuisable, ce avec un succès certain puisque, depuis 1994, expositions et publications n'ont cessé d'occuper la scène photographique. Après les grandes expositions du musée Carnavalet et de l'Hôtel de Ville à Paris, d'autres suivront à Düsseldorf en Allemagne (1997), à Bogotá en Colombie (2003), au Japon (2009 et 2012), à Milan en Italie (2013), ainsi que dans la majorité des musées nationaux ou régionaux. Rétrospectives ou thématiques, ces expositions rencontrent un succès évident en permettant à un nouveau public de découvrir tous ces instants pleins de tendresse et d'amour pour les autres, tous ces personnages aussi émouvants que drôles et tous ces décors saisis par le regard perçant du photographe. À ces succès s'en ajoutent d'autres dans le monde de l'édition puisque cette dernière décennie va voir un grand nombre de publications, d'importances diverses, consacrées au long trajet de ce braconnier de l'image. Des *Travailleurs* (2003) à *Paris Doisneau* (2005), de *Palm Springs 1960* (2010) à *Portraits d'artistes* (2008), c'est tout l'univers de ce modeste collectionneur

d'instants qui s'offre aujourd'hui à la gourmandise visuelle d'un vaste public.

À des années-lumière des prédateurs de la photographie d'actualité, Robert Doisneau a été pendant quelque six décennies un tendre pêcheur en eaux tranquilles, au « cheminement (...) tâtonnant, animé par les attirances et les répulsions, ballotté par les événements, laissant à l'intuition la part belle et même un peu rebelle[60] ». Un trajet durant lequel, nous dit ce tendre glaneur d'instants au regard clair, malicieux et au sourire complice : « Je n'ai pas vu le temps passer, trop occupé que j'étais du spectacle permanent et gratuit offert par mes contemporains, les soulageant, quand l'occasion se présentait, d'une image au passage.[61] » Pendant ces décennies, Robert Doisneau n'a cessé de nous raconter des histoires pleines de sentiments, de poésie et d'humour, en nous enchantant par sa capacité à transmettre cette tendre complicité, cette relation implicite et fugace qui l'unit avec celui qu'il photographie. « Le monde que j'essayais de montrer était un monde où je me serais senti bien, où les gens seraient aimables, où je trouverais la tendresse que je souhaite recevoir. Mes photos étaient comme une preuve que ce monde peut exister.[62] » Son intérêt privilégié pour les milieux populaires et leur décor de vie lui a permis de réaliser des images imprégnées d'un certain réalisme social qui a profondément marqué par ailleurs cinéma et littérature de l'époque. De ces multiples moments, sans événements, qu'il va fixer lors de ses flâneries au gré des rues et

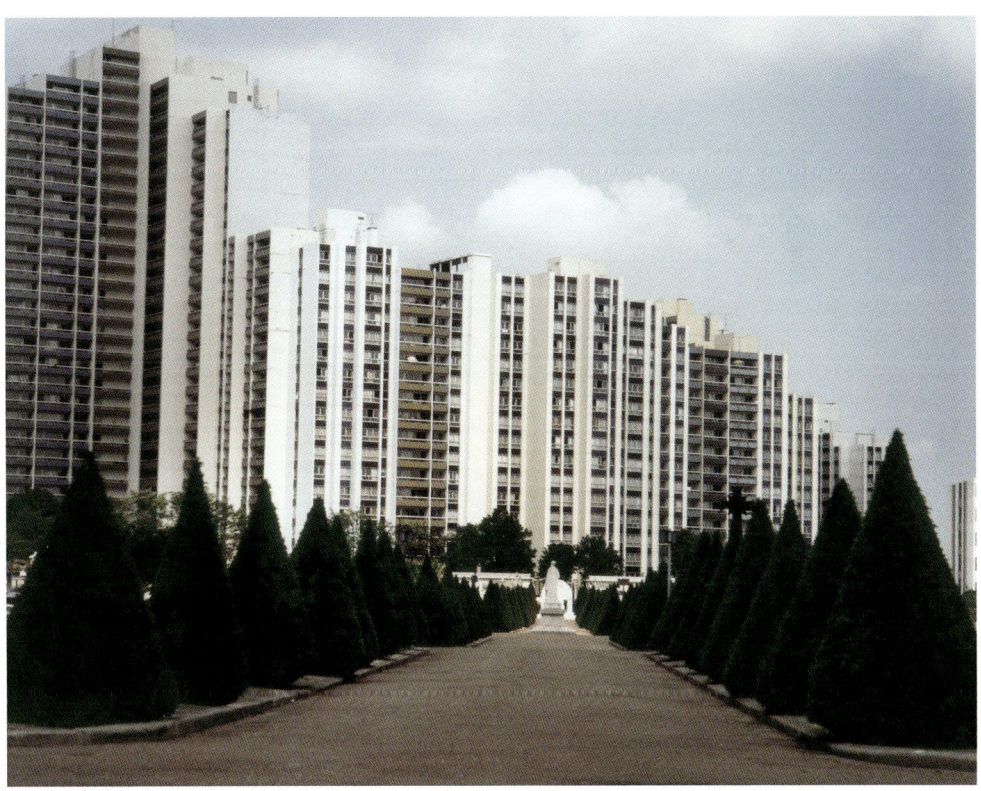

Issy-les-Moulineaux, 1984

des heures, sont nées quantité d'images qui révèlent, à l'examen, une richesse d'inspiration et d'émotion, une diversité qui déborde largement du simple cadre humaniste dans lequel ce poète de l'image est couramment enfermé.

Au-delà d'une lecture au premier degré, une analyse plus approfondie fait, en effet,

apparaître une œuvre infiniment plus complexe qu'il n'y paraît. Certes l'humour, nous l'avons vu, en est l'un des composants essentiels. Il se décline de bien des manières : ironique, tendre, grinçante... Chez Robert Doisneau, l'humour est un ingrédient tout de finesse et de retenue : « L'humour c'est une forme de pudeur, une

« Savoir se placer, sans intervenir
sur le sujet, faire comme les loups
quand ils chassent, se déplacer
pour isoler le sujet, le sortir du
troupeau. Tout ça, je l'ai appris
en piétinant sur place ».

façon de ne pas dire les choses, de les abor-
der avec délicatesse, en donnant un clin d'œil.
L'humour c'est à la fois masque et discrétion,
un abri où l'on se cache. Suggérer d'une touche
légère et badine, sans avoir l'air d'y toucher,
mais on le dit quand même[63]. »

Derrière ce masque protecteur, force est
de reconnaître que ces images sont parfois
sombres, graves. Sentiment qui apparaît dès
ses toutes premières photographies : le bec
de gaz, la palissade, voire même son intérieur,
toutes plongées dans une atmosphère de grisaille banlieusarde et solitaire. Cette gravité
apparaît également clairement dans une autre
partie du travail de Doisneau, moins connue
et beaucoup moins publiée : celle, nous l'avons
vu, qu'il a consacré au monde du travail et qui
occupera une grande partie de son temps.

Commencée aux usines Renault en 1934,
cette illustration du monde du labeur ne ces-
sera de le préoccuper. Il saura l'illustrer avec
précision en évitant tout voyeurisme : présent
et absent à la fois, il a su garder une certaine
distance qui lui évite de tomber dans le mili-
tantisme, tout en se penchant avec simplicité

sur le travail des mineurs de fond, des sidérurgistes, des dockers, des travailleurs ruraux, des
égoutiers... Son empathie profonde et sa solidarité pour ce monde transparaissent autant
dans le choix des décors infernaux de certaines
usines que dans ces portraits de travailleurs
où fatalité, sérénité et noblesse s'inscrivent
tout à la fois sur les visages souvent durcis
par la rudesse du métier. Avec une connaissance aiguë de la lumière, apprise chez André
Vigneau, un sens de l'espace et de l'environnement, Doisneau excelle à dresser des portraits
vivants d'hommes et de femmes attachés qui
à l'usine, qui à l'atelier. Il est bien évident que
l'osmose entre le photographe et ses modèles
est ici totale. Et c'est avec une grande sensibilité et une évidente solidarité que Doisneau va
réaliser, pendant plusieurs décennies, ce travail
sociologique. Travail qui lui tient à cœur et qui,
plus tard, lui inspirera quelques regrets : « En
réalité, j'ai cédé à la facilité. Il est plus plaisant
de ramasser des fleurettes que de faire des
pâtés avec du mâchefer. Manque de conviction,
manque de volonté, car il m'en aurait fallu, de
la volonté pour forcer les barrages derrière
lesquels on camoufle les conditions de vie des
travailleurs. J'entends bien : tout le monde
travaille ou presque, mais je pense aux mouil-
leurs de chemise, à ceux qui sont près du feu
ou qui vont au charbon, et à tous ceux qui se
font posséder par l'orgueil de faire un métier
dangereux.[64] » Au-delà de ces regrets, il n'en
reste pas moins que cette saga d'un monde qui a
vu, aujourd'hui, disparaître bon nombre de ces

métiers – mineurs, sidérurgistes, filatures… – reste un trésor pour le documentaliste, l'historien ou le sociologue. Elle témoigne également de la fantastique fraternité d'un homme qui a su, pendant près de quatre décennies (de 1934 à 1975), se fondre dans l'activité quotidienne de ceux qui peinent et en louer la noblesse.

Avec son œil scrutateur, son humour à la boutonnière et un cœur grand ouvert, Doisneau a, pendant des années, glané et ramassé sur le bitume tout un bouquet d'instants, de rencontres, de décors dont il a fait son monde personnel : « Je ne photographie bien que les gens qui me ressemblent.[65] » Un monde dont il observe la transformation irrémédiable comme dans cette banlieue parisienne « devenue un décor idiot où l'on ne peut plus jouer[66] ». Toujours en solitaire, car « c'est le grand luxe d'être seul. Il y en a beaucoup qui n'ont pas cette espèce de vertige que donne la solitude. Mais moi je la supporte très bien parce que je vois bien clair en ce moment-là[67]. » C'est ce luxe solitaire qui lui a permis de parcourir son petit périmètre entre Paris, Montrouge et Gentilly en ne photographiant qu'en connaissance de cause, avec le consentement préalable du sujet. « Une des grandes joies de ma carrière c'est de voir, de parler à des gens que je ne connais pas. Bien souvent, ces gens simples se trouvent être des personnages délicieux qui déclenchent un climat poétique. On ne devrait photographier que lorsque l'on se sent gonfler de générosité pour les autres…[68] » Cette connivence, cette complicité qui le lie à ses modèles expliquent

largement quelques-unes de ses compositions soigneusement mises en scène dont certains, après l'affaire du *Baiser de l'Hôtel de Ville*, ont semblé s'étonner. Querelle tout à fait inopportune à nos yeux, puisque Doisneau n'a jamais caché ses interventions dans certaines photographies. Comme dans ces images où figure Paul Barabé, son concierge et assistant, qui s'est prêté avec beaucoup de talent à toutes les exigences du photographe ou comme dans celle du *Café noir et blanc* où, raconte-t-il, « ce ne sont pas de vrais mariés, c'étaient des figurants du studio de Joinville. Je leur demande s'ils veulent bien que je fasse une photo, oui ils sont d'accord, et voilà que s'amène un bougnat, bien sûr c'est un peu grossier ce noir et ce blanc…[69] » Heureux effet du hasard… Autre exemple, la photographie du *Baiser de l'Hôtel de Ville* qui lui aura gâché ses derniers instants avec ce procès imbécile que lui a intenté, en 1993 (quarante-trois ans plus tard !), un couple affirmant se reconnaître dans cette image et réclamant, bien entendu, une compensation financière. Alors même que cette image fait partir de la série de photographies commandées par *Life* en 1950 pour illustrer le thème des amoureux de Paris. Ces photographies, et Doisneau lui-même n'en a jamais fait mystère, ont été réalisées avec la complicité de deux comédiens dûment rémunérés à l'époque et, qui plus est, étaient alors vraiment amoureux l'un de l'autre ! Cette procédure, dont Doisneau ne verra pas la conclusion avant son décès, va lui laisser un goût amer alimenté par les réactions

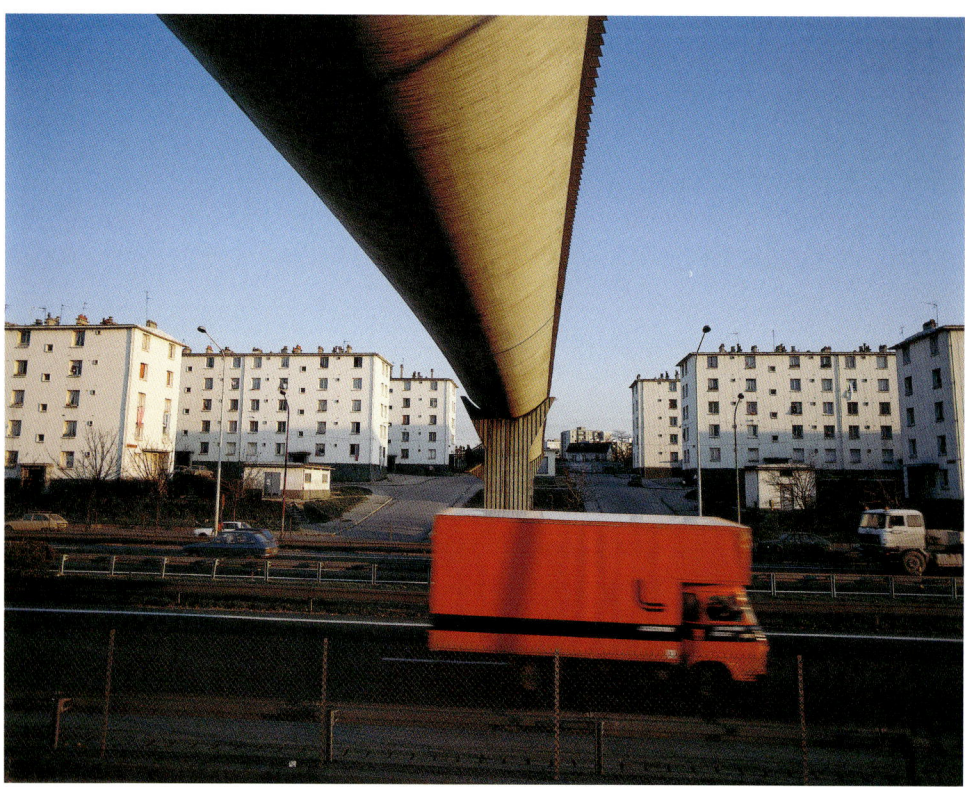

Passerelle des Peupliers, Petit Nanterre, 1984

de certains. Ces images ne représentent cependant qu'une infime partie de la masse de clichés réalisés par celui qui se qualifiait de « reporter à titre privé ». Et leurs personnages ne font rien d'autre qu'entrer délibérément sur la scène de ce petit théâtre que s'est construit Robert Doisneau. Au même titre d'ailleurs que tous ces anonymes qui n'ont cessé de croiser par hasard son chemin en lui cédant un centième de seconde de leur existence. Mais avec qui le contact s'établit : « Il faut toujours que je parle aux gens que je photographie, après je m'excuse ou avant je leur demande.[70] » « La qualité d'un photographe doit être l'espoir du miracle contre toute logique. Une espèce de foi dans l'heureux hasard. N'importe quoi peut arriver au coin de la rue. Je me fais un décor, un rectangle et j'attends que des acteurs viennent jouer je ne sais pas quoi.[71] » Robert Doisneau n'impose rien, il propose. « Les photographies qui m'intéressent et que je trouve réussies, sont celles qui ne concluent pas, qui ne racontent pas une histoire jusqu'au bout, mais restent ouvertes pour permettre aux gens de faire, eux aussi, avec l'image, un bout de chemin, de la continuer comme il leur plaira ; un marchepied du rêve, en quelque sorte.[72] » Et une invitation au spectateur à participer et à entrer à son tour sur la scène de ce théâtre sans fin.

Photographe polyvalent, Robert Doisneau a su raconter son époque avec une bienveillance qui ne masque pas la profondeur de la réflexion ni la totale indépendance de son regard. Le champ d'observation qu'il a abordé au cours de toutes ces décennies est extrêmement large, entre les petits de ce monde, les oubliés, les solitaires, les travailleurs, les nantis, les artistes, les paumés, les rêveurs et tant d'autres qui emplissent ses boîtes de tirages empilées dans son atelier.

Un champ d'investigation bien plus grand que l'image réductrice qui lui est souvent attribuée. En réalité c'est le public lui-même – et les éditeurs – qui, au fil du temps, ont privilégié certains thèmes plus souriants, plus pittoresques à d'autres plus sombres, sans doute, mais tout aussi attachants, honnêtes et vrais. Certes ces images parisiennes ou banlieusardes dans lesquelles certains jouent à se reconnaître, pimentant le tout d'une pointe de nostalgie personnelle, sont d'une approche plus aisée. Nostalgie qui, d'ailleurs, n'a pas sa place dans les photographies d'un homme trop amoureux de la vie, trop passionné du présent pour s'y adonner.

Robert Doisneau n'a cessé, toute sa vie, de lancer ses lignes sur les rives de la banlieue et de Paris. Il en tire cette conclusion : « Le peuple de Paris, en se frottant au mobilier urbain, a donné à la ville une patine que l'on peut aimer. Ainsi moi-même, par mes passages répétés, j'ai tellement participé à l'astiquage des bibelots de la rue, que j'éprouve, pour la première fois de ma vie, un vague sentiment de propriété. Je veux néanmoins me situer dans l'espèce peu commune des propriétaires libéraux en vous laissant ma porte largement ouverte.[73] » Profitons de cette généreuse invitation pour visiter et redécouvrir en sa compagnie cette réserve d'instants précieux, de regards amoureux, de spectacles permanents et de personnages authentiques accumulés tout au long d'un demi-siècle d'émerveillement.

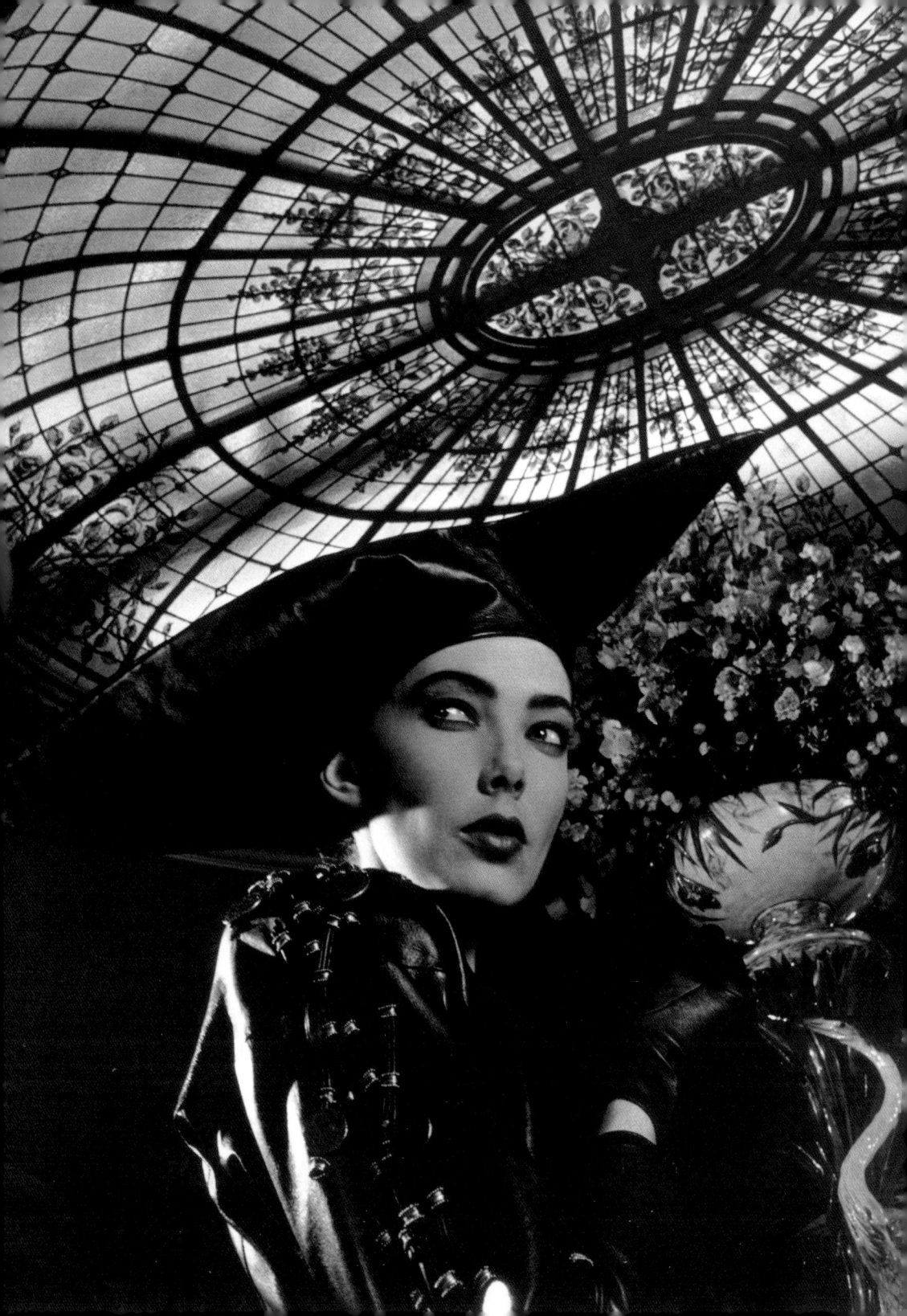

#5

Anerkennung

1980–1994

Auch in den folgenden Jahrzehnten nimmt die Aufmerksamkeit für die Fotografie und bestimmte Fotografen kontinuierlich zu. François Porcile widmet Robert Doisneau 1981 seinen Film *Poète et piéton* (Poet und Fußgänger), und zur großen Freude des Fotografen erscheint nach einem wahren fotografischen Marathon mit seinem Freund Maurice Baquet endlich der Band *Ballade pour un violoncelle et chambre noire* (Ballade für Violoncello und Camera obscura). Doisneau, dem die lange, unaufhaltsam fortschreitende Krankheit seiner Frau Pierrette stark zu schaffen macht, erhält zahlreiche Anfragen. Junge Generationen entdecken den Reiz seiner beiläufig aufgenommenen Bilder wieder, die keinen anderen Anspruch haben, als einfach nur das Auge zu erfreuen. Publikationen, Ausstellungen und Ehrungen häufen sich. 1983 erscheint ein Band zu Robert Doisneau in der Reihe „Photo Poche", die vom Centre National de la Photographie und auf Initiative des Kulturministers Jack Lang von Robert Delpire herausgegeben wird. Im selben Jahr erhält er in der Nachfolge von André Kertész den 1978 gestifteten Grand Prix National de la Photographie.

Doisneaus Comeback in die erste Reihe der französischen Fotografen kommt auch in seiner Beteiligung an der Fotokampagne der DATAR zum Ausdruck. Gemeinsam mit 14 Kollegen, unter ihnen Gabriele Basilico, Raymond Depardon, Sophie Ristelhueber, Holger Trülzsch, François Hers, Pierre de Fenoyl und Tom Drahos, soll er die Landschaften, die Wohn- und Arbeitsbedingungen im Frankreich der 1980er-Jahre dokumentieren. Aus persönlichem Interesse und angesichts des Gesundheitszustands seiner Frau konzentriert er sich auf die Pariser Vororte und ihre städtebauliche Umgestaltung. Eine echte Herausforderung, die neue Vorgehensweisen erfordert: Er verwendet Farbfilme und verzichtet darauf, Menschen abzulichten. „Das Bild muss ein einfaches Zeichen sein",[51] sagt Doisneau. Er will symbolträchtige Bilder, die eine Bedeutung haben. „Doisneau verstand es meisterhaft", schreibt Roger Brunet, „unverblümt und mit einem gewissen Augenzwinkern den Barock von Évry, die Wohnsilos von Émile Aillaud in Nanterre, die Disneylands für Arme in Évry oder Grigny wiederzugeben."[52] Von dieser Banlieue voller farbiger Gebäude – „die sanften Farben waren zwar ohne Goldverschwendung als Dekoration, aber man wollte sie damit erträglich machen"[53] – erstellt Doisneau ein schonungsloses Porträt, stark

Glass Roof at Bofinger's, 1987

grafisch strukturierte, bunte Bilder. Schonungs-
los analysiert er eine bis zur Unkenntlichkeit
entstellte Welt, eine visuelle Anklage, die er in
À l'imparfait de l'objectif bissig kommentiert:
„Vom Brachgelände ausgehend, haben Männer mit Helmen riesige Schneisen geschlagen,
in denen jetzt die Parallelepiped-Klötze aus
dem Boden wachsen. Stellt man diese Blöcke
vertikal hin, werden sie zu Türmen. Liegen sie
horizontal, sind sie Riegel, die hier und dort
mit einem Rimbaud- oder Beethoven-Mosaik
verziert sind. Manchmal steht man vor einem
Gebirge voller Löchern, was recht praktisch ist,
wenn man auf kleinstem Raum möglichst viele
Arbeiterfamilien unterbringen will."[54] Worte
und Bilder, die von der tiefen Betroffenheit des
Fotografen angesichts dieser städtebaulichen
Gräueltaten zeugen.

Auftragsarbeiten für Saint-Denis und Gentilly führten Robert Doisneau dann wieder in
sein vertrautes Milieu in deutlich belebtere
Viertel zurück. Enttäuscht stellt er fest, dass
auch sie sich verändert haben: „… wo früher
verputzte Blocks und Holzbaracken standen,
ist jetzt Beton. Nichts speichert mehr Licht."[55]
Seine Bilder aus diesen Vorstädten vermitteln
ein Gefühl der Tristesse, der Vereinsamung.
Selbst Paris und die Pariser haben sich verändert: „Fotografen gelten neuerdings als suspekt.
Ich fühle mich nicht mehr willkommen. Der
Zauber ist verflogen. Die Zeit, in der man wild
drauflosfotografieren, wo man noch Schätze
aufspüren konnte, ist endgültig vorbei. Und mir
macht es weniger Freude."[56] „Auf der Straße

sieht man keine Flaneure mehr, die Autofahrer
in ihren Aquarien schauen missgelaunt, und auf
den Gehsteigen trifft man nur noch Leute, die
zum Bahnhof, zur Métro gehen oder von dort
kommen, immer in Eile und oft aggressiv."[57]

Unterdessen nimmt das Medieninteresse
stetig zu. Allein in den Jahren 1980 bis 1994
erscheinen 24 unterschiedlich umfangreiche
Bücher zu Doisneau. Das Spektrum reicht
von *Un certain Robert Doisneau* (Ein gewisser
Robert Doisneau, 1986) bis *La Vie de famille*
(Das Familienleben, 1993). Da Doisneau als
Fotograf und Komentator mit einer ganzen
Reihe neuer und alter Freunde wie Jacques
Prévert (*Rue Jacques Prévert*, 1992), François
Cavanna (*Les Doigts pleins d'encre* [Die Finger
voller Tinte], 1989) oder Daniel Pennac (*Les
grandes Vacances* [Die großen Ferien], 1991)
zusammenarbeitet, erschließt sich für uns ein
ganzes Universum an Bildern, nicht zuletzt in
À l'imparfait de l'objectif (Das Imperfekt des
Objektivs, 1989), Doisneaus autobiografischem
Hauptwerk, in dem er sich mit viel Humor und
Gefühl als Mensch und Fotograf offenbart.
All diese Bücher waren große verlegerische
Erfolge, wohl auch, weil in ihnen Schriftsteller
und Fotograf auf das Engste zusammenarbeiten: „Ich mag Menschen, die erst mit ganzer
Kraft leben und nachher darüber schreiben:
Cendrars, Prévert in der Lyrik, auch Cavanna,
der letztlich ein Gauner ist, der alles, was
er kann, auf der Straße gelernt hat. Mir sind
diese Autoren lieber, weil sie Töne anschlagen,
die ich aus meiner Kindheit kenne."[58] Andere

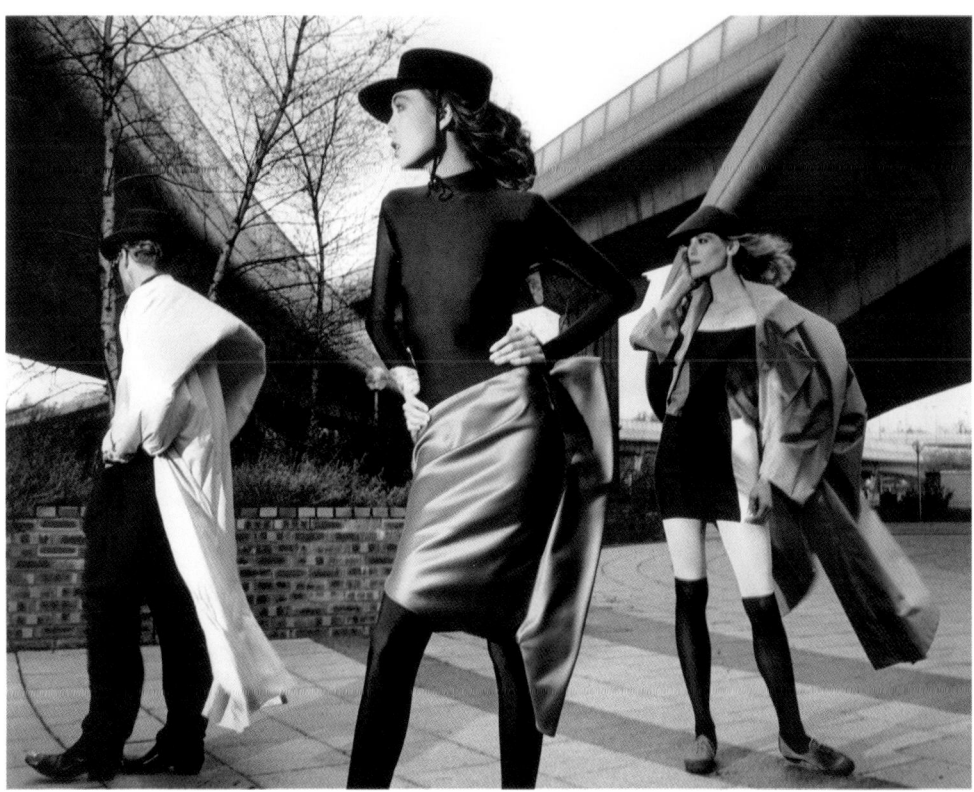

Under the Maisons-Alfort Interchange, 1985

Bücher aus dieser Zeit zeigen neue Aspekte im Werk von Robert Doisneau, etwa *Les Enfants de Germinal* (Die Kinder des Germinal) mit einem Text von François Cavanna, in dem auch Willy Ronis und Jean-Philippe Charbonnier vertreten sind (1993), *Doisneau 40/44* (1994) und natürlich Peter Hamiltons wichtige

Biografie *Robert Doisneau – La vie d'un photographe* (Robert Doisneau – Das Leben eines Fotografen, 1995). Sie erscheint anlässlich der großen Ausstellung im Oxforder Museum of Modern Art (1994), die im folgenden Jahr auch im Musée Carnavalet in Paris gezeigt wurde – eine erfolgreiche Schau, deren Besucherzahl

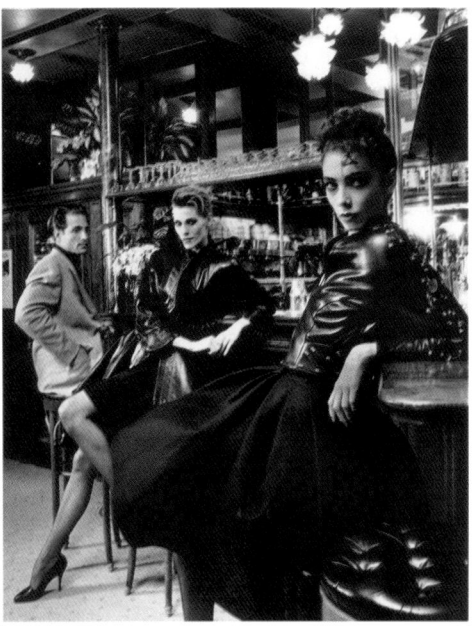

Fashion at Bofinger's, 1987

auf, der übrigens keinen Hehl daraus machte, von diesen Filmen beeinflusst worden zu sein. Bei André Vigneau trifft er Cineasten wie die Brüder Jacques und Pierre Prévert, er hört vom sowjetischen Film oder von Luis Buñuels *Ein andalusischer Hund*. „Trotzdem muss ich zugeben, dass zu meinen uneingestandenen Wünschen vor allem die Welt des Films gehört, in der ich so gern unterwegs gewesen wäre, die mir aber wieder einmal die Tür vor der Nase zugeschlagen hat. [...] Ich würde, wenn das möglich ist, gerne ein paar filmische Versuche unternehmen. Ich werde Witterung aufnehmen, erst einmal drum herum schleichen, bevor ich anbeiße",[59] schreibt er Maurice Baquet im September 1961. Diese Wünsche erfüllen sich nicht, als Fotograf ist er aber an den Dreharbeiten zu verschiedenen Filmen beteiligt, etwa *Le Silence est d'or* (*Schweigen ist Gold*, 1947) von René Clair, *Tirez sur le pianiste* (*Schießen Sie auf den Pianisten*, 1960) von François Truffaut oder *Paris 1900* von Nicole Védrès (1946). Vor allem aber ist hier *Un dimanche à la campagne* (*Ein Sonntag auf dem Lande*, 1983) von Bertrand Tavernier zu nennen, den er während der gesamten Dreharbeiten begleitet und bei dem er Sabine Azéma kennenlernt, die enge Freundin seiner letzten Lebensjahre. In den 1980er-Jahren unternimmt er selbst einige Versuche mit Videos: ein Kurzfilm für die „Rencontres" in Arles sowie der kleine Film *Les Visiteurs du square* (Menschen auf dem Platz, 1992). Umgekehrt interessieren sich Filmemacher für die Person Robert Doisneau. François Porcile

erst 2006 von der Ausstellung „Paris en liberté" (Paris in Freiheit) im Hôtel de Ville (mit über 400.000 Besuchern) übertroffen wird.

Selbstverständlich fördert auch die große persönliche Ausstrahlung Doisneaus das Interesse der Medien, vor allem von Film und Fernsehen. Bereits zu Beginn seiner Karriere war Doisneau fasziniert vom Kino, von den großen Filmen der 1930er-Jahre. Der poetische Realismus, der damals die Leinwände eroberte, weist unverkennbar Gemeinsamkeiten mit dem späteren Schaffen des Fotografen

dreht 1973 *Le Paris de Doisneau* und 1981 *Poète et piéton*. In einigen Filmen, darunter *Bonjour, Monsieur Doisneau* (Guten Tag, Herr Doisneau, 1992) von Sabine Azéma und *Doisneau des villes, Doisneau des champs* (Doisneau der Städte, Doisneau der Felder, 1993) von Patrick Cazals, wird Doisneau sogar zur Hauptfigur. In den letzten Jahren seines Lebens, in denen ihm zunehmend die Kräfte schwinden, widmete sich Doisneau weiter der Fotografie: Er porträtiert Künstler, Sänger, Prominente wie Renaud Séchan, Sandrine Bonnaire, Jack Lang, Christian Lacroix, Isabelle Huppert, Les Rita Mitsouko – Angehörige einer jüngeren Generation, die bereitwillig mit ihm zusammenarbeiten.

Dann überschlagen sich die Ereignisse. Robert Doisneau, der gerade bei einem Freund in der Dordogne zu Gast ist, erleidet im Juli 1993 einen Herzinfarkt. Kurze Zeit später, im September 1993, stirbt seine Frau Pierrette, die in Paris geblieben war. Doisneau wird in ein Pariser Krankenhaus verlegt, wo er am 1. April 1994 stirbt. Das Ehepaar liegt auf dem Friedhof von Raizeux im Département Yvelines begraben, dem kleinen Dorf, in dem sie sich mehr als 60 Jahre zuvor kennengelernt hatten. In der französischen und internationalen Presse erscheinen zahlreiche Nachrufe, man würdigt Doisneau einhellig als führenden Vertreter der *Photographie humaniste*: als einen Menschenfreund, der einige Sekunden Ewigkeit auf Papier gebannt hat, wunderbare Sekunden, die uns weiterhin Stunden der Freude bereiten, in denen wir sowohl andere

Menschen entdecken als auch uns selbst, „gewöhnliche Menschen in gewöhnlichen Situationen".

Doisneaus Werk lebt in den 450.000 Aufnahmen weiter, die er im Laufe seines Arbeitslebens zusammengetragen, sorgfältig geordnet und beschriftet hat. Seine Töchter Annette und Francine haben in den Räumen seiner Wohnung das Atelier Doisneau gegründet. Sie widmen sich der schwierigen Aufgabe, das Werk und das Archiv ihres Vaters lebendig zu halten. Dabei führen sie eigentlich nur fort, was sie schon vor seinem Tod begonnen hatten. Annette hatte in den 1980er-Jahren als Assistentin ihres Vaters das Bildarchiv betreut, während Francine bei der Agentur Rapho mit Publikationen und Ausstellungen betraut war. Das Gesamtwerk, für dessen Pflege und Verbreitung die beiden sorgen, ist geradezu unerschöpflich. Sie erledigen diese Aufgabe überaus erfolgreich, denn auch nach 1994 ist Doisneau in der Fotoszene durch Ausstellungen und Veröffentlichungen präsent geblieben. Auf die großen Pariser Ausstellungen im Musée Carnavalet und im Hôtel de Ville folgten weitere in Düsseldorf (1997), Bogotá (2003), Japan (2009 und 2012), in Mailand (2013) und in zahlreichen französischen Museen. Diese Retrospektiven und thematischen Ausstellungen waren durchweg sehr erfolgreich und ermöglichten es einer breiten Öffentlichkeit, diese Augenblicke voller Gefühl und Anteilnahme für die Menschen neu zu entdecken – all die ergreifenden, oft auch komischen Gestalten, all die Milieus, die der Fotograf einzufangen wusste. Hinzu kommen zahlreiche Verlagspublikationen. Im letzten Jahrzehnt ist eine Fülle größerer und kleinerer Bände erschienen, die das umfangreiche Lebenswerk dokumentieren – *Travailleurs* (Arbeiter, 2003), *Paris Doisneau* (2005), *Palm Springs 1960* (2010), *Portraits d'artistes* (Künstlerporträts, 2008). Sie zeigen die ganze Welt dieses bescheidenen Sammlers von Augenblicken, die heute den Bildhunger eines riesigen Publikums stillt.

Lichtjahre trennten Robert Doisneau von den sensationsgierigen Pressefotografen seiner Zeit. Rund sechs Jahrzehnte lang fischte er in ruhigen Gewässern, ging „tastend vor, wurde angezogen und abgestoßen, ließ sich von den Ereignissen treiben und setzte auf seine manchmal rebellische Intuition".[60] Der einfühlsame Bilderjäger mit seinem klaren Blick und seinem schelmischen Lächeln war jahrelang so sehr in seine Arbeit vertieft, dass er gar nicht gemerkt habe, „wie die Zeit vergeht, so sehr war ich mit dem Schauspiel beschäftigt, das meine Zeitgenossen mir unablässig und umsonst boten, und ich habe sie dabei, wo sich eine Gelegenheit bot, im Vorübergehen mit einem Bild erfreut".[61] In all diesen Jahrzehnten hat Doisneau uns unermüdlich Geschichten voller Gefühl, Poesie und Humor erzählt und mit seiner Kunst verzaubert, indem er seine stillschweigende, flüchtige Anteilnahme, die ihn mit den fotografierten Personen verband, durch seine Bilder zum Ausdruck brachte. „Die Welt, die ich zu zeigen versuchte, war eine Welt, in der ich mich selbst wohlfühlte, eine Welt mit liebenswerten Menschen, wo ich die Zuneigung fand, nach der ich mich sehnte. Meine Fotos sind so etwas wie der Beweis, dass es diese Welt geben kann."[62] Durch seine Vorliebe für die Arbeiterviertel und ihre Lebenswelt entstanden Bilder, die Ausdruck eines sozial engagierten Realismus sind, der übrigens auch den Film und die Literatur dieser Zeit geprägt hat. In diesen unzähligen Augenblicken, in denen so gut wie nichts passierte, sind bei seinen stundenlangen Streifzügen durch die Straßen der Stadt all die Bilder entstanden, die bei genauerer Betrachtung einen Reichtum an Inspiration und Gefühl offenbaren, eine Vielfalt, die über die Kategorie der *Photographie humaniste* weit hinausreicht, in die dieser Poet der Bilder gewöhnlich eingeordnet wird.

Eine gründlichere Analyse der Bilder ergibt, dass Doisneaus Werk sehr viel komplexer ist, als es zunächst den Anschein hat. Humor ist, wie bereits erwähnt, sicherlich ein wesentlicher Bestandteil. Er begegnet uns in den unterschiedlichsten Facetten, ironisch, liebevoll, grinsend ... Robert Doisneau setzt Humor mit Fingerspitzengefühl und wohldosiert ein: „Humor ist eine Form des Feingefühls, eine Art, Dinge nur anzudeuten, sie behutsam anzusprechen, mit einem Augenzwinkern. Humor ist zugleich Maske und Diskretion, etwas, hinter dem man sich verbergen kann. Man macht zarte, scherzhafte Anspielungen, scheint es gar nicht wirklich anzusprechen und bringt es gleichwohl zum Ausdruck."[63] Dabei darf man

nicht verkennen, dass seine Bilder hinter der
schützenden Maske zuweilen auch düster und
schwermütig sind. Eine solche Stimmung findet sich bereits in seinen frühesten Fotografien:
Gaslaternen, Bretterzäune, seine Wohnung in
einer eintönigen, grauen, trostlosen Vorstadt-
atmosphäre. Diese Schwermut zieht sich auch
durch einen anderen, weniger erforschten
Bereich seines Schaffens: die Dokumentation
der Arbeitswelt, auf die Doisneau sehr viel Zeit
verwendete.

Die Welt der Arbeiter beschäftigte Doisneau
seit den ersten Aufnahmen in den Renault-
Werken und bis an sein Lebensende. Er doku-
mentierte sie sehr präzise, aber ohne jeglichen
Voyeurismus. Trotz aller Präsenz blieb er auf
Distanz und hütete sich davor, ins Agitatori-
sche zu verfallen. Er hielt das Leben der Bergleute und Stahlkocher, der Hafen-, Land- und
Kanalarbeiter fest. Sein Mitgefühl, seine Solidarität mit diesen Personengruppen kommt
in der Motivwahl zum Ausdruck, etwa wenn
er die unmenschlichen Arbeitsbedingungen in
manchen Fabriken zeigt, aber auch in seinen
Porträts von Arbeitern, in deren Gesichtern
sich gleichzeitig Schicksalsergebenheit, Gelassenheit und Würde spiegeln, Gesichter, die oft
gezeichnet sind von den harten Bedingungen
des Arbeitslebens. Mit einem feinen Gespür für
das Licht (das er bei André Vigneau erworben
hat), mit einem sicheren Sinn für Raum und
Komposition gelingt es Doisneau auf wunderbare Weise, lebendige Porträts der Männer
und Frauen in den Fabriken und Werkhallen zu

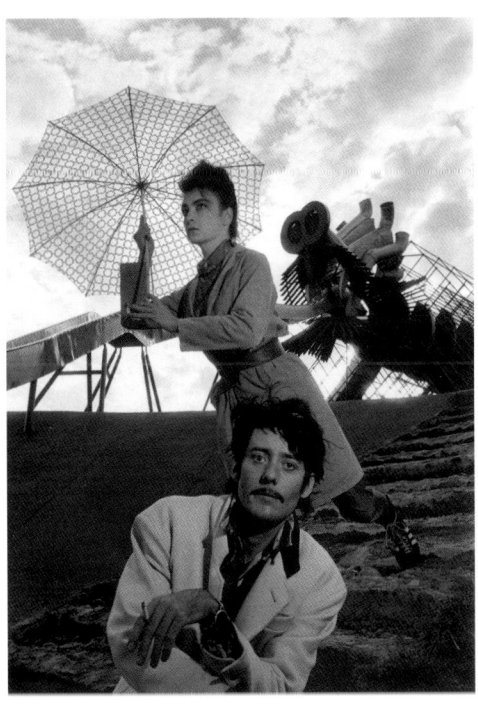

Les Rita Mitsouko, Parc de la Villette, October 1988

schaffen. Man spürt förmlich, wie eng der Aus-
tausch zwischen dem Fotografen und seinen
Modellen gewesen sein muss. Jahrzehntelang
führte Doisneau diese fast schon soziologi-
sche Arbeit fort, die ihm sehr am Herzen lag
und über die er später bedauernd feststellte:
„In Wirklichkeit habe ich den bequemen Weg
gewählt. Es macht natürlich mehr Spaß, Blüm-
chen zu pflücken, als aus Schlacke Kuchen
zu backen. Mir fehlte es an Überzeugung, an

„Zu wissen, wie man sich positioniert, ohne in das Motiv einzugreifen. Sich wie ein Wolf verhalten, der auf die Pirsch geht. Sich bewegen, um das Motiv zu isolieren, es gleichsam aus der Herde zu lösen. All das habe ich gelernt, während ich auf der Lauer lag."

Willenskraft, um die Tarnmechanismen zu durchbrechen, hinter denen sich die Lebensbedingungen der Arbeiter verbergen. Mir ist wohl bewusst, dass alle, oder fast alle, arbeiten, aber ich denke an all diejenigen, die schwer schuften, die ganz nah am Hochofen stehen, die Kohle aus dem Berg hacken, all diejenigen, die voller Stolz einen gefährlichen Beruf ausüben."[64] Doisneau schildert in epischer Breite eine Arbeitswelt mit Berufen, die es heute oft gar nicht mehr gibt: Bergleute, Stahlkocher, Spinnereiarbeiter – ein wahrer Schatz für Dokumentaristen, Historiker und Soziologen. Dieses dokumentarische Werk zeugt von der solidarischen Anteilnahme eines Mannes, der sich über einen Zeitraum von vier Jahrzehnten (von 1934 bis 1975) intensiv mit der Welt derer auseinandergesetzt hat, die Tag für Tag schuften, der es verstanden hat, ihre Würde zum Ausdruck zu bringen.

Mit seinem scharfen Blick, mit dem ihm eigenen Humor, mit seinem großen, offenen Herzen hat Doisneau über Jahre hinweg zahllose Augenblicke und Begegnungen im Bild festgehalten, die in der Summe seine ganz persönliche Welt ausmachen: „Ich kann nur Leute gut fotografieren, die mir ähnlich sind."[65] Und er beobachtet, wie sich diese Welt unaufhaltsam verändert, etwa die Pariser Banlieue, „inzwischen eine idiotische Umgebung, in der man nicht mehr spielen kann".[66] Eine Welt, die er allein durchstreift, denn „Alleinsein ist ein großer Luxus. Viele kennen das gar nicht, diesen schwindelerregenden Zustand des Alleinseins. Ich halte das aber sehr gut aus, denn dann sehe ich immer ganz klar."[67] Allein konnte er ungehindert sein Revier zwischen Paris, Montrouge und Gentilly erkunden, wusste bei seinen Aufnahmen, worum es geht, konnte auf das stillschweigende Einverständnis der Fotografierten setzen: „Während meiner Karriere als Fotograf hat es mir immer besonderen Spaß gemacht, mir unbekannte Leute zu treffen, mich mit ihnen zu unterhalten. Oft stellte sich heraus, dass diese einfachen Menschen ganz wunderbare Persönlichkeiten waren, und es ergaben sich zauberhafte Momente. Man sollte nur fotografieren, wenn man deutlich spürt, wie einem das Herz aufgeht für die Menschen, die man vor sich hat."[68]

Dieses stille Einverständnis, diese Komplizenschaft, die ihn mit seinen Modellen verbindet, trägt auch zum Verständnis der sorgfältig inszenierten Szenen bei, über die sich manche, gerade nach den Diskussionen um den berühmten *Kuss vor dem Hôtel de Ville*, gewundert haben. Ich halte diese Debatte für vollkommen verfehlt, denn Doisneau hat aus seinen Eingriffen bei bestimmten Aufnahmen nie einen Hehl gemacht. Dies gilt etwa für die Fotos mit Paul Barabé, seinem Concierge und Assistenten, der sich mit großem Geschick um alles gekümmert hat, was ein Fotograf braucht, oder auch für *Café noir et blanc* (Kaffee schwarz-weiß), wie Doisneau berichtet: „Das sind keine echten Brautleute, sondern Darsteller aus dem Studio von Joinville. Ich frage sie, ob ich sie fotografieren darf, sie sind einverstanden, und prompt gesellt sich ein Kohlenhändler dazu. Das ist natürlich schon etwas dick aufgetragen, das Schwarz und das Weiß (...)"[69] – ein glücklicher Zufall.

Ein weiteres Beispiel ist ebender *Kuss vor dem Hôtel de Ville*, der Doisneaus letzte Tage mit einer absurden gerichtlichen Auseinandersetzung belastete. Ein Paar verklagte ihn 1993 (43 Jahre nach der Aufnahme!), weil es glaubte, sich in dem Bild wiederzuerkennen, und dafür eine finanzielle Entschädigung forderte. Dabei war das Foto Teil der Serie mit Pariser Liebespaaren, die Doisneau 1950 im Auftrag von *Life* aufgenommen hatte. Diese Bilder entstanden – woraus Doisneau selbst auch nie ein Geheimnis gemacht hat – mit zwei Schauspielern, die damals angemessen bezahlt wurden und obendrein sogar wirklich ein Liebespaar waren. Der Prozess, dessen Ende Doisneau nicht mehr erlebte, hinterließ bei ihm einen bitteren Nachgeschmack, vor allem aufgrund der Reaktionen einiger Zeitgenossen. Dabei

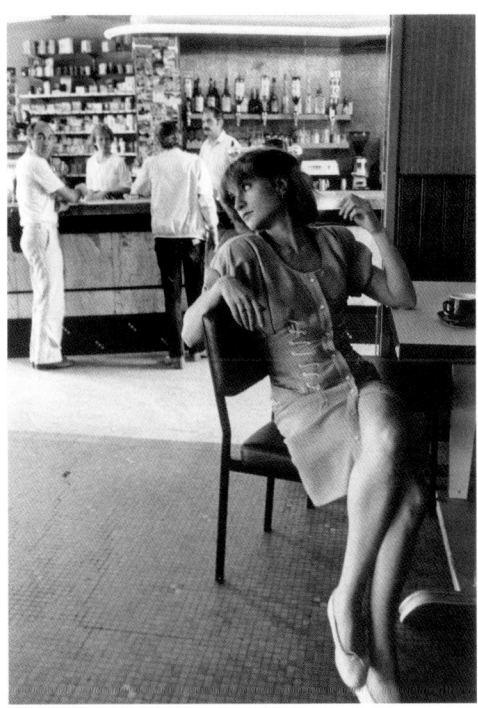

Isabelle Huppert, Café Deconquand, Rue du Faubourg Saint-Martin, 1985

machen solche gestellten Aufnahmen nur einen winzigen Teil seines gewaltigen Œuvres aus, verglichen mit der überwältigenden Menge der Fotos, die er als „Privatreporter" schoss. Und ihre Darsteller taten eigentlich nichts anderes, als bewusst auf der kleinen Bühne aufzutreten, die Robert Doisneau sich gebaut hatte. So unterschieden sie sich kaum von all den Unbekannten, die ihm im Laufe seines Berufslebens zufällig begegneten und die ihn an einer Zehntelsekunde ihres Lebens teilhaben ließen, denn auch mit diesen Menschen kam ein Kontakt zustande: „Ich muss immer mit den Leuten reden, die ich fotografiere, muss mich nachher entschuldigen oder sie vorher fragen." [70] „Die Qualität eines Fotografen besteht darin, dass er gegen alle Wahrscheinlichkeit auf ein Wunder hofft, an glückliche Fügungen glaubt. An jeder Straßenecke kann immer etwas passieren. Ich baue mir mein Bühnenbild, ein Rechteck, und dann warte ich, dass die Schauspieler etwas aufführen." [71]

Robert Doisneau schreibt nichts vor, sondern macht Vorschläge. „Die Fotografien, die mich interessieren und die ich für gelungen halte, sind solche, die nicht zu einem Schluss kommen. Sie erzählen eine Geschichte nicht zu Ende. Sie bleiben offen, damit die Menschen sich selbst ein Ende aussuchen können, sie weiterdenken können, wie sie wollen; sie dienen sozusagen als Trittbrett für die eigenen Träume." [72] Und eine Einladung an den Betrachter, sich einzubringen, die Bühne dieses Theaters zu betreten, das nie zu Ende geht.

Robert Doisneau war ein äußerst vielseitiger Fotograf, der es verstand, mit großer Sympathie ein Bild seiner Zeit zu vermitteln, ohne vor lauter Wohlwollen seine Analysefähigkeit oder die Unabhängigkeit seines Blicks zu verlieren. Die Felder, mit denen er sich in all diesen Jahrzehnten beschäftigte, sind überaus vielfältig, sein Blick galt den kleinen Leuten, den Vergessenen, den Einsamen, den Arbeitern, den Wohlhabenden, den Künstlern, den Gottverlassenen, den Träumern und all den anderen, deren Bilder kartonweise sein Studio füllten.

Das Spektrum seines Schaffens ist somit sehr viel größer, als die klischeehaft reduzierte Vorstellung, die man sich oft von diesem Fotografen macht, vermuten lässt. Letztlich waren es das Publikum selbst und die Verleger, die im Laufe der Zeit den humorvollen und pittoresken Aufnahmen den Vorzug gaben vor Bildern, die zwar düsterer erscheinen, dafür aber berührender, ehrlicher und wahrhaftiger sind. Natürlich sind die einschlägigen Fotos aus Paris und seinen Vorstädten mit ihrem nostalgischen Flair, in denen viele sich wiedererkennen, leichter zugänglich. Nostalgie hatte übrigens in der Fotografie dieses Mannes keinen Platz, denn er liebte das Leben viel zu sehr, hing viel zu sehr an der Gegenwart, um sich solchen Empfindungen hinzugeben.

Zeit seines Lebens ist Robert Doisneau immer wieder in den Banlieues von Paris auf die Pirsch gegangen; am Ende hat er seine Erfahrungen so zusammengefasst: „Das Volk von Paris hat sich stets an seiner Stadt gerieben, hat ihr eine Patina verliehen, die man liebenswert finden kann. Mit mir ist es genauso, ich bin immer wieder durch die Stadt gezogen und hatte einen so beträchtlichen Anteil am Blankscheuern all dieser Dinge in den Straßen, dass ich zum ersten Mal in meinem Leben das vage Gefühl eines Besitzanspruchs verspüre. Ich möchte mich allerdings der wenig verbreiteten

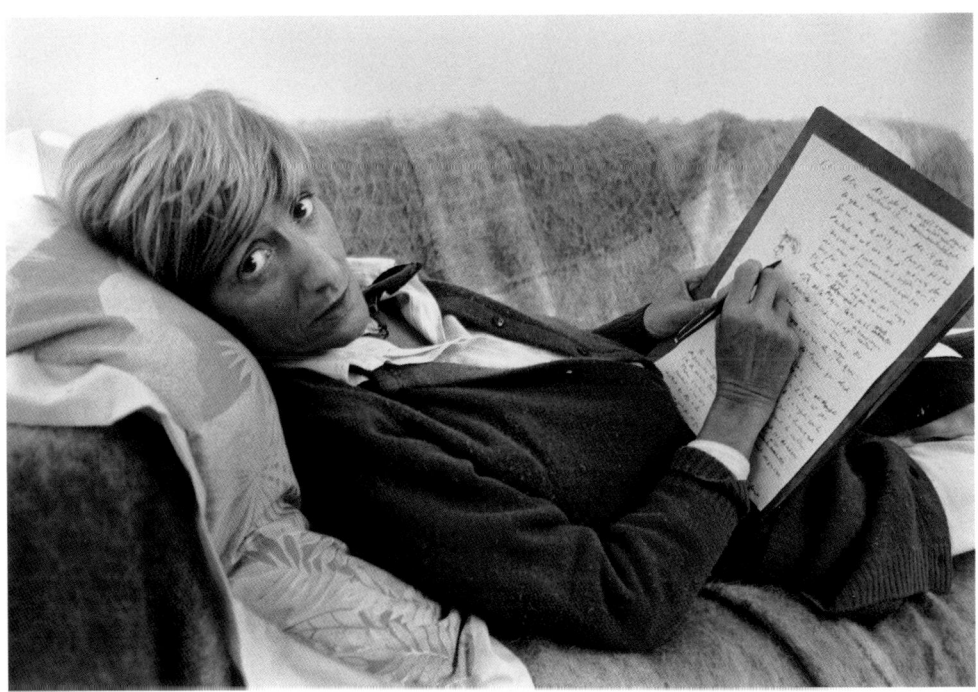

Françoise Sagan, Rue du Cherche-Midi, 1985

Gattung der freigiebigen Besitzer zurechnen, und so steht euch meine Tür weit offen."[73] Folgen wir dieser großzügigen Einladung, um in seiner Begleitung den reichen Fundus an kostbaren Augenblicken, die liebevollen Blicke, die alltäglichen kleinen Schauspiele, all die authentischen Figuren, die Doisneau in mehr als einem halben Jahrhundert zusammengetragen hat, zu sichten und neu zu entdecken.

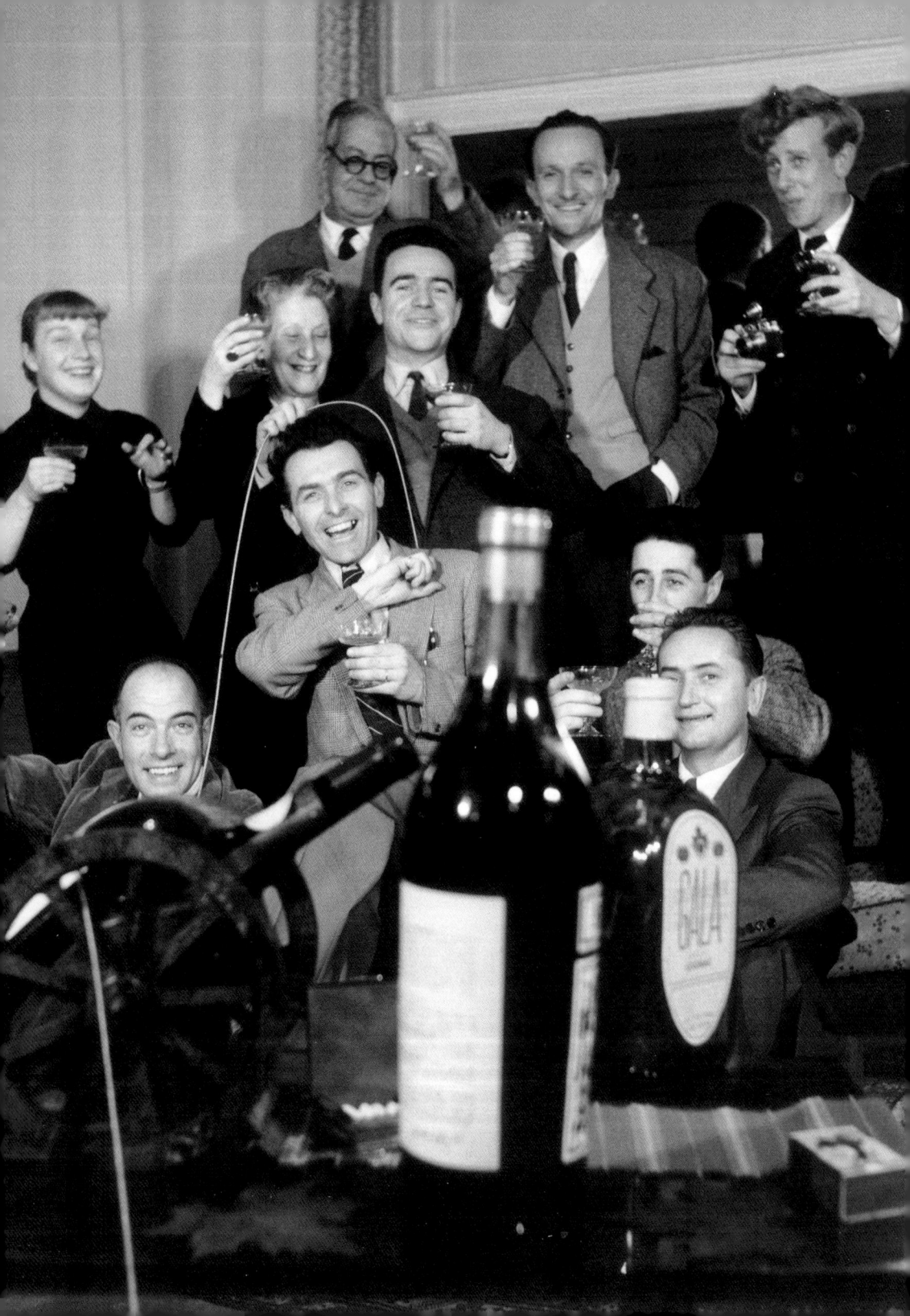

Biography

1912 Born in Gentilly (Val-de-Marne), April 14.

1925–29 École Estienne. Qualifies as lithographic engraver.

1930 Lettering designer and practical training to be a pharmaceutical photographer at the Atelier Ullmann.

1931 Technician with André Vigneau.

1932 First reportage sold to the daily paper *L'Excelsior.*

1934–39 Marries Pierrette Chaumaison, 1934. Industrial photographer at Renault factory, Billancourt. Sacked for repeatedly clocking in late. Meets Charles Rado, founder of the Rapho agency. Becomes independent photographer and illustrator.

1942 Birth of daughther Annette. Meets Maximilien Vox. Illustrates *Nouveaux Destins de l'intelligence française* for the Ministère de l'Information and the Union bibliophile de France (Draeger Frères, Montrouge).

1945 First works with Pierre Betz, editor of the magazine *Le Point.* Meets Blaise Cendrars in Aix-en-Provence.

1946 Returns to the Rapho agency, which is managed by Raymond Grosset; a fifty-year collaboration ensues. Meets Pierre Courtade. Reportages for the weekly *Action.* Travels to Yugoslavia for the magazine *Regards.*

1947 Birth of daughter Francine. Meets Jacques Prévert and Robert Giraud. Prix Kodak.

1948 Group exhibition: *French Photography Today*, with Édouard Boubat, André Papillon, and Willy Ronis, Photo League Gallery, New York.

1949–51 Contract with *Vogue* magazine.

1951 Group exhibition: *Five French Photographers,* with Henri Cartier-Bresson, Brassaï, Izis, and Willy Ronis, Museum of Modern Art, New York.

1954 Solo exhibition: *Humoristic and Satirical Photographs of Paris*, Art Institute of Chicago.

1956 Prix Niépce.

1958 Featured in a whole chapter of *The Picture History of Photography* by Peter Pollack (Abrams, New York).

1960 Trip to the USA. Joins up with Maurice Baquet in New York, then undertakes reportages in Palm Springs and Hollywood. Meets Jacques Dubois. Publicity photos.

1965 Group exhibitions with Henri Cartier-Bresson and André Vigneau, Musée Réattu, Arles, and with Daniel Frasnay, Jean Lattès, Janine Niépce, Roger Pic, and Willy Ronis, Musée des Arts Décoratifs, Paris.

Team Rapho: Eddy van der Veen, Raymond Grosset, Émile Savitry, Ergy Landau, Sabine Weiss, Serge du Sazo, Robert Doisneau, 1953

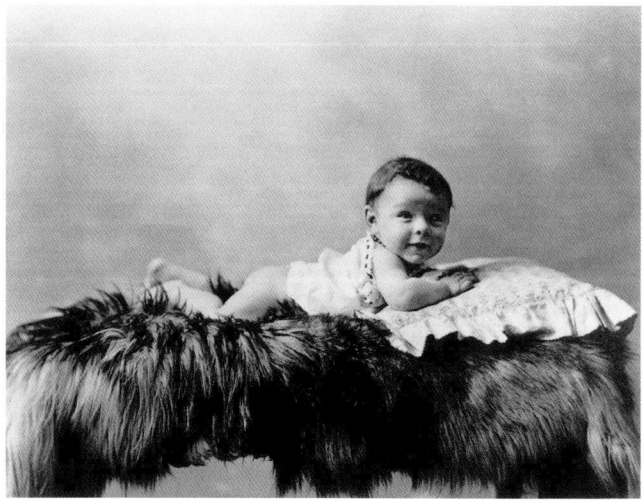

Robert Doisneau on Animal Skin, 1912

1967 *50 ans de réalisations soviétiques*, reportage in the Soviet Union.

1968 Solo exhibition, Bibliothèque nationale de France, Paris. Group exhibition with Denis Brihat, Lucien Clergue, Jean-Pierre Sudre, Musée Cantini, Marseille.

1971 Tour of French regional museums with Roger Lecotté and Jacques Dubois.

1972 Solo exhibition, George Eastman House, International Museum of Photography, Rochester, USA. Group exhibition with Édouard Boubat, Brassaï, Henri Cartier-Bresson, Izis, Willy Ronis, Moscow.

1973 Film: *Le Paris de Robert Doisneau,* documentary by François Porcile, Télé Europe Production (20 mins.).

1974 Exhibition: *Robert Doisneau photographe*, Galerie du Château d'Eau, Toulouse.

1975 Guest of Honor at the Rencontres internationales de la photographie, Arles. Exhibitions: *Paris la Rue*, group exhibition, Bibliothèque historique de la Ville de Paris. *Expression de l'Humour*, Boulogne-Billancourt, France. Musée des Arts Décoratifs, Nantes. FNAC, Lyon. Musée Réattu, Arles. Galerie & Fils, Brussels. Witkin Gallery, New York. Galerie Neugebauer, Basel.

1976 Group exhibition with Brassaï, Henri Cartier-Bresson, Jean-Philippe Charbonnier, Izis, and Marc Riboud in Cracow.

1977 Group exhibition: *6 Photographes en quête de Banlieue*, with Guy Le Querrec, Carlos Freire, Bernard Descamps, Jean Lattès, and Claude Raimond-Dityvon, Centre Pompidou, Paris.

1978 Exhibitions: *Ne bougeons plus*, Galerie Agathe Gaillard, Paris. Witkin Gallery, New York.

1979 Prix du Livre at the Rencontres internationales de la photographie, Arles, for *L'enfant et la colombe*. Film: *Trois jours, trois photographes,* documentary by Fernand Moszkowicz, with photographers Jeanloup Sieff and Bruno Barbey. Exhibitions: *Paris, les passants qui passent*, Musée d'art Moderne de la Ville de Paris. Galerie du Château d'Eau, Toulouse.

1980 Prix du Livre at the Rencontres internationales de la photographie, Arles, for *Trois secondes d'éternité* (Éditions Contrejour, Paris).

1981 Film: *Poète et piéton,* documentary by François Porcile, Télé Europe Production (55 min.).

1982 Exhibitions: *Doisneau, photographe de banlieue*, Mairie de Gentilly, France. *Portraits*, Fondation nationale de la photographie, Lyon. Witkin Gallery, New York.

1983 Grand Prix national de la photographie. Exhibition at the Beijing Palace of Fine Arts, Beijing. Exhibition of portraits, Tokyo.

1984 Takes part in the DATAR photographic mission. Solo exhibition: *Doisneau, photographe du Dimanche*, Institut Louis Lumière, Lyon.

1985 Contributes to the journal *Femme*. Takes part in the conference on Atget at the Collège de France, Paris.

1986 Prix Balzac. Exhibition: *Un certain Robert Doisneau*, Crédit foncier de France, Paris.

1987 Exhibitions: *Saint-Denis*, Musée d'Art et d'Histoire, Saint-Denis, France. Kahitsukan, Kyoto.

1988 Exhibition: *Un certain Robert Doisneau*, Villa Médici, Rome.

1989 Exhibition: *Doisneau – Renault,* Grande Halle de la Villette, Paris.

1990 Exhibition: *La Science de Doisneau*, Jardin des Plantes / Muséum national d'Histoire naturelle, Paris.

1992 Film: *Bonjour, Monsieur Doisneau*, documentary by Sabine Azéma, RIFF Production (54 min.). Exhibition: *Robert Doisneau: A Retrospective*, curated by Peter Hamilton, Museum of Modern Art, Oxford.

1993 Film: *Doisneau des villes et Doisneau des champs,* documentary by Patrick Cazals, co-production Les Films du Horla / FR3 Limousin-Poitou-Charente (55 min.). Exhibition: *Noces et banquets*, LARC, Le Creusot, France.

1994 Dies in Paris, April 1. Exhibitions: *Robert Doisneau ou la désobéissance*, Écomusée, Fresnes, France. Exposition hommage, Galerie du Château d'Eau, Toulouse. *Doisneau 40/44*, Centre d'Histoire de la Résistance et de la Déportation, Lyon. *Robert Doisneau: A Retrospective*, traveling exhibition from Oxford to London, Montreal, Canada, and Galway, Ireland.

1995 Exhibitions: *Robert Doisneau*, new and more extensive retrospective at the Musée Carnavalet, Paris, accompanied by a major monograph. *Robert Doisneau*, Kyoto.

1996 Exhibition: Carnavalet, Paris, Retrospective (previously shown in Oxford) continues touring to Montpellier, then Japan (Isetan Museum of Art, Tokyo, and Daimaru Museum, Osaka).

1997 Exhibition: *Robert Doisneau, Retrospektive*, Kunstverein für die Rheinlande und Westfalen, Düsseldorf.

2000 Film: *Robert Doisneau tout simplement*, video and subsequently DVD, Éditions Montparnasse, Paris. Exhibition: *Gravités*, Galerie Fait & Cause, Paris.

2001 Exhibition: *Robert Doisneau*, Galerie Claude Bernard, Paris.

2002 Exhibition: *Un tal Robert Doisneau*, Museo Nacional de Bellas Artes, Santiago de Chile.

2003 Exhibitions: Retrospective exhibition of 58 large-scale prints in the streets of Bogotá, Colombia. *Inauguration*, Galerie Claude Bernard, Paris. *Robert Doisneau tout court*, Centro Cultural Borges, Buenos Aires.

2004 Exhibition: *Doisneau-sur-Lot*, Galerie du Casino, Saint-Céré, France.

2005 Exhibitions: *From the Fictional to the Real*, Bruce Silverstein Gallery, New York. *Doisneau, Banlieue Sud*, Musée Français de la Carte à Jouer, Issy-les-Moulineaux, France. *Doisneau chez les Joliot-Curie, un photographe au pays des physiciens*, Musée des Arts et Métiers, Paris. *Imprimeurs clandestins*, Musée de la Résistance nationale, Champigny-sur-Marne, France. *Robert*

Doisneau photographies, Galerie Claude Bernard, Paris.

2006 Exhibitions: *Robert Doisneau, ateliers d'artistes*, Conseil général de la Meuse, Hôtel du Département, Bar-le-Duc, France. *Rue Robert Doisneau*, Grimaldi Forum, Monaco. *Robert Doisneau, Paris en liberté*, Hôtel de Ville de Paris, Paris.

2008 Exhibitions: *Doisneau – Un voyage en Alsace 1945*, Maison de la Région Alsace, Strasbourg. *Doisneau, Alsace été 1945*, La Filature, Mulhouse, France. *Robert Doisneau, Paris en liberté*, Mitsukoshi Museum, Tokyo. *La Loire, journal d'un voyage*, Musée de la Marine de Loire, Châteauneuf-sur-Loire, France.

2009 Exhibitions: *Robert Doisneau, Paris en liberté*, Isetan Museum of Art, Kyoto. *Robert Doisneau, trait pour trait, portraits d'écrivains*, Scriptorial d'Avranches, France. *Portraits d'artistes*, Musée Angladon, Avignon.

2010 Exhibitions: *Robert Doisneau, du métier à l'œuvre*, Fondation Henri Cartier-Bresson, Paris. *Robert Doisneau, Palm Springs 1960*, Galerie Claude Bernard, Paris. *Robert Doisneau, le temps retrouvé*, Centre de Rencontres Économiques et Culturelles, Dinan, France. *The Best of Doisneau*, Espace Kettaneh Kunigk, Beirut, Lebanon. *Les doigts pleins d'encre*, Maison de La vache qui rit, Lons-le-Saunier, France. *Robert Doisneau, un photographe au pays de l'homme*, Les Eyzies-de-Tayac, France. *Robert Doisneau, "Du métier à l'œuvre" & "Palm*

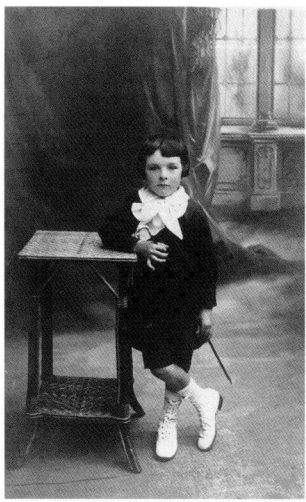

Robert Doisneau, c. 1918

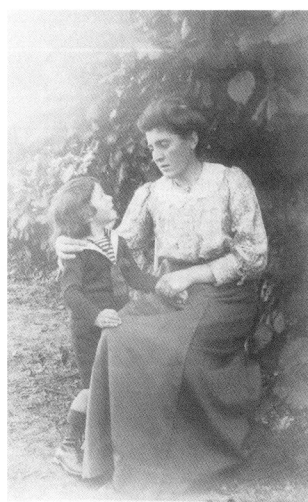

Robert Doisneau and His Mother, Sylvie, c. 1917

Springs 1960"*, Fondazione FORMA per la Fotografia, Milan.

2011 Exhibitions: *The Best of Doisneau*, Galerie Tanit, Munich. *Simplemente Robert Doisneau*, Centro Cultural Recoleta, Buenos Aires. *Les doigts pleins d'encre*, Museo de los Niños, Buenos Aires. *Noces et banquets*, French Cultural Centre, Moscow. *Robert Doisneau*, Château de Malbrouck, Manderen, France. *Paris au petit trot*, Galerie Tarquinia, Trouville-sur-Mer, France. *Robert Doisneau en pays mélusin*, Maison Xavier-Bernard, Saint-Sauvan, France. *Robert Doisneau, au fil du temps*, Maison des Traouïero, Perros-Guirec, France. *Robert Doisneau, un photographe au pays de l'homme*, Casino d'Art, Saint-Céré, France. *Robert Doisneau en Val de Bièvre*, Écomusée du Val-de-Bièvre, Fresnes, France. *Les doigts pleins d'encre*, Museo Regionale di Scienze Naturali, Turin.

2012 Exhibitions: *Robert Doisneau, la traversée d'un siècle*, Consulat général de France, Almaty, Kazakhstan. *Doisneau/Paris/Les Halles*, Salon d'accueil de la Mairie de Paris. *Épouvantables épouvantails*, Espace de la Tour, Mably, France. *Robert Doisneau Retrospective*, Tokyo Metropolitan Museum of Photography, Tokyo. *Noces et banquets*, Villa Cathala, Noisy-le-Grand, France. *Simplemente Doisneau*, Centro Cultural Justiça Federal, Rio de Janeiro. *Un certain Robert Doisneau*, Stavelot Abbey, Belgium. *Trésors retrouvés*, Galerie de la rue Saint-Vincent, La Gacilly, France. *Robert Doisneau, le temps retrouvé*, Médiathèque, Meudon-la-Forêt, France. *Robert Doisneau*, Centre Pompidou, Paris. *Robert Doisneau tout court*, La Bulle – médiathèque de Mazé, France. *Robert Doisneau, Paris en liberté*, Palazzo delle Esposizioni, Rome. *Les Alpes de Doisneau*, Musée de l'Ancien Évêché, Grenoble.

2013 Exhibitions: *Robert Doisneau Retrospective*, Isetan Museum of Art, Kyoto. *Palm Springs 1960*, Bon Marché Rive Gauche, Paris. *Robert Doisneau, Paris en liberté*, Spazio Oberdan, Milan. Reggia di Caserta, Naples, Italy. Palazzo Ducale, Genoa, Italy. *Robert Doisneau Retrospective*, Sapporo Art Park Museum, Hokkaido, Japan. *Robert Doisneau*, Nederlands Fotomuseum, Rotterdam. *Robert Doisneau en passant par le Limousin*, Galerie des Hospices, Limoges, France. *Le Peintre dans l'œil du photographe, portraits d'artistes de Robert Doisneau*, Musée du Mont-de-Piété, Bergues, France. *Robert Doisneau, les ateliers d'artistes*, Espace culturel Robert-Doisneau, Meudon, France. *Les Halles de Robert Doisneau*, Forum des Halles, Paris. *Robert Doisneau, le temps retrouvé*, Palais ducal, Nevers, France. *Doisneau, les bâtisseurs chimériques*, Château de Lunéville, France. *Du métier à l'œuvre – Palm Springs 1960*, Campredon art & image, L'Isle-sur-la-Sorgue, France.

2014 Exhibitions: *Robert Doisneau, le temps retrouvé*, Museo Fábrica Reig, Andorra. *Robert Doisneau, clin d'œil au quotidien*, Le Carreau, Cergy, France. *Robert Doisneau*, Koriyama City Museum, Japan. Holtegaard, Copenhagen. Galerie KT&G, Séoul. *Robert Doisneau, la belezza de lo cotidiano*, Palacio de Bellas Artes, Mexico City. *JEM Trouville, j'aime Doisneau*, Trouville-sur-Mer, France. *Robert Doisneau tout court*, Musée Municipal de Mougins – Espace culturel, Mougins, France. *Les Auvergnats au foirail*, Musée de la Chalosse,

Montfort-en-Chalosse, France. *Doisneau/Dieuzaide, une amitié heureuse*, Galerie du Château d'Eau, pôle photographique de Toulouse. *Robert Doisneau – Rétrospective*, La Térmica, Málaga, Spain.

2015 Exhibitions: *Robert Doisneau – La Beauté du quotidien*, Multimedia Art Museum, Moscow. *Robert Doisneau – Les grandes vacances*, Le Kiosque, Vannes, France. *Robert Doisneau 1945, un voyage en Alsace*, CIC Est, Strasbourg. *Robert Doisneau – Sculpteurs et sculptures*, Musée Rodin, Meudon, France. *Robert Doisneau – Pêcheur d'images*, Danubiana Meulensteen Art Museum, Bratislava, Slovakia. *Robert Doisneau, un photographe au Muséum*, National Museum of Natural History, Paris.

2016 Exhibitions: *Robert Doisneau tout court*,

Victor Jara Cultural Centre, Soignies, Belgium. *Les Leicas de Doisneau*, Leica Gallery, Kyoto. Leica Gallery, Tokyo. *Culottes courtes et doigts pleins d'encre*, Biennale internationale de l'image de Nancy, France. *Robert Doisneau – Le merveilleux quotidien*, Arengario, Monza, Italy. *Doisneau-Lartigue un autre portrait du cheval*, Haras national du Pin, Normandy. *Bercy par Robert Doisneau*, Bercy Village, Paris. *Doisneau en fête au Festival du Merveilleux*, Musée des Arts Forains, Paris. *La belleza de lo cotidiano*, Fundación Canal, Madrid. *Que ma joie demeure*, Bernard Buffet Museum, Nagaizumi, Japan. *Robert Doisneau – Photographe*, Gropius Bau, Berlin. *Robert Doisneau – Icones*, Fort Bard, Italy.

2017 Exhibitions: *Robert Doisneau – Les Années Vogue*, Espace Richaud, Versailles.

Just Doisneau, FotoFabrica Festival, Sofia, Bulgaria. *Robert Doisneau – My Paris*, Turku Art Museum, Turku, Finland. *Robert Doisneau – Culottes courtes et doigts pleins d'encre*, Maison Posta, Urrugne, France. *Robert Doisneau – À l'imparfait de l'objectif*, Lu. C. C. A. – Lucca Center of Contemporary Art, Italy. *Robert Doisneau Pescatore di immagini*, Broletto Palace, Pavia, Italy. *Robert Doisneau*, Museum of Ixelles, Brussels.

2018 Exhibitions: *Amour*, Palais Rohan, Strasbourg. *Doisneau, le temps retrouvé*, Expo, Pithiviers, France. *Passages et Galeries*, Musée de la Photographie Desjardins, Drummondville, Quebec. *Robert Doisneau – Pescatore d'immagini*, Museo della Grafica, Palazzo Lanfranchi, Pisa. Palazzo delle Paure, Lecco, Italy. Cava de' Tirreni, Naples, Italy. *Robert Doisneau*

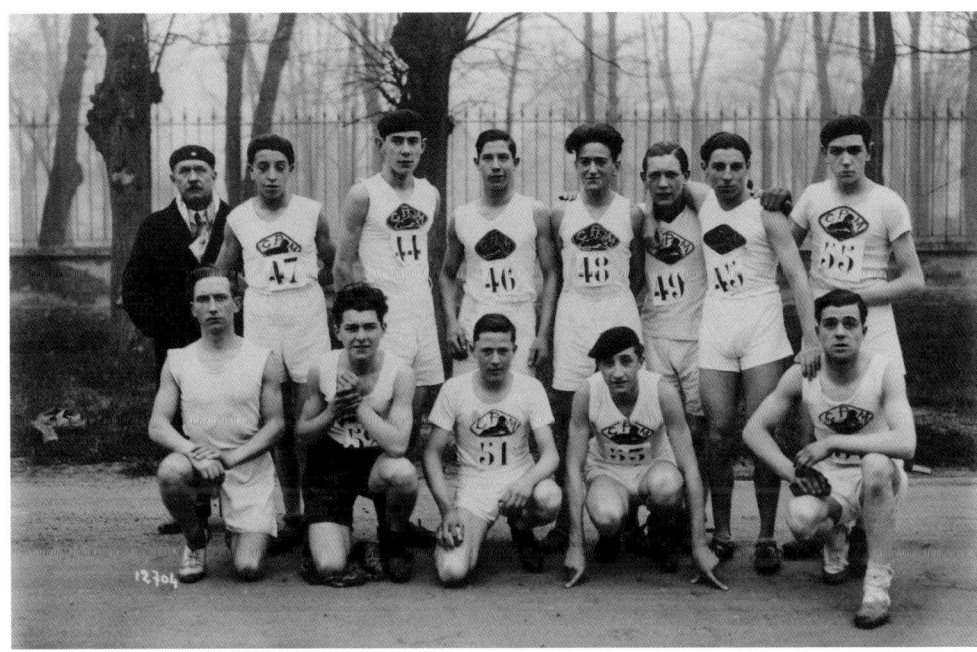

Robert Doisneau (in Dark Shorts) and His Cross-Country Team, c. 1930

– *La belleza de lo cotidiano*, University of Salamanca, Spain. *Robert Doisneau et la chanson*, Les Bains-Douches, Lignières-en-Berry, France. *Robert Doisneau – Photographies*, Galerie du Boléro, Versoix, Switzerland. *Robert Doisneau – Le Temps retrouvé*, Palazzo del Duca, Senigallia, Italy. *Robert Doisneau*, Les Roches Brunes, Dinard, France. *Robert Doisneau – Les grandes vacances*, Hotel Fontfreyde, photographic center, Clermont-Ferrand, France. *Robert Doisneau – förortspoeten från Paris*, Kulturhuset Stadsteatern, Stockholm. *Doisneau et la Musique*, Philharmonie de Paris. *Allons voir la mer avec Doisneau*, Couvent Sainte-Cécile, Grenoble. *Robert Doisneau – L'Œil malicieux*, Musée des Beaux-Arts de Quimper, France.

2019 Exhibitions: *Allons voir la mer avec Doisneau*, École Nationale Supérieure Maritime, Saint-Malo, France. *Robert Doisneau – Across the Century*, Magazzino delle idee, Trieste, Italy. *Culottes courtes et doigts pleins d'encre*, Salle Gérard-Olive, Bricqueville-sur-Mer, France. *À l'imparfait de l'objectif*, Museum of Photography, Tallinn, Estonia. *Robert Doisneau tout court*, Vic-sur-Seille, France. *Robert Doisneau – Les doigts pleins d'encre*, Conservatoire des Métiers d'Autrefois, Donzac, Tarn-et-Garonne, France. *Robert Doisneau – Les grandes vacances*, Atelier de Nantes. *Robert Doisneau au Gouffre de Padirac*, Lot, France. *Robert Doisneau et la médecine*, Bibliothèque Santé Rockefeller, Claude Bernard University Lyon 1. *Robert Doisneau – Le Temps retrouvé*, former municipal

swimming pool, Sainte-Foy-lès-Lyon, France.

2020 Exhibitions: *Doisneau La belleza de lo cotidiano, Fotografías 1929–1973*, Cultural Corporation Las Condes, Chile. *Robert Doisneau – À l'imparfait de l'objectif*, Cournon-d'Auvergne, France. *Robert Doisneau et la médecine*, Le Qu4tre, University of Angers, France. *Robert Doisneau*, Sogo Museum of Art, Yokohama, Japan. *Robert Doisneau – Ombre et Lumière*, Essar[t]s, Espace Arts et Culture, Bram, France. *Un certain Robert Doisneau*, Palazzo Pallavicini, Bologna. *Robert Doisneau-Immersion dans la médecine des années 50*, Musée Claude Bernard, Saint-Julien, Rhône. *Robert Doisneau*, Kahitsukan, Kyoto Museum of Contemporary Art. *Robert Doisneau – from Paris to Palm Springs*, Mai Manó House, Hungarian House of Photography, Budapest.

2021 Exhibitions: *Bâtisseurs chimériques*, Palais Idéal, Hauterives, France. *Doisneau – La Musique – Paris*, Bunkamura, Tokyo. Museum EKI, Kyoto. *Robert Doisneau et la Loire*, Château de Sully-sur-Loire, France. *Allons voir la mer avec Doisneau*, Maritime Museum, La Rochelle, France. *Robert Doisneau – Les Années Vogue et les ateliers d'artistes*, Galerie Saint-Jacques, Saint-Quentin, Aisne, France. *Robert Doisneau*, Palazzo Roverella, Rovigo, Italy. *Robert Doisneau – Portraits d'artistes et vues de Lyon*, Museum Jean Couty, Lyon.

2022 Exhibitions: *Robert Doisneau*, Centre Saint-Bénin, Aosta, Italy. *Robert Doisneau*, Museum of the Ara Pacis,

Rome. *Les Mineurs de Robert Doisneau*, Louvre-Lens, France. *Robert Doisneau et la Loire*, La Cité des Congrès de Nantes, Parvis du Grand Auditorium , Nantes. *Les Vélos de Doisneau*, Couvent Sainte-Cécile, Grenoble. *Robert Doisneau – À l'imparfait de l'objectif*, House of Arts, Antony, France. *Robert Doisneau tout court*, Château des Bouillants, Dammarie-les-Lys, France. *Robert Doisneau*, CAMERA, Italian Center for Photography, Turin.

2023 Exhibitions: *Robert Doisneau – Le Temps retrouvé*, FotoNostrum Mediterranean House of Photography, Barcelona. *Un certain Robert Doisneau*, Le Palais Megève, France. *Robert Doisneau tout court*, Vincom Center for Contemporary Art, Hanoi. *Chemins Croisés*, Tokyo Photographic Art Museum. *Robert Doisneau ou la Traversée d'un siècle*, Caen town hall, Calvados, France. *Robert Doisneau – L'Esprit de Résistance*, Museum of National Resistance, Champigny-sur-Marn, France. *Robert Doisneau – Le Temps retrouvé*, Yves Brayer Museum, Les Baux-de-Provence. *Un certain Robert Doisneau*, Villa Mussolini, Riccione, Italy.

2024 Exhibitions: *Les Mineurs de Robert Doisneau. Un certain Robert Doisneau*, Villa Tamaris Pacha, La Seyne-sur-Mer, France. *Robert Doisneau – Les doigts pleins d'encre*, Abbey of La Chaise-Dieu, Auvergne, France.

Photo Shoot in the Studio, Robert Doisneau and Robert Cacheux, Montrouge, 1945

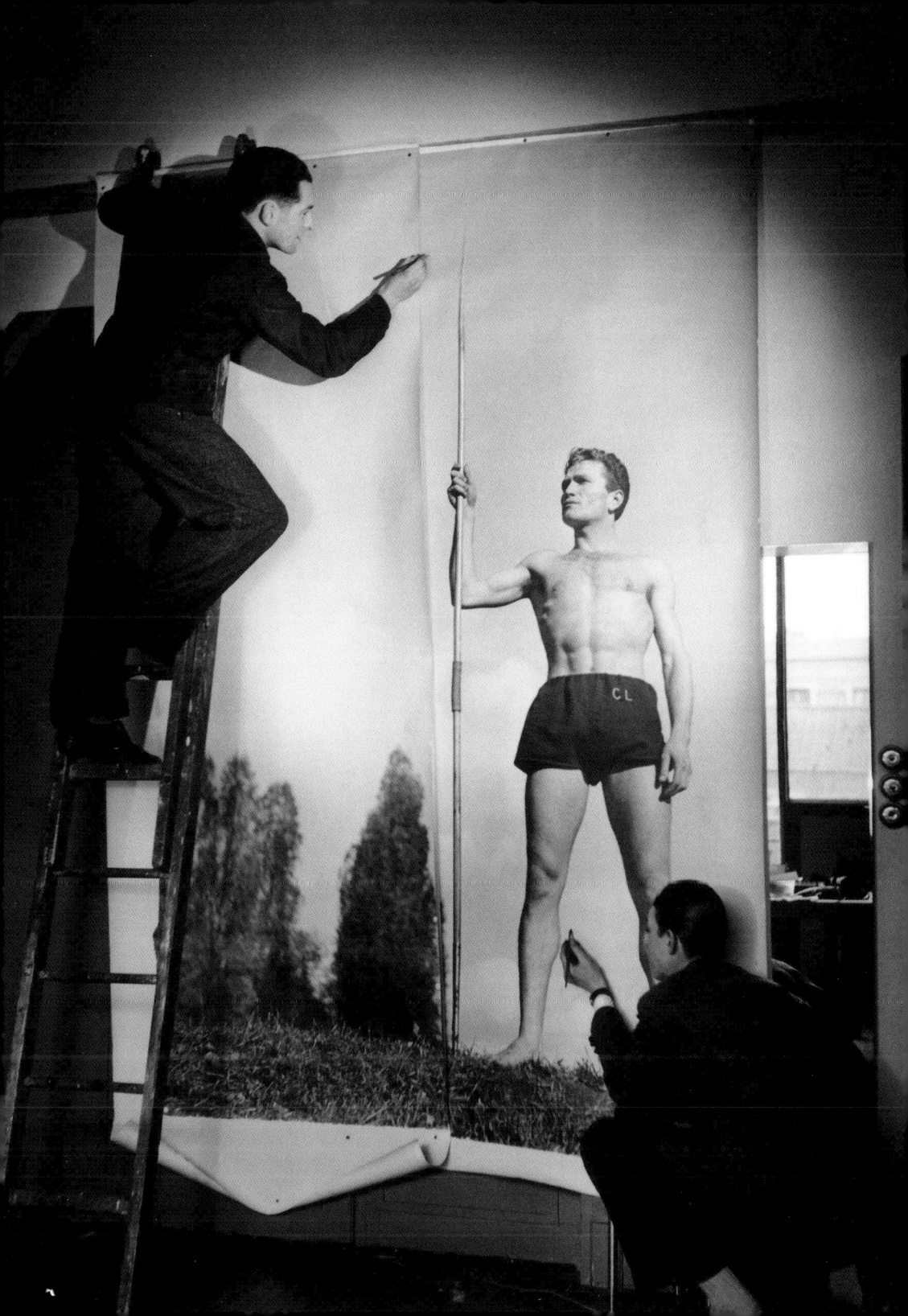

Biographie

1912 Naissance à Gentilly, Val-de-Marne, le 14 avril.

1925–1929 Étude à l'École Estienne. Obtient un diplôme de graveur lithographe.

1930 Dessinateur de lettres et formation empirique de photgraphie pharmaceutique à l'atelier Ullmann.

1931 Opérateur d'André Vigneau.

1932 Vente du premier reportage au quotidien *L'Excelsior*.

1934–1939 Mariage avec Pierrette Chaumaison, 1934. Photographe industriel aux Usines Renault à Billancourt. Licencié pour retards répétés. Ren-contre Charles Rado, créateur de l'agence Rapho. Devient photographe illustrateur indépendant.

1942 Naissance d'Annette. Rencontre Maximilien Vox. Illustration de l'ouvrage *Nouveaux Destins de l'intelligence française*, ministère de l'Information & Union bibliophile de France, Draeger Frères, Montrouge.

1945 Début de la collaboration avec Pierre Betz, éditeur de la revue *Le Point*. Rencontre Blaise Cendrars à Aix-en-Provence

1946 Retour à l'agence Rapho dirigée par Raymond Grosset ; suivra une collaboration de près de cinquante ans. Rencontre Pierre Courtade. Reportages pour l'hebdomadaire *Action*. Voyage en Yougoslavie pour le magazine *Regards*.

1947 Naissance de Francine. Rencontre Jacques Prévert et Robert Giraud. Prix Kodak.

1948 Exposition collective : « French Photography Today », avec Édouard Boubat, André Papillon et Willy Ronis, galerie de la Photo League, New York.

1949–1951 Contrat avec le journal *Vogue*.

1951 Exposition collective : « Five French Photographers », avec Henri Cartier-Bresson, Brassaï, Izis et Willy Ronis, Museum of Modern Art, New York.

1954 Exposition personnelle : « Humoristic and Satirical Photographs of Paris », Art Institute of Chicago.

1956 Prix Niépce.

1958 Un chapitre dans *The Picture History of Photography*, de Peter Pollack, Abrams, New York.

1960 Voyage aux États-Unis : retrouve Maurice Baquet à New York puis reportages à Palm Springs et Hollywood. Rencontre Jacques Dubois. Réalisation de photographies publicitaires.

1965 Expositions collectives avec Henri Cartier-Bresson et André Vigneau, musée Réattu, Arles. Avec Daniel Frasnay, Jean Lattès, Janine Niépce, Roger Pic et Willy Ronis, musée des Arts décoratifs, Paris.

1967 « 50 ans de réalisations soviétiques », reportage en URSS.

1968 Exposition personnelle, Bibliothèque nationale de France, Paris. Exposition collective avec Denis Brihat, Lucien Clergue, Jean-Pierre Sudre, musée Cantini, Marseille.

1971 Tour de France des musées régionaux avec Roger Lecotté et Jacques Dubois.

1972 Exposition personnelle, George Eastman House, International Museum of Photography, Rochester, États-Unis. Exposition collective avec Édouard Boubat, Brassaï, Henri Cartier-Bresson, Izis, Willy Ronis, Moscou.

1973 Film : *Le Paris de Robert Doisneau,* documentaire de François Porcile, 20 min, Télé Europe Production.

1974 Exposition : « Robert Doisneau photographe », Galerie du Château d'Eau, Toulouse.

1975 Invité d'honneur aux Rencontres internationales de la photographie, Arles. Expositions : « Paris la Rue », exposition collective, Bibliothèque historique de la Ville de Paris. « Expression de l'Humour », Boulogne-Billancourt, France. Musée des Arts décoratifs, Nantes. FNAC, Lyon. Musée Réattu, Arles. Galerie & Fils, Bruxelles. Witkin Gallery, New York. Galerie Neugebauer, Bâle.

1976 Exposition collective avec Brassaï, Henri Cartier-Bresson, Jean-Philippe Charbonnier, Izis et Marc Riboud à Cracovie.

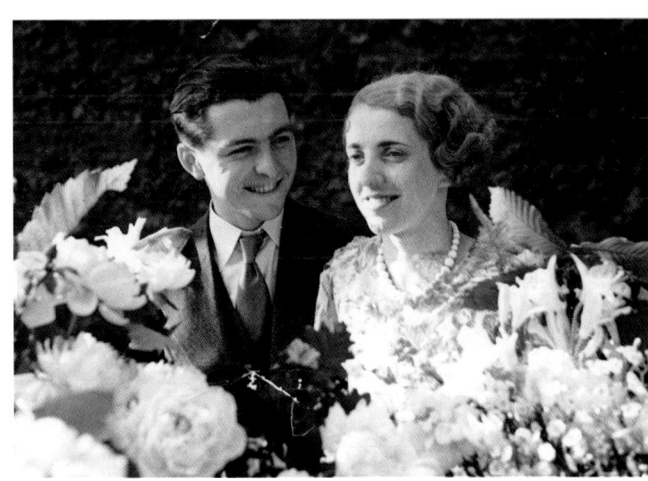

Wedding of Robert and Pierrette Doisneau, 1934

1977 Exposition collective, « 6 Photographes en quête de Banlieue », avec Guy Le Querrec, Carlos Freire, Bernard Descamps, Jean Lattès et Claude Raimond-Dityvon, Centre Pompidou, Paris.

1978 Expositions : « Ne bougeons plus », galerie Agathe Gaillard, Paris. Witkin Gallery, New York.

1979 Prix du livre aux Rencontres internationales de la photographie, Arles : *L'enfant et la colombe,* Éditions du Chêne, Paris. Film : *Trois jours, trois photographes,* documentaire de Fernand Moszkowicz avec Jeanloup Sieff et Bruno Barbey. Expositions : « Paris, les passants qui passent », musée d'art moderne de la Ville de Paris. Galerie du Château d'Eau, Toulouse.

1980 Prix du livre aux Rencontres internationales de la photographie, Arles : *Trois secondes d'éternité,* Éditions Contrejour, Paris.

1981 Film : *Poète et piéton,* documentaire de François Porcile, 55 min, Télé Europe Production.

1982 Expositions : « Doisneau, photographe de banlieue », Mairie de Gentilly. « Portraits », Fondation nationale de la photographie, Lyon. Witkin Gallery, New York.

1983 Grand Prix national de la photographie. Expositions : Palais des Beaux-Arts, Pékin. Exposition de portraits, Tokyo.

1984 Participe à la Mission photographique de la DATAR. Exposition personnelle : « Doisneau, photographe du Dimanche », Institut Louis Lumière, Lyon.

1985 Collabore au journal *Femme.* Participe au colloque Atget au Collège de France, Paris.

1986 Prix Balzac. Exposition : « Un certain Robert Doisneau », Crédit foncier de France, Paris.

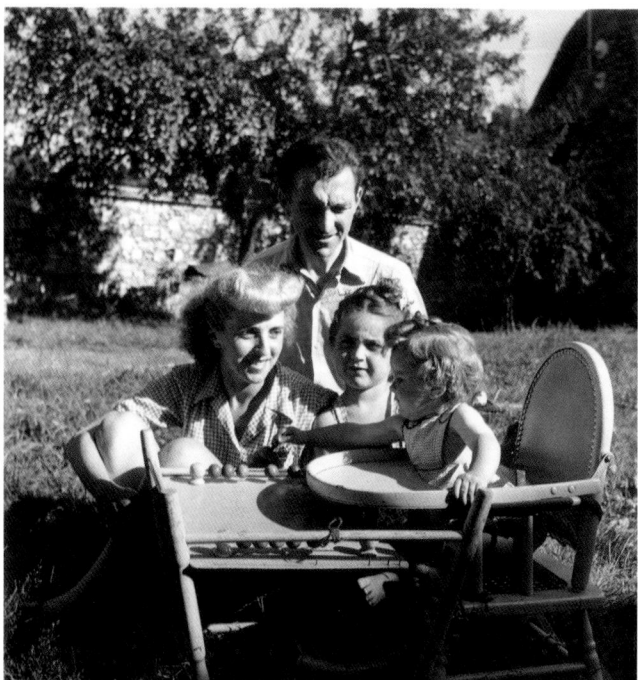

The Doisneau Family at Les Roches, Raizeux, 1948

1987 Expositions : « Saint-Denis », musée d'Art et d'Histoire, Saint-Denis, France. Kahitsukan, Kyoto.

1988 Expositions : « Un certain Robert Doisneau », Villa Médici, Rome.

1989 Exposition : « Doisneau – Renault », Grande Halle de la Villette, Paris.

1990 Exposition : « La Science de Doisneau », Jardin des Plantes / Muséum national d'histoire naturelle, Paris.

1992 Film : *Bonjour, Monsieur Doisneau*, documentaire de Sabine Azéma, 54 min, RIFF Production. Exposition : « Robert Doisneau : A Retrospective », direction artistique Peter Hamilton, Museum of Modern Art, Oxford.

1993 Film : *Doisneau des villes et Doisneau des champs*, documentaire de Patrick Cazals, 55 min, coproduction Les Films du Horla / France 3 Limousin Poitou Charente. Exposition : « Noces et Banquets », LARC, Le Creusot, France.

1994 Meurt à Paris le 1ᵉʳ avril. Expositions : « Robert Doisneau ou la désobéissance », Écomusée, Fresnes, France. Exposition hommage, Galerie du Château d'Eau, Toulouse. « Doisneau 40/44 », Centre d'Histoire de la Résistance et de la Déportation, Lyon. Circulation de l'exposition « Robert Doisneau : A Retrospective » à Londres, Montréal et Galway, Irlande.

1995 Expositions : « Robert Doisneau », grand hommage au musée Carnavalet accompagné d'une importante monographie. « Robert Doisneau », Kyoto.

1996 Exposition : « Robert Doisneau », exposition itinérante présentée à Montpellier puis au Isetan Museum of Art, Tokyo ; Daimaru Museum, Osaka (précédemment à Oxford, et au musée Carnavalet, Paris).

1997 Exposition : « Robert Doisneau, Retrospektive », Kunstverein für die Rheinlande und Westfalen, Düsseldorf.

2000 Film : *Robert Doisneau tout simplement*, cassette vidéo (puis DVD), Éditions Montparnasse, Paris. Exposition : « Gravités », Galerie Fait & Cause, Paris.

2001 Exposition : « Robert Doisneau », Galerie Claude Bernard, Paris.

2002 Exposition : « Un tal Robert Doisneau », Museo Nacional de Bellas Artes, Santiago de Chile.

2003 Expositions : exposition rétrospective de 58 tirages grand format dans les rues de Bogotá, Colombie. « Inauguration », Galerie Claude Bernard, Paris. « Robert Doisneau tout court », Centro Cultural Borges, Buenos Aires.

2004 Exposition : « Doisneau-sur-Lot », Galerie du Casino, Saint-Céré, France.

2005 Expositions : « From the Fictional to the Real », Galerie Bruce Silverstein, New York. « Doisneau, Banlieue Sud », Musée Français de la Carte à

Jouer, Issy-les-Moulineaux, France. «*Doisneau chez les Joliot-Curie, un photographe au pays des physiciens*», Musée des arts et métiers, Paris. «Imprimeurs clandestins», Musée de la Résistance nationale, Champigny-sur-Marne, France. «Robert Doisneau photographies», Galerie Claude Bernard, Paris.

2006 Expositions: «Robert Doisneau, ateliers d'artistes», Conseil général de la Meuse, Hôtel du Département, Bar-le-Duc, France. «Rue Robert Doisneau», Grimaldi Forum, Monaco. «Robert Doisneau, Paris en liberté», Hôtel de Ville de Paris.

2008 Expositions: «Doisneau – Un voyage en Alsace 1945», Maison de la Région Alsace, Strasbourg. «Doisneau, Alsace été 1945», La Filature, Mulhouse, France. «Robert Doisneau, Paris en liberté», Mitsukoshi Museum, Tokyo. «La Loire, journal d'un voyage», Musée de la marine de Loire, Châteauneuf-sur-Loire, France.

2009 Expositions: «Robert Doisneau, Paris en liberté», Isetan Museum of Art, Kyoto. «Robert Doisneau, trait pour trait, portraits d'écrivains», scriptorial d'Avranches, Manche, France. «Portraits d'artistes», Musée Angladon, Avignon.

2010 Expositions: «Robert Doisneau, du métier à l'œuvre», Fondation Henri Cartier-Bresson, Paris. «Robert Doisneau, Palm Springs 1960», galerie Claude Bernard, Paris. «Robert Doisneau, le temps retrouvé», Centre de Rencontres Économiques et Culturelles, Dinan,

France. «The Best of Doisneau», Espace Kettaneh Kunigk, Beyrouth, Liban. «Les doigts pleins d'encre», Maison de La vache qui rit, Lons-le-Saunier, France. «Robert Doisneau, un photographe au pays de l'homme», Les Eyzies-de-Tayac, Dordogne, France. «Robert Doisneau, du métier à l'œuvre & Palm Springs 1960», Fondazione FORMA per la Fotografia, Milan.

2011 Expositions: «The Best of Doisneau», Galerie Tanit, Munich. «Simplemente Robert Doisneau», Centro cultural Recoleta, Buenos Aires. «Les doigts pleins d'encre», Museo de los Niños, Buenos Aires. «Noces et banquets», Centre culturel français, Moscou. «Robert Doisneau», Château de Malbrouck, Manderen, France. «Paris au petit trot», Galerie Tarquinia, Trouville-sur-Mer, France. «Robert Doisneau en pays mélusin», Maison Xavier-Bernard, Saint-Sauvan, France. «Robert Doisneau, au fil du temps», maison des Traouïero, Perros-Guirec, France. «Robert Doisneau, un photographe au pays de l'homme», Casino d'Art, Saint-Céré, France. «Robert Doisneau en Val de Bièvre» écomusée du Val-de-Bièvre, France, France. «Les doigts pleins d'encre», Museo Regionale di Scienze Naturali, Turin.

2012 Expositions: «Robert Doisneau, la traversée d'un siècle», Consulat général de France, Almaty, Kazakhstan. «Doisneau/Paris/Les Halles», Salon d'accueil de la Mairie de Paris. «Épouvantables épouvantails», Espace de la Tour, Mably, France. «Rétrospective Robert Doisneau», Tokyo Metropolitan Museum of

Photography, Tokyo. «Noces et banquets», Villa Cathala, Noisy-le-Grand, France. «Simplemente Doisneau», Centro cultural Justiça federal, Rio de Janeiro. «Un certain Robert Doisneau», abbaye de Stavelot, Belgique. «Trésors retrouvés», Galerie de la rue Saint-Vincent, La Gacilly, France. «Robert Doisneau, le temps retrouvé», médiathèque, Meudon-la-Forêt, France. «Robert Doisneau», Centre Pompidou, Paris. «Robert Doisneau tout court», La Bulle – médiathèque de Mazé, Maine-et-Loire, France. «Robert Doisneau, Paris en liberté», Palazzo delle Esposizioni, Rome. «Les Alpes de Doisneau», Musée de l'Ancien Évêché, Grenoble.

2013 Expositions: «Rétrospective Robert Doisneau», Isetan Museum of Art, Kyoto. «Palm Springs 1960», Bon Marché Rive Gauche, Paris. «Robert Doisneau, Paris en liberté», Spazio Oberdan, Milan. Reggia di Caserta, Naples, Italie. Palazzo Ducale, Gênes, Italie. «Rétrospective Robert Doisneau», Sapporo Art Park Museum, Hokkaido, Japon. «Robert Doisneau», Nederlands Fotomuseum, Rotterdam. «Robert Doisneau en passant par le Limousin», Galerie des Hospices, Limoges, France. «Le Peintre dans l'œil du photographe, portraits d'artistes de Robert Doisneau», Musée du Mont-de-Piété, Bergues, France. «Robert Doisneau, les ateliers d'artistes», espace culturel Robert-Doisneau, Meudon, France. «Les Halles de Robert Doisneau», Forum des Halles, Paris. «Robert Doisneau, le temps retrouvé», Palais ducal, Nevers, France. «Doisneau, les bâtisseurs chimériques », Château de Lunéville, France. « Du métier à l'œuvre – Palm Springs 1960 », Campredon art & image, L'Isle-sur-la-Sorgue, France.

2014 Expositions : « *Robert Doisneau, le temps retrouvé* », Museo Fábrica Reig, Andorre. « *Robert Doisneau, clin d'œil au quotidien* », Le Carreau, Cergy, France. « *Robert Doisneau* », Koriyama City Museum, Japon. Holtegaard, Copenhague. Galerie KT&G, Séoul. « *Robert Doisneau, la belleza de lo cotidiano* », Palacio de Bellas Artes, Mexico. « *JEM Trouville, j'aime Doisneau* », Trouville-sur-Mer, France. « *Robert Doisneau tout court* », Musée Municipal de Mougins-Espace culturel, Mougins, France. « *Les Auvergnats au foirail* », Musée de la Chalosse, Montfort-en-Chalosse, France. « *Doisneau/Dieuzaide, une amitié heureuse* », Galerie du Château d'Eau, pôle photographique de Toulouse. « *Robert Doisneau – Rétrospective* », La Térmica, Málaga.

2015 Expositions : « *Robert Doisneau – La Beauté du quotidien* », Multimedia Art Museum, Moscou. « *Robert Doisneau – Les grandes vacances* », Le Kiosque, Vannes, France. « *Robert Doisneau 1945, un voyage en Alsace* », CIC Est, Strasbourg. « *Robert Doisneau – Sculpteurs et sculptures* », Musée Rodin, Meudon, France. « *Robert Doisneau – Pêcheur d'images* », Danubiana Meulensteen Art Museum, Bratislava, Slovaquie. « *Robert Doisneau, un photographe au Muséum* », National Museum of Natural History, Paris.

2016 Expositions : « *Robert Doisneau tout court* », Victor Jara Cultural Centre, Soignies, Belgique. « *Les Leicas de Doisneau* », Leica Gallery, Kyoto. Leica Gallery, Tokyo. « Culottes courtes et doigts pleins d'encre », Biennale internationale de l'image de Nancy, France. « Robert Doisneau – Le merveilleux quotidien », Arengario, Monza, Italie. « Doisneau-Lartigue un autre portrait du cheval », Haras national du Pin, Normandie. « Bercy par Robert Doisneau », Bercy Village, Paris. « Doisneau en fête au Festival du Merveilleux », Musée des Arts Forains, Paris. « La belleza de lo cotidiano », Fundación Canal, Madrid. « Que ma joie demeure », Bernard Buffet Museum, Nagaizumi, Japon. « Robert Doisneau – Photographe », Gropius Bau, Berlin. « Robert Doisneau – Icones », Fort Bard, Italie.

2017 Expositions : « Robert Doisneau – Les Années Vogue », Espace Richaud, Versailles. « Just Doisneau », FotoFabrica Festival, Sofia, Bulgarie. « Robert Doisneau – My Paris », Turku Art Museum, Turku, Finlande. « Robert Doisneau – Culottes courtes et doigts pleins d'encre », Maison Posta, Urrugne, France. « Robert Doisneau – À l'imparfait de l'objectif », Lu. C. C. A. – Centre d'art contemporain de Lucques, Lucca, Italie. « Robert Doisneau Pescatore di immagini », Palais Broletto, Pavie, Italie. « Robert Doisneau », Musée d'Ixelles, Bruxelles.

2018 Expositions : « Amour », Palais Rohan, Strasbourg. « Doisneau, le temps retrouvé », Expo, Pithiviers, France. « Passages et Galeries », Musée de la

Photographie Desjardins, Drummondville, Québec. « Robert Doisneau – Pescatore d'immagini », Museo della Grafica, Palazzo Lanfranchi, Pise. « Robert Doisneau – La belleza de lo cotidiano », Université de Salamanque, Espagne. « Robert Doisneau et la chanson », Les Bains-Douches, Lignières-en-Berry, France. « Robert Doisneau – Photographies », Galerie du Boléro, Versoix, Suisse. « Robert Doisneau – Le Temps retrouvé », Palazzo del Duca, Senigallia, Italie. « Robert Doisneau », Les Roches Brunes, Dinard, France. « Robert Doisneau – Pescatore d'immagini », Palazzo delle Paure, Lecco, Italie. « Robert Doisneau – Les grandes vacances », Hotel Font-freyde, centre photographique, Clermont-Ferrand, France. « Robert Doisneau – förortspoeten från Paris », Kulturhuset Stadsteatern, Stockholm. « Doisneau et la Musique », Philharmonie de Paris. « Allons voir la mer avec Doisneau », Couvent Sainte-Cécile, Grenoble. « Robert Doisneau – Pescatore d'immagini », Cava de' Tirreni, Naples, Italie. « Robert Doisneau – L'Œil malicieux », Musée des Beaux-Arts de Quimper, France.

2019 Expositions : « Allons voir la mer avec Doisneau », École Nationale Supérieure Maritime, Saint-Malo, France. « Robert Doisneau – À travers le siècle », Magazzino delle idee, Trieste, Italie. « Culottes courtes et doigts pleins d'encre », Salle Gérard-Olive, Bricqueville-sur-Mer, France. « À l'imparfait de l'objectif », Museum of Photography, Tallinn, Estonie. « Robert Doisneau tout court », Vic-sur-Seille, Moselle, France. « Robert Doisneau –

Les doigts pleins d'encre »,
Conservatoire des Métiers
d'Autrefois, Donzac, Tarn-et-
Garonne, France. « Robert
Doisneau – Les grandes
vacances », Atelier de Nantes.
« Robert Doisneau au Gouffre
de Padirac », Lot, France.
« Robert Doisneau et la méde-
cine », Bibliothèque Santé
Rockefeller, Université Claude
Bernard Lyon 1. « Robert
Doisneau – Le Temps retrouvé »,
ancienne piscine municipale,
Sainte-Foy-lès-Lyon.

2020 Expositions : « Doisneau :
La belleza de lo cotidiano, Foto-
grafías 1929–1973 », Cultural
Corporation Las Condes, Chile.
« Robert Doisneau – À l'impar-
fait de l'objectif », Cournon-
d'Auvergne, France. « Robert
Doisneau et la médecine », Le
Qu4tre, Université d'Angers,
France. « Robert Doisneau »,
Sogo Museum of Art, Yoko-
hama, Japon. « Robert Doisneau
– Ombre et Lumière », Essar[t]s,
Espace Arts et Culture, Bram,
Aude, France. « Un certain
Robert Doisneau », Palazzo
Pallavicini, Bologne. « Robert
Doisneau – Immersion dans
la médecine des années 50 »,
Musée Claude Bernard,
Saint-Julien, Rhône. « Robert
Doisneau », Kahitsukan, Kyoto
Museum of Contemporary Art.
« Robert Doisneau – de Paris
à Palm Springs », Mai Mano
House, Maison des Photo-
graphes Hongrois, Budapest.

2021 Expositions : « Bâtisseurs
chimériques », Palais Idéal,
Hauterives, France. « Doisneau
– La Musique – Paris »,
Bunkamura, Tokyo. Museum
EKI, Kyoto. « Robert Doisneau
et la Loire », Château de Sully-
sur-Loire, France. « Allons voir
la mer avec Doisneau », Musée

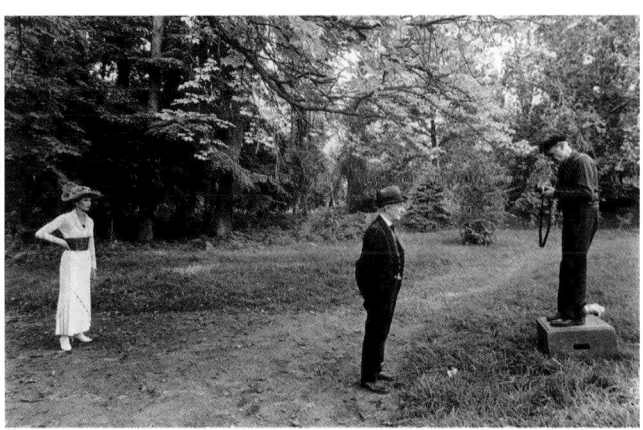

Robert Doisneau during Filming of A Sunday in the Country, *1983*

Maritime, La Rochelle, France.
« Robert Doisneau – Les Années
Vogue et les ateliers d'artistes »,
Galerie Saint-Jacques,
Saint-Quentin, Aisne, France.
« Robert Doisneau », Palazzo
Roverella, Rovigo, Italie.
« Robert Doisneau – Portraits
d'artistes et vues de Lyon »,
Musée Jean Couty, Lyon.

2022 Expositions : « Robert
Doisneau », Centre Saint-
Bénin, Aosta, Italie. « Robert
Doisneau », Museo dell'Ara
Pacis, Rome. « Les Mineurs de
Robert Doisneau », Louvre-
Lens, France. « Robert Doisneau
et la Loire », La Cité des
Congrès de Nantes, Parvis du
Grand Auditorium, Nantes.
« Les Vélos de Doisneau »,
Couvent Sainte-Cécile,
Grenoble. « Robert Doisneau –
À l'imparfait de l'objectif »,
Maison des Arts, Antony,
France. « Robert Doisneau tout
court », Château des Bouillants,
Dammarie-lès-Lys, France.
« Robert Doisneau », CAMERA,
Centre Italien de la Photogra-
phie, Turin.

2023 Expositions :
« Robert Doisneau – Le Temps
retrouvé », Galeria FotoNos-
trum. Casa Mediterrània de la
Fotografia, Barcelone. Yves
Brayer Museum, Les Baux-de-
Provence. « Un certain Robert
Doisneau », Le Palais Megève,
France. « Robert Doisneau tout
court », Vincom Center for
Contemporary Art, Hanoï.
« Chemins Croisés », Tokyo
Photographic Art Museum.
« Robert Doisneau ou la Traver-
sée d'un siècle », La mairie
de Caen, Calvados, France.
« Robert Doisneau – L'Esprit
de Résistance », Musée de
la Résistance nationale,
Champigny sur Marne, France.
« Un certain Robert Doisneau »,
Villa Mussolini, Riccione, Italie.

2024 Expositions : « Les
Mineurs de Robert Doisneau.
Un certain Robert Doisneau »,
Villa Tamaris Pacha, La Seyne-
sur-Mer, France. « Robert
Doisneau – Les doigts pleins
d'encre », Abbaye de La Chaise-
Dieu, Haute-Loire, France.

Biografie

1912 Geboren am 14. April in Gentilly, Val-de-Marne.

1925–1929 Studium an der École Estienne. Abschluss als Lithograf.

1930 Arbeit als Schriftzeichner und praktische Ausbildung in der Fotografie pharmazeutischer Artikel im Atelier Ullmann.

1931 Assistent bei André Vigneau.

1932 Verkauf einer ersten Fotoreportage an die Tageszeitung *L'Excelsior*.

1934–1939 Heirat mit Pierrette Chaumaison 1934. Industriefotograf in den Renault-Werken in Billancourt. Entlassung wegen wiederholten Zuspätkommens. Begegnung mit Charles Rado, dem Gründer der Agentur Rapho. Arbeitet als freiberuflicher Fotograf und Illustrator.

1942 Geburt der Tochter Annette. Begegnung mit Maximilien Vox. Illustrationen zur Publikation *Nouveaux Destins de l'intelligence française*, Ministère de l'Information & Union bibliophile de France, Draeger Frères, Montrouge.

1945 Beginn der Zusammenarbeit mit Pierre Betz, dem Herausgeber der Zeitschrift *Le Point*. Begegnung mit Blaise Cendrars in Aix-en-Provence.

1946 Rückkehr zur Agentur Rapho unter der Leitung von Raymond Grosset; es folgt eine fast 50 Jahre währende Zusammenarbeit. Begegnung mit Pierre Courtade. Reportage für das Wochenblatt *Action*. Jugoslawienreise für die Zeitschrift *Regards*.

1947 Geburt der Tochter Francine. Begegnung mit Jacques Prévert und Robert Giraud. Prix Kodak.

1948 Gruppenausstellung: „French Photography Today", mit Édouard Boubat, André Papillon und Willy Ronis, Galerie der Photo League, New York.

1949–1951 Vertrag mit der Zeitschrift *Vogue*.

1951 Gruppenausstellung: „Five French Photographers" mit Henri Cartier-Bresson, Brassaï, Izis und Willy Ronis, Museum of Modern Art, New York.

1954 Einzelausstellung: „Humoristic and Satirical Photographs of Paris", Art Institute of Chicago.

1956 Prix Niépce.

1958 Ein Kapitel in *The Picture History of Photography* von Peter Pollack, Abrams, New York.

1960 Reise in die USA, wo er in New York Maurice Baquet trifft, danach Reportagen aus Palm Springs und Hollywood. Begegnung mit Jacques Dubois. Produktion von Werbeaufnahmen.

1965 Gruppenausstellungen mit Henri Cartier-Bresson und André Vigneau, Musée Réattu, Arles, Frankreich. Mit Daniel Frasnay, Jean Lattès, Janine

Niépce, Roger Pic und
Willy Ronis, Musée des Arts
décoratifs, Paris.

1967 „50 ans de réalisations
soviétiques", Reportage aus
der UdSSR.

1968 Einzelausstellung in
der Bibliothèque nationale
de France, Paris. Gruppenausstellung mit Denis Brihat,
Lucien Clergue, Jean-Pierre
Sudre, Musée Cantini,
Marseille.

1971 Rundreise zu den französi-
schen Regionalmuseen mit
Roger Lecotté und Jacques
Dubois.

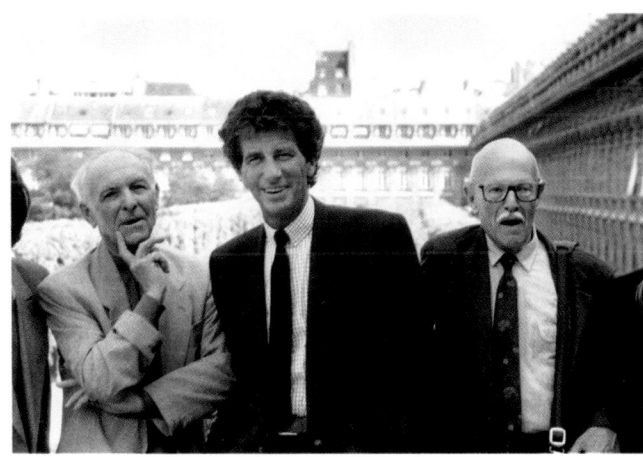

*Robert Doisneau, Jack Lang, and Willy Ronis at the
Ministry of Culture*, 1992

1972 Einzelausstellung,
George Eastman House,
International Museum of
Photography, Rochester, USA.
Gruppenausstellung mit
Édouard Boubat, Brassaï,
Henri Cartier-Bresson, Izis,
Willy Ronis, Moskau.

1973 Film: *Le Paris de Robert
Doisneau*, Dokumentarfilm von
François Porcile, 20 Minuten,
Télé Europe Production.

1974 Ausstellung: „Robert
Doisneau photographe", Galerie
du Château d'Eau, Toulouse.

1975 Ehrengast bei den „Rencontres internationales de la
photographie", Arles. Ausstellungen: „Paris la Rue", Gruppenausstellung, Bibliothèque
historique de la Ville de Paris.
„Expression de l'Humour",
Boulogne-Billancourt, Frankreich. Musée des Arts décoratifs, Nantes. FNAC, Lyon.
Musée Réattu, Arles. Galerie &
Fils, Brüssel. Witkin Gallery,
New York. Galerie Neugebauer,
Basel.

1976 Gruppenausstellung
mit Brassaï, Henri Cartier-
Bresson, Jean-Philippe
Charbonnier, Izis und Marc
Riboud in Krakau.

1977 Gruppenausstellung:
„6 Photographes en quête de
Banlieue", mit Guy Le Querrec,
Carlos Freire, Bernard
Descamps, Jean Lattès und
Claude Raimond-Dityvon,
Centre Pompidou, Paris.

1978 Ausstellungen: „Ne bou-
geons plus", Galerie Agathe
Gaillard, Paris. Witkin Gallery,
New York.

1979 Erhält den Prix du livre
bei den „Rencontres internationales de la photographie",
Arles, für *L'enfant et la colombe*.
Film: *Trois jours, trois photographes*, Dokumentarfilm von
Fernand Moszkowicz mit
Jeanloup Sieff und Bruno
Barbey. Ausstellungen: „Paris,
les passants qui passent",
Musée d'art moderne de la Ville
de Paris. Galerie du Château
d'Eau, Toulouse.

1980 Erhält den Prix du livre
bei den „Rencontres internationales de la photographie", Arles,
für *Trois secondes d'éternité*,
Éditions Contrejour, Paris.

1981 Film: *Poète et piéton*,
Dokumentarfilm von François
Porcile, 55 Minuten, Télé
Europe Production.

1982 Ausstellungen: „Doisneau,
photographe de banlieue", Rat-
haus von Gentilly, Frankreich.
„Portraits", Fondation nationale de la photographie, Lyon.
Witkin Gallery, New York.

1983 Grand Prix national de la
photographie. Ausstellungen:
Palais des Beaux-Arts, Peking.
Porträtausstellung, Tokio.

1984 Teilnahme an der Mission
photographique der DATAR.
Einzelausstellung: „Doisneau,
photographe du Dimanche",
Institut Louis Lumière, Lyon.

1985 Mitarbeiter der Zeitschrift
Femme. Teilnahme an der Tagung
Atget am Collège de France, Paris.

1986 Prix Balzac. Ausstellung: „Un certain Robert Doisneau", Crédit foncier de France, Paris.

1987 Ausstellungen: „Saint-Denis", Musée d'Art et d'Histoire, Saint-Denis, Frankreich. Kahitsukan, Kyoto.

1988 Ausstellung: „Un certain Robert Doisneau", Villa Medici, Rom.

1989 Ausstellung: „Doisneau – Renault", Grande Halle de la Villette, Paris.

1990 Ausstellung: „La Science de Doisneau", Jardin des Plantes / Muséum national d'histoire naturelle, Paris.

1992 Film: *Bonjour, Monsieur Doisneau*, Dokumentarfilm von Sabine Azéma, 54 Minuten, RIFF Production. Ausstellung: „Robert Doisneau: A Retrospective", künstlerische Leitung Peter Hamilton, Museum of Modern Art, Oxford.

1993 Film: *Doisneau des villes et Doisneau des champs*, Dokumentarfilm von Patrick Cazals, 55 Minuten, Koproduktion von Les Films du Horla / France 3 Limousin Poitou Charente. Ausstellung: „Noces et Banquets", LARC, Le Creusot, Frankreich.

1994 Doisneau stirbt am 1. April in Paris. Ausstellungen: „Robert Doisneau ou la dés-obéissance", Écomusée, Fresnes, Frankreich. Werkschau, Galerie du Château d'Eau, Toulouse. „Doisneau 40/44", Centre d'Histoire de la Résistance et de la Déportation, Lyon. Wanderausstellung „Robert Doisneau: A Retrospective"

in London, Montréal und Galway, Irland.

1995 Ausstellungen: „Robert Doisneau", große Werkschau im Musée Carnavalet, Paris, zu der eine bedeutende Monografie erscheint. „Robert Doisneau", Kyoto.

1996 Ausstellung: „Robert Doisneau", Wanderausstellung, die in Montpellier, im Isetan Museum of Art, Tokio und im Daimaru Museum, Osaka, Japan, gezeigt wird (zuvor in Oxford und im Musée Carnavalet, Paris).

1997 Ausstellung: „Robert Doisneau, Retrospektive", Kunstverein für die Rheinlande und Westfalen, Düsseldorf.

2000 Film: *Robert Doisneau tout simplement*, Video (später DVD), Éditions Montparnasse, Paris. Ausstellung: „Gravités", Galerie Fait & Cause, Paris.

2001 Ausstellung: „Robert Doisneau", Galerie Claude Bernard, Paris.

2002 Ausstellung: „Un tal Robert Doisneau", Museo Nacional de Bellas Artes, Santiago de Chile.

2003 Ausstellungen: Retrospektive mit 58 großformatigen Abzügen in den Straßen von Bogotá, Kolumbien. „Inauguration", Galerie Claude Bernard, Paris. „Robert Doisneau tout court", Centro Cultural Borges, Buenos Aires.

2004 Ausstellung: „Doisneau-sur-Lot", Galerie du Casino, Saint-Céré, Frankreich.

2005 Ausstellungen: „From the Fictional to the Real", Galerie

Bruce Silverstein, New York. „Doisneau, Banlieue Sud", Musée Français de la Carte à Jouer, Issy-les-Moulineaux, Frankreich. „Doisneau chez les Joliot-Curie. Un photographe au pays des physiciens", Musée des arts et métiers, Paris. „Imprimeurs clandestins", Musée de la Résistance nationale, Champigny-sur-Marne, Frankreich. „Robert Doisneau photographies", Galerie Claude Bernard, Paris.

2006 Ausstellungen: „Robert Doisneau, ateliers d'artistes", Conseil général de la Meuse, Hôtel du Département, Bar-le-Duc, Frankreich. „Rue Robert Doisneau", Grimaldi Forum, Monaco. „Robert Doisneau, Paris en liberté", Hôtel de Ville de Paris, Paris.

2008 Ausstellungen: „Doisneau – Un voyage en Alsace 1945", Maison de la Région Alsace, Straßburg. „Doisneau, Alsace été 1945", La Filature, Mülhausen, Frankreich. „Robert Doisneau, Paris en liberté", Mitsukoshi Museum, Tokio. „La Loire, journal d'un voyage", Musée de la marine de Loire, Châteauneuf-sur-Loire, Frankreich.

2009 Ausstellungen: „Robert Doisneau, Paris en liberté", Isetan Museum of Art, Kyoto. „Robert Doisneau, trait pour trait, portraits d'écrivains", Scriptorial d'Avranches, Frankreich. „Portraits d'artistes", Musée Angladon, Avignon.

2010 Ausstellungen: „Robert Doisneau, du métier à l'œuvre", Fondation Henri Cartier-Bresson, Paris. „Robert Doisneau, Palm Springs 1960", Galerie Claude Bernard, Paris.

„Robert Doisneau, le temps retrouvé", Centre de Rencontres Éco-nomiques et Culturelles, Dinan, Frankreich. „The Best of Doisneau", Espace Kettaneh Kunigk, Beirut, Libanon. „Les doigts pleins d'encre", Maison de La vache qui rit, Lons-le-Saunier, Frankreich. „Robert Doisneau, un photographe au pays de l'homme", Les Eyzies-de-Tayac, Frankreich. „Robert Doisneau, ‚Du métier à l'œuvre' & ‚Palm Springs 1960'", Fondazione FORMA per la Fotografia, Mailand.

2011 Ausstellungen: „The best of Doisneau", Galerie Tanit, München. „Simplemente Robert Doisneau", Centro cultural Recoleta, Buenos Aires. „Les doigts pleins d'encre", Museo de los Niños, Buenos Aires. „Noces et banquets", Centre culturel français, Moskau. „Robert Doisneau", Château de Malbrouck, Manderen, Frankreich. „Paris au petit trot", Galerie Tarquinia, Trouville-sur-Mer, Frankreich. „Robert Doisneau en pays mélusin", Maison Xavier-Bernard, Saint-Sauvan, Frankreich. „Robert Doisneau, au fil du temps", Maison des Traouïero, Perros-Guirec, Frankreich. „Robert Doisneau, un photographe au pays de l'homme", Casino d'Art, Saint Céré, Frankreich. „Robert Doisneau en Val de Bièvre", Écomusée du Val-de-Bièvre, Fresnes, Frankreich. „Les doigts pleins d'encre", Museo Regionale di Scienze Naturali, Turin.

2012 Ausstellungen: „Robert Doisneau, la traversée d'un siècle", Consulat général de France, Almaty, Kasachstan. „Doisneau/Paris/Les Halles", Salon d'accueil de la Mairie de Paris. „Épouvantables

épouvantails", Espace de la Tour, Mably, Frankreich. „Rétrospective Robert Doisneau", Tokyo Metropolitan Museum of Photography, Tokio. „Noces et banquets", Villa Cathala, Noisy-le-Grand, Frankreich. „Simplemente Doisneau", Centro cultural Justiça federal, Rio de Janeiro. „Un certain Robert Doisneau", Abbaye de Stavelot, Belgien. „Trésors retrouvés", Galerie de la rue Saint-Vincent, La Gacilly, Frankreich. „Robert Doisneau, le temps retrouvé", Médiathèque, Meudon-la-Forêt, Frankreich. „Robert Doisneau", Centre Pompidou, Paris. „Robert Doisneau tout court", La Bulle – médiathèque de Mazé, Frankreich. „Robert Doisneau, Paris en liberté", Palazzo delle Esposizioni, Rom. „Les Alpes de Doisneau", Musée de l'Ancien Evêché, Grenoble.

2013 Ausstellungen: „Rétrospective Robert Doisneau", Isetan Museum of Art, Kyoto. „Palm Springs 1960", Bon Marché Rive Gauche, Paris. „Robert Doisneau, Paris en liberté", Spazio Oberdan, Mailand. Reggia di Caserta, Neapel, Italien. Palazzo Ducale, Genua, Italien. „Rétrospective Robert Doisneau", Sapporo Art Park Museum, Hokkaido, Japan. „Robert Doisneau", Nederlands Fotomuseum, Rotterdam. „Robert Doisneau en passant par le Limousin", Galerie des Hospices, Limoges, Frankreich. „Le Peintre dans l'œil du photographe, portraits d'artistes de Robert Doisneau", Musée du Mont-de-Piété, Bergues, Frankreich. „Robert Doisneau, les ateliers d'artistes", Espace culturel Robert Doisneau, Meudon, Frankreich. „Les Halles de Robert Doisneau", Forum des Halles, Paris.

„Robert Doisneau, le temps retrouvé", Palais ducal, Nevers, Frankreich. „Doisneau, les bâtisseurs chimériques", Château de Lunéville, France. „Du métier à l'œuvre – Palm Springs 1960", Campredon art & image, L'Isle-sur-la-Sorgue, Frankreich.

2014 Ausstellungen: „Robert Doisneau, le temps retrouvé", Museo Fábrica Reig, Andorra. „Robert Doisneau, clin d'œil au quotidien", Le Carreau, Cergy, Frankreich. „Robert Doisneau", Koriyama City Museum, Japan. Holtegaard, Kopenhagen. Galerie KT&G, Seoul. „Robert Doisneau, la belleza de lo cotidiano", Palacio de Bellas Artes, Mexico City. „JEM Trouville, j'aime Doisneau", Trouville-sur-Mer, Frankreich. „Robert Doisneau tout court", Musée Municipal de Mougins-Espace culturel, Mougins, Frankreich. „Les Auvergnats au foirail", Musée de la Chalosse, Montfort-en-Chalosse, Frankreich. „Doisneau/Dieuzaide, une amitié heureuse", Galerie du Château d'Eau, pôle photographique de Toulouse. „Robert Doisneau – Rétrospective", La Térmica, Malaga.

2015 Ausstellungen: „Robert Doisneau – La Beauté du quotidien", Multimedia Art Museum, Moskau. „Robert Doisneau – Les grandes vacances", Le Kiosque, Vannes, Frankreich. „Robert Doisneau 1945, un voyage en Alsace", CIC Est, Straßburg. „Robert Doisneau – Sculpteurs et sculptures", Musée Rodin, Meudon, Frankreich. „Robert Doisneau – Pêcheur d'images", Danubiana Meulensteen Art Museum, Bratislava, Slowakei. „Robert Doisneau, un photographe au Muséum", National Museum of Natural History, Paris.

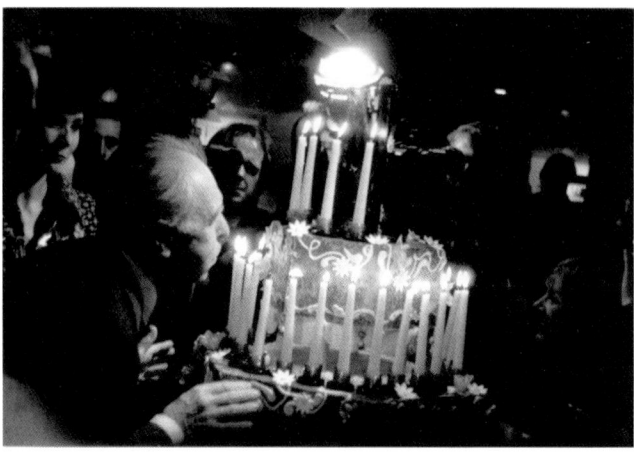

Robert Doisneau's 80th Birthday, 1992. Photo: Jean Claude Gautrand

2016 Ausstellungen:
„Robert Doisneau tout court",
Victor Jara Cultural Centre,
Soignies, Belgien. „Les Leicas
de Doisneau", Leica Gallery,
Kyoto. Leica Gallery, Tokio.
„Culottes courtes et doigts
pleins d'encre", Biennale inter-
nationale de l'image de Nancy,
Frankreich. „Robert Doisneau –
Le merveilleux quotidien",
Arengario, Monza, Italien.
„Doisneau-Lartigue un autre
portrait du cheval", Haras
national du Pin, Normandie.
„Bercy par Robert Doisneau",
Bercy Village, Paris. „Doisneau
en fête au Festival du Merveil-
leux", Musée des Arts Forains,
Paris. „La belleza de lo coti-
diano", Fundación Canal,
Madrid. „Que ma joie demeure",
Bernard Buffet Museum, Naga-
izumi, Japan. „Robert Doisneau
– Photographe", Gropius Bau,
Berlin. „Robert Doisneau –
Icones", Fort Bard, Italien.

2017 Ausstellungen: „Robert
Doisneau – Les Années Vogue",
Espace Richaud, Versailles.
„Just Doisneau", FotoFabrica
Festival, Sofia, Bulgarien.

„Robert Doisneau – My Paris",
Turku Art Museum, Turku,
Finnland. „Robert Doisneau –
Culottes courtes et doigts pleins
d'encre", Maison Posta,
Urrugne, Frankreich. „Robert
Doisneau – À l'imparfait
de l'objectif", Lu. C. C. A. –
Lucca Center of Contemporary
Art, Italien. „Robert Doisneau
Pescatore di immagini", Palais
Broletto, Pavie, Italie. „Robert
Doisneau", Musée d'Ixelles,
Brüssel.

2018 Ausstellungen: „Amour",
Palais Rohan, Straßbourg.
„Robert Doisneau, le temps
retrouvé", Expo, Pithiviers,
Frankreich. „Passages et
Galeries", Musée de la Photo-
graphie Desjardins, Drummond-
ville, Quebec. „Robert Doisneau
– Pescatore d'immagini",
Museo della Grafica, Palazzo
Lanfranchi, Pisa. Palazzo delle
Paure, Lecco, Italien. Cava de'
Tirreni, Neapel, Italien. „Robert
Doisneau – La belleza de lo coti-
diano", Universität Salamanca,
Spanien. „Robert Doisneau et la
chanson", Les Bains-Douches,
Lignières-en-Berry, Frankreich.

„Robert Doisneau – Photo-
graphies", Galerie du Boléro,
Versoix, Schweiz. „Robert
Doisneau – Le Temps retrouvé",
Palazzo del Duca, Senigallia,
Italien. „Robert Doisneau",
Les Roches Brunes, Dinard,
Frankreich. „Robert Doisneau –
Les grandes vacances", Hotel
Font-freyde, centre photogra-
phique, Clermont-Ferrand,
Frankreich. „Robert Doisneau –
förortspoeten från Paris",
Kulturhuset Stadsteatern,
Stockholm. „Doisneau et la
Musique", Philharmonie de
Paris. „Allons voir la mer avec
Doisneau", Couvent Sainte-
Cécile, Grenoble. „Robert
Doisneau – L'Œil malicieux",
Musée des Beaux-Arts de
Quimper, Frankreich.

2019 Ausstellungen: „Allons
voir la mer avec Doisneau",
École Nationale Supérieure
Maritime, Saint-Malo, Frank-
reich. „Robert Doisneau – À
travers le siècle", Magazzino
delle idee, Trieste, Italien.
„Culottes courtes et doigts
pleins d'encre", Salle Gérard-
Olive, Bricqueville-sur-Mer,
Frankreich. „À l'imparfait de
l'objectif", Museum of Photo-
graphy, Tallinn, Estland.
„Robert Doisneau tout court",
Vic-sur-Seille, Frankreich.
„Robert Doisneau – Les doigts
pleins d'encre", Conservatoire
des Métiers d'Autrefois,
Donzac, Tarn-et-Garonne,
Frankreich. „Robert Doisneau –
Les grandes vacances", Atelier
de Nantes. „Robert Doisneau
au Gouffre de Padirac", Lot,
Frankreich. „Robert Doisneau
et la médecine", Bibliothèque
Santé Rockefeller, Université
Claude Bernard Lyon 1.
„Robert Doisneau – Le Temps
retrouvé", ehemaliges Stadt-
bad, Sainte-Foy-lès-Lyon.

2020 Ausstellungen: „Doisneau: La belleza de lo cotidiano, Fotografías 1929–1973", Cultural Corporation Las Condes, Chile. „Robert Doisneau – À l'imparfait de l'objectif", Cournon-d'Auvergne, Frankreich. „Robert Doisneau et la médecine", Le Qu4tre, University of Angers, Frankreich. „Robert Doisneau", Sogo Museum of Art, Yokohama, Japan. „Robert Doisneau – Ombre et Lumière", Essar[t]s, Espace Arts et Culture, Bram, Frankreich. „Un certain Robert Doisneau", Palazzo Pallavicini, Bologna. „Robert Doisneau- Immersion dans la médecine des années 50", Musée Claude Bernard, Saint-Julien, Rhône. „Robert Doisneau", Kahitsukan, Kyoto Museum of Contemporary Art. „Robert Doisneau – de Paris à Palm Springs", Mai Mano House, Haus der ungarischen Fotografen, Budapest.

2021 Ausstellungen: „Bâtisseurs chimériques", Palais Idéal, Hauterives, Frankreich. „Doisneau – La Musique – Paris", Bunkamura, Tokio. Museum EKI, Kyoto. „Robert Doisneau et la Loire", Château de Sully sur Loire, Frankreich. „Allons voir la mer avec Doisneau", Musée Maritime, La Rochelle, Frankreich. „Robert Doisneau – Les Années Vogue et les ateliers d'artistes", Galerie Saint-Jacques, Saint-Quentin, Aisne, Frankreich. „Robert Doisneau", Palazzo Roverella, Rovigo, Italien. „Robert Doisneau – Portraits d'artistes et vues de Lyon", Musée Jean Couty, Lyon.

2022 Ausstellungen: „Robert Doisneau", Centre Saint-Bénin, Aosta, Italien. Museo dell'Ara Pacis, Rom. CAMERA, Italienisches Zentrum für Fotografie, Turin. „Les Mineurs de Robert Doisneau", Louvre-Lens, Frankreich. „Robert Doisneau et la Loire", La Cité des Congrès de Nantes, Parvis du Grand Auditorium, Nantes. „Les Vélos de Doisneau", Couvent Sainte-Cécile, Grenoble. „Robert Doisneau – À l'imparfait de l'objectif", Maison des Arts, Antony, Frankreich. „Robert Doisneau tout court", Château des Bouillants, Dammarie-lès-Lys, Frankreich.

2023 Ausstellungen: „Robert Doisneau – Le Temps retrouvé", FotoNostrum Mediterranean House of Photography, Barcelona. Yves Brayer Museum, Les Baux-de-Provence. „Un certain Robert Doisneau", Le Palais Megève, Frankreich. „Robert Doisneau tout court", Vincom Center for Contemporary Art, Hanoi. „Chemins Croisés", Tokyo Photographic Art Museum. „Robert Doisneau ou la Traversée d'un siècle", La mairie de Caen, Calvados, Frankreich. „Robert Doisneau – L'Esprit de Résistance", Museum of National Resistance, Champigny sur-Marne, Frankreich. „Un certain Robert Doisneau", Villa Mussolini, Riccione, Italien.

2024 Ausstellungen: „Les Mineurs de Robert Doisneau. Un certain Robert Doisneau", Villa Tamaris Pacha, La Seyne-sur-Mer, Frankreich. „Robert Doisneau – Les doigts pleins d'encre", Abbey of La Chaise-Dieu, Auvergne, Frankreich.

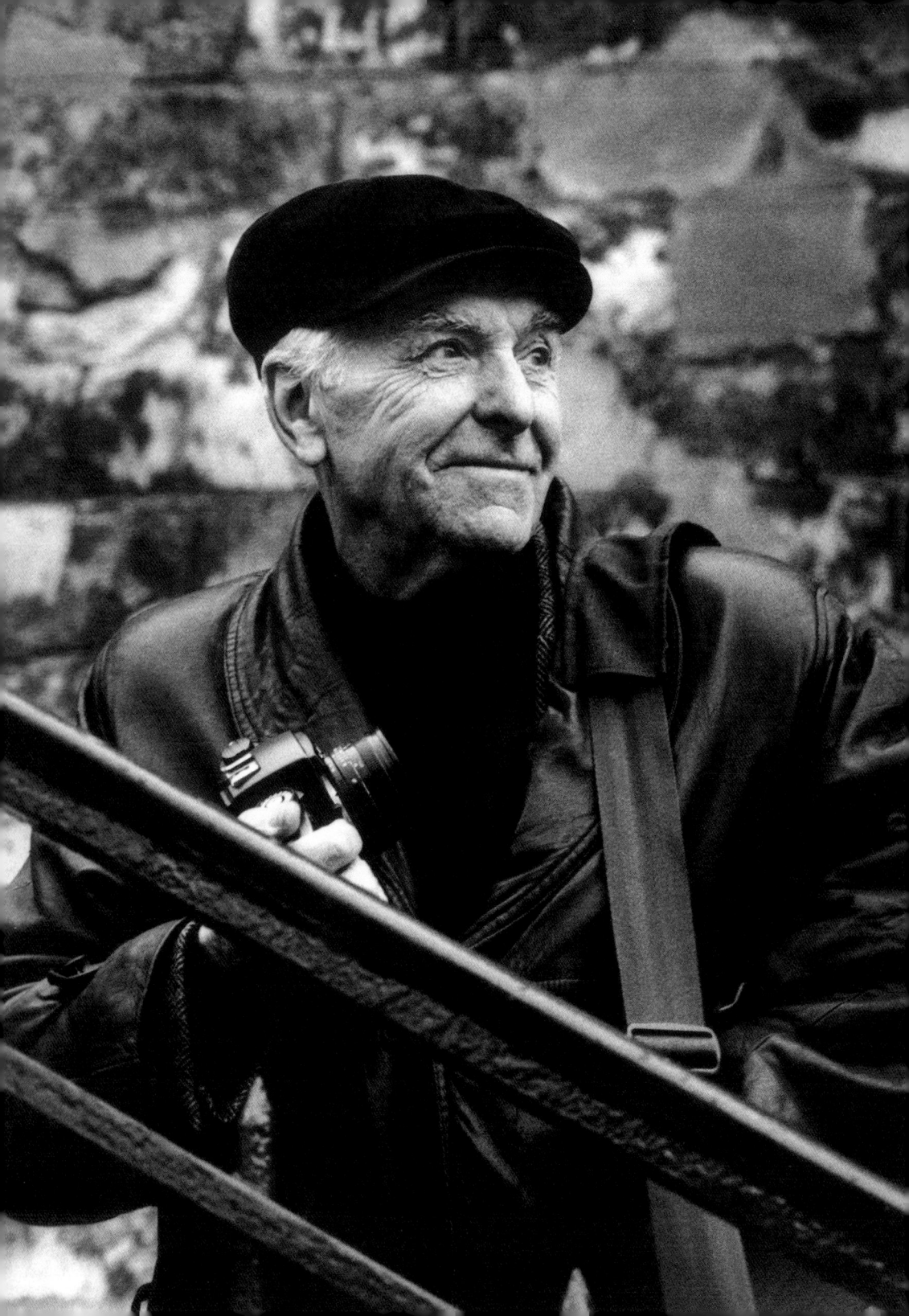

The Proust Questionnaire
Robert Doisneau, 1978

What is the height of misery for you?
Being struck dumb at the sight of the irreparable.

Where would you like to live?
Anywhere – as long as it is not too far from those who laugh at the same things as I do.

What is your ideal of happiness on earth?
To be accepted in the great building-site of light (deliberately obscure in order to seem profound).

What sins do you most easily forgive?
The sin of the Abbé Mouret.

Who are your favorite film directors?
If I say Buñuel, Fellini, Truffaut, etc., I have begun a pyramid and place Renoir at the top.

Who are your favorite painters?
Chardin, Vermeer, Goya, Velázquez, Steinberg, Van Gogh, Bonnard.

Who are your favorite musicians?
My ear is so uncultivated that my opinion could hardly matter less.

What is the quality you most like in a man?
Not taking himself too seriously.

What is the quality you most like in a woman?
The gift of bedazzlement.

What sport do you do?
Rugby on television.

Would you be capable of killing somebody?
Obviously, but not every day of the week, and I want to choose my victims.

What is your favorite occupation?
That's more a question of mood than of any given occupation.

Who would you like to have been?
The juggler Rastelli.

What is your main character trait?
How would I know?

What do you most appreciate in your friends?
Unconditional fellow feeling.

What is your main fault?
I am allergic to certain plants and certain people: both bring me out in a rash.

What is the first thing that attracts you about a woman?
Her gaze. No further wiggling of your hips, Madame, is required.

What is your favorite color?
Kingfisher blue.

What is your favorite flower?
The daisy in April.

Who are your favorite prose authors?
In no particular order, André Hardellet, Flaubert, [Pierre] Gascar.

Who are your favorite poets?
This morning, Blaise Cendrars, André Frénaud, Boby Lapointe – and Jacques Prévert every day of the week.

Who are your real-life heroes?
Anonymous trade unionists.

What are your favorite names?
Bourgueil, Émilion, Esthèphe, Otis Pifre, and Brunnhilde.

What do you most hate?
Military music, military justice, and army canteens.

What natural gift do you most desire?
The ability to stop dreaming.

Do you believe in the survival of the soul?
Of course! Such a beautiful idea should not be the preserve of wizened, casuistic specialists.

How would you like to die?
As gently as possible, like a cinematic dissolve.

What is your current state of mind?
More encumbered with regrets than remorse.

Robert Doisneau, 1979
Photo: Christian Louis

Le Questionnaire de Proust

*Quel est pour vous le comble
de la misère ?*
La stupeur devant l'irréparable.

Où aimeriez-vous vivre ?
N'importe où si ce n'est pas
trop loin de ceux qui rient des
mêmes choses que moi.

*Quel est votre idéal de
bonheur terrestre ?*
Me sentir accepté dans le
grand chantier de la lumière
(volontairement obscur pour
faire profond).

*Pour quelles fautes avez-vous
le plus d'indulgence ?*
Pour celle de l'abbé Mouret.

*Quels sont vos metteurs en
scène de cinéma favoris ?*
Si je dis, Buñuel, Fellini,
Truffaut etc... je commence
une pyramide et je plante
dessus Renoir.

*Quels sont vos peintres
favoris ?*
Chardin, Vermeer, Goya,
Velázquez, Steinberg, Van Gogh,
Bonnard.

*Quels sont vos musiciens
favoris ?*
Avec une telle oreille en friche
mon avis n'a aucune importance.

*Quelle est votre qualité
préférée chez l'homme ?*
Le savoir-rire de soi.

*Quelle est votre qualité
préférée chez la femme ?*
Le don d'éblouir.

Quels sports pratiquez-vous ?
Le rugby sur Antenne 2.

*Seriez-vous capable de tuer
quelqu'un ?*
Évidemment, à condition de
pouvoir choisir et encore pas
tous les jours.

*Quelle est votre occupation
préférée ?*
C'est davantage question
d'humeur que d'occupation
précise.

Qui auriez-vous aimé être ?
Le jongleur Rastelli.

*Quel est le principal trait
de votre caractère ?*
Comment peut-on savoir ?

*Qu'appréciez-vous le plus
chez vos amis ?*
La complicité inconditionnelle.

*Quel est votre principal
défaut ?*
L'allergie à certaines plantes
et à certaines personnes, les
deux me donnent des boutons.

*Quelle est la première
chose qui vous attire chez
une femme ?*
Le regard. Cessez donc,
Madame, de vous tortiller
inutilement.

La couleur que vous préférez ?
Le bleu du martin-pêcheur.

La fleur que vous préférez ?
La pâquerette d'avril.

*Quels sont vos auteurs
préférés en prose ?*
En vrac, André Hardellet,
Flaubert, Gascar.

*Quels sont vos poètes
préférés ?*
Ce matin, Blaise Cendrars,
André Frénaud, Boby
Lapointe et Jacques Prévert
tous les jours.

*Quels sont vos héros dans
la vie réelle ?*
Les syndicalistes anonymes.

Quels sont vos noms favoris ?
Bourgueil, Émilion, Estèphe,
Otis Pifre et Brunnhilde.

*Que détestez-vous par
dessus tout ?*
La musique militaire, la
justice militaire et la cantine
militaire.

*Quel est le don de la nature
que vous aimeriez avoir ?*
Celui d'arrêter les rêves.

*Croyez-vous à la survie
de l'âme ?*
Bien sûr, on ne peut laisser
le monopole d'une idée aussi
belle aux spécialistes
rabougris et ergoteurs.

*Comment aimeriez-vous
mourir ?*
Le plus doucement possible,
genre fondu enchaîné.

État présent de votre esprit ?
Encombré de plus de regrets
que de remords.

Der Proust'sche Fragebogen

Was ist für Sie das größte Unglück?
Das Entsetzen vor dem nicht Wiedergutzumachenden.

Wo möchten Sie leben?
Ganz egal, wenn es nur nicht allzu weit von denen entfernt ist, die über das Gleiche lachen wie ich.

Was ist für Sie das vollkommene irdische Glück?
Mich akzeptiert zu fühlen auf der großen Baustelle des Lichts (ich drücke mich kryptisch aus, um tiefsinnig zu klingen).

Welche Fehler entschuldigen Sie am ehesten?
Die Sünde des Abbé Mouret.

Ihre liebsten Filmregisseure?
Wenn ich sage: Buñuel, Fellini, Truffaut etc., errichte ich eine Pyramide und setze Renoir obendrauf.

Ihre Lieblingsmaler?
Chardin, Vermeer, Goya, Velázquez, Steinberg, van Gogh, Bonnard.

Ihre Lieblingsmusiker?
Ich habe so stumpfe Ohren, dass meine Meinung nicht von Belang ist.

Welche Eigenschaften schätzen Sie bei einem Mann am meisten?
Über sich selbst lachen zu können.

Welche Eigenschaften schätzen Sie bei einer Frau am meisten?
Die Gabe zu bezaubern.

Welchen Sport betreiben Sie?
Rugby im Fernsehsender Antenne 2.

Wären Sie in der Lage, jemanden zu töten?
Selbstverständlich, unter der Voraussetzung, dass ich ihn mir aussuchen kann, und auch nicht alle Tage.

Ihre Lieblingsbeschäftigung?
Da geht es eher um eine Stimmung als um eine bestimmte Beschäftigung.

Wer hätten Sie gerne sein mögen?
Der Jongleur Rastelli.

Ihre wichtigste Charaktereigenschaft?
Woher soll ich das wissen?

Was schätzen Sie bei Ihren Freunden am meisten?
Bedingungslose Komplizenschaft.

Ihr größter Fehler?
Dass ich auf bestimmte Pflanzen und bestimmte Menschen allergisch reagiere, da bekomme ich Pickel.

Was zieht Sie bei einer Frau am meisten an?
Der Blick. Mehr Verführungskünste, Madame, sind nicht notwendig.

Ihre Lieblingsfarbe?
Eisvogelblau.

Ihre Lieblingsblume?
Gänseblümchen im April.

Ihre Lieblingsautoren?
In unbestimmter Reihenfolge: André Hardellet, Flaubert, Gascar.

Ihre Lieblingsdichter?
Heute Morgen sind es Blaise Cendrars, André Frénaud, Boby Lapointe – und Jacques Prévert alle Tage.

Ihre Lieblingshelden in der Wirklichkeit?
Die namenlosen Gewerkschafter.

Ihre Lieblingsnamen?
Bourgueil, Emilion, Estèphe, Otis Pifre und Brunnhilde.

Was verabscheuen Sie am meisten?
Militärmusik, Militärgerichte und Militärkantinen.

Welche natürliche Gabe hätten Sie am liebsten?
Träume anhalten zu können.

Glauben Sie an das ewige Leben der Seele?
Aber sicher, man kann doch eine solch schöne Idee nicht irgendwelchen tattrigen und griesgrämigen Spezialisten überlassen.

Wie möchten Sie sterben?
Möglichst sanft. Wie bei einer Überblendung im Film.

Ihre gegenwärtige Geistesverfassung?
Eher bedauernd als zerknirscht.

Footnotes

1   Interview with Jean Leroy, *Photo Revue*, February 1978.
2   Frank Horvat, *Entre vues* (Paris: Nathan, 1990).
3   Jean-François Chevrier, *Doisneau* (Paris: Belfond, 1983).
4   Albert Plécy, *Instantanés de Paris* (Paris: Arthaud, 1955).
5   Robert Doisneau, *Mes Parisiens* (Paris: Collection Photo Poche Société, Nathan, 1997).
6   Robert Doisneau, *Trois secondes d'éternité* (Paris: Contrejour, 1979).
7   Robert Doisneau, *Un certain Robert Doisneau* (Paris: Éditions du Chêne, 1986).
8   See footnote 6.
9   See footnote 3.
10 See footnote 3.
11 See footnote 3.
12 See footnote 3.
13 See footnote 3.
14 See footnote 3.
15 Passage in Doisneau's journal, 1929, Robert Doisneau archives.
16 *À l'imparfait de l'objectif* (Paris: Belfond, 1989).
17 See footnote 3.
18 See footnote 3.
19 *Le Renault de Doisneau* (exhibition catalogue), Musée des Beaux-Arts et de l'Archéologie (Besançon: Ed, Somogy, 2005).
20 Robert Doisneau, *Trois secondes d'éternité* (Paris: Contrejour, 1979).
21 Robert Doisneau, *Pour saluer Doisneau: Terrasses et compagnies* (Paris: Équinoxe, 1994).
22 *À l'imparfait de l'objectif* (Paris: Belfond, 1989).

23 Peter Hamilton, *Robert Doisneau: A Photographer's Life* (New York: Abbeville, 1995).
24 *Robert Doisneau* (exhibition catalogue), Château de Malbrouck (Ars-sur-Moselle: Serge Domini, 2011).
25 *À l'imparfait de l'objectif* (Paris: Belfond, 1989).
26 Robert Doisneau, *Pour saluer Doisneau: Terrasses et compagnies* (Paris: Équinoxe, 1994).
27 Robert Doisneau archives.
28 See footnote 25.
29 See footnote 25.
30 See footnote 25.
31 See footnote 23.
32 Jean-François Chevrier, *Doisneau* (Paris: Belfond, 1983).
33 Interview with Michèle Champenois, *Le Monde Aujourd'hui*, March 1984.
34 Quentin Bajac, *Robert Doisneau: «Pêcheur d'images»*, Découvertes Gallimard (Paris: Gallimard, 2012).
35 Robert Doisneau, *Robert Doisneau: Rue Jacques Prévert* (Paris: Hoëbeke, 1992).
36 See footnote 25.
37 Robert Doisneau, *Trois secondes d'éternité* (Paris: Contrejour, 1979).
38 See footnote 26.
39 See footnote 25.
40 See footnote 23.
41 See footnote 25.
42 Raphaël Morata, *Quand Doisneau était l'œil de Point de Vue – Images du monde* (Paris: Express Roularta, 2012).
43 See footnote 25.

44 See footnote 25.
45 Letter to Pierre Betz, beginning of the 1960s, Robert Doisneau archives.
46 Robert Doisneau, *Palm Springs 1960* (Paris: Flammarion, 2010).
47 Peter Hamilton, *Robert Doisneau: A Photographer's Life* (New York: Abbeville, 1995).
48 Robert Doisneau: *Le Braconnier de l'éphémère*, booklet with audiobook on two CDs, (Collection Les Grandes Heures, Ina / Radio France, 2006).
49 *À l'imparfait de l'objectif* (Paris: Belfond, 1989).
50 *Doisneau. Paris Les Halles* (Paris: Flammarion, 2011).
51 Robert Doisneau archives.
52 *Paysages Photographies, La Mission photographique de la DATAR* (Paris: Ed. Hazan, 1985).
53 *Robert Doisneau: Le braconnier de l'éphémère*, booklet with audiobook on two CDs, (Collection Les Grandes Heures, Ina / Radio France, 2006).
54 *À l'imparfait de l'objectif* (Paris: Belfond, 1989).
55 Peter Hamilton, *Robert Doisneau: A Photographer's Life* (New York: Abbeville, 1995).
56 Interview with Michel Guerrin, *Le Monde*, April 3, 1994.
57 Robert Doisneau, *Trois secondes d'éternité* (Paris: Contrejour, 1979).
58 See footnote 55.
59 See footnote 54.
60 See footnote 54.

61 See footnote 54.

62 Frank Horvat, *Entre vues* (Paris: Nathan, 1990).

63 Robert Doisneau archives.

64 See footnote 54.

65 See footnote 56.

66 *Robert Doisneau. Le Braconnier de l'éphémère*, from the broadcast "Tasse de thé," February 19, 1989, Les Grandes Heures, booklet with audiobook on two CDs (Paris: Ina / Radio France, 2006).

67 See footnote 66.

68 Robert Doisneau archives.

69 *Robert Doisneau*, interview with Sylvain Roumette, *Photo Poche*, no. 5, Centre National de la Photographie, Paris, 1983.

70 See footnote 69.

71 See footnote 66.

72 Interview with André Pozner, *Zoom*, January 1979.

73 *Paris Doisneau* (Paris: Flammarion, 2005).

Bibliography

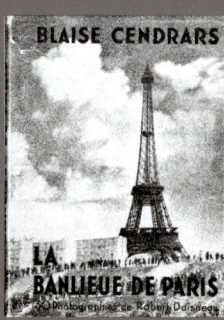

1949 *La Banlieue de Paris*
Text by Blaise Cendrars;
Ed. Pierre Seghers, Paris/
La Guilde du Livre, Lausanne

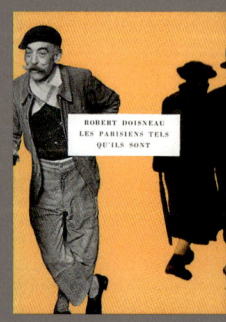

1954 *Les Parisiens tels qu'ils sont*
Texts by Robert Giraud and
Michel Ragon; Ed. Delpire, Paris

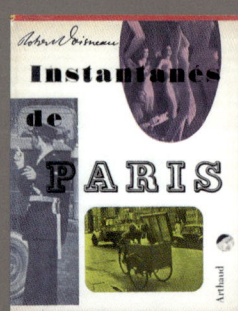

1955 *Instantanés de Paris*
Preface by Blaise Cendrars and
Albert Plécy; Ed. Arthaud, Paris

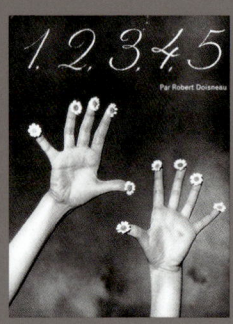

1955 *1, 2, 3, 4, 5 compter
en s'amusant.* Ed. La Guilde
du Livre /Clairefontaine,
Lausanne

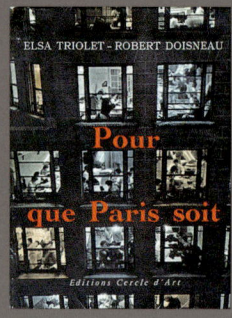

1956 *Pour que Paris soit*
Text by Elsa Triolet
Ed. Cercle d'Art, Paris

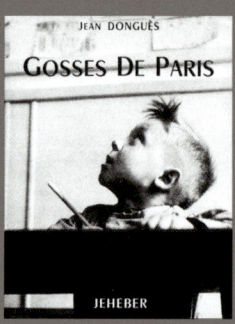

1956 *Gosses de Paris*
Text by Jean Donguès
Ed. Jeheber, Paris

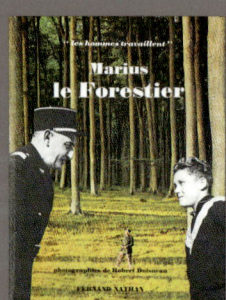

1964 *Marius le Forestier*
Text by Dominique Halévy
Ed. Fernand Nathan, Paris

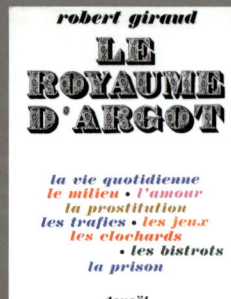

1965 *Le Royaume d'argot*
Text by Robert Giraud
Ed. Denoël, Paris

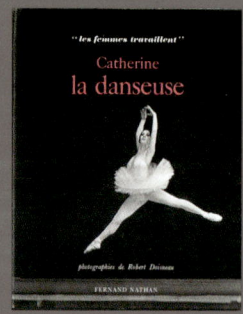

1966 *Catherine la danseuse*
Text by Michèle Manceaux
Ed. Fernand Nathan, Paris

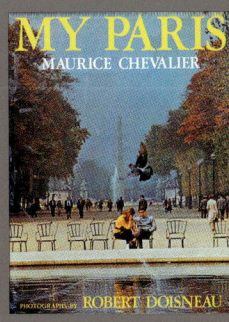

1972 *My Paris*
Text by Maurice Chevalier
Macmillan Publishers,
New York

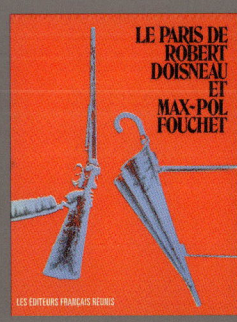

1974 *Le Paris de Robert
Doisneau et Max-Pol Fouchet*
Les Éditeurs Français Réunis,
Paris

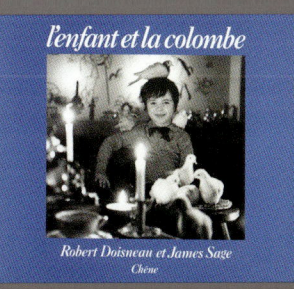

1978 *L'enfant et la colombe*
Text by James Sage
Ed. du Chêne, Paris

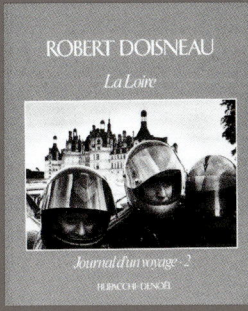

1978 *La Loire –
Journal d'un voyage*
Filipacchi-Denoël, Paris

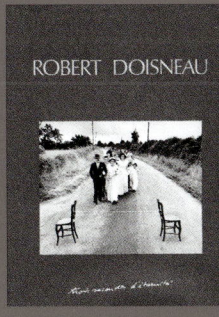

1979 *Trois secondes d'éternité*
Ed. Contrejour, Paris

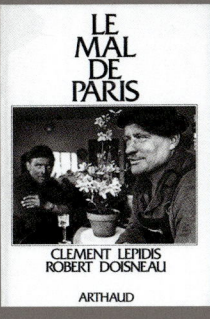

1980 *Le Mal de Paris*
Text by Clément Lépidis
Ed. Arthaud, Paris

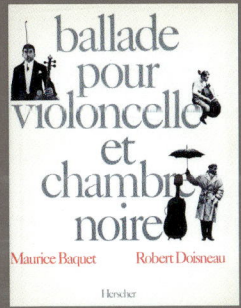

1981 *Ballade pour
violoncelle et chambre noire*
With Maurice Baquet
Ed. Herscher, Paris

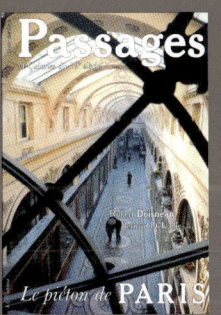

1981 *Passages et galeries
du XIXème siècle*
Text by Bernard Delvaille
Ed. ACE, Paris

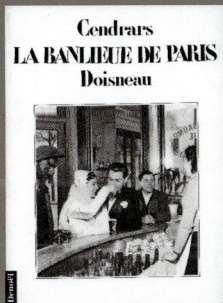

1983 *La Banlieue de Paris*
Text by Blaise Cendrars
New edition, Ed. Denoël, Paris

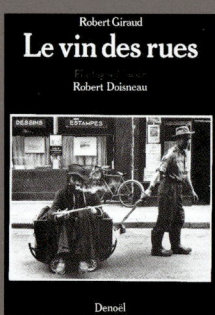

1983 *Le vin des rues*
Text by Robert Giraud
Ed. Denoël, Paris

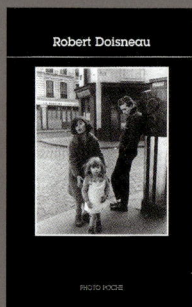

1983 *Robert Doisneau*
Text by Sylvain Roumette
Photo Poche, Centre National
de la Photographie, Paris

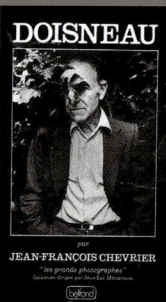

1983 *Doisneau*
Text by Jean-François Chevrier
Les grands photographes,
Ed. Belfond, Paris

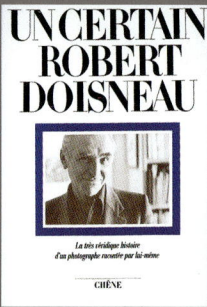

1986 *Un certain Robert Doisneau*
Ed. du Chêne, Paris

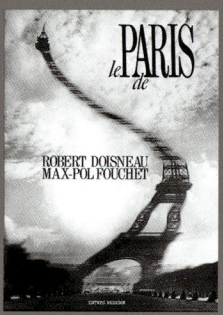

1986 *Le Paris de Robert
Doisneau et Max-Pol Fouchet*
New edition, Ed. Messidor, Paris

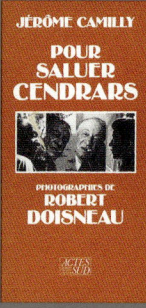

1987 *Pour saluer Cendrars*
Text by Jérôme Camilly
Ed. Actes Sud, Arles

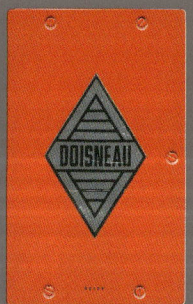

1988 *Doisneau – Renault*
Ed. Hazan, Paris

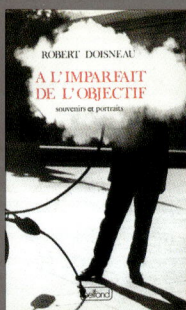

1989 *À l'imparfait de l'objectif*
Ed. Belfond, Paris

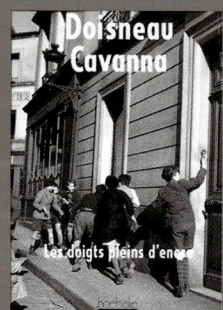

1989 *Les doigts pleins d'encre*
Text by François Cavanna
Ed. Hoëbeke, Paris

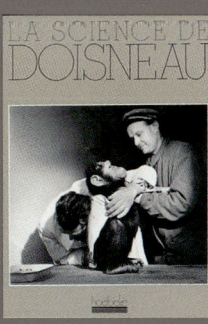

1990 *La Science de Doisneau*
Ed. Hoëbeke, Paris

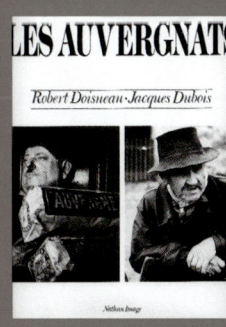

1990 *Les Auvergnats*
With Jacques Dubois
Ed. Nathan Image, Paris

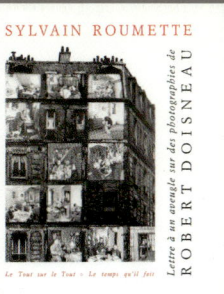

1990 *Lettre à un aveugle sur des photographies de Robert Doisneau*; Text by S. Roumette. Ed. Le temps qu'il fait, Paris

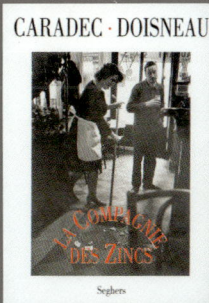

1991 *La Compagnie des zincs*
Text by François Caradec
Ed. Seghers, Paris

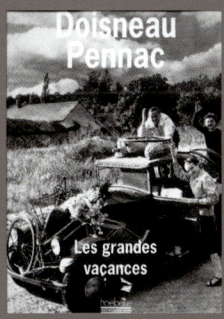

1991 *Les grandes vacances*
Text by Daniel Pennac
Ed. Hoëbeke, Paris

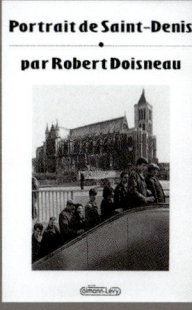

1991 *Portrait de Saint-Denis*
Ed. Calmann-Lévy, Paris

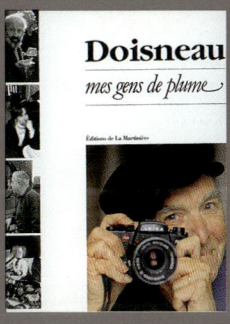

1992 *Mes gens de plume*
Texts selected by Yvonne Dubois
Ed. de La Martinière, Paris

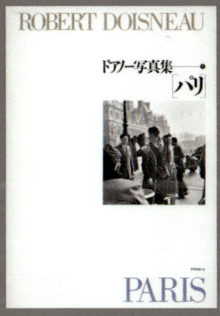

1992 *Robert Doisneau – 1*
Paris
Ed. New Art Seibu, Tokyo

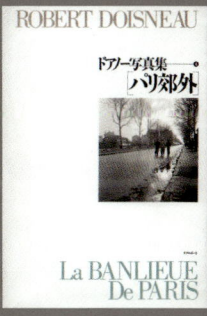

1992 *Robert Doisneau – 2*
La Banlieue de Paris
Ed. New Art Seibu, Tokyo

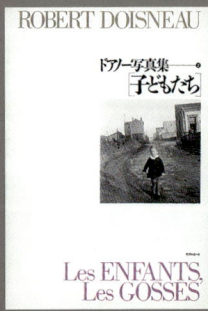

1992 *Robert Doisneau – 3
Les Enfants, les gosses*
Ed. New Art Seibu, Tokyo

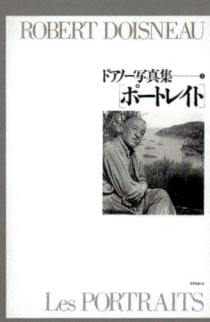

1992 *Robert Doisneau – 4
Les Portraits*
Ed. New Art Seibu, Tokyo

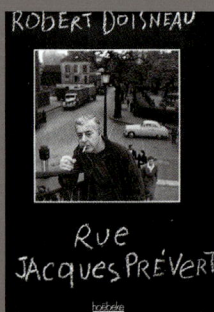

1992 *Rue Jacques Prévert*
Ed. Hoëbeke, Paris

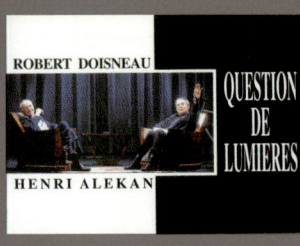

1992 *Question de lumières*
Henri Alekan – Robert
Doisneau; Ed. Stratem, Paris

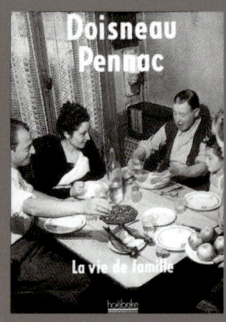

1993 *La vie de famille*
Text by Daniel Pennac
Ed. Hoëbeke, Paris

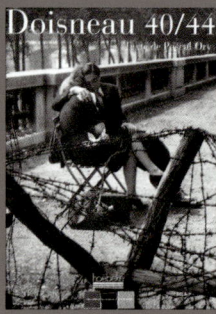

1994 *Doisneau 40/44*
Text by Pascal Ory
Ed. Hoëbeke, Paris

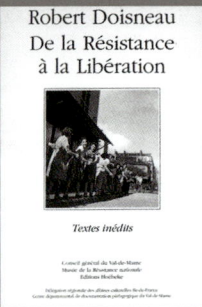

1994 *Robert Doisneau – De la
Résistance à la Libération*
Musée de la Résistance
nationale; Ed. Hoëbeke, Paris

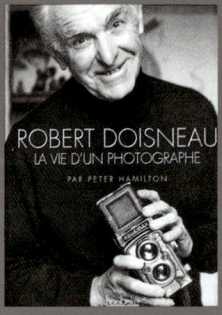

1995 *Robert Doisneau ou
la vie d'un photographe*
Text by Peter Hamilton
Ed. Hoëbeke, Paris

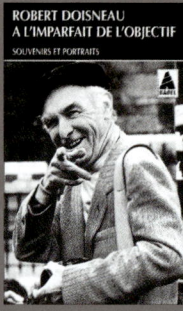

1995 *À l'imparfait de l'objectif*
New edition, Babel series
Ed. Actes Sud, Arles

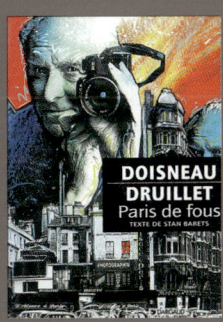

1995 *Doisneau – Druillet, Paris de fous*; Text by Stan Barets
Ed. Dargaud, Paris

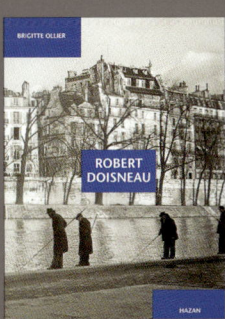

1996 *Robert Doisneau*
Brigitte Ollier
Ed. Hazan, Paris

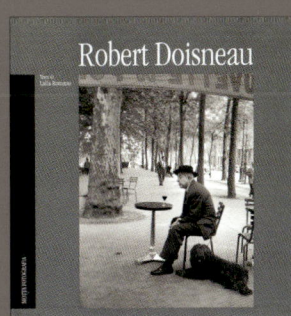

1996 *Robert Doisneau*
Text by Lalla Romano
Federico Motta Editore, Milan

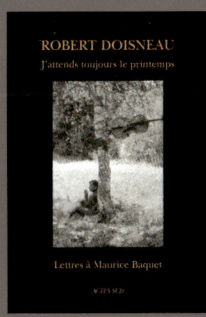

1996 *J'attends toujours le printemps. Lettres à Maurice Baquet*; Ed. Actes Sud, Arles

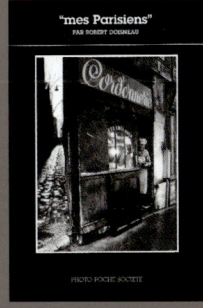

1997 *Mes Parisiens*
Photo Poche Société
Ed. Actes Sud, Arles

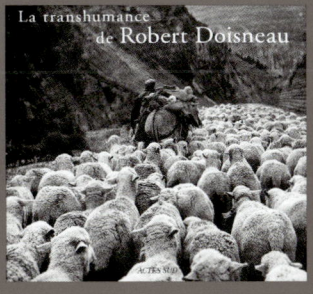

1999 *La transhumance de Robert Doisneau*;
Ed. Actes Sud, Arles

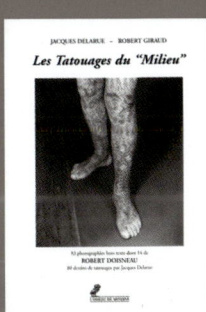

1999 *Les Tatouages du "Milieu"*
Text by Robert Giraud; Tattoo design by Jacques Delarue
Ed. L'Oiseau de Minerve, Paris

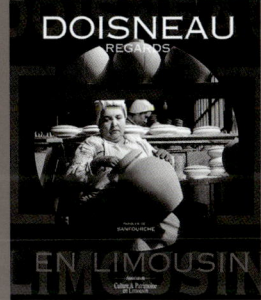

1999 *Doisneau en Limousin*
Ed. Culture et Patrimoine en Limousin, Limoges

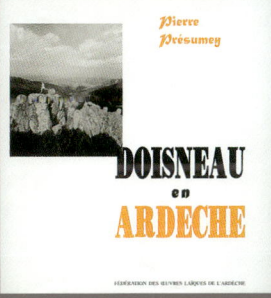

2001 *Doisneau en Ardèche*
Text by Pierre Présumey
Fédération des Œuvres Laïques de l'Ardèche, Privas

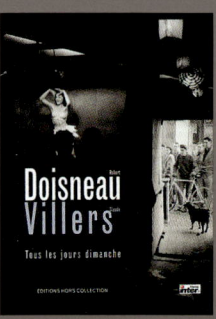

2001 *Tous les jours dimanche*
Text by Claude Villers
Ed. Hors collection, Paris

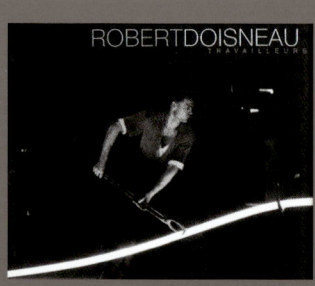

2003 *Travailleurs*
Text by Jean-Claude Renard
Ed. du Chêne, Paris

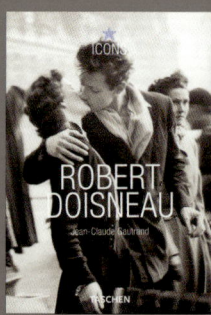

2003 *Robert Doisneau*
Jean Claude Gautrand

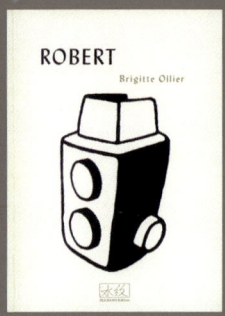

2003 *Robert*
Text by Brigitte Ollier
Ed. Filigranes, Trézélan

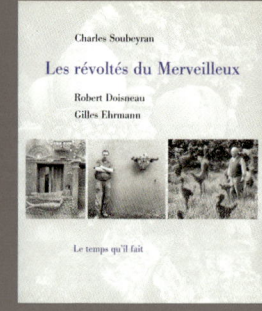

2004 *Les révoltés du Merveilleux*
With Gilles Ehrmann
Text by Charles Soubeyran
Ed. Le temps qu'il fait, Paris

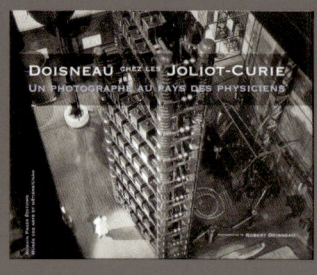

2005 *Doisneau chez les
Joliot-Curie. Un photographe
au pays des physiciens*
Ed. Romain Pages / Musée
des arts et métiers, Paris

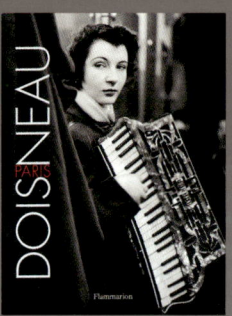

2005 *Doisneau Paris*
Ed. Flammarion, Paris

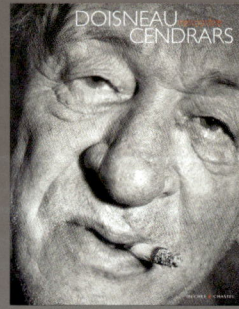

2006 *Doisneau
rencontre Cendrars*
Ed. Buchet/Chastel, Paris

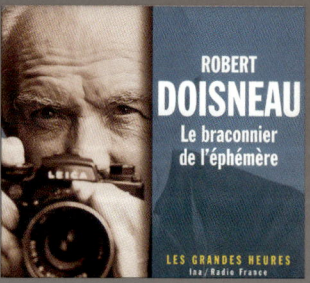

2006 *Le braconnier
de l'éphémère*
Double-CD – Les grandes
heures; Ina/Radio France, Paris

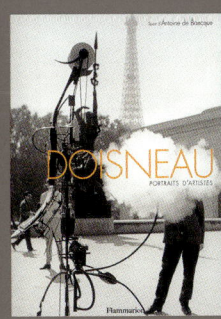

2008 *Portraits d'artistes*
Text by Antoine de Baecque
Ed. Flammarion, Paris

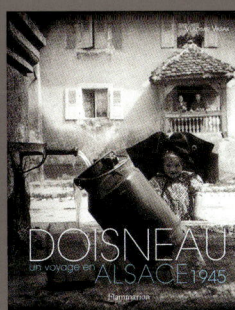

2008 *Doisneau –*
Un voyage en Alsace 1945
Text by Vladimir Vasak
Ed. Flammarion, Paris

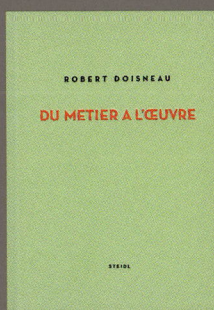

2010 *Du métier à l'œuvre*
Text by Jean-François Chevrier
Preface by Agnès Sire
Ed. Steidl, Göttingen

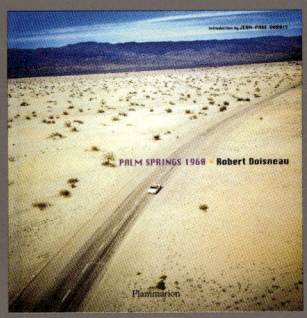

2010 *Palm Springs 1960*
Text by Jean-Paul Dubois
Ed. Flammarion, Paris

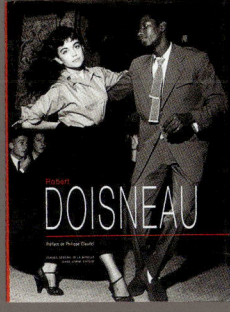

2011 *Robert Doisneau*; Preface
by Philippe Claudel Conseil
Général de la Moselle Ed. Serge
Domini, Ars-sur-Moselle

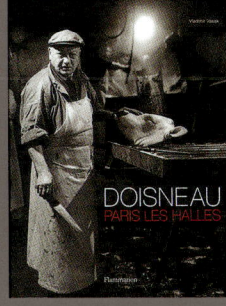

2011 *Doisneau / Paris / Les Halles*
Text by Vladimir Vasak
Ed. Flammarion, Paris

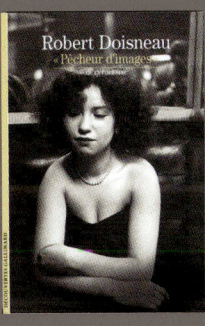

2012 *Robert Doisneau*
« Pêcheur d'images »
Text by Quentin Bajac
Découvertes Gallimard, Paris

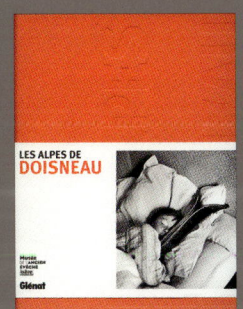

2012 *Les Alpes de Doisneau*
Ed. Glénat, Grenoble

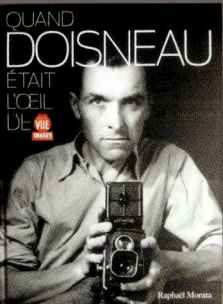

2012 *Quand Doisneau était l'œil*
de Point de vue – Images du monde
Text by Raphaël Morata
Ed. Express Roularta, Paris

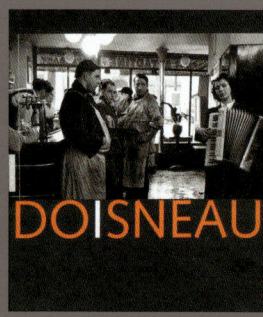

2013 *Doisneau*
Text by Brigitte Ollier
Ed. Hazan, Paris

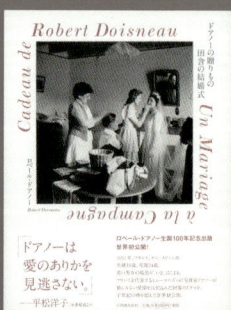

2013 *Cadeau de Robert Doisneau*
Un mariage à la campagne
Text by Yoko Hiramatsu
Ed. Kawade Shobo, Tokyo

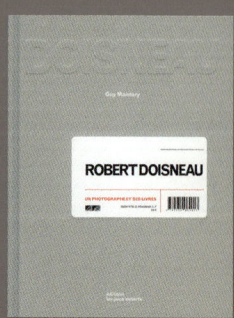

2013 *Robert Doisneau*
Un photographe et ses livres
Text by Guy Mandery; Ed. Les
Yeux ouverts, Fontainebleau

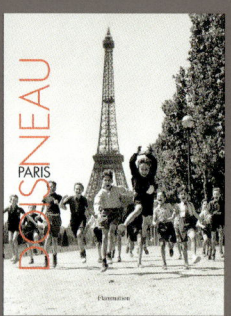

2014 *Robert Doisneau*
Paris/Doisneau;
Ed. Flammarion

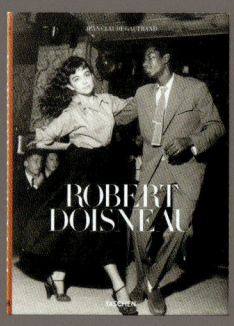

2014 *Robert Doisneau*
Jean Claude Gautrand
TASCHEN

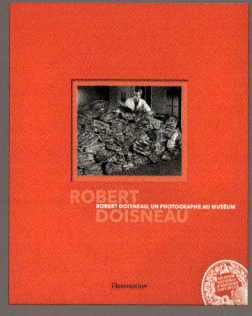

2015 *Robert Doisneau,*
un photographe au Muséum
Text by Jean-Pierre Gasc et al.
Ed. Flammarion

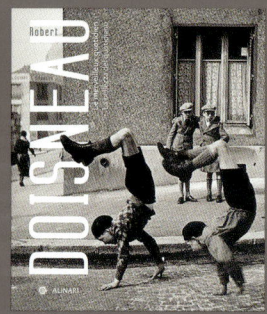

2016 *Robert Doisneau –*
la belleza del quotidiano
Ed. Fratelli Alinari IDEA SPA

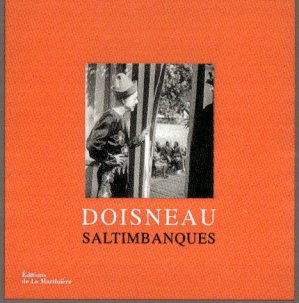

2016 *Saltimbanques*
Text by Jean-Paul Favand
Ed. de la Martinière

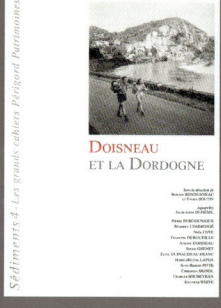

2016 *Doisneau et la Dordogne*
Ed. by Romain Bondonneau and
Enora Boutin; Ed. Sediments 4
– Perigord Patrimoines

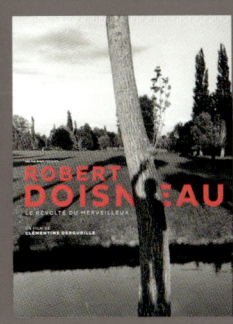

2016 *Robert Doisneau,*
le révolté du merveilleux
Documentary by Clémentine
Deroudille; Ed. Jour2Fêtee

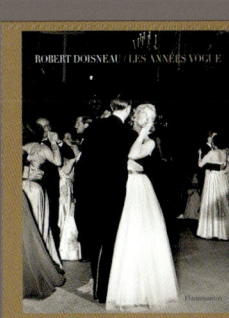

2017 *Robert Doisneau –*
Les Années Vogue
Ed. Flammarion

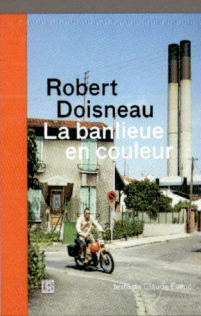

2017 *Robert Doisneau –*
La banlieue en couleur
Text by Claude Eveno
Ed. Carré and La Découverte

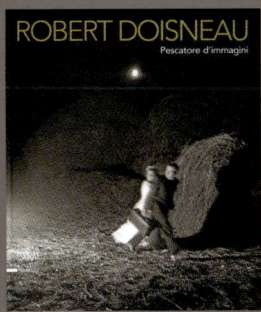

2017 *Robert Doisneau –*
Pescatore d'immagini
Ed. Skira

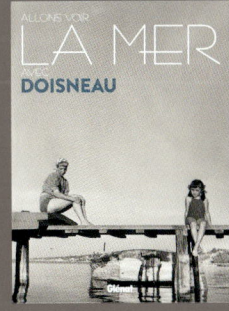

2018 *Allons voir la mer*
avec Doisneau
Text by Angelina Meslem
Ed. Glénat

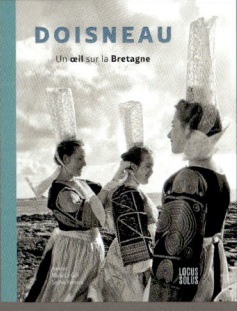

2018 *Doisneau un œil*
sur la Bretagne
Text by Marie Le Gall and
Sophie Kervran; Ed. Locus Solus

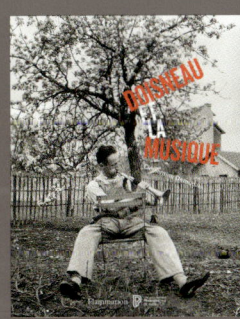

2018 *Doisneau et la musique*
Clémentine Deroudille
Ed. Flammarion

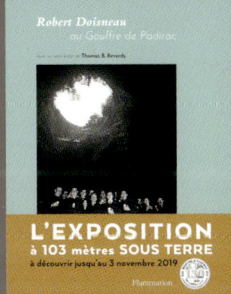

2019 *Robert Doisneau au*
Gouffre de Padirac
Text by Thomas B. Reverdy
Ed. Flammarion

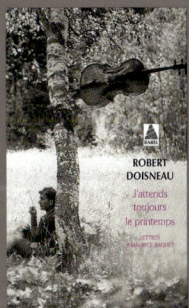

2020 *J'attends toujours*
le Printemps
Editions Actes Sud,
collection Babel

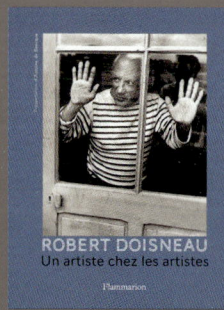

2020 *Robert Doisneau,*
un artiste chez les artistes
Antoine de Baecque
Ed. Flammarion

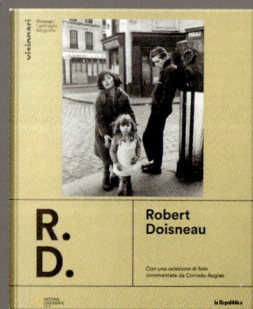

2021 *Robert Doisneau*
Corrado Augias
Ed. National Geographic Italia
et la Repubblica

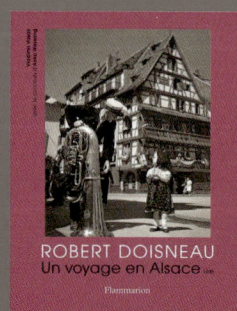

2021 *Robert Doisneau –*
Un voyage en Alsace 1945
Text by Vladimir Vasak
Ed. Flammarion

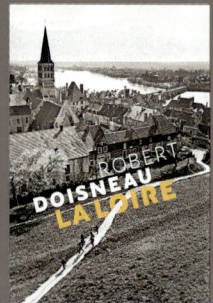

2021 *Robert Doisneau –*
La Loire
Ed. Baluze

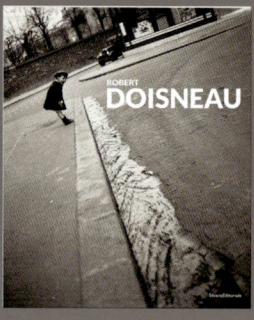

2021 *Robert Doisneau*
Gabriel Bauret
Ed. Silvana Editoriale

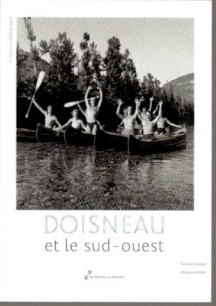

2021 *Doisneau et le Sud-Ouest*
Introduction by William Boyd
Périgord Patrimoine

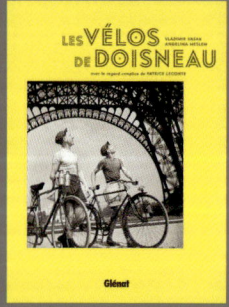

2022 *Les Vélos de Doisneau*
Patrice Leconte, Vladimir
Vasak, and Angelina Meslem
Editions Glénate

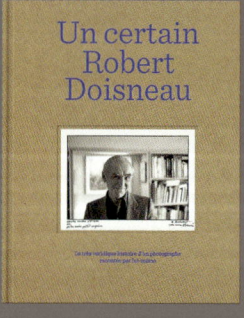

2022 *Un certain Robert Doisneau*
Editions du Chêne

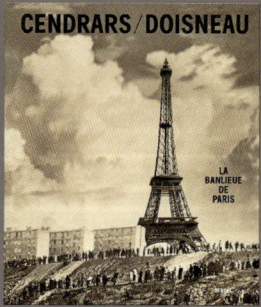

2023 *La Banlieue de Paris.*
Cendrars / Doisneau
Denoel

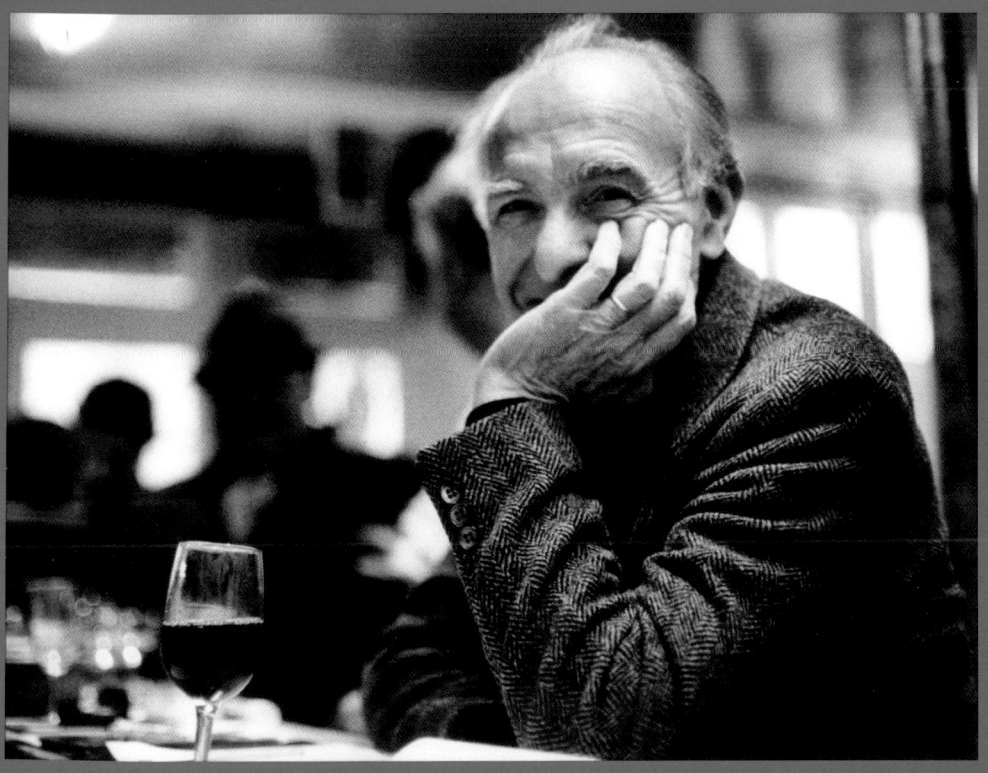

Robert Doisneau, 1992
Photo: Christian Louis

Imprint

This book would probably never have seen the light of day without the invaluable assistance of Annette Doisneau and Francine Deroudille; I should like to thank them here for their warm collaboration and endless readiness to answer questions. My warmest thanks also to Josette Gautrand, to whose redoubtable efficiency at the keyboard this book owes a huge debt. Many thanks to Christophe di Pascale for his indispensable help in the digital preparation of this book and for his very helpful advice. My gratitude to Benedikt Taschen for his decision to create a veritable portrait of Robert Doisneau, and to my editor, Simone Philippi, for her attention, understanding, and efficiency.

Jean Claude Gautrand

EACH AND EVERY TASCHEN BOOK PLANTS A SEED!
Each year, we offset our annual carbon emissions with carbon credits at the Instituto Terra, a reforestation program in Minas Gerais, Brazil, founded by Lélia and Sebastião Salgado. To find out more about this ecological partnership, please check: www.taschen.com/institutoterra.
Inspiration: unlimited.
Carbon footprint: (almost) zero

Want to see more? Visit taschen.com to view our current publications, browse our latest magazine, and subscribe to our newsletter.

© 2025 TASCHEN GmbH
Hohenzollernring 53, D–50672 Köln
www.taschen.com

© 2025 Atelier Robert Doisneau, Paris

German translation: Michael Müller, Berlin
English translation: Chris Miller, Oxford

Printed in Bosnia-Herzegovina
ISBN 978–3–7544–0418–8